Bernard Weiner
Motivationspsychologie

Bernard Weiner

Motivationspsychologie

Aus dem Amerikanischen übersetzt
von Rainer Reisenzein
unter Mitarbeit von Wilfried Pranter

2., neu ausgestattete Auflage

Psychologie Verlags Union
München – Weinheim 1988

Anschrift des Autors

Professor Bernard Weiner
University of California, L.A.
Department of Psychology
P 401
Los Angeles, California 90024
U.S.A.

Anschrift des Übersetzers

Dr. Rainer Reisenzein
Freie Universität Berlin
Habelschwerdter Allee 45
1000 Berlin 33

Autorisierte Übersetzung aus dem Amerikanischen

Titel der Originalausgabe: Human Motivation. © Holt, Rinehart and Winston, New York 1980

CIP-Titelaufnahme der Deutschen Bibliothek
Weiner, Bernard:
Motivationspsychologie / Bernard Weiner. Aus d. Amerikan. übers. von Rainer Reisenzein unter Mitarb. von Wilfried Pranter. – 2., neu ausgestattete Aufl. – München ; Weinheim : Psychologie-Verl.-Union, 1988
Einheitssacht.: Human motivation <dt.>
1. Aufl. im Beltz-Verl., Weinheim, Basel
ISBN 3-621-27072-8

Gesamtherstellung: Druckhaus Beltz, 6944 Hemsbach

ISBN 3-621-27072-8

Vorwort zur 2. Auflage

Als potentieller Leser oder Käufer der Neuauflage eines Lehrbuches wird man sich vernünftigerweise fragen: Bietet mir das Buch bloß eine Erörterung von Theorien und Forschungsergebnissen, die inzwischen nur noch historisch bedeutsam sind? Oder ist es immer noch auf dem laufenden, enthält es also auch eine Darstellung der wichtigsten neueren Entwicklungen des Fachgebietes? Und falls man zur Auffassung gelangen sollte, daß das Lehrbuch tatsächlich nur inzwischen überholte Ansätze referiert, dann ist es ebenso vernünftig, wenn man wissen möchte, warum man das Buch dennoch lesen sollte, sowie, worüber man nichts erfahren wird und was man zusätzlich wissen bzw. lesen sollte, um auf den neuesten Stand zu gelangen. Eine gültige Beantwortung dieser Frage wird man zweifellos eher von einer Expertenkommission als gerade vom Autor des Lehrbuches selbst erwarten dürfen. Trotzdem möchte ich in diesem Vorwort versuchen, die aufgeworfenen Fragen zumindest aus meiner Sicht zu beantworten. Ich möchte also versuchen aufzuzeigen, welche der in diesem Buch geschilderten Motivationstheorien inzwischen hauptsächlich von historischem Interesse sind (was in der Psychologie meist nicht lange dauert), welche gegenwärtig immer noch einflußreich sind, sowie, welche zukünftigen Entwicklungen sich abzeichnen; und ich werde meine jeweiligen Ansichten zu diesen Fragen kurz begründen.

Was ist geschichtlich?

Im Vorwort zur Erstauflage von *Motivationspsychologie* habe ich darauf hingewiesen, daß es sich bei dem Lehrbuch um eine grundlegende Überarbeitung eines früheren Werkes von mir (*Theories of Motivation,* 1972) handelt. Während ich einerseits die mannigfachen Veränderungen und Ergänzungen gegenüber diesem früheren Werk hervorhob, mußte ich andererseits bereits damals feststellen:

> In den Kapiteln über die Hullsche und Lewinsche Theorie konnte diesbezüglich wenig getan werden, da Modifikationen dieser Konzeptionen inzwischen kaum noch vorgenommen werden. Daher wurde bei der Darstellung dieser Theorien lediglich gekürzt und vereinfacht, um dem veränderten Stellenwert Rechnung zu tragen, den diese Konzeptionen in der gegenwärtigen Psychologie einnehmen. (*Motivationspsychologie*, 1984, S. 7).

Somit war *Motivationspsychologie* bereits zum Zeitpunkt des Ersterscheinens *sowohl* als historische Dokumentation *als auch* als Schilderung moderner Strömungen in der Motivationsforschung beabsichtigt. Von vielen Forschern wird ja die Überzeugung vertreten, daß man die gegenwärtige Forschung und Theoriebildung in der Motivationspsychologie nur unzureichend verstehen kann, wenn man die historischen Ursprünge und die Entwicklung des Gebietes nicht kennt.

Meiner Meinung nach trifft das, was im obenstehenden Zitat über die Hullsche und Lewinsche Theorie behauptet wurde, inzwischen auch auf Freuds psychoanalytische Theorie der Motivation und die von Atkinson postulierte Theorie der Leitungsmotivation zu. Somit sind also die ersten vier der in *Motivationspsychologie* erörterten Theorien (Kap. 2–5) gegenwärtig nicht mehr *en vogue,* und insofern muß der Inhalt der ersten Hälfte des Buches als zur Geschichte der Motivationspsychologie gehörig betrachtet werden. Damit soll natürlich die Bedeutung der Beiträge von Freud, Hull, Lewin und Atkinson zur Motivationsforschung keineswegs herabgesetzt werden – diese Theorien spielten ohne Zweifel eine sehr bedeutsame und einflußreiche Rolle in der Entwicklung motivationspsychologischen Denkens. Und ich will damit auch nicht behaupten, daß diese Traditionen nicht von einzelnen Forschern weitergeführt würden, oder daß diese Theorien keine neuen Erkenntnisse generierten. Das zu behaupten, wäre schlicht unfair gegenüber denjenigen zeitgenössischen Psychologen, die sich den genannten Theorien nach wie vor verbunden fühlen und weiter an ihrer Verbesserung arbeiten.

Ich bin mir auch darüber klar, daß andere Spezialisten der Motivationspsychologie sich durch die vorangegangenen Äußerungen möglicherweise vor den Kopf gestoßen fühlen, oder zumindest intellektuellen Widerspruch anmelden werden. Aber schließlich sind sich intelligente Menschen – Akademiker ganz besonders – ja oft uneins. Mit den oben geäußerten Ansichten möchte ich vielmehr bloß meine begründete Vermutung zum Ausdruck bringen, daß die zukünftige Forschung auf unserem Fachgebiet die genannten Theorien nicht länger als zentrale forschungsleitende Paradigmen ansehen dürfte, sondern sich dazu auf andere theoretische Modelle stützen wird. Und diese Vorhersagen werden zum Großteil bereits durch die gegenwärtige Situation in unserem Fachgebiet gestützt.

Wie kam es zu dieser Entwicklung?

Um dem Leser verständlich zu machen, wie es zur gegenwärtigen Situation in der Motivationspsychologie kam, insbesondere, welche Gründe für den allmählichen Niedergang der Theorien Freuds, Hulls, Lewins und Atkinsons entscheidend waren, möchte ich einige allgemeine Adäquatheitskriterien anführen, die meines Erachtens von einer Theorie der menschlichen Motivation gefordert werden müssen. Diese Prinzipien werden in der gegenwärtigen Motivationsforschung in zunehmendem Maße anerkannt. Und das nicht etwa, weil andere Forscher meine eigenen Überlegungen so bereitwillig aufgegriffen hätten – es verhält sich vielmehr genau umgekehrt: Meine persönlichen Überzeugungen werden von gegenwärtigen Trends beeinflußt.

Erstens glaube ich, daß eine adäquate humanpsychologische Theorie der Motivation nicht auf dem Prinzip der Homöostase beruhen kann, und daß sie neben dem hedonistischen Prinzip noch weitere primäre Beweggründe des Handelns berücksichtigen muß. Das Homöostaseprinzip stellt keine brauchbare theoretische Fundierung für eine allgemeine Motivationstheorie dar, weil es einfach zu viele menschliche Handlungen gibt, die den Organismus nicht in einen Gleichgewichtszustand zurückbringen; das Hedonismusprinzip ist als motivationales Grundprinzip nicht hinreichend, weil zu viele menschliche Handlungen nicht im Dienste eines – ziemlich unklar definierten – Bestrebens nach Lustgewinn stehen. Zweitens muß sich eine adäquate allgemeine Motivationstheorie mit dem Selbst beschäftigen, denn es erscheint mir offensichtlich, daß das Selbstkonzept, der Selbstwert, Selbstbewertungsprozesse, selbstbezogene Aufmerksamkeit, Selbstregulation, Selbstkontrolle usw. eine entscheidende Rolle im motivationalen Geschehen spielen. Und schließlich muß eine adäquate Motivationstheorie eine Vielfalt von kognitiven und emotionalen Prozessen berücksichtigen – kognitive Prozesse wie Entscheidungsregeln, soziale Urteilsbildung, Gedächtnisprozesse usw., und Affekte wie etwa Schuld, Scham, Stolz, Mitleid, Freude, Verzweiflung, Neid, Eifersucht und Furcht. Es ist offensichtlich, daß die in Kap. 2–5 besprochenen Theorien, gemessen an diesen Kriterien, allesamt als inadäquat erscheinen müssen: Alle nehmen an, daß das Hedonismusprinzip das einzige Handlungsprinzip sei; alle außer Atkinson vertreten das Homöostaseprinzip; das einzige wirklich wichtige kognitive Konstrukt in den Theorien von Lewin und Atkinson ist die Erwartung; und im Prinzip macht keine dieser Theorien Unterscheidungen zwischen Emotionen, die über die Differenzierung von Lust und Unlust hinausgehen.

Dies sind im wesentlichen die Gründe für meine Überzeugung, daß die genannten Theorien inzwischen zum Großteil nur noch von geschichtlichem Interesse sind. Und natürlich sollten die oben angesprochenen Themenbereiche – kognitive Prozesse, Emotionen, Selbstaspekte – in einem zeitgemäßen Lehrbuch der Motivation erörtert werden. Wäre *Motivationspsychologie* völlig neu geschrieben anstatt nur neu aufgelegt worden, dann wären dies die Themen, die ich versucht hätte neu aufzunehmen.

Welche Theorien sind nach wie vor bedeutsam?

Sind die Kapitel 2–5 der älteren oder neueren Psychologiegeschichte zuzurechnen, wie steht es dann mit den Kapiteln 6–9? In diesen Kapiteln werden die soziale Lerntheorie, die Attributionstheorie, sowie motivationstheoretische Ansätze innerhalb der humanistischen Psychologie besprochen. Ich möchte zuerst kurz auf die soziale Lerntheorie und die humanistischen Ansätze eingehen; anschließend soll die attributionstheoretische Richtung etwas genauer erörtert werden.

Ohne Zweifel spielt die soziale Lerntheorie, wie sie ursprünglich von Dollard und Miller und später von Bandura und Mischel vertreten wurde, in der gegenwärtigen Motivationspsychologie keine bedeutsame Rolle mehr. Auch die humanistische Psychologie, wie sie sich z.B. in den Schriften von

Allport und Maslow findet, hat nur wenig mehr Einfluß auf die gegenwärtige motivationspsychologische Forschung. Zur sozialen Lerntheorie zu rechnen sind jedoch auch die neueren Beiträge von Bandura (insbesondere diejenigen, welche das Konzept der *Selbstwirksamkeit* [*self-efficacy*] betreffen), sowie Rotters Arbeiten zur Lokation der Kontrolle (*locus of control*). Diese Themen sind durchaus Gegenstand gegenwärtiger motivationspsychologischer Forschung. Auch die von den humanistischen Strömungen hervorgehobenen Rolle des Selbst im Motivationsprozeß, sowie die Idee persönlicher Konstrukte (Kelly) ist gegenwärtig ein gängiges Forschungsthema, obwohl es nicht die jeweiligen humanistischen Theorien selbst zu sein brauchen, die diese Untersuchungen generieren. Möglicherweise haben diese Konzeptionen gerade deshalb „überlebt", weil sie nicht auf dem Homöostaseprinzip beruhen und vor komplexeren kognitiven und emotionalen Phänomenen nicht zurückschrecken. Man muß allerdings einschränkend sagen, daß sie (bisher) doch nur einige wenige kognitive Prozesse und Emotionen berücksichtigt haben.

Zur gegenwärtigen Bedeutsamkeit der Attributionstheorie

Ich bin mir darüber klar, daß es gerade hier schwierig für mich ist, ein unvoreingenommenes Urteil abzugeben; vermutlich würde auch und gerade hier eine Expertenkommission benötigt, um die gegenwärtige Bedeutsamkeit und die zukünftige Rolle dieses Ansatzes objektiv zu beurteilen. Man kann aber festhalten, daß der attributionstheoretische Ansatz in der Motivationspsychologie in den sieben Jahren seit der Erstauflage von *Motivationspsychologie* weiter ausgebaut wurde. Insbesondere wurden eine Vielfalt von Emotionen einbezogen und deren Rolle im menschlichen Handeln wurde aufzuklären versucht.[1] Darüber hinaus kann man sagen, daß sich die Attributionsforschung schon immer mit Problemen des Selbst beschäftigt hat; insbesondere wurde (a) die Selbstwahrnehmung untersucht und (b) das Streben nach Selbsterkenntnis als eines der grundlegenden Motive des menschlichen Handelns postuliert. Vielleicht aus diesen Gründen, ebenso aber wohl auch wegen ihrer engen Beziehung zur kognitiven Psychologie, ist die Attributionstheorie einer der einflußreichsten Ansätze in der Motivationspsychologie geblieben. In der Tat hat sich dieser Einfluß möglicherweise sogar noch verstärkt, einerseits aufgrund der Tatsache, daß in die Theorie der gelernten Hilflosigkeit attributionstheoretische Konzepte integriert worden sind, und andererseits dadurch, daß es zu einer breiten Anwendung des attributionstheoretischen Ansatzes in der pädagogischen, der Organisations- und der Sportpsychologie gekommen ist.

Über den praktischen Nutzen theorieorientierter Forschung

In vielen der gegenwärtig aktuellen Forschungsgebiete der Motivationspsychologie bezieht man sich nicht auf eine übergreifende Motivationstheorie; ja viele dieser Forschungen passen nicht einmal in irgendeine derartige Theorie hinein. So wird zum Beispiel umfangreiche Forschung auf den Gebieten des sozialen Anschlusses, des Altruismus, des Bindungsmotivs (*attachment*), der Emotionen, des Machtmotivs, des Sexualverhaltens, der Werte usw. betrieben, und diese Arbeiten sind vielfach unter keine der in *Motivationspsychologie* besprochenen Theorien subsummierbar. Man mag sich angesichts dieser Sachlage fragen, ob es nicht angebracht wäre, ein Lehrbuch der Motivationspsychologie in der Art einer Gemischtwarenhandlung aufzubauen, d.h. als ein Buch, das von allem was aktuell ist etwas bietet, ohne sich groß um die allgemeine Motivationstheorie zu kümmern. Ich kann das jedoch nicht befürworten, denn zumindest auf lange Sicht, so glaube ich, wird wissenschaftlicher Fortschritt am ehesten und schnellsten durch Forschung erzielt, die von größeren theoretischen Systemen geleitet ist. Trotzdem – in *Motivationspsychologie* fehlt eine Übersicht über die mannigfaltigen neueren Untersuchungen zu motivationalen Phänomenen, die außerhalb des Anwendungsbereiches der in dem Lehrbuch vorgestellten Theorien liegen.

Schlußbemerkung

Mich freut es natürlich sehr, daß die *Psychologie Verlags Union* sich entschlossen hat, eine Neuauflage von *Motivationspsychologie* herauszubringen. In dem Brief, in dem mich der Verlag um das vorlie-

---

[1]) Eine Zusammenfassung dieser neueren Entwicklungen findet der Leser bei Bernard Weiner: An attributional theory of motivation and emotion. Berlin: Springer 1986.

gende Vorwort zur Neuauflage ersuchte, wurde mir mitgeteilt, daß das Lehrbuch inzwischen zu einem „sehr bekannten und weitverbreiteten Standardwerk" geworden sei. Solche Nachricht hört der Autor gern!

Meiner Meinung nach bietet das Lehrbuch sowohl historisch Interessantes als auch gegenwärtig Relevantes. Ich hoffe, daß dieses Vorwort klargestellt hat, was der Psychologiegeschichte zuzurechnen ist, was gegenwärtig noch von Bedeutung ist, was fehlt, und welches zusätzliche Material ich einbeziehen würde, falls ich ein neues Lehrbuch der Motivationspsychologie verfassen würde. Da ich selbst nicht vorhabe, ein solches neues Lehrbuch zu schreiben, überlasse ich es der nächsten Wissenschaftlergeneration, aus meinen Fehlern zu lernen – sowohl was Auslassungen, als auch was Überflüssigkeiten betrifft.

Bernard Weiner
University of California, Los Angeles
im Sommer 1988

Meinem Vater
und zum Andenken an meine Mutter

Inhaltsverzeichnis

1. Kapitel
Einleitung

In der Motivationsforschung gibt es zwei verschiedene, grundlegende Ansätze. Der eine ist der akademische, experimentelle Ansatz, der andere der klinische, nichtexperimentelle. Jeder dieser beiden Ansätze hat seine eigenen Vor- und Nachteile. Aber alle Forscher auf diesem Gebiet sind von ein- und derselben grundlegenden Frage geleitet – der Frage nach den Beweggründen, dem *Warum* menschlichen (und tierischen) Verhaltens.

Der experimentelle Ansatz

Die vorherrschende experimentelle Strategie zur Beantwortung dieser Frage besteht darin, zuerst die unmittelbaren Verhaltensdeterminanten zu identifizieren und anschließend die mathematischen Beziehungen zwischen diesen Variablen zu spezifizieren. Auf diese Weise wird ein „Modell" des Verhaltens entwickelt. Dieser *ahistorische* Ansatz orientiert sich an den Bewegungsgesetzen der Physik. Nehmen Sie zum Beispiel an, Sie wollten vorhersagen, wie stark die Anziehungskraft ist, die ein Objekt auf ein anderes ausübt. Um diese Anziehungskraft exakt vorhersagen zu können, müssen Sie zunächst die Masse der beiden Objekte kennen. Diese könnte man als ihre „Persönlichkeiten" oder stabilen Eigenschaften auffassen. Darüberhinaus müssen Sie noch einige weitere Fakten, wie z.B. die Distanz zwischen den zwei Objekten, kennen. Mit Hilfe empirischer Tests ließe sich dann feststellen, daß die Anziehungskraft zwischen den Objekten im wesentlichen eine direkte Funktion ihrer Masse und eine inverse Funktion des Quadrats ihrer Entfernung ist:

$$\text{Anziehungskraft} = \frac{\text{Masse von Objekt 1} \times \text{Masse von Objekt 2}}{(\text{Entfernung zwischen Objekt 1 und Objekt 2})^2}$$

Betrachten wir nun ein Problem, daß mit „Anziehung" beim Menschen zu tun hat: Im Wohnzimmer spielende Kinder werden von ihren Eltern zum Essen in die Küche gerufen. Ein Psychologe könnte zum Beispiel vorhersagen wollen, wie lange die Kinder brauchen, um ihr Spiel zu unterbrechen (die *Latenz* der Reaktion) oder wie schnell sie zu Tisch kommen, nachdem sie sich einmal auf den Weg gemacht haben (die *Intensität* der Reaktion). Zu diesem Zweck muß der Psychologe die Determinanten der Nahrungsaufsuche identifizieren und die zwischen ihnen bestehenden mathematischen Beziehungen herausfinden.

Eine kurze Selbstbesinnung wird den Leser rasch auf einige der Faktoren bringen, die die Latenz und Intensität des Nahrungsaufsucheverhaltens beeinflussen. Zum Beispiel dürfte die Latenz, mit der sich die Kinder in die Küche begeben, umso geringer, und die Geschwindigkeit, mit der sie dies tun, umso höher sein, je länger ihr letztes Essen zurückliegt (Deprivationsniveau) und je größere Schlemmer sie sind (Eßmotiv). Darüberhinaus dürfte das Nahrungsaufsucheverhalten auch dadurch intensiviert werden, daß es nicht Spinat sondern Würstchen zum Essen gibt (Anreizwert), daß das Spiel, mit dem die Kinder beschäftigt sind, langweilig ist, daß sie Angst vor elterlicher Bestrafung haben und daß sie nicht zu müde sind.

Im Idealfall würde der Psychologe nun versuchen, ein Modell der Motivation zur Nahrungsaufsuche zu konstruieren; ein solches Modell könnte zum Beispiel folgendermaßen aussehen:

$$\text{Nahrungsaufsuche-Motivation} = (\text{Deprivationsniveau} \times \text{Eßmotiv} \times \text{Anreizwert} \times \text{Angst}) + \text{Langweiligkeit der gegenwärtigen Aktivität} - \text{Müdigkeit}$$

Die Antwort auf die Frage nach den Beweggründen menschlichen Verhaltens wird also in Form einer mathematischen Gleichung gegeben, die alle Determinanten einer Handlung enthält. Beachten Sie, daß es nicht notwendig ist, die Lerngeschichte der Kinder zu kennen, um die Latenz oder Intensität ihrer Reaktion vorherzusagen. Das heißt, wie es zu ihrer Vorliebe für Würstchen gekommen ist oder was ihre Langeweile oder Müdigkeit verursacht hat, ist irrelevant. Wesentlich ist nur, daß die gegenwärtige Ausprägung dieser Variablen bekannt ist.

Natürlich ist es außerordentlich schwierig, alle Determinanten einer bestimmten Handlung aufzulisten, und noch schwieriger ist es, die zwischen ihnen bestehenden mathematischen Beziehungen zu spezifizieren. Besondere Probleme ergeben sich aus der Tatsache, daß die Maßeinheiten der verschiedenen Verhaltensdeterminanten nicht äquivalent sind. Entsprechen zum Beispiel acht Stunden Nahrungsdeprivation dem Anreizwert eines Steaks? Diese Frage mag vielleicht komisch klingen, aber sie beleuchtet gut die Schwierigkeiten der Entwicklung von vergleichbaren Standardeinheiten für Faktoren, die sich noch weit stärker unterscheiden als Äpfel und Birnen.

Tabelle 1.1: Additive Verknüpfung von Deprivation und Langeweile

Langeweile	Deprivationsniveau 1	Deprivationsniveau 2
1	2	3
2	3	4

Man kann jedoch feststellen, ob die Komponenten eines Motivationsmodells *additiv* oder *multiplikativ* miteinander verknüpft sind. Nehmen Sie zum Beispiel an, man ginge wie in der obigen Gleichung davon aus, daß Deprivation und Langeweile additiv miteinander verknüpft sind. In Tabelle 1.1 sind der Deprivation und Langeweile willkürlich die Zahlenwerte 1 und 2 zugeordnet. In den vier Feldern der Tabelle sind die Summen dieser Werte wiedergegeben. Diese Summen sind in Abbildung 1.1 graphisch

Tabelle 1.2: Multiplikative Verknüpfung von Deprivation und Langeweile

Langeweile	Deprivationsniveau 1	Deprivationsniveau 2
1	1	2
2	2	4

dargestellt. Beachten Sie, daß die zwei Geraden in Abbildung 1.1 parallel verlaufen.

Nimmt man dagegen an, Deprivation und Langeweile seien multiplikativ miteinander verknüpft, so ändern sich die Werte in den Zellen (vgl. Tab. 1.2). Aus der graphischen Darstellung in Abbildung 1.2 kann man ersehen, daß die zwei Geraden jetzt auseinanderstreben. Parallele Linien deuten also auf eine additive, divergierende Linien dagegen auf eine multiplikative Verknüpfung der Variablen hin.

Um die zwischen den Komponenten eines Modells tatsächlich bestehenden Beziehungen festzustellen, manipulieren Psychologen gewöhnlich die Ausprägung der Variablen in einer experimentellen Situation, was dann zu Ergebnissen ähnlich den in Abbildung 1.1 und 1.2 dargestellten führt. So könnte man zum Beispiel gelangweilten und nichtgelangweilten Versuchspersonen vier oder acht Stunden lang das Essen vorenthalten und sie dann zum Essen rufen, wobei die Latenz ihrer Reaktion gemessen wird. Daraus kann man dann die mathematische Beziehung zwischen Langeweile und Hunger ermitteln.

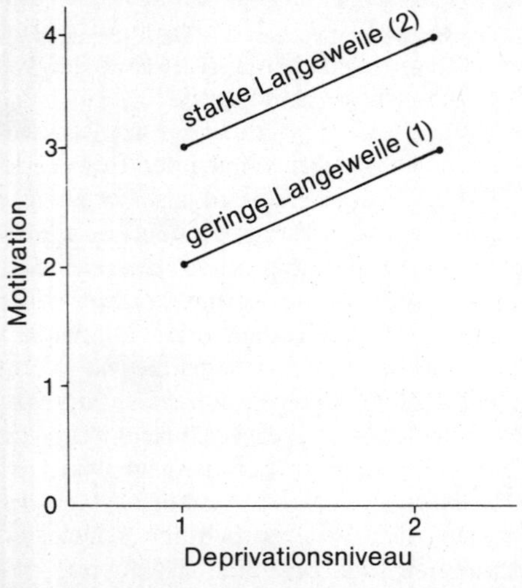

Abbildung 1.1: Additive Verknüpfung von Deprivation und Langeweile

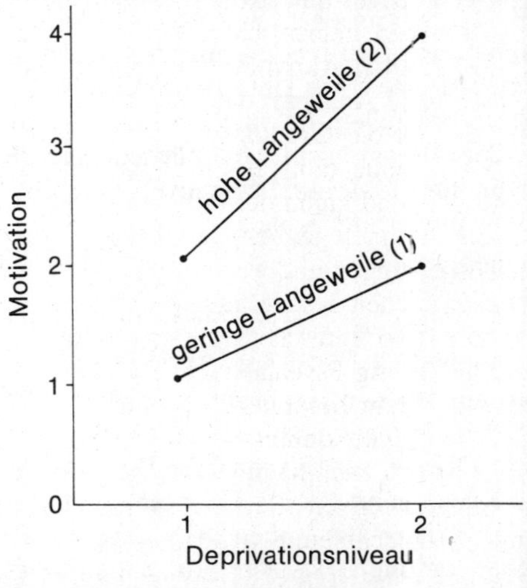

Abbildung 1.2: Multiplikative Verknüpfung von Deprivation und Langeweile

Zusammenfassend kann man sagen, daß der experimentelle Ansatz in der Motivationsforschung versucht, mathematische Formeln oder Modelle zur Erklärung von Verhalten zu entwickeln. Diese Modelle werden dann experimentell überprüft, d.h. unter Bedingungen, unter denen man die Variablen, für die man sich interessiert, kontrollieren kann. Das beobachtete Verhalten liefert Belege für die Gültigkeit des Modells. Dieser *ahistorische* Ansatz wird normalerweise dazu verwendet, einen relativ eng begrenzten Bereich von Phänomenen präzise zu erklären.

Der klinische Ansatz

Klinisch orientierte Motivationspsychologen versuchen die Frage nach den Beweggründen menschlichen Verhaltens dadurch zu beantworten, daß sie zunächst die Existenz eines oder mehrerer grundlegender Verhaltensprinzipien annehmen oder postulieren, wie z.B.: „Menschen streben danach, sich selbst zu verwirklichen" oder „Menschen streben nach der Befriedigung ihrer aggressiven und sexuellen Triebe." Sodann wird eine Vielfalt klinischer, historischer, anekdotischer, literarischer und experimenteller Befunde zusammengetragen, um diese Behauptung zu stützen. Im Gegensatz zum experimentellen Ansatz wird kaum versucht, ein formales mathematisches Modell zu entwickeln. Dafür bemüht man sich, ein breites Spektrum von Phänomenen zu erfassen. So wird zum Beispiel im Freudschen System angenommen, daß sich das Streben nach der Befriedigung aggressiver und sexueller Triebe in Versprechern, Träumen, neurotischem Verhalten und kreativer künstlerischer Aktivität manifestiert. Häufig bilden historische Analysen der Entwicklungsgeschichte der Person die Grundlage für Rückschlüsse auf zugrundeliegende motivationale Tendenzen. Diese Hypothesen sind kaum definitiv beweisbar oder widerlegbar, können jedoch die Theoriebildung und Forschung anregen und wertvolle Einsichten bezüglich der Ursachen des Verhaltens vermitteln.

Die mit dem klinischen Ansatz assoziierten Forscher sind häufig Psychiater oder klinische Psychologen mit einem besonderen Interesse für die Anpassung des Individuums an seine Umwelt. Daher äußern sie sich auch häufig zu Fragen der »Lebensqualität« und können öffentlich als soziale Kommentatoren in Erscheinung treten, die unseren Wortschatz um neue Begriffe bereichern und indirekt zahlreiche Aspekte unseres Lebens verändern können. Begriffe wie z.B. „Es", „Verdrängung" und „Ich" aus der psychoanalytischen Theorie oder „Selbstmitteilung" (self-disclosure), „Sensitivity-Training" und „Selbstverwirklichung" aus der humanistischen Psychologie verändern die Art und Weise, wie wir uns selbst und andere sehen, und beeinflussen dadurch vielleicht wichtige Aspekte unseres Lebens.

Aufbau des Buches

In diesem Buch werden sieben Ansätze der Motivationsforschung, sowie mit diesen zusammenhängende Konzeptionen und Ideen dargestellt. Die Gruppierung der Theorien ist zu einem gewissen Grad willkürlich. Die ersten zwei Konzeptionen sind die psychoanalytische Theorie und die Hullsche Triebtheorie. Obwohl sich diese Theorien aufgrund ihres unterschiedlichen Ansatzes (klinisch vs. experimentell) stark voneinander unterscheiden, werden sie hier nebeneinander gestellt, weil beide von Spannungs- oder Bedürfnisreduktion als grundlegendem Handlungsprinzip ausgehen. Darüber hinaus haben diese Theorien lange Zeit eine dominierende Stellung in der Motivationsforschung eingenommen. Aus diesem Grund wird ihnen auch mehr Platz eingeräumt als den meisten der übrigen Konzeptionen.

Der zweite Abschnitt des Buches umfaßt die Feldtheorie Lewins, Atkinsons Theorie der Leistungsmotivation und Rotters Theorie des sozialen Lernens. Diese drei Konzeptionen sind insofern zusammengehörig, als sie alle Erwartungs-Wert-Theorien sind. Das heißt, diese Theorien gehen davon aus, daß Verhalten eine Funktion der Zielerwartung und des Anreizwerts des Zieles ist. Alle drei Theorien sind darüber hinaus dem experimentellen, modell-konstruierenden Ansatz verpflichtet.

Im letzten Abschnitt schließlich werden die Attributionstheorie und die humanistische Theorie erörtert. Diese Ansätze unterscheiden sich in einer Reihe fundamentaler Aspekte; beiden ist jedoch die Annahme gemeinsam, daß Menschen ein Bedürfnis haben, sich selbst und ihre Umwelt zu verstehen, und daß Prozesse des persönlichen Wachstums ein inhärentes Charakteristikum menschlicher Motivation darstellen. Diese Theorien sind daher auch am weitesten von den Ansätzen Freuds und Hulls entfernt.

Von diesen sieben theoretischen Konzeptionen sind die erste und die letzte am stärksten dem klinischen Ansatz verpflichtet. Alle Theorien lassen sich jedoch auch in bezug auf eine Reihe weiterer wichtiger Aspekte miteinander vergleichen bzw. kontrastieren. Zum Beispiel vertrat Hull – und gelegentlich auch Freud – eine mechanistische und materialistische Sicht des Menschen, d. h. Verhalten wurde ohne Rückgriff auf mentale Prozesse bzw. Kognitionen erklärt. Stattdessen wird der Mensch als eine von einer Energiequelle „angetriebene" Maschine mit bestimmten Verbindungen zwischen Input (Reizen) und Output (Reaktionen) konzipiert. Dagegen vertreten Erwartungs-Wert-Theoretiker wie Lewin, Atkinson und Rotter, Attributionstheoretiker wie Heider und H. H. Kelley und humanistische Psychologen wie Maslow, Rogers und Allport eine kognitive Konzeption des Menschen. Diese Theoretiker behaupten, daß zwischen Input und Output mentale Vorgänge „dazwischentreten" und daß Kognitionen das Handeln beeinflussen. Ferner nehmen viele dieser Theoretiker an, daß Individuen ständig aktiv sind und daß man keinen „Motor" zu postulieren braucht, der Verhalten in Gang setzt. Die Beziehung zwischen Kognition und Handeln – allgemeiner als das Leib-Seele-Problem bekannt – und die Frage, ob Energiekonstrukte zur Erklärung menschlicher Motivation notwendig sind, werden in den folgenden Kapiteln noch ausführlicher behandelt.

Die verschiedenen Theorien unterscheiden sich auch hinsichtlich ihres jeweiligen Forschungsschwerpunktes. Die Freudsche Theorie führte zum Beispiel zur Untersuchung von Abwehrmechanismen, Aggression, Träumen und sexuellem Verhalten. Die Hullsche Triebtheorie wird vor allem durch Beobachtungen des Verhaltens von hungrigen Tieren, die für eine Futterbelohnung durch ein Labyrinth laufen, und von Menschen, die einen unangenehmen Luftstoß gegen das Auge erhalten, empirisch gestützt. Und Atkinsons Theorie der Leistungsmotivation wurde am eingehendsten anhand des Wahlverhaltens zwischen Leistungsaufgaben unterschiedlichen Schwierigkeitsgrades überprüft. Das heißt, eine jede Theorie beruft sich auf ein bestimmtes *Referenzexperiment* oder einen bestimmten Beobachtungsbefund, um ihre Gültigkeit zu belegen. Die Theorien sind also nicht umfangsgleich hinsichtlich ihres Geltungsbereichs, d.h. es gibt keinen Verhaltensbereich, anhand dessen sie alle verglichen werden könnten, so daß man eine Theorie als „besser" oder exakter bezeichnen könnte als die anderen. Vielmehr konzentrieren sich die Theorien auf unterschiedliche Phänomene; und insofern stehen sie, jede mit ihrer besonderen Fähigkeit zur Erklärung ganz bestimmter Phänomene, gleichwertig nebeneinander. Die Theorien können also nicht hierarchisch nach ihrem „Wahrheitsgehalt" angeordnet werden, obwohl es gelegentlich möglich ist, zwei oder drei der Theorien hinsichtlich einer bestimmten Beobachtung miteinander zu vergleichen.

Viele der in diesem Buch erörterten Theorien wurden von klinischen Psychologen und Psychiatern formuliert. Die Theorien von Forschern wie Freud, Rotter, Maslow, Rogers, Allport und G. Kelly sind zentraler Bestandteil vieler Lehrbücher der Persönlichkeitspsychologie. Diese Theorien konzentrieren sich in besonderem Maß auf die Person und intrapsychische Determinanten des Handelns. Das soll nicht heißen, daß die Umwelt oder der soziale Kontext des Verhaltens vollkommen vernachlässig werden, denn eine solche Vernachlässigung würde Vorhersagen menschlicher Handlungen unmöglich machen. Vielmehr werden situationale und soziale Faktoren zwar anerkannt, stehen aber häufig nicht im Zentrum des Interesses.

Es wird jedoch zunehmend anerkannt, daß der Mensch ein „soziales Tier" ist und daß die Motivationsforschung soziale Faktoren mitberücksichtigen muß. Daher werden in diesem Buch auch Themen behandelt, die mit sozialem Verhalten zu tun haben, wie Altruismus, kognitive Balance, Wettbewerbsverhalten und Kooperation, Gruppenbildung und soziale Erleichterung, um nur einige zu nennen.

Zusammenfassung

In der Motivationsforschung gibt es zwei grundlegende Ansätze: den experimentellen und den klinischen. Der erstere versucht, mathematische Modelle zur Erklärung relativ eng begrenzter Verhaltensbereiche zu entwickeln, während der letztere psychologische Axiome aufstellt, die für einen breiten Bereich von Handlungen Gültigkeit haben sollen. Aber selbst die innerhalb dieser Ansätze entwickelten Theorien unterscheiden sich in bezug auf die Phänomene, die sie untersuchen. Daher sind die verschiedenen Theorien der Motivation in der Regel nicht direkt miteinander vergleichbar und aus diesem Grund kann nicht eine als „besser" beurteilt werden als die anderen. Alle Theorien versuchen jedoch, dieselbe grundlegende Frage zu beantworten: die Frage nach den Beweggründen menschlichen Verhaltens.

I. Triebreduktionstheorien

2. Kapitel
Die psychoanalytische Theorie der Motivation

Einleitung

Freuds psychoanalytische Theorie ist wohl die allgemeinste und bekannteste Konzeption der Motivation. Diese Konzeption ist so umfassend, daß es wenig sinnvoll ist, zu fragen, ob sie in ihrer Gesamtheit „richtig" oder „falsch" ist. Für einige Aspekte der Theorie ist eine akzeptable Validität nachgewiesen worden; für andere Teile findet sich überhaupt keine empirische Bestätigung, und eine Reihe weiterer Behauptungen liegen jenseits der empirischen Überprüfbarkeit. In diesem Kapitel werden Freuds Theorie der Motivation und ihre späteren Modifikationen durch die „Ichpsychologen" dargestellt. Die von anderen Psychoanalytikern wie Adler, Jung und Rank entwickelten Konzeptionen bleiben hier unbehandelt, und zwar deshalb, weil sie weniger einflußreich waren als Freuds Ideen und weil die motivationalen Aspekte dieser Theorien nicht so klar formuliert sind.

Im Anschluß an die Beschreibung des psychoanalytischen Ansatzes werden sieben mit der Freudschen Theorie zusammenhängende Forschungsgebiete kurz erörtert. Diese Forschungsgebiete sind: Triebe und Instinkte, Aggression und Katharsis, Sexualverhalten, Träume, Abwehrmechanismen, Befriedigungsaufschub und kognitive Stile. Die ersten vier davon (Triebe, Aggression, Sexualität und Träume) beziehen sich hauptsächlich auf den Funktionsbereich des Es, während die restlichen (Abwehr, Befriedigungsaufschub und kognitive Stile) Zustände und Prozesse betreffen, für die in erster Linie das Ich verantwortlich ist.

Grundprinzipien der Freudschen Theorie

Homöostase und Hedonismus

Es ist hilfreich, Freuds Theorie im Kontext eines biologischen Überlebensmodells zu betrachten. Gemäß diesem Standpunkt, der in starkem Maße Darwin verpflichtet ist, wird der Mensch als Wesen angesehen, das in einer Welt begrenzter und eingeschränkter Ressourcen nach der Befriedigung seiner persönlichen Bedürfnisse strebt. Um diese Bedürfnisse zu befriedigen, müssen Handlungen unternommen werden, die zu den gewünschten Zielen führen. Praktisch alle derartigen Ziele befinden sich in der Umwelt des Individuums. Der Mensch muß sich also an die gegebene Umwelt anpassen und in ihr leben lernen.

Betrachten wir zum Beispiel eine psychologische Analyse der Steuerung des Verhaltens durch das Nahrungsbedürfnis. Alle Organismen haben ein biologisches Bedürfnis nach Nahrung. Dieses Bedürfnis macht sich dem Organismus bemerkbar, indem es Unbehagen verursacht. Es gibt in der Umwelt ein begrenztes Nahrungsangebot, und die Organismen müssen um diese Ressourcen konkurrieren. Wenn das Individuum durch geeignete Aktivitäten zu Nahrung kommt und diese zu sich nimmt, enden die den Nahrungsentzug begleitenden internen Reize und schmerzhaften Empfindungen (wie z.B. Hungerkrämpfe). Der Organismus fühlt sich befriedigt und bleibt in einem unmotivierten bzw. Ruhezustand, bis neue Hungergefühle einsetzen. Diese zyklisch auftretenden Hungergefühle führen dann erneut zu Nahrungsbeschaffungsverhalten.

Die obenstehende Analyse beruht auf zwei zentralen Konzepten: *Homöostase* und *Hedonismus*. Unter *Homöostase* versteht man die Tendenz zur Erhaltung eines relativ stabilen inneren Milieus; d.h. der Organismus ist bestrebt, in einem inneren Gleichgewichtszustand zu verbleiben. Ein Ungleichgewichtszustand

Sigmund Freud

(Culver Pictures, Inc., New York)

(Courtesy of National Library of Medicine)

(The Bettmann Archive, Inc.)

Sigmund Freud wurde am 6. Mai 1856 in Friedberg, Mähren, geboren und starb am 23. September 1939 in London. Den überwiegenden Teil seines Lebens verbrachte er in Wien; er verließ diese Stadt erst, als die Nazis 1938 in Österreich einmarschierten. Freud begann seine wissenschaftliche Laufbahn als Neurologe und erwarb sich durch seine neurologischen und medizinischen Untersuchungen in kurzer Zeit einen Ruf. Diese Arbeit wurde trotz schwerwiegender finanzieller Schwierigkeiten fortgeführt, die sogar einen zeitweiligen Aufschub seiner Heirat erzwangen.

1885 reiste Freud nach Paris, um bei Jean Charcot Hypnose und die Behandlung der Hysterie zu studieren. Er kam jedoch zu der Überzeugung, daß die Hypnose eine unbefriedigende Therapiemethode sei, und begann eine von Josef Breuer entwickelte Behandlungstechnik zu verwenden, bei der die Patienten angehalten werden, zu ihren Symptomen „frei zu assoziieren". 1895 veröffentlichten Freud und Breuer die „Studien über Hysterie", die Freuds erste Ideen über das Unbewußte enthielten.

Die introspektiven und Selbstberichts-Daten, die Freud sammelte, brachten ihn dazu, sich zunehmend auf sexuelle Konflikte als Ursache der Hysterie zu konzentrieren. In der Folge trennten sich die Wege von Freud und Breuer; Freud arbeitete allein weiter und entwickelte aufsehenerregende und originelle Ideen über die psychosexuelle Entwicklung, den Ödipuskomplex, Träume, das Unbewußte und eine Vielzahl weiterer psychischer Vorgänge und Phänomene.

Freud umgab sich mit einer Gruppe von Schülern, zu denen der Schweizer Jung und der Österreicher Adler gehörten. Aber häufig waren seine zwischenmenschlichen Beziehungen stürmisch, und Freundschaften wurden oft abgebrochen. Sein faszinierendes Leben umfaßte seine Selbstanalyse, Jahre der Kokainabhängigkeit, die Erkrankung an Kieferkrebs und eine Einladung an die Clark University im Jahre 1909, die ihm nach einer langen Zeit der wissenschaftlichen Verbannung den Weg zur Anerkennung ebnete.

Es gibt eine Reihe von Gründen, weshalb Freud von der etablierten Wissenschaft nicht anerkannt wurde. Er hatte keinen Kontakt mit anderen Wissenschaftlern und so gut wie keine akademische Korrespondenz. Zudem legte er kein sorgfältig zusammengetragenes Beweismaterial vor, um seine Ideen zu stützen, und sammelte seine „Fakten" in einer mysteriösen und geheimen Atmosphäre, die außer seinen Patienten allen verschlossen war. Und schließlich stammte Freud aus einer unbekannten jüdischen Familie zu einer Zeit der religiösen Diskriminierung. Aus all diesen Gründen fand seine Theorie bei anderen Wissenschaftlern anfänglich ein sehr negatives Echo. Eine vollständigere Darstellung von Freuds Leben und seinen Schwierigkeiten, Anerkennung zu erringen, findet sich bei Jones (1953–1957) sowie bei Shakow und Rapaport (1964).

Es ist erwähnenswert, festzuhalten, daß Freud zu einer anhaltenden Denkrichtung gehört, die den Menschen in seine Schranken verweist. Zuerst entfernte Kopernikus die Erde und ihre Bewohner aus dem Zentrum des Universums; dann leugnete Darwin die Sonderstellung des Menschen in der Natur; schließlich vertrat Freud die Auffassung, der Mensch sei irrational und sich nicht einmal seiner eigenen Motivationen bewußt. Der nächste Schritt wird vielleicht die Demonstration sein, daß unbelebte Objekte konstruiert werden können, die intelligenter sind als ihre Erbauer.

ist zum Beispiel bei Nahrungsmangel gegeben. Daher werden Handlungen eingeleitet, die der Nahrungsbeschaffung dienen, um den Organismus wieder in den Gleichgewichtszustand zurückzuführen. Diese Konzeption ist eng mit dem Namen des englischen Physiologen Walter Cannon (1932) verbunden, der in der ersten Hälfte des 20. Jahrhunderts wirkte.

Der *Hedonismus*, eine utilitaristische Doktrin, die auf den Philosophen Jeremy Bentham (1779) zurückgeht, behauptet, daß Lustgewinn und Glück die Hauptziele im Leben seien. Wenn Homöostase das Leitprinzip des Verhaltens ist, dann ist Lust das Resultat oder Nebenprodukt des Gleichgewichtszustands, in dem alle Wünsche befriedigt sind.

Freud akzeptierte die hedonistische Doktrin und das Prinzip der Homöostase. Nach Freud strebt das befriedigte Individuum normalerweise nicht nach irgendeiner Stimulation, denn Aktivität ist ein Zeichen für Unbefriedigtheit. Nirwana ist im Gegenteil durch die Abwesenheit von Bedürfnisspannungen und durch Inaktivität gekennzeichnet. Freuds Postulierung eines „Todestriebs" oder „Todeswunsches" ist die logische Konsequenz dieser Position, denn im Tod gibt es keine unbefriedigten Bedürfnisse. Ähnlich verhält es sich mit dem angeblichen Wunsch, „in den Mutterleib zurückzukehren", in dem alle Wünsche erfüllt sind und wo man sich völlig in der wohltätigen Fürsorge eines anderen befindet.

Psychische Energie

Es wurde bereits darauf hingewiesen, daß Walter Cannon (Homöostase), Jeremy Bentham (Hedonismus) und Charles Darwin (Überlebensmodell) mit Freuds Denken verbunden sind. Darüber hinaus wurde Freud von dem deutschen Physiker Hermann von Helmholtz beeinflußt, der die Auffassung vertrat, daß physiologische Vorgänge mit mechanistischen Prinzipien aus Physik und Chemie erklärt werden könnten. Freud behauptete, daß alle psychologischen Vorgänge (z.B. Nahrung suchen oder auch nur daran denken) den Einsatz von Energie erfordern. Drei damit verbundene Konzepte sind besonders eng mit seiner Erklärung menschlichen Verhaltens verknüpft: die Erhaltung der Energie, Entropie und eine Unterscheidung zwischen kinetischer und potentieller Energie.

Freud begriff den Menschen als geschlossenes Energiesystem. Das heißt, jedes Individuum verfügt über eine bestimmte, gleichbleibende Energiemenge. Diese Vorstellung wurde aus dem von Helmholtz 1847 aufgestellten Gesetz von der Erhaltung der Energie abgeleitet, welches besagt, daß Energie weder erzeugt noch zerstört wird. Eine Ableitung aus diesem Gesetz lautet, daß Energie, wenn sie für die Ausführung einer bestimmten Funktion gebraucht wird, nicht für andere Funktionen verfügbar ist. Entropie bezieht sich auf das Ausmaß an nichtverfügbarer Energie.

Laut Freud ist ein Teil der Energie kinetisch oder gebunden. Eine Bindung von Energie wird als „Kathexis" bezeichnet (aus dem Griechischen „kathexein", was soviel heißt wie „besetzen"). Zu einer

Kathexis kommt es immer dann, wenn ein begehrtes Objekt momentan nicht erreichbar ist. Die Besetzung eines Objekts mit Energie bzw. eine Kathexis bedeutet allerdings nicht, daß Energie buchstäblich die Person verläßt. Vielmehr kommt es zu einem Gefühl der Sehnsucht nach dem Objekt, und es treten wiederholt das Objekt betreffende Gedanken, Vorstellungen und Phantasien auf. Eine Kathexis ist häufig nur temporärer Natur, denn sobald das erstrebte Ziel erreicht ist, wird die Energie freigesetzt. Das heißt, die gebundene Energie wird in freie (potentielle) Energie umgewandelt, die nun für andere Funktionen verfügbar ist. Wenn alle Wünsche einer Person erfüllt sind, dann ist ihre gesamte Energie frei. Die Energieverteilung hängt demnach mit dem subjektiven Wohlbefinden zusammen.

Überlegen wir, wie Freud eine Situation analysieren würde, in der eine geliebte Person für eine bestimmte Zeit verreisen muß. Da diese Person nicht mehr für die Bedürfnisbefriedigung zur Verfügung steht, wird sie zu einem Objekt der Kathexis. Energie ist jetzt gebunden, und das unbefriedigte Individuum wird vielleicht davon phantasieren, mit der geliebten Person beisammen zu sein, Tagträume von ihrer Wiedervereinigung haben, usw. Die Bindung von Energie ist unangenehm und zeigt an, daß unbefriedigte Bedürfnisse bestehen. Zudem ist die Energie nicht für andere Aktivitäten verfügbar. Das Individuum könnte daher etwa mangelndes Interesse für andere Freunde und Hobbies empfinden. Wenn die ersehnte Person zurückkehrt, dann werden (im Idealfall) die Bedürfnisse wieder befriedigt, die gebundene Energie wird für andere Tätigkeiten freigesetzt, und es besteht ein Zustand des subjektiven Wohlbefindens. Beachten Sie, wie eng die Konzepte Homöostase, Hedonismus und Energie in Freuds Theorie miteinander verbunden sind.

Psychologischer Determinismus

Mit psychologischem Determinismus ist die Grundannahme gemeint, daß Gedanken und Handlungen die notwendige Folge bestimmter Ursachen sind. Freud trieb dieses Prinzip ins Extrem mit seiner Behauptung, daß *alle* psychologischen Phänomene Ursachen haben und daher erklärt werden können – eine sehr optimistische Position. Damit ist auch die Grundlage für wissenschaftliche Vorhersagen geschaffen, denn wenn Vorgänge verursacht sind, dann können sie auch vorhergesagt werden. Allerdings beschäftigte sich Freud nicht mit der *Prädiktion* (Vorhersage) von Verhalten, sondern mit dessen *Postdiktion* (Erklärung). Das heißt, anstatt die Zukunft vorherzusagen, interpretierte er die Vergangenheit. Er begann also z.B. mit seinen Nachforschungen bei einer Person, die bereits neurotisch war, und versuchte dann herauszufinden, was ihren Zustand verursacht hatte.

Daß eine Theorie postdiktiver Natur ist, muß nicht unbedingt ein Nachteil sein, denn die Fähigkeit einer Theorie, bereits eingetretene Phänomene zu erklären, wird häufig als ebenso wichtig erachtet, wie ihre Fähigkeit, zukünftige Phänomene vorherzusagen. Die Darwinsche Theorie wird ja auch nicht wegen ihres postdiktiven Charakters kritisiert, d.h. deswegen, weil sie die Evolution des Menschen im nachhinein erklärt. Aber die Postdiktion birgt Gefahren in sich: Man muß auf der Hut vor Ad-hoc-Erklärungen sein, die zwar bestimmten bekannten Fakten entsprechen, aber wenig Beziehung zur formalen Gesamttheorie haben.

Witze, Versprecher und Träume. Freud wandte das deterministische Prinzip sowohl auf pathologische Phänomene, wie Hysterie und Zwänge, als auch auf normale Handlungen an, die vor der Entwicklung seiner Konzeption noch keiner systematischen psychologischen Analyse unterzogen worden waren. Drei scheinbar ganz verschiedene Aspekte des Normalverhaltens – Witze, Versprecher und Träume – fanden sein besonderes Interesse. Nach Freud haben alle drei Verhaltensweisen dieselbe Funktion – die Ersatzbefriedigung eines unerlaubten Impulses oder unerfüllten Wunsches. Das heißt, sie sind versteckte Methoden der Spannungsreduktion.

Betrachten wir zum Beispiel den folgenden Witz:

> Auf einem Golfplatz, mitten auf einem Grün, schickt sich gerade ein Golfspieler an, den anderen zu erwürgen. Kommt ein dritter dazu und sagt beiläufig zum Aggressor: „Entschuldigen Sie, aber Sie verwenden einen völlig falschen Griff.“

Freud glaubte, daß ein solcher Witz deshalb Gelächter hervorruft, weil damit unbewußte aggressive Triebe befriedigt werden. Ein Ausleben dieser Wünsche wird normalerweise verhindert. Sie können jedoch ein Ventil in der sozial akzeptierten Form eines Witzes finden. Zusätzlich „braucht ein guter Witz einen Zuhörer; es ist nicht nur sein Ziel, ein Verbot zu umgehen, sondern auch, den Zuhörer durch sein Lachen mit einzubeziehen, den lachenden Zuhörer zum Komplizen zu machen und dadurch sozusagen die Überschreitung zu *sozialisieren*“ (Volosinov, 1976, S. 58–59).

Ähnlich haben auch mentale Fehlleistungen wie Versprecher und Vergessen psychische Ursachen:

Ein solcher hartnäckiger Druckfehler soll sich einmal in ein sozialdemokratisches Blatt eingeschlichen haben. In dem Bericht über eine gewisse Festlichkeit war zu lesen: Unter den Anwesenden bemerkte man auch seine Hoheit den *Korn*prinzen. Am nächsten Tag wurde eine Korrektur versucht. Das Blatt entschuldigte sich und schrieb: Es hätte natürlich heißen sollen: den *Knor*prinzen (Freud, 1916–17/1969, S. 55).

Auch Träume sind Wunscherfüllungen oder zumindest Versuche der Wunscherfüllung, die ihren Ursprung in sexuellen und aggressiven Impulsen haben. Freud behauptete, daß die wirkliche Bedeutung des Traumes – sein *latenter* Inhalt – der Person verborgen sei. Der *manifeste* Trauminhalt – das, was der Träumende berichtet – sei normalerweise eine Entstellung des „wahren" Trauminhalts. Freud glaubte jedoch, daß die latente Traumbedeutung durch entsprechende Analysen aufgedeckt werden könne. Er meinte daher, daß der Traum den „Königsweg" zum Unbewußten darstelle. Freud erklärte auch, daß die Ersatzbefriedigung, die der Traum ermögliche, eine schlaferhaltende Funktion habe; er glaubte, daß ohne Träume unangenehme Impulse den Schlafenden stören und aufwecken würden (Bezüglich Forschungsarbeiten zum Traum vgl. unten).

Die Struktur der Persönlichkeit

Laut Freud gibt es drei Komponenten oder Teile der Persönlichkeit: das Es, das Ich und das Über-Ich. Jede dieser Strukturen hat eine ganz bestimmte und einzigartige Funktion zu erfüllen und zeichnet sich durch eine besondere Funktionsweise aus. Es, Ich und Über-Ich sind natürlich nicht als irgendwo im Gehirn oder Körper der Person lokalisierbare Teile zu verstehen, sondern vielmehr als Konstrukte, die interagierende, hypothetische Strukturen repräsentieren. Sie wurden von Freud postuliert, um die Beobachtung zu erklären, daß Verhalten sich in der Regel aus einem Kompromiß zwischen Wünschen, Einschränkungen der Umwelt und internalisierten moralischen Normen ergibt. Mit anderen Worten, Verhalten wird bestimmt durch Triebe, Vernunft und Ideale.

Das Es

Das Es wird von Freud als das älteste System innerhalb der Person angesehen. Es hängt sehr eng mit vererbten sexuellen und aggressiven Trieben zusammen. Die Person ist sich der Existenz vieler dieser angeborenen Triebe nicht bewußt; die Inhalte des Es sind also größtenteils *unbewußt* (vgl. Abb. 2.1).

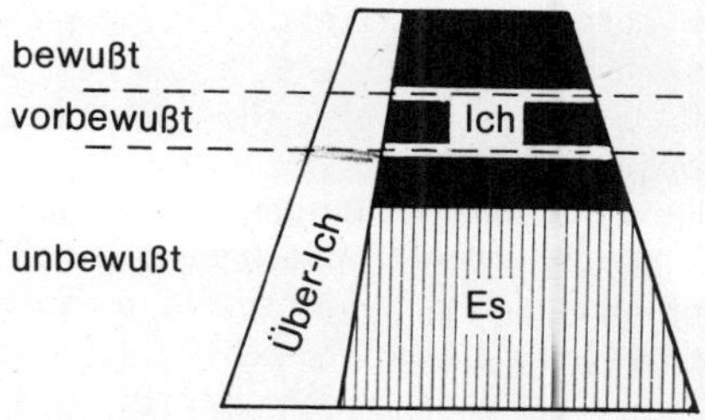

Abbildung 2.1: Die Beziehung zwischen Persönlichkeitsstrukturen und Bewußtseinsebenen

Das Es ist das Reservoir der gesamten psychischen Energie (auch als „libido", lateinisch für „Lust", bezeichnet). Die Verfügbarkeit dieser Energie erlaubt es dem Es, auf körperliche Bedürfnisse direkt zu reagieren. Innere Körperspannung kann vom Es nicht ertragen werden; es trachtet daher danach, diese sofort zu entladen. Demnach funktioniert das Es nach dem Lustprinzip bzw. gemäß der hedonistischen Doktrin. Angestrebt wird unmittelbare Lust, und erreicht wird diese durch homöostatische Prozesse und Spannungsreduktion.

Wie erreicht nun das Es seine Ziele? Vor allem untersteht ihm der Reflexapparat. Stellen wir uns zum Beispiel einen Säugling vor, der Hunger verspürt. Auf dieses Bedürfnis reagiert er mit dem Saugreflex. Beim Vorhandensein geeigneter Umweltbedingungen, etwa einer Brust oder Flasche, reduziert dieses Reflexverhalten das Hungerbedürfnis und ruft dadurch einen angenehmen Zustand sowie Schlaf hervor.

Das Es hat noch einen weiteren, weniger offensichtlichen Mechanismus für den Dienst am Lustprinzip zur Verfügung. Die Funktionsweise des Es ist durch „Primärprozeß"-Denken charakterisiert. Diese Denkform ist uns wahrscheinlich am besten aus unserem eigenen Traumerleben bekannt. Primärprozeßhaftes Denken ist unlogisch und zeitlos, und Reales wird nicht von Irrealem unterschieden. So werden z. B. Halluzinationen nicht von tatsächlichen Ereignissen unterschieden. Daher kann das Es im Fall der Nichtverfügbarkeit einer externen Bedürfnisbefriedigung auf innere mentale Vorgänge, wie Halluzinationen, zurückgreifen, um seine Wünsche zu erfüllen. Der hungrige Säugling kann sich z.B. nach Freud zur Spannungsreduktion die Verabreichung der Milch vorstellen. In Ausweitungen dieser Theorie auf den Bereich der Leistungsmotivation wurde ähnlich angenommen, daß wir unsere Leistungsbedürfnisse zumindest zeitweilig befriedigen können, indem wir von großen Errungenschaften träumen.

Das Ich

Es leuchtet ein, daß Organismen, um zu überleben, lernen müssen, einen Unterschied zwischen Milch und der Vorstellung von Milch zu machen, d.h. zwischen Phantasie und Wirklichkeit zu unterscheiden. Das Es, insofern es den Regeln des Primärprozeßdenkens folgt, ist nicht in der Lage, diese Unterscheidung zu vollziehen. Zudem kann die unmittelbare Bedürfnisbefriedigung manchmal zu mehr Unlust als Lust führen, wie zum Beispiel im Fall sexueller und aggressiver Verhaltensweisen, die von der Gesellschaft bestraft werden. Da das Es nach unmittelbarer Befriedigung strebt, kann Genuß nicht aufgeschoben werden. Um dem Problem der Unterscheidung zwischen Phantasie und Wirklichkeit sowie der Notwendigkeit des Befriedigungsaufschubs gerecht zu werden, entwickelt sich aus dem Es eine neue Struktur, die als Vermittler zwischen ihm und der Realität fungiert. Diese Struktur ist das Ich.

Das Ich wird weniger vom Lustprinzip als vielmehr vom „Realitätsprinzip" gelenkt. Das bedeutet aber nicht, daß der Hedonismus aufgegeben wird. Vielmehr unterstützt das Ich das Es in seinem Streben nach Lust und Triebbefriedigung, wobei es aber den Erfordernissen der Realität Rechnung trägt. Das Ich folgt den Regeln des „Sekundärprozeß"-Denkens. Es ist dies das durch Logik, Zeitorientierung und die Unterscheidung von Realität und Irrealität gekennzeichnete Denken des Erwachsenen. Das Ich verfügt auch über die „Werkzeuge" Gedächtnis und Konzentration sowie über die Kontrolle der Willkürmotorik. Somit stellt das Ich für den Organismus ein Instrument zum Befriedigungsaufschub, zur langfristigen Planung von Zielen usw. dar.

Die Inhalte des Ich sind weitgehend bewußt (vgl. Abb. 2.1). Jedoch ist sich der Mensch nicht *aller* Aspekte der Ich-Funktionen bewußt. So umfaßt das Ich auch die Abwehrmechanismen, wie zum Beispiel Verdrängung, die das Individuum vor psychischem Schmerz schützen; diese Abwehrmechanismen sind der Person im allgemeinen nicht bewußt (eine eingehendere Erörtung der Abwehrmechanismen findet sich an späterer Stelle in diesem Kapitel). Ebenfalls nicht bewußt ist der größte Teil früherer Erfahrungen; diese sind vielmehr vorbewußt, d.h. nicht direkt im Bewußtsein, aber leicht zugänglich im Gedächtnis gespeichert.

Das Über-Ich

Laut Freud entwickelt sich das Über-Ich als letzte der drei Persönlichkeitsstrukturen. Es hat zwei Hauptfunktionen, die beide auf eingebauten Verstärkungsmechanismen beruhen: (1) die Person für moralisches Verhalten zu belohnen und (2) sozial nicht sanktionierte Handlungen durch das Hervorrufen von Schuldgefühlen zu bestrafen. Das Überich repräsentiert also die Gesamtheit der internalisierten moralischen Normen und wird oft als das „Gewissen" einer Person bezeichnet. Anders als das Ich schiebt das Überich die Äußerung inakzeptabler Impulse nicht nur auf, sondern leistet ihnen aktiv Widerstand.

Freud vertrat die Auffassung, daß die Entwicklung des Über-Ich mit der Identifikation des Kindes mit seinem gleichgeschlechtlichen Elternteil beginnt. Dabei werden moralische Werte internalisiert, das passende Geschlechtsrollenverhalten angenommen und der Konflikt mit dem gleichgeschlechtlichen Elternteil um die Zuneigung des andersgeschlechtlichen Elternteils (die ödipale Situation) gelöst. Die Analyse der Lösung des ödipalen Konflikts führte zur Entdeckung der Universalität des Inzesttabus, welche als eine der bedeutendsten Entdeckungen der Sozialwissenschaften angesehen wird. (Mehr dazu später.) Weil das Es und das Über-Ich unbewußt sind, „ist ein normaler Mensch weit unmoralischer, als er von sich glaubt ... und weit moralischer, als er weiß" (Volosinov, 1976, S. 46).

Die Integration der Persönlichkeitsstrukturen

Freud wurde stark durch seine neurologische Ausbildung beeinflußt, in deren Verlauf er die hierarchische Organisation neuraler Strukturen kennenlernte. So kann z.B. das Auftreten bestimmter Nervenimpulse das Auftreten anderer Nervenimpulse verhindern. Ähnlich kann das Ich die Bestrebungen des Es verhindern. Freud betrachtete das Ich als Exekutivorgan oder „höchste" Struktur der Person, welche für die eigentlichen Verhaltensentscheidungen verantwortlich sei. In dieser Funktion muß es die ständigen Forderungen des Es befriedigen und die Idealvorstellungen des Über-Ich besänftigen, wobei es selbst an die Beschränkungen der Realität gebunden bleibt (vgl. Abb. 2.2).

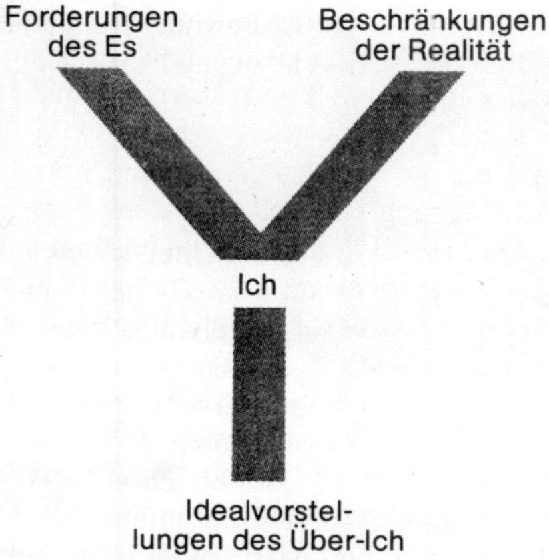

Abbildung 2.2: Das Ich als Vermittler von Verhalten

In den Worten Freuds:

> So vom Es getrieben, vom Über-Ich eingeengt, von der Realität zurückgestoßen, ringt das Ich um die Bewältigung seiner ökonomischen Aufgabe, die Harmonie unter den Kräften und Einflüssen herzustellen, die in ihm und auf es wirken, und wir verstehen, warum wir so oft den Ausdruck nicht unterdrücken können: Das Leben ist nicht leicht! (Freud, 1933/1969, S. 515).

Die Rolle der Persönlichkeitsstrukturen in der Verhaltensdynamik

Freud brachte Homöostase und Hedonismus in direkten Zusammenhang mit den Persönlichkeitsstrukturen. Zunächst einmal liegt die für Verhalten benötigte Energie im Es, welches unmittelbar auf körperliche Bedürfnisse reagiert. Das Ich jedoch, als „höhere“ Struktur, hat die Macht, eine sofortige Befriedigung zu verhindern. Wenn die Zielverwirklichung zu mehr Unlust als Lust führen könnte, errichtet das Ich eine „Gegen-Kathexis“. Die Gegen-Kathexis, jene Kraft, die einer Zielverwirklichung entgegensteht, hat die Form einer psychischen Abwehr bzw. eines Abwehrmechanismus. Die Abwehr kann z.B. durch eine Verdrängung geschehen, die den bedrohlichen Wunsch aus dem Bewußtsein verbannt, so daß das Individuum nicht direkt auf ihn reagiert. Die Abwehr kann sich in einem neurotischen Symptom manifestieren – wie etwa in einer hysterischen Blindheit –, welches die Person ebenfalls vom Erreichen des gewünschten Zieles abhält. Die Existenz eines Konfliktes zwischen einer Es-Kathexis und einer vom Ich errichteten Gegen-Kathexis ist der Kern von Freuds Modell motivierten Verhaltens. Freud sah die Person im Zustand eines ständigen Konfliktes zwischen persönlichen Wünschen und den Anforderungen der Gesellschaft. Solche Konflikte sind laut Freud die Grundlage für die Entwicklung von Neurosen.

Die Triebe

Eine Reihe von grundlegenden Begriffen der Freudschen Motivationstheorie wurden bereits eingeführt: Hedonismus und Homöostase; freie Energie, gebundene Energie und geschlossenes Energiesystem; Kathexis und Gegen-Kathexis; sowie Es, Ich und Über-Ich. Eines seiner wichtigsten Konstrukte, der *Trieb,* muß aber erst noch besprochen werden.

Laut Freud sind die Triebe appetitive (aufsuchende) interne Energiequellen des Verhaltens. Sie sind appetitiv, weil sie auf Objekte zuführen, statt von ihnen weg; intern, weil sie von Stoffwechselprozessen des Körpers herrühren; und Energiequellen, weil sie den Organismus antreiben bzw. das Verhalten energetisieren. Zudem haben Triebe ein Ziel (nämlich, befriedigt zu werden) und sind mit einem Objekt assoziiert, welches als „Befriediger“ fungiert.

Ein Trieb entspricht einem körperlichen Bedürfnis. Allerdings lösen Triebe nicht rein reflexhaft Verhalten aus. Vielmehr sind sie mental als Wunsch oder Verlangen repräsentiert. Freud vertrat daher die Ansicht, ein Trieb sei „ein Maß der Arbeitsanforderung, die dem Seelischen ... auferlegt ist“ (Freud, 1915/1975, S. 85).

Freud versuchte nicht, eine definitive Liste von Trieben zu erarbeiten, und änderte seine diesbezüglichen Ansichten mehrmals: Manchmal postulierte er nur einen, manchmal zwei Grundtriebe. Ursprünglich hatte er gemeint, es gebe zwei Kategorien von Trieben: Solche, die der Selbsterhaltung dienen (Hunger), und solche die auf den Gewinn von Lust ausgerichtet sind (Sexualität). Nach der Pubertät beginnt sich die sexuelle Lustempfindung auf die Geschlechtsorgane zu konzentrieren. Daher hängen die Sexualtriebe auch mit der Arterhaltung zusammen.

Später revidierte Freud sein System und erklärte, daß Selbsterhaltungstrieb und Sexualität („Hunger und Liebe“) nicht getrennt gesehen werden sollten. Anlaß für diese Meinungsänderung war seine Überzeugung, daß Libido, wenn sie aus der Außenwelt abgezogen wird, wie im Fall der Schizophrenie, stärker auf das Selbst konzentriert wird (Narzißmus). Aus dieser wechselseitigen Abhängigkeit zwischen externer und interner Objektbesetzung schloß Freud, daß es nur einen Grundtrieb gibt, der sowohl für die Selbst-, als auch die Arterhaltung verantwortlich ist.

Später kehrte Freud wieder zu einer dualistischen Position hinsichtlich der Triebe zurück. Dichotomien bzw. Dualismen passen auch besser zu Freuds Gesamttheorie, die den Menschen als ein von Konflikten zerrissenes Wesen konzipiert. Freud meinte, daß es neben der libidinösen Energie oder dem Lebenstrieb noch einen Todestrieb gäbe. Dieser Auffassung ist nur von sehr wenigen Psychoanalytikern zugestimmt worden, und es ist daher von Interesse, Freuds Gedankengang näher zu betrachten, um herauszufinden, was ihn auf diese ziemlich ungewöhnliche Idee brachte (vgl. Monte, 1977).

Bei der Beobachtung von Kindern bemerkte Freud eine Tendenz zur Wiederholung von Spielen, bei denen es um Verschwinden und Wiederkommen geht, wie etwa das Verstecken und Wiederhervorholen von Gegenständen. Diese Spiele beinhalten allem Anschein nach die Wiederholung eines unangenehmen Vorkommnisses (das Verschwinden eines Wunschobjekts). Freud hatte den Eindruck, daß die Kinder durch das nochmalige Durchmachen und Durchleben schmerzhafter Ereignisse und den Versuch, sie zu kontrollieren, schließlich lernen, ihre Umwelt zu bewältigen.

Ähnlich wurde häufig von der Wiederholung traumatischer Ereignisse in Träumen berichtet. Und auch bei dem Phänomen der Übertragung (der Patient reagiert auf den Therapeuten wie auf einen Elternteil) wird laut Freud ein einschneidendes und unangenehmes früheres Erlebnis neu durchlebt.

Wegen des anscheinenden „Zwangs" zur Wiederholung unangenehmer Erlebnisse behauptete Freud (1920), daß es etwas „jenseits des Lustprinzips" geben müsse – etwas, das in direktem Gegensatz dazu stehe. Darüber hinaus glaubte Freud auch, daß die Triebe mit dem Ziel arbeiten, den Organismus in ein früheres Stadium zurückzuversetzen – in eine Stadium ohne jede Stimulation. Dies würde den Organismus in einen Gleichgewichtszustand zurückbringen, was ja letzlich das angestrebte Ziel ist. Daher schloß Freud: „Das Ziel alles Lebens ist der Tod" (Freud, 1920/1975, S. 248).

Diese Überlegungen führten Freud dazu, die Existenz zweier Triebe zu postulieren: Eros (Liebe), welcher die Selbsterhaltungstendenzen beinhaltet, und Thanatos (nach der griechischen Todesgottheit). Er behauptete, Aggressivität sei eine Manifestation des Todestriebes – Selbstdestruktivität, die nach außen gerichtet wird. Aggression ist demnach ein ererbter, wenn auch verschobener Trieb. Dieser Punkt wird später in diesem Kapitel noch genauer behandelt werden.

Die Freudsche Triebtheorie scheint wenig unmittelbare Beziehung zu beobachtbarem Verhalten zu haben. Aber Freud glaubte, daß es bestimmte Phänomene gebe, die nicht erklärt werden können, ohne ein Konstrukt von der Art eines Triebes bzw. eines inneren motivierenden Zustands zu postulieren. Er wollte eine Erklärung finden für irrationales Denken und pathologisches Verhalten; für Handlungsweisen, die von Menschen als jenseits ihrer persönlichen Kontrolle liegend empfunden werden, wie Zwangshandlungen und Zwangsvorstellungen; sowie für Phänomene wie etwa Träume, die „spontan", ohne irgendwelche externen Auslöser auftreten. Triebe oder Antriebskräfte können auf Grund ihrer speziellen Eigenschaften eine Erklärung für diese Verhaltensweisen liefern. Laut Freud sind Triebe zwingend, d. h. man kann sich nicht für oder gegen sie entscheiden. Darüber hinaus sind sie zyklisch: Nach der Erreichung des Ziels nimmt ihre Intensität ab und steigt dann mit der Zeit allmählich wieder an. Und obwohl Triebe selektiv und auf bestimmte Ziele ausgerichtet sind, können sie auch verschoben werden, und es gibt eine Menge potentieller Substitute für ein begehrtes Objekt, welches abwesend oder auf Grund sozialer Beschränkungen unerreichbar ist.

Formale Modelle der Kognition und des Handelns

Mit diesem Hintergrundwissen ausgrüstet, sind wir jetzt in der Lage, Freuds formale Verhaltensmodelle näher zu betrachten. Erinnern wir uns, daß jedes Verhalten von triebhaften (Es-) Wünschen ausgelöst wird und auf diesen beruht. Diese Wünsche stellen die kognitive Repräsentation der vom Körper gestellten Triebforderungen dar und setzen Handlungen in Gang, die den triebhaften Drang reduzieren. Wie bereits angedeutet, kann ein Wunsch als eine mit Energie besetzte Vorstellung aufgefaßt werden; diese Energie bzw. Libido wird freigesetzt, wenn das gewünschte Ziel erreicht ist.

Die empirische Basis dieser Theorie ist die Beobachtung der Unruhe, die von hungrigen Säuglingen an den Tag gelegt wird, und ihre nachfolgende Beruhigung, sobald sie die Brust oder Flasche bekommen:

Unruhe → Saugen an der Brust → Beruhigung

Auf der theoretischen Ebene wird diese Verhaltenssequenz folgendermaßen dargestellt:

Kathexis (Besetzung) ⟶	objektbezogene Handlung ⟶	entladene Kathexis; *oder*
Trieb ⟶	Triebhandlung →	Triebbefriedigung; *oder*
Unlust ⟶	Verhalten ⟶	Lust

Die hier dargestellte Sequenz beobachteten Verhaltens und ihre theoretische Analyse beziehen sich auf das sogenannte „primäre Handlungsmodell“ Freuds und beruhen auf dem hedonistischen bzw. Lustprinzip. Dieses motivationale Modell läßt Denkvorgänge außer Betracht und bezieht sich nur auf solche „Handlungen, die von Primärtrieben motiviert sind und ohne die Beteiligung psychischer Strukturen ablaufen“ (Rapaport, 1959, S. 71). Es ist daher ein „Reflexbogen“-Modell bzw. das Modell einer energiegetriebenen Maschine mit fixen Input-Output-Beziehungen.

Neben dem primären Handlungsmodell postulierte Freud drei weitere Modelle motivierten Verhaltens. Eines davon ist das „primäre Denkmodell“. Gedanken werden ebenso wie beobachtbares Verhalten von einem triebhaften Verlangen oder einem Wunsch hervorgerufen. Jedoch ist das Objekt, welches den Wunsch befriedigen könnte, in diesem Fall abwesend oder unerreichbar. Eine Wunscherfüllung kann dann dadurch erreicht werden, daß man vergangene Erfahrungen mit dem befriedigenden Objekt erinnert und halluziniert, daß diese Erlebnisse erneut ablaufen:

Kathexis (Besetzung) ⟶	Abwesenheit des Triebobjekts ⟶	Halluzinatorische Vorstellung

Eine halluzinatorische Vorstellung ist ein Beispiel für Primärprozeßdenken. Wie bereits erwähnt, unterscheidet das Primärprozeßdenken nicht zwischen Realität und Irrealität. Auf diese Weise können innere mentale Vorgänge als Mittel der Befriedigung dienen. Alles Denken, das von Primärprozessen beherrscht wird, wie etwa Träume, ist demnach Wunscherfüllung, und *alle* kognitiven Prozesse leiten sich aus Primärtrieben her; d.h. Denkvorgänge dienen der Befriedigung aggressiver und sexueller Triebe.

In Freuds primärem Handlungs- und Denkmodell werden Triebe bzw. triebhafte Wünsche mit ihrem unmittelbaren Ausdruck verknüpft. Es gibt keine zwischengeschalteten Prozesse (Ich-Funktionen), die dem Organismus bei seiner Anpassung an die Umwelt behilflich sind. Unmittelbare Triebbefriedigung, so Freud, kann jedoch machmal zu mehr Unlust als Lust führen. Daher schaltet sich das Ich zwischen Triebreiz und Verhalten und erzwingt einen Aufschub oder eine Richtungsänderung des Verhaltens. Das Ich hilft dem Es also dabei, den „Nettogewinn“ an Lust zu maximieren. Das sogenannte „sekundäre Handlungsmodell“ beinhaltet diese Aufschubmechanismen:

Kathexis (Besetzung) →	Befriedigungsaufschub ⟶	Umweghandlung ⟶	Befriedigung

In einer ähnlichen Form hat Freud auch ein sekundäres Denkmodell skizziert:

Kathexis (Besetzung) →	Abwesenheit des Triebobjekts ⟶	Aufschub; das Denken beschäftigt sich mit der Antizipation des Ziels und Plänen zu dessen Erreichung.

Die vier Freudschen Motivationsmodelle sind in Tabelle 2.1 zusammengefaßt. Der Unterschied zwi-

Tabelle 2.1: Freuds Modelle der Motivation

	Handlung	Denken
Primärmodell	Es – Handlung – Befriedigung „Reflexbogen“	Es – Objekt abwesend – Halluzination – Befriedigung Phantasietätigkeit als Wunscherfüllung
Sekundärmodell	Es – Ich – Umweghandlung – Befriedigung Ich verhindert unmittelbare Triebbefriedigung	Es – Ich – Pläne – Befriedigung Kognitionen helfen bei der Zielerreichung

schen Primär- und Sekundärmodellen besteht darin, daß nur bei den Sekundärmodellen das Ich sich zwischen das Auftreten des Wunsches und seine Befriedigung schaltet. Das Unterscheidungsmerkmal zwischen Handlungs- und Denkmodellen ist, wie schon die Bezeichnungen nahelegen, daß die Handlungsmodelle sich auf beobachtbares Verhalten beziehen, während die Denkmodelle sich mit auf die Zielerreichung gerichteten mentalen Vorgängen bzw. Kognitionen befassen.

Zusammenfassung: Die Theorie Freuds

Zur Verdeutlichung der Freudschen Konzeption der Motivation und zur Wiederholung eines Teils des komplexen Stoffes, der auf den vorangegangenen Seiten vorgetragen wurde, soll ein konkretes Beispiel durchbesprochen werden. Nehmen wir an, eine Person hat 40 Einheiten Es-Energie bzw. Libido zur Verfügung. Freud hat diesen Punkt zwar nicht näher behandelt, aber es kann angenommen werden, daß die Menge der libidinösen Energie, die ein Individuum zur Verfügung hat, während seines ganzen Lebens konstant bleibt und daß verschiedene Menschen unterschiedlich große Libidovorräte haben. Das Individuum ist vollkommen befriedigt, wenn es keine unerfüllten Wünsche oder Bedürfnisse hat. Infolge der zyklischen Natur der Triebe erheben jedoch nach einer gewissen Zeit aggressive und sexuelle Strebungen neuerlich die Forderung nach Befriedigung. Nehmen wir ferner an, es gibt Objekte in der Außenwelt, wie etwa Vater und Mutter, die diese Bedürfnisse befriedigen können. Das entsprechende Objekt der Außenwelt wird dann mit Energie besetzt. Wenn das besetzte Objekt fünf Energieeinheiten bindet, die der Stärke oder Intensität des Triebwunsches entsprechen, dann bleiben 35 Energieeinheiten ungebunden und frei für andere Zwecke. Die anschließende Erreichung des Zielobjekts durch eine Reflexhandlung oder eine andere Form beobachtbaren Verhaltens (d.h. eine Manifestation des primären Handlungsmodells) löst die Kathexis auf, so daß wiederum 40 freie Energieeinheiten verfügbar sind. Das Individuum wird dadurch in einen Zustand der Befriedigung zurückversetzt.

Es kann jedoch sein, daß die Erlangung des gewünschten Objekts insgesamt zu mehr Unlust als Lust führen würde. Ist das der Fall, so errichtet das Ich eine Gegen-Kathexis, die eine sofortige Zielerreichung verhindert. Die Gegen-Kathexis tritt in Form eines Abwehrmechanismus wie Verdrängung oder Verleugnung auf, der den inakzeptablen Wunsch davon abhält, ins Bewußtsein einzudringen. Wie jede psychische Reaktion benötigt auch die Gegen-Kathexis Energie. Nehmen wir an, die Gegen-Kathexis bindet fünf Energieeinheiten, so daß sie die gleiche Stärke, aber umgekehrte Richtung, wie die Kathexis aufweist. Das Individuum ist jetzt in einer Konfliktsituation (Kathexis versus Gegen-Kathexis), welche zehn Energieeinheiten bindet. Damit bleibt für auf andere Ziele gerichtete Handlungen und für Pläne und Gedanken weniger Energie übrig.

Wenn das Ich effizient arbeitet, dann werden Ersatzziele ausgewählt, Pläne erstellt usw., um das Es in seinem Bestreben zu unterstützen, die innere Triebspannung zu reduzieren. Die Erreichung einer Teilbefriedigung über ein Ersatzobjekt oder eine abgewandelte Reaktion (z.B. Vaters Zeitung verstecken anstatt ihn zu schlagen) – beide Möglichkeiten entsprechen dem sekundären Handlungsmodell – setzt einen Teil der durch Kathexis und Gegen-Kathexis gebundenen Energie frei. Wenn aber das Ich „schwach" ist, so ist damit eine Voraussetzung für die Entwicklung neurotischen Verhaltens gegeben, denn es besteht dann eine gewisse Wahrscheinlichkeit, daß eine unangemessene Methode zur Streßbewältigung oder Wunscherfüllung gewählt wird. Eine solche inadäquate Methode könnte beispielsweise die Entwicklung eines neurotischen Symptoms wie etwa einer hysterischen Armlähmung sein. Dieses Symptom könnte die Aufmerksamkeit und Zuwendung einer geliebten Person bewirken oder sogar eine minimale Form von Aggression ermöglichen (diese positiven Nebenwirkungen nennt man den „sekundären Gewinn" eines Symptoms). Aber auf Dauer ist die Symptombildung ein ineffizientes und inadäquates Mittel zur Triebreduktion.

Dieses Beispiel macht einige der grundlegenden Prinzipien und Annahmen der Freudschen Theorie der Verhaltensdynamik deutlich, nämlich:

1. Gegenstand der psychoanalytischen Theorie sind Denkvorgänge und Verhalten sowohl des

normalen als auch des pathologischen Bereichs.
2. Grundlage für die Erklärung von Verhalten und Erleben ist die Annahme eines psychologischen Determinismus.
3. Verhalten ist „überdeterminiert', d.h. es hat bewußte und unbewußte Determinanten, die dem Es, Ich und Über-Ich angehören können.
4. Alles Verhalten ist letztlich triebbestimmt, wobei die entscheidenden Verhaltensdeterminanten unbewußt sind.
5. Alles Verhalten verbraucht psychische Energie und wird durch sie motiviert. Es gibt eine grundlegende Tendenz zur Triebreduktion; Triebreduktion wird als lustvoll empfunden.
6. Das Ich verhindert die unmittelbare Triebbefriedigung, es ist verantwortlich für die Hemmung von Handlungen und kann das Es kontrollieren.
7. Verhalten wird aber auch von der sozialen Umwelt beeinflußt und von der Realität gesteuert, denn sowohl die sozialen Normen, die Handlungen einschränken, als auch die Triebobjekte sind normalerweise in der Umwelt lokalisiert.

Freuds wissenschaftliche Methode

Freuds wissenschaftliche Vorgehensweise ist sicherlich weit entfernt vom Konditionierungslabor Pawlows oder der Skinner-Box. Trotzdem war Freud mit der experimentellen Methode gut vertraut, hatte er doch eine Ausbildung als Neurologe und Mediziner erhalten. Er glaubte sogar, daß seine Methoden denen anderer Experimentalwissenschaftler glichen. Er pflegte eine Hypothese aufzustellen, bei der Beobachtung seiner Patienten in der Therapie die relevanten Daten zu sammeln und dann seine Hypothese zu verändern, um sie den neuen Fakten anzupassen. Die therapeutischen Sitzungen waren das „Mikroskop", mit welchem Freud die für seine Theorie relevanten Befunde entdeckte. Freud glaubte, daß adäquate Überprüfungen seiner Theorie nur im Rahmen der psychoanalytischen Behandlung durchgeführt werden könnten; darüber hinaus bedürfe es keiner weiteren Bestätigung. Seine Methode könnte daher als in erster Linie „dialektisch" beschrieben werden, d.h. er gelangte durch kritisches und logisches Überdenken und Abwägen von Standpunkten und Argumenten zur „Wahrheit".

Freud blieb unbeeindruckt von den experimentellen Verfahren, welche von Psychologen in ihrem Bestreben, die Dynamik des Verhaltens zu ergründen, entwickelt wurden. Als ein amerikanischer Experimentalpsychologe (Saul Rosenzweig) anscheinend die Existenz der Verdrängung in einer Laboruntersuchung demonstrierte, schrieb ihm Freud:

> Ich habe Ihre experimentellen Arbeiten zur Prüfung psychoanalytischer Behauptungen mit Interesse zur Kenntnis genommen. Sehr hoch kann ich diese Bestätigungen nicht einschätzen, denn die Fülle sicherer Beobachtungen, auf denen jene Behauptungen ruhen, macht sie von der experimentellen Prüfung unabhängig. Immerhin, sie kann nicht schaden (Abb. 2.3).

Nichtsdestoweniger war es eine *experimentelle* Demonstration, welche Freud wahrscheinlich zuerst von der Existenz des Unbewußten überzeugte. Ziemlich am Anfang seiner Laufbahn beobachtete Freud ein von Bernheim durchgeführtes Hypnoseexperiment. Einer Patientin wurde die posthypnotische Suggestion gegeben, sie solle nach dem Erwachen in die Ecke des Zimmers gehen und einen Regenschirm aufspannen. Nach dem Erwachen aus der Hypnose und nachdem die festgesetzte Zeit verstrichen war, tat sie genau, wie man ihr geheißen hatte. Als man sie nach dem Grund ihrer Handlung fragte, erklärte sie, daß sie nachsehen wollte, ob der Schirm ihr gehöre. Auf der Grundlage dieser Demonstration gelangte Freud zu zwei wesentlichen Schlußfolgerungen: Erstens, „trotz all seiner subjektiven Ehrlichkeit liefert einem das Bewußtsein nicht immer eine Motivation, die auch den tatsächlichen Gründen für eine Handlung entspricht", und zweitens, „eine Handlung kann manchmal durch Kräfte bestimmt sein, die zwar in der Psyche operieren, aber nicht das Bewußtsein erreichen" (Volosinov, 1976, S. 32–33).

Daneben zog Freud noch diverse andere Datenquellen heran, um seine Theorie und seinen Glauben an unbewußte Verhaltensdeterminanten zu überprüfen. Hogan (1976) zählt acht Verhaltenskategorien auf, die Freud als gültige Indikatoren für unbewußte Motivation betrachtete:

1. Freie Assoziationen. Sie sind das Resultat typischer psychoanalytischer Techniken, bei denen von der Person verlangt wird, alles zu sagen, was ihr in den Sinn kommt.
2. Widerstände. Widerstandsbereiche umfassen teilweise Themen, über die die Person nicht reden möchte. Häufig wird jedoch auf einen Widerstand geschlossen, wenn eine Person nicht bereit ist, eine offenkundige Interpretation eines bestimmten Verhaltens zu akzeptieren.
3. Antipathien. Freud bemerkte, daß Menschen häufig Einstellungen und Charakterzüge ablehnen, die sie selbst

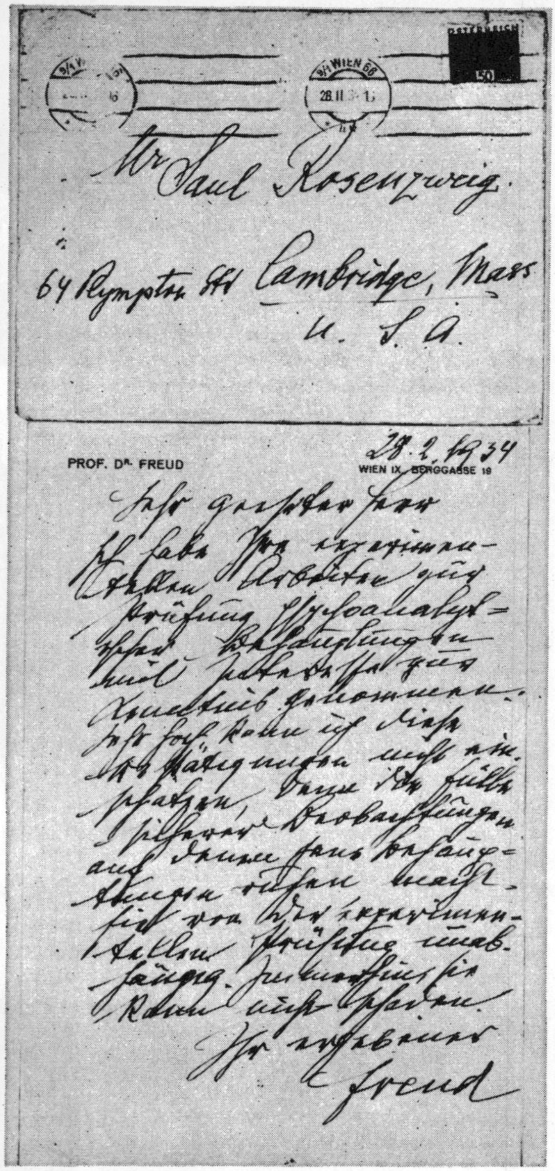
Mr Saul Rosenzweig.
64 Plympton St Cambridge, Mass
U. S. A.

PROF. DR. FREUD
28.2.1934
WIEN IX, BERGGASSE 19

Sehr geehrter Herr
Ich habe Ihre experimentellen Arbeiten zur Prüfung psychoanalytischer Behauptungen mit Interesse zur Kenntnis genommen. Sehr hoch kann ich diese Bestätigungen nicht einschätzen, denn die Fülle sicherer Beobachtungen, auf denen jene Behauptungen ruhen, macht sie von der experimentellen Prüfung unabhängig. Immerhin kann sie nicht schaden.
Ihr ergebener
Freud

Abbildung 2.3: Freuds Brief an Saul Rosenzweig. (Sigmund Freud Copyrights Ltd., London)

besitzen. Dieses Verhalten kommt durch den Abwehrmechanismus der „Reaktionsbildung" zustande, welcher theoretisch ein Gefühl wie Liebe in sein Gegenteil, Haß, verkehren kann. Beispielsweise wird oft die Ansicht vertreten, daß Personen, die Kreuzzüge gegen die Pornographie führen und dabei viel Zeit mit dem Lesen und Durchsehen pornographischen Materials verbringen, unbewußt stark von solcher Literatur angezogen werden.

4. Lebensmuster. Wiederkehrende Themen im Leben einer Person können auf unbewußte Wünsche hindeuten. So können z. B. wiederholtes Schul- und Eheversagen, Alkoholismus, Drogenabhängigkeit und ähnliche Erfahrungen Anzeichen tieferliegender Bestrebungen sein, die der Person nicht bewußt sind.
5. Witze und Fehlleistungen, wie oben besprochen.
6. Träume, wie ebenfalls oben besprochen.
7. Neurotische Symptome. Freud vertrat die Auffassung, daß solche Verhaltensweisen Ausdruck unbewußter Wünsche sind, denen die Erfüllung versagt wurde.
8. Kunstwerke. Schöpfungen der Kunst sollen ebenfalls die unbewußten Wünsche des Künstlers enthüllen.

Die Entstehung der Kultur

Aus den bisherigen Ausführungen wird klar, daß Freud den Menschen als ein im Grunde asoziales Wesen begriff. Individuen werden als egozentrisch und von Natur aus selbstsüchtig betrachtet; sie streben nach der Befriedigung aggressiver und sexueller Triebe, um biologische Spannungen abzubauen. Warum, so fragte Freud, sollte man seinen Nächsten lieben, da dies doch eine der Natur des Menschen zuwiderlaufende, unvernünftige Forderung ist? Die Zivilisation ist demnach ein störender Eingriff, der das freie Ausleben der Triebe verhindert. Damit eine organisierte Gesellschaft überhaupt existieren kann, muß der einzelne sexuelle und aggressive Triebe sublimieren, d.h. in Verhaltensweisen zum Ausdruck bringen, die der Gesellschaft nicht schaden oder ihr sogar nützen. Zum Beispiel glaubte Freud, daß große Künstler wie da Vinci und Michelangelo unerfüllte sexuelle Wünsche nach ihren Müttern hatten; ihre Es-Strebungen seien sublimiert worden und in künstlerischen Leistungen zum Ausdruck gekommen. Aber die psychischen Kosten für solche Transformationen sind hoch: Neurosen, so behauptete Freud, sind das Resultat von Triebunterdrückung; sie sind der Preis, den wir für die Vorteile des gesellschaftlichen Zusammenlebens bezahlen müssen.

Ichpsychologie

Eines der hervorstechendsten Merkmale der Freudschen Theorie ist, daß sie ständig in Fluß geblieben ist. Während der ganzen 40 Jahre seiner aktiven Betätigung nahm Freud ständig Modifikationen an seiner Theorie vor. Nach seinem Tod im Jahr 1939 setzten seine Anhänger diese Abänderungen weiter fort. Heute wird die Bedeutung der sexuellen und aggressiven Triebe von Psychoanalytikern zwar immer noch betont, aber es wird jetzt mehr Gewicht darauf gelegt, wie man mit diesen Trieben umgeht und wie man mit Streßsituationen fertig wird. Diese Schwerpunktänderung zeigt sich sehr deutlich im psychoanalytischen Verfahren. In früheren Jahren lag der Schwerpunkt der Psychotherapie auf Träumen und freien Assoziationen – Phänomenen, die auftauchen, wenn das Ich „weniger auf der Hut" ist und es den Grundtrieben erlaubt, ins Bewußtsein zu steigen. Heutzutage dagegen untersuchen viele Therapeuten die Entscheidungen, die Menschen treffen und ihren Umgang mit Angst und Streß. Das heißt, im Zentrum der Therapie stehen eher das Ich und die Lernprozesse als das Es und die Triebregungen.

Der Punkt des Umschwungs, ab dem das Ich und kognitive Faktoren eine wichtigere Rolle in Freuds Theorie zu spielen begann, kam 1926 mit der Veröffentlichung von *Das Problem der Angst.* In dieser Veröffentlichung machte Freud den Vorschlag, seine ursprüngliche Annahme „Verdrängung erzeugt Angst" umzukehren in die inzwischen berühmt gewordene Formulierung „Angst erzeugt Verdrängung". Ursprünglich hatte Freud behauptet, Angst sei die Folge nicht-entladener libidinöser Energie. Das Fehlen des gewünschten Objekts oder eine mangelnde Befriedigung auf Grund von Verdrängung führe, so glaubte er, zu einer Akkumulation von Triebenergie. Die Bindung dieser Energie resultiere in einer affekthaften (Angst-) Entladung. Angst wurde daher als ein Produkt des Es gesehen. Mit der Umkehr dieser Annahme in „Angst erzeugt Verdrängung", machte Freud jedoch Angst zu einem Abkömmling des Ich. Wenn die Möglichkeit besteht – so Freud –, daß die Triebbefriedigung zu mehr Unlust als Lust führt, „immunisiert" sich das Ich durch Angst. Diese Angst dient als Hinweis oder Warnung an den Organismus, daß, falls er die beabsichtigte Handlung ausführt, das Ich ein größeres, möglicherweise unkontrollierbar großes Ausmaß der soeben in abgeschwächter Form verspürten Angst erleben wird. Daher werden Maßnahmen eingeleitet (Abwehrmechanismen werden aktiviert), welche die Triebbefriedigung verhindern oder aufschieben. Somit änderte Freud seine Angstkonzeption: Angst wurde nicht mehr als eine affektive Entladung des Es, sondern als ein kognitives Signal angesehen.

Spätere psychoanalytische Theoretiker schlugen zusätzlich vor, das Ich mit einer eigenen Energiequelle auszustatten, anstatt anzunehmen, daß es aus vom Es „geborgter" Energie gespeist werde (vgl. Hartmann, Kris & Lowenstein, 1946). Das Motiv für diese Änderung war der Versuch, eine offensichtliche Schwachstelle in der Logik der psychoanalytischen Theorie zu beseitigen. Erinnern wir uns, daß das Es nach den Prinzipien des Primärprozeßdenkens arbeitet und nicht zwischen Realität und Irrealität zu unterscheiden vermag. Zudem ist das Ich angeblich vom Es geschaffen, um ihm beim Erreichen seiner Ziele zu dienen. Wenn aber das Es nicht zwischen Realem und Irrealem unterscheiden kann, und Halluzinationen die gleichen wunscherfüllenden Eigenschaften haben wie reale Handlungen, wie kann dann das Es „wissen", daß es eine Struktur braucht, die einen besseren Kontakt zur Realität hat und seinen Wünschen besser dient? Es liegt hier ein Widerspruch zwischen der Irrationalität des Es und der Entwicklung des Ich vor. Aus diesem Grund vertreten die sogenannten „Ich-Psychologen" die Auffassung, daß das Ich über eine eigene Energiequelle verfügt. Das erlaubt es diesen psychoanalytischen Theoretikern, die Vorstellung zu akzeptieren, daß es auch Denkprozesse und Handlungen gibt, die nicht den Es-Trieben oder der Reduktion innerer Stimulation dienen. Das heißt, wir können auch aus anderen Gründen als denen der sexuellen und aggressiven Triebbefriedigung neugierig sein, lesen, nachdenken oder mit der Achterbahn fahren.

Allgemeine Bewertung der Freudschen Theorie

Was können wir also abschließend über Freuds Motivationstheorie sagen? Wie schon zu Beginn des Kapitels bemerkt, ist es wenig sinnvoll, zu fragen, ob die Theorie in ihrer Gesamtheit „richtig" oder „falsch" ist. Einige der Freudschen Ideen und Konzeptionen, wie die der Abwehrmechanismen, haben sehr viel Forschung nach sich gezogen und sind allgemein anerkannt worden. Andere Ideen – wie der Todestrieb oder die Postulierung eines geschlossenen Energiesystems – haben keine Forschung generiert und haben wenige Anhänger. Ganz allgemein kann man sagen, daß die Theorie eine neue Sprache für die Analyse menschlichen Handelns zur Verfügung stellt. Sie ist daher ein äußerst wichtiger erster Schritt hin zur Entwicklung einer Motivationstheorie – ein Schritt, der die Grundlage für weitere Arbeiten darstellen kann. Aber sie ist eben nur ein erster Schritt mit vielen Mängeln. Die Theorie ist oft vage und empirisch nicht gestützt; sie überbetont verschiedene Facetten menschlichen Verhaltens, während sie andere vernachlässigt; sie enthält viele falsche Interpretationen und ungerechtfertigte Verallgemeinerungen.

Man tendiert dazu, zu viel von der Freudschen Theorie zu verlangen, von ihr alle möglichen Erklärungen zu erwarten: Wieso wir Sport betreiben, weshalb wir Probleme in unseren zwischenmenschlichen Beziehungen haben und warum es Krieg gibt. Zum gegenwärtigen Zeitpunkt ist keine Theorie in der Lage, eine solche Vielfalt von Phänomenen auch nur annähernd präzise zu erklären. Wir sollten daher, statt allzu kritisch oder skeptisch zu sein, Freuds Theorie für das nehmen, was sie ist und war: der monumentale Versuch eines Genies, mit einigen wenigen grundlegenden Begriffen und Ideen eine ungeheure Vielfalt menschlichen Verhaltens zu erklären. Sie hat zu einer Fülle von Einsichten geführt und wird die Psychologie sicher noch sehr viele Jahre lang beeinflussen.

Ausgewählte Forschungsprobleme

Nach der Erörterung der Grundzüge der Theorie Freuds komme ich nun auf einige spezifische Forschungsgebiete und empirische Untersuchungen zu sprechen. Einige der im folgenden beschriebenen Forschungsarbeiten erbringen direkte Belege für oder gegen bestimmte Aspekte der Freudschen Theorie. Andere Untersuchungen haben wenig direkte Relevanz für die psychoanalytische Theorie, beziehen sich aber auf Probleme, die von Freud behandelt wurden. Zum Beispiel geben die gegenwärtigen Forschungen zu Instinktverhalten und Träumen häufig keinen Aufschluß darüber, ob man der Freudschen Theorie nun mehr oder weniger glauben kann. Jedoch sind diese Gebiete von großer Bedeutung für die Motivationsforschung und haben fraglos etwas mit den Problemen zu tun, mit denen sich Freud beschäftigte. Wie bereits weiter oben erwähnt wurde, können die zu besprechenden Forschungsgebiete grob in die Themenbereiche Es-Funktionen (Triebe, Aggression, Sexualität, Träume) und Ich-Funktionen (Abwehrmechanismen, Befriedigungsaufschub und kognitive Stile) eingeteilt werden. Die besprochenen Forschungsgebiete umfassen also einerseits die biologisch verankerten Triebe Sexualität und Aggression, andererseits die Prozesse, die dazu führen, daß das Ausleben dieser Triebe verhindert oder darauf verzichtet wird. Eine Erörterung der Über-Ich-Funktionen (moralisches Verhalten und Schuld) muß hier aus Raumgründen unterbleiben.

Triebe und Instinkte

Es gibt einen Ausspruch, den man wie folgt paraphrasieren kann: Ein Mensch gleicht allen anderen Menschen, einigen anderen Menschen und keinem anderen Menschen. Die Ähnlichkeit *aller* Menschen führt zur Suche nach den universalen Verhaltensgesetzen. Man könnte zum Beispiel die Auffassung vertreten, daß bestimmte Lern- und Wahrnehmungsprinzipien für alle lebenden Organismen gelten. Die Homogenität *einiger* Menschen lenkt die Aufmerksamkeit auf die innerhalb einer Gruppe oder Art bestehenden Ähnlichkeiten und die zwischen verschiedenen Gruppen oder Arten bestehenden Unterschiede. Mitglieder einer bestimmten sozialen Gruppe oder Kultur mögen sich etwa in einer Weise verhalten, die sie von Mitgliedern anderer sozialer Gruppen und Kulturen unterscheidet. Analog beruht die Erforschung instinkthafter Verhaltensmuster, die im Zentrum dieses Buchabschnitts steht, auf der Prämisse von Verhaltensähnlichkeiten innerhalb einer Spezies. Die Unterschiedlichkeit *aller* Menschen, das dritte mögliche Forschungsgebiet, führt zur Untersuchung individueller Unterschiede und genetischer Variabilität innerhalb einer Art.

Definition und Merkmale von Trieben und Instinkten

Es ist hier zunächst zwischen den Begriffen „Trieb“ und „Instinkt“ zu unterscheiden, die oft miteinander verwechselt werden (Valle, 1975). Unter Instinkt oder – wie es genauer heißen sollte – instinktivem Verhalten versteht man ein nichtgelerntes, fixes, stereotypes Verhaltensmuster. Solches Verhalten wird in einer bestimmten Situation von allen Mitgliedern einer Art gezeigt, vorausgesetzt, sie sind vom gleichen Geschlecht und befinden sich auf derselben Entwicklungsstufe. Beispiele solcher nichtgelernter Verhaltensmuster sind: Die Reaktionen von Vögeln auf bestimmte Paarungsrufe, das Netzeweben der Spinnen und das Nahrungshorten der Eichhörnchen. Diese Verhaltensweisen sind hauptsächlich auf genetisch programmierte physiologische Strukturen und Funktionen zurückzuführen und ähneln dem bei Pflanzen beobachteten „eingebauten“ Verhalten (wie etwa dem Lichttropismus). Instinktives Verhalten besteht häufig nicht aus Einzelreaktionen, sondern aus Verhaltenssequenzen mit einem prädeterminierten und vorhersehbaren Ablauf (z. B. Nestbau oder Horten von Nahrung).

Der zweite Begriff, Trieb, bezeichnet eine spezifische motivationale Tendenz, die aus dem beobachtbaren Verhalten *erschlossen* wird. [Man beachte, daß auch dafür oft der Begriff Instinkt, hier im Sinn eines instinkthaften Drangs, verwendet wird – z.B. im Zusammenhang mit der Theorie McDougalls. Der Sprachgebrauch ist hier nicht einheitlich.] Triebe sind also Handlungspotentiale und werden als nichtgelernte „Bedürfnisse“ oder „Impulse“ betrachtet, die in die Struktur des Organismus eingebaut sind. Sie sind Imperative, die zum Ausdruck gelangen „müssen“, obgleich sie vom Organismus nicht erkannt oder benannt zu werden brauchen. Obwohl die Ziele oder Zwecke der Triebe als feststehend gelten, können sie sich ganz verschieden äußern. Freud meinte zum Beispiel, daß der Aggressionstrieb durch Krieg, asoziales Verhalten oder selbstzerstörerische Akte befriedigt werden könne. Weil ein Trieb auf verschiedene Arten befriedigt werden kann, wird die Existenz triebhafter Strebungen als unvereinbar mit einem mechanistischen Modell (d.h. einem Modell, das den Menschen mit einer Maschine gleichsetzt) gesehen. Die hier gegebene Definition von Trieb ist verwandt mit der Freudschen Triebkonzeption; der empirische Nachweis innerer Triebreize, vor allem sexueller oder aggressiver Natur, würde einen Beleg für die Gültigkeit der psychoanalytischen Motivationstheorie liefern.

Die Vorstellung eines triebhaften Dranges ist seit dem Altertum Bestandteil unseres geistigen Erbes (vgl. Beach, 1955). Tiere wurden immer wieder als primitive und triebhafte Wesen beschrieben, die irrational handelten und nicht die mindeste Kontrolle über ihr Verhalten hätten, von inneren Triebimpulsen dirigiert würden und diese direkt auslebten. Die Postulierung einer Tier-Mensch-Kontinuität durch Darwin bereitete den Weg für die Verwendung des Triebkonstrukts zur Erklärung menschlichen Handelns.

Freud wurde sicherlich von Darwin beeinflußt und übernahm, wie bereits erwähnt, das Triebkonstrukt. In irgendeiner Form wurde die Triebvlehre nicht nur von Freud, sondern von vielen anderen prominenten Psychologen übernommen. Die wohl elaborierteste Trieb-(Instinkt-)Theorie wurde von McDougall (1923) vorgelegt. McDougall behauptete, daß Triebe bzw. Instinkte oder Neigungen *(propensities)* den Organismus antreiben und auf bestimmte Ziele zulenken. Jedem Instinkt bzw. jeder Neigung wurde eine kognitive, affektive und konative Komponente zugeschrieben. Der Fluchtinstinkt z.B. veranlaßt das Tier, auf aversive Stimuli zu achten, die Emotion der Furcht zu zeigen und Vermeidungs- oder Fluchtverhalten einzuleiten. Es wurde angenommen, daß Instinkte auf bestimmte Endzustände gerichtet sind; die Mittel zur Erreichung dieser Zustände können variieren. In den frühen dreißiger Jahren jedoch fiel das Instinktkonzept bei den Psychologen in Ungnade (dazu näheres im 3. Kapitel).

In letzter Zeit haben Ethologen die wissenschaftliche Erforschung instinktiver Verhaltensweisen vorangetrieben, und die Instinkt-Konzeption ist erneut aufgetaucht. Diese Untersuchungen haben möglicherweise Belege für die Existenz innerer Triebstrebungen, die nach außen drängen, erbracht.

kognitiv: Erkenntnismäßig
affektiv: gefühlsbetont
konativ:

Leerlaufreaktionen und Verschiebungshandlungen

Ethologen haben gezeigt, daß manche Reaktionen umso wahrscheinlicher werden, je länger das letzte Auftreten dieser Reaktionen zurückliegt. Die zunehmende Reaktionsbereitschaft tritt am überzeugendsten bei einem Phänomen zu Tage, das man als *Leerlaufreaktion* bezeichnet hat. Leerlaufreaktionen sind instinkthafte Verhaltensmuster, die auftreten, ohne daß der übliche Auslösereiz feststellbar wäre. Ein gefangener und im Käfig aufgezogener Star kann zum Beispiel gelegentlich komplexe Verhaltenssequenzen von Jagen, Töten und Fressen der Beute zeigen, obwohl gar keine Beute im Käfig vorhanden ist. Ähnlich hat man bei im Käfig gehaltenen Vogelweibchen beobachtet, wie sie sich einige ihrer eigenen Federn ausreißen und den Bewegungsablauf des Nestbauens vollziehen.

Eine weitere interessante Beobachtung, die für die Hypothese eines instinkthaften Triebes von Relevanz ist, ist die *Verschiebungshandlung*. Verschiebungshandlungen treten auf, wenn zwei unvereinbare Reaktionstendenzen gleichzeitig aktiviert werden. Ein Vogel könnte beispielsweise einem Rivalen gegenüberstehen, der sowohl Angriffs- als auch Fluchtverhalten auslöst. In diesem Fall kommt es zu Verhaltensweisen, die für die Situation irrelevant sind, wie etwa Putzverhalten. Dieses unterscheidet sich von normalem Putzverhalten machmal darin, daß es hastig wirkt und abgebrochen wird, bevor es abgeschlossen ist. Bei anderen Gelegenheiten ist es dagegen von normalem Putzverhalten nicht unterscheidbar. Manche Fischarten, wie zum Beispiel der Stichling, zeigen ebenfalls solche kontextfremden Verschiebungshandlungen. Wenn ein Stichling an die Grenze zwischen seinem eigenen Territorium und dem eines anderen Stichlings kommt und sowohl

Angriffs- als auch Fluchtverhalten ausgelöst wird, tritt häufig völlig unpassendes Nestbauverhalten auf (Tinbergen & Van Iersel, 1947).

Ein Energiemodell des Handelns

Zur Erklärung von Leerlaufreaktionen und Verschiebungshandlungen behaupteten Lorenz (1950) und Tinbergen (1952), daß jedes Handlungsmuster seine eigene Energiequelle habe. Tritt ein bestimmtes Handlungsmuster nicht auf, so wird die zugehörige Handlungsenergie gestaut. Wird die Handlung ausgeführt, so wird die Energie entladen. Hinde (1960) faßt diese Konzeption wie folgt zusammen:

> Lorenz' „reaktionsspezifische Energie" ... [kann man sich] als Flüssigkeit in einem Reservoir [vorstellen]. [Es] wird angenommen, daß das Reservoir über ein Federventil am Grund entleert werden kann. Das Ventil wird teils durch den hydrostatischen Druck im Behälter, teils durch ... den externen [Auslöse]reiz geöffnet. Wenn der Behälter entleert wird, sinkt der hydrostatische Druck; man benötigt also eine große [äußere] Kraft, um das Ventil wieder zu öffnen (S. 200).

Dieses theoretische Modell kann erklären, warum bestimmte Verhaltensweisen umso wahrscheinlicher werden, je länger das letzte Auftreten dieser Reaktionen zurückliegt.

Einem instinkthaften, formkonstanten Handlungsmuster *(fixed action pattern)* liegt demnach eine innere Unruhe (Druck) zugrunde, die so lange anhält, bis diese Reaktionen ausgeführt werden. Diese Vorstellung hat große Ähnlichkeit mit der Freudschen Konzeption innerer Triebreize. Man beachte, daß erst die Trennung des Verhaltens vom normalen Auslösereiz, wie im Fall der Leerlaufreaktionen, den entscheidenden Aufschluß über das Vorhandensein innerer triebhafter Kräfte gibt. Ganz ähnlich war die Unerreichbarkeit von befriedigenden Objekten die empirische Grundlage, aus der Freud die Prinzipien seiner Verhaltensdynamik ableitete.

Zwar bietet die obige Konzeption eine gute Erklärung für Leerlaufreaktionen, ist aber weniger geeignet zur Erklärung der Verschiebungshandlungen. Tinbergen (1952) postulierte daher, daß die reaktionsspezifische Energie in Form eines hierarchischen, interdependenten System organisiert sei, so daß eine spezifische Energie eine Reihe verschiedener Reaktionen motivieren könne. Die Blockierung der vorherrschenden Reaktionen in einer Konfliktsituation soll deshalb andere Verhaltensweisen aktivieren, weil die aufgestaute Energie in diese Systeme „überschwappt". Insofern die verschobene Handlung ihrer Natur nach der Situation unangemessen ist und nicht zur Problemlösung beiträgt, weist sie von der Konzeption her eine gewisse Ähnlichkeit mit neurotischem Verhalten beim Menschen auf. Auch in bezug auf neurotische Symptome wird ja angenommen, daß sie in Situationen mit starken unbewältigten Konflikten auftreten und daß sie nichtadaptive Reaktionen darstellen.

Kritik des Energiemodells und eine Alternativerklärung

Die von Lorenz und Tinbergen entwickelten Energiemodelle haben keine breite Anerkennung gefunden (vgl. Lehrman, 1953; Hinde, 1960). Der Hauptangriffspunkt der Kritik war, daß die sogenannte „aufgestaute Energie" nirgendwo gefunden werden konnte. Diese Kritik hat die Ethologen umso mehr in Verlegenheit gebracht, als sie auf der molekularen Ebene operierten, und detaillierte Analysen der hormonellen und physiologischen Substrate des Verhaltens vornahmen.

Es gibt noch eine andere Interpretation der Verschiebungshandlungen und der Leerlaufreaktionen, die weniger mysteriös erscheint und ohne die Vorstellung der aufgestauten Energie auskommt (vgl. Zeigler, 1964). So ist behauptet worden, daß eine Verschiebungshandlung deswegen auftritt, weil die dominanten Gewohnheiten und Reaktionen nicht auftreten können und dadurch den nächst stärkeren Gewohnheiten und Reaktionen in der Reaktionshierarchie des Organismus Platz machen. Es gibt empirische Befunde, die diese „Reaktionsrepertoire"-Erklärung stützen. Es ist zum Beispiel gezeigt worden, daß die Art der verschobenen Aktivität von den Umweltbedingungen beeinflußt wird. So kann die Art des Putzverhaltens, das in einer Konfliktsituation gezeigt wird, durch die Veränderung der Stimulussituation beeinflußt werden. Gibt man knapp vor der Konfliktsituation Wasser auf die Federn des Vogels, so besteht die Verschiebungshandlung im Ausschütteln des Gefieders; gibt man hingegen ein klebriges Material auf den Schnabel des Vogels, so führt dies zum Abwischen des Schnabels während der Konfliktsituation (Rowell, 1961). Es wurde jedoch nicht gezeigt, daß diese Formen des Putzverhaltens tatsächlich die nächststärkeren Reaktionen in der Reaktionshierarchie des Vogels sind. Bevor diese Erklärung der Verschiebungshandlungen akzeptiert werden kann, erscheint es notwendig, daß die Forscher *a priori* die Habit-Struktur des Organismus für eine bestimmte Situation exakt feststellen.

Eine ähnliche Alternativerklärung wurde für Leerlaufreaktionen angeboten; es wurde behauptet, diese seien das Ergebnis einer „Stimulusgeneralisierung". Das heißt, je länger die Reaktion nicht aufgetreten ist, in desto stärkerem Maß erwerben Stimuli, die mit dem Auslösereiz verwandt sind, die Fähigkeit, diese Reaktionen auszulösen. Auch diese Erklärung erscheint plausibel, aber sie erklärt nicht, *warum* das Nichtausführen einer Reaktion die Stimulusgeneralisierung steigert.

Die Verhaltensforscher sind für die Kritik an ihrer theoretischen Analyse empfänglich gewesen und beschränken ihre Arbeit jetzt hauptsächlich auf die Suche nach den Kontrollmechanismen des Verhaltens. Die Konzeption des Instinkts als innerer Trieb oder als Energiesystem ist zunehmend weniger verteidigt worden. Damit wurde der Instinktbegriff von vielen jener Zusatzbedeutungen befreit, die das Studium der Instinkte direkt auf einige der Freudschen Ideen anwendbar machte. Es bleiben allerdings noch einige Rätsel, die für die Erforschung der menschlichen Motivation relevant sein könnten.

Aggression

Es ist nur folgerichtig, wenn wir unsere Aufmerksamkeit jetzt der Aggression zuwenden, denn Lorenz (1963) und andere vertreten die Auffassung, daß Aggression triebhaft und in der genetischen Struktur des Menschen verankert sei. Eine empirische Beobachtung, die man als Stütze dieser Behauptung ansehen könnte, ist die Allgegenwart aggressiver Handlungen beim Menschen. Man hat geschätzt, daß mehr als 130 Millionen Menschen in Kriegen getötet worden sind. Krieg spielt darüberhinaus eine führende Rolle bei vielen Naturvölker, deren Leben durch Jagen und Töten gekennzeichnet ist. Und schließlich gehört der Mensch zu den wenigen Lebewesen, die Mitglieder der eigenen Art ohne direkte Provokation töten (obschon häufig von Angriffen erwachsener Tiere auf ihre Jungen berichtet worden ist, vgl. Marler, 1975) und er ist die einzige Art, die Massenmorde begeht.

In einem Meinungsaustausch zwischen Freud und Einstein im Jahre 1932 über die Frage „Warum Krieg?" schrieb Freud:

> Sie verwundern sich darüber, daß es so leicht ist, die Menschen für den Krieg zu begeistern, und vermuten, daß etwas in ihnen wirksam ist, ein Trieb zum Hassen und Vernichten, der solcher Verhetzung entgegenkommt. Wiederum kann ich Ihnen nur uneingeschränkt beistimmen ...
>
> Wir nehmen an, daß die Triebe des Menschen nur von zweierlei Art sind, entweder solche, die erhalten und vereinigen wollen – wir heißen sie erotische ... – und andere, die zerstören und töten wollen; wir fassen diese als Aggressionstrieb oder Destruktionstrieb zusammen ...
>
> Übrigens handelt es sich, wie Sie selbst bemerken, nicht darum, die menschliche Aggressionsneigung völlig zu beseitigen; man kann nur versuchen, sie soweit abzulenken, daß sie nicht ihren Ausdruck im Kriege finden muß.
>
> Wenn die Bereitwilligkeit zum Krieg ein Ausfluß des Destruktionstriebes ist, so liegt es nahe, gegen sie den Gegenspieler dieses Triebes, den Eros, anzurufen. Alles, was Gefühlsbindungen unter den Menschen herstellt, muß dem Krieg entgegenwirken (Freud, 1933/1974, S. 280–282).

Natürlich muß das häufige Vorkommen feindseliger Handlungen wie Krieg und Kriminalität nicht unbedingt einen Beweis dafür darstellen, daß Aggression angeboren und triebhaft ist. Die folgenden Fakten über Gewaltverbrechen in den USA zwischen 1960 und 1970 weisen zum Beispiel auf *soziale* Determinanten der Aggression hin (aus Johnson, 1972):

1. Gewaltverbrechen sind in Großstädten konzentriert. Die 26 größten Städte der USA umfassen nur 17% der Gesamtbevölkerung, tragen aber zu 45% der schweren Gewaltverbrechen bei.
2. Gewaltverbrechen werden in überwältigender Mehrzahl von Männern begangen. Das Verhältnis von Männern und Frauen, die im Zusammenhang mit Mord festgenommen werden, beträgt fünf zu eins.
3. Die meisten Verbrechen in den Städten geschehen unter Jugendlichen im Alter von 15 bis 24 Jahren.
4. Gewaltverbrechen werden hauptsächlich von Menschen aus den niedrigeren Einkommensschichten begangen.
5. Die Zahl der Gewaltverbrechen in Städten ist unverhältnismäßig höher in Slums und Ghettos.
6. Opfer und Täter haben in der Regel gemeinsame Merkmale. Mit Ausnahme von Raub werden bei den meisten Gewaltverbrechen die Rassengrenzen nicht überschritten. Die Opfer der meisten schwarzen Täter sind andere Schwarze, und Weiße greifen Weiße an. Die meisten Raubüberfälle auf arme Leute werden von anderen armen Leuten unternommen.
7. Die meisten Morde, Totschläge und Überfälle finden unter Verwandten, Freunden und Bekannten statt.

Johnson schließt daraus, daß

> Gewaltverbrechen im allgemeinen auf dem Nährboden widriger sozialer Umstände und Umweltbedingungen wachsen und gedeihen; dazu gehören schlechte Wohnverhältnisse und Schulen, Arbeitslosigkeit, gestörte soziale Verhältnisse und Rassendiskriminierung (S. 166).

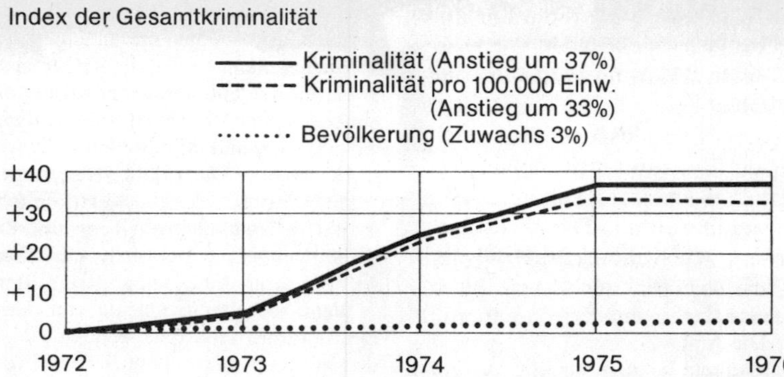

Abbildung 2.4: Entwicklung der Kriminalität und der Bevölkerung in den USA zwischen 1972 und 1976 (aus FBI Uniform Crime Reports, 1977)

Ob nun ein triebhafter Drang oder soziale Not oder beides zusammen die Ursache dafür ist, es hat jedenfalls einen alarmierenden Anstieg der Kriminalität in den Vereinigten Staaten gegeben (vgl. Abb. 2.4). Allein schon aus diesem Grund ist anzunehmen, daß aggressives Verhalten auf Jahre hinaus ein überaus bedeutendes Thema der Sozialwissenschaften bleiben wird.

Die Aggressionsforschung ist derart umfangreich, daß hier nur auf einige wenige relevante Forschungsprogramme eingegangen werden kann. Zuerst werden Untersuchungen besprochen, die sich auf die psychoanalytische Konzeption der Aggression beziehen. Dazu gehören die ethologische Sicht der Aggression als instinkhafter Trieb, die autoritäre Persönlichkeit, Aggressionshemmung und Katharsis. Anschließend werden einige soziale Determinanten der Aggression dargestellt, wie Aggressionsansteckung, Auswirkungen der Massenmedien, Gehorsam gegenüber Autorität und De-Individuation. Andere Aggressionskonzeptionen, wie die Frustrations-Aggressions-Hypothese, werden an späterer Stelle in diesem Buch erörtert.

Aggression aus der Sicht der Verhaltensforschung

Ethologen betrachten Aggression im breiten Rahmen der Evolutionstheorie. Sie fragen daher: Was sind die Funktionen oder was ist der Sinn aggressiver Handlungen, und warum haben Organismen ein aggressives Potential?

Es ist unmittelbar einleuchtend, daß Aggression von großer Bedeutung für das Überleben ist. Durch das Zurschaustellen von Aggressivität können Organismen ihr Territorium und ihre Jungen verteidigen. Zudem fördert Aggression die soziale Stellung innerhalb der Gruppe, womit Privilegien in Form von mehr Nahrung und besserem Unterschlupf verbunden sind. Und schließlich ist die Fähigkeit, zu jagen und zu töten, entscheidend für das Überleben. Für die Verhaltensforscher ist daher Aggression ein dem Überleben förderlicher Trieb und nicht ein „destruktiver Trieb" wie für Freud. Da Aggression die Überlebenschancen erhöht und ein feindseliges Auftreten sexuelle Rivalen einschüchtert, haben die aggressivsten Organismen die größte Chance, sich fortzupflanzen. Das führt wiederum zur Perpetuierung aggressiver Dispositionen.

Aggression als innerer Erregungszustand. Zwei Konzeptionen aggressiver Triebe sind von der Verhaltensforschung vertreten worden. Gemäß der ersten Auffassung entspricht dem Aggressionstrieb ein Zustand innerer Erregung. Dieser innere Triebzustand hält an, solange *kein* geeigneter Auslösereiz bzw. kein Angriffsobjekt vorhanden ist. Das Nichtausleben des Triebs hat eine Stauung von reaktionsspezifischer aggressiver Energie zur Folge. Wie bereits erwähnt, ist diese Konzeption der Freudschen Auffassung von Aggression als biologisch verankertem Trieb, der ständig nach einer Abfuhrmöglichkeit strebt, sehr ähnlich.

Akzeptiert man diese Auffassung der Aggression als „innerem Triebzustand", so drängt sich die Frage auf, warum die Individuen einer Art sich normalerweise nicht gegenseitig töten, was schließlich die Ausrottung der ganzen Art zur Folge haben könnte. Laut Lorenz (1963) und anderen Verhaltensforschern wird die Arterhaltung zum Teil durch die Errichtung von Dominanzhierarchien (auch Hack- oder Rangordnungen genannt) geschützt. Ist die hierarchische Ordnung einmal festgelegt, so werden Kämpfe durch Drohgebärden vermieden. Johnson (1972) beschreibt den Entstehungsprozeß einer Rangordnung wie folgt:

Eine soziale Rangordnung kann auf viele Weisen entstehen, aber gewöhnlich wird sie durch Gewalt oder Androhung von Gewalt etabliert. Ein gutes Beispiel ist die bekannte Hackordnung bei Hühnern (Guhl, 1956). In jeder Gruppe von Hennen gibt es gewöhnlich eine (manchmal als *Alpha*-Tier bezeichnete) Henne, die dominiert und beliebig auf die anderen loshackt. Letztere stecken die Provokation ein und hacken selten zurück. Die Alpha-Henne stolziert mit erhobenem Kopf und aufgestelltem Gefieder umher, was ihren hohen Status anzeigt. Die untergeordneten Hennen zeigen ihre Unterwerfung, indem sie bei jeder Begegnung mit einer höher rangierenden Henne demütig die Köpfe senken. Nach dem höchsten Rang folgt Rang Nummer zwei (das *Beta*-Tier), welches auf alle Hennen ausgenommen Nummer eins einhackt. Diese Dominanzhierarchie setzt sich fort bis hinunter zur schwächsten und unterwürfigsten Henne (dem *Omega*-Tier), die niemanden mehr zum Herumhakken hat. Das Omega-Tier wird jedoch in der Regel eher ignoriert, als daß dauernd darauf eingehackt würde. Männliche Tiere haben ihre eigene Hackordnung und hacken nur selten auf Weibchen ein.

Die Hackordnungen etablieren sich allmählich unter den jungen Hühnern, wobei die einzelnen Ränge durch eine Folge von Reihumkämpfen festgelegt werden, in deren Verlauf die Einzeltiere sich gegenseitig als über- oder untergeordnet zu betrachten lernen. Ist die Hierarchie einmal festgelegt, nehmen die Kämpfe ab, und die Gruppe gedeiht in relativem Frieden.

Kommt ein neues Huhn in die Gruppe, muß es mit allen übrigen kämpfen, um seinen Status zu etablieren. Wenn zwei Gruppen zusammengebracht werden, führt das zu sozialer Desorganisation mit einer Zunahme von Kämpfen und einer Abnahme des Eierlegens, bis sich eine neue Hierarchie herausgebildet hat (S. 52–53).

Außer der Etablierung einer Rangordnung werden feindselige Reaktionen und Aggression durch bestimmte Stimuli oder komplexe Stimulationsmuster gehemmt. Diese Stimuli treten häufig innerhalb ritualisierter Interaktionsmuster auf. Lorenz (1963) beschreibt einen solchen rituellen Kampfablauf zwischen Damhirschen:

Bei diesen [Tieren] geht dem hochritualisierten Geweihkampf, bei dem die Kronen im Bogen gegeneinandergeschlagen und dann in ganz bestimmter Weise hin- und hergeschwungen werden, ein Breitseitsimponieren voraus, währenddessen die beiden Hirsche in flottem Stechschritt nebeneinander herziehen und dabei kopfnickend die großen Schaufeln auf und ab wippen lassen. Plötzlich bleiben dann beide wie auf Kommando stehen, schwenken im rechten Winkel gegeneinander und senken die Köpfe, so daß die Geweihe ziemlich nahe dem Boden krachend zusammenschlagen und ineinandergreifen. Dann folgt ein harmloses Ringen, bei dem ... der gewonnen hat, der es länger aushält. Auch bei den Damhirschen kann es nun vorkommen, daß einer der Kämpfer früher als der andere von der ersten zur zweiten Phase des Kampfes übergehen will und dabei mit der Waffe gegen die ungeschützte Flanke des Rivalen gerät, was bei dem gewaltigen Bogenschwung des schweren, spitzzackigen Geweihs höchst gefährlich aussieht. Aber jäh ... bremst der Hirsch die Bewegung ab, hebt den Kopf, sieht, daß der ahnungslos im Stechschritt weiterziehende Gegner ihm schon um einige Meter voraus ist, setzt sich in Trab, bis er ihn eingeholt hat, und zieht nun beruhigt, geweihwippend und im Stechschritt neben ihm her, bis beide mit besser synchronisiertem Einschwenken der Geweihe zum Ringkampf übergehen (S. 115–116).

Häufig handelt es sich bei den aggressionshemmenden Reizen um Zeichen der Unterwerfung oder um Befriedungsgebärden:

Der Wolf kehrt den Kopf vom überlegenen Gegner weg und bietet ihm so die äußerst verwundbare, vorgewölbte Seite seines Halses. Die Dohle hält dem zu Besänftigenden die ungeschützte Wölbung ihres Hinterkopfes unter den Schnabel, gerade die Stelle, nach der solche Vögel ernste Angriffe in Tötungsabsicht zu richten pflegen ... Beim Wolf und beim Hund sieht es tatsächlich so aus, als böte der Gnadeflehende dem Sieger seine Halsvenen dar ...

Es wäre in der Tat ein selbstmörderisches Beginnen, wollte ein Tier dem eben noch in hoher Kampfeserregung befindlichen Gegner ganz plötzlich eine hochverletzliche Körperstelle ungeschützt darbieten und sich darauf verlassen, daß die gleichzeitige Ausschaltung kampfauslösender Reize dazu ausreiche, seinen Angriff zu verhindern. Wir wissen allzu gut, wie träge die Umstellung des Gleichgewichtes vom Vorherrschen des einen zu dem des anderen Triebes verläuft, und können ruhig behaupten, daß ein einfaches Wegnehmen kampfauslösender Reize nur ein ganz allmähliches Abflauen der aggressiven Stimmung des angreifenden Tieres bewirken würde. Wo also ein plötzliches Annehmen der Demutsstellung den eben noch drohenden Angriff des Gegners hemmt, dürfen wir mit erheblicher Sicherheit annehmen, daß bei ihm eine aktive Hemmung durch die betreffende spezifische Reizsituation ausgelöst werde.

Ganz sicher ist dies beim Hund der Fall, bei dem ich wiederholt gesehen habe, daß der Sieger, wenn der Besiegte plötzlich die Demutstellung annahm und ihm den ungeschützten Hals darbot, die Bewegungsweise des Totschüttelns „auf Leerlauf" ausführte, nämlich dicht am Hals des moralisch Besiegten, aber mit *geschlossenem* Maul und somit ohne zuzubeißen (Lorenz 1963, S. 132–133).

Lorenz (1963) zufolge schlachten Menschen einander über so große Distanzen hinweg ab, daß Hemmungsmechanismen nicht zur Wirkung gelangen können.

Das heißt, der langsame Fortgang der Evolution hat mit der Entwicklung zunehmend raffinierterer Waffen nicht Schritt gehalten.

Aggression als aversive Reaktion. Eine zweite von einigen Verhaltensforschern vertretene Auffassung triebhafter Aggression besagt, daß Aggression eine aversive Reaktion bzw. ein Erregungszustand ist, der nur so lange anhält, wie ein bestimmter auslösender Reiz vorhanden ist. Das heißt, Organismen haben zwar eine Disposition zu aggressivem Verhalten, aber diese wird nur unter bestimmten Umweltbedingungen aktualisiert. Aggression wird also nicht „spontan" entladen.

Tinbergen (1968) meint, die entscheidende Aggressionsdeterminante sei der Territorialismus. Es ist bekannt, daß viele Tiere bestimmte Territorien abgrenzen und verteidigen und dadurch die Bevölkerungsdichte kontrollieren. Dies hat natürlich Überlebenswert, da es die Wahrscheinlichkeit erhöht, Futter zu finden. Tinbergen behauptet, der Mensch hätte den Gruppenterritorialismus vom Tier geerbt. Jedoch existiere beim Menschen für keine der an einer Gebietsstreitigkeit beteiligten Partei ein angemessenes Fluchtverhalten. Tinbergen (1968) schreibt:

> ... Soldaten werden sowohl durch Gehirnwäsche als auch durch brutalen Druck dazu gebracht, bis zum letzten Blutstropfen zu kämpfen. Es wird ihnen der Glaube eingehämmert, daß Flucht – ursprünglich, wie wir gesehen haben, ein Verhalten, das der Anpassung dient – verachtenswert, „feige" sei (S. 1415).

Darüber hinaus behauptet Tinbergen, ähnlich wie Lorenz:

> [Einer] unserer kulturellen Exzesse ist unsere Fähigkeit Tötungswerkzeuge, vor allem weitreichende Waffen, herzustellen und zu verwenden. Diese [Waffen] machen das Töten leicht, nicht nur weil ein Speer oder eine Keule mit dem gleichen Kraftaufwand so viel mehr Schaden anrichtet als eine Faust, sondern auch, weil der Gebrauch weitreichender Waffen es dem Opfer nicht erlaubt, den Angreifer mit seinen Befriedungs-, Beruhigungs- und Verzweiflungssignalen zu erreichen. Nur wenige Flugzeugbesatzungen, die bereit, ja geradezu begierig sind, ihre Bomben ins Ziel zu bringen, wären bereit, Kinder (oder auch Erwachsene) eigenhändig zu erdrosseln, zu erstechen oder zu verbrennen; sie würden kurz vor der Tötung einhalten, als Reaktion auf die Befriedungs- und Verzweiflungssignale ihrer Gegner (S. 1415).

Einige dieser Erkenntnisse werden inzwischen von Kriminologen angewandt. So lassen sie z. B. im Fall einer Entführung zuerst eine längere „Wartezeit" vergehen, bevor sie direkt in das Geschehen eingreifen. Sie hoffen, daß Opfer und Täter in dieser Zeit eine positive zwischenmenschliche Beziehung herstellen, was es dem Entführer erschwert, dem zuvor „gesichtslosen" Opfer etwas anzutun.

Sowohl Lorenz als auch Tinbergen glauben, daß wir mit unseren aggressiven Trieben leben müssen. Es seien aber Maßnahmen möglich, welche die Wahrscheinlichkeit aggressiver Ausbrüche verringern. Lorenz (1963) schlägt vor, daß wir Sport treiben und anderen Betätigungen nachgehen sollen, um unsere aggressiven Triebe „abzulassen". Tinbergen (1968) argumentiert in die gleiche Richtung; zur Überwindung unserer triebhaften, aggressiven Disposition plädiert er für sublimierende Betätigungen und ein vertieftes Studium unserer Abstammung.

Kritik und Evaluation. Die Konzeption der triebhaften Aggression ist auf vielfältige Kritik gestoßen. Angeblich werden triebhafte Verhaltensweisen von allen Mitgliedern einer Spezies gezeigt, vorausgesetzt, sie gehören zur gleichen Alters- und Geschlechtsgruppe. Aber es ist klar, daß nicht alle Menschen einer Alters- und Geschlechtsgruppe die gleichen aggressiven oder feindseligen Handlungen zeigen. Zudem gibt es keine Befunde, die die Hypothese einer Stauung aggressiver Energie stützen würden. Sportliche Betätigung oder eine kurz zurückliegende aggressive Handlung setzen die Wahrscheinlichkeit zukünftiger Aggressionen nicht herab. Darüber hinaus benötigt der Mensch infolge seiner komplexen symbolischen und linguistischen Fähigkeiten keine unmittelbare Kommunikation von Angesicht zu Angesicht, um Prozesse der Aggressionshemmung in Gang zu setzen. Und schließlich, wie schon oben erwähnt, ist bekannt, daß Aggression beim Menschen stark von sozialen Faktoren wie Armut, De-Individuation und Gehorsam gegenüber Autoritäten beeinflußt wird. Man kann also vernünftigerweise den Schluß ziehen, daß der Mensch das Potential zu aggressivem Verhalten hat; daraus folgt aber nicht notwendig, daß Aggression ein innerer Triebzustand ist, der danach drängt, sich zu entladen. Vielmehr erfordert Feindseligkeit normalerweise ein vorausgehendes aversives Ereignis. Sogar bei niedrigeren Tierarten ist eine Vielfalt von Situationsumständen nachgewiesen worden, die die Aggression beeinflussen können. Zu diesen situationalen Determinanten aggressiver Reaktionen gehören:

1. die Nähe eines Tieres
2. der eigenen Art

3. das fremd ist
4. sich aggressiv verhält
5. Schmerz zufügt
6. oder anderweitige Frustration erzeugt (Marler, 1975, S. 242).

Nichtsdestoweniger haben Verhaltensforscher wichtige Beiträge zu unserem Verständnis von Aggression geleistet: Durch den Hinweis auf die Ähnlichkeit zwischen menschlicher und tierischer Aggression; durch die Entdeckung von Ritualen, aggressionshemmenden Reizen, Dominanzhierarchien und Territorialismus; und durch ihre sorgfältige Analyse der Bedeutung aggressiver Handlungen für das Überleben.

Überkontrolliertheit der Aggression

Sowohl Freud als auch Lorenz haben postuliert, daß Aggression ein angeborener, biologisch grundgelegter Trieb ist, der nach Äußerung strebt. Andererseits muß man Aggression zurückhalten oder in andere Bahnen umlenken, um ein nützliches Mitglied der Gesellschaft zu sein. Es wurde festgestellt, daß diese Hemmung der Aggression durch eine große Anzahl psychologischer Faktoren beeinflußt wird. Bestimmte äußere Hinweisreize, wie zum Beispiel gewisse Körperhaltungen, wurden als Mittel zur Verhinderung aggressiver Reaktionen diskutiert. Die unmittelbare Äußerung der Aggression kann darüber hinaus offensichtlich auch durch Furcht vor Vergeltungsmaßnahmen unterdrückt werden. Und schließlich hat man behauptet, daß intrapsychische Strukturen wie das Über-Ich eine Hemmung der Aggression bewirken.

Personen, die in bezug auf die Äußerung von Aggression übermäßig gehemmt sind, werden als „überkontrolliert" (Megargee, 1966) bezeichnet. Es gibt Befunde, die darauf hindeuten, daß Personen, die unerwartet in extreme Gewaltakte ausbrechen, eine Lebensgeschichte haben, die durch eine übermäßige Kontrolle ihrer aggressiven Tendenzen gekennzeichnet ist. Megargee (1966) berichtet:

Fall für Fall erweist sich der extrem brutale Täter als ziemlich passive Person ohne aggressive Vergangenheit. Ein elfjähriger Junge aus Phoenix, der seinen Bruder durch 34 Stiche mit einem Fleischmesser erstach, wurde von allen, die ihn kannten, als äußerst höflich und freundlich, ohne gewalttätige Vergangenheit beschrieben. Ein achtzehnjähriger Jugendlicher aus New York, der gestand, er habe ein siebenjähriges Mädchen in einer Kirche in Queens vergewaltigt und erdrosselt und später versucht, ihren Körper im Heizofen zu verbrennen, wurde von der Presse als unemotionaler Mensch beschrieben, der die Absicht hatte, Pfarrer zu werden. Ein einundzwanzigjähriger Mann aus Colorado, der wegen Vergewaltigung und Mord an zwei kleinen Mädchen angeklagt war, hatte niemals disziplinäre Schwierigkeiten gehabt. Im Gegenteil, wie sein Stiefvater erzählte, „als er noch zur Schule ging, rannten die anderen Kinder ihn über den Haufen, ohne daß er zurückgeschlagen hätte. Es ist ganz einfach keine Gewalttätigkeit in ihm." In all diesen Fällen war das Verbrechen nicht bloß eine weitere aggressive Tat einer Person, die immer schon unzureichende Aggressionskontrolle gezeigt hatte, sondern vielmehr die völlig uncharakteristische Tat einer Person, die immer ein ganz besonders hohes Maß an Kontrolle gezeigt hatte (S. 2).

Darüber hinaus hat die Mehrheit der wegen Mord oder Totschlag Verurteilten keine gewalttätige Vergangenheit, eine bessere Führung in der Haft und eine geringere Rückfallquote als die meisten anderen Häftlinge (vgl. Megargee, 1966).

Die Entdeckung, daß extreme Gewalttätigkeit mit Aggressionshemmung zusammenhängt, kann man als Bestätigung der Gedanken von Freud und Lorenz betrachten. Beide Theoretiker glauben, daß Aggression „aufgestaut" werden kann; eine Akkumulation dieser Energie kann dann zu einer unverhältnismäßig intensiven Aggressionshandlung führen. Ganz allgemein gibt es zwei Indizien, die darauf hindeuten, daß intrapsychische Faktoren wichtige Determinanten einer Reaktion sind:

1. Wenn sich die Reaktion trotz gleichbleibender äußerer Verhältnisse verändert und
2. wenn die Reaktionsintensität in keinem Verhältnis zum äußeren Stimulus steht (z.B. das Auftreten großer Furcht, wenn eine Tür zugeschlagen wird).

Beide Merkmale treffen auf die Gewaltakte überkontrollierter Personen zu. Sicher könnte eine detaillierte Analyse dieser Personen die Psychodynamik der Aggression bedeutend erhellen, eventuell Belege für einige der von Freud und Lorenz vorgebrachten Gedanken erbringen und vielleicht auch der Entwicklung einer allgemeinen Verhaltenstheorie dienlich sein.

Die Katharsis der Aggression

Die psychoanalytische Theorie nimmt an, daß im Fall einer Behinderung der Zielerreichung durch physische oder psychische Barrieren psychische Prozesse und Mechanismen aktiviert werden, die dem Individuum dabei helfen, mit dem fortbestehenden, unbefriedigten Wunsch fertig zu werden. Diese Bewältigungsprozesse ermöglichen es der Person, eine wenigstens partielle Triebbefriedigung auch dann zu erlangen, wenn das ursprüngliche Ziel nicht erreicht werden kann. Ein solcher Prozeß, der den Triebdruck des Individuums vermindert, besteht in einem Wechsel des Zielobjekts bzw. in der Wahl von Ersatzzielen. Eine weitere Methode partieller Triebbefriedigung kann die Identifizierung mit anderen sein, wie zum Beispiel bei der Auflösung der ödipalen Situation. Und schließlich wird auch die Phantasietätigkeit, etwa in Form von Halluzinationen oder Träumen, als Methode zur Triebbefriedigung angesehen.

Der Glaube, daß Phantasietätigkeit zur Ersatzbefriedigung unerfüllter Bedürfnisse dienen kann, hat eine lange Tradition. Aristoteles zum Beispiel behauptete, eine der Funktionen der Tragödie auf dem Theater sei es, den Zuschauer „von Leidenschaften zu reinigen". Dieser Prozeß wird als *Katharsis* von Emotionen bezeichnet. Die Forschungsrichtung, die am stärksten dieser aristotelischen Konzeption entspricht, prüft die allgemeine Hypothese, daß die Beobachtung motivationaler Äußerungen bei anderen die eigene Motivation reduziere. Konkret gesagt, behauptet die sogenannte „Katharsis-Hypothese" also, daß z. B. der Fußballfan eigene Leistungsbedürfnisse abbaue, indem er seinen Helden beim Schießen eines Tors beobachtet; daß beim Lesen und Betrachten erotischen Materials sexuelle Bedürfnisse reduziert würden und daß die Beobachtung einer mächtigen Führerpersönlichkeit die eigenen Machtgelüste vermindere.

Die experimentelle Erforschung der Katharsis ist praktisch auf den Bereich der Aggression beschränkt geblieben. Die spezifische Hypothese, die man untersucht hat, besagt, daß die Beobachtung einer aggressiven Handlung die aggressiven Tendenzen des Beobachters reduziere. Die praktischen Implikationen dieser Frage sind weitreichend. So ist z. B. Gewalt ein prominentes Thema vieler Fernsehsendungen. Eine Inhaltsanalyse der Fernsehprogramme des Jahres 1968 ergab, daß mehr als die Hälfte der Hauptpersonen der erfaßten Programme Gewalt ausübten. Zudem führte die Ausübung von Gewalt dabei in der Regel zu einem positiven Ergebnis. Kinder sind vor allem den häufigen Gewalthandlungen in Zeichentrickfilmen ausgesetzt; man hat geschätzt, daß Kinder zwischen dem fünften und fünfzehnten Lebensjahr die Tötung von 13400 Personen im Fernsehen sehen (Liebert, Neale & Davidson, 1973). Die möglichen Auswirkungen einer solchen Fernsehprogrammgestaltung auf die Persönlichkeit von Kindern sind Gegenstand einer anhaltenden Debatte. Eltern befürchten, daß ihre Kinder auf Grund der Beobachtung von Gewaltdarstellungen im Fernsehn aggressiver werden. Dagegen wäre nach der Katharsis-Hypothese zu erwarten, daß solche Fernsehprogramme die aggressiven Tendenzen des Zuschauers reduzieren.

Leider ist die Frage, ob das Ansehen von Gewalt aggressive Tendenzen und Äußerungen fördert oder abbaut, äußerst schwierig zu beantworten. Einer der Gründe für diese Schwierigkeit ist, daß die Beobachtung von Gewalt gegensätzliche Auswirkungen auf eine Vielzahl psychischer Prozesse und Mechanismen haben kann (vgl. Feshbach, 1964). Zum Beispiel könnte die Beobachtung von Gewalt im Fernsehen zum Erlernen neuer aggressiver Strategien und Verhaltensweisen führen. Flugzeugentführungen waren keine besondere Bedrohung, bevor diese Entführungsart in Fernsehdokumentationen geschildert wurde und daraufhin immer mehr Nachahmer fand. Die Darstellung von Gewalt im Fernsehen könnte also zum Lernen aggressiver Verhaltensweisen führen. Gleichzeitig könnten aus Furcht und Schuld sich ergebende Vermeidungstendenzen abgebaut werden, wenn man erfolgreiche Übertretungen sozialer Regeln beobachtet. Und schließlich kommt es beim Ansehen von Gewalt vielleicht auch zu Katharsis bzw. zu einer Verminderung der vorhandenen aggressiven Spannung. Weil aber so viele Prozesse und Strukturen vom gleichen externen Input betroffen sein können, ist es schwierig, einen definitiven Test zur Prüfung der Katharsis-Hypothese zu entwerfen. Ebenso ist klar, daß die Frage, ob das Ansehen von Gewalt im Fernsehen die Verstärkung oder Verminderung von Gewalttendenzen nach sich zieht, nicht mit einem einfachen „ja" oder „nein" zu beantworten ist. Vielmehr hängt die Antwort wahrscheinlich von einer Vielfalt von Faktoren ab. Der Leser sollte jedoch darauf aufmerksam gemacht werden, daß die meisten psychologischen Untersuchungen eher einen *Anstieg* als einen Abfall aggressiver Äußerungen nach der Beobachtung feindseliger Handlungen gefunden haben und daß die Katharsis-Hypothese von der Mehrheit der Psychologen nicht als valide erachtet wird.

Die wahrscheinlich umfangreichste Untersuchung zu den Auswirkungen von Fernsehgewalt unter realen Lebensbedingungen wurde von Feshbach und Singer (1971) durchgeführt. Diese Forscher kontrollierten die „Fernsehkost" von Jungen in einer privaten Internatsschule. Einige dieser Jungen stammten aus vornehmlich von der Mittelklasse geprägtem Milieu, während andere aus Elternhäusern kamen, die der Unterschicht angehörten. Feshbach und Singer ließen die eine Hälfte der Jungen hauptsächlich aggressive Programme ansehen, während die Fernsehkost der anderen im allgemeinen auf nichtaggressive Sendungen beschränkt war. (Es erübrigt sich zu sagen, daß diese Intervention viele Probleme mit sich brachte; eine der aggressiven Sendungen war zum Beispiel so beliebt, daß die Versuchsleiter es allen Jungen erlauben mußten, sie anzusehen!)

Feshbach und Singer stellten dann für eine Dauer von sechs Wochen die Auswirkungen dieser unterschiedlichen „Fernsehkost" auf das nachfolgende aggressive Verhalten fest. Sie berichten, daß die Aggressivität der Jungen durch die experimentelle Manipulation nicht besonders beeinflußt wurde. Jedoch zeigten die Jungen aus der Unterschicht ein *weniger* aggressives Verhalten, wenn sie die aggressiven Sendungen ansehen durften. Diese Aggressionsverminderung war besonders auffällig bei Jungen, deren aggressive Neigungen als besonders hoch eingestuft worden waren. Demnach wurde die Katharsis-Hypothese in dieser Untersuchung für einen Teil der Stichprobe bestätigt. Es braucht nicht betont zu werden, daß die von Feshbach und Singer erbrachten Resultate kontrovers und häufig diskutiert und debattiert worden sind.

Aus dieser Studie und anderen Forschungsarbeiten geht hervor, daß in den Fällen, in denen die Katharsis-Hypothese bestätigt wurde, die Personen, welche das aggressive Material sahen, entweder aggressiv motiviert wurden oder eine Disposition zu aggressiven Handlungen hatten. Man muß also den Zustand und die Eigenschaften der Person in Rechnung stellen, wenn man vorhersagen will, ob die Beobachtung von Aggression nachfolgende aggressive Handlungen intensiviert oder vermindert.

Die autoritäre Persönlichkeit

Nach den Grausamkeiten, die während der Nazizeit in Deutschland begangen worden waren, richtete das *American Jewish Committee* eine Abteilung zur wissenschaftlichen Erforschung von Vorurteilen und Rassenhaß ein. Das Ziel dieser Organisation war es letztlich, dazu beizutragen, die Wiederentstehung eines naziähnlichen Regimes zu verhindern.

Die mit dieser Forschungsabteilung assoziierten Sozialwissenschaftler waren stark von der psychoanalytischen Theorie Freuds beeinflußt. Klinische Beobachtungen und intuitive Überlegungen brachten sie zur Annahme, daß mit Vorurteilen behaftete Personen durch neun Persönlichkeitszüge gekennzeichnet werden können, die untereinander zusammenhängen (Sanford, 1956):

1. *Konventionalismus* – starres Festhalten an den konventionellen Werten der Mittelklasse.
2. *Unterwürfigkeit gegenüber Autoritäten* – eine unterwürfige, unkritische Haltung gegenüber idealisierten moralischen Autoritäten der *in-group*.
3. *Autoritäre Aggression* – eine Tendenz, nach Leuten Ausschau zu halten, die konventionelle Werte übertreten, und sie zu verurteilen, abzulehnen und zu bestrafen.
4. *Anti-Intraception* – die Gegnerschaft gegen alles Subjektive, Imaginative und Feinsinnige.
5. *Aberglaube und Stereotyp* – der Glaube an mystische Einflüsse auf das Einzelschicksal und eine Neigung zum Denken in starren Kategorien.
6. *Macht und Härte* – die Identifikation mit Machtfiguren und eine übertriebene Verfechtung von Stärke und Härte.
7. *Neigung zu Destruktivität und Zynismus* – eine allgemeine Feindseligkeit und Verachtung gegenüber allem Menschlichen.
8. *Projektivität* – die Neigung, zu glauben, daß bedrohliche und gefährliche Dinge in der Welt vor sich gehen, und die Projektion unbewußter emotionaler Impulse nach außen.
9. *Ichfremde Sexualität* – ein übertriebenes Interesse für sexuelle Vorkommnisse und die Tendenz zur Bestrafung von Personen, die der herrschenden Sexualmoral zuwiderhandeln.

Das Vorurteil wurde demnach als Teil eines allgemeineren Syndroms aufgefaßt, welches antidemokratische Einstellungen, Konservativismus und die Ablehnung des Unkonventionellen umfaßt. Darüber hinaus glaubte man, daß die antisemitische Person gegen Minderheiten im allgemeinen und gegen jede Abweichung von der Norm sei. Eine Person mit diesen Eigenschaften wurde als Mensch mit einer *autoritären* Persönlichkeit bezeichnet (Adorno, Frenkel-Brunswick, Levinson & Sanford, 1950).

Unter Rückgriff auf die psychoanalytische Terminologie beschrieben die Forscher das autoritäre Individuum als Person mit starken unbefriedigten Es-Trieben. Ein dominantes Über-Ich verhindert eine Äußerung der Triebe, und das Ich setzt Abwehrmechanismen wie die Verdrängung ein, um eine direkte Befriedigung zu verhindern. Die aufgestaute Spannung wird dann durch Verschiebung an geeigneten Ersatzobjekten abreagiert. Darüber hinaus werden sexuelle und aggressive Bedürfnisse auf andere projiziert, um die eigene Aggression zu rechtfertigen (vgl. auch die Diskussion der Frustrations-Aggressions-Hypothese im 3. Kapitel).

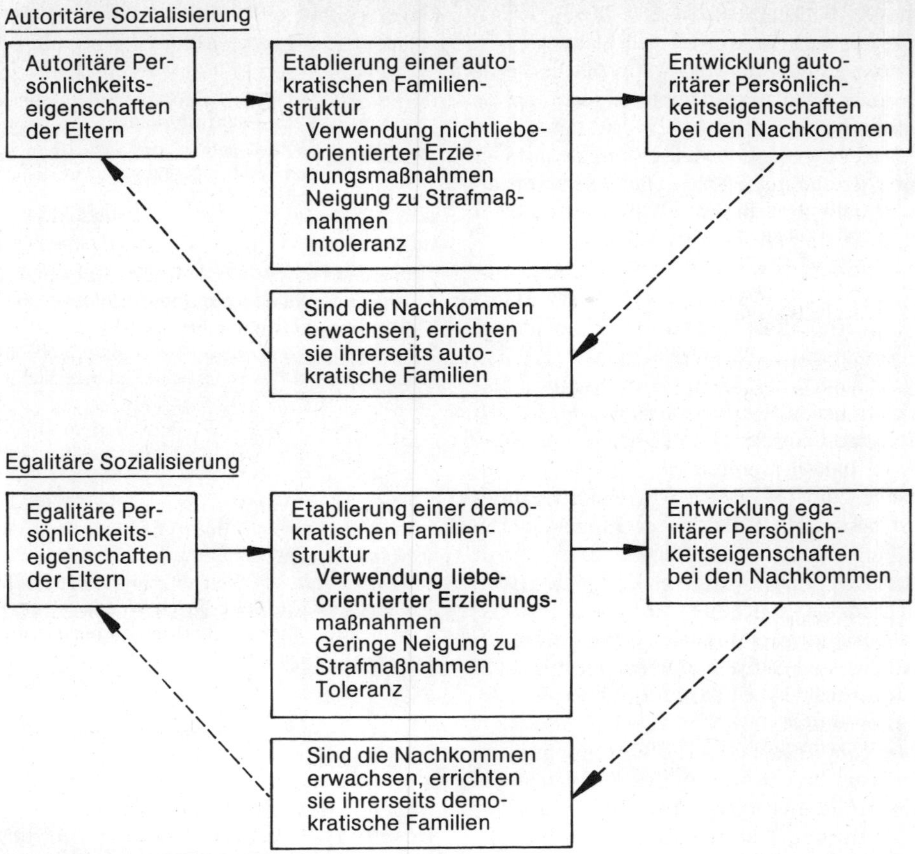

Abbildung 2.5: Vorbedingungen und Perpetuierung autoritärer und egalitärer Persönlichkeiten (aus Byrne, 1974, S. 99)

Adorno et al. (1950) vertreten die Auffassung, daß diese Persönlichkeitsstruktur das Ergebnis von überstrengen Erziehungspraktiken und der Betonung konventioneller Werte durch die Sozialisierungsagenten ist. Zudem sind feindselige Äußerungen gegen die Sozialisierungsagenten streng verboten. Dies führt zu dem Zirkel, der in Abbildung 2.5 dargestellt ist. Abbildung 2.5 kontrastiert ferner autoritäre mit egalitären Sozialisationsbedingungen.

Empirische Befunde. Zur Überprüfung dieser theoretischen Überlegungen wie auch zur weiteren Verbesserung des theoretischen Entwurfs wurde eine Skala zur Identifizierung autoritärer Individuen entwickelt. Und zwar sollen die Testpersonen angeben, ob sie den verschiedenen Statements der sogenannten „F-Skala" (F steht für Faschismus) zustimmen oder nicht. Einige dieser Statements lauten:

Sexualverbrechen wie Vergewaltigung und Mißbrauch von Kindern verdienen eine härtere Bestrafung als bloß Gefängnis; solche Verbrecher sollten öffentlich ausgepeitscht oder noch schlimmer bestraft werden.

Was die Jugend am nötigsten braucht, ist strenge Disziplin, feste Entschlossenheit und den Willen, zu arbeiten und für Familie und Vaterland zu kämpfen.

Es gibt kaum etwas Schlimmeres als einen Menschen, der seinen Eltern nicht große Liebe, Dankbarkeit und Respekt entgegenbringt.

Jeder Mensch sollte einen festen Glauben an eine übernatürliche Macht haben, deren Entscheidungen er ohne Zögern akzeptiert.

Junge Leute haben manchmal rebellische Ideen; aber wenn sie erwachsen werden, sollten sie darüber hinwegkommen und sich einfügen.

Zustimmung zu diesen Aussagen weist auf eine autoritäre Persönlichkeit hin. Diese Skala vernachlässigt also die linksradikale autoritäre Persönlichkeit.

Die F-Skala ist buchstäblich in Hunderten von Untersuchungen verwendet worden. Viele der Forschungsergebnisse stützen die Ideen von Adorno et al. (1950). Korman (1974) faßte einige der grundlegenden Ergebnisse zusammen:

1. Je autoritärer jemand ist (je höher sein Wert auf der F-Skala), desto negativer ist seine Einstellung gegenüber Blinden und Tauben.
2. Je autoritärer jemand ist, desto stärker ist seine Tendenz, von anderen soziale Distanz zu halten (dies wurde in Deutschland, Japan und den USA bestätigt gefunden).
3. Autoritäre Personen tendieren stärker dazu, in verschiedenen Situationen gegen Gruppen, die sich von ihnen unterscheiden, aggressiv zu sein, d.h. sie tendieren zu einer undifferenzierten Feindseligkeit gegenüber solchen Gruppen.
4. Arbeitsgruppen, die von nichtautoritären Personen geleitet werden, zeigen eine bessere Anpassung an veränderte Situationserfordernisse und reagieren flexibler auf diese Erfordernisse.
5. In einer experimentellen Spielsituation gingen hohe Werte auf der F-Skala mit der Tendenz einher, dem Gegner zu mißtrauen und sich ihm gegenüber ebenfalls in einer nicht vertrauenswürdigen Weise zu verhalten.
6. Je autoritärer jemand ist, desto stärker ist seine Tendenz, körperliche Bestrafung und Lächerlichmachung als Mittel zur Erziehung von Kindern einzusetzen.
7. Je autoritärer jemand ist, desto stärker ist seine Tendenz zur Verwendung negativer Sanktionen (z.B. Strafen, negative Beurteilungen) und zur Verwendung von Sanktionen im allgemeinen, um das Verhalten anderer zu kontrollieren.
8. Die Einstellungen zu Minderheiten oder als andersartig wahrgenommenen Gruppen korrelieren sämtlich sehr stark miteinander, und diese pauschalen Einstellungen sind umso negativer, je autoritärer jemand ist.
9. Personen mit hohem F-Wert haben militaristische Einstellungen und befürworten eine aggressive Außenpolitik.
10. Personen mit hohen Werten auf der F-Skala tendieren stärker dazu, auf Geheiß einer Autoritätsperson andere feindselig zu behandeln.
11. Für Personen mit hohen F-Skala-Werten war eine Beteiligung an den Antivietnamkrieg-Demonstrationen 1969 eher unwahrscheinlich (S. 229).

In einer theoretisch bedeutsamen empirischen Untersuchung klassifizierte Epstein (1965) die Versuchspersonen zunächst nach hohen und niedrigen F-Skala-Werten. Dann gab er ihnen den Auftrag, jeweils einer anderen Versuchsperson (in Wirklichkeit einem Mitarbeiter des Versuchleiters) die Lösung einer Gedächtnisaufgabe beizubringen. Als „Lernhilfe" konnten die Versuchspersonen Elektroschocks für falsche Antworten austeilen. Durch Manipulation seines Aussehens und durch Bereitstellung verschiedener Hintergrundinformationen wurde der Mitarbeiter des Versuchsleiters entweder als Person mit hohem oder niedrigem Sozialstatus hingestellt.

Epstein maß dann die Anzahl und die Dauer der Schocks, welche die Versuchspersonen auszuteilen glaubten. Er berichtet, daß die Personen mit hohen F-Skala-Werten dem Mitarbeiter mit niedrigem Status eine größere Schockmenge und dem Mitarbeiter mit hohem Status eine geringere Schockmenge verabreichten als die Personen mit niedrigen F-Werten. Dieser Befund steht in Einklang mit der von Adorno et al. (1950) aufgestellten Theorie der Hemmung und Verschiebung von Aggression.

Kritik und gegenwärtiger Stand der Theorie. Gegen die Untersuchungen mit Hilfe der F-Skala sind kritische Einwände erhoben worden, deren endgültige Bestätigung oder Widerlegung noch aussteht. Ein Kritikpunkt betrifft die Struktur der F-Skala. Wie erwähnt, wird als Indikator der autoritären Persönlichkeit der Grad der Zustimmung zu den Items der Skala verwendet. Einige Psychologen haben jedoch die Ansicht geäußert, dies bedeute eine Konfundierung von autoritärer Persönlichkeit mit einer Disposition, die man als „Jasagetendenz" bezeichnet hat – eine Tendenz, den einzelnen Testitems ohne Rücksicht auf deren Inhalt zuzustimmen. Die Existenz dieser konfundierenden Reaktionstendenz ist umstritten (vgl. Rorer, 1965). Dennoch hat die Verwendung der F-Skala aufgrund dieser Kritik nachgelassen.

Ferner hat man entdeckt, daß die Punktwerte auf der F-Skala durchgehend negativ mit dem IQ korrelieren, d.h. hoch Autoritäre haben relativ niedrige Intelligenzwerte. Diese Beziehung könnte bedeuten, daß weniger intelligente Personen bereit sind, jede beliebige extreme Ideologie zu akzeptieren, daß weniger intelligente Personen im Leben stärker frustriert werden und daher autoritäre Persönlichkeiten entwickeln oder daß Menschen mit einer autoritären Persönlichkeit starre Ansichten haben, die das intellektuelle Wachstum hemmen. Gleichgültig wie diese Korrelation zu interpretieren ist, es ist möglich, daß einige der gefundenen Korrelate der F-Skala eher auf eine geringe Intelligenz als auf eine autoritäre Persönlichkeit zurückzuführen sind.

Und schließlich besteht ein gewisser Widerspruch darin, die Untersuchungen zur autoritären Persönlichkeit als Stütze der Freudschen Theorie anzuführen. Buck-Morss (1977) weist darauf hin, daß Adorno, der am meisten zu dieser Forschungsrichtung beigetragen hat, als engagierter Marxist der Auffassung war, daß die wahren Determinanten des Verhaltens in den gesellschaftlichen Verhältnissen zu suchen seien. Aus diesem Grund war er skeptisch gegenüber Freud und gegenüber biologischen Theorien der Motivation. Adorno glaubte, daß autoritäre Verhaltensweisen letztlich auf die kapitalistische Gesellschaftsordnung, welche ihre Mitglieder in „Unwissenheit und Verwirrung" (Buck-Morss, 1977) hält, zurückgeführt werden könnten.

Es wird allgemein anerkannt, daß die Forschung zur autoritären Persönlichkeit in vorbildlicher Weise Psychiatrie, Klinische Psychologie, Psychometrie und Sozialpsychologie vereinigte. Sie hinterließ sicherlich einen bleibenden Eindruck auf dem Gebiet der Persönlichkeits- und Motivationsforschung. Aufgrund der Kritik an der F-Skala und einer allgemeinen Verschiebung der Forschungsinteressen ließ die Beschäftigung mit diesem Forschungsgebiet jedoch allmählich nach. Wieso ein Untersuchungsgebiet an Interessantheit verliert, bevor die Probleme gelöst sind, ist eine Frage für die Wissenschaftssoziologie. Auf dem Gebiet der Motivationsforschung sind solch abrupte Verlagerungen der Forschungsaktivität eher die Regel als die Ausnahme.

Soziale und situationale Determinanten der Aggression

Im vorangegangenen Abschnitt dieses Kapitels wurden einige der Untersuchungen und theoretischen Überlegungen besprochen, welche zur Freudschen Konzeption der Aggression in direkter Beziehung stehen. Diese Forschungsarbeiten bezogen sich auf den triebhaften Charakter der Aggression, Aggressionshemmung, Katharsis und die autoritäre Persönlichkeit. Der wahrscheinlich am meisten gerechtfertigte Einwand der Kritik gegen diese Forschungsgebiete (die Verhaltensforschung ist davon teilweise ausgenommen) richtet sich gegen die fast völlige Vernachlässigung der Situation bzw. von Umweltfaktoren. Das heißt, die entscheidenden Determinanten aggressiven Verhaltens werden in intrapsychischen Faktoren, insbesondere in der Aufstauung aggressiver Spannung gesehen. Daher können einige der oben erwähnten Befunde, wie etwa Unterschiede in der Aggressivität als Funktion von sozialer Klasse und Wohngegend, nicht erklärt werden. Um diese Einseitigkeit auszugleichen, sollen in diesem Abschnitt des Buches kurz einige der Umweltfaktoren erörtert werden, welche aggressives Verhalten beeinflussen.

Aggression und ihre Beeinflussung durch aggressive Reize. Leonard Berkowitz, ein Sozialpsychologe, der wichtige Beiträge zu unserem Verständnis aggressiven Verhaltens geleistet hat, vertritt die Auffassung, daß Stimuli mit aggressiven Implikationen und Bedeutungen aggressive Reaktionen automatisch hervorrufen können – vor allem dann, wenn die Person sich bereits in einem Zustand befindet, in dem sie zur Aggression bereit ist. Insofern als sie impulsiv zum Ausdruck kommen, sobald bestimmte äußere Reize gegeben sind, gleichen aggressive Handlungen daher konditionierten Reaktionen.

In einem Experiment, das diese Position stützt (Berkowitz & LaPage, 1967), wurde den Versuchspersonen die Möglichkeit gegeben, einer anderen Versuchsperson Elektroschocks zu verabreichen. Tatsächlich war die andere „Versuchsperson" ein Mitarbeiter des Versuchsleiters, was aber die Person, die die Schocks verabreichte, nicht wußte. (Ein von einer Versuchsperson an ein „Opfer" ausgeteilter Schock ist eine in der Aggressionsforschung häufig verwendete abhängige Variable, weil die Anzahl, Intensität und Dauer der Schocks leicht gemessen werden kann.) Wie schon in dem oben besprochenen Experiment von Epstein (1965) wurde der Schock dem Mitarbeiter des Versuchsleiters angeblich zur Bewertung seiner Leistung bei einer vorgegebenen Leistungsaufgabe verabreicht. Die eine Hälfte der Versuchspersonen war wütend auf den Mitarbeiter, weil sie zuvor für ihre eigene Leistung sieben Schocks von ihm erhalten hatten. Die zweite Hälfte hatte nur einen Schock erhalten.

Um die Bedeutung situationaler Hinweisreize als Auslöser von Aggression zu demonstrieren, wurden in einer der Versuchsbedingungen neben das Schockgerät ein Revolver und ein Gewehr gelegt. Diese Waffen wurden angeblich für ein anderes Experiment gebraucht und wurden einmal als Eigentum des Mitarbeiters des Versuchsleiters, ein andermal als Eigentum eines anderen Versuchsleiters beschrieben. In zwei weiteren Versuchsbedingungen lagen entweder nichtaggressive Gegenstände (Federballschläger) oder überhaupt nichts neben der Schockapparatur.

Die Ergebnisse dieses Experiments sind in Tabelle 2.2, die die Anzahl der von den Versuchspersonen verabreichten Schocks zeigt, wiedergegeben. (Der Mitarbeiter befand sich in einem anderen Raum, und die Verbindungsdrähte waren in Wirklichkeit unter-

Tabelle 2.2: Mittlere Anzahl der in jeder Bedingung verabreichten Schocks

Bedingung	zuvor erhaltene Schocks 1	7
Assoziierte Waffen	2,60	6,07
Nichtassoziierte Waffen	2,20 [redacted]	5,67 [redacted]
Kein Gegenstand	3,07	4,67
Federballschläger	–	4,60

(nach Berkowitz & LaPage, 1967, S. 205)

brochen!) Aus der Tabelle geht hervor, daß die wütenden Versuchspersonen (sieben Schocks) mehr Schocks austeilten, als die nichtverärgerten (ein Schock). Bei den nichtverärgerten Versuchspersonen hatte die Gegenwart von Waffen keine signifikanten Änderungen des aggressiven Verhaltens zur Folge. Im Fall vorangegangener Provokation wurde jedoch in der Waffenbedingung eine stärkere Aggression ausgelöst, als in der Bedingung ohne Waffen. *Wenn also ein aggressiver Erregungszustand gegeben war,* dann steigerte die Gegenwart der Waffen das aggressive Verhalten. Dieses Phänomen ist als der „Waffen-Effekt" bekannt. Die Steigerung feindseliger Äußerungen war vermutlich die Folge einer früheren Assoziation von Schußwaffen mit Gewalt. Ferner kam die Intensivierung der Aggression durch die Waffen anscheinend zustande, ohne daß sich die Versuchspersonen dieses Einflusses bewußt waren. Es sollte noch darauf hingewiesen werden, daß die Versuchspersonen in diesem „Lehrer-Schüler"-Paradigma glaubten, die Verabreichung von Schocks nütze dem Schüler. Sie hielten daher ihre eigenen Motive nicht für aggressiv, sondern für altruistisch (vgl. Baron & Eggleston, 1972).

Es ist natürlich schwer zu entscheiden, ob ein Teil der Gewalt in unserer Gesellschaft auf die Auslösewirkungen von Schußwaffen zurückzuführen ist. Klar ist, daß sie mittelbar eine Rolle spielen; aber stellen sie tatsächlich einen Anreiz zur Aggression dar? Die Gesetze, die den Besitz von Schußwaffen in den USA regeln, sind äußerst lax. Es gibt in den Staaten zwischen 100 und 200 Millionen private Schußwaffen. Zudem werden durch Schußwaffen jährlich etwa 20000 Amerikaner getötet und ca. 200000 verletzt. Die Frage, ob die Gegenwart von Schußwaffen aggressive Motivationen auslöst und/oder ihnen dient, ist daher in der Tat äußerst brisant.

Aggression, Ansteckungseffekt und Massenmedien. Wir werden vielleicht nicht häufig direkt mit Schußwaffen zu tun haben, aber wir werden ständig von Gewaltdarstellungen im Fernsehen, in Comic-Heften und in den Tageszeitungen überflutet. Es gibt Befunde, die darauf hindeuten, daß die Beobachtung von Gewalt in den Medien aggressives Verhalten fördern kann.

In einer der Untersuchungen zu den Auswirkungen der von den Massenmedien verbreiteten aggressiven Stimuli ließen Berkowitz und seine Kollegen zunächst Kinder aus der dritten und fünften Klasse Comic-Hefte lesen. Die Heftchen unterschieden sich hinsichtlich ihres aggressiven Inhalts. Eine Gruppe las eine Kriegsgeschichte, während eine zweite Gruppe ein nichtaggressives Comic zu lesen bekam. Vor und nach dem Lesen der Hefte wurden die Kinder gebeten, durch die Auswahl eines Wortes Sätze zu vervollständigen (z.B. Ich möchte das Heft ...). Sie konnten dabei zwischen einem aggressiven und einem nicht-aggressiven Wort wählen (z.B. „lesen" oder „zerreißen"). Tabelle 2.3 zeigt die Anzahl der aggressiven Antworten und ihre Veränderung durch die aggressive und nichtaggressive Lektüre. Aus der Tabelle ergibt sich klar, daß das Kriegscomic zu einer Zunahme gewalttätiger Vorstellungsinhalte führte.

Tabelle 2.3: Anzahl der „aggressiven" Ergänzungen fünf unvollständiger Sätze

	Vor dem Lesen	Nach dem Lesen
Kriegscomic	0,87	1,73
Nichtaggressives Comic	1,20	1,27

(nach Berkowitz, 1970, S. 111)

Das Waffen- und das Comic-Experiment unterscheiden sich in mindestens einem wichtigen Punkt. In letzterer Untersuchung war es nicht die *unmittelbare* Gegenwart aggressionsbezogener Stimuli, sondern ihre *vorangegangene* Einwirkung beim Lesen, welche eine Steigerung der aggressiven Reaktionen verursachte. Die Beobachtung von Gewalt kann demnach sowohl langfristige als auch unmittelbare Folgen haben. Berkowitz (1970) behauptete daher, daß es eine „Ansteckung von Gewalt" gebe. Das heißt, gewalttätige Ereignisse regen spätere Gewalt an. Diese Ansicht wird durch die Tatsache gestützt, daß nach der Ermordung von Präsident Kennedy und erneut nach einem von den Medien ausführlich behandelten Massenmord eines gewissen Richard Speck die Rate der Gewaltverbrechen in den USA jeweils sprunghaft anstieg (vgl. Abb. 2.6).

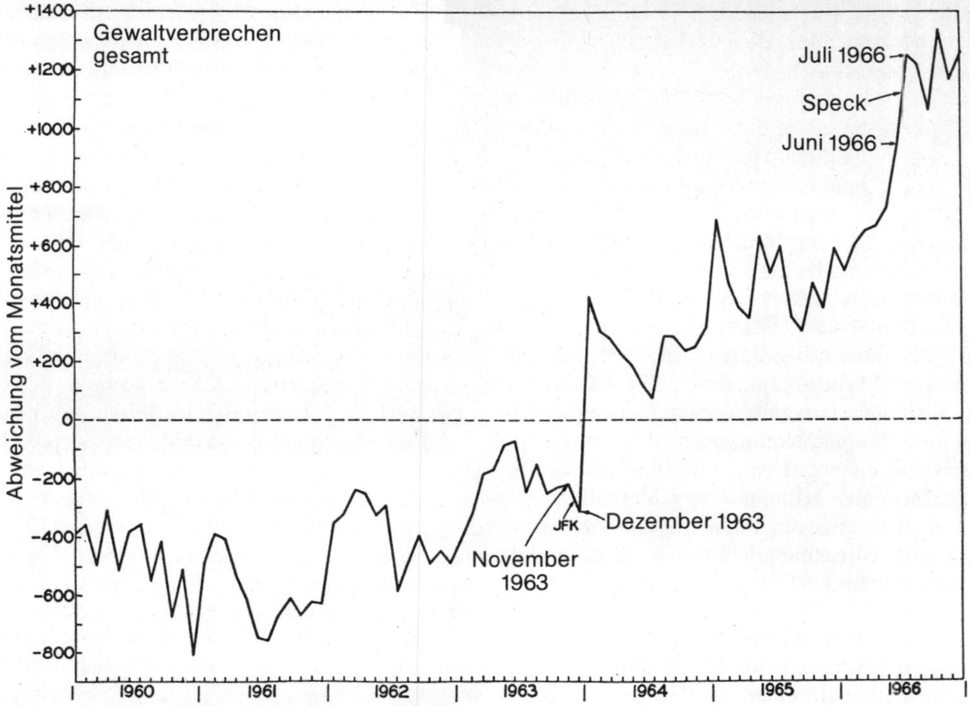

Abbildung 2.6: Abweichung vom Monatsmittel für die Gesamtheit der Gewaltverbrechen in den USA, 1960–1966 (aus Berkowitz, 1970, S. 101)

Insgesamt stützen die Daten die Annahme, daß Gewalt oder mit Gewalt assoziierte Stimuli sowie vorangegangene Beobachtung von Gewalt aggressives Verhalten fördern. Umwelteinflüsse sind daher wichtige Determinanten von Aggression. Die Ergebnisse dieser Forschungsarbeiten können als Argument gegen die Katharsis-Hypothese der Aggression angesehen werden.

Aggression aus Gehorsam. Man weiß, daß sozialer Einfluß eine wichtige Verhaltensdeterminante ist. Viele Aspekte unseres Lebens werden zum Beispiel durch unsere Neigung zu Konformität bestimmt, d. h. durch die Tendenz, im Einklang mit sozialen Normen zu handeln. Dies wurde von Asch (1956) in einer Serie von Untersuchungen besonders drastisch demonstriert. Asch fand, daß Versuchspersonen die kürzere von zwei Linien als länger beurteilten, wenn ihnen bekannt war, daß eine Gruppe anderer (Mitarbeiter des Versuchsleiters) eine solche Schätzung vorgenommen hatten.

Ähnlich hat sich gezeigt, daß Individuen aus Gehorsam aggressiv handeln, wenn andere dies von ihnen „erwarten". Die vielen in Kriegszeiten begangenen Grausamkeiten, von der Judenvernichtung durch die Nazis bis zu den Massakern in Vietnam, sind ein Zeugnis für den übermächtigen Einfluß von Bezugsgruppen und Autoritätspersonen selbst in solchen Situationen, in denen die geforderte oder erwartete Handlung moralisch verwerflich ist.

In einer Serie häufig zitierter Experimente demonstrierte Milgram (1963, 1964, 1965), daß Personen unter dem Druck von Bezugs- oder Autoritätspersonen wesentlich eher zu aggressiven Handlungen bereit sind. Auch hier wurde von dem Schockparadigma Gebrauch gemacht, welches im Zusammenhang mit den (zeitlich späteren) Untersuchungen von Berkowitz und LaPage (1967) und Epstein (1965) beschrieben wurde. Milgram stellte zuerst fest, daß die überwiegende Mehrheit von Personen, die danach befragt wurden, behaupteten, sie würden es ablehnen, an einem Experiment teilzunehmen, in dem von ihnen verlangt werde, anderen elektrische Schocks zu verabreichen. Wurden Personen jedoch tatsächlich in eine solche Experimentalsituation gebracht, waren sie in Gegenwart einer Autoritätsperson (des Versuchsleiters) schnell dazu bereit. Der Einfluß situationaler Determinanten des Verhaltens wird demnach stark unterschätzt.

In den Untersuchungen von Milgram hatten die Versuchspersonen einen Schockgenerator zu bedienen, dessen Bedienungsknöpfe von „leichter Schock" bis „Gefahr, schwerer Schock" reichten. Den Versuchspersonen wurde gesagt, sie sollten dem „Opfer" Schocks verabreichen, um seine Leistung bei einer Lernaufgabe zu erhöhen. Um eine Überprüfung der Bereitschaft der Versuchsperson zur Verabreichung von Schocks zu ermöglichen, machte der „Schüler" absichtlich Fehler. Bei jedem (scheinbar) erhaltenen Schock protestierte das Opfer, und je mehr die Versuchsperson das Schockniveau auf Anweisung des Versuchsleiters erhöhte, desto mehr steigerten sich die Schmerzensschreie. Trotz der heftigen Proteste und Schmerzkundgebungen des Opfers gingen rund 66% der Versuchspersonen folgsam bis zur höchsten Schockstufe (vgl. die Zusammenfassung von Milgram, 1974). In Übereinstimmung mit den Annahmen von Lorenz und Tinbergen bezüglich der Hemmung von Aggression kam es jedoch zu zunehmend stärkerem Widerstand gegen die Anweisungen des Versuchsleiters, je mehr der Abstand zwischen Versuchsperson und „Opfer" verringert wurde (vgl. Abb. 2.7).

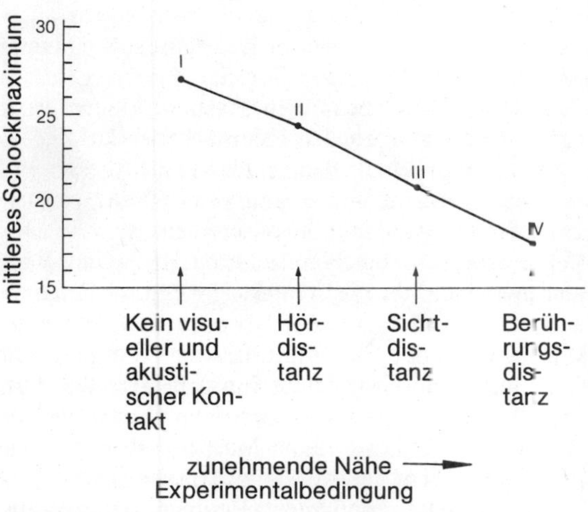

Abbildung 2.7: Stärke der von Versuchspersonen verabreichten Schocks in Abhängigkeit von ihrer Distanz zum Opfer. In Bedingung I kann die Versuchsperson das Opfer weder sehen noch hören; in II hört sie die Proteste des Opfers; in III sieht sie das Opfer aus unmittelbarer Nähe; in IV muß die Versuchsperson das Opfer berühren, indem sie dessen Hand auf die Schockapparatur legt (nach Milgram, 1965)

Zusammenfassend ergibt sich aus diesen Untersuchungen der allgemeine Schluß, daß aggressives Verhalten leicht durch situationalen (sozialen) Druck hervorgerufen werden kann. Intrapsychische Faktoren, wie die „Menge" der aufgestauten aggressiven Energie oder eine autoritäre Persönlichkeitsstruktur sind demnach eindeutig nicht die einzigen Determinanten aggressiven Verhaltens.

De-Individuation. Unter *Individuation* versteht man den Prozeß, durch den Individuen in der Gesellschaft zu voneinander verschiedenen Personen werden. *De-Individuation* bezeichnet den umgekehrten Prozeß des Niederbrechens der Unterschiede zwischen Individuen bzw. den Verlust des Glaubens, daß man als separates Einzelwesen wahrgenommen wird. De-Individuation tritt häufig als Folge der Mitgliedschaft in einer Gruppe auf, vor allem, wenn die Gruppe groß und in eine Institution, wie etwa ein Gefängnis, eingezwängt ist, oder wenn eine Person der ständigen Kontrolle durch andere ausgesetzt ist, wie etwa beim Militär oder in einigen Internatsschulen (vgl. Goffman, 1961). Festinger, Pepitone und Newcomb (1952) stellen fest:

> Jeder, der ein und dieselben Personen in der Gruppe und einzeln beobachtet, muß zu dem Schluß kommen, daß sie in diesen zwei Arten von Situationen häufig unterschiedlich reagieren. Die beiläufige Beobachtung scheint darauf hinzudeuten, daß ein Aspekt des Verhaltensunterschieds darin besteht, daß Menschen durch Gruppen „gelockert" werden, d.h. manchmal weniger Zurückhaltung zeigen, weniger gehemmt sind und sich Verhaltensweisen hingeben können, die sie nicht zeigen würden, wenn sie allein wären.
>
> Das am häufigsten erwähnte Beispiel einer solchen Lockerung der Selbstkontrolle ist das Verhalten von Menschen in der Masse. In einer Menschenmasse tun Personen häufig Dinge, die sie sich unter anderen Umständen nicht erlauben würden. Tatsächlich schämen sie sich später vielleicht sogar sehr deswegen. Ein solches Verhalten ist jedoch nicht auf große Menschenansammlungen beschränkt; es kommt regelmäßig in Gruppen verschiedenster Größen und Arten vor. Zum Beispiel werden Jungen, wenn sie in einer Gruppe durch die Straße ziehen, wesentlich wilder und ungehemmter sein, als jeder von ihnen allein es wäre; bei einer Party werden Personen, die gewöhnlich äußerst gehemmt und formell sind, sich manchmal ziemlich ungezwungen benehmen; und selbst die Delegierten zur Konvention der *American Legion*, die alle in derselben uniformen Weise gekleidet sind, legen gelegentlich einen fast schon alarmierenden Mangel an Zurückhaltung an den Tag (S. 382).

Auch Zimbardo (1969) vertritt die Auffassung, daß die De-Individuation zu einer Schwächung der Kon-

Tabelle 2.4: Darstellung des De-Individuationsprozesses

Input-Variablen →	Erschlossene subjektive → Veränderungen	Output-Variablen
Anonymität Verantwortlichkeit wird geteilt, diffundiert, wird aufgegeben Gruppengröße Körperliche Involviertheit in eine Handlung Neue oder unstrukturierte Situation Veränderte Bewußtseinszustände, Drogen, Alkohol, Schlaf etc.	Herabsetzung: 1. der Selbstbeobachtung und -bewertung 2. des Bedachtseins auf soziale Bewertung Schwächung von Kontrollen, die auf Schuld und Schamgefühlen, Angst und Rücksichtnahme beruhen Erniedrigter Schwellenwert für die Äußerung normalerweise gehemmten Verhaltens	Das emittierte Verhalten ist emotional, impulsiv, irrational, regressiv, sehr intensiv Das Verhalten ist nicht dem kontrollierenden Einfluß der üblichen externen, diskriminativen Stimuli unterworfen Das Verhalten ist selbstverstärkend und wird durch Wiederholung intensiviert Das Verhalten ist schwierig zu beenden Mögliche Beeinträchtigung des Gedächtnisses und Teilamnesie von Handlungen Größere Vorliebe für Gruppen oder Situationen, die mit „enthemmtem" Verhalten zusammenhängen Zerstörung traditioneller Formen und Strukturen

(nach Zimbardo, 1969a, S. 253)

trollmechanismen der Person führe. Darüber hinaus behauptet er, ähnlich wie Freud, daß das Individuum instinktive Triebe besitze, die nach Befriedigung strebten. Diese irrationalen und impulsiven Triebe werden normalerweise durch Ich-Strukturen an einer unmittelbaren Äußerung gehindert. Wenn aber die Ich-Kontrollen während des De-Individuationsprozesses geschwächt sind, verschwinden die Hemmungen, und es kommt zu einer impulsiven Triebäußerung.

Tabelle 2.4 zeigt den De-Individuationsprozeß, wie er von Zimbardo (1969a) konzipiert wird. Zu De-Individuation kommt es, wenn die Selbstbewertung und die soziale Bewertung herabgesetzt und damit die Ich-Kontrolle geschwächt ist. Eine Reihe von Bedingungen – wie Anonymität, das Aufgeben der persönlichen Verantwortlichkeit, das Aufgehobensein in einer großen Gruppe – können zu einer Verminderung der Selbstbewertung, einer reduzierten Wahrnehmung sozialer Bewertung und einer Schwächung der Ich-Kontrolle führen. Die Schwächung der Ich-Kontrolle kann sich ihrerseits in impulsivem und irrationalem Verhalten auswirken, welches nur schwer wieder beendet werden kann. Diese impulsiven Handlungen können sozial positiv sein, wie z.B. im Fall einer tiefen und sinnvollen zwischenmenschlichen Beziehung; sie können jedoch auch asozialer Natur sein, wie im Fall aggressiver Handlungen.

In einer Untersuchung der Auswirkungen von Anonymität auf aggressives Verhalten erklärte Zimbardo (1969a) seinen weiblichen Versuchspersonen, er mache eine Untersuchung zum Einfühlungsvermögen, und verlangte von ihnen, eine zweite weibliche Versuchsperson zu schocken. Eine Hälfte der Versuchspersonen, die die Schocks zu verabreichen hatten, wurde nicht namentlich vorgestellt, trug eine Maske, weil „der Gesichtsausdruck verborgen werden müsse" und wurde im Finstern getestet. Die andere Hälfte der Versuchspersonen wurde mit Namen vorgestellt, trug keine Maske und wurde bei schwachem Licht getestet. Zimbardo berichtet, daß in der ersteren, „anonymen" Bedingung die verabreichten Schocks von längerer Dauer waren. Ähnlich berichtet Watson (1973), daß die Mitglieder solcher Naturvölker, die in Kämpfen besonders aggressive Handlungen wie etwa Folter anwenden, dazu tendieren, ihr Äußeres vor der Kampfhandlung zu verändern (z.B. mittels Masken oder Kriegsbemalung).

In einer Feldstudie untersuchten Diener, Fraser, Beaman und Kelem (1976) das asoziale Verhalten von Kindern, die an Allerheiligen von Haus zu Haus ziehen und kleine Gaben fordern. Einige dieser Kinder waren allein, während andere in Gruppen auftraten. Bei einigen der Hausbesuche wurden die Kinder vom Versuchsleiter aufgefordert, sich vorzustellen, während bei anderen Hausbesuchen keine solche Aufforderung an die Kinder gerichtet wurde (die „anonyme" Bedingung). Sodann erklärte der Versuchsleiter den Kindern, sie könnten sich aus einem Gefäß ein Bonbon – und zwar nur eines – herausnehmen; er entfernte sich dann und blieb außer Sichtweite, während sich die Kinder ihre Belohnung nahmen. Die Beobachtungen ergaben, daß die anonym gebliebenen Kinder stärkere Regelüberschreitungen begingen – vor allem, wenn sie als Gruppe auftraten – als die Kinder, die sich vorgestellt hatten (vgl. Tab. 2.5).

Tabelle 2.5: Prozentsatz regelübertretender Kinder

Bedingung	Gesamtzahl der Kinder	Prozentzahl der Regelübertretungen
Nichtanonym		
Allein	40	7,5
Gruppe	384	20,8
Anonym		
Allein	42	21,4
Gruppe	297	57,2

(nach Diener, Fraser, Beaman & Kelem, 1976, S. 181)

Insgesamt bestätigen die Untersuchungen zur De-Individuation erneut, daß soziale Faktoren einen wichtigen Einfluß auf aggressive Handlungen ausüben.

Es sollte jedoch an dieser Stelle erwähnt werden, daß es auch einen völlig entgegengesetzten Ansatz in der De-Individuationsforschung gibt. Einige Psychologen behaupten, daß „der Mensch nach einer distinkten, eigenen Identiät strebt" (Dipboye, 1977). Ein Verlust dieser Identiät führe zu negativen Affekten und dem Streben nach einem Gefühl der eigenen Individualität. Diese Position wird oft mit der humanistischen Bewegung in Verbindung gebracht. Einige der beobachteten Auswirkungen von De-Individuation lassen sich daher alternativ interpretieren, und zwar auf eine Weise, die nicht von der Annahme einer Lockerung der Ich-Kontrollen ausgeht. So wird zum Beispiel angenommen, daß Unruhen, und sogar Wandbemalungen, manchmal durch Aggression auf Grund von Identitätsverlust verursacht sind (vgl. Dipboye, 1977).

Zusammenfassung: Forschungsarbeiten zur Aggression

Nach der Auffassung Freuds ist Aggression ein biologisch verankerter Trieb, welcher der Selbsterhaltung dient. Wird die Aggression nicht zum Ausdruck gebracht, so kommt es zu einer Stauung aggressiver Energie, welche auf den Organismus einen ständig zunehmenden Entladungsdruck ausübt. Befunde, die diese Auffassung stützen, stammen aus verschiedenen Quellen:

1. Es gibt unter Menschen außergewöhnlich viel Feindseligkeit und offene Gewalt. Bei Tieren wird die Äußerung von Aggression normalerweise durch Rituale und vorher errichtete Dominanzhierarchien verhindert (Lorenz 1963; Tinbergen, 1968).
2. Personen, die extreme Gewalthandlungen begehen, haben häufig eine durch Überkontrolle von Aggression gekennzeichnete Lebensgeschichte (Megargee, 1966).
3. In Einzelfällen konnte eine Katharsis von Aggression demonstriert werden, d.h. die Beobachtung aggressiver Handlungen reduzierte die Wahrscheinlichkeit für späteres feindseliges Verhalten auf seiten des Beobachters (Feshbach & Singer, 1971).
4. Es ist behauptet worden, daß Individuen mit einer autoritären Persönlichkeitsstruktur verdrängte Aggressionen gegen ihre Eltern haben. Diese verdrängten Aggressionen kommen dann gegen Minderheiten zum Ausdruck (Adorno et al., 1950).
5. In De-Individuationssituationen, in denen die Ich-Kontrollen geschwächt und soziale Sanktionen weniger wahrscheinlich sind, kommt es zu einer Zunahme von Aggressivität (Zimbardo, 1969a).

Andererseits spricht eine große Anzahl von Befunden für die Auffassung, daß Aggression eine Reaktion auf eine aversive Situation ist, und daß es einen konstanten Triebdruck, der den Organismus zu aggressiven Handlungen treibt, nicht gibt. Diese Position wird unter anderem durch folgende Fakten gestützt:

1. Eine aufgestaute aggressive Energie ist nicht „aufzufinden" bzw. nachzuweisen.
2. Aggression bei Tieren wird durch eine Reihe situationaler Faktoren beeinflußt, wie etwa die Nähe eines fremden Tieres.
3. Soziale Faktoren wie Armut und Wohngegend haben einen starken Einfluß auf kriminelle Handlungen und andere Formen offener Aggression.
4. Es gibt kaum empirische Belege für die Behauptung, das Ausleben von Gewalt, z.B. in bestimmten Sportarten mit Körperkontakt, führe zu einer Reduktion der Aggression. Die Katharsis-Hypothese wird von den meisten Psychologen nicht anerkannt.
5. Gewaltdarstellungen in den Massenmedien und die Gegenwart von mit Gewalt assoziierten Hinweisreizen führen zu verstärkter Aggression (Berkowitz, 1970).
6. Aggressives Verhalten kann das Resultat von blindem Gehorsam gegenüber Autoritäten sein (Milgram, 1974).
7. Anonymität und Gruppenhandeln fördern Gewalttätigkeit (Zimbardo, 1969a).

Zusammenfassend kann festgehalten werden: Es gibt empirische Belege dafür, daß Aggression sowohl durch angeborene Eigenschaften als auch durch situationale Faktoren beeinflußt wird. Erneut kann man konstatieren, daß Verhalten eine Funktion sowohl der Person als auch der Umwelt ist. Zu glauben, daß die genetischen Determinanten der Aggression verglichen mit dem Einfluß der Situation sehr schwach seien, ist natürlich optimistisch, denn Umwelteinflüsse können vermutlich leichter kontrolliert und modifiziert werden. Wir alle hoffen, daß die Freudsche Position unzutreffend ist; die empirischen Befunde zeigen, daß sie zumindest externe Verhaltensdeterminanten unzureichend berücksichtigt. Zudem sind die meisten Forscher auf diesem Gebiet der Auffassung, daß Umweltfaktoren einen weit stärkeren Einfluß auf aggressive Reaktionen ausüben als genetisch vererbte Triebe.

Sexuelle Motivation

Erinnern Sie sich, daß es laut Freud zwei primäre Triebe gibt: Sexualität und Aggression. Folgende Argumente führte Freud als Beleg für die Wichtigkeit sexueller Motivation an:

1. Neurotische Symptome werden von unerfüllten sexuellen Wünschen verursacht;
2. psychologische Traumen sind die Folge frühkindlicher sexueller Erlebnisse;
3. Säuglinge und Kinder zeigen großes Interesse für sexuelle Dinge; und
4. die Universalität des Inzesttabus legt nahe, daß das Streben nach sexueller Befriedigung einen sehr starken Trieb darstellt (Klein, 1969).

Sexuelle Motivation wurde von Freud in sein Trieb-Kathexis-Entladungs-Modell der Motivation inkorporiert. Der Sexualtrieb wurde als ein konstant wirksamer, biologisch begründeter innerer Reiz angesehen, der ständig nach Befriedigung verlangt. Die Stärke der motivationalen Kraft – so wurde postuliert – sei eine direkte Funktion der Menge der aufgestauten Libido. Die Befriedigung sexueller Wünsche führe zu Lust und zu einem Zustand innerer Ruhe, während eine mangelnde Triebbefriedigung – gewöhnlich als Folge einer defensiven Gegen-Kathexis – zu unangepaßtem Verhalten, wie etwa neurotischen Symptomen, führen könne.

Häufig wird behauptet, Freuds Betonung der sexuellen Motivation sei eine Folge seiner eigenen Lebensumstände im repressiven Wien des späten 19. Jahrhunderts gewesen. Dieses Argument kann man aber so nicht gelten lassen. Die Tatsache, daß man Sexualität heute freier praktizieren und offener über sie sprechen kann, setzt die Bedeutung sexueller Probleme und Konflikte nicht herab. Laing (1965) hat darauf hingewiesen, daß

> ... in allen Gesellschaften ziemlich große Anstrengungen auf die Beantwortung der Frage verwendet werden, welche Körper mit welchen anderen Körpern gepaart werden dürfen, bei welcher Gelegenheit und in welchem Alter. In allen Gesellschaften werden Personen bei ihren Handlungen durch ein verschlungenes Netzwerk von Geboten geleitet, die vorschreiben, mit welchen Körpern welchen Geschlechts ihre eigenen Körper in Berührung kommen sollten.

In seinem Lehrbuch der Persönlichkeitspsychologie beleuchtet Byrne (1974) die auch in der gegenwärtigen US-amerikanischen Gesellschaft mit der Sexualität verbundenen Restriktionen und Konflikte anhand der folgenden Fiktion:

> ... unter den verschiedenen psychologischen Bedürfnissen der Menschheit nimmt die Sexualität einen einzigartigen Platz ein. Es gibt eine kleine Geschichte, die einige der Absurditäten unserer Einstellung zur Sexualität aufzeigt, indem sie eine fiktive Gesellschaft beschreibt, in der das Essen so behandelt wird, wie wir sexuelle Aktivitäten behandeln. Sexualität wird in dieser Gesellschaft frei zum Ausdruck gebracht und öffentlich ermutigt, während Essen als etwas Privates angesehen wird, dessen man sich schämen muß und das auf ein einziges Gericht beschränkt ist, für welches man sich bis zum Ende des Jugendalters entschieden haben muß. Dabei gäbe es natürlich Orte, die man illegal aufsuchen könnte, um üppige Mahlzeiten einzunehmen. Diese würden von Frauen zubereitet, die bereit sind, ihre diesbezüglichen Dienste zu verkaufen. Auch könnte man bei Buchhändlern, die auf solche Literatur spezialisiert sind, heimlich Kochbücher erwerben. Wenn wir in einer solchen Gesellschaft leben würden, dann könnte dieses Buch leicht ein Kapitel über Eßverhalten enthalten und das Sexualverhalten der physiologischen Psychologie überlassen (S. 411).

Die Entstehung sexueller Tabus

Warum sollten unser sexuelles Verhalten und unsere sexuelle Motivation wohl derart strengen Kontrollen und Restriktionen unterworfen sein? Von einem evolutionstheoretischen oder darwinistischen Standpunkt aus betrachtet, müßten die die Sexualität betreffenden sozialen Tabus und Restriktionen eine Funktion für das Überleben des Organismus und der Spezies haben.

Anders als Handlungen, welche der Befriedigung anderer Bedürfnisse dienen, sind sexuelle Verhaltensweisen von großer Plastizität. Man nimmt an, daß die erstrebten Sexualobjekte ursprünglich diejenigen Menschen sind, die uns am nächsten stehen – in der gegenwärtigen amerikanischen Gesellschaft also Mutter und Vater. Aber das letztendliche „Ziel" sexuellen Verhaltens ist die Fortpflanzung der Art. Daher müssen die männlichen Mitglieder der Art die sexuellen Wünsche nach ihrem Vater aufgeben. Zudem gibt es, wie wir sehen werden, Gründe, weshalb der Mann auch seine sexuellen Wünsche nach der Mutter aufgeben muß. Die Entwicklung des Sexualverhaltens ist demnach gekennzeichnet durch die Aufeinanderfolge von Wunsch, Konflikt und Verzicht (Breger, 1974).

Das Inzesttabu. Das Inzesttabu bezieht sich auf eine Restriktion der sexuellen Auswahl. In unserer Kultur betrifft diese Beschränkung hauptsächlich Eltern und Geschwister, erfaßt jedoch auch weitere enge Verwandte. Eine der Funktionen dieser Beschränkung ist die Vermeidung innerfamiliärer Rivalitäten, die zu Eifersucht und einer Entzweiung der Familie führen könnten. Zudem stärkt eine Verheiratung mit einem Angehörigen einer anderen Familie oft beide beteiligten Familien. Das Bündnis zwischen zwei Ländern wurde zum Beispiel häufig durch eine Ehe zwischen Mitgliedern der Herrscherfamilien gesichert. In früheren Kulturen wurden Ehen zwischen verschiedenen Gruppen oft erzwungen. Service (1966) stellt dazu fest:

> Es gibt nur ein einziges Mittel zur Erhaltung eines dauerhaften Bündnisses, und dieses Mittel ist die Ehe zwischen den beteiligten Parteien ... Immer wieder in der Geschichte müssen Primitivstämme ganz klar die einfache, praktische Alternative vor Augen gehabt haben, entweder zu heiraten oder vernichtet zu werden. Der politische Wert der Ehe zwischen verschiedenen Gruppen bleibt bis lange herauf in der Geschichte der Zivilisation erhalten ... „Dann werden wir unsere Töchter euch geben, und eure Töchter werden wir zu uns nehmen, und wir werden mit euch zusammenleben und zu einem Volk werden", lautet eine bekannte Passage aus der israelitischen Geschichte (S. 36).

Schließlich – und das ist wahrscheinlich von größter Bedeutung – zeigt die genetische Forschung, daß Inzucht zur Schwächung der Art führt, während die Mischung verschiedenen Erbguts genetische Mängel ausgleicht und „Mischlingskraft" (Lindzey, 1967) erzeugt.

Aus all diesen Gründen wurden nicht nur bestimmte sexuelle Handlungen tabuisiert, sondern sogar die Wünsche nach solchen Handlungen. Das heißt, es wurden vorbeugende Kontrollen sexueller Wünsche entwickelt. Freud (1930) vermutet, daß die Gesellschaft, wie wir sie kennen, ursprünglich dadurch zustande kam, daß Familienmitglieder sich zusammenschlossen, um sexuelle Beziehungen zwischen Mutter und Söhnen zu verhindern. Im Lauf der Zeit wurden dann sexuelle Barrieren errichtet, und das Sexualverhalten begann durch Regeln und Gebräuche bestimmt zu werden.

Determinanten des Sexualverhaltens

Bei niedrigeren Tierarten ist das Sexualverhalten an hormonelle und physiologische Bedingungen gebunden, die sich gemäß dem zyklischen Muster ändern, welches – laut Freud – für die Triebe charakteristisch ist. Beim Menschen hingegen reflektiert das Sexualverhalten die Gesamteinwirkung biologischer, psychologischer und sozialer Faktoren. Da Sexualität beim Menschen nicht an spezifische hormonelle Perioden gebunden ist, könnten wir in unserem Streben nach sexueller Lust für „tierischer“ als Tiere angesehen werden (Breger, 1974).

Die Befreiung der menschlichen Sexualität von hormonellen Bedingungen dürfte für die Evolution von Bedeutung gewesen sein. Die lange Zeit der geschlechtlichen Unreife und die hohen Anforderungen, die der Säugling stellt, üben auf den Menschen einen verstärkten Druck aus, stabile Familienverhältnisse zu schaffen. Eine stabile Beziehung setzt z. T. voraus, daß die Paarbindung sehr befriedigend ist. Die Befreiung der Sexualität aus der Abhängigkeit physiologischer Bedingungen – was zur Folge hatte, daß die sexuelle Befriedigung ständig möglich war – könnte einer der Faktoren gewesen sein, die für die Entstehung von dauerhafteren Familienbindungen verantwortlich waren (Wiggins, Renner, Clore & Rose, 1971). Diese Hypothese wurde jedoch angezweifelt, da es auch bei Tieren mit relativ seltenen sexuellen Aktivitäten stabile Beziehungen gibt (Washburn, 1978).

Geht man von der Freudschen Position aus, so sollte man gewisse zyklische Veränderungen des Sexualverhaltens der Art erwarten, daß die sexuelle Betätigung von einer Periode der Ruhe, einer anschließenden Stauung von Libido und einer Wiederaufnahme des Sexualverhaltens gefolgt wird. Diese Vorstellung wird jedoch durch empirische Befunde widerlegt. Die sexuelle Ansprechbarkeit der Frau ist nach dem Orgasmus nur wenig vermindert, und häufig nimmt die sexuelle Erregbarkeit nach der sexuellen Befriedigung sogar zu (Masters & Johnson, 1966). Diese Befunde kontrastieren mit den von Ethologen angeführten Daten bezüglich der Aggression, welche angeblich die Hypothese einer Aufstauung nichtentladener Triebenergie und einer Verminderung der Aggressionsbereitschaft nach einer aggressiven Entladung stützen.

Laboruntersuchungen

Verglichen mit der Aggression, gibt es auf dem Gebiet des Sexualverhaltens nur wenig Forschung. Die ersten Sexualforscher konzentrierten sich auf Sexualität bei Tieren, wobei einige der Determinanten sexuellen Paarungsverhaltens (wie z. B. hormonelle Bedingungen) identifiziert wurden und der genaue Ablauf des Sexualverhaltens beschrieben wurde. (Diese Forschung beinhaltete häufig das Ansehen von Filmen, die man spaßhaft als „Fell-Streifen“ – im Gegensatz zu „Haut-Streifen“ – bezeichnete.) In dieser frühen Phase war das direkte Studium der menschlichen Sexualität auf abnormes Sexualverhalten und auf kulturvergleichende Beobachtungen beschränkt. Die Untersuchung der normalen menschlichen Sexualität begann mit soziologischen Umfragen, wie dem berühmten „Kinsey Report“. Inzwischen gibt es aber auch Forschungsarbeiten, in denen das Sexualverhalten direkt unter kontrollierten Bedingungen untersucht wurde, wie etwa die Studien, die von Masters und Johnson (1966, 1970) durchgeführt wurden und in denen die physiologischen Reaktionen von Menschen beim Geschlechtsverkehr gemessen wurden. (Eine ausführlichere Darstellung der Geschichte der Sexualforschung findet sich bei Byrne, 1977.)

Wie oben erwähnt, bezieht sich ein Großteil der Laboruntersuchungen auf Sexualität bei Tieren. Dabei hat man sich auf die Identifizierung von Faktoren konzentriert, welche das Sexualverhalten beeinflussen. Davon gibt es eine große Menge. Zum Beispiel besteht ein klarer Einfluß von sozialem Status auf die sexuelle Aktivität. Einer der ungewöhnlichsten Zusammenhänge zwischen Status und sexueller Aktivität findet sich bei einer Korallenfischart (Robertson, 1972). Valle (1975) berichtet:

> Die Männchen dieser Spezies kontrollieren den Prozeß der *Geschlechtsumwandlung*. Das heißt, jede Gruppe von Fischen besteht aus einem Männchen und einem Harem von Weibchen, in dem die größeren Weibchen die kleineren dominieren (sie konkurrieren untereinander um bevorzugte Gebiete innerhalb des männlichen Territoriums). Die Anwesenheit eines dominanten Männchens in jeder Gruppe unterdrückt die Tendenz der Weibchen zur Umwandlung ihres Geschlechts. Stirbt das Männchen jedoch, so macht das dominante Weibchen der Gruppe eine Geschlechtsumwandlung durch. Innerhalb von ein bis zwei Stunden nach dem Tod des Männchens beginnt das dominante Weibchen die für Männchen typischen aggressiven Gebärden zu zeigen, und innerhalb weniger Tage verwandelt sich das alte Weibchen vollständig in ein neues Männchen und zeigt Werbe- und Laichverhalten. Dominanz determiniert somit bei dieser Spezies nicht nur die Häufigkeit sexueller Reaktionen, sondern auch deren Natur (S. 254).

Im Gegensatz zu den Dominanzhierarchien bei Tieren, welche durch Körpergröße, Kraft und biochemische Faktoren bestimmt sind, hängen solche Rangordnungen beim Menschen selbstverständlich von Faktoren wie Reichtum, sozialem Geschick usw. ab.

Homosexualität

Freud vertrat den Standpunkt, daß vorpubertäre Ereignisse sich darauf auswirken, wie Sexualität in der Pubertät zum Ausdruck kommt. Bestimmte Sozialisierungspraktiken und in der frühen Kindheit erfahrene Frustrationen – so glaubte er – verursachen abweichendes Sexualverhalten im Erwachsenenalter.

Darüber hinaus behauptet Freud, daß Individuen bei der Geburt noch keine klare sexuelle Präferenz haben. Das heißt, sexuelle Präferenzen sind nicht genetisch festgelegt, sondern erlernt. Die sexuelle Orientierung stabilisiert sich erst nach der Lösung des ödipalen Konflikts; dies führt zu passendem Geschlechtsrollenverhalten. Freud war sich daher nicht sicher, ob man Homosexualität als „Krankheit" betrachten solle. Einerseits sei die Neigung zum gleichgeschlechtlichen Partner eine normale und angeborene Tendenz; andererseits wiesen homosexuelle Neigungen bei Erwachsenen auf „einen gewissen Stillstand in der sexuellen Entwicklung" hin. Der folgende Brief Freuds (1935) an eine besorgte amerikanische Mutter enthüllt sein Mitgefühl für Homosexuelle wie auch seine Ambivalenz gegenüber einer Normal-versus-abnormal-Diagnose homosexuellen Verhaltens:

Sehr geehrte Mrs. X

Ihrem Brief entnehme ich, daß Ihr Sohn homosexuell ist. Ich bin äußerst befremdet von der Tatsache, daß sie diesen Ausdruck in der Beschreibung Ihres Sohnes nicht selbst erwähnen. Darf ich Sie fragen, wieso Sie den Begriff vermeiden? Homosexualität ist gewiß kein Vorteil, aber es ist nichts, dessen man sich schämen muß, kein Laster, keine Entartung; sie kann auch nicht als Krankheit klassifiziert werden: wir betrachten sie als Variation der Sexualfunktion, die durch einen gewissen Stillstand in der sexuellen Entwicklung verursacht wird. Viele hoch angesehene Menschen der Antike und der Neuzeit waren Homosexuelle, unter ihnen einige der größten Männer (Plato, Michelangelo, Leonardo da Vinci etc.). Die Verfolgung der Homosexualität als Verbrechen ist eine große Ungerechtigkeit und auch eine Grausamkeit. Wenn Sie mir nicht glauben, lesen Sie die Bücher von Havelock Ellis.

Wenn Sie mich fragen, ob ich helfen kann, meinen Sie damit wohl – so vermute ich –, ob ich Homosexualität beseitigen und normale Heterosexualität an ihre Stelle setzen kann. Die Antwort lautet ganz generell, daß wir keinen Erfolg versprechen können. In einer gewissen Anzahl von Fällen gelingt es uns, die erstickten Keime heterosexueller Tendenzen, welche bei jedem Homosexuellen vorhanden sind, zu entwickeln; in der Mehrzahl der Fälle ist dies nicht mehr möglich. Es ist eine Frage der Beschaffenheit und des Alters des Individuums. Das Ergebnis der Behandlung kann nicht vorhergesagt werden.

Was die Analyse für Ihren Sohn tun kann, geht in eine andere Richtung. Wenn er unglücklich und neurotisch ist, von Konflikten zerrissen und in seinem sozialen Leben gehemmt, könnte ihm die Analyse zu Harmonie, Seelenruhe und voller Effizienz verhelfen, ob er nun ein Homosexueller bleibt oder sich ändert. Falls Sie sich dafür entschließen, daß er bei mir eine Analyse machen sollte (was ich nicht erwarte!!!), so muß er nach Wien kommen. Ich habe nicht die Absicht von hier wegzugehen. Wie immer Sie sich entscheiden, versäumen Sie nicht, mich davon zu unterrichten.

Aufrichtig der Ihre mit freundlichen Grüßen,
Freud

P. S.: Es machte mir keine Schwierigkeiten, Ihre Handschrift zu lesen. Hoffe, daß Sie in meiner Schrift und meinem Englisch nicht die schwierigere Aufgabe vorfinden.

Homosexualität und Paranoia. Freud war der Ansicht, daß Homosexualität eine der Ursachen von Paranoia sei. Unter Paranoia (Verfolgungswahn) versteht man den wahnhaften Glauben einer Person, daß andere gegen sie sind. Die Beziehung zwischen Homosexualität und Paranoia beginnt laut Freud mit der Selbstwahrnehmung, daß „Ich (ein Mann) ihn liebe". Dies ist ein unannehmbarer Gedanke, dem durch einen als „Reaktionsbildung" bezeichneten Abwehrmechanismus begegnet wird. Dieser Abwehrmechanismus verwandelt ein Gefühl in sein Gegenteil. Aus „Ich liebe ihn" wird also „Ich hasse ihn". Das Eingeständnis, daß man eine Person, die einem etwas bedeutet, haßt, ruft jedoch ebenfalls Angst hervor. Daher wird ein anderer Abwehrmechanismus, Projektion, aktiviert, der dazu führt, daß das eigene Gefühl anderen zugeschrieben wird – also „Er haßt mich". Die unbegründete Überzeugung, daß man von anderen gehaßt werde, ist das Kennzeichen der Paranoia.

Obwohl die hier skizzierte Ereignisabfolge die Grenzen der Glaubwürdigkeit zu überschreiten scheint, gibt es empirische Befunde, die Freuds Hypothese bezüglich eines Zusammenhangs zwischen Homosexualität und Paranoia zu stützen scheinen. In einer experimentellen Untersuchung präsentierte Zamansky (1958) paranoiden und nichtparanoiden Patienten tachistoskopisch Paare von Bildern. Einige der Bilder zeigten Männer und Frauen bei alltäglichen Tätigkeiten, andere zeigten Männer bei homosexuellen (z. B. zwei Männer, die sich küssen) und heterosexuellen Aktivitäten. Zamansky konnte heimlich überwachen, welche Bilder die Patienten betrachteten. Zusätzlich fragte er die Patienten, welche Bilder sie bevorzugten. Die Ergebnisse zeigten, daß die verbalisierten Vorlieben der Paranoiker in Widerspruch zu ihrem Verhalten beim Ansehen der Bilder standen. Obwohl sie angaben, die Bilder mit den Frauen zu bevorzugen, verwendeten sie mehr Zeit auf die Betrachtung der Männer-Bilder; jedoch nur dann, wenn diese nicht zu bedrohlich waren. Es scheint also, als ob die Paranoiker sich gegen ihre sexuellen Neigungen wehrten.

Ein ganz anderer Ansatz zur Erforschung der Beziehungen zwischen Sexualität und Paranoia wurde von dem bekannten Anthropologen und Psychologen John Whiting (1959) verfolgt. Whiting glaubte, daß man Gesellschaften nach ihrem Grad an Paranoia klassifizieren könne. Als einen der Indizes für Paranoia in primitiven Kulturen könnte man den Glauben an Hexerei betrachten – an eine magische Kraft, die andere zur Zufügung von Bösem verwenden können.

Was – so fragte sich Whiting – mag wohl die Individuen einer Gesellschaft dazu bringen, an Hexerei zu glauben? Angeregt durch Freud vermutete Whiting, daß eine der Vorbedingungen in sexueller Angst während der frühen Entwicklungsjahre liegen könnte. Dies führt jedoch zu einem weiteren Rätsel: Welche Bedingungen in einer Gesellschaft könnten eine solche Angst hervorbringen?

Whiting fiel auf, daß sich Gesellschaften in bezug auf ihre Post-Partum-Sexualtabus unterscheiden; das sind Regeln, die bestimmen, wann Mann und Frau nach der Geburt eines Kindes wieder Geschlechtsverkehr haben dürfen. In einigen Gesellschaften, wie etwa der unseren, gibt es überhaupt keine diesbezüglichen Beschränkungen, abgesehen von solchen, die durch medizinische Überlegungen bedingt sind. In anderen Gesellschaften kann das Tabu jedoch andauern, bis die Mutter aufhört, das Kind zu stillen, oder sogar bis das Kind fünf Jahre alt ist. Diese Gesellschaften sind häufig nomadisch, was es schwierig macht, gleichzeitig mehr als ein Kind auf der endlosen Reise und Nahrungssuche mitzutragen und zu füttern. Zudem schläft die Mutter während dieser Zeit normalerweise zusammen mit ihrem Baby, während der Mann sein eigenes Zelt hat oder zusammen mit anderen Männern in einer Unterkunft wohnt.

Whiting vermutet, daß bei einer solchen Schlafordnung die Mutter bewußt oder unbewußt eine sexuelle oder zumindest übermäßig sinnliche Beziehung zu ihrem Kind entwickelt. Ein solcher Kontakt – so argumentiert er – ruft Kindheitsängste und Paranoia (Furcht vor Hexerei) in späteren Jahren hervor.

Tabelle 2.6: Zusammenhang zwischen der Dauer des Post-Partum-Sexualtabus und der Stärke des Glaubens, daß Hexerei Krankheit verursachen kann

Dauer des Post-Partum-Sexualtabus	Glaube an Hexerei: gering	Glaube an Hexerei: stark
lang		12* Arapesh
		18 Azande
		36 Chaga
		21 Chiricahua
		24 Kurtachi
		18 Kwakiutl
		24 Kwoma
	22 Bena	30 Leisu
	24 Dahomey	18 Tiv
	18 Masai	18 Trobriander
	48 Teton	42 Venda
	21 Thonga	30 Wogeo
kurz	9 Aloresen	0 Baiga
	3 Ashanti	0 Maori
	1 Balinesen	1 Sanpoil
	2 Chamorro	9 Yagua
	1 Chewa	
	1 Hopi	
	0 Lakher	
	1 Lamba	
	1 Leptscha	
	2 Navaho	
	2 Ontong Java	
	0 Papago	
	1 Siriono	
	6 Tanala	
	1 Yukaghir	

* Die Zahlen geben die Dauer des Post-Partum-Sexualtabus in Monaten an (nach Whiting, 1959, S. 178)

Um diese Hypothese empirisch zu überprüfen, sammelte Whiting (1959) Informationen über Post-Partum-Sexualtabus und Einstellungen zur Hexerei in einer Reihe von Gesellschaften. Diese Daten sind in umfangreichen interkulturellen Datensammlungen zugänglich. Whitings Hypothese wurde bestätigt (vgl. Tab. 2.6). Tabelle 2.6 zeigt die in der Untersuchung erfaßten Gesellschaften, ihre Klassifikation nach starkem oder geringem Glauben an Hexerei und die Dauer des Post-Partum-Sexualtabus.

Die Existenz eines Zusammenhangs zwischen der Furcht vor Verhexung und dem Post-Partum-Sexualtabu beweist natürlich nicht, daß dieser Zusammenhang durch sexuelle Ängste und die unbewußte Verführung durch die Mutter vermittelt wird. Vielleicht läßt sich eine einfachere, intuitiv einsichtigere Erklärung dafür finden. Wie dem auch sei, die von Freud postulierte Sequenz „Ich liebe ihn – Ich hasse ihn – Er haßt mich" war jedenfalls für die Entdeckung dieses Zusammenhangs verantwortlich und muß daher als mögliche Erklärung ernsthaft in Betracht gezogen werden.

Es sollte darauf hingewiesen werden, daß Untersuchungen, welche von der Norm abweichende Eigenschaften Homosexueller zu demonstrieren versuchen, zunehmend von Menschen in Frage gestellt werden, die sich aktiv dafür einsetzen, daß Homosexuelle akzeptiert werden und ihre Bürgerrechte zugestanden bekommen. Diese Menschen weisen darauf hin, daß die Forschung dazu tendiert habe, nachzuweisen, daß Homosexualität *per se* ein Zeichen für Psychopathologie sei. Sie sind der Auffassung, daß der Forschungsschwerpunkt verändert werden müsse, um folgende Fragen miteinzubeziehen:

> Die Dynamik schwuler Beziehungen; die Entwicklung einer positiven schwulen Identität; die ... Variablen, die mit der Offenbarung der eigenen Identität zu tun haben ... spezifische Probleme schwuler Kinder und Jugendlicher; Aspekte des Alterns in der schwulen Subkultur und Konflikte, die mit dem Kampf um die Bürgerrechte für Schwule zusammenhängen (Morin, 1977, S. 636).

Sexualität und Aggression

Wie schon früher angedeutet, änderte Freud mehrmals seine Ansichten in bezug auf die Triebe. Gegen Ende seiner Karriere postulierte er zwei Triebe: Eros (Lebenstrieb) und Thanatos (Todestrieb). Zuvor hatte er die Meinung vertreten, daß es nur einen Grundtrieb, den Eros, gebe, der aus sexuellen (Arterhaltung) und aggressiven (Selbsterhaltung) Komponenten bestehe.

Die Überzeugung, daß Sexualität und Aggression zusammenhängen, wird von vielen Laien vertreten. Man hört zum Beispiel häufig die Ansicht, daß der Konsum von Pornographie zu einer Zunahme der Kriminalität, vor allem von Vergewaltigungen und anderen sexuellen Übergriffen, führe. Empirische Befunde legen jedoch nahe, daß genau die entgegengesetzte Beziehung besteht. Im sogenannten „dänischen Experiment" legalisierte Dänemark sämtliche Formen „harter" Pornographie. Nachdem dieses umstrittene Gesetz in Kraft getreten war, nahmen die Sexualverbrechen ab. Mehr noch, die Abnahme der Sexualverbrechen schien tatsächlich durch die Lokkerung der Zensur im sexuellen Bereich *verursacht* worden zu sein.

Tabelle 2.7: Mittleres Schockniveau als Funktion von sexueller Erregung, Geschlecht des Aggressors und Geschlecht der Person, gegen die die Aggression gerichtet ist

	Person gegen die die Aggression gerichtet ist			
	männlich		weiblich	
Aggressor	Sexuelle Erregung	Kontrollgruppe	Sexuelle Erregung	Kontrollgruppe
Männlich	3,10	2,41	3,51	2,81
Weiblich	2,94	2,32	2,53	1,72

(nach Jaffe, Malamuth, Feingold & Feshbach. 1974, S. 762)

In den letzten Jahren haben akademische Psychologen entdeckt, daß die sexuelle und die aggressive Motivation auf komplexe Art miteinander zusammenhängen. In einem der diesbezüglich relevanten Experimente gaben Jaffe, Malamuth, Feingold und Feshbach (1974) Versuchspersonen entweder erotisches oder neutrales Material zu lesen, bevor sie Gelegenheit bekamen, einer anderen Versuchsperson (in Wirklichkeit ein Mitarbeiter des Versuchsleiters) bei einer „Lernaufgabe" Schocks zu verabreichen. Die Daten zeigten klar, daß die Schockverabreichung nach dem Konsum erotischen Materials sowohl bei männlichen als auch bei weiblichen Versuchspersonen zunahm, unabhängig davon, ob der Empfänger des Schocks männlich oder weiblich war (vgl. Tab. 2.7).

Jedoch wurde in anderen Untersuchungen (z.B. Baron, 1974) genau das Gegenteil gefunden, nämlich eine Reduktion der Aggression nach der Präsentation erotischen Materials. Es scheint, daß die Auswirkungen sexueller Erregung auf aggressives Verhalten teilweise davon abhängen, ob die Versuchsperson vor der Präsentation der Erotika provoziert worden ist und ob durch die erotischen Stimuli Hemmungen abgebaut werden oder die Tendenz zur Aggression verstärkt wird. Für eine Erklärung dieser widersprüchlichen Befunde bedarf es weiterer Experimente. Was aus diesen Untersuchungen jedoch übereinstimmend hervorgeht, ist, daß sexuelle und aggressive Motivation nicht voneinander unabhängig sind.

Soziobiologie und Sexualverhalten

In den letzten Jahren hat sich eine neue wissenschaftliche Disziplin, die Soziobiologie, entwickelt. Soziobiologen versuchen nachzuweisen, daß soziales Verhalten eine biologische bzw. genetische Grundlage hat. Man hat behauptet, daß sogar solche sozialen Verhaltensweisen wie Konformität und Altruismus (und das Schwindeln bei Prüfungen!) durch Gene übertragen würden!

Die Soziobiologen sind von den Ideen Darwins beeinflußt. Sie gehen davon aus, daß Verhalten, welches das Überleben fördert, von Generation zu Generation weitergegeben wird. Sie behaupten jedoch, daß die Gene selbst es seien, die ums Überleben kämpfen, und weniger der gesamte Organismus. So könnte zum Beispiel ein Vogel sein Leben riskieren, um den Rest des Schwarms vor einer drohenden Gefahr zu warnen, weil auf diese Art zum Überleben des gesamten Genbestands beigetragen wird. Altruistisches Verhalten liegt daher eigentlich im Eigeninteresse der Gene. Die Soziobiologen behaupten, die Evolution bringe Organismen hervor, die dieser Logik folgen und genetische Gewinne und Verluste „kalkulieren".

Diese Ideen sind zur Erklärung einiger rätselhafter Fakten herangezogen worden. Wie kommt es zum Beispiel, daß weibliche Ameisen ihr Leben lang der Ameisenkönigin bei der Fortpflanzung behilflich sind, anstatt sich selbst fortzupflanzen? Soziobiologen haben diese Frage mit dem Hinweis beantwortet, daß weibliche Ameisen mit ihren Schwestern mehr Gene gemeinsam haben als sie mit ihren Jungen haben würden. Es liege daher im Eigeninteresse ihres Genbestands, der Königin bei der Produktion zusätzlicher Ameisen beizustehen, statt sich selbst fortzupflanzen.

Auch verschiedene Aspekte des Sexualverhaltens sind von einer soziobiologischen Warte aus reinterpretiert worden. Die Soziobiologen behaupten, männliche Aggression und Imponiergehabe seien eine der Reproduktion dienende Strategie, deren Zweck es sei, die Frauen zu beeindrucken. Da diese Strategie „funktioniert", sind also die Frauen die eigentlich Verantwortlichen für die männliche Protzerei!

Der Mann – so behaupten die Soziobiologen – hat ein grundlegendes Ziel: so viele Gene wie möglich an die nächste Generation weiterzugeben. Dagegen muß die Frau sehr viel Zeit in jede Geburt investieren und kann nur eine beschränkte Anzahl von Nachkommen haben. Daher macht sich nur männliche Promiskuität bezahlt (indem sie zu einer großen Nachkommenschaft führt), und Männer sind in der Tat in der Regel promiskuitiver als Frauen. Darüber hinaus stellen Frauen, da sie mehr von sich in jede Schwangerschaft investieren müssen, wichtige Ressourcen dar, die die Männer „erwerben" müssen. Daher heiraten in den meisten Kulturen ältere Männer (die die notwendigen Mittel haben) jüngere Frauen (die noch viele Jahre zum Austragen von Kindern vor sich haben).

Die Soziobiologen weisen auch darauf hin, daß Männer bei der Fortpflanzung einen großen Nachteil haben – sie können sich nie sicher sein, daß die Nachkommenschaft tatsächlich von ihnen stammt. Dadurch wird sexuelle Eifersucht erregt, und Werbungsrituale haben sich entwickelt, durch die die Zeit der Frau völlig beschlagnahmt wird. Während dieser ausgedehnten Werbung kann der Mann auch feststellen, ob die Frau bereits schwanger ist.

Es braucht wohl nicht gesagt zu werden, daß dies umstrittene Ideen sind, die viel Widerspruch hervorgerufen haben. Die Hypothesen werden auch von relativ wenigen Daten beim Menschen gestützt. Zudem ist offensichtlich, daß kulturelle Faktoren das Sexualverhalten stark beeinflussen. Wie wollten Soziobiologen zum Beispiel die Tatsache erklären, daß sich so viele Männer heutzutage freiwillig sterilisieren lassen? Weiter fragt man sich, warum gewisse Arten sich über die reine Selbstreproduktion hinaus entwickelt haben, wenn die Reproduktion der eigenen Gene das Grundprinzip der Evolution ist. Nichtsdestoweniger hat sich dieser extreme biologische Standpunkt, der auch zum Teil in der Freudschen Theorie enthalten war, als außerordentlich anregend erwiesen und den Weg für die Interpretation (und Reinterpretation) einer Reihe von Phänomenen gebahnt.

Träume

Nach Freuds primärem Denkmodell (vgl. Tab. 2.1) kann das Individuum im Fall der Nichtverfügbarkeit eines befriedigenden Triebobjekts dieses halluzinieren, um Befriedigung zu erlangen. Die Phantasie hat somit eine wunscherfüllende Funktion. (Wie bereits erörtert wurde, gibt es zumindest andeutungsweise Befunde, die dafür sprechen, daß beim Ansehen aggressionsbezogenen visuellen Materials eine Katharsis von Aggression eintritt; Feshbach & Singer, 1971). Wenn alle Triebwünsche einer Person befriedigt sind, sollte sie daher theoretisch auch keine Phantasietätigkeit entwickeln. Demnach ist Deprivation (Triebinduktion) die Vorbedingung für Phantasietätigkeit; Triebreduktion ist ihre Konsequenz.

Träume sind eine Form der Phantasietätigkeit, die offenbar universell ist und sich über sämtliche Kulturen und Altersgruppen erstreckt. Tatsächlich entsprechen ihre Merkmale denen eines Instinktverhaltens. Wegen dieser Universalität hat es viel Beschäftigung mit dem Traumvorgang gegeben. Aber das Interesse der Psychologie für den Traum schreibt man am besten dem Einfluß Freuds zu. Wie schon erwähnt, glaubte Freud, der Traum sei der „Königsweg" zum Unbewußten. Durch die Traumanalyse – so behauptete er – können wir Kenntnis von unbewußten Wünschen und Sehnsüchten sowie den symbolischen Manifestationen von Bedürfnissen erlangen.

Laut Freud ist der Traum der Hüter des Schlafs. Indem er Ersatzbefriedigungen ermöglicht, erlaubt er den Abbau eines Teils der inneren Spannung, die mit unerfüllten Wünschen einhergeht. Ohne diesen Spannungsabbau würde der Träumende durch die übermäßige innere Stimulation aufgeweckt werden. Dies kann durch eine einfache Illustration verdeutlicht werden. Nehmen Sie an, Sie gehen ohne Abendessen zu Bett. Nach einer Weile verspüren Sie Hunger, was dazu führen könnte, daß Sie aufwachen. Während des Schlafs träumen Sie jedoch, daß Sie essen. Der Inhalt des Traumes könnte auch verschleiert sein, d.h. das Essen tritt in symbolischer Form auf. Der wunscherfüllende Traum führt zu einer Verminderung des subjektiven Hungergefühls, reduziert dadurch die Magenkrämpfe und behütet so den Schlaf.

Wie der Leser sich denken kann, ist es außerordentlich schwierig, wissenschaftliche Belege dafür zu erhalten, daß Träume Wunscherfüllungen sind und daß sie den Schlaf bewahren, indem sie die innere Stimulation reduzieren. Neuere Fortschritte in der Traumforschung haben jedoch Daten erbracht, die für einige von Freuds Annahmen relevant sind.

Viele Jahre lang gab es keine brauchbare wissenschaftliche Forschung zum Traum. Ein Grund für diesen Mangel bestand in der Tatsache, daß nur der Träumende direkten Zugang zu seinem Traum hat. Es war daher nicht möglich, die Verläßlichkeit von Traumberichten festzustellen. Es hätte die Notwendigkeit bestanden, neben dem Träumenden sozusagen einen „Zeugen" für den Traum zu haben.

Eine objektive Technik zur Feststellung von Träumen wurde in den frühen fünfziger Jahren entwickelt (vgl. Dement & Kleitman, 1957). Während des Schlafs wurde das Auftreten schneller Augenbewegungen (REM, *rapid eye movements*) unter den Lidern entdeckt. Personen, die während dieser REM-Phasen aufgeweckt wurden, berichteten mit einer hohen Häufigkeit über Träume, während Personen, die zu anderen Zeiten geweckt wurden, nicht über Träume berichteten. Einige mentale und kognitive Aktivitäten ereignen sich auch in den Nicht-REM-Phasen, aber visuelle Traumerlebnisse treten nur während des REM-Schlafs auf.

Weitere Untersuchungen haben gezeigt, daß es im Verlauf des Schlafs zyklische Muster der Gehirnaktivität gibt (vgl. Dement, 1965). Diese Aktivität kann mit einem Polygraphen registriert werden; man erhält dann das sogenannte Elektroenzephalogramm (EEG). Vier verschiedene Muster von Hirnströmen während des Schlafs sind identifiziert worden (vgl. Abb. 2.8). Der Schlaf in Stadium 1, in welchem es eine sehr geringe Spindelaktivität und keine „Delta-" oder großen Wellen gibt, ist in hohem Maß mit REM-Phasen und Traumberichten assoziiert. Es ist inzwischen ziemlich gesichert, daß das Auftreten von REM-Phasen und von bestimmten Hirnstrommu-

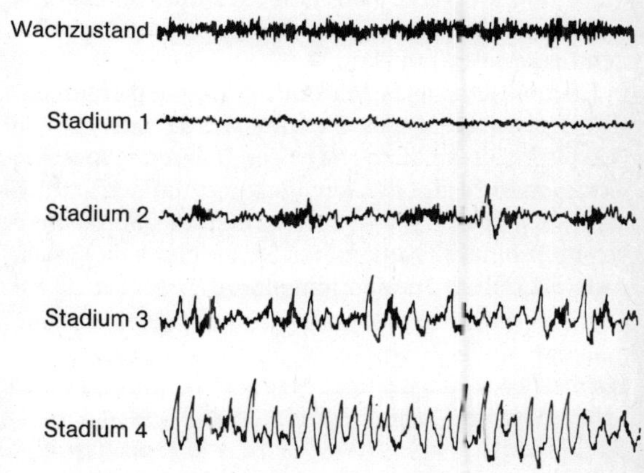

Abbildung 2.8: Beispiel für EEG-Muster des Wachzustands und der vier Stadien des Schlafs (aus: Dement, 1965, S. 147)

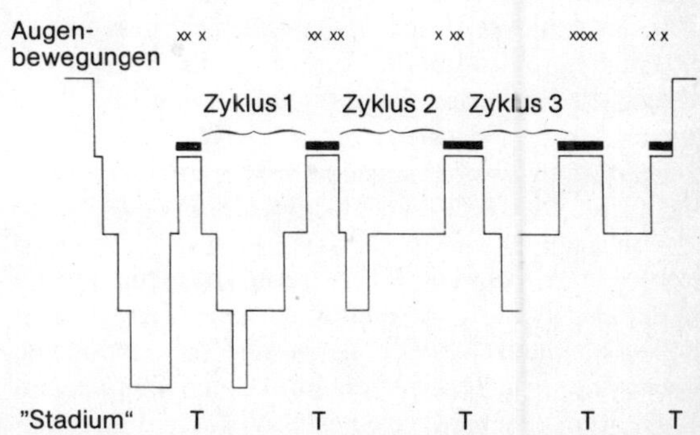

Abbildung 2.9: Der typische nächtliche Schlafverlauf eines jungen Erwachsenen. T steht für Traum (nach E. Hartmann, 1965, S. 30)

stern ein verläßliches äußeres Kriterium für das Vorliegen eines Traumvorgangs darstellt.

Abbildung 2.9 zeigt den typischen nächtlichen Schlafverlauf eines jungen Erwachsenen. Im Verlauf einer achtstündigen Schlafperiode erlebt eine Person ca. fünf Traumphasen bzw. durchschnittlich alle 90 Minuten einen Traum. Im allgemeinen ist die Traumaktivität umso größer, je länger man schläft. Der durchschnittliche Traum dauert annähernd 14 Minuten, wobei die Traumlänge mit fortschreitender Dauer der Nacht zunimmt. Die Zeitspanne zwischen den Traumperioden nimmt ab, je mehr man sich dem Erwachen nähert.

Mit einem objektiven Traumindex wäre zu erwarten, daß der „Königsweg" zum Unbewußten zu einer „Superautobahn" würde und Freuds Spekulationen entweder bestätigt oder verworfen würden. Dies war nicht der Fall. Es sind jedoch Daten gesammelt worden, die indirekt für einige der von Freud erhobenen Fragen relevant sind.

Erstens scheint es, daß alle Menschen träumen. Die Universalität des Traums wurde bereits von Freud postuliert; dieser Befund scheint also seine Konzeption zu stützen. Die Universalität des Traums geht aber noch über die von Freud angenommenen Grenzen hinaus. Neben dem Menschen haben auch viele Tierarten Traumschlafphasen (vgl. Tab. 2.8). der Traum den Schlaf erhält, sondern vielmehr daß der Schlaf den Traum garantiert.

Ein weiterer Befund, der als Stütze der Freudschen Traumtheorie angesehen werden kann, ist, daß es ein „Bedürfnis" nach Träumen zu geben scheint (Dement, 1960). Weckt man einen Schläfer immer dann, wenn er in eine REM-Phase eintritt, so treten die REM-Phasen in den folgenden Nächten häufiger auf und es ist schwieriger, den Schläfer zu wecken. Der Organismus scheint ein REM-Defizit aufholen zu wollen.

Wenn es jedoch ein Traumbedürfnis gibt, dann sollte eine Traumdeprivation die psychische Funktionstüchtigkeit beeinflussen. Es ist zur Zeit nicht gesichert, ob REM-Deprivation psychische Fehlfunktionen verursacht. Einige Forscher berichteten zwar, daß Personen nach dem Entzug des REM-Schlafs emotionaler und psychisch weniger ausgeglichen sind; andere Forscher fanden dagegen keine störenden psychischen Auswirkungen einer Verhinderung des Traumschlafs. Zudem gibt es völlig angepaßte Personen, die weniger als eine Stunde pro Nacht schlafen!

Erinnern wir uns an Freuds Behauptung, daß Träume den Schlaf bewahren, indem sie die innere Stimulation „abführen". Es ist offenkundig, daß das, was Freud als „Tagesreste" bezeichnete, d.h. Gedächtnisspuren von Tageserlebnissen, den Inhalt von Träumen beeinflussen. Zusätzlich wird Stimulation während des Schlafs, wie etwa Licht- oder taktile Reize, häufig in Träume inkorporiert. Jedoch *löst* eine solche Stimulation Träume nicht *aus*. Das heißt, das Auftreten von Reizen, die den Schlafenden wekken könnten, löst keine REM-Episode aus, obwohl die Stimulation in einen laufenden Traum eingebaut

Tabelle 2.8: Traumstadien bei verschiedenen Säugetierarten (erwachsene Jungtiere)

Art	Durchschnittliche Länge der Traumphase (in Min.)	Durchschnittliche Länge des Zyklus (in Min.)	Anteil der Traumphasen am Gesamtschlaf (in %)
Mensch	14	80–90	20–24
Affe	4–10	40–60	11–20
Katze	10	20–40	20–60
Schaf	–	–	2–3
Hase	–	24	1–3
Ratte	4–7	7–13	15–20
Maus	–	3–4	–
Beutelratte	5	17	22–40

(nach E. Hartmann, 1965, S. 32)

Wenn man aus den REM-Beobachtungen darauf schließen kann, daß auch niedrigere Organismen träumen, dann wird es schwierig, die Hypothese aufrecht zu erhalten, daß die Funktion der Träume in der Abfuhr innerer Reize besteht. Man nimmt allgemein an, daß Tiere kaum soziale Hemmungen kennen und daß ihre sexuellen und aggressiven Grundbedürfnisse befriedigt sind. Es scheint daher, daß nicht werden kann. Darüber hinaus stehen emotional belastende Erlebnisse während des Tages oder erlebte Frustrationen und unerfüllte Wünsche in keinem Zusammenhang mit der Zeitdauer der Traumaktivität.

Zusammenfassend scheint es, daß das Träumen hauptsächlich von biologischen Faktoren determiniert wird. Es gibt einen zyklischen Schlafverlauf während einer Nacht, der für alle Individuen relativ gleich ist. Die Frage nach der Funktion des Traums bleibt umstritten. Vielleicht braucht nicht jeder psychische Prozeß zum Überleben und Wohlbefinden des Organismus beizutragen. Wenn dem so ist, dann könnte sich die Suche nach der Funktion der Träume als fruchtlos erweisen. Bislang ist noch keine klare Funktion entdeckt worden, und die Vorstellung vom Traum als Ersatzbefriedigung und Verminderer innerer Stimulation muß in Frage gestellt werden. Eher dürften Träume der Person beim Durchdenken von Problemen und bei der Auffindung kreativer Lösungen helfen, welche ihr im Wachzustand entgangen sind (vgl. Singer, 1974). Das heißt, Träume könnten eher eine kognitive als eine affektive (stimulationsreduzierende) Funktion haben. Ehe die Freudsche Konzeption des Traums als Wunscherfüllung ganz verworfen werden kann, bedarf es aber noch weiterer empirischer Befunde.

Abwehrmechanismen

Auf den vorangegangenen Seiten dieses Buches wurden verschiedene Aspekte des Es – Triebe, aggressive und sexuelle Motivation sowie Träume – behandelt. Diese sind die grundlegenden, biologisch verankerten Motivationen und Prozesse. Nach der Erörtung des Es will ich nun auf das Ich zu sprechen kommen. Man erinnere sich, daß sich das Ich herausbildet, um Realität von Irrealität zu unterscheiden und den Organismus vor Schmerz zu bewahren, den er als Konsequenz direkter sexueller oder aggressiver Äußerung erfahren könnte. Daher hemmt das Ich solche zielgerichteten Handlungen und lenkt diese um; es handelt dabei im Dienst des Es. Da die vom Ich verwendeten Mechanismen eine Schutzfunktion haben, werden sie häufig als *Abwehrmechanismen* oder einfach als *Abwehr* bezeichnet. Dieser Abschnitt behandelt also die Frage, wie man mit Wünschen fertig wird, deren Erfüllung durch die sozialen Normen oft nicht erlaubt ist.

Die psychischen Mechanismen, die eine Person einsetzt, um sich vor Angst, Bestrafung und anderen unangenehmen Erfahrungen schützen, sind manchmal ziemlich offenkundig. Einer der Mechanismen zum Beispiel, der eine fortgesetzte Konfrontation mit Unlustempfindungen (z.B. der Anblick von Blut oder die Gefühle, die mit dem Tod eines „signifikanten Anderen" einhergehen) verhindert, ist das Ohnmächtigwerden. Psychoanalytiker glauben, daß die meisten Abwehrmechanismen auf einer unbewußten Ebene arbeiten (vgl. Abb. 2.2). Mit anderen Worten, die Person ist sich im allgemeinen weder der Abwehrmechanismen noch deren funktionaler Bedeutung bewußt. Zudem ist es auch für einen Beobachter nicht unmittelbar ersichtlich, daß die Hemmung einer direkten Bedürfnisbefriedigung auf Abwehrmechanismen zurückzuführen ist. Jedoch sind nicht alle Abwehrmechanismen unbewußt. Personen können auch bewußt und rational gewisse Strategien einsetzen, um Streßsituationen und Probleme des Lebens zu bewältigen.

Im folgenden werden nur die von Psychologen besonders betonten unbewußten Abwehrmechanismen behandelt. Die Wahrscheinlichkeit, daß diese Mechanismen aktiviert werden, ist besonders hoch in stark gefühlsbetonten Situationen und in Situationen mit großer persönlicher Involviertheit. Vier Abwehrmechanismen, denen sowohl von klinischen als auch von experimentellen Psychologen Aufmerksamkeit geschenkt wurde – Verdrängung, Wahrnehmungsabwehr, Verleugnung und Rationalisierung – sollen näher erörtert werden. Freud und andere identifizierten noch weitere Abwehrmechanismen wie Sublimierung, Reaktionsbildung, Projektion, Regression und Verschiebung. Einige dieser Abwehrmechanismen werden an anderer Stelle in diesem Buch erörtert, während andere aus Platzgründen, und weil sie nicht im Zentrum von Freuds Denken stehen, übergangen wurden.

Verdrängung

Freud hielt die Verdrängung für den wichtigsten Abwehrmechanismus. Er beschrieb sie poetisch wie folgt:

> [Wir nehmen an, daß] jeder seelische Vorgang ... zuerst in einem unbewußten Stadium oder Phase existiert und erst aus diesem in die bewußte Phase übergeht, etwa wie ein photographisches Bild zuerst ein Negativ ist und dann durch den Positivprozeß zum Bild wird. Nun muß aber nicht aus jedem Negativ ein Positiv werden, und ebensowenig ist es notwendig, daß jeder unbewußte Seelenvorgang sich in einen bewußten umwandle. Wir drücken uns mit Vorteil so aus, der einzelne Vorgang gehöre zuerst dem psychischen

System des Unbewußten an und könne dann unter Umständen in das System des Bewußten übertreten.

Die roheste Vorstellung von diesen Systemen ist die für uns bequemste; es ist die räumliche. Wir setzen also das System des Unbewußten einem großen Vorraum gleich, in dem sich die seelischen Regungen wie Einzelwesen tummeln. An diesen Vorraum schließe sich ein zweiter, engerer, eine Art Salon, in welchem auch das Bewußtsein verweilt. Aber an der Stelle zwischen den beiden Räumlichkeiten walte ein Wächter seines Amtes, der die einzelnen Seelenregungen mustert, zensuriert und sie nicht in den Salon einläßt, wenn sie sein Mißfallen erregen. Sie sehen sofort ein, daß es nicht viel Unterschied macht, ob der Wächter eine einzelne Regung bereits von der Schwelle abweist oder ob er sie wieder über sie hinausweist, nachdem sie in den Salon eingetreten ist. Es handelt sich dabei nur um den Grad seiner Wachsamkeit und um sein frühzeitiges Erkennen. Das Festhalten an diesem Bilde gestattet uns nun eine weitere Ausbildung der Nomenklatur. Die Regungen im Vorraum des Unbewußten sind dem Blick des Bewußtseins, das sich ja im anderen Raum befindet, entzogen; sie müssen zunächst unbewußt bleiben. Wenn sie sich bereits zur Schwelle vorgedrängt haben und vom Wächter zurückgewiesen worden sind, dann sind sie bewußtseinsunfähig; wir heißen sie *verdrängt* (Freud, 1916–17/1969, S. 292–293).

Freuds Konzeption der Verdrängung entwickelte sich aus seinen Hypnoseexperimenten und aus seinen Beobachtungen als Therapeut. Freud bemerkte, daß seine Patienten Amnesien wichtiger Erinnerungen aufwiesen. Aber diese Erinnerungen waren nicht wirklich vergessen; sie konnten wieder zugänglich gemacht werden. Das Zurückholen der Erinnerungen ins Bewußtsein erforderte besondere Methoden wie die freie Assoziation und die Trauminterpretation während der Therapiesitzung. Da die Erinnerungen wieder zugänglich gemacht werden konnten, schloß Freud, daß ihr Eintreten ins Bewußtsein von einer aktiven Kraft (dem „Wächter") verwehrt wird. Wurde diese aktive hemmende Kraft geschwächt, konnten die Erinnerungen wieder bewußt werden.

Die experimentelle Erforschung der Verdrängung. Zur Demonstration von Verdrängung im Labor sind viele verschiedene experimentelle Verfahren verwendet worden. Keines davon war jedoch völlig befriedigend (vgl. Rapaport, 1942; Weiner, 1966). Da aber ein Teil der experimentellen Befunde vielversprechend aussieht und viele klinische Beobachtungen die Existenz von Verdrängung zu belegen scheinen, ist der Glaube an die Verdrängung von Gedächtnisinhalten bei den meisten Psychologen nach wie vor fest verwurzelt.

Eine frühe Technik zur Demonstration der Verdrängung bestand darin, die Versuchspersonen einfach aufzufordern, sich vergangene Ereignisse ins Gedächtnis zu rufen. Wurden mehr angenehme als unangenehme Erfahrungen erinnert, so wurde daraus geschlossen, daß die Erinnerung an unangenehme Ereignisse durch Verdrängung behindert worden sei. Dieser Ansatz ist jedoch nicht besonders beweiskräftig, da wir tatsächlich mehr angenehme als unangenehme Erinnerungen haben könnten. Das heißt, die Erinnerung könnte zutreffend sein und zeigt nicht notwendigerweise den Einfluß von Verdrängung an.

Ein zweites häufig verwendetes Verfahren besteht darin, deutlich unterscheidbare Stimuli wie Zahlen oder Wörter mit angenehmen und unangenehmen Empfindungen (wie z.B. verschiedenen Gerüchen oder dem Erhalt von Geld versus Schock) zu koppeln. Die Versuchspersonen werden später aufgefordert, die Stimuli zu erinnern. Werden die mit den aversiven Konsequenzen gepaarten Stimuli weniger häufig erinnert als die mit positiven Konsequenzen assoziierten, so wird daraus auf Verdrängung geschlossen. Man beachte, daß dieses Verfahren immerhin besser ist als ein bloßes Befragen der Versuchspersonen nach Ereignissen aus ihrem Leben, da die positiven und negativen Erfahrungen hier experimentell kontrolliert werden und gleich häufig sind.

Aber auch diese Untersuchungen weisen verschiedene Schwächen auf. Erstens sind die berichteten Ergebnisse nicht konsistent. Manchmal werden mehr der mit angenehmen Erfahrungen verknüpften Stimuli erinnert, manchmal findet sich das Gegenteil. Und selbst wenn „Verdrängung" demonstriert wird, beweist dies nicht, daß die Erinnerung der „vergessenen" Stimuli tatsächlich durch eine *aktive hemmende Kraft* behindert wurde. Die experimentellen Stimuli sind weit entfernt von den gefährlichen sexuellen und aggressiven Triebregungen, von denen Freud spricht.

Ein drittes Verfahren untersucht die Erinnerung von Erfolg und Mißerfolg bei Leistungsaufgaben. Diesem Verfahren liegt die Idee zugrunde, daß das Vergessen von Mißerfolgen das Ich „schütze". Die Verdrängung sollte daher die Erinnerung vergangener Mißerfolge erschweren. In diesen Experimenten wird den Versuchspersonen normalerweise eine Reihe von Aufgaben zur Lösung vorgelegt. Die Hälfte der Aufgaben ist zu lang, um innerhalb der vorgegebenen Zeit gelöst werden zu können; die verbleibende Hälfte ist leicht zu lösen. Die Versuchspersonen erleben also bei der einen Hälfte der Aufgaben Erfolg und bei der anderen Mißerfolg. Anschließend werden sie aufgefordert, die Aufgaben, die sie bearbeitet haben, zu erinnern. Auch hier sind die Befunde jedoch uneinheitlich. Manchmal werden mehr

Tabelle 2.9: Übersicht über das Experiment von Clemens zur Demonstration der Verdrängung mit Hilfe komplexbezogener Wörter und Hypnose

	Kontrollgruppe	Experimentalgruppe
Stadium 1	Identifizierung komplexbezogener und neutraler Wörter	
Stadium 2	—	Hypnose
Stadium 3	Erlernen ausgewählter komplexbezogener und neutraler Wörter	
Stadium 4	—	Instruktion, später nur mehr zehn Wörter zu erinnern
Stadium 5	Erster Erinnerungsdurchgang, Wachzustand	Erster Erinnerungsdurchgang, Wachzustand
Stadium 6	—	Aufhebung der post-hypnotischen Suggestion
Stadium 7	Zweiter Erinnerungsdurchgang	Zweiter Erinnerungsdurchgang

unvollendete Aufgaben erinnert; manchmal trifft das Gegenteil zu. (Eine ausführlichere Besprechung dieses Phänomens findet sich im 4. Kapitel.)

Ein viertes experimentelles Verfahren zur Erforschung der Verdrängung schließlich beinhaltet die Erinnerung „komplexbezogener" Wörter. Der Begriff „komplex-bezogenes Wort" stammt ursprünglich von C. G. Jung. Jung pflegte Versuchspersonen eine Liste von Wörtern vorzulesen und sie aufzufordern, jeweils mit dem ersten Wort, das ihnen in den Sinn kam, zu antworten. Diese Technik wurde als „Wortassoziation" bezeichnet. Jung entdeckte, daß einigen Antworten ungewöhnlich lange Pausen vorausgingen. Er folgerte daraus, daß die Reizwörter in diesen Fällen mit einem bestimmten „Persönlichkeitskomplex" – einem Bereich emotionaler Störungen und persönlicher Schwierigkeiten – zusammenhingen, d.h. daß sie mit verdrängtem und konflikthaftem Material assoziiert seien. Wegen dieser Assoziation würden die unmittelbaren Antworten einer Zensur unterzogen, was in einer längeren Latenzzeit, d.h. einer längeren Zeitspanne bis zur Verbalisierung der Antwort, resultiere.

Einige überzeugende experimentelle Demonstrationen der Verdrängung verwenden komplex-bezogene Wörter. In einer von Clemens (1964) durchgeführten Studie wurden zunächst für eine Reihe von Wörtern die Latenzzeiten bei der Assoziation ermittelt. Einige Tage danach wurde den Versuchspersonen eine Wortliste zum Auswendiglernen gegeben, die neun Wörter mit normaler Latenzzeit (neutrale Wörter) und neun mit langer Latenzzeit (komplexbezogene Wörter) enthielt.

Es gab zwei Experimentalbedingungen. In der einen Gruppe lernten die Versuchspersonen die Wortliste unter Hypnose. Außerdem wurde jeder dieser Versuchspersonen suggeriert, daß sie später, wenn sie dazu aufgefordert würde, die Wörter im Wachzustand zu wiederholen, „sich nur an zehn Wörter werde erinnern können, wie sehr sie sich auch anstrengen würde." Nachdem die Versuchspersonen im Wachzustand dazu aufgefordert worden waren, die Wörter zu erinnern, wurde der post-hypnotische Auftrag aufgehoben und ein zweiter Erinnerungsdurchgang gemacht. Das heißt, beim ersten, nicht aber beim zweiten Testdurchgang war die Erinnerungsfähigkeit durch den post-hypnotischen Befehl beeinträchtigt. In einer zweiten Versuchsgruppe lernten die Versuchspersonen einfach die Liste und erinnerten die Wörter zweimal, ohne daß ein post-hypnotischer Befehl gegeben worden wäre. Diese ziemlich komplexe Versuchsanordnung ist in Tabelle 2.9 dargestellt.

Die Wörter, die bei der ersten Wiedergabe vergessen, bei der zweiten jedoch erinnert wurden, wurden dann analysiert. D. h. für jede Versuchsperson wurde die Anzahl „wiederkehrender" (zuerst vergessener aber später wieder erinnerter) neutraler und komplex-bezogener Wörter verglichen. Tab. 2.10 zeigt die Anzahl der Versuchspersonen, die (1) mehr komplex-bezogene als neutrale Wörter, (2) gleich viele von beiden oder (3) mehr neutrale als komplexbezogene Wörter erinnerten. Die Tabelle zeigt, daß es bei den Versuchspersonen der Kontrollgruppe beim zweiten Erinnerungstest keinen Unterschied in

Tabelle 2.10: Vergleich wiedererinnerter komplexbezogener versus neutraler Wörter

Gruppe	Komplex-bezogene > Neutrale	Komplex-bezogene = Neutrale	Neutrale > Komplex-bezogene
Kontrollgruppe	6*	15	6
Hypnotisierte Gruppe	15	7	4

* Anzahl der Versuchspersonen (nach Clemens, 1964, S. 66)

bezug auf das Ausmaß wiederkehrender komplexbezogener und neutraler Wörter gab (jeweils 6 Versuchspersonen). Von den hypnotisierten Versuchspersonen erinnerte dagegen eine signifikant größere Anzahl (15 vs. 4) mehr komplex-bezogene Wörter beim zweiten Erinnerungstest.

Das ist aus folgenden Gründen eine akzeptable Demonstration dessen, was Freud unter Verdrängung verstand:

1. Im Gegensatz zu den Untersuchungen, die mit Gerüchen und Schock bzw. Erfolgen und Mißerfolgen bei bestimmten Aufgaben arbeiteten, waren die experimentellen Stimuli relevant für die emotionalen Problembereiche jeder einzelnen Versuchsperson.
2. Es wurde eine aktive hemmende Kraft eingeführt, in diesem Fall durch eine unter Hypnose gegebene experimentelle Instruktion. Diese Kraft beeinträchtigte das Auftauchen gewisser Inhalte im Bewußtsein.
3. Sobald die aktive hemmende Kraft mit der Aufhebung der post-hypnotischen Suggestion verschwand, erinnerten die meisten Versuchspersonen wieder mehr der emotional-besetzten Wörter. Es wurde demonstriert, daß die Amnesie selektiv war, da die aktive hemmende Kraft sich kaum auf neutrale Wörter auswirkte. Somit besteht eine Analogie zum Therapieprozeß, bei dem das verdrängte Material angeblich nach der Schwächung der Verdrängung zugänglich wird.

Zusammenfassend kann man also sagen, daß es eine große Anzahl klinischer und anekdotischer Befunde gibt, die die Idee der Verdrängung stützen. Andererseits verlief die große Mehrheit der Laboruntersuchungen negativ. Einige wenige gut geplante Experimente konnten das Phänomen der Verdrängung jedoch demonstrieren, darunter die Untersuchung von Clemens (1964), in welcher komplex-bezogene Wörter als emotional relevantes Material verwendet wurden.

Wahrnehmungsabwehr

Die Wahrnehmungsabwehr bezieht sich ebenfalls auf einen Widerstand gegen bedrohliches Material. Von der Konzeption her ist sie der Verdrängung ähnlich, nur verhindert die Verdrängung die Bewußtwerdung bestimmter *Erinnerungen,* während die Wahrnehmungsabwehr gewisse *Wahrnehmungen* vom Bewußtsein der Person fernhält.

Die Wahrnehmungsabwehr hat sehr viel Aufmerksamkeit von Persönlichkeitspsychologen erhalten. Dieses Interesse ist zum Teil durch den Zusammenhang zwischen Wahrnehmungsabwehr und unterschwelliger Wahrnehmung bedingt. Eine Zeitlang wurde die Meinung vertreten, daß das Verhalten des Konsumenten durch „unterschwellig" dargebotene Fernseh- und Kinowerbespots beeinflußt werden könne, d.h. durch Werbespots, die so kurze Zeit eingeblendet werden, daß sie höchstens auf einer „unterbewußten Ebene" wahrgenommen werden können. Diese Behauptungen entbehrten glücklicherweise jeder Grundlage.

Das Konzept der Wahrnehmungsabwehr wird ebenfalls von einer großen Anzahl klinischer und anekdotischer Befunde gestützt. Dagegen sind die *experimentellen* Befunde zur Wahrnehmungsabwehr – wie auch im Fall der Verdrängung und vieler anderer Abwehrmechanismen – nicht schlüssig. Dennoch hat es einige experimentelle Demonstrationen gegeben, die überzeugend erscheinen, und neuere Erkenntnisse über die menschliche Informationsverarbeitung tragen zur Validität des Konzepts bei.

Eine experimentelle Kontroverse. Das Interesse für die experimentelle Untersuchung der Wahrnehmungsabwehr wurde durch eine von McGinnies (1949) durchgeführte Untersuchung geweckt; diese Untersuchung illustriert auch am besten die Forschungsziele auf diesem Gebiet. Den Versuchspersonen wurden mittels eines Tachistoskops Wörter vorgeführt. Dieses Gerät gestattet eine extrem kurzdauernde (z.B. $^1/_{1000}$ Sekunde) Präsentation von visuellem Material. Es wird dadurch möglich, Stimuli so kurz aufscheinen zu lassen, daß sie nicht erkannt werden können.

In der McGinnies-Studie waren einige der präsentierten Wörter neutral bzw. nicht-emotional, wie „Haus" oder „Blume"; andere dagegen waren Tabuwörter, wie „Hure" oder „Nutte". Die Aufgabe der Versuchspersonen bestand darin, die Wörter zu identifizieren. Die Dauer der Präsentation wurde allmählich erhöht, bis das Wort richtig identifiziert wurde. Neben der Worterkennung wurden auch die galvanischen Hautreaktionen (GSR, *galvanic skin response*) auf die Wörter aufgezeichnet. Die GSR ist ein Maß der elektrischen Leitfähigkeit der Haut. Sie wird gewöhnlich von der Handfläche abgeleitet und ist ein anerkannter Index eines emotionalen Zustandes. (Sie ist auch eine der Variablen, die bei einem Lügendetektortest gemessen werden.)

Zwei interessante Ergebnisse wurden berichtet.

Erstens wurden Tabu-Wörter später erkannt als neutrale Wörter, d. h. die Dauer der Präsentation, die die Versuchsperson zur Identifizierung von Tabu-Wörtern brauchte, war länger als die zur Identifizierung neutraler Wörter benötigte. Ein zweiter provokativer Befund war, daß eine erhöhte GSR auch bei solchen Versuchsdurchgängen festgestellt wurde, bei denen die Versuchspersonen das präsentierte Tabu-Wort nicht korrekt identifizierten. Das heißt, die emotionale Reaktion trat ohne bewußte Wortidentifizierung auf.

Diese Ergebnisse schienen etwas paradox, denn wie kann eine Person einen Reiz abwehren, ohne diesen zuerst erkannt zu haben? Das Material muß ja erst genügend weit verarbeitet werden, um feststellen zu können, daß es Angst hervorruft, muß aber gleichzeitig abgeblockt werden, um dem Wahrnehmenden nicht Angst zu machen!

Zum Teil wegen dieser anscheinenden logischen Inkonsistenz versuchten verschiedene Forscher die Ergebnisse von McGinnies und andere Berichte über Wahrnehmungsabwehr zu diskreditieren. Viele der Gegner argumentierten, die sogenannte Wahrnehmungsabwehr sei nichts anderes als eine Reaktionstendenz. Versuchspersonen könnten sich zum Beispiel scheuen, Tabu-Wörter auszusprechen, vor allem dann, wenn sie sich über die Richtigkeit ihrer Rateversuche unsicher sind. Die Ergebnisse könnten also ganz einfach auf eine Unterdrückung der Antworten zurückzuführen sein. Zudem hat sich gezeigt, daß sowohl das Wiedererkennen von Wörtern, als auch das, was eine Versuchsperson raten wird, wenn sie sich nicht sicher ist, davon abhängt, wie häufig sie es früher mit bestimmten Wörtern zu tun hatte (Howes & Solomon, 1951). Von einigen Experimentatoren wurde argumentiert, daß die Versuchspersonen in McGinnies' Experiment die neutralen Wörter viel häufiger gehört oder gelesen hätten als die Tabu-Wörter (man bedenke, daß das Experiment in den vierziger Jahren stattfand). Es könnte also sein, daß die schnellere Erkennung der neutralen Wörter einfach auf deren größere Vorkommenshäufigkeit zurückzuführen war. Und schließlich wurde darauf hingewiesen, daß die verbale Antwort dichotom war (d. h. sie wurde als entweder korrekt oder inkorrekt gewertet), die GSR dagegen eine kontinuierliche Reaktion darstellt, die eine ganze Bandbreite von Amplituden zuläßt. So könnte eine Person zum Beispiel unsicher sein, ob das gezeigte Wort „Nutte" oder „Niete" war. Falls die Versuchsperson sich für „Niete" entscheidet, was falsch ist, ist es wahrscheinlich, daß eine *gewisse* Schwankung der Hautleitfähigkeit auftritt. Es wäre in diesem Fall nicht gerechtfertigt, das gleichzeitige Auftreten der falschen Antwort und der GSR-Schwankung als Indiz für Wahrnehmungsabwehr anzusehen (vgl. Eriksen, 1958, 1960).

Einige Autoren haben postuliert, daß es verschiedene Reaktionssysteme gebe (z. B. das verbale und das physiologische); das hat sie in die Lage versetzt, angeblich „unbewußte" Phänomene neu zu interpretieren. Bandura (1971) meint, daß das Denken von Tabu-Wörtern nicht bestraft werde, wohl aber das offene Aussprechen solcher Wörter. Daher zeige das Phänomen der Wahrnehmungsabwehr nur an, daß es in der Umwelt unterschiedliche Verstärkungskontingenzen gebe, und daß Verstärkung Verhalten kontrolliere. Man könne daher auf einer Ebene (physiologisch) reagieren, auf einer anderen (verbal) jedoch nicht. Die Beobachtung eines als Wahrnehmungsabwehr bezeichneten Phänomens – so Bandura – sei kein Beweis für die Existenz unbewußter Wahrnehmungen.

Andere Forscher haben das Konzept der Wahrnehmungsabwehr jedoch verteidigt, und es scheint, daß keines der Gegenargumente, die versuchten, die Idee der Wahrnehmungsabwehr zu diskreditieren, völlig stichhaltig war (vgl. Dixon, 1971; Erdelyi, 1974). Zum Beispiel wird Wahrnehmungsabwehr auch dann festgestellt, wenn die Häufigkeit der Wortpräsentationen kontrolliert wird (z. B. Dulany, 1957). Abwehr tritt ferner auch dann auf, wenn Methoden verwendet werden, die die Erklärung der Reaktionsunterdrückung ausschalten (z. B. indem Versuchspersonen aufgefordert werden, auf die Wahrnehmung eines neutralen Wortes mit einem Tabu-Wort zu reagieren und umgekehrt; vgl. Zigler und Yospe, 1960).

Eine experimentelle Demonstration. Eine notwendige Voraussetzung zur Demonstration von Wahrnehmungsabwehr ist, daß die in einem Experiment verwendeten Stimuli bei den meisten Versuchspersonen Angst hervorrufen. Die Verwendung eines Stimulus wie „Nutte" wird jedoch bei den meisten Universitätsstudenten wohl kaum Angst auslösen. Darüber hinaus ist es zur Demonstration dieses Abwehrmechanismus erforderlich, daß die Versuchspersonen auf ihre Angst mit Vermeidung und Hemmung reagieren. Die Tatsache, daß recht mildes emotionales Material verwendet wird und daß nicht sichergestellt wird, daß die Versuchspersonen mit Vermeidung reagieren, ist ein Problem, an dem praktisch alle Laboruntersuchungen von Abwehrmechanismen leiden. Angesichts der eindrucksvollen Belege aus der klinischen Praxis und aus Fallberichten ist die relative Schwäche der experimentellen Befunde daher eher auf Mängel der experimentellen Methode als auf die Nichtexistenz des Phänomens zurückzuführen.

Ein dramatisches klinisches Beispiel für Wahrnehmungsabwehr stellt der Fall hysterischer Blindheit dar. In diesem Zustand berichten die Patienten, daß sie nicht sehen können, obwohl sie Hindernissen ausweichen und auch sonst ganz anders als von Geburt an Blinde reagieren. Gerald Blum (1961), ein in der Verwendung von Hypnosetechniken geschulter Persönlichkeitspsychologe, versuchte, „hysterische Blindheit" in einem Laborexperiment zu erzeugen. Sein Experiment illustriert vielleicht am besten das Konzept der Wahrnehmungsabwehr.

Blum assoziierte zuerst – durch hypnotische Suggestion – einen bestimmten Stimulus mit Angst. Den Versuchspersonen wurde suggeriert, daß sie jedesmal, wenn sie drei tachistoskopisch dargebotene Punkte wahrnehmen würden, Angst empfinden würden. GSR-Messungen ergaben, daß diese Suggestion die gewünschte Wirkung hatte. Blum hatte also Reize zur Verfügung, die bei jeder Versuchsperson Angst erzeugten.

Anschließend trainierte Blum seine Versuchspersonen, den Drei-Punkte-Stimulus „nicht zu sehen", wenn er präsentiert wurde. Damit dieses „Nicht-Sehen" überhaupt auftreten konnte, mußte der Stimulus natürlich zuerst registiert werden, d.h. er mußte zuerst auf einer unbewußten Ebene wahrgenommen und dann vom bewußten Erkennen abgehalten werden. Nach langem Training der Versuchspersonen konnte Blum demonstrieren, daß in den Versuchen, in denen sie angewiesen wurden, das angsterregende Material „nicht zu sehen", keine GSR-Schwankungen mehr auftraten. Durch verschiedene Kontrollen wurde sichergestellt, daß die Versuchspersonen durch den Stimulus immer noch emotional erregt wurden und daß sie nicht für das gesamte präsentierte Material „blind" waren.

Wie gesagt, wurde in dieser eindrucksvollen Demonstration zur Verstärkung der emotionalen Wirksamkeit des Reizmaterials und zur Induktion von Vermeidungsverhalten Hypnose verwendet. Viele Psychologen akzeptieren jedoch nur ungern Daten, welche an hypnotisierten Versuchspersonen gewonnen wurden, denn das Wissen um hypnotische Zustände ist nur sehr unzureichend. Dennoch ist Blums Demonstration faszinierend und möglicherweise die beste experimentelle Illustration dessen, was unter Wahrnehmungsabwehr zu verstehen ist.

Informationsverarbeitung und Wahrnehmungsabwehr. Das Konzept der Wahrnehmungsabwehr wird von seiner Logik her annehmbarer, wenn es im Rahmen zeitgenössischer Konzeptionen der Informationsverarbeitung betrachtet wird. Man weiß heute, daß zwischen der Wahrnehmung eines Reizes und die resultierende Reaktion oder bewußte Registrierung eine Reihe von Prozessen dazwischengeschaltet sind. Diese Prozesse beinhalten die Reizaufnahme und -analyse, den Transfer ins Kurzzeit- und später ins Langzeitgedächtnis, usw.

Ein der Wahrnehmungsabwehr ähnlicher Prozeß kann auf jeder Stufe dieses multiprozessualen Systems vorkommen. Schon die alltägliche Beobachtung lehrt, daß traumatischer Input (wie z.B. bei einem Horrorfilm) häufig vermieden wird, indem man wegschaut oder die Augen schließt. In diesem Fall erfolgt die Kontrolle des Stimulusinputs willentlich und bewußt. Unter anderen Umständen könnte die Vermeidung jedoch weder willentlich noch bewußt sein. Zum Beispiel ist gezeigt worden, daß sich die Pupillen in verschiedenen Situationen in Abhängigkeit vom motivationalen Zustand der Person erweitern oder verengen (vgl. Hess, 1965). Diese Pupillenveränderung beeinflußt die Empfindlichkeit des Auges und damit die Wahrnehmung. Außerdem kann die einlaufende Information oberflächlich abgetastet und auf Grund einer partiellen Analyse entschieden werden, ob das Material weiterverarbeitet werden soll oder nicht. Bei einer Party kann es zum Beispiel vorkommen, daß jedes Ohr eine andere Botschaft empfängt. Die Inhalte eines „Kanals" können dann ignoriert werden, obwohl diese ignorierte Information „gehört" wird. Jedoch wird der Inhalt der Botschaft gewöhnlich nicht ins Gedächtnis übertragen. Ebenso können wir wahrnehmen, ohne das Wahrgenommene zu erinnern; d.h. es werden wesentlich mehr Stimuli wahrgenommen als im Gedächtnis gespeichert.
Diese „Selektivitäts"-Theorie bietet eine plausible Erklärung für das Phänomen der Wahrnehmungsabwehr (vgl. Erdelyi, 1974) und Blums Demonstration, daß Reize registriert und abgewehrt werden können, ohne bewußt wahrgenommen zu werden.

Individuelle Unterschiede in der Präferenz für bestimmte Abwehrstrategien

Wie zu erwarten, unterscheiden sich Individuen in ihren Abwehrreaktionen gegen bedrohliche Stimuli. Abwehrstrategien lassen sich nach vielen Gesichtspunkten unterscheiden, etwa nach ihrer Komplexität, Generalität, Effektivität und dem Grad, in dem sie die Wirklichkeit verzerren. Eine Unterscheidungsdimension, der von Psychologen besonders viel Beachtung geschenkt worden ist, wird als Verdrängung-Sensibilisierung *(repression-sensitization)* bezeichnet (vgl. Byrne, 1964). Es wird behauptet, daß einige Individuen auf bestimmte Arten der Bedrohung vorzugsweise mit Abwehrmechanismen wie Verdrängung und Wahrnehmungsabwehr reagieren und auf diese Weise angsterzeugende Information vermeiden. Hysterische Reaktionen, inklusive solcher Symptome wie Blindheit und Lähmung, werden gewöhnlich mit solchen verdrängenden Abwehrmechanismen in Zusammenhang gebracht. Umgekehrt kann man einer bestimmten Bedrohung auch durch den Einsatz von sensibilisierenden Abwehrmechanismen begegnen. In diesen Fällen schenkt die Person der Bedrohung erhöhte Aufmerksamkeit und bleibt in engem Kontakt mit den streßerzeugenden Reizen. Dadurch kann die Person in eine bessere Lage versetzt werden, die Bedrohung zu überwachen und zu kontrollieren. Das Verhalten des ständig Besorgten und des Zwangsneurotikers wird gewöhnlich mit der Verwendung einer sensibilisierenden Abwehrorientierung in Zusammenhang gebracht.

Individuelle Unterschiede in der Tendenz zur Verdrängung vs. Sensibilisierung werden gewöhnlich mittels der sogenannten R-S-Skala *(repression-sensitization-scale),* einem Ja-Nein-Fragebogen, gemessen. Einige typische Fragen der Skala (hier in Richtung Verdrängung beantwortet) lauten:

Ich fühle mich meistens niedergeschlagen. (stimmt)
Mir scheint es egal zu sein, was mit mir passiert. (stimmt)
Ich habe häufig das Gefühl, ein enges Band um meinen Kopf zu haben. (stimmt)

Die Fragen der R-S-Skala wurden dem *Minnesota Multiphasic Personality Inventory* (MMPI) entnommen, und viele der Fragen sind auch in gängigen Skalen zur Messung der allgemeinen Angstneigung wie der *Manifest Anxiety Scale* (MAS) enthalten. Was eigentlich genau mit der R-S-Skala gemessen wird, ist daher nicht ganz klar.

Viele Untersuchungen haben versucht, Verhaltenskorrelate der Antworten auf diesem Fragebogen zu ermitteln. Zum Beispiel wurde herausgefunden, daß Verdränger (verglichen mit als Sensibilisierern eingestuften Personen) eine längere tachistoskopische Präsentation zur Identifizierung bedrohlicher Wörter benötigen, mehr Aufgaben erinnern, bei denen sie Erfolg hatten als solche, bei denen sie versagten, und beim Lernen einer Liste emotional erregender Wörter langsamer sind. Die Skala hat also eine gewisse empirische Validität (vgl. Byrne, 1964).

Warum Personen einen bestimmten Abwehrmechanismus einem anderen vorziehen oder wann verschiedene Abwehrstrategien eingesetzt werden, ist weitgehend ungeklärt. Eine Untersuchung von Dulany (1957) hat sehr schön den Einfluß der vorangegangenen Lerngeschichte auf die Präferenz für bestimmte Abwehrstrategien gezeigt. Dulany präsentierte seinen Versuchspersonen gleichzeitig vier geometrische Figuren tachistoskopisch, unterhalb des Niveaus der bewußten Wahrnehmung bzw. unterhalb dessen, was man als „Schwellenwert" bezeichnet. Die Versuchspersonen sollten immer diejenige Figur bezeichnen, die sie am relativ deutlichsten wahrgenommen hatten. Einer Hälfte der Versuchspersonen wurde immer dann ein elektrischer Schock verabreicht, wenn sie eine bestimmte „kritische" Figur als die am deutlichsten erkennbare und hervorstechendste bezeichneten. Die anderen Versuchspersonen erhielten einen Schock, wenn sie sich *nicht* für diese kritische Figur entschieden. Die Versuchspersonen in den zwei Gruppen machten also Erfahrungen, die Vermeidungsverhalten (Verdrängung) bzw. Annäherungsverhalten (Sensibilisierung) begünstigen sollten.

Nach der Trainingsperiode wurden die Schockelektroden entfernt, und den Versuchspersonen wurde klar gemacht, daß sie von nun an keine Schocks mehr erhalten würden. Dann wurden die vier Figuren wieder gleichzeitig präsentiert. Dulany fand, daß die kritische Figur in der Sensibilisierungsbedingung weit häufiger erkannt wurde als in der Verdrängungsbedingung, und zwar sowohl während des Trainings, als auch danach (vgl. Abb. 2.10). Kurz, es scheint, daß vorausgehende einschlägige Lernerfahrungen eine der Vorbedingungen sind, welche zu unterschiedlichen Abwehrpräferenzen und Bewältigungsstrategien führen können.

Verleugnung und Intellektualisierung

Zwei weitere Abwehrmechanismen, die zum Gegenstand experimenteller Untersuchungen gemacht wurden, sind Verleugnung und Intellektualisierung. Als *Verleugnung* bezeichnet man eine Weigerung, die Existenz einer bedrohlichen Situation anzuerkennen. Von *Intellektualisierung* (Distanzierung) spricht man, wenn eine Wahrnehmung oder Vorstellung von ihren emotionalen Nebenbedeutungen losgelöst

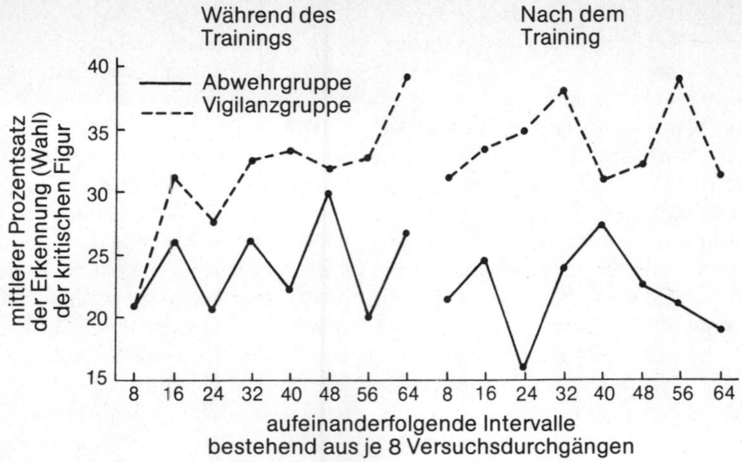

Abbildung 2.10: Auswirkungen von Abwehr- (Verdrängungs-) und Vigilanz-(Sensibilisierungs-)Training auf die Wahrnehmung. Während des Trainings führt das Erkennen des kritischen Stimulus in der Abwehrgruppe zu Schock, und Nichterkennen ermöglicht die Vermeidung von Schock; in der Vigilanzgruppe dagegen führt Nichterkennen zu Schock und Erkennen ermöglicht Schockvermeidung. Es zeigt sich, daß die Versuchspersonen die kritische Figur abwehren bzw. besonders aufmerksam auf sie werden, und zwar sogar noch nach Abschluß der Trainingsphase (nach Dulany, 1957)

wird. Anders ausgedrückt: Mit einem emotionalen Ereignis wird in einer übermäßig intellektuellen Art umgegangen, wodurch seine emotionale Bedeutsamkeit neutralisiert wird. Der Arzt, der sich auf die medizinischen Merkmale einer Krankheit konzentrieren und deren emotionale Bedeutung ignorieren muß, dürfte sich dem kontinuierlichen Streß, dem er ausgesetzt ist, häufig durch den Abwehrmechanismus der Intellektualisierung anpassen (vgl. Lazarus, 1975).

Die klarsten Belege für die Existenz dieser Abwehrmechanismen wurden in Experimenten erhalten, in denen ihre regulativen Wirkungen auf Streßreaktionen untersucht wurden. In der Physik bezeichnet „Streß" eine auf einen Körper einwirkende Kraft, die irgendeine Belastung hervorruft. Psychologen verwenden den Begriff „Streß", um auszudrükken, daß ein Individuum einer „Belastung" ausgesetzt ist, d. h. mit emotionalen Schwierigkeiten oder Störungen zu kämpfen hat. Dies ist dann der Fall, wenn die Anforderungen der Umwelt die Bewältigungsfähigkeiten einer Person strapazieren oder übersteigen.

Streßreaktionen und Streßursachen

Das erste Stadium einer Streßreaktion beinhaltet Alarm und Schock (Selye, 1956). Autonome Erregung – erhöhter Herzschlag, Abnahme der Hauttemperatur und eine Reihe weiterer hormoneller und physiologischer Veränderungen – tritt auf. Diese physiologischen Veränderungen werden von emotionalen Reaktionen, wie etwa Gefühlen der Bedrohtheit und Beunruhigung, begleitet. Diesen zuerst auftretenden Reaktionen folgt die Aktivierung von Abwehrmechanismen. Die Person sucht nach Methoden, um mit der subjektiv bedrohlichen und unangenehmen Situation fertig zu werden und sie in den Griff zu bekommen. Ist die Person in der Lage, sich an die Streßsituation anzupassen und wirksam mit ihr umzugehen, dann klingt die Alarmreaktion ab, und der Angstzustand vergeht. Wenn die Bewältigungsmechanismen jedoch versagen und der Stressor weiterhin das Verhalten kontrolliert, so setzt ein Zustand der „Erschöpfung" ein. Das Versagen der Streßbewältigung kann eine Vielzahl von psychologischen Auswirkungen haben, etwa Depression, Rückzug, physische Krankheit und sogar Selbstmord.

Streßsituationen werden von vielen Faktoren verursacht: dem Tod einer signifikanten Person, Hochzeit und Scheidung, Wechsel des Arbeitsplatzes oder Pensionierung u. v. a. Tabelle 2.11 enthält einen Fragebogen, in dem Situationen nach ihrer Streßhaftigkeit geordnet sind (vgl. Holmes & Rahe, 1967). Einige Untersuchungen legen nahe, daß bei einem Gesamtpunktwert um 150 auf dieser Skala eine 37prozentige Wahrscheinlichkeit einer körperlichen Erkrankung besteht; bei einer Punkteanzahl zwi-

Tabelle 2.11: Streßindex nach Holmes und Rahe

Ereignis	*Wert*	*Ihr Wert*
Tod des Ehepartners	100	______
Scheidung	73	______
Trennung	65	______
Gefängnisstrafe	63	______
Tod eines nahen Familienangehörigen	63	______
Verletzung oder Krankheit	53	______
Heirat	50	______
Kündigung	47	______
Wiederversöhnung mit dem Ehepartner	45	______
Änderung im Gesundheitszustand eines Familienmitglieds	44	______
Schwangerschaft	40	______
Sexuelle Probleme	39	______
Familienzuwachs	39	______
Geschäftliche Umorientierung	39	______
Veränderung der finanziellen Lage	38	______
Tod eines engen Freundes	37	______
Wechsel in eine andere Berufssparte	36	______
Zunahme der Anzahl von Ehestreitigkeiten	35	______
Hypothek oder Kredit über $ 10000	31	______
Auslaufen einer Hypothek oder eines Kredits	30	______
Veränderung von Verantwortlichkeiten im Beruf	29	______
Sohn oder Tochter verläßt das Elternhaus	29	______
Schwierigkeiten mit angeheirateten Verwandten	29	______
Herausragende persönliche Leistung	28	______
Gatte/Gattin nimmt oder gibt Arbeit auf	26	______
Schulbeginn oder -abgang	26	______
Veränderung der Lebensumstände	25	______
Veränderung persönlicher Gewohnheiten	24	______
Schwierigkeiten mit Vorgesetzten	23	______
Veränderung der Arbeitszeit, -umstände	20	______
Wechsel des Wohnsitzes	20	______
Schulwechsel	20	______
Änderung von Freizeitgewohnheiten	19	______
Änderung kirchlicher Aktivitäten	19	______
Änderung sozialer Aktivitäten	18	______
Hypothek oder Darlehen unter $ 10000	17	______
Änderung der Schlafgewohnheiten	16	______
Änderung der Anzahl der Familientreffen	15	______
Änderung der Eßgewohnheiten	15	______
Urlaub	13	______
Weihnachtsfeiertage	12	______
Geringfügige Rechtsverletzung	11	______
Gesamt		______

(nach Holmes und Rahe, 1967)

schen 150 und 300 besteht eine 50prozentige Wahrscheinlichkeit eines schlechten Gesundheitszustandes; und bei einem Punktwert von über 300 beträgt die Wahrscheinlichkeit einer körperlichen Erkrankung nicht weniger als 80 Prozent! Die Skala differenziert jedoch nicht zwischen positiven und negativen Ereignissen oder zwischen selbstgewählten (z.B. Heirat) und unbeeinflußbaren Ereignissen (z.B. Tod des Gatten).

Abbildung 2.11 zeigt selbstberichtete Streßgefühle von Männern und Frauen als Funktion von Heirat, Alter der Kinder und Witwenschaft oder Trennung. Ein besonders bedeutsamer Aspekt von Abbildung 2.11 sind die unterschiedlichen Streßreaktionen von Männern und Frauen auf Scheidung oder Trennung.

Methoden des Umgangs mit Streß. Wie bereits erwähnt, sind die Folgen eines inadäquaten Umgangs mit Streß ernst. Es ist demnach wichtig für den Organismus, Mittel zur Anpassung an die und zum Umgang mit der Umwelt zu entwickeln. Erfahrung mit Streßsituationen ist für die Bewältigung von Streß natürlich nützlich. In einem Experiment, welches diesen Sachverhalt sehr schön demonstrierte (Epstein & Fenz, 1965), wurden Sportfallschirmspringer vor und nach einem Sprung interviewt. Die Hälfte der Versuchspersonen hatte vorher bereits mehr als 100 Sprünge absolviert; der Rest bestand aus unerfahrenen Springern. Das Interview beinhaltete u.a. Selbsteinschätzungen der Furcht. Die Angstgefühle, die die Fallschirmspringer in Abhängigkeit von der zeitlichen Nähe zum Sprung angaben, sind in Abbildung 2.12 dargestellt.

Abbildung 2.12 zeigt, daß erfahrene Fallschirmspringer nach der Entscheidung zu einem Sprung zunehmend weniger Angst berichten, je näher der Zeitpunkt des Sprungs rückt. Unerfahrene Springer hingegen bekommen immer mehr Angst, je mehr der

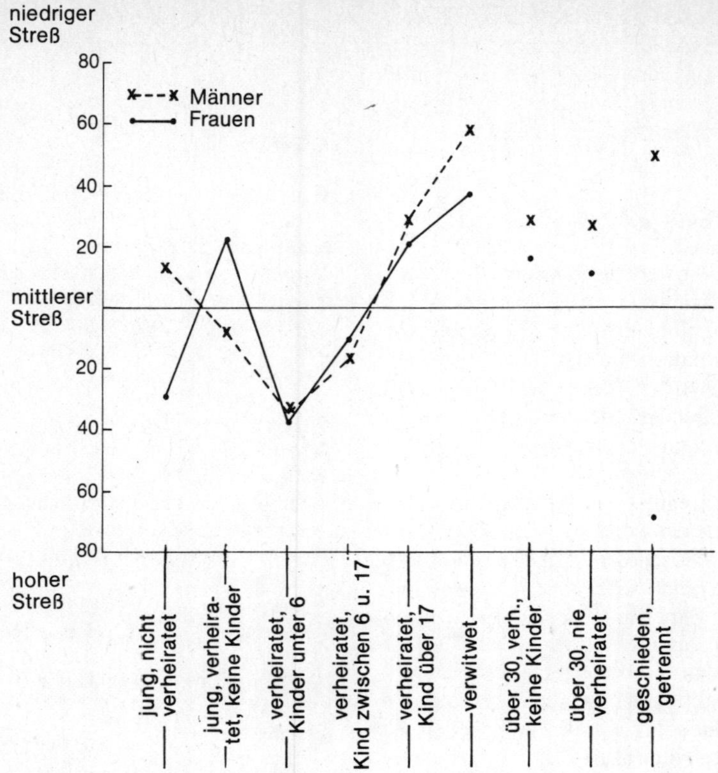

Abbildung 2.11: Berichteter Streß in verschiedenen Lebensphasen (nach Campbell, 1976, S. 122)

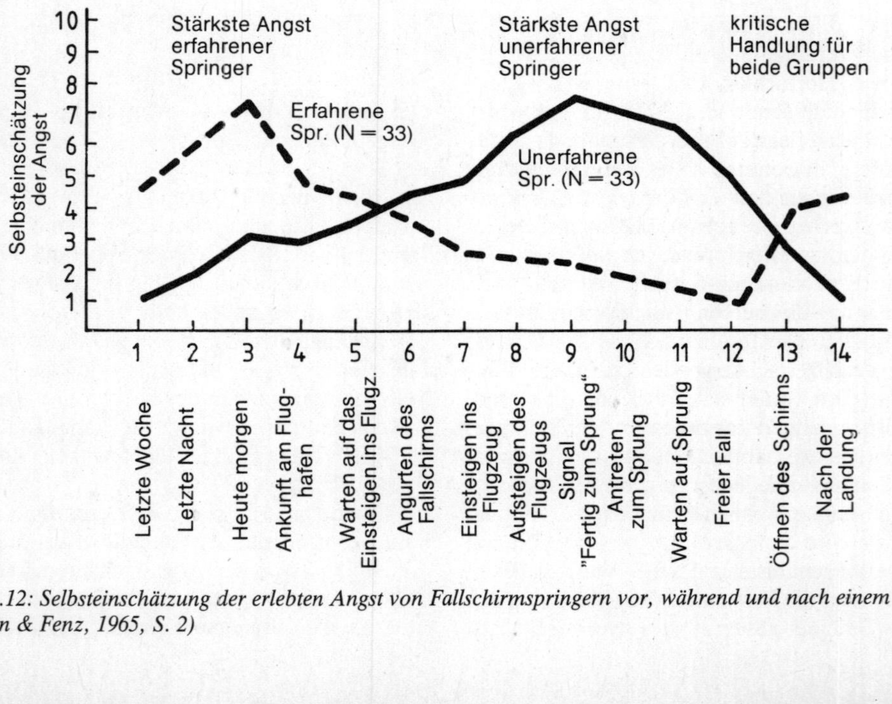

Abbildung 2.12: Selbsteinschätzung der erlebten Angst von Fallschirmspringern vor, während und nach einem Sprung (nach Epstein & Fenz, 1965, S. 2)

bevorstehende Sprung zur Realität wird. Wenn also die eigentliche Handlung ausgeführt und der Gefahr unmittelbar begegnet werden muß, wird der erfahrene Fallschirmspringer mit geringerer Wahrscheinlichkeit Angst empfinden (die seine Leistung beeinträchtigen könnte).

Abwehrmechanismen und Streßreaktionen

Nun zurück zu den Abwehrmechanismen der Verleugnung und Intellektualisierung. Wir erinnern uns, daß bei der Verleugnung das Vorhandensein von Gefahr in einer Situation buchstäblich nicht zur Kenntnis genommen wird, während bei Intellektualisierung die emotionalen Implikationen eines Ereignisses von diesem Ereignis selbst „getrennt" werden.

Die Existenz dieser Abwehrmechanismen ist am klarsten anhand ihrer regulativen Wirkung auf Streßreaktionen nachgewiesen worden. Richard Lazarus (1966) hat ein systematisches Forschungsprogramm durchgeführt, in welchem Verleugnung und Intellektualisierung in einer Experimentalsituation manipuliert wurden. Das allgemeine experimentelle Verfahren bestand darin, den Versuchspersonen Filme zu zeigen, die Streßreaktionen hervorriefen. Lazarus verwendete zwei Filme, die zu ähnlichen Ergebnissen führten: einen Beschneidungsfilm, der ein Steinzeitritual zeigte, bei dem pubertären Jungen der Penis tief eingeschnitten wurde, und einen Film über Sicherheit am Arbeitsplatz, der Betriebsunfälle darstellte. Während die Versuchspersonen den Film sahen, wurden verschiedene Indikatoren autonomer Erregung, wie Herzschlag und Hautleitfähigkeit, kontinuierlich gemessen.

Ein Kommentar, der der Filmpräsentation vorausging oder diese begleitete, sollte die psychischen Abwehrmechanismen der Verleugnung oder Intellektualisierung provozieren. Im Verleugnung hervorrufenden Filmkommentar wurde darauf hingewiesen, daß die Beschneidungsoperation ungefährlich sei bzw. daß die Teilnehmer im Unfallfilm bloß Schauspieler seien. Der Intellektualisierungstext gab eine distanzierte Betrachtung der Situationen. Der Beschneidungsfilm wurde scheinbar von einem objektiven Anthropologen kommentiert, der ganz einfach fremde Bräuche beobachtete. Beim Unfallfilm wurde der Zuschauer dagegen aufgefordert, die dargestellten Ereignisse möglichst objektiv zu betrachten. Lazarus stellte dann fest, ob die Manipulation dieser Abwehrmechanismen bzw. Betrachtungsweisen die Art, in der die Person auf den Film reagierte, beeinflußte. Genauer gesagt, er untersuchte, ob sich die emotionale Reaktion auf den Film verringerte, wenn die Abwehrmechanismen eingeführt wurden.

Abbildung 2.13 zeigt die Ergebnisse eines Experimentes, in dem der Abwehrmechanismus der Verleugnung induziert wurde (Lazarus & Alfert, 1964). In diesem Experiment wurde der Beschneidungsfilm verwendet und der Verleugnungstext entweder vor dem Film als Orientierung oder während des Films als Kommentar eingespielt. Als Indikator der emotionalen Reaktion wurde der Hautwiderstand verwendet. Die Resultate zeigen, daß der Verleugnungskommentar das Ausmaß der Reaktion auf den streßerzeugenden Film verringerte (im Vergleich zu einer Kontrollgruppe, die den Verleugnungstext nicht hörte). Wie aus Abbildung 2.13 deutlich hervorgeht, wurde die emotionale Reaktion am wirksamsten reduziert, wenn der Verleugnungstext als Ganzes dargeboten wurde, bevor die Versuchspersonen den Film sahen.

Auch die Ergebnisse eines verwandten Experiments stützen die grundlegende Hypothese, daß Abwehrmechanismen emotionale Reaktionen vermindern. In diesem von Lazarus, Opton, Nomikos und Rankin (1965) durchgeführten Experiment wurde der Unfallfilm gezeigt, und vor dem Film wurde

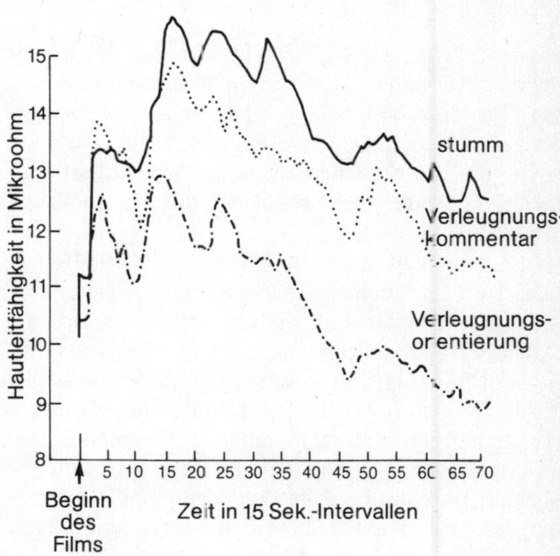

Abbildung 2.13: Hautleitfähigkeitsschwankungen während der Vorführung des Films in drei Experimentalbedingungen. „Verleugnungsorientierung" bedeutet, daß der gesamte Kommentar vor Beginn des Films präsentiert wurde. „Verleugnungskommentar" bedeutet, daß der Kommentar den Film begleitete. Die Kontrollbedingung wird hier als „stumm" bezeichnet, d. h. der Film wird ohne begleitende Tonspur dargeboten (nach Lazarus & Alfert, 1964, S. 199)

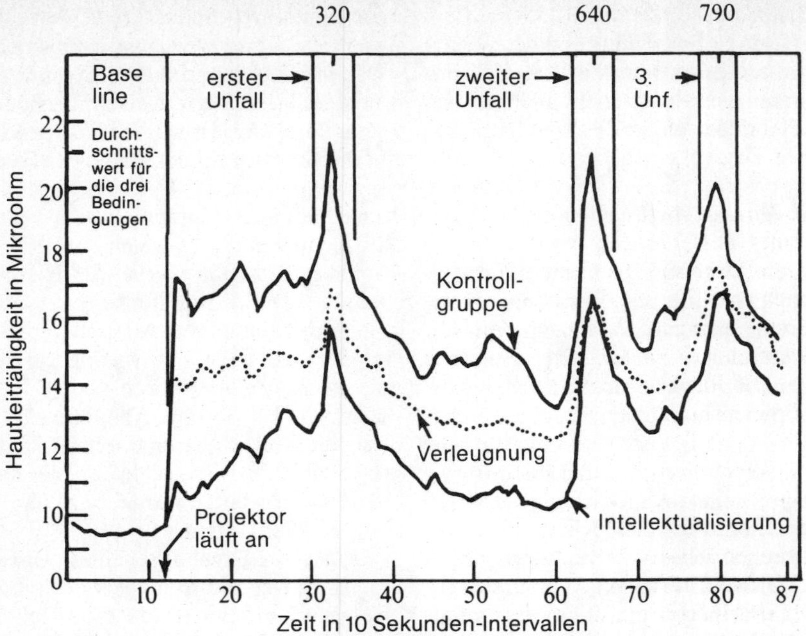

Abbildung 2.14: Auswirkungen der Abwehrmechanismen „Verleugnung" und „Intellektualisierung" auf die Hautleitfähigkeit (nach Lazarus, Opton, Nomikos & Rankin, 1965, S. 628)

entweder Verleugnung oder Intellektualisierung induziert. Abbildung 2.14 zeigt, daß diese abwehrenden Interpretationen bzw. „kognitiven Neubewertungen" die emotionalen Reaktionen auf den Film verringerten (verglichen mit einer Kontrollgruppe, bei der keine Abwehrmechanismen induziert wurden).

Insgesamt gibt es also klare experimentelle Belege dafür, daß Verleugnung und Intellektualisierung Abwehrmechanismen sind, die zur Reduktion streßerzeugender Stimulation eingesetzt werden können. Wie Verdrängung und Wahrnehmungsabwehr schützen auch diese Abwehrmechanismen die Person vor unangenehmen und schmerzhaften Empfindungen. Sie intervenieren zwischen den vorauslaufenden Ereignissen bzw. Inputs, wie Wünschen und Wahrnehmungen, und den aus diesen Inputs resultierenden emotionalen Reaktionen und instrumentellen Verhaltensweisen.

Befriedigungsaufschub (Impulskontrolle)

Durch den Übergang vom Primärprozeßdenken des Es zum Sekundärprozeßdenken des Ich ist der Organismus in der Lage, die Anforderungen der sozialen Umwelt zu erkennen und dem Verhalten und der motorischen Triebabfuhr Beschränkungen aufzuerlegen. Diese vom Ich auferlegten Beschränkungen schieben zielgerichtete Handlungen auf, bis für die Äußerung der Triebe günstige externe Bedingungen gefunden werden. Abwehrmechanismen wie Verdrängung und Verleugnung sind Beispiele für Ich-Mechanismen, die den Organismus bei der Verhinderung der unmittelbaren Triebbefriedigung unterstützen.

Ich-Kontrollen sind notwendig, wenn das Individuum als Mitglied einer Gesellschaft funktionieren und die Strafen vermeiden soll, die mit einer unmittelbaren Befriedigung sexueller und aggressiver Triebe einhergehen können. Mit der fortschreitenden kognitiven Entwicklung und Reife des Individuums werden solche Kontrollen jedoch zur Tugend ebenso wie zur Notwendigkeit, denn die Fähigkeit zum Aufschub ermöglicht einem die Erreichung höchst wünschenswerter Langzeitziele, die es erforderlich machen, auf eine sofortige Befriedigung zu verzichten. Zum Beispiel kann die Vorbereitung auf eine Prüfung, bei der man gut abschneiden möchte, den Verzicht auf ein Treffen mit einem Freund notwendig machen, und der Beginn eines Graduierten- oder Medizinstudiums erfordert die Zurückstellung sofortiger finanzieller Vorteile zugunsten einer besseren Position bzw. eines besseren Einkommens in der Zukunft. Somit umfassen die Ich-Funktionen nicht nur das Erkennen von für die Triebbefriedigung geeigneten äußeren Bedingungen, sondern auch allgemeine selbstauferlegte Beschränkungen bzw. Selbstkontrollen. Die Fähigkeit zur Selbstkontrolle wird häufig als „Willenskraft" bezeichnet.

Halluzinatorische Vorstellungen

Freud (1911) argumentierte, daß im Fall der Abwesenheit befriedigender äußerer Objekte Vorstellungen von diesen Objekten hervorgerufen würden und daß eine teilweise Befriedigung über Halluzinationen und Phantasietätigkeit stattfinde. Halluzinationen sind daher ein Weg, vorübergehend mit einem Mangel an Befriedigungsmöglichkeiten fertigzuwerden; sie überbrücken die Verzögerung zwischen den Wünschen einer Person und deren motorischer Umsetzung. Diese Überbrückungsfunktion wird häufig als „Zeitbindung" bezeichnet.

Die Auswirkungen mentaler Repräsentationen von Belohnungen auf die Fähigkeit zum Befriedigungsaufschub sind experimentell untersucht worden (vgl. Mischel, 1974a, 1974b). In den Untersuchungen, welche das von Mischel entwickelte Experimentalverfahren verwenden, werden Kinder vor ein Entscheidungsdilemma gestellt: Sie erhalten eine Wahl zwischen einer kleineren, sofortigen Belohnung (z.B. einen Schokoladeriegel) und einer größeren Belohnung (z.B. zwei Schokoladeriegel) zu einem späteren Zeitpunkt. Man kann dann eine Reihe von Faktoren manipulieren und ihre Auswirkungen auf die Entscheidung untersuchen.

Um den Einfluß der *visuellen Präsenz* der Belohnung auf den Befriedigungsaufschub zu untersuchen, schufen Mischel und Ebbesen (1970) Situationen, in denen während der Aufschubperiode entweder die verzögerte Belohnung, die sofortige Belohnung, oder keine der beiden vor den Augen der Versuchspersonen präsent war. In diesem Experiment konnte das Kind entweder warten, bis der Versuchsleiter zurückkehrte und ihm die größere Belohnung gab, oder es konnte ihn durch ein Signal zur Rückkehr veranlassen und sofort die kleinere Belohnung erhalten. Die Resultate dieser Untersuchung sind in Abbildung 2.15 dargestellt. Die Abbildung zeigt deutlich, daß die Wartezeit am längsten ist, wenn keine der Belohnungen sichtbar ist, und am kürzesten, wenn sich beide Belohnungen im Blickfeld befinden.

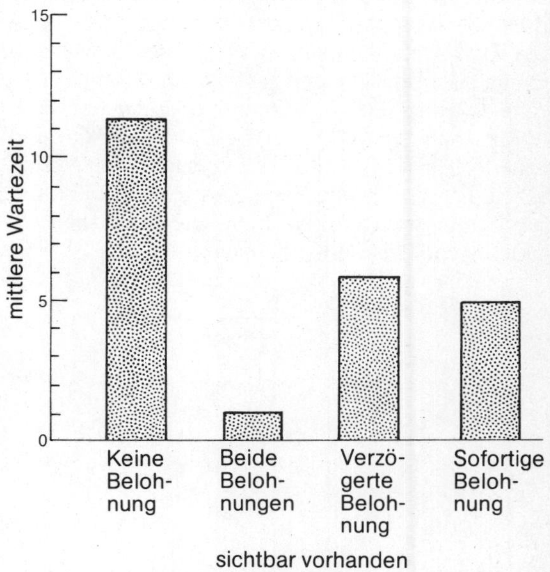

Abbildung 2.15: Mittlere freiwillige Wartezeit (in Minuten) auf die verzögerte Belohnung in verschiedenen Versuchsbedingungen (aus Mischel & Ebbesen, 1970)

In einer nachfolgenden Untersuchung der Auswirkungen *mentaler Repräsentationen* der Belohnung verwendeten die Forscher zwei Experimentalbedingungen, in denen die Belohnungen nicht sichtbar waren und die Versuchspersonen angewiesen wurden, entweder an die Belohnung oder an „etwas Lustiges" zu denken (Mischel, Ebbesen & Zeiss, 1972). Abbildung 2.16 zeigt die Aufschubzeiten der zwei Experimentalgruppen und einer dritten Gruppe ohne Anweisung zu Phantasietätigkeit. Man sieht, daß das Denken an die Belohnung die Fähigkeit zum Aufschub verringert.

Auf der Grundlage dieser und anderer Befunde behauptet Mischel (1974a, 1974b), daß eine der Folgen der mentalen Repräsentation der Belohnung während der Aufschubperiode eine Zunahme der Frustration sei. Die zusätzliche Frustration verringert die Fähigkeit zum Befriedigungsaufschub. Jede Aktivität, die die Person von Gedanken an die Belohnung ablenkt, wie etwa die Anweisung, an „etwas Lustiges" zu denken, reduziert die Frustration und erhöht die Fähigkeit zum Aufschub. Darüber hinaus sind auch bei visueller Präsenz der begehrten Belohnung Bewältigungsaktivitäten möglich, die den Befriedigungsaufschub erleichtern. Zum Beispiel ist der Befriedigungsaufschub von Kindern höher, wenn sie sich eine aus Knabbergebäck bestehende Belohnung als große Baumstämme vorstellen, oder gesponnenen Zucker als Wolken; dagegen führt das Denken an den Geschmack oder den Verzehr der Wunschobjekte zu einer starken Verminderung der Fähigkeit zum Belohnungsaufschub. Wie Lazarus (1966) und seine Kollegen in ihren Streßuntersuchungen gezeigt haben, hat die Art und Weise, wie man einen Stimulus kognitiv transformiert und interpretiert, bedeutsame psychologische Konsequenzen.

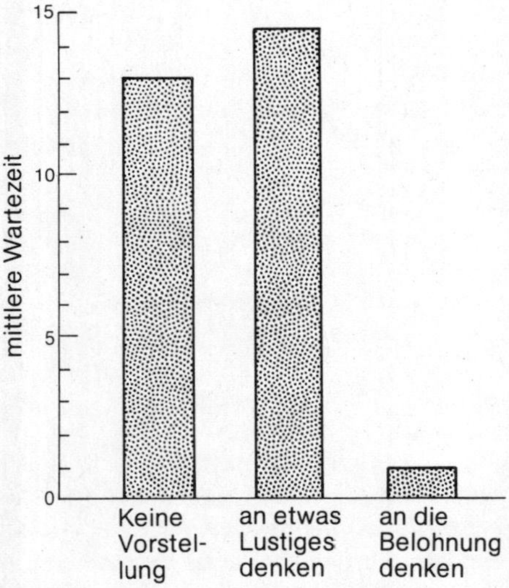

Abbildung 2.16: Mittlere freiwillige Wartezeit (in Minuten) für die zwei Versuchsgruppen und die Kontrollgruppe (nach Mischel, Ebbesen & Zeiss, 1972)

Insgesamt scheint Freuds Idee, daß Halluzinationen zeitbindend sind, damit widerlegt – vorausgesetzt, Freud meinte damit Vorstellungen, in denen es um das Konsumieren der Belohnung geht, und vorausgesetzt, man akzeptiert, daß Mischels Untersuchungen auf Freuds Ideen direkt anwendbar sind. Wenn Freuds Halluzinationsbegriff jedoch auch ablenkende Gedanken umfaßt, die nicht-konsumatorische Aspekte einer Belohnung beinhalten, dann allerdings können derartige Vorstellungen „zeitbindend" sein.

Kognitive Kontrollen und kognitive Stile

Bei der vorangegangenen Erörtung des Primär- und Sekundärprozeßdenkens haben wir uns vor allem mit dem *Inhalt* unseres Unbewußten und Bewußten beschäftigt, wie z.B. mit unerfüllten Wünschen und den Plänen, die zur Befriedigung dieser Wünsche führen könnten. Die Frage, *wie* (im Unterschied zu *was*) eine Person denkt, bzw. die *Struktur* des Denkens, wird von den psychoanalytischen Theoretikern vollkommen vernachlässigt. Zudem werden Abwehrmechanismen wie Verdrängung und Verleugnung innerhalb der psychoanalytischen Theorie als dynamische Kräfte angesehen, die in Gefahrensituationen aktiviert werden und wieder verschwinden, sobald die Gefahr vorüber ist bzw. sobald die verbotenen Triebimpulse „abgeführt" worden sind. Abwehrmechanismen können jedoch auch als relativ dauerhafte kognitive Stile aufgefaßt werden, die von Triebregungen unabhängig sind.

Kognitive Kontrollen bzw. kognitive Stile sind Strukturen, welche die Art und Weise beeinflussen, in der Personen Information aufnehmen, verarbeiten und aus dem Gedächtnis wiederabrufen. Wie bereits durch die Bezeichnung „Kontrolle" nahegelegt wird, beeinflussen diese Informationsverarbeitungsstrategien bzw. -tendenzen sowohl die Befriedigung als auch die Hemmung von Trieben. Der Ausdruck „kognitiver *Stil*" hat eine breitere Bedeutung und wird normalerweise nicht mit Kathexis und Gegen-Kathexis in Zusammenhang gebracht. Häufig unterscheiden Psychologen jedoch auch nicht genau zwischen kognitiver Kontrolle und kognitivem Stil.

Ichpsychologen (z.B. Gardner, Holzman, Klein, Linton & Spence, 1959) haben eine Reihe verschiedener Dimensionen identifiziert, anhand derer die Denkstile von Individuen charakterisiert und unterschieden werden können. Dazu gehört die Dimension Nivellierung-Differenzierung *(levelling-sharpening)*, die mit der Ausformung von Gedächtnisinhalten zu tun hat, und die Dimension eingeschränkt-flexibel *(constricted-flexible)*, die sich auf die Art des Umgangs mit ablenkenden Reizen bezieht.

Man glaubt, daß die Persönlichkeitsdimension der Nivellierung-Differenzierung die Bildung von Gedächtnisschemata beeinflußt. Nivellierer assimilieren einlaufende Wahrnehmungen in bereits bestehende Gedächtnisschemata. Neue Wahrnehmungen heben sich daher nicht als „Figuren" vor einem Hintergrund ab und verlieren leicht ihre Distinktheit. Es wird angenommen, daß Individuen mit diesem kognitiven Verarbeitungsstil dazu tendieren, Verdrängung als

Abwehrmechanismus einzusetzen, da es relativ leicht ist, bedrohliche Gedanken zu „vergessen", wenn Gedächtnisspuren nur ungenau unterschieden werden. Von den Differenzierern nimmt man dagegen an, daß sie ihre Erinnerungen als distinkte Elemente speichern. Ein stark differenziertes Gedächtnis sollte es schwieriger machen, Verdrängung als Abwehrmechanismus einzusetzen. Differenzierer dürften daher zur Verwendung anderer Abwehrstrategien tendieren, um sich vor inakzeptablen Triebwünschen zu schützen.

Um die Disposition zur Assimilierung neuer Wahrnehmungen in bereits bestehende Gedächtnisschemata festzustellen, werden Versuchspersonen aufgefordert, die Größe einer Reihe von Quadraten zu schätzen. Nach jedem fünften Schätzversuch wird das kleinste der gezeigten Quadrate weggelassen. In der darauffolgenden, aus fünf Quadraten bestehenden Serie werden vier der vorher gesehenen Quadrate zusammen mit einem etwas größeren präsentiert. Wenn die Schätzung der Quadratgröße hinter der allmählich zunehmenden Größe der Quadrate herhinkt, so wird auf Nivellierung geschlossen. Man glaubt, daß dieses „Nachhinken" durch die Assimilierung der neuen Wahrnehmung in die bestehenden Gedächtnisschemata zustande kommt.

Man beachte, daß bei diesem Verfahren genaue Größenschätzungen von den Versuchspersonen gefordert werden. Praktisch alle Versuchsanordnungen zur Feststellung kognitiver Stile verwenden Wahrnehmungstests, bei denen es eine „richtige" Antwort gibt. Individuelle Unterschiede in der Persönlichkeitsstruktur werden dann aus der Ungenauigkeit der Antworten erschlossen.

Zwei von Holzman und Gardner (1959, 1960) durchgeführte Experimente legen nahe, daß die postulierte Persönlichkeitsdimension Nivellierung-Differenzierung tatsächlich mit der Tendenz zur Verdrängung und der Genauigkeit des Gedächtnisses zusammenhängt. Holzman und Gardner behaupten, daß zwar ein Nivellierer nicht unbedingt ein Verdränger sei, aber ein Verdränger kognitiv als Nivellierer funktionieren müsse. Sie kommen daher zu dem Schluß, daß beim Studium psychischer Abwehrmechanismen auch die allgemeine kognitive Funktionsweise zu berücksichtigen sei.

Das Konzept des *eingeschränkten versus flexiblen Denkens* bezieht sich mehr auf die Informationsaufnahme als auf deren Wiederverwendung. Diese Dimension von Denkstilen wird mit Hilfe eines Farbwort-Interferenztests gemessen, den man häufig auch als „Stroop-Test" bezeichnet (J. Stroop, 1935, verwendete diese Technik erstmals in Amerika). Bei diesem Verfahren wird der Name einer Farbe (z.B. r-o-t) etwa mit blauer Tinte geschrieben. Die Versuchsperson hat die Aufgabe, mit dem Namen der wahrgenommenen Farbe (blau) zu antworten und das geschrieben Wort (rot) nicht zu beachten. Nach Klein (1954) schneiden Personen, deren Denken als eingeschränkt charakterisierbar ist, bei dieser Aufgabe nicht gut ab, während als flexibel charakterisierte Versuchspersonen keine Schwierigkeiten haben, das irrelevante geschriebene Wort zu ignorieren.

In einer Demonstration des Einflusses des kognitiven Stils eingeschränkt-flexibel auf bedürfnisbezogenes Verhalten untersuchte Klein (1954) das Denken und Verhalten durstiger und nicht-durstiger Versuchspersonen in einer Reihe von Situationen. Er fand, daß bei einem Wortassoziationstest, bei dem die Versuchsperson mit dem ersten Wort, das ihr in den Sinn kommt, antworten soll, die durstigen Versuchspersonen mit eingeschränktem Denkstil hauptsächlich durstbezogene Wörter nannten. Auf die durstigen, aber flexiblen Versuchspersonen traf dies nicht zu. Zudem war nur bei den durstigen, eingeschränkten Versuchspersonen die Wahrnehmung beeinträchtigt, wenn sich ein durstbefriedigendes Objekt in ihrem Gesichtsfeld befand. Das heißt, im Fall eines eingeschränkten Denkstils ist das Wahrnehmungsfeld bzw. die Informationsaufnahme durch unbefriedigte Wünsche eingeschränkt.

Zusammenfassend kann man sagen, daß die Forschung zur kognitiven Kontrolle die normale kognitive Funktionsweise mit der Verhaltensdynamik (Bedürfnishemmung und -befriedigung) in Verbindung gebracht hat.

Zusammenfassung

In diesem Kapitel wurden einige der Grundbegriffe der psychoanalytischen Theorie sowie einige der auf diese Theorie Bezug nehmenden Forschungsarbeiten dargestellt. Die erörterten Begriffe betrafen die Struktur der Persönlichkeit (Es, Ich, Über-Ich), die Persönlichkeitsdynamik (Erhaltung der Energie, gebundene Energie, freie Energie, Triebregungen), Inhalt und Struktur des Denkens (Primär- und Sekundärprozeßdenken, kognitive Stile), indirekte Methoden der Bedürfnisbefriedigung bzw. Ersatzbefriedigung (Halluzinationen, Katharsis, Träume), Hemmung des Handelns (Gegen-Kathexis, Abwehrmechanismen, kognitive Kontrollen) sowie die grundlegenden Prinzipien des Verhaltens (Homöostase, Hedonismus, psychischer Determinismus). Die Freudsche Theorie begreift das Individuum als gefangen in einem niemals endenden Konflikt zwischen sexuellen und aggressiven Trieben einerseits und den von der sozialen Umwelt und internalisierten Idealen auferlegten Beschränkungen andererseits. Die Gesetze der Motivation ergeben sich aus der Analyse dieses Dilemmas zwischen Triebäußerung und Triebhemmung.

Auch die erörterten Forschungsgebiete beziehen sich auf die Äußerung (Triebe und Instinke, Aggression, Sexualität, Träume) versus Hemmung (Abwehrmechanismen, Befriedigungsaufschub, kognitive Kontrollen) von Trieben. Die Analyse instinkthaften Verhaltens zeigte, daß das Konzept eines triebhaften „Dranges“ durch die Beobachtung von Leerlauf- und Verschiebungsverhalten bei Tieren gestützt wird. Die Existenz instinkthafter Triebe beim Menschen ist nicht überzeugend belegt, obwohl die Allgegenwart aggressiver Verhaltensweisen, die Existenz autoritärer Persönlichkeiten, extreme Gewaltakte überkontrollierter Personen, die Möglichkeit einer Katharsis von Bedürfnissen sowie die gesteigerte Aggression in De-Individuationssituationen nahelegen, daß die Vorstellung von Trieben, die nach Äußerung streben, nicht endgültig verworfen werden kann. Aber die vielen sozialen und situationalen Determinanten der Aggression – inklusive solcher Faktoren wie Armut, schlechter Wohngegend, Anwesenheit von mit Gewalt assoziierten Reizen, Auswirkungen von Gewaltdarstellungen in den Massenmedien und der ansteckende Effekt von Gewalt – belegen ausgiebig den Einfluß von Umweltfaktoren auf die Aggressivität.

Auf ähnliche Weise wird das Sexualverhalten durch eine Vielfalt sozialer Faktoren, wie etwa soziale Dominanz, beeinflußt. Außerdem wird die Hypothese von der Aufstauung sexueller Energie dadurch widerlegt, daß sexuelle Betätigung keineswegs generell zur Reduktion sexueller Wünsche führt. Auch auf Träume scheinen unerfüllte Wünsche keinen Einfluß zu haben, obgleich äußere Reize und Erinnerungen an Tagesereignisse in sie einfließen. Träume sind universell, und ihr Auftreten folgt einem fixen zeitlichen Muster, welches durch die Beobachtung der Augenbewegungen und Hirnstrommuster objektiviert werden kann.

Verhaltenskontrolle im Dienst des Es ist eine Ich-Funktion. Abwehrmechanismen wie Verdrängung, Wahrnehmungsabwehr, Verleugnung und Intellektualisierung wirken als dynamische Kräfte, die die Äußerung potentiell schädlicher Impulse hemmen und das Individuum vor Angst schützen. Die empirischen Belege für die Existenz dieser Abwehrmechanismen sind nicht sehr umfangreich. Einige recht überzeugende experimentelle Demonstrationen sind jedoch berichtet worden.

Es wird angenommen, daß die Abwehrmechanismen der Person auch beim Aufschub von Bedürfnissen behilflich sind. „Zeitbindung“ kann auch durch kognitive Strategien erreicht werden, welche die Aufmerksamkeit von unerfüllten Wünschen ablenkten. Dagegen scheinen mentale Repräsentationen der Wunschobjekte, im Widerspruch zu den Ansichten Freuds, Frustration zu erzeugen und die Fähigkeit zum Befriedigungsaufschub zu vermindern.

Zu den Ich-Funktionen gehören schließlich auch kognitive Kontrollen und kognitive Stile, die als überdauernde Arten der Informationsverarbeitung und -wiederverwendung begriffen werden. Diese spielen nicht nur bei der Befriedigung und Hemmung von Bedürfnissen eine Rolle, sondern bestimmen auch die normale kognitive Funktionsweise des Individuums. Die empirische Forschung auf dem Gebiet der kognitiven Kontrollen ist jedoch nicht besonders umfangreich.

Abschließend kann gesagt werden, daß es eine Fülle von Forschungsarbeiten gibt, die durch die Freudschen Konzeptionen – Triebe, Primärprozeßdenken, Ich-Funktionen – entweder inspiriert wurden oder mit diesen in Zusammenhang stehen. Einige Ergebnisse dieser Forschungsarbeiten stützen die Auffassungen Freuds, andere widersprechen den psychoanalytischen Ideen. Vom heutigen Standpunkt aus betrachtet, besteht der Hauptbeitrag der psychoanalytischen Theorie jedoch weniger in der Richtigkeit ihrer Hypothesen; vielmehr hat sich das von Freud und anderen Psychoanalytikern errichtete Theoriengebäude als heuristisch wertvoll erwiesen, und neues Wissen wurde und wird noch immer auf dieser Grundlage gewonnen. In dieser *forschungsgenerierenden* Funktion besteht der wichtigste Beitrag der psychoanalytischen Theorie.

3. Kapitel
Die Hullsche Triebtheorie

Einleitung

Wie im 1. Kapitel erwähnt wurde, lassen sich in der Motivationsforschung zwei grundlegende Ansätze voneinander unterscheiden. Der eine Ansatz besteht darin, ein grundlegendes Handlungsprinzip zu postulieren, mit dem dann eine Vielfalt von Verhaltensweisen erklärt wird. Das Musterbeispiel für diese theoretische Vorgehensweise ist die Freudsche Psychoanalyse, welche annimmt, daß Menschen hauptsächlich danach streben, ihre sexuellen und aggressiven Triebe zu befriedigen. Träume, Versprecher, Krieg, Neurosen, Kunst, Humor und viele andere Phänomene wurden systematisch in die Freudsche Theorie zu integrieren versucht, weil sie angeblich alle mit der Befriedigung sexueller und aggressiver Triebe zu tun haben.

Der zweite Ansatz zum Verständnis motivierten Verhaltens geht dahin, die wesentlichen Handlungsdeterminanten zu identifizieren und die mathematischen Beziehungen zwischen den motivationalen Faktoren zu spezifizieren. Die Intensität des Nahrungssuchverhaltens z. B. könnte etwa abhängig sein von der Zeit seit der letzten Nahrungsaufnahme, der Menge der erwarteten Nahrung, der Anzahl der vorangegangenen Verstärkungen in der gegebenen Situation usw. Diese Faktoren könnten zudem entweder additiv oder multiplikativ zusammenwirken. Die von Clark L. Hull formulierte Motivationstheorie – hier als Triebtheorie bezeichnet – stellt das ambitionierteste Beispiel einer derartigen „modellkonstruierenden" Strategie dar.

In diesem Kapitel werden Hulls Theorie sowie einige ihrer Vorläufer und nachfolgende Elaborationen dargestellt. Auf die Mängel dieser Konzeption werde ich nicht im Detail eingehen; kritische Einwände sind bereits in zahlreichen Publikationen geäußert worden (Atkinson, 1964; Bolles, 1975b; Weiner, 1972). Nur den Hauptgrund für das Scheitern dieser Konzeption werde ich erörtern; ansonsten werde ich die Theorie in erster Linie aus der Sicht ihrer Anhänger darstellen. Verschiedene Phänomene, die im Rahmen des Hullschen Systems analysiert worden sind, wie Angst, Konflikt, Frustration und soziale Erleichterung, werden ebenfalls näher betrachtet.

Hull und Freud – Ein Vergleich

Freud und Hull stammten aus denkbar unähnlichen sozialen Verhältnissen und hatten eine völlig verschiedene Ausbildung. Vergegenwärtigen wir uns den Unterschied: Hier die Wiener Kultur, dort eine Blockhütte in Michigan; hier das Studium der Medizin, dort (zunächst) das der Bergbautechnik. Doch trotz dieser biographischen Unterschiede zwischen den beiden Theoretikern gelangten sie zu recht ähnlichen Ansichten bezüglich motivierten Verhaltens (vgl. McClelland, 1957). Erstens waren beide Deterministen, d. h. sie nahmen an, daß Handlungen Ursachen haben und daß diese Ursachen identifiziert werden können. Zweitens glaubten beide, daß physiologische und psychologische Gesetze einander ergänzen. Darüber hinaus nahmen sie an, daß Spannungs-(Bedürfnis-)reduktion *das* grundliegende Ziel allen Verhaltens sei; Organismen streben also die Erhaltung eines inneren Gleichgewichtzustandes an. Und schließlich waren beide stark von Darwin beeinflußt und versuchten, die funktionale Bedeutung von Handlungen zu ergründen.

Natürlich gibt es auch einige fundamentale Unterschiede zwischen Hull und Freud, sowohl was die von ihnen verwendeten Forschungsmethoden betrifft, als

Clark L. Hull

Clark Hull wurde 1884 in New York geboren, wuchs aber auf einer Farm in Michigan auf und besuchte eine einklassige Landschule. In früher Jugend zog er sich eine Kinderlähmung zu, und ein Bein blieb zeit seines Lebens gelähmt. Hull widmete sich ganz seiner Arbeit und vollendete knapp vor seinem Tod im Jahr 1952 sein fünftes Buch.

Obwohl er in der breiteren Öffentlichkeit kaum bekannt ist, spielte Hull eine führende Rolle innerhalb der akademischen Psychologie. Nur Freud wird in der psychologischen Literatur häufiger zitiert als er; zwischen 1940 und 1960 zitierten mehr als 30% der Artikel in den zwei wichtigsten Zeitschriften auf dem Gebiet der Lern- und Motivationspsychologie seine Arbeiten. Zudem wurde er in einer kürzlich gemachten Umfrage unter Psychologen zum wichtigsten psychologischen Forscher der Zeit von 1930 bis 1950 gewählt.

Hulls Karriere als Psychologe weist drei relativ unabhängige Phasen auf. Zunächst beschäftigte er sich mit Eignungstests und statistischen Verfahren. Dann wandte er sich der Hypnose zu und führte klassische Experimente zur Suggestibilität durch. Es ist interessant, daß sowohl Freud als auch Hull sich mit Hypnose beschäftigten und beide sich wieder davon abwandten – Freud, weil sie keine zuverlässige therapeutische Methode war, und Hull, weil diese Technik von medizinischen Autoritäten abgelehnt wurde, und weil er glaubte, daß sie nichts anderes sei als eine Form der normalen, auch im Wachzustand vorhandenen Suggestibilität. Während dieser Zeit beschäftigte sich Hull auch mit Robotern (als junger Student hatte er im Hauptfach Bergbautechnik studiert); sein mechanistisches Modell des Menschen mag ein Produkt dieser Beschäftigung gewesen sein. Aber seine wichtigsten Beiträge zur Psychologie leistete er während der nächsten Phase seiner Arbeit, in welcher er sich der Erforschung des Lernens und der Motivation zuwandte (letztere steht im Mittelpunkt dieses Kapitels).

Hull verbrachte den Großteil seines akademischen Lebens an der Yale Universität, wo er die Führung des *Institute of Human Relations* innehatte. Dieses Institut umfaßte Forscher aus allen Bereichen der Wissenschaft; unter dem Einfluß Hulls kam es dort zu einer der fruchtbarsten Perioden wissenschaftlicher Teamarbeit in der Geschichte der Sozialwissenschaften.

auch hinsichtlich der von ihnen vertretenen Theorien. Wie schon im 2. Kapitel erwähnt, hielt Freud nicht viel von Laborexperimenten; seine Hauptdatenquelle bestand in freien Assoziationen, die er im Verlauf der Therapie und bei der Analyse seiner persönlichen Träume oder der seiner Patienten gewann. Hulls Daten stammten hingegen aus sorgfältig kontrollierten Laborexperimenten – vornehmlich mit Ratten, die für das Durchqueren eines Laufgangs mit Futter belohnt wurden. Darüber hinaus war Hulls Ansatz explizit quantitativ orientiert, d.h. er formulierte Verhaltenspostulate, aus denen exakte Hypothesen abgeleitet werden konnten, und der Großteil seiner Konstrukte war in operationalen Definitionen verankert. Beispielsweise wurde Hunger als Dauer des Nahrungsentzugs oder als prozentualer Gewichtsverlust definiert; die Attraktivität der Nahrung wurde teilweise durch die Anzahl der verabreichten Futterpillen operationalisiert usw. Dagegen bemühte sich Freud kaum um die Präzision seiner Konstrukte und ihre Messung. Und schließlich – und das ist vielleicht von größter Bedeutung – formulierte Hull ein *mechanistisches* Verhaltensmodell. Für Hull waren Menschen bloße Maschinen; die Vorstellung, daß mentale Prozesse das Verhalten determinieren, lehnte er ab. So erklärte er zum Beispiel „zielgerichtetes" Verhalten bzw. Handeln „um ... zu ..." ausschließlich mit Hilfe von Körperreaktionen, ohne Rückgriff auf mentale Prozesse wie etwa „Voraussicht" oder „Antizipation". Zwar verwendete auch Freud in seiner Analyse menschlichen Verhaltens viele mechanistische und physikalische Konstrukte; er glaubte jedoch an einen Einfluß des Denkens auf das Handeln. Zum Beispiel kann das Ich direkte Handlung hemmen, indem es einen Abwehrmechanismus wie etwa Verdrängung aktiviert, um einen

Wunsch am Eindringen in das Bewußtsein zu hindern. Sogar Triebe wurden von Freud als „Arbeitsanforderung, die dem Seelischen ... auferlegt ist" betrachtet. Die Charakterisierung einer Theorie als mechanistisch versus kognitiv und das Verhältnis zwischen psychischen und physischen Prozessen sind grundsätzliche Fragen der Motivationspsychologie und verdienen daher eine ausführlichere Erörterung.

Das Leib-Seele-Problem

Die gegensätzlichen Auffassungen von Freud und Hull bezüglich der Beeinflussung des Handelns durch Kognitionen münden direkt in das sogenannte „Leib-Seele-Problem". Dieses Problem betrifft die Frage nach der Art des Zusammenhangs zwischen psychischen („Seele") und physischen („Leib") Prozessen. Zur Lösung dieses Problems sind vielerlei Hypothesen vorgetragen und Spekulationen angestellt worden. Ich will mich hier nur mit den sogenannten „dualistischen" Positionen beschäftigen, welche sowohl psychischen als auch physischen Prozessen eine eigenständige Existenz zuerkennen. Eine dieser dualistischen Positionen besagt, daß psychische und organische Prozesse vollkommen unabhängig voneinander sind bzw. sich nicht wechselseitig beeinflussen, jedoch *parallel* laufen (und daher durchaus miteinander korrelieren können) (vgl. Diagramm 3.1). So kann es z. B. bei Nahrungsdeprivation dazu kommen, daß man an Nahrung denkt, daß man einen „Wunsch" nach Nahrung verspürt und daß man Verhalten in Gang setzt, das zum Erhalt von Nahrung führt. Aber weder *verursacht* die Nahrungsdeprivation die Gedanken und den Wunsch nach Nahrung, noch *verursachen* letztere das Verhalten; die zentralen Repräsentationen sind vielmehr bloße Begleiterscheinungen oder Nebenprodukte *(Epi-Phänomene,* vom Griechischen „epi" = darüber, hinzu). Diese Version der dualistischen Position wird häufig von mechanistisch orientierten Psychologen vertreten; insbesondere Hulls Standpunkt wird dadurch besser als durch irgendeine andere dualistische Position charakterisiert.

Diagramm 3.1: „Leib" und „Seele" als voneinander unabhängige Systeme

Kognition: A ..... B C

Handlung: A' ..... B' ..... C'

Im Gegensatz zu der in Diagramm 3.1 skizzierten dualistischen Position, die wechselseitige Unabhängigkeit von psychischen und physischen Prozessen annimmt, gehen andere Ansätze von einer gegenseitigen Beeinflussung von „Seele" und „Leib" aus. Es gibt mehrere Versionen dieser „interaktionistischen" Position. Eine dieser Versionen (vgl. Diagramm 3.2) behauptet, daß psychische Ereignisse das Resultat physischer Ereignisse seien. Ereignissequenzen, die diese Position illustrieren, wären etwa: „Ich esse viel, ich muß hungrig sein"; „Ich habe gerade für die Verabschiedung dieser umstrittenen Gesetzesvorlage gestimmt, ich muß sie also befürworten;" oder „Ich laufe davon, ich muß Angst haben." In diesen Beispielen sind psychische Ereignisse (Kognitionen) also keine Ursachen, sondern Folgeerscheinungen von physischen Ereignissen (Handlungen). Auch in diesem Fall könnte man die psychischen Ereignisse als Epi-Phänomene ansehen, da sie ihrerseits keinen Einfluß auf physische Ereignisse (Verhalten) haben. Diese Konzeption ist daher ebenfalls mit einem mechanistischen Ansatz in der Motivationsforschung konsistent. William James wird häufig mit dieser Position in Verbindung gebracht, denn er formulierte eine Gefühlstheorie, derzufolge Gefühlszustände die Wahrnehmung bzw. das Produkt körperlicher Veränderungen sein sollen. James' Theorie wird an späterer Stelle genauer erörtert (vgl. 7. Kapitel).

Diagramm 3.2: „Leib" und „Seele" als interagierende Systeme: Handlungen beeinflussen Kognitionen

Kognition: A ..... B C

↗ ↗ ↗

Handlung: A' ..... B' ..... C'

Eine konträre interaktionistische Position ist in Diagramm 3.3 abgebildet. In Diagramm 3.3 werden psychische Prozesse (Kognitionen) als Ursachen aufgefaßt, d. h. sie bestimmen teilweise das Handeln (z. B. „Ich befürworte diese Gesetzesvorlage; daher werde ich für sie eintreten"). Diese Position wird von der überwiegenden Mehrzahl der kognitiven Motivationstheoretiker vertreten. Dabei wird jedoch allgemein zugestanden, daß nicht alle Verhaltensweisen durch kognitive Prozesse vermittelt sein müssen (z. B. Reflexhandlungen wie der Saugreflex von Säuglingen, der eine zentrale Rolle für Freuds primäres Handlungsmodell spielt). Auch wird von kognitiven Motivationstheoretikern zugestanden, daß nicht alle Verhaltensdeterminanten bewußt oder kognitiv repräsentiert zu sein brauchen (z. B. hormonelle Einflüsse). Ferner wird angenommen, daß Verhaltensweisen ihrerseits Informationswert haben und psychische Prozesse beeinflussen können (dies ist in Diagramm 3.2, sowie durch die A' → B und B' → C Pfeile in Diagramm 3.3 angedeutet). Freuds Standpunkt wird am besten durch die in Diagramm 3.3 skizzierte Position wiedergegeben.

Diagramm 3.3: „Leib" und „Seele" als interagierende Systeme: Kognitionen beeinflussen Handlungen und umgekehrt

```
Kognition:   A ..... B ..... C
               ↘   ↗       ↗   ↘
Handlung:        A' ..... B' ..... C'
```

Die mechanistische Theorie vor Hull

Die in Diagramm 3.1 abgebildete mechanistische Konzeption des Verhaltens wurde von vielen amerikanischen Psychologen als valide erachtet. Deren Überzeugungen bezüglich der Determinanten des Verhaltens beruhten auf den Assoziationsprinzipien und den Lerngesetzen. Im frühen 20. Jahrhundert waren zwei Arten des Lernens identifiziert worden, und in beiden Fällen zogen Lerntheoretiker das Assoziationsprinzip zur Erklärung heran.

Der erste Lerntypus – ursprünglich von Iwan P. Pawlow untersucht – wird als klassisches (oder respondentes) Konditionieren bezeichnet. Pawlows zentrales Anliegen war es, festzustellen, wie ein angeborener Reflex aufgrund von Erfahrungen modifiziert werden kann. Er beobachtete z.B., daß ein Hund beim Anblick von Brot Speichel abzusondern beginnt. Dabei muß es sich offensichtlich um einen gelernten Reflex handeln, denn wenn das Tier noch nie zuvor Kontakt mit Brot gehabt hat, so hat der Anblick von Brot keine Speichelabsonderung zur Folge. Pawlow bezeichnete diese Speichelreaktion als *konditionierten* oder *bedingten* Reflex, da sein Auftreten von der *Bedingung* einer vorausgehenden Koppelung von Anblick und Verzehr des Futters abhängt.

Um die konditionierten Reflexe systematisch zu erforschen, untersuchte Pawlow Hunde in einer extrem eingeschränkten Laborumwelt. Er koppelte einen Glockenton (den konditionierten Reiz) mit Futter (dem unkonditionierten Reiz), indem er die Glokke immer unmittelbar vor der Verabreichung des Futters ertönen ließ. Nach mehreren derartigen Versuchsdurchgängen löste schließlich der Glockenton die Speichelsekretion (die konditionierte Reaktion) bereits vor der Futterverabreichung aus.

Es gibt keinen Zweifel daran, daß für Pawlow die Präsentation des Reizes die Ursache des Verhaltens (der Reaktion) darstellte. Pawlow bemerkte zwar auch, daß die Speichelsekretion nicht auftrat, wenn das Tier nicht hungrig war, aber er bezog motivationale Determinanten des Verhaltens nicht explizit in seine Analyse ein.

Der zweite Lerntypus, der Anfang des 20. Jahrhunderts identifiziert wurde, wird als operantes oder instrumentelles Konditionieren bezeichnet und wurde von Edward Thorndike (1911) als erstem systematisch untersucht. Thorndike begann seine Untersuchungen um 1875 im Keller von William James' Haus. In seinen Versuchen wurden Tiere – häufig Katzen oder Hühner – in einen geschlossenen Käfig gegeben. Außerhalb des Käfigs wurde Futter hingestellt. Wenn das Tier eine – vorher vom Versuchsleiter festgelegte – „richtige" Reaktion machte, kam es aus dem Käfig frei und erhielt das Futter. Thorndike beobachtete, daß das Tier anfänglich relativ zufälliges (Versuch-und-Irrtums-, *trial and error*) Verhalten zeigte, bis es einmal zufällig die Reaktion emittierte, die es aus dem Käfig befreite. Wird es daraufhin erneut in den Käfig gegeben, beginnt es diese Reaktion immer früher zu zeigen. Schließlich tritt die „richtige" Reaktion sofort auf, sobald das Tier in den Käfig gesetzt wird.

Um diese Veränderung der relativen Dominanz eines Verhaltens in der Reaktionshierarchie – also Lernen – zu erklären, postulierte Thorndike sein bekanntes Effektgesetz. Dieses Gesetz besagt, daß eine bestimmte Reiz-Reaktions-Verbindung, wenn sie von einem befriedigenden Zustand gefolgt wird, an Stärke gewinnt. Wird umgekehrt eine Reiz-Reaktions-Verbindung von einem unangenehmen Zustand gefolgt, so erfährt diese Verbindung eine Schwächung. Dieses Gesetz ist von vielen Psychologen als „vergangenheitsbezogener Hedonismus" charakterisiert und mit Freuds Position kontrastiert worden, welche als „zukunftsbezogener Hedonismus" angesehen wird. Das heißt, Thorndike war der Meinung, daß Belohnung bzw. Bestrafung die *vorangegangene* Reaktion stärkt bzw. schwächt, während Freud behauptete, daß antizipierte Lust- und Unlustzustände *zukünftige* Reaktionen determinieren.

Thorndikes Konzeption ist in der Tat mechanistisch. Höhere geistige Prozesse werden nirgends erwähnt. Stattdessen führt die zeitliche Kontiguität von Reiz und Reaktion zusammen mit einem Verstärker (Belohnung) zur Entstehung einer mechanischen, rigiden Verbindung bzw. „Verklebung" von Reiz und Reaktion, für die der Verstärker den

„Leim" zur Verfügung stellt. Wie Pawlow wußte auch Thorndike, daß ein Tier, das nicht hungrig ist, keine Reaktionen erlernt. Aber auch er integrierte motivationale Prinzipien nicht in sein System.

Zusammenfassend kann man sagen, daß vor Hull die Lerngesetze weitgehend synonym mit empirischen Verhaltensgesetzen waren. Verhalten wurde als durch rigide Reiz-Reaktions-Verbindungen und nicht als durch Kognitionen vermittelt angesehen. Hull selbst wurde besonders von Thorndike beeinflußt, von dem er die Ansicht übernahm, daß Verstärkung das notwendige „Bindemittel" zur Errichtung und Verfestigung von Reiz-Reaktions-Verbindungen darstelle.

Das Trieb-Konstrukt

Vor Hull wurden motivationale Konstrukte zur Erklärung einer ganz anderen Klasse von Phänomenen herangezogen als derjenigen, die das Interessensschwergewicht der Lerntheoretiker darstellen. Die Verhaltensweisen, für deren Erklärung motivationale Konstrukte reserviert wurden, waren die sogenannten „instinktiven" Reaktionen; diese wurden als der sichtbare Ausdruck „innerer Bedürfnisse" – der Instinkte – angesehen, die danach drängten, sich im Verhalten zu äußern.

Der Gebrauch des Instinktbegriffs als eines erklärenden motivationalen Konstrukts erreichte seinen Höhepunkt um die zwanziger Jahre. Psychologen verwendeten diesen Begriff zur Erklärung einer breiten Vielfalt menschlichen und tierischen Verhaltens. Holt (1931) verspottete den übermäßigen Gebrauch des Instinktbegriffs folgendermaßen:

> Geht jemand in Begleitung seiner Freunde spazieren, so wird er durch den Herdeninstinkt angetrieben; spaziert er dagegen allein, so ist dies auf den „antisozialen Instinkt" zurückzuführen; ... dreht er die Daumen, so ist's der „Daumendreh-Instinkt"; dreht er sie nicht, so ist's der „Nicht-Daumendreh-Instinkt". So wird alles mit der Leichtigkeit der Magie erklärt – der Wortmagie (S. 428).

Einige behaupteten sogar, es müsse wohl einen Instinkt geben, der den Glauben an Instinkte verursache.

Angesichts dieser Kritik begann der Gebrauch des Instinktbegriffs als psychologisches Erklärungsprinzip abzunehmen (vgl. Beach, 1955). Wie es aber häufig in der Wissenschaft der Fall ist, stirbt eine Theorie oder ein Begriff nicht einfach aus, sondern wird durch eine andere Theorie oder einen anderen Begriff ersetzt. Was den Instinktbegriff betrifft, so wurde er durch den Begriff des *Triebs* ersetzt.

Die Einführung des Triebkonstrukts in die experimentelle Psychologie wird gewöhnlich Woodworth (1918) zugeschrieben, obwohl das Konzept der „treibenden Kraft" schon in der Moralphilosophie des 18. Jahrhunderts auftaucht und auch von Freud verwendet wurde. „Trieb" stellte in vielerlei Hinsicht ein „besseres" motivationales Konstrukt dar als „Instinkt". Erstens war den Mechanisten damit ein Prinzip mechanischer Verursachung in die Hand gegeben; zweitens versprachen Triebe – anders als Instinkte – eine empirisch nachweisbare physiologische Grundlage zu haben; und schließlich konnten Triebe im Labor untersucht werden: vorausgehende Bedingungen von Triebzuständen, wie zum Beispiel die Zeitdauer der Nahrungsdeprivation, konnten systematisch manipuliert werden, und die Auswirkungen dieser Manipulationen auf das Verhalten konnten unter kontrollierten Bedingungen beobachtet werden.

Frühe experimentelle Untersuchungen zum Triebkonstrukt

Um 1920 herum wurden verschiedene experimentelle Prozeduren entwickelt, um die Stärke von Deprivationszuständen zu messen und ihre Auswirkungen auf das Verhalten zu studieren. Eine Anzahl von Untersuchungen, insbesondere die von Richter (1927), demonstrierten, daß Deprivation mit dem allgemeinen Aktivitätsniveau zusammenhängt. D. h. je stärker die Deprivation, desto aktiver wird der Organismus, bis schließlich infolge des Mangels an Nahrung Entkräftung einsetzt. Gesteigerte Aktivität eines deprivierten Tieres erhöht natürlich dessen Chancen, Nahrung aufzufinden. Somit hat die Beziehung zwischen Deprivation und Aktivität Überlebenswert.

Richter beobachtete außerdem zyklische Variationen im Verhalten – Perioden relativer Aktivität wechselten mit solchen relativer Inaktivität ab. In einer der Untersuchungen, in der der Beziehung zwischen dem Deprivationsniveau und dem Ausmaß an Aktivität nachgegangen wurde, ließ Richter Ratten nach Belieben fressen und maß sowohl das Aktivitätsniveau als auch die Menge der aufgenommenen Nahrung. Es stellte sich heraus, daß die Periode maximaler Nahrungsaufnahme mit der Periode maximaler Aktivität übereinstimmte. Daraus wurde wieder gefolgert, daß das Aktivitätsniveau mit bestimmten physiologischen Mangelzuständen zusammenhängt.

Bei einer zweiten allgemein gebräuchlichen Versuchsanordnung zur Erforschung der Auswirkungen von Triebzuständen kam die sogenannte *Columbia Obstruction Box* zur Anwendung (vgl. Abb. 3.1). In den Untersuchungen, die diese Apparatur verwenden, werden Tiere zunächst in bezug auf eine lebenswichtige Substanz, wie Nahrung oder Wasser, depriviert. Anschließend wird ein relevantes Anreizobjekt (z. B. Futter für ein hungriges Tier) in die Zielbox gegeben. Zwischen dem Tier und dem Futter befindet sich ein elektrisch geladenes Bodengitter. Das Tier muß also, um das Futter zu erlangen, das Gitter überqueren und die Schocks in Kauf nehmen.

Abbildung 3.1: Die Columbia Obstruction Box

Die Forscher, die die Obstruction Box verwendeten, variierten einerseits die Stärke des „Antriebs zur Handlung“, welcher als Funktion der Deprivationsdauer angesehen wurde, sowie andererseits die Stärke des der Handlung entgegenwirkenden „Widerstands“, welcher als Funktion der Schockintensität betrachtet wurde. Allgemein wurde gefunden, daß eine monotone Beziehung zwischen Deprivationsdauer und der Wahrscheinlichkeit der Gitterüberquerung bestand und daß stärker deprivierte Tiere intensivere Schocks zu ertragen bereit waren, um zum Futter zu gelangen. Die allgemeinere Auswirkung dieser Arbeiten war, daß sie bei den Forschern zur Überzeugung führten, Triebe könnten einigermaßen präzise gemessen werden.

Hulls Konzeption des Triebs

Angeregt durch die oben geschilderten empirischen Befunde nahm Hull (1943) an, daß physiologische Mangelzustände bzw. Bedürfnisse *(needs)* den Organismus zu Verhaltensweisen motivieren, welche zur Befriedigung dieser Bedürfnisse führen. Triebe *(drives)* sind demnach die motivationale Komponente von physiologischen Bedürfnissen. Sie entstehen als Folge physiologischer Ungleichgewichtigkeiten und motivieren Verhaltensweisen, welche den Organismus in einen Gleichgewichtszustand (Homöostase) zurückführen. Kurz, physiologische Bedürfnisse generieren die zum Überleben notwendige Energie. Hull (1943) faßte seine Position folgendermaßen zusammen:

Da ein [physiologisches] Bedürfnis *(need)* – sei es akut oder potentiell – den Handlungen eines Organismus gewöhnlich vorausgeht und sie begleitet, sagt man häufig, das Bedürfnis motiviere die es begleitende Aktivität bzw. treibe diese an. Infolge dieser motivationalen Eigenschaft von Bedürfniszuständen wird angenommen, daß sie primäre *Triebe* im Tier erzeugen ... Zu den wichtigsten primären Bedürfnissen gehören das Bedürfnis nach verschiedenen Arten von Nahrung (Hunger), das Bedürfnis nach Wasser (Durst), das Bedürfnis nach Luft, das Bedürfnis, Gewebsverletzungen zu vermeiden (Schmerz), das Bedürfnis nach Aufrechterhaltung einer optimalen Körpertemperatur, das Bedürfnis nach Defäkation und Urination, das Bedürfnis nach Erholung (bei längerdauernder Anstrengung), das Bedürfnis nach Schlaf (bei längerdauerndem Wachsein) und das Bedürfnis nach Aktivität (bei längerer Inaktivität) (S. 57, 59–60).

Hulls Konzeption der Beziehung zwischen Bedürfnis (need) und Trieb (drive) sieht also wie folgt aus:

Vorausgehende Operation (z. B. Deprivation, Schock)	→	Bedürfnis	→	Trieb (energetisierende Größe)

Bei der Entwicklung dieser Position war Hull stark von Darwins Idee des Überlebenswertes von Handlungen beeinflußt. Ebenso wie es die Überlebenschancen erhöht, aktiv zu werden, wenn ein Bedürfniszustand vorliegt, so ist es dem Überleben des Organismus abträglich, nach Futter zu suchen, wenn er gesättigt ist. Mit anderen Worten, es hat für einen Organismus Überlebenswert, dann – und nur dann – aktiv zu werden, wenn ein unbefriedigtes Bedürfnis vorliegt.

Darüber hinaus behauptete Hull, daß der Trieb eine *unspezifische* energetisierende Größe darstelle. Das heißt, alle Triebe fließen in einen zusammen, und dieser vereinigte Trieb energetisiert den Organismus. Wie Hull (1943) schrieb:

... Der Triebbegriff wird ... als ein gemeinsamer Nenner aller primären Motivationen vorgeschlagen, seien diese nun zurückzuführen auf Nahrungsentzug, Wasserdeprivation, Abweichungen der Körpertemperatur vom Optimum, Gewebsverletzungen, die Wirkung von Sexualhormonen oder andere Ursachen ... Dies impliziert zu einem gewissen Grad die undifferenzierte Natur des Triebes, wie sie im

Prinzip in Freuds Begriff der „Libido" enthalten ist. Keinesfalls wird jedoch von vornherein die Dominanz irgendeines bestimmten Triebes – wie etwa des Geschlechtstriebes – über die anderen behauptet (S. 239, 241).

Die Integration von Trieb und Habit

Wie schon erwähnt, sahen Pawlow und Thorndike die Ursachen des Verhaltens in externen Reizen: Verhalten wird immer dann gezeigt, wenn geeignete, mit dem Verhalten zuvor verknüpfte Reize auftreten. Pawlow und Thorndike waren jedoch auch mit der Tatsache vertraut, daß ein zuvor mit einer Reaktion assoziierter Reiz diese häufig nicht auslöste, wenn das Versuchstier gesättigt war.

Hull trug dieser letzteren Tatsache explizit Rechnung, indem er annahm, daß Reiz-Reaktions-Verbindungen *(habits)* dem Verhalten zwar die Richtung geben, nicht aber die Energie dafür zur Verfügung stellen. Damit früher gelernte Habits auch aktiviert werden, muß irgendein unbefriedigter Bedürfniszustand vorliegen. Der sich daraus ergebende Trieb wird, wie erwähnt, als ungerichtete Energiequelle verstanden; daraus folgt, daß beliebige Bedürfniszustände immer diejenigen Reiz-Reaktions-Verbindungen oder Habits aktivieren, die in der Habit-Hierarchie des Organismus gerade den höchsten Rangplatz einnehmen (d.h. in der jeweiligen Situation dominant sind). Beachten Sie übrigens, daß ein vorhandener Trieb nicht notwendigerweise zu *aktivem* Verhalten führen muß; falls nämlich das dominante Habit – wie z.B. im Fall einer furchtauslösenden Situation – darin besteht, zu „erstarren", dann wird ein vorhandener Trieb eben diese „Erstarrungs"-Reaktion aktivieren bzw. energetisieren.

Die energetisierende (Trieb) und die richtunggebende (Habit) Determinante des Verhaltens wurden von Hull ferner *multiplikativ* miteinander verknüpft:

Stärke der Verhaltenstendenz = Triebstärke × Habitstärke

Zusammenfassend kann Hulls motivationstheoretische Konzeption also folgendermaßen dargestellt werden:

Triebinduzierende Operation (z.B. Deprivation) ——	Bedürfnis —	Trieb	
		×	= Verhalten
Lernoperation (Anzahl verstärkter Durchgänge) ——	Habit ——	Richtung	

Diese Darstellung ist allerdings stark vereinfacht, denn Hull, der sich der Komplexität von Verhalten wohl bewußt war, inkorporierte viele weitere intervenierende Variablen in seine endgültige Motivationstheorie. Sein bekanntestes Postulat läßt sich jedoch trotzdem vereinfacht auf die Formel bringen:

Verhalten = Trieb × Habit

Die Einfachheit dieser Konzeption bedeutet keineswegs, daß sie nicht empirisch gehaltvoll ist. Ganz im Gegenteil, es wird sich zeigen, daß eine große Vielfalt von Verhaltensphänomenen mit dieser Formel erklärt werden können.

Freud und Hull: Einige theorievergleichende Betrachtungen

Hulls motivationstheoretischer Ansatz weist viele Ähnlichkeiten zu Freuds Konzeption auf:

1. Sowohl Freud als auch Hull behaupten, daß Verhalten von einer energetisierenden (Es, Trieb) und einer strukturellen Komponente (Ichfunktionen, Habits) determiniert werde.
2. Sowohl Freud als auch Hull zufolge setzt der Organismus Verhaltensweisen in Gang, welche unerfüllte Bedürfnisse befriedigen (Homöostase-Prinzip).
3. Sowohl Freud als auch Hull nehmen an, daß Bedürfnisbefriedigung triebreduzierend wirkt und zu einem Zustand der Ruhe führt (Hedonismusdoktrin).

Hull sah jedoch den Organismus nicht als ein geschlossenes Energiesystem an. Vielmehr führt anhaltende Deprivation oder das Auftreten von Bedürfnissen aus verschiedenen Quellen (wie z.B. Hunger und Durst) zu einer Erhöhung der dem Organismus zur Verfügung stehenden Gesamtenergie. Außerdem beeinflußt bei Freud die Triebenergie auch psychische Prozesse, während der Motivationstheorie Hulls das Modell der mechanischen, energiebetriebenen Maschine zugrunde liegt, wobei die Richtung des Verhaltens durch zuvor hergestellte „schaltbrettähnliche" Verknüpfungen zwischen Reizen und Reaktionen bestimmt wird.

Empirische Belege für Hulls Theorie

Die Formel: „Verhalten = Trieb × Habit" gab den Anstoß zu einer großen Anzahl von Untersuchungen. Viele dieser Experimente wurden durchgeführt, um eine oder mehrere der folgenden Behauptungen zu belegen:

1. Trieb energetisiert Verhalten.
2. Trieb und Habit sind multiplikativ miteinander verknüpft.
3. Beim Trieb handelt es sich um eine aus der Vereinigung verschiedener „Triebe“ resultierende Energiequelle.

Zur Illustration der von der Triebtheorie generierten Daten sollen einige der relevanten Untersuchungen kurz zusammengefaßt werden.

Die vielleicht am häufigsten als Modellbeispiel für die von der Triebtheorie hervorgebrachte Forschung zitierten Untersuchungen stammen von Perin (1942) und Williams (1938). Diese Forscher brachten Ratten bei, auf einen Hebel zu drücken, um Futter zu erhalten. Zum Zeitpunkt des Trainings waren die Tiere 23 Stunden lang nahrungsdepriviert und erhielten je nach Subgruppe 5 bis 90 verstärkte Durchgänge. Anschließend wurde das Verhalten gelöscht (d.h. keine weitere Verstärkung mehr verabreicht), und zwar entweder unter drei oder unter 22 Stunden Nahrungsentzug. Die Resultate dieses Experimentes sind in Abbildung 3.2 wiedergegeben. Wie die Abbildung zeigt, beeinflussen sowohl die Anzahl verstärkter Durchgänge (d.h. Lernen oder Habitstärke) als auch die Dauer der Deprivation (d.h. die Triebstärke) die Löschungsresistenz. Und zwar wird die Hebeldrück-Reaktion wie erwartet umso länger gezeigt,

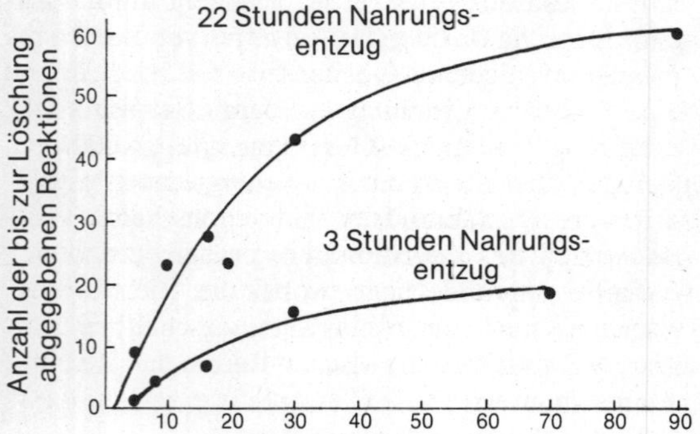

Abbildung 3.2: Darstellung der kombinierten Effekte von zwei Triebstärken (Nahrungsentzug in Stunden) und unterschiedlichen Habitstärken (Anzahl der Verstärkungen beim Erwerb der Reaktion) auf den Löschungswiderstand (nach Perin, 1942, S. 101)

je stärker der Triebzustand während der Löschung ist und je größer die Anzahl der verstärkten Durchgänge beim Erwerb der Reaktion war. Auch sieht man, daß die Reaktionskurven für die zwei Deprivationsgruppen unterschiedlich *steil* ansteigen (vgl. Abb. 3.2). Dies ist ein Beleg für die behauptete multiplikative Verknüpfung von Trieb und Habit. Parallele Kurven würden dagegen – wie im ersten Kapitel erläutert – ein additives Zusammenwirken von Trieb und Habit anzeigen. Die von Perin und Williams erhaltenen allgemeinen Ergebnisse sind seitdem mit leicht abgeänderten Versuchsanordnungen und verschiedenen abhängigen Variablen oftmals repliziert worden (vgl. die zusammenfassenden Übersichten in Bolles, 1975b; Brown, 1961).

Nun zu einer subtileren Hypothese, die in einer Untersuchung von Newman (1955) überprüft wurde. Newman trainierte Ratten, die zuvor 23½ Stunden nahrungsdepriviert worden waren, auf einen Kreis zuzulaufen, um Futter zu erhalten. Nach dem Training wurde die Hälfte der Tiere unter ein höheres Deprivationsniveau gesetzt (48 Stunden), die andere Hälfte unter ein geringeres (12 Stunden). Durch diese experimentelle Manipulation erhielt man also eine Gruppe von Tieren mit hoher und eine mit niedriger Triebstärke. Zusätzlich wurden einige der Tiere aus jeder dieser Gruppen bei den nun folgenden Testdurchgängen mit demselben Kreis wie im Training konfrontiert; für andere Tiere wurde dagegen ein Kreis mit geändertem Durchmesser verwendet. Die Frage, die hier also gestellt wurde, lautet: Was sind die Auswirkungen von Unterschieden im Deprivationsniveau (Triebstärke) und in der Ähnlichkeit von Trainings- und Testsituation (Habitstärke) auf das Verhalten?

Aus Hulls Theorie lassen sich diesbezüglich unter Zuhilfenahme einfacher mathematischer Hilfsmittel folgende Vorhersagen ableiten. Die Stärke der Verhaltenstendenz (V) für die hochmotivierte Gruppe (hoher Trieb, T_h) ergibt sich als:

$$V = T_h \times H(abit)$$

Entsprechend für die niedrigmotivierte Gruppe (niedriger Trieb, T_n):

$$V = T_n \times H$$

Der Unterschied in der Stärke der Verhaltenstendenz zwischen beiden Gruppen beträgt daher:

$$(T_h \times H) - (T_n \times H) \text{ oder } H(T_h - T_n)$$

Daraus folgt, daß mit abnehmender Habitstärke (H) der Unterschied in der Stärke der Verhaltenstendenz zwischen den zwei Gruppen zunehmend geringer wird. Ein einfaches Zahlenbeispiel soll dies verdeutlichen. Nehmen Sie an, $T_h = 5$, $T_n = 2$, $H_h = 4$ und $H_n = 1$. Bei hoher Habitstärke berechnet sich die jeweilige Stärke der Verhaltenstendenz der zwei Triebgruppen als:

$$V(T_h) = 5 \times 4 = 20$$
$$V(T_n) = 2 \times 4 = 8$$

Dagegen lauten die entsprechenden Werte bei niedriger Habitstärke:

$$V(T_h) = 5 \times 1 = 5$$
$$V(T_n) = 2 \times 1 = 2$$

Beachten Sie: Der Unterschied in der Stärke der Verhaltenstendenz zwischen der hohen und der niedrigen Triebgruppe nimmt von (20–8) = 12 bei hoher Habitstärke ($H_h = 4$) auf (5 – 2) = 3 bei niedriger Habitstärke ($H_n = 1$) ab. Bezogen auf das Experiment von Newman (1955) sollte also der Unterschied in der Verhaltenstendenz zwischen der hoch- und der niedrigmotivierten Gruppe umso weniger ausgeprägt sein, je stärker sich die Testsituation (d.h. der dort verwendete Kreisdurchmesser) von der Trainingssituation (bzw. dem ursprünglichen Kreisdurchmesser) unterscheidet. Für alle Habitstärken sollten jedoch die Gruppen mit hohem Triebniveau eine höhere Intensität der Verhaltenstendenz aufweisen als die Gruppen mit niedrigem Trieb.

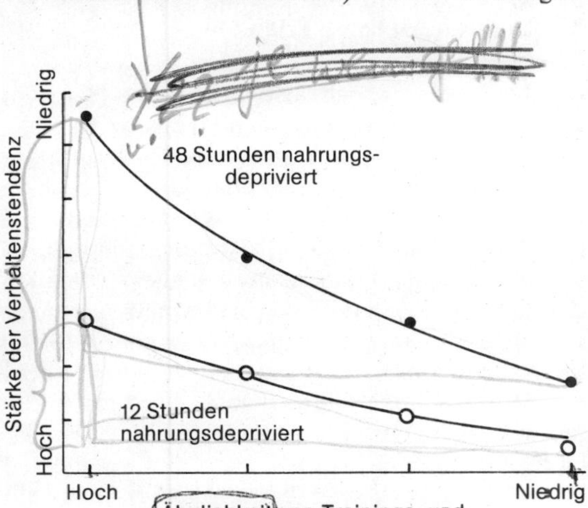

Abbildung 3.3: Ergebnisse des Experiments von Newman (1955), welche die kombinierten Effekte von Triebstärke (Nahrungsdeprivation in Stunden) und Habitstärke auf die Stärke der Verhaltenstendenz (Latenz der Reaktion) demonstrieren. Die Habitstärke wurde durch Variation der Ähnlichkeit von Trainings- und Testsituation manipuliert (nach Spence, 1958b, S. 84)

Die Ergebnisse der Untersuchung von Newman sind in Abbildung 3.3 wiedergegeben. Wie von der Triebtheorie vorhergesagt, kommt es mit abnehmender Ähnlichkeit von Trainings- und Testsituation (also mit abnehmender Habitstärke) zu einer zunehmenden Konvergenz der Kurven. Kurz, Hulls Theorie erlaubt die Ableitung einfacher aber präziser Vorhersagen aus einigen grundlegenden Postulaten.

Empirische Belege für die Konzeption des Triebs als aggregierte Energiequelle

Die Hullsche Konzeption des Triebs als eine allgemeine, aggregierte Energiequelle ist mit Hilfe einer Vielzahl von Versuchsanordnungen überprüft worden. In einer dieser Versuchsanordnungen wird zum Beispiel zu zeigen versucht, daß Reaktionen, die unter einer bestimmten Deprivationsbedingung („relevanter" Trieb) gelernt worden sind, auch durch ein davon verschiedenes biologisches Bedürfnis („irrelevanter" Trieb) energetisiert werden können. Das prototypische Experiment, das diese Methode verwendete, wurde von Webb (1949) durchgeführt. Webb trainierte 22 Stunden nahrungsdeprivierte Ratten zunächst, eine einfache instrumentelle Reaktion auszuführen. Anschließend wurden die Tiere in gesättigtem Zustand, jedoch zu verschiedenen Graden wasserdepriviert, getestet. Tabelle 3.1 zeigt, daß der Extinktionswiderstand der instrumentellen Reaktion umso größer ist, je stärker wasserdepriviert die Tiere sind (Versuchsgruppen I–IV); am größten ist der Extinktionswiderstand allerdings, wenn die Deprivationsbedingung dieselbe ist wie beim Training (nämlich 22 Stunden Nahrungsentzug; Versuchsgruppe V). Diese Untersuchung ist jedoch kritisiert worden, da Hunger und Durst nicht unabhängig voneinander sind. Ratten, die durstig sind, fressen nämlich weniger als nichtdurstige Ratten; daher könnte es sein, daß die stärker wasserdeprivierten Ratten zum Zeitpunkt des Extinktionstests hungriger waren, da sie zuvor weniger gefressen hatten.

Eine weitere Versuchsanordnung, mit deren Hilfe demonstriert werden sollte, daß es sich beim Trieb um ein Aggregat verschiedener Motivationsquellen handelt, wird durch ein Experiment von Meryman (1952) illustriert. Meryman untersuchte, ob Nahrungsentzug sowie schockinduzierte Angst die

Tabelle 3.1: Löschungswiderstand in Abhängigkeit von der Deprivationsbedingung

Gruppe	Deprivationsbedingung (Deprivationszeit in Stunden)			Durchschnittliche Anzahl der Reaktionen während der Extinktion
	N	Hunger	Durst	
I	18	0	0	2,8
II	18	0	3	5,2
III	18	0	12	5,1
IV	18	0	22	7,2
V	16	22	0	14,2

(nach Webb, 1949, S. 10)

Schreckreaktion von Ratten auf ein lautes Geräusch beeinflussen würden, und ob Hunger und Furcht zusammen zu einer stärkeren Intensivierung der Schreckreaktion führen würden, als jede dieser zusätzlichen Motivationsquellen für sich genommen. Die Hälfte der Versuchstiere wurde zunächst in einer Trainingsphase einer Furchtkonditionierungsprozedur unterzogen (der unkonditionierte Reiz war Schock, der konditionierte Reiz bestand in den vom Käfig ausgehenden taktilen, olfaktorischen und visuellen Reizen). Hierauf wurde dieser Gruppe, wie auch einer (nichtkonditionierten) Kontrollgruppe für

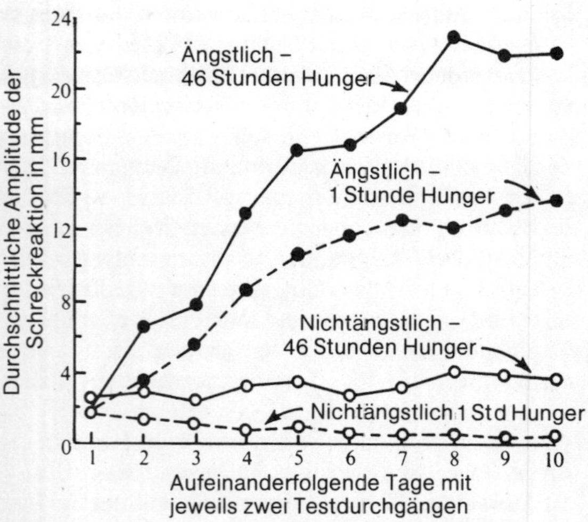

Abbildung 3.4: Ergebnisse des Experiments von Meryman (1952), in welchem die Effekte von Furcht (vorhanden/nicht vorhanden), Hunger (stark/schwach) und der Kombination dieser Variablen auf die Amplitude der Schreckreaktion untersucht wurden

entweder 46 Stunden oder eine Stunde das Futter entzogen, und anschließend wurde die Intensität der Schreckreaktion der Versuchstiere auf ein lautes Geräusch in allen vier Versuchsgruppen (2 Furchtniveaus × 2 Hungerniveaus) getestet. Die Resultate sind in Abbildung 3.4 wiedergegeben. Abbildung 3.4 zeigt, daß diejenigen Versuchstiere, die sowohl ängstlich als auch hungrig waren, die intensivsten Schreckreaktionen aufwiesen; die satten, nichtängstlichen Versuchstiere dagegen die am wenigsten intensiven. Diese Ergebnisse sind also konsistent mit der Hullschen Konzeption des Triebs als einer aggregierten Energiequelle, welche alle in einer Situation gerade aktivierten Habits energetisiert.

Die im 2. Kapitel erwähnten Untersuchungen zum Zusammenhang von sexueller und aggressiver Motivation verwenden eine im Prinzip ganz ähnliche Versuchsanordnung wie Webb und Meryman: Entweder wird die Stärke sexuell relevanter Reaktionen aggressiv motivierter Versuchspersonen gemessen oder umgekehrt. Wie ebenfalls im 2. Kapitel bereits gesagt, stützen einige der Ergebnisse dieser Forschungsarbeiten die Hypothese, daß Sexualität und Aggression einander überlappende Motivsysteme darstellen, welche sich wechselseitig intensivieren können.

Sekundäre (erlernte) Triebe

Es ist offenkundig, daß viele menschliche Handlungen nicht unmittelbar durch den Mangel an Nahrung oder Wasser oder durch schmerzhafte Reize motiviert werden. Das heißt, Verhalten tritt auch in Abwesenheit primärer Bedürfniszustände auf. Da jedoch laut Hulls Theorie ein Triebzustand vorhanden sein muß, damit überhaupt irgendein Verhalten auftritt, begannen Hull und seine Mitarbeiter mehr und mehr die Bedeutung *sekundärer* oder *erlernter* Triebe zu betonen. Versuche, Annäherungs-(Appetenz-)Verhalten mit Hilfe erlernter Triebe zu erklären, sind allerdings nicht sehr erfolgreich verlaufen. Dagegen erwies sich das Konzept des sekundären Triebes als äußerst fruchtbar für die Forschung auf dem Gebiet der Furchtkonditionierung und des Vermeidungsverhaltens.

Furcht als erlernter Trieb

Die grundlegende Versuchsanordnung der Forschungsarbeiten zur Furcht als erlerntem Trieb stammt von Miller (1948; vgl. die Zusammenfassungen in Miller, 1951, und Mowrer, 1960) und ist vielleicht einigen Lesern bekannt. Hierbei werden Ratten in eine aus zwei Abteilen bestehende Versuchsapparatur, die sog. *shuttle box,* gegeben. Ein Abteil ist weiß gestrichen, das andere schwarz (vgl. Abb. 3.5). Die zwei Abteile sind durch eine Tür

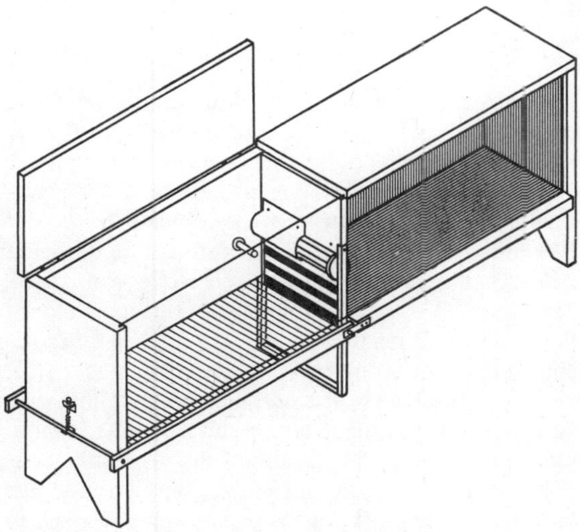

Abbildung 3.5: Die von Miller zur Untersuchung des Furchterwerbs verwendete Versuchsapparatur. Das linke Abteil ist weiß gestrichen, das rechte schwarz. Die schwarz-weiß gestreifte Tür kann angehoben werden, so daß die Ratte vom weißen ins schwarze Abteil hinüberlaufen kann. Über das Bodengitter des weißen Abteils können elektrische Schocks verabreicht werden (aus Miller, 1948)

voneinander getrennt. Nachdem die Versuchstiere ins weiße Abteil gesetzt worden sind, erhalten sie über das Bodengitter einen elektrischen Schock. Der Apparat ist so konstruiert, daß das Tier dem Schock entkommen kann, indem es durch die Tür ins schwarze Abteil flieht. Zunächst zeigen die Tiere diese Fluchtreaktion mit relativ langer Latenz und geben bei der Verabreichung des Schocks Anzeichen von Schmerz und Furcht von sich (wie Urination, Defäkation und Quieken). Im Verlauf weiterer Versuchsdurchgänge nimmt die Stärke der Fluchtreaktion in der Reaktionshierarchie der Tiere immer mehr zu, und die Latenz der Reaktion wird immer kürzer. Nach einer Anzahl von Durchgängen laufen die Tiere bereits ins schwarze Abteil hinüber, noch bevor der Schock verabreicht wird – d.h. sie *vermeiden* den Schock, während sie ihm vorher *entflohen* sind.

Nun wird die experimentelle Prozedur leicht verändert. Die Tür zwischen den beiden Käfigabteilen wird geschlossen und öffnet sich ab nun nur mehr dann, wenn das Tier eine neue Reaktion zeigt (wie z.B. eine Walze drehen, vgl. Abb. 3.5). Außerdem wird von nun an kein Schock mehr verabreicht. In dieser Situation zeigen die Tiere zunächst erneut Anzeichen von Furcht, sobald sie entdecken, daß der vorherige Fluchtweg blockiert ist. Sie zeigen dann eine Reihe von zufällig aussehenden Verhaltensweisen. Schließlich entdecken jedoch einige Versuchstiere die Reaktion, die es ihnen erlaubt, aus dem Abteil zu entfliehen. Wieder tritt diese Reaktion bei weiteren Versuchsdurchgängen mit zunehmend kürzerer Latenz auf. (Einige der Tiere „erstarren" jedoch in dieser Situation und erlernen die korrekte Reaktion nie.)

Dieser Versuch von Miller (1948) hatte einen enormen Einfluß auf Hulls Konzeption der Motivation. Wir erinnern uns daran, daß die Grundlage eines Triebzustands nach Hull in jedem Fall in einem bestehenden physiologischen Bedürfnis (wie hier dem Bedürfnis nach Vermeidung von Gewebsverletzungen) zu suchen ist. In Abwesenheit solcher Bedürfnisse weiterhin Energie zu verbrauchen – so hatte Hull argumentiert –, wäre der Anpassung des Organismus an die Umwelt abträglich. Und doch wird in der zweiten Phase von Millers Experiment eine neue Reaktion erlernt, obwohl kein Schock mehr verabreicht wird. Was also motiviert oder energetisiert in dieser Situation das Verhalten? Gewebsverletzung wie bei der Schockverabreichung, welche als zugrundeliegendes Bedürfnis fungieren könnte, kommt ja nicht vor. Im Rahmen der von Hull 1943 (in *Principles of Behavior*) vertretenen Verhaltenstheorie ist es unmöglich, eine Erklärung des Vermeidungsverhaltens zu geben.

Hull korrigierte diese Schwachstelle seiner Theorie in seinem 1951 erschienenen Buch *Essentials of Behavior,* in welchem er eine Unterscheidung zwischen primären und sekundären Triebquellen traf. Er behauptete: „Bereits die alltägliche Beobachtung zeigt, daß Situationen, die mit Trieben assoziiert worden sind, selbst zu ... Trieben werden ... Solche erlernten, assoziierten Situationsumstände ... haben motivierende Kraft" (S. 21–22).

In Millers Untersuchung wurde zum Beispiel das weiße Abteil mit einem durch den Schock induzierten Triebzustand assoziiert. Dadurch erwarben die vom Abteil ausgehenden Reize triebinduzierende Eigenschaften, d.h., die Abteil-Reize wurden zu Auslösern eines sekundären Triebes. Miller und Mowrer bezeichneten diesen sekundären Trieb als Furcht oder Angst. Dabei soll es sich um eine gemäß den

Pawlowschen Gesetzen der klassischen Konditionierung erlernte emotionale Reaktion handeln.

Brown (1961) hat angenommen, daß viele menschliche Handlungen durch erlernte Furcht motiviert würden. Er schreibt:

> ... In vielen – wenn nicht sogar in allen – Fällen, in denen menschliches Verhalten stark durch das Streben nach Geld gekennzeichnet ist, scheint wenig Notwendigkeit zu bestehen, die Existenz eines [eigenen] erlernten Triebes zum Gelderwerb zu postulieren. Man lernt also kein „Geldmotiv". Stattdessen lernt man beim Vorhandensein vielfältigster Reize, welche das Fehlen von Geld signalisieren, Angst zu empfinden. Der Erwerb von Geld beseitigt solche Reize oder verändert sie drastisch und verursacht dadurch eine Reduktion der Angst (S. 14).

Möglicherweise hat Brown die motivierende Rolle von Angst bei Verhaltensweisen, die dem Gelderwerb dienen, deshalb so stark hervorgehoben, weil es sich als schwierig erwiesen hat, neutrale Stimuli durch Koppelung mit Appetenztrieben (wie Hunger oder Durst) zu Auslösern „sekundärer Appetenztriebe" zu machen. Dies könnte möglicherweise deshalb so schwierig sein, weil Triebe wie Hunger oder Durst relativ langsam an Stärke zunehmen. Hull hatte erkannt, daß eine Voraussetzung für die Etablierung von sekundären Trieben ein rascher Anstieg des primären Triebs ist.

Obwohl die oben geschilderte Analyse des Erwerbs von Furcht intuitiv einsichtig und nahezu unbestreitbar erscheint, ist sie in neuerer Zeit zunehmend kritisiert worden (vgl. Bolles, 1975b). Zum Beispiel hat es sich als schwierig herausgestellt, die das Vermeidungsverhalten angeblich motivierende konditionierte Furchtreaktion empirisch nachzuweisen (z.B. anhand einer Messung der Herzrate). Dies ist deshalb besonders schwerwiegend, weil ja nur den primären Trieben ein physiologischer Bedürfniszustand zugrunde liegt; die sekundären Triebe sollen dagegen auf eine physiologische Reaktion zurückgehen, die Teil des vom konditionierten Reiz ausgelösten *Verhaltens* des Organismus ist (Bolles, 1975b).

Eine Modifikation der Hullschen Konzeption der Handlungsmotivation

Die Untersuchungen zur Angst als erlerntem Trieb veranlaßten Hull zu einer Änderung seiner 1943 vorgelegten Motivationstheorie. Trieberzeugende Bedingungen sind nun nicht länger auf physiologische Mangelzustände beschränkt. Stattdessen kann jeder interne Reiz Triebeigenschaften annehmen, vorausgesetzt, er ist hinreichend intensiv. Das heißt, Verhalten wird durch starke interne Reize motiviert. Die 1951 in *Essentials of Behavior* vertretene Triebkonzeption lautet also:

Trieberzeugende Operation ⟶ starke interne Reize ⟶ energetisieren Verhalten

Anreize

Neben der Einbeziehung der sekundären Triebe kam es noch zu einer zweiten wichtigen begrifflichen Erweiterung der Hullschen Theorie, nämlich der expliziten Berücksichtigung der Rolle des Anreizwertes *(incentive value)* des Zielobjekts (bzw. der Belohnung) bei der Verhaltensmotivation. Die späte Anerkennung der eigenständigen Rolle von Anreizen bei der Verhaltensmotivation war zum Teil auf den relativ begrenzten Rahmen der frühen Untersuchungen zurückzuführen. Die Untersuchungen, die mit der *Columbia Obstruction Box* durchgeführt wurden, beinhalteten zum Beispiel selten eine Manipulation der Qualität oder Quantität des Anreizobjekts. Falls der Anreiz doch manipuliert wurde, dann nur um dem jeweiligen Triebzustand angemessen zu sein (d.h. Futter für hungrige Tiere, Wasser für durstige Tiere). Spätere Forschungsarbeiten, insbesondere die unter der Leitung von Edward Tolman durchgeführten, begannen sich dagegen mit der Frage nach den Auswirkungen einer *Veränderung* des Anreizes (der Belohnung) *während des Lernprozesses* zu beschäftigen. Diese Forschungsarbeiten führten schließlich zur Anerkennung des Anreizes als einer der Determinanten des Verhaltens.

Latentes Lernen

Das klassische Experiment zu den Effekten von Anreiz-(Belohnungs-)änderungen stammt von Blodgett (1929). In Blodgetts Untersuchung wurden zunächst drei Gruppen von Ratten trainiert, in einem multiplen T-Labyrinth den richtigen Weg zum Ziel zu finden. Dabei erhielt eine Gruppe von Ratten bei jedem Durchgang in der Zielbox Futter. Die zweite Gruppe erhielt zwei Durchgänge lang nichts und anschließend ebenfalls kontinuierlich Futter; die dritte Gruppe erhielt sechs Durchgänge lang kein Futter und anschließend bei jedem weiteren Durchgang. Die Fehlerquoten der Gruppen, welche als Index der Effizienz des Verhaltens beim Durchlaufen des Labyrinths verwendet wurden, sind in Abbildung 3.6 wiedergegeben. Aus Abbildung 3.6 geht klar hervor,

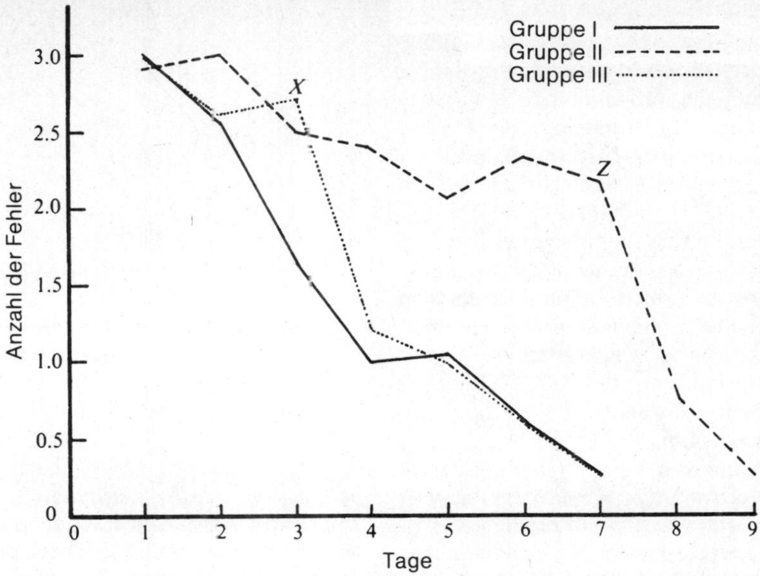

Abbildung 3.6: Latentes Lernen. Gruppe I wurde bei jedem Durchgang mit Futter verstärkt. In Gruppe II wurde Futter erst ab dem siebten Tag (Punkt Z in der Abb.) verabreicht. Die dritte Gruppe erhielt ab dem dritten Tag Futter (Punkt X). Sowohl Gruppe II als auch Gruppe III zeigen eine deutliche Abnahme der Fehler nach dem ersten belohnten Durchgang (nach Blodgett, 1929, S. 120)

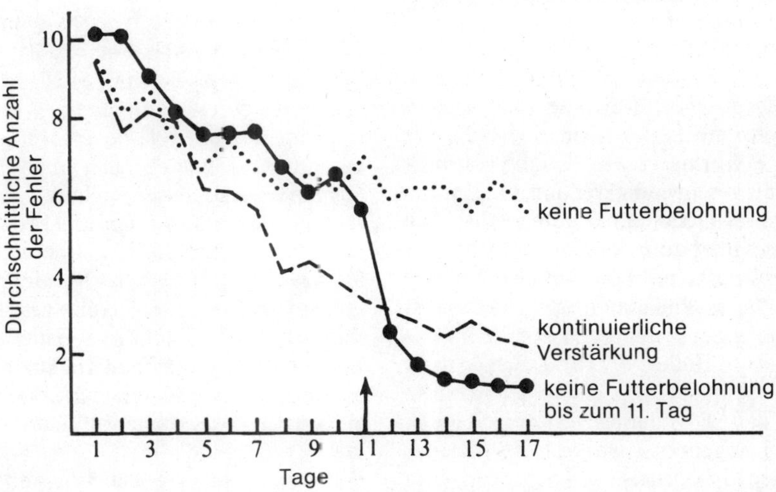

Abbildung 3.7: Demonstration von latentem Lernen im Labyrinth. Auch ohne Futterbelohnung kommt es zu einer gewissen Reduktion der Fehleranzahl; diese ist jedoch nicht so ausgeprägt wie bei kontinuierlicher Verstärkung. Trotz der höheren Fehleranzahl vor Einführung der Futterbelohnung zeigt die erst ab dem 11. Tag verstärkte Gruppe anschließend sofort gleich gute Ergebnisse wie die kontinuierlich verstärkte (nach Tolman & Honzig, 1930)

daß die Fehlerquote der Gruppen zwei und drei (welche erst ab dem siebten bzw. dem dritten Durchgang Futter erhielten) nach Einführung des Futters sofort und ungewöhnlich stark abfällt.

Tolman und Honzig (1930) haben dieses Experiment sowohl repliziert als auch erweitert. Wieder wurden drei Gruppen von Versuchstieren und ein T-Labyrinth verwendet. Eine experimentelle Gruppe wurde bei jedem Durchgang mit Futter belohnt; die zweite Gruppe wurde überhaupt nie verstärkt; und die dritte Gruppe erhielt Belohnung ab dem elften Durchgang. Die Ergebnisse dieser Untersuchung sind in Abbildung 3.7 wiedergegeben. Wieder kommt es nach der Einführung des Anreizes (Futter) zu einer plötzlichen Leistungsverbesserung beim Durchlaufen des Labyrinths.

Eine Untersuchung von Crespi (1942) variierte ebenfalls den Anreizwert des Verstärkers. Anstatt den Anreizwert jedoch von null auf ein hohes Ausmaß anzuheben, änderte Crespi im Verlauf seines Experiments die *relative* Menge der erhaltenen Belohnung. Eine Gruppe von Versuchstieren erhielt zunächst eine Zeitlang 256 Futterpillen, ab einem bestimmten Zeitpunkt aber nur mehr 16 Futterpillen. Umgekehrt erging es einer zweiten Gruppe, für die die Menge der Belohnung von zuerst nur einer Futterpille auf 16 Pillen angehoben wurde. Eine dritte Gruppe schließlich erhielt während des gesamten Experiments durchgehend 16 Futterpillen.

Die Ergebnisse dieser Untersuchung, wiedergegeben in Abbildung 3.8, zeigen erneut abrupte Verhaltensänderungen (in diesem Fall in der Laufgeschwindigkeit) in den verschiedenen Versuchsgruppen. In der Gruppe, in der die Belohnung erhöht wurde, kam es zu einer ausgeprägten Zunahme der Laufgeschwindigkeit, während in der Gruppe, in der die Belohnungsmenge verringert wurde, eine sofortige Abnahme der Laufgeschwindigkeit auftrat. Ein besonders interessantes Detail der Ergebnisse ist, daß die Laufgeschwindigkeit dieser letzteren Gruppe sogar unter die der Gruppe mit konstanter Belohnung (16–16) abfiel. Dieses Phänomen ist als „Depressions-Effekt" bezeichnet worden und ist mittlerweile gut dokumentiert (vgl. Bolles, 1975b). Dagegen stellt der von Crespi ebenfalls beobachtete umgekehrte Effekt, nämlich daß die Laufleistung der Gruppe, deren Belohnung angehoben wurde, über die der konstant belohnten Gruppe anstieg – der sogenannte „Gehobene-Stimmungs-Effekt" – keinen reliablen Befund dar.

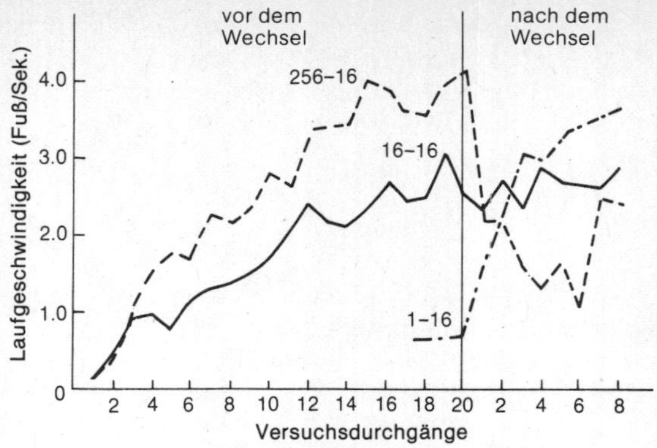

Abbildung 3.8: Laufgeschwindigkeit in einem geraden Laufgang in Abhängigkeit vom Ausmaß der Belohnung (Futtermenge). Während der ersten 19 Durchgänge erhielten die verschiedenen Versuchsgruppen 1, 16 bzw. 256 Futterpillen (die Kurve der Gruppe mit einer Futterpille ist nicht eingezeichnet). Ab dem 20. Durchgang erhielten alle Versuchsgruppen 16 Futterpillen (nach Crespi, 1942)

Die Ergebnisse der soeben referierten Untersuchungen haben wichtige Implikationen für Hulls motivationstheoretische Konzeption. In diesen Experimenten wurde ja gefunden, daß die Einführung einer Belohnung bzw. ein Wechsel der Belohnungsmenge zu plötzlichen und dramatischen Verhaltensänderungen führte. Daher kann die Belohnungsmenge nicht – wie Hull behauptet hatte – die Habitstärke (oder zumindest nicht *nur* diese) beeinflussen, denn Habits ändern sich nicht abrupt, sondern nehmen allmählich mit jedem belohnten Durchgang an Stärke zu. Darüber hinaus war die Hullsche Theorie in der bis dahin vertretenen Form (vgl. oben) nicht in der Lage, den Leistungsabfall (Abnahme der Laufgeschwindigkeit) derjenigen Versuchsgruppe in Crespis Experiment zu erklären, deren Belohnung herabgesetzt worden war. Die Triebstärke dieser Gruppe hatte sich nicht verändert, und auch die Habitstärke konnte nicht abgenommen haben, nachdem ja weiterhin jeder Durchgang verstärkt wurde. Diese Befunde stellten daher die Hullsche Konzeption in Frage.

Um die eben erwähnten Befunde erklären zu können, inkorporierte Hull (1951) den Anreizwert *(incentive value)* der Verstärkung als Verhaltensdeterminante in seine Theorie. Die modifizierte Motivationskonzeption besagt, daß Verhalten von Trieb, Habit und Anreiz abhängt:

$$\text{Verhalten} = \text{Trieb} \times \text{Habit} \times \text{Anreiz}$$

Durch diese Erweiterung der Hullschen Theorie wurde es nun möglich, die Ergebnisse der oben erörterten Untersuchungen zu erklären. Nehmen wir zum

Beispiel die Befunde von Crespi: Eine Veränderung der Belohnungsmenge erhöht oder vermindert den Anreizwert; dies sollte nach obenstehender Formel zu einer Veränderung im Verhalten (Laufgeschwindigkeit) führen.

Eine Gegenüberstellung von Trieb und Anreiz

Nach der oben angegebenen Formel sind sowohl Trieb als auch Anreiz multiplikativ mit der Habitstärke verknüpft; d. h. also, sowohl Trieb als auch Anreiz *aktivieren* früher gelernte Reiz-Reaktionsverbindungen. Tatsächlich ist später von Spence (1956) vorgeschlagen worden, Trieb und Anreiz *additiv* miteinander zu verknüpfen, nachdem ja beide das Verhalten energetisieren. Warum wird dann überhaupt zwischen Trieb und Anreiz als motivationalen Determinanten des Verhaltens unterschieden?

Der Hauptunterschied zwischen diesen beiden Verhaltensdeterminanten besteht darin, daß der Trieb für die auf den Organismus einwirkenden „Stoßkräfte" steht; Anreize repräsentieren dagegen „Zugkräfte" (vgl. Bolles 1975b). Die zwei Konstrukte sind zudem in unterschiedlichen vorausgehenden Bedingungen verankert. Die Triebstärke hängt normalerweise von der Deprivationsdauer ab, während der Anreizwert eine Funktion irgendwelcher Eigenschaften des bekräftigenden Zielobjekts (wie dessen Menge oder Geschmack) ist. Und schließlich muß der Anreizwert eines Zielobjekts erst „gelernt" werden; d. h. er beeinflußt den Organismus erst, nachdem dieser den „Wert" des Verstärkers „erkannt" bzw. in Erfahrung gebracht hat. Die Tatsache, daß der Anreizwert gewisse Lernerfahrungen voraussetzt, um verhaltenswirksam zu werden, hatte zur Folge, daß die klare Unterscheidung zwischen einer energetisierenden (Trieb) und einer strukturellen (Habit) Verhaltensdeterminante, welche Hull ursprünglich vertreten hatte, aufgegeben werden mußte.

Anreiz, Lernen und zielgerichtetes Verhalten

Die Art und Weise, auf die Anreizwerte gelernt werden und verhaltensmotivierend wirken, wurde von Spence (1956) weiter aufgeklärt (ähnliche Vorschläge waren allerdings von Hull bereits in den frühen dreißiger Jahren gemacht worden). Spence behauptet, daß Teile der konsumatorischen Zielreaktion *(goal response,* R_G) an die in der Zielbox vorhandenen bzw. von dieser ausgehenden Reize konditioniert werden. D. h. die in der Zielbox vorhandenen Reize erwerben infolge ihrer zeitlichen Kontiguität mit der Präsentation des Verstärkers nach und nach die Fähigkeit, die konsumatorische Zielreaktion automatisch auszulösen. Diese Zielreaktion umfaßt zum Beispiel Kaubewegungen und Speichelabsonderung. Ferner erzeugen diese Zielreaktionen ihre eigenen sensorischen Feedbackstimuli (S_G). Später können die Zielreaktionen und die von ihnen produzierten Feedbackstimuli auch von Situationen ausgelöst werden, die der Zielbox *ähnlich* sind. Wird also ein Organismus wiederholt in der Zielbox eines Laufgangs gefüttert, so werden die durch die Zielbox-Reize ausgelösten konsumatorischen Reaktionen und die zugehörigen Feedbackstimuli mit der Zeit bereits in der Startbox ausgelöst (vgl. Abb. 3.9).

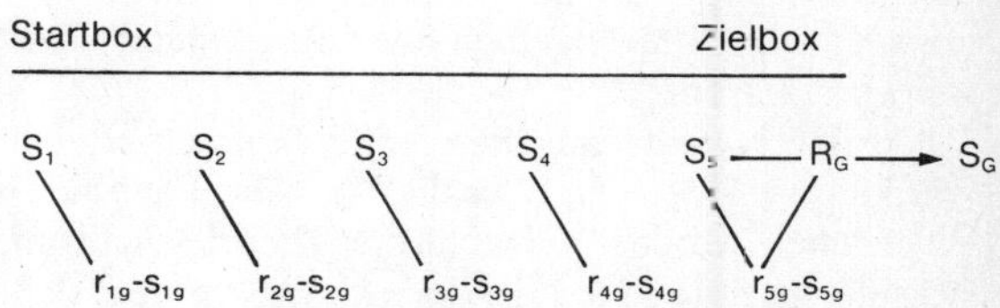

Abbildung 3.9: Reizsituation und fragmentarische antizipatorische Zielreaktionen im geraden Laufgang, laut Spence

Die bereits in der Startbox bzw. im Laufgang selbst ausgelösten Zielreaktionen werden von Spence als fragmentarische antizipatorische Zielreaktionen *(fractional anticipatory goal responses)* bezeichnet. „Fragmentarisch" sind sie insofern, als nicht die gesamte Zielreaktion, sondern nur Teile davon auftreten (z. B. wird Freßverhalten am Beginn des Laufgangs noch nicht auftreten, da ja noch kein Futter vorhanden ist). Und „antizipatorisch" werden sie genannt, weil die Tiere sich so verhalten, als ob sie eine Belohnung erwarten würden. Sie lecken sich die Lippen, speicheln und machen Kaubewegungen (vgl. jedoch kritisch dazu Bindra, 1969, und Bolles, 1975b). Daher könnte man zur Schlußfolgerung gelangen, die Tiere verhielten sich zielgerichtet bzw. antizipierten bereits die Belohnung, sobald sie sich in der Startbox befänden. Hull und Spence würden jedoch argumentieren, daß diese mentalistische Interpretation falsch sei. Das Verhalten des Organismus sei vielmehr auf Reiz-Reaktionsverbindungen (Richtung) und Anreiz und Trieb (Energie) zurückzuführen. Kognitionen (wie Zielerwartungen) würden zur Erklärung des Verhaltens nicht benötigt.

Spence zufolge liegt die fragmentarische antizipatorische Zielreaktion (der $r_G - s_G$ Mechanismus) auch dem Anreizkonstrukt zugrunde. Da die antizipatorischen Zielreaktionen ihrerseits Feedbackstimuli produzieren, führen sie zu einer Erhöhung der Gesamtzahl der auf den Organismus einwirkenden internen Reize. Millers Untersuchungen zur Angst als erlerntem Trieb hatten zu der Überzeugung geführt, daß jeder starke Reiz als Trieb wirkt. Insofern als Anreize eine Zunahme der internen Stimulation bewirken, haben sie also Triebeigenschaften. Demnach beruht das Erlernen von Furcht und das Erlernen positiver Anreize auf demselben Mechanismus – nämlich dem klassischen Konditionieren von Teilen der (unkonditionierten) Zielreaktion an (zunächst) neutrale Stimuli. Damit gelang es der Hullschen Theorie, das Erlernen sowohl positiver als auch aversiver Motive (von Mowrer, 1960, als Hoffnung und Furcht bezeichnet) mit Hilfe derselben psychologischen Prinzipien zu erklären.

Auf den vorangegangenen Seiten konnte nur eine sehr knappe Übersicht über die Hullsche Triebtheorie gegeben werden. Obwohl die Theorie nicht im Detail analysiert wurde, ist doch klar geworden, daß sie eine große Anzahl von Befunden erklären kann, welche bei der Untersuchung von hungrigen oder durstigen Ratten im Laufgang oder T-Labyrinth gewonnen wurden. Im verbleibenden Teil dieses Kapitels werden die Phänomene Angst, Konflikt und Verschiebung, Frustration und Aggression, sowie soziale Erleichterung von einer triebtheoretischen Perspektive aus analysiert. Anschließend wird auf eine der wichtigsten Unzulänglichkeiten der Hullschen Theorie eingegangen werden.

Angst

Angst ist einer der am häufigsten verwendeten psychologischen Begriffe, und zwar sowohl im Sprachgebrauch des professionellen Psychologen als auch dem des Laien. Wie im vorangegangenen Kapitel erwähnt wurde, sah Freud in der Angst sowohl einen unangenehmen Gefühlszustand als auch einen Hinweisreiz oder ein Signal für den Organismus, Abwehrmechanismen zu aktivieren, welche die Ausführung sozial unerlaubter Handlungen verhindern. Ähnlich beschreiben Miller und Mowrer Angst als eine aversive Reaktion, welche durch früher mit unangenehmen Reizen (wie Schock) assoziierte Stimuli ausgelöst wird. Darüber hinaus motiviert die Angstreaktion Verhalten, welches zur Flucht aus einer potentiell gefährlichen Situation führt. In der Tat war die Analyse von Miller und Mowrer von Freuds Ideen angeregt worden und stellte einen Teil eines breiter angelegten Versuchs dar, Freudsche Begriffe in die wissenschaftlichere und bessere überprüfbare Terminologie des Hullschen Ansatzes zu „übersetzen".

Eine theoretische Analyse der Angst, die dieses Konstrukt direkter in die Hullsche Theorie integrierte, ist in Abbildung 3.10 skizziert. Abbildung 3.10 stellt einen theoretischen Rahmen für das klassische aversive Konditionieren dar. Ein neutraler Reiz (wie z.B. ein Ton) wird kurz vor einem aversiven Reiz (wie z.B. einem auf das Auge gerichteten Luftstoß) präsentiert. Der Forscher interessiert sich dann für die Wahrscheinlichkeit einer Lidschlagreaktion bei der Präsentation des konditionierten Reizes (des Tones) allein.

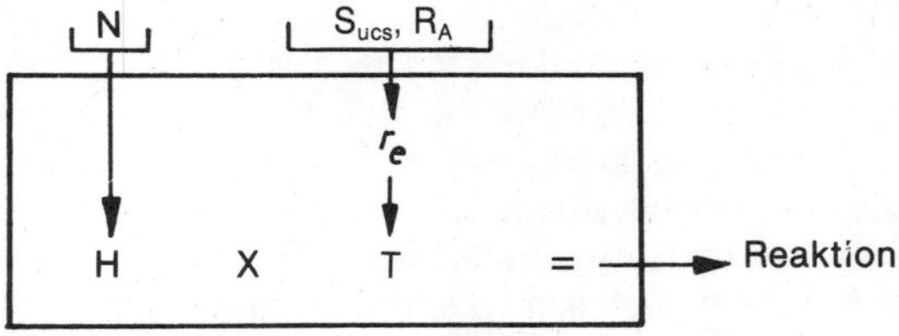

Abbildung 3.10: Wiedergabe eines Teils des theoretischen Modells zur Erklärung des klassischen Konditionierens (nach Spence, 1958, S. 131)

Die außerhalb der in Abbildung 3.10 dargestellten „Blackbox" befindlichen Symbole bezeichnen Ereignisse, welche der Versuchsleiter manipulieren oder beobachten kann. Die Symbole innerhalb der „Blackbox" bezeichnen dagegen Konstrukte oder intervenierende Variablen, welche vom Forscher erschlossen werden. Diese Konstrukte stehen zu den beobachtbaren Ereignissen in ganz bestimmten Beziehungen. Aus Abbildung 3.10 ist ersichtlich, daß die Habitstärke (H) von der Anzahl (N) der vorangegangenen Assoziationen bzw. Paarungen von konditioniertem und unkonditioniertem Reiz (z.B. Ton und Luftstoß) abhängt. Die Triebstärke (T) hängt von zwei Faktoren ab: der Stärke des unkonditionierten Reizes (S_{ucs}) – wie zum Beispiel der Stärke des Luftstoßes – und einer Reaktion auf einer Angstskala (R_A; diese Skala wird gleich genauer besprochen werden). Darüber hinaus wird angenommen, daß der in aversiven Situationen aktivierte Trieb durch eine in diesen Situationen auftretende emotionale Reaktion (r_e) vermittelt wird. Diese emotionale Reaktion ist dem Miller-Mowrerschen Konzept der Angst sehr ähnlich. D. h. der Luftstoß löst beim Individuum eine negative emotionale Reaktion aus; diese emotionale Reaktion ist der für den Triebzustand unmittelbar verantwortliche Mechanismus. Trieb und Habit beeinflussen ihrerseits die Intensität und Richtung des Verhaltens (die konditionierte Lidschlagreaktion), wie durch den Pfeil im rechten Teil von Abbildung 3.10 angedeutet.

Eine sich unmittelbar ergebende Implikation der in Abbildung 3.10 skizzierten Theorie ist, daß die Lidschlagreaktion auf den aversiven Luftstoß direkt mit der manipulierten Intensität des unkonditionierten Reizes variieren sollte. Das heißt, je unangenehmer der Luftstoß, desto intensiver die hypothetische emotionale Reaktion und infolgedessen die Stärke des induzierten Triebs. Der intensivierte Triebzustand intensiviert seinerseits die Verhaltenstendenz bzw. erhöht die Wahrscheinlichkeit der konditionierten Reaktion (Lidschlagreaktion).

Spence (1958 b) referiert eine Anzahl von Untersuchungen, welche demonstrieren, daß die Wahrscheinlichkeit einer konditionierten Lidschlagreaktion tatsächlich von der Intensität des Luftstoßes abhängt. Die Resultate eines dieser Versuche sind in Abbildung 3.11 wiedergegeben. In diesem Experiment wurden vier unterschiedliche Luftstoß-Intensitäten verwendet. Die Versuchspersonen wurden wiederholten Konditionierungsdurchgängen unterzogen; die Habitstärke nahm also von Sitzung zu Sitzung zu. Abbildung 3.11 läßt erkennen, daß die Wahrscheinlichkeit einer konditionierten Lidschlagreaktion umso höher ist, je stärker der Luftstoß (und damit der Trieb) und je größer die Anzahl der Versuchsdurchgänge (und damit die Habitstärke) ist. Darüber hinaus sieht man, daß die den unterschiedlichen Triebstärken entsprechenden Kurven über die Durchgänge hin zunehmend stärker auseinanderstreben, was die Annahme einer multiplikativen Verknüpfung von Trieb und Habit stützt.

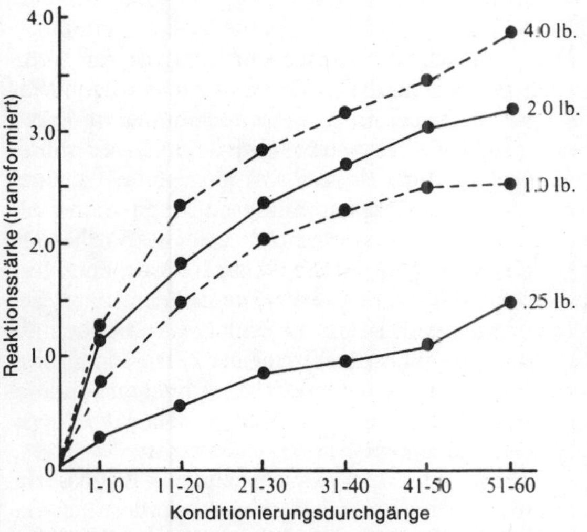

Abbildung 3.11: Intensität der Lidschlagreaktion während der Akquisitionsdurchgänge als Funktion der UCS-Intensität (Stärke des aufs Auge gerichteten Luftstoßes; Einheit in Pfund, nach Spence, 1958b, S. 78)

Die Manifest Anxiety Scale

Neben der Stärke des aversiven Reizes kann auch der Punktwert einer Person auf einem Angstfragebogen verwendet werden, um auf ihr Triebniveau zu schließen (vgl. Abb. 3.10). Spence und seine Mitarbeiter gingen davon aus, daß auch bei konstanter Intensität des aversiven Reizes einige Versuchspersonen eine intensivere Reaktion zeigen als andere. Man kann das dadurch erklären, daß man annimmt, daß diese hochreaktiven Personen ein hohes Triebniveau aufweisen; falls man sie im Vorhinein identifizieren könnte, wäre es möglich, ihr intensiveres Reagieren vorherzusagen. Angst (bzw. Triebstärke) läßt sich also operational nicht nur in bestimmten experimentellen Manipulationen (wie z. B. der Intensität des Lufstoßes) verankern, sondern auch in bestimmten Reaktionen. Beachten Sie auch, daß diese zwei Operationalisierungen der Triebstärke, nämlich (a) Verwendung unterschiedlicher Luftstoßintensitäten und (b) Verwendung nur *einer* Luftstoßintensität, aber *zweier* Gruppen unterschiedlich reaktiver Versuchspersonen, theoretisch äquivalent sind.

Zur Erfassung der individuellen Unterschiede in der emotionalen Reaktivität auf einen aversiven Reiz entwickelte Janet Taylor (1953) die *Manifest Anxiety Scale* („Manifeste-Angst-Skala", MAS). Dieser Fragebogen besteht aus 50 Items aus dem *Minnesota Multiphasic Personality Inventory* (MMPI). Die ausgewählten Items waren solche, die vier von fünf befragten klinischen Psychologen übereinstimmend als Manifestationen hoher Ängstlichkeit ansahen. Typische Items und die entsprechenden auf Ängstlichkeit hindeutenden Antworten sind etwa:

a) Ich weine leicht. (stimmt)
b) Ich arbeite unter sehr hoher Anspannung. (stimmt)

Spence und seine Kollegen haben eine Reihe von Experimenten durchgeführt, in welchen sie die Schnelligkeit der Lidschlagkonditionierung von Personen mit hohen und niedrigen MAS-Werten miteinander verglichen. Ein repräsentatives experimentelles Ergebnis (Spence & Taylor, 1951) ist in Abbildung 3.12 wiedergegeben. In dieser Untersuchung wurden zwei Niveaus der Luftstoßintensität und zwei Niveaus emotionaler Reaktivität (laut MAS-Werten) miteinander kombiniert, was vier unterschiedliche experimentelle Bedingungen ergab. Eine genauere Betrachtung von Abbildung 3.12 zeigt, daß Hochängstliche (HA) einen höheren Prozentsatz konditionierter Lidschlagreaktionen aufwiesen als Niedrigängstliche (NA), und zwar bei beiden Luftstoßintensi-

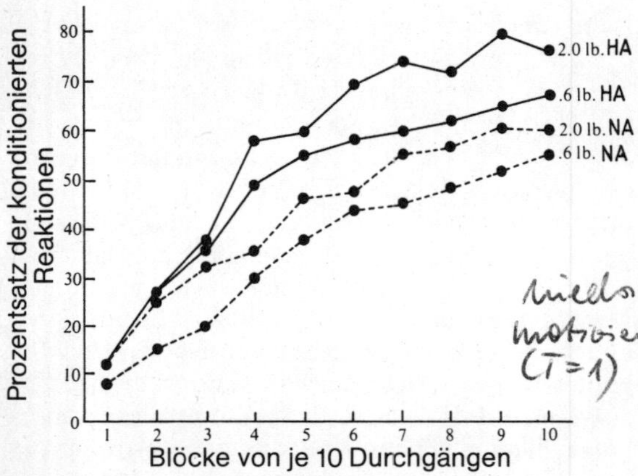

Abbildung 3.12: Ergebnisse der Untersuchung von Spence und Taylor (1951): Schnelligkeit der Lidschlagkonditionierung in Abhängigkeit von der Ängstlichkeit der Versuchspersonen und der Intensität des UCS (Luftstoß) (nach Spence, 1958a, S. 134)

täten. Dies stützt die Annahme, daß die *Manifest Anxiety Scale* die Triebstärke mißt. Außerdem hatte der intensive Luftstoß schnelleres Konditionieren zur Folge als der schwache Luftstoß, wie schon in der oben referierten Untersuchung (vgl. Abb. 3.11) gefunden worden war. Und schließlich deutet das Auseinanderstreben der Kurven erneut auf eine multiplikative Verknüpfung von Trieb und Habit hin.

Paarassoziationslernen

Spence und seine Mitarbeiter haben die Trieb × Habit-Konzeption auch auf das Lernen von einfachen und komplexen Paarassoziationen angewendet. Bei einer Paarassoziationsaufgabe wird ein Teil eines Wortpaares (das Stimuluswort) präsentiert, und die Versuchsperson muß dann den zweiten Teil (das Reaktionswort) erraten. Solche Paarassoziationen lassen sich nach der Schwierigkeit unterscheiden, mit der sie erlernt werden. Spence argumentiert, eine einfach zu lernende Paarassoziation sei eine, bei der die „richtige" Reaktion schon vor dem Training in der Reaktionshierarchie der Person dominant sei. Nach Spence sollte bei einer solchen einfachen Paarassoziation eine Erhöhung der Triebstärke zu schnellerem Lernen und zu einer Reduktion der Fehlerquote führen.

Die Ableitung dieser Hypothese erfordert den Nachweis, daß eine Zunahme der Triebstärke die Tendenz zur Äußerung der richtigen Reaktion stärker intensiviert als die Tendenz zur Äußerung falscher Reaktionen. Nehmen wir z.B. an, daß ein Stimuluswort zwei Reaktionen auslöst, eine richtige (R) und eine falsche (F). Nehmen wir weiter an, die Habitstärke von R = 2, die von F = 1. Für niedrigmotivierte Personen (Triebstärke = 1) beträgt der Unterschied in der Stärke der Verhaltenstendenz (V) zur Äußerung dieser zwei Reaktionen:

$$\begin{aligned} V(R) &= 1(T) \times 2(H) = 2 \\ V(F) &= 1 \times 1 = 1 \\ V(R-F) &= 2 - 1 = 1 \end{aligned}$$

Hingegen beträgt der Unterschied in der Stärke der entsprechenden Verhaltenstendenzen für hochmotivierte Personen (T = 2):

$$\begin{aligned} V(R) &= 2 \times 2 = 4 \\ V(F) &= 2 \times 1 = 2 \\ V(R-F) &= 4 - 2 = 2 \end{aligned}$$

Der Unterschied zwischen der Tendenz zur Äußerung richtiger und der Tendenz zur Äußerung falscher Reaktionen ist also für hochmotivierte Personen größer als für niedrigmotivierte. Daher sollten als hochängstlich (laut MAS) eingestufte Personen bei einfachen Paarassoziationsaufgaben besser abschneiden als niedrigängstliche. Diese Vorhersage gilt gleichermaßen für die früher besprochenen Lidschlagkonditionierungsexperimente, denn in diesen Untersuchungen ist die Lidschlagreaktion ebenfalls die in der Reaktionshierarchie der Person dominante Reaktion. Die Schnelligkeit der Lidschlagkonditionierung ist daher umso größer, je höher die Ängstlichkeit und je aversiver der Luftstoß ist.

Die theoretische Analyse komplexer Paarassoziationsaufgaben ist schwieriger und erfordert den Gebrauch von bisher noch nicht eingeführten Begriffen. Spence argumentiert, daß vom Stimulusteil komplexer Paarassoziationen eine Anzahl konkurrierender Reaktionen *(competing responses)* ausgelöst werden.

Einige dieser konkurrierenden Reaktionen liegen unter dem „Schwellenwert". Mit Schwellenwert ist jene minimale Stärke der Reaktionstendenz gemeint, welche erreicht werden muß, damit eine Reaktion überhaupt geäußert werden kann. Dieser Schwellenwert bestimmt zum Teil die Schnelligkeit des Erlernens von komplexen Paarassoziationen. Stellen Sie sich wieder eine Paarassoziationsaufgabe vor, bei der die Habitstärke der richtigen Reaktion (R) gleich 2 ist. Nehmen Sie nun aber an, es seien zwei konkurrierende falsche Reaktionen vorhanden, mit den Habitstärken $F_1 = 1$ und $F_2 = 2$. Nehmen Sie weiter an, der Schwellenwert sei 2, d.h. die Stärke der Verhaltenstendenz muß mindestens 2 betragen, damit eine Reaktion auch geäußert wird. Für niedrigmotivierte Personen (Triebstärke = 1) kann diese Situation dann folgendermaßen charakterisiert werden:

$$\begin{aligned} V(R) &= 1(T) \times 2(H) = 2 \\ V(F_1) &= 1 \quad \times 1 \quad = 1 \\ V(F_2) &= 1 \quad \times 2 \quad = 2 \\ V(R-F_2) &= 2 \quad - 2 \quad = 0 \end{aligned}$$

Das heißt also, die Tendenz zur Äußerung der richtigen Reaktion [V(R)] ist gleich stark wie die Tendenz zur Äußerung der falschen Reaktion [$V(F_2)$]. (F_1 braucht als konkurrierende Reaktion nicht berücksichtigt zu werden, weil die Stärke der Tendenz zur Äußerung dieser Reaktion unter dem Schwellenwert liegt.)

Für hochmotivierte Personen (Trieb = 2) kann die Situation folgendermaßen charakterisiert werden:

$$\begin{aligned} V(R) &= 2 \times 2 = 4 \\ V(F_1) &= 2 \times 1 = 2 \\ V(F_2) &= 2 \times 2 = 4 \\ V[R-(F_1+F_2)] &= 4 - 6 = -2 \end{aligned}$$

Die kombinierten Tendenzen zur Äußerung der falschen Reaktionen [$V(F_1) + V(F_2)$] sind also um zwei Einheiten stärker als die Tendenz zur Äußerung der richtigen Reaktion, denn sowohl F_1 als auch F_2 liegen über dem Schwellenwert und können daher mit einer gewissen Wahrscheinlichkeit mit der richtigen Reaktion konkurrieren. In dieser Situation führt eine Erhöhung der Triebstärke daher zu einer Leistungsverschlechterung.

Insgesamt wird also bezüglich der Leistung eine Interaktion zwischen Triebstärke und Schwierigkeitsgrad der Aufgabe vorhergesagt. Bei einfachen Aufgaben sollten Personen mit hoher Triebstärke besser abschneiden als solche mit niedriger Triebstärke. Umgekehrt verhält es sich bei schwierigen (komplexen) Aufgaben; hier sollten Personen mit hoher Triebstärke schlechter abschneiden, als solche mit niedriger Triebstärke.

Spence und seine Mitarbeiter (Spence, Farber & McFann, 1956; Spence, Taylor & Ketchel, 1956; Taylor & Chapman, 1955) haben Experimente durchgeführt, in denen sie die ihrer Meinung nach zur Überprüfung dieser Hypothese erforderlichen Bedingungen herstellten. Sie verwendeten Paarassoziationsaufgaben und schufen Listen einfacher (nichtkonkurrierender) und schwieriger (konkurrierender) Paarassoziationen, indem sie die Stärke der bereits vor dem Experiment bestehenden Assoziationen zwischen Stimuluswort und Reaktionswort variierten. Bei den Paarassoziationen der einfachen Liste tendieren die jeweiligen Stimuluswörter schon vor jedem Lernen dazu, das Reaktionswort auszulösen. Beispiele wären etwa:

Umherwanderndер – Nomade
ruhig – still
gläubig – fromm

Da es sich bei den Reaktionswörtern um Synonyme der Stimuluswörter handelt, sollten sie eine im Verhältnis zu anderen Assoziationen große Habitstärke aufweisen. Eine Erhöhung der Triebstärke sollte daher die Unterschiede zwischen der Tendenz zur Äußerung der richtigen und den Tendenzen zur Äußerung der falschen Reaktionen vergrößern und somit das Lernen erleichtern.

Zur Erstellung einer Liste schwieriger Paarassoziationen wählten die Forscher Reaktionswörter, welche vor dem Training nur schwach mit den Stimulusworten assoziiert waren. Zusätzlich wurden stark mit dem Stimuluswort assoziierte Wörter an anderen Stellen der Liste als Reaktionswörter verwendet. Beispiele von Wortpaaren einer derartigen „schwierigen" Liste wären etwa:

gelassen – ruhig
still – doppelt
friedlich – starrköpfig

Die Stimuluswörter in diesem Beispiel sind einander sehr ähnlich, und alle tendieren dazu, die Reaktion „ruhig" auszulösen. Dadurch werden zwei Wortpaare geschaffen (still–doppelt und friedlich–starrköpfig), bei denen eine gewisse Wahrscheinlichkeit besteht, daß eine falsche Reaktion auf das Stimuluswort erfolgt (nämlich „ruhig").

Das eigentliche Experiment ist unkompliziert. Versuchspersonen mit extrem hohen und extrem niedrigen MAS-Werten bilden die Gruppen mit hoher und niedriger Triebstärke. Ihnen werden die Stimuluswörter der Paarassoziationslisten präsentiert, und sie müssen die dazugehörigen Reaktionswörter korrekt vorhersagen. Die Ergebnisse dieser Experimente sind als Beleg für die postulierte Interaktion von Triebstärke und Aufgabenschwierigkeit interpretiert worden (vgl. Spence, 1958a).

Einige Vorbehalte

Wie bereits erwähnt, besteht der Zweck dieses Kapitels darin, die Hullsche Triebtheorie aus der Perspektive ihrer Vertreter darzustellen; auf die Erörterung kritischer Punkte und Unzulänglichkeiten wurde dabei weitgehend verzichtet. Nichtsdestoweniger muß der Leser an dieser Stelle zur Vorsicht ermahnt werden, was die Einschätzung der Vorhersagekraft der Theorie betrifft, denn diese dürfte mehr Schein als Realität sein (vgl. Weiner, 1972). Nehmen Sie zum Beispiel an, es liege eine einfache Paarassoziationsaufgabe vor, bei der alle falschen Reaktionen unter dem Schwellenwert liegen, solange das Triebniveau niedrig ist; bei hohem Triebniveau liegen dagegen einige Reaktionen über dem Schwellenwert. Bei dieser einfachen Aufgabe führt eine Erhöhung der Triebstärke also zu einer Leistungsverschlechterung. Allgemein gesagt: es ist nicht möglich, die jeweiligen Leistungen von Personen mit hohem und niedrigem Triebniveau exakt vorherzusagen, ohne daß alle potentiellen Reaktionen und ihre Habitstärken vollständig und numerisch exakt spezifiziert werden, und ohne daß der Schwellenwert genau angegeben wird. Zum gegenwärtigen Zeitpunkt ist eine derartige Präzision nicht möglich.

Konflikt

Viele verschiedene Arten von Konflikten sind unterschieden worden, aber der am häufigsten beobachtete Konflikt beim Menschen ist der sogenannte Annäherungs-Vermeidungs-Konflikt *(approach-avoidance-conflict)*. Ein solcher Konflikt tritt auf, wenn sowohl Hoffnungen als auch Befürchtungen mit ein- und derselben Handlung verknüpft sind. Beispiele: Wir kaufen gerne neue Kleider, aber sie sind teuer; wir würden gerne einen Schokoladeriegel essen, aber er macht dick; wir möchten Vater schlagen und näher bei Mutter sein, aber diese Handlungen werden höchstwahrscheinlich bestraft werden.

Beobachtungen von Annäherungs-Vermeidungs-Konflikten zeigen „ambivalentes" Verhalten. Man stelle sich zum Beispiel ein hungriges Tier in einem Laufgang vor, an dessen Ende sich Futter befindet, von dem das Tier durch ein elektrisch geladenes Bodengitter getrennt ist, wie in der *Columbia Obstruction Box* (vgl. Abb. 3.1). Dies illustriert einen Annäherungs-Vermeidungs-Konflikt, denn das Durchlaufen des Gangs hat sowohl positive als auch aversive Konsequenzen. In dieser Situation nähert sich das Tier oft erst dem Futter, weicht dann vor dem Schockgitter zurück, nähert sich dem Futter erneut usw. Das Verhalten oszilliert also zwischen Annäherung und Vermeidung und wird daher als „ambivalent" bezeichnet.

Neal Miller (1944, 1959) gelang es, das Verhalten in Annäherungs-Vermeidungs-Konflikten zu beschreiben und vorherzusagen, indem er aus der Trieb × Habit-Konzeption abgeleitete Prinzipien verwendete. Sein Konfliktmodell gehört zu den am häufigsten zitierten Konzeptionen der Persönlichkeits- und Motivationsforschung überhaupt und stellt ein gutes Beispiel dafür dar, wie aus der tierexperimentellen Forschung stammende mechanistische Konzepte für die Erklärung komplexer menschlicher Verhaltensweisen nutzbar gemacht werden können. Es wird sich jedoch zeigen, daß bestimmte Aspekte der Hullschen Triebtheorie von Miller modifiziert werden mußten, um einige seiner Befunde erklären zu können.

Millers Konfliktmodell

Die Millersche Analyse von Annäherungs-Vermeidungs-Konflikten umfaßt sechs Postulate. Diese Postulate und ihre Beziehung zur Hullschen Theorie sind im einzelnen:

Postulat 1: Die Tendenz zur Annäherung an ein belohnendes Ziel wird umso stärker, je näher sich ein Organismus beim Ziel befindet.

Ableitung aus der Hullschen Theorie: Wieder ist es hilfreich, sich die Situation einer Ratte vorzustellen, die einen Laufgang hinunter läuft. Während das Tier den Laufgang durchquert, bleibt sein Triebzustand (operational definiert als Dauer des Nahrungsentzugs) relativ konstant. Das heißt, der Hunger verändert sich nicht besonders stark, während das Tier sich auf das Futter zubewegt. Was sich mit unterschiedlicher Distanz zum Ziel jedoch verändert, ist die Habitstärke des Annäherungsverhaltens; und zwar wird diese umso stärker, je näher sich das Tier beim

Ziel befindet. (Die dieser Behauptung zugrunde liegenden lerntheoretischen Prinzipien können hier nicht genauer erörtert werden und müssen einfach auf Treu und Glauben akzeptiert werden.) In Diagramm 3.4 sind sowohl für die Habitstärke als auch die Triebstärke Zahlenwerte angenommen, um zu illustrieren, wie die Annäherungstendenz mit zunehmender Zielnähe ansteigt. Für die Triebstärke wird ein konstanter Wert von 2 angenommen, während die Habitstärke von 1 auf 5 zunimmt. Das Diagramm macht deutlich, daß die Tendenz zur Annäherung ans Ziel mit zunehmender Zielnähe an Stärke gewinnt. Das Tier sollte also schneller laufen, stärker ziehen usw., je näher es sich beim Ziel befindet.

Diagramm 3.4: Stärke der Annäherungstendenz an die Zielbox in einem Laufgang

	Startbox				Zielbox
Triebstärke (Hunger)	2	2	2	2	2
Habitstärke (Annäherung)	1	2	3	4	5
Stärke der Annäherungstendenz (Trieb × Habit)	2	4	6	8	10

Postulat 2: Die Tendenz zur Vermeidung eines gefürchteten Reizes ist umso stärker, je näher der Organismus sich bei diesem Reiz befindet.

Ableitung aus der Hullschen Theorie: Die Ableitung ist nahezu identisch mit der für Postulat 1 angegebenen.

Postulat 3: Die Stärke der Vermeidungstendenz steigt mit zunehmender Zielnäher *schneller* an als die Stärke der Annäherungstendenz (vgl. Abb. 3.13).

Ableitung aus der Hullschen Theorie: Hierbei handelt es sich um das entscheidende Postulat des Konfliktmodells; es folgt aus Prinzipien der Trieb × Habit-Konzeption und der Konzeption von Furcht als erlerntem Trieb. Wie bereits erwähnt, wird in einer appetitiven Situation die Triebstärke etwa des Hungers operational als Dauer des Nahrungsentzugs (in Stunden) definiert. Während der Zeit, die das Tier zur Durchquerung des Laufganges braucht, verändert sich diese Triebstärke nur minimal. Dagegen handelt es sich bei dem in einer aversiven Situation aktivierten Trieb (Angst oder Furcht) um einen erlernten Trieb, woraus sich ergibt, daß die Stärke der Furcht unter anderem von der Ähnlichkeit zwischen der unmittelbaren Stimulussituation und der Situation, in der die ursprüngliche Furchtkonditionierung stattgefunden hat, abhängt. Es wird angenommen, daß in einem Laufgang die in der Startbox vorhandenen Reize denen der Zielbox am unähnlichsten sind. Hat das Tier also am Ziel elektrische Schocks erhalten, so nimmt seine Furcht mit zunehmender Annäherung an die Zielbox zu. (Analog hat man wenig Angst, solange man ein paar Meter vom Rand eines steilen Abgrunds entfernt dahinspaziert; die Angst steigt jedoch sofort stark an, sobald man ein paar Schritte näher zum Rand macht.) Zusätzlich nimmt mit zunehmender Annäherung zum Ziel auch die Habitstärke des Vermeidungsverhaltens zu (vgl. Solomon, 1964, bezüglich einer Diskussion dieses Punktes). Ein Zahlenbeispiel für das soeben Gesagte findet sich in Diagramm 3.5.

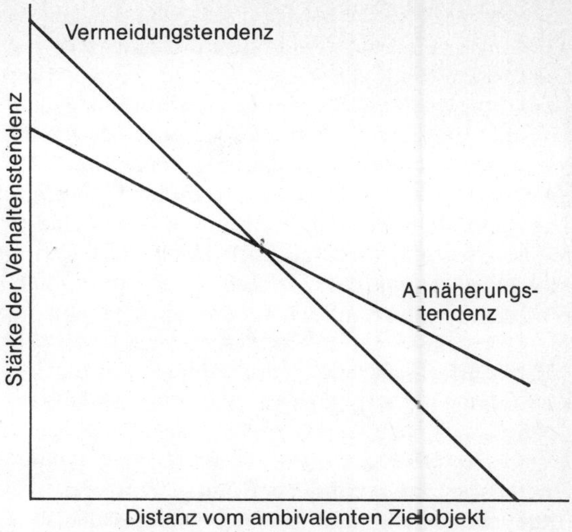

Abbildung 3.13: Graphische Darstellung eines Annäherungs-Vermeidungs-Konflikts. Das Individuum tendiert gleichzeitig zur Annäherung und Vermeidung des Zielobjekts. Der Punkt, an dem sich die Gradienten überschneiden, repräsentiert den Ort maximalen Konflikts

Diagramm 3.5: Stärke der Tendenz zur Vermeidung der Zielbox in einem Laufgang

	Startbox				Zielbox
Triebstärke (Furcht)	1	2	3	4	5
Habitstärke (Vermeidung)	1	2	3	4	5
Stärke der Vermeidungstendenz (Trieb × Habit)	1	4	9	16	25

Ein Vergleich der Diagramme 3.4 und 3.5 macht augenfällig, daß die Vermeidungstendenz schneller zunimmt als die Annäherungstendenz (bzw. der Vermeidungsgradient steiler ist als der Annäherungsgradient, vgl. Abb. 3.13). Das heißt, die Veränderung der Stärke der Verhaltenstendenzen in Abhängigkeit von der Entfernung vom Ziel ist extremer für die Vermeidungstendenz (bzw., bezogen auf Abb. 3.13, die Steigung des Vermeidungsgradienten ist größer). Dies ist deshalb der Fall, weil für die Vermeidungstendenz sowohl Trieb- als auch Habitstärke sich in Abhängigkeit von der Zieldistanz verändern, während sich in bezug auf die Annäherungstendenz nur die Habitstärke verändert. Das bedeutet, daß bei hoher Entfernung vom Ziel die dominante Motivation häufig die der Anziehung durch das Ziel ist. Sobald jedoch das Ziel näherrückt, beginnen Furchtgefühle die Oberhand zu gewinnen. Die prospektive Braut oder der potentielle Bräutigam, die sich in bezug auf ihren Entschluß zunehmend unsicher werden, je näher die Hochzeit rückt, oder der kleine Junge am Strand, der ins Wasser nach seinem Spielzeug läuft und, kaum drin, vor den heranrollenden Wellen davonrennt, sind bekannte Erscheinungen, die dieses Phänomen illustrieren. Abbildung 3.13 verdeutlicht, daß Millers Konfliktmodell solch oszillierendes, ambivalentes Verhalten erklären kann, indem es annimmt, daß die Distanz zum Ziel die Annäherungs- und Vermeidungstendenz unterschiedlich stark beeinflußt.

Die vorangegangene Analyse legt nahe, daß in manchen Situationen der Annäherungsgradient auch *steiler* sein kann als der Vermeidungsgradient. Und zwar sollte dies dann der Fall sein, wenn der das Annäherungsverhalten motivierende Trieb erlernt ist und von externen Reizen aktiviert wird, dagegen der das Vermeidungsverhalten motivierende Trieb auf internen Reizen beruht, welche sich nicht in Abhängigkeit von der Zielnähe verändern. Wenn man zum Beispiel sexuelles Vermeidungsverhalten als durch ein starkes und rigides Über-Ich, sexuelles Annäherungsverhalten dagegen als durch externe Reize (den Anblick eines attraktiven Partners) motiviert ansieht, dann könnte die Steigung des Annäherungsgradienten größer als die des Vermeidungsgradienten sein. Dies sollte zu Alles-oder-nichts-Verhalten führen. Das heißt, die Person wird entweder das Zielobjekt völlig vermeiden oder – sobald sie den Punkt der Ambivalenz überschritten hat – direkt auf das Zielobjekt zustreben. Dies erinnert an das Verhalten überkontrollierter Personen, auf welches im 2. Kapitel eingegangen wurde.

Postulat 4: Die Stärke der Annäherungs- und Vermeidungstendenz hängt direkt von der Stärke des Triebs ab, auf dem sie jeweils beruht.

Ableitung aus der Hullschen Theorie: Dieses Postulat ergibt sich aus der multiplikativen Verknüpfung von Trieb- und Habitstärke. Demnach steigert entweder eine Erhöhung der Triebstärke *oder* eine Erhöhung der Habitstärke die Stärke der jeweiligen Verhaltenstendenz. Darüber hinaus behauptet Postulat 4, daß der Trieb *nicht* nichtdirektiv, sondern vielmehr selektiv wirkt; d.h. er energetisiert nur das zugehörige „relevante" Habit. Würde dagegen jeder Trieb sowohl „relevante" als auch „irrelevante" Habits energetisieren (wie es ja von Hulls Trieb × Habit-Konzeption explizit postuliert wird!), dann sollte zum Beispiel mit zunehmendem Hunger sowohl die Stärke der Annäherungs- als auch der Vermeidungstendenz zunehmen. In diesem Fall könnte man unmöglich die Vorhersage ableiten, daß Tiere bei längerem Nahrungsentzug sich näher zum Ziel (Futter) hinbewegen. Dies wird durch Abbildung 3.14 illustriert. Abbildung 3.14 stellt den hypothetischen Fall dar, in dem sowohl die Annäherungs- als auch die Vermeidungstendenz durch längerdauernde Deprivation in-

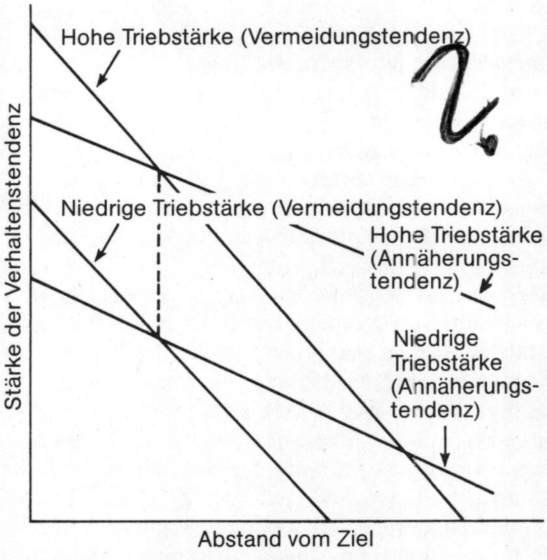

Abbildung 3.14: Graphische Darstellung eines hypothetischen Annäherungs-Vermeidungs-Konflikts, bei dem der durch Nahrungsentzug erzeugte Trieb auch das Vermeidungsverhalten intensiviert. Trotz Zunahme der Nahrungsdeprivation bewegt sich das Tier nicht näher zum Ziel hin (vgl. die zwei Überschneidungspunkte der Gradienten)

tensiviert werden; in diesem Fall bleibt der Abstand zum Ziel trotz erhöhtem Hunger unverändert. Daher konnte Miller das Hullsche Postulat von der völlig nichtdirektiven Wirkung des Triebes nicht akzeptieren.

Postulat 5: Unterhalb der Asymptote der Lernkurve führt eine Erhöhung der Anzahl der verstärkten Durchgänge zu einer Intensivierung der Tendenz zur Äußerung der verstärkten Reaktion.

Ableitung aus der Hullschen Theorie: vergleiche Postulat 4.

Postulat 6: Befinden sich zwei inkompatible Verhaltenstendenzen in Konflikt miteinander, so setzt sich die stärkere der beiden durch.

Empirische Überprüfung des Millerschen Konfliktmodells. Miller, Brown und andere haben eine Reihe von Experimenten durchgeführt, um das Millersche Konfliktmodell zu überprüfen. In einer der ursprünglichen Untersuchungen entwickelte Brown (1948) eine Technik zur Messung der Stärke der Annäherungs- und Vermeidungstendenz von Ratten. Die Tiere wurden in eine Art Geschirr eingespannt, das mit einer speziell konstruierten Vorrichtung verbunden war, welche es den Experimentatoren erlaubte, die Stärke der Zugkraft zu messen. Tiere, denen in verschiedenen Zielboxen entweder Futter oder Schock verabreicht worden war, wurden in unterschiedlichen Abständen von der Futter- bzw. Schockbox plaziert. Wie vermutet, war die von den Tieren ausgeübte Zugkraft, mit der sie weg von der Schockbox bzw. hin zur Futterbox strebten, umso größer, je näher sie sich beim Ziel befanden. Darüberhinaus nahm die Intensität des Zugs weg vom Schock mit zunehmender Zielnähe schneller zu als die Intensität des Zugs hin zum Futter.

In einer nachfolgenden Untersuchung erhielten Versuchstiere sowohl Schock als auch Futter in derselben Zielbox. Variiert wurde die Stärke der Nahrungsdeprivation (in Stunden) und die Schockintensität. Als abhängige Variable wurde der Punkt der maximalen Annäherung ans Ziel gemessen. Die Ergebnisse dieser Untersuchung zeigt Abbildung 3.15. Man sieht, daß stärker deprivierte Tiere sich näher zur Zielbox (Nullpunkt in Abb. 3.15) hinbewegen; dies gilt für jede der verwendeten Schockintensitäten. Innerhalb jeder der zwei Nahrungsdeprivations-Bedingungen nimmt die Annäherung zur Zielbox mit zunehmender Schockintensität ab. Wird den Ver-

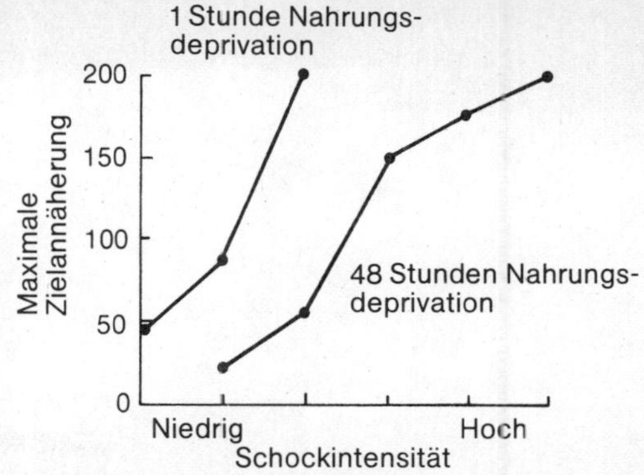

Abbildung 3.15: Die kombinierten Effekte von Schockstärke und Nahrungsdeprivation auf die Zielannäherung von Tieren in einer Konfliktsituation. Niedrigeren Zahlenwerten entspricht eine stärkere Annäherung zum Ziel. Je stärker der Schock und je geringer der Hunger, desto weniger nähert sich das Tier an das Ziel an (nach Miller, 1959, S. 212)

suchstieren in dieser Situation ein mit Alkohol versetztes Getränk verabreicht, bevor sie in die Versuchsapparatur gesetzt werden, dann nähern sie sich stärker an die Zielbox an; dies kann man so erklären, daß Alkohol die Intensität der Furchtreaktion dämpft.

In einer weiteren Untersuchung trainierten Murray und Berkun (1955) Ratten, auf Futter zuzulaufen, das sich am Ende eines geraden Laufgangs befand. Anschließend verabreichten sie den Tieren Elektroschocks, und zwar so lange, bis die Tiere die Zielbox nicht mehr betraten. Dieser Annäherungs-Vermeidungs-Konflikt wurde in einem schwarz gestrichenen Laufgang antrainiert. Anschließend wurde die Versuchsapparatur abgeändert, indem zwei weitere Laufgänge hinzugefügt wurden (vgl. Abb. 3.16). Die drei Laufgänge wurden miteinander verbunden, so daß es den Tieren möglich war, von einem Laufgang in den anliegenden zu wechseln, indem sie durch irgendeine der in den Zwischenwänden angebrachten Öffnungen schlüpften. Die Farbe der Laufgänge war: schwarz – grau – weiß; sie bildeten also ein Kontinuum von dem Trainingslaufgang zunehmend unähnlicher werdenden Situationen.

Murray und Berkun erwarteten, daß die „Konflikttrainierten“ Tiere, wenn sie in den schwarzen Laufgang der abgeänderten Trainingsapparatur gesetzt würden, zunächst auf das Futter (die Zielbox) zulaufen würden; und zwar bis zu dem hypothetischen Punkt, an dem Annäherungs- und Vermeidungsten-

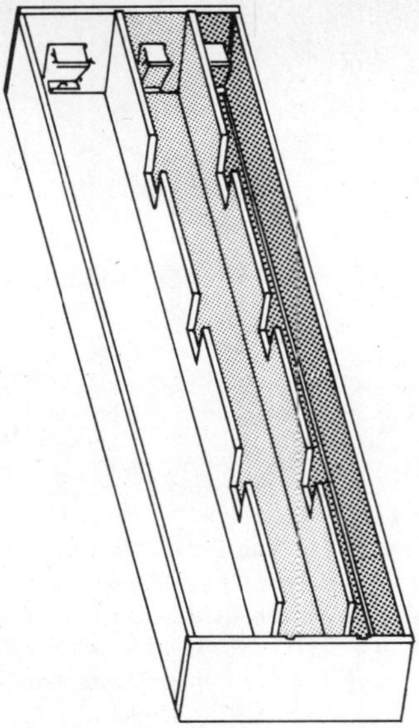

Abbildung 3.16: Versuchsapparatur zur Untersuchung von Verschiebung, bestehend aus einem weißen, einem grauen und einem schwarzen Laufgang. Die Laufgänge sind so angeordnet, daß sie ein Stimulusgeneralisationskontinuum bilden. Öffnungen in den Zwischenwänden gestatten es den Tieren, von einem Laufgang in den nächsten zu wechseln (aus Murray & Berkun, 1955, S. 50)

denz gleich stark sind. Dort sollten die Tiere zwischen Annäherung und Vermeidung schwanken. Die Hypothese war, daß sie dann in den grauen Laufgang überwechseln und sich in diesem weiter auf das Futter zubewegen würden. Diese Vorhersage beruhte auf der Annahme, daß die veränderte Stimulussituation (grauer Laufgang) zu einer Reduktion des Furchttriebes (und damit der Vermeidungstendenz) führen würde, während sie den Hungertrieb (und damit die Annäherungstendenz) unbeeinflußt lassen sollte. Das heißt, eine Veränderung der Reizsituation (unterschiedliche Farben des Laufgangs) wirkt sich – genauso wie die Variation des Abstands vom Ziel – stärker auf die Vermeidungs- als auf die Annäherungstendenz aus. Auch im grauen Laufgang – so wurde erwartet – würden sich die Tiere wieder bis zu dem Punkt auf das Ziel zubewegen, an dem sich Annäherungs- und Vermeidungstendenzen die Waage halten, und hierauf in den weißen Laufgang überwechseln, in dem sie sich noch weiter an das Ziel annähern sollten. Und genau dieses Verhaltensmuster wurde von Murray und Berkun auch tatsächlich beobachtet.

Das Millersche Konfliktmodell und Verschiebung. Verschiebung bezieht sich auf die Beobachtung, daß das Objekt der Triebbefriedigung sich ändert, obwohl der Wunsch nach dem Erhalt des ursprünglich angestrebten Zielobjekts nicht abgeklungen ist. Wie bereits erwähnt (vgl. 2. Kapitel), behauptet Freud, daß derselbe zugrundeliegende Trieb von einer Reihe verschiedener Objekte befriedigt werden könne. Das am häufigsten zitierte Beispiel einer Verschiebungshandlung bezieht sich auf aggressives Verhalten: Der Familienernährer, der den Ärger auf seinen Vorgesetzten hinunterschlucken muß, reagiert sich zu Hause an seinem nichtsahnenden Ehepartner ab. Es gibt ein Beispiel eines Naturvolks, bei dem derartige Verschiebungshandlungen institutionalisiert sind. Und zwar befindet sich außerhalb jeder Hütte ein Hund; wenn der Mann im Haus verärgert ist, kann er seine Wut an diesem bedauernswerten Tier auslassen. Freud verwendete zur Illustration von Verschiebungsphänomenen ein ähnliches, aber humorvolleres Beispiel:

> [Es gab] in einem Dorf einen Schmied ... der sich eines todeswürdigen Verbrechens schuldig gemacht hatte. Der Gerichtshof beschloß, daß die Schuld gesühnt werde, aber da der Schmied allein im Dorfe und unentbehrlich war, dagegen drei Schneider im Dorfe wohnten, wurde einer dieser drei an seiner Statt gehängt (Freud, 1916–17, S. 182).

Verschiebungshandeln bzw. der Wechsel des Zielobjekts ist von Miller in sein Konfliktmodell integriert worden. Nehmen wir das Beispiel des Angestellten, der auf seinen Vorgesetzten wütend ist, seine Verärgerung jedoch nicht direkt auslebt. Miller argumentiert, daß in diesem Fall die Tendenz zur Aggression gegen den Vorgesetzten durch eine stärkere Vermeidungstendenz gehemmt wird. Die Person kann jedoch gegen jemanden aggressiv werden, der dem Vorgesetzten ähnlich ist (z. B. gegen die Ehefrau). Daß die aggressive Verhaltenstendenz etwas vom Ziel „entfernt" zum Durchbruch kommt, läßt sich damit erklären, daß die Veränderung in der Reizsituation die Vermeidungstendenz stärker reduziert als die Annäherungstendenz (Tendenz zur Aggression). Diese Analyse setzt voraus, daß das Ersatzobjekt (z. B. die Ehefrau) der eigentlichen Zielperson auf irgendeiner psychologischen Dimension ähnlich ist.

Zur graphischen Veranschaulichung der Millerschen Konzeption der Verschiebung braucht nur die X-Achse (horizontal) in Abbildung 3.13 so verändert zu werden, daß sie nun die Ähnlichkeit von Zielobjekten anstatt den Abstand vom Ziel repräsentiert (vgl. Abb. 3.17). Wie in Abbildung 3.17 dargestellt, sind zwei Verhaltenstendenzen vorhanden: einmal eine Annäherungstendenz (Tendenz zur Aggression gegen den Vorgesetzten) und eine Vermeidungstendenz (welche die Hemmung offener, direkter Aggression bewirkt). In der in Abbildung 3.17 dargestellten Situation würde das Individuum nicht direkt gegen den Vorgesetzten aggressiv werden, denn gegenüber dem Zielobjekt „Vorgesetzter" ist die hemmende oder Vermeidungstendenz stärker als die Tendenz zur Aggression. Zu aggressivem Verhalten kann es erst ab dem Punkt kommen, an dem sich die beiden Verhaltensgradienten überschneiden („Nachbar"); am größten ist die Wahrscheinlichkeit aggressiven Verhaltens an dem Punkt, an dem die Annäherungstendenz die Vermeidungstendenz am stärksten übertrifft („Hund"). Das aggressive Verhalten ist also „verschoben", d. h. gegen Objekte gerichtet, die nicht die ursprünglichen Verursacher der aggressiven Tendenz waren.

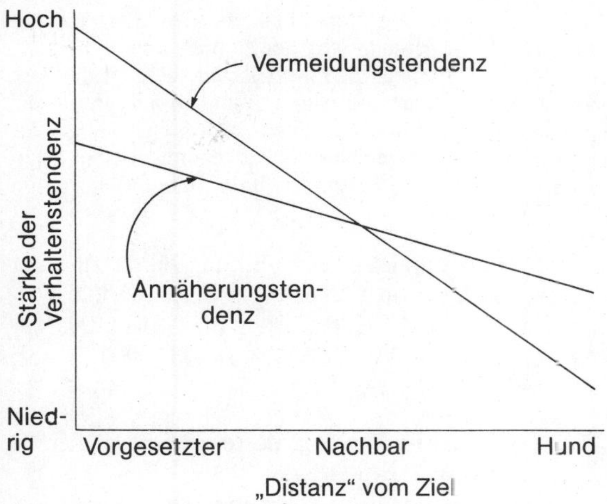

Abbildung 3.17: Beispiel für die Dynamik von Verschiebungshandlungen

Miller hat aus seinem Konfliktmodell eine Reihe von Postulaten abgeleitet, die für Verschiebungshandeln gültig sein sollen. Einige dieser Postulate, zusammen mit illustrativen Beispielen, seien im folgenden angeführt:

1. Ist die direkte Handlung gegenüber dem ursprünglichen Stimulus infolge der Abwesenheit dieses Stimulus unmöglich, so kommt es zur Ersatzhandlung gegenüber ähnlichen Stimuli. Am stärksten ist die Tendenz zur Ersatzhandlung gegenüber demjenigen der vorhandenen Reize, der dem ursprünglichen Reiz am ähnlichsten ist.

   Zum Beispiel sollte ein Mädchen, welches seinen Geliebten durch Tod verliert und deshalb nicht heiraten kann und das inzwischen seinen Kummer und andere mögliche negative Begleiterscheinungen völlig überwunden hat, nun denjenigen Verehrer bevorzugen, der dem Geliebten am ähnlichsten ist.
2. Wird die direkte Handlung gegenüber dem ursprünglichen Reiz durch das Vorhandensein eines Konflikts verhindert, dann sollte die stärkste Tendenz zur Ersatzhandlung gegenüber solchen Reizen auftreten, die dem ursprünglichen Reiz mittelmäßig ähnlich sind.

   Daher sollte ein Mädchen, das eine leidenschaftliche Auseinandersetzung daran hindert, seinen Geliebten zu heiraten, einen Verehrer bevorzugen, der dem Geliebten nicht völlig ähnlich, aber auch nicht völlig unähnlich ist.
3. Wird die relative Stärke der hemmenden Reaktionstendenz erhöht, dann verlagert sich der Punkt der stärksten Verschiebung – und damit die Objektwahl – auf Reize hin, die dem ursprünglichen Reiz zunehmend unähnlicher sind.

   Mit anderen Worten, je unglücklicher das Mädchen aufgrund der Erfahrungen mit seinem vorherigen Geliebten ist, desto unähnlicher sollte diesem ein neuer Geliebter sein (Miller, 1959, S. 218–219).

Zusammenfassend kann man also sagen, daß einige komplexe menschliche Konfliktsituationen mit Hilfe von Prinzipien erklärt werden können, welche aus der Hullschen Theorie und der experimentellen Tierforschung abgeleitet worden sind.

Frustration → „Vereitelung, Nichterfüllung"

Der Begriff „Frustration" hat eine Vielfalt von Bedeutungen in der Psychologie. Zum einen kann sich Frustration auf die *unabhängigen Variablen* beziehen bzw. auf bestimmte experimentelle Manipulationen. Diese beinhalten häufig die Blockierung eines zielgerichteten Verhaltens, die Induktion von Mißerfolgserlebnissen, oder eine Beleidigung der Versuchsperson (durch einen Mitarbeiter des Versuchsleiters). Daran anschließend wird dann das Verhalten der „frustrierten" Gruppe mit dem einer „nichtfrustrierten" Kontrollgruppe verglichen, um so die Effekte der experimentellen Manipulation festzustellen. Frustration kann sich aber auch auf die *abhängigen Variablen* beziehen; in diesem Fall mißt der Forscher also das Ausmaß frustrierten Verhaltens. So könnte man zum Beispiel untersuchen, ob hochängstliche Personen mehr frustriertes Verhalten zeigen als niedrigängstliche. Schließlich bezieht sich Frustration auch häufig auf *intervenierende Variablen* oder auf einen komplexen psychischen Prozeß, der aus bestimmten beobachtbaren Reaktionen erschlossen wird. Zum Beispiel könnte man auf Grund beobachteten aggressiven Verhaltens zu der Schlußfolgerung kommen, daß ein Individuum frustriert ist. In Laborsituationen sind viele verschiedene Verhaltensweisen als Reaktionen auf frustrierende Bedingungen beobachtet worden. Diese umfassen Aggression, gesteigerte Bemühungen, das Ziel zu erreichen, Fixierung und Regression. Alle diese Reaktionen werden an irgendeiner Stelle dieses Buches abgehandelt (und vielleicht bei der Lektüre des Buches auch beim Leser selbst auftreten).

Eine weitere wichtige Unterscheidung ist die zwischen Frustration als Produkt und Frustration als Prozeß. Eine Analogie aus der Lernpsychologie soll diese Unterscheidung verdeutlichen. „Lernen" ist ein Produkt; es bezieht sich auf eine Veränderung des Organismus als Resultat von Erfahrung. Aber Lernen ist auch ein Prozeß bzw. ein gerade ablaufender oder sich entfaltender Vorgang. Auf ähnliche Weise kann auch Frustration ein Produkt sein, das Resultat eines frustrierenden Ereignisses. Ebenso kann Frustration aber auch ein Prozeß sein, wobei sich der Begriff dann auf eine Veränderung oder einen dynamischen Zustand im Organismus bezieht.

Im folgenden werden drei Konzeptionen der Frustration vorgestellt, welche in direkter Beziehung zur Triebtheorie stehen. Der triebtheoretische Ansatz ist am besten geeignet, den Zusammenhang zwischen Frustration und Aggression, sowie die Anreiz- oder motivierenden Eigenschaften der Frustration zu erklären.

Frustration und Aggression

Die erste systematische Analyse von Frustration und ihren potentiellen Auswirkungen wurde vom *Institute of Human Relations* an der Yale Universität unternommen. Ähnlich wie im Fall der Analyse von Angst und Konflikt wurden dabei Freudsche Ideen entlehnt und in die Terminologie der Hullschen Triebtheorie übersetzt. Auf diese Weise wurden komplexe Phänomene in klarer, experimentell überprüfbarer Weise formuliert. Die ursprünglichen Ansichten der Yale-Gruppe bezüglich des Zusammenhangs zwischen Frustration und Aggression gingen Hulls formaler Motivationstheorie zeitlich voraus. Nichtsdestoweniger ist die enge Beziehung zwischen der Analyse der Frustration einerseits und dem Hullschen System und der Millerschen Analyse von Konflikt und Verschiebung andererseits offensichtlich.

Dollard und seine Mitarbeiter an der Yale Universität (Dollard, Doob, Miller, Mowrer & Sears, 1939) behaupteten einen Zusammenhang zwischen Frustration (definiert als Blockierung von oder Interferenz mit einer zielgerichteten Handlung) und der Tendenz zur Aggression (definiert als eine Handlung, deren Ziel die Verletzung eines anderen Organismus ist). Diese postulierte Beziehung zwischen Frustration und Aggression – die sogenannte Frustrations-Aggressions-Hypothese – wird von Miller (1941) folgendermaßen beschrieben:

> Die Frustrations-Aggressions-Hypothese ist ein Versuch, einen Zusammenhang zu formulieren, von dem wir glauben, daß er in vielen Forschungsgebieten von Bedeutung ist. Sie soll den Erforscher der menschlichen Natur darauf hinweisen, daß er, wenn er Aggression wahrnimmt, sein Augenmerk auf die Möglichkeit richten sollte, daß das betreffende Individuum oder die betreffende Gruppe Frustrationen ausgesetzt ist; und beobachtet er Interferenz mit den gewohnten Handlungen von Individuen oder Gruppen, dann sollte er unter anderem nach Aggression Ausschau halten. Diese Hypothese ist eine Generalisierung von Alltagsbeobachtungen, klinischen Fallberichten, einer Handvoll experimenteller Untersuchungen, soziologischen Studien und den Ergebnissen anthropologischer Feldforschung. Die systematische Formulierung dieser Hypothese ermöglicht es einem, die Aufmerksamkeit auf eine Reihe von Gemeinsamkeiten aus diesen historisch voneinander getrennten Wissensgebieten zu lenken und damit einen bescheidenen ersten Schritt zu ihrer Integration zu tun (S. 337).

Diese relativ einfache Formulierung führte zu einer großen Anzahl von Forschungsarbeiten. Viele Forscher suchten nach den Faktoren, die die Tendenz zur Aggression beeinflussen (vgl. Lawson, 1965; Yates, 1962). Genauer gesagt, wurde vermutet, daß

1. je höher die Frustration, desto größer der Anreiz zur Aggression;
2. je stärker das Motiv oder Verlangen, das frustriert ist, desto intensiver der Impuls zur Aggression;
3. je größer die Anzahl der Frustrationen, desto größer die aggressive Tendenz.

Zusätzlich behaupteten Dollard et al. (1939) noch, daß antizipierte Bestrafung aggressiven Verhaltens abschreckend wirke und eine weniger direkte Form aggressiven Verhaltens zur Folge habe. Außerdem wurde angenommen, daß unmittelbar nach einer aggressiven Handlung die Tendenz zu weiteren aggressiven Verhaltensweisen reduziert sein würde. Diese Hypothesen, die sich auf die Idee von Verschiebung und Katharsis beziehen, wurden bereits an früherer Stelle erörtert; daher braucht auf sie hier nicht näher eingegangen zu werden. Beachtet werden sollte jedoch, daß Frustration, Konflikt, Verschiebung und Katharsis miteinander verflochtene Forschungsgebiete darstellen. Zur Frustration soll es kommen, wenn der Weg zu einem erwünschten Ziel blockiert ist. Diese Interferenz mit dem zielgerichteten Verhalten – so wird angenommen – erzeugt eine Tendenz zur Aggression. Die Umsetzung dieser Tendenz in Verhalten kann jedoch durch das Vorhandensein einer konkurrierenden Vermeidungstendenz verhindert werden. Die Konkurrenz bzw. der Konflikt zwischen Annäherungs-(Aggressions-) und Vermeidungstendenz kann dann teilweise durch die Verschiebung der Aggression auf ein anderes Zielobjekt gelöst werden. Die verschobene Aggressionshandlung soll als Ersatzbefriedigung für den ursprünglichen aggressiven Wunsch wirken und den aggressiven Trieb reduzieren (Katharsis). Somit untersuchten Hull und seine Mitarbeiter also die gesamte Verhaltenssequenz von der Auslösung der Handlung bis zum Versiegen der Motivation.

Einer der bemerkenswertesten Aspekte des Frustrations-Aggressions-Forschungsprogramms bestand in der Tatsache, daß viele dieser Untersuchungen unter „natürlichen Bedingungen" durchgeführt wurden und daß die Theorie auf soziale Phänomene wie die Entstehung von Vorurteilen und das Schaffen von „Sündenböcken" angewendet wurde. In einer Untersuchung von Miller und Bugelski (1948) wurde zum Beispiel Kindern in einem Ferienlager die Teilnahme an einem unterhaltsamen Abend in einem Lokalkino verwehrt. Es handelte sich dabei um eine sehr beliebte Unterhaltung; daher wurde starke Frustration erzeugt. Sowohl vor der Frustration als auch nachher wurde die Einstellung der Kinder gegenüber Minderheiten – Japanern und Mexikanern – erhoben. Nach der Frustration wurden diesen Minderheiten signifikant weniger positive Persönlichkeitseigenschaften zugeschrieben als davor. Es fand sich also ein Zusammenhang zwischen Frustration und Vorurteil.

In einer weiteren Untersuchung sozialer Aggression wurde gefunden, daß mit Andauer der wirtschaftlichen Depression (und damit der Frustration) die Anzahl der Fälle von Lynchjustiz (ein Index verschobener Aggression) zunahm. Die Validität dieser Beziehung bleibt allerdings zweifelhaft.

Heutzutage ist die Frustrations-Aggressions-Hypothese in der Psychologie nicht mehr maßgebend. Man hat inzwischen erkannt, daß Aggression durch eine Vielfalt von Faktoren (inklusive Frustration) ausgelöst werden und daß Frustration vielfältige Verhaltenskonsequenzen haben kann (inklusive Aggression). Auch wird bezweifelt, ob Frustration und Aggression tatsächlich homogene Konstrukte darstellen. Es scheint viele verschiedene Arten von Frustration und viele verschiedene Arten von Aggression zu geben, und diese dürften nicht beliebig auswechselbar sein und können nicht alle in einen Topf geworfen werden. Trotzdem zeigte sich am Beispiel der Frustrations-Aggressions-Forschung das *Yale Institute of Human Relations* von seiner besten Seite: ein interdisziplinärer Ansatz, formuliert in der behavioristischen Terminologie Hulls, mit dem Ziel, ein breites Spektrum wichtiger Verhaltensweisen zu erklären.

Die Brown-Farber-Theorie der Frustration

Zwei nachfolgende aus der Hullschen Konzeption abgeleitete Theorien der Frustration brachten Frustration mit der Annahme eines generalisierten Triebes in Zusammenhang, anstatt sie mit einer bestimmten Reaktionstendenz (Aggression) zu verknüpfen.

Zuerst soll die von Brown und Farber (1951) formulierte Theorie dargestellt werden. Diese Forscher gingen, angeregt durch die Formulierungen von Dollard et al. (1939) ebenfalls davon aus, daß Frustration das Resultat einer Interferenz mit einer zielgerichteten Aktivität ist. Die Ursache der Interferenz kann jedes Hindernis sein, welches die Vollendung der Handlung verhindert – wie zum Beispiel eine Barriere oder eine konkurrierende Reaktionstendenz. Frustration kann zum Beispiel erlebt werden, wenn man durch einen platten Reifen daran gehindert wird, an einem Baseballspiel teilzunehmen, oder wenn während der Ausführung eines Schlages konkurrierende Habits sich gegenseitig stören und man dadurch keine Treffer erzielt. Brown und Farber postulierten, daß Frustration Triebeigenschaften habe, und daß der Trieb, der durch Verhinderung der Zielerreichung erzeugt werde, alle in einer bestimmten Situation aktivierten Habits energetisiere.

In einer der von dieser Formulierung angeregten Untersuchungen überprüften Haner und Brown (1955) die Hypothese, daß die Stärke der durch Interferenz mit einer zielgerichteten Aktivität erzeugten Frustration umso höher sei, je stärker die Verhaltenstendenz zur Erreichung dieses Zieles sei. Auf das eben erwähnte Beispiel angewendet: Je stärker man danach strebt, rechtzeitig zum Baseballspiel zu gelangen, desto größer die Frustration, wenn man daran durch einen platten Reifen gehindert wird. In Übereinstimmung mit Hulls Theorie konzipierten Haner und Brown die Stärke der Verhaltenstendenz gleich Triebstärke × Habitstärke. Daher erwarteten sie, daß die Stärke der Frustration mit zunehmender Stärke des Triebs zur Erreichung des Ziels und mit zunehmender Habitstärke des zielgerichteten Verhaltens ansteigen würde.

Zur Manipulation der Habitstärke verwendeten Haner und Brown eine Aufgabe, bei der die Versuchspersonen (Kinder) Murmeln in dafür vorgesehene Löcher in einem Brett zu geben hatten. Zur erfolgreichen Erledigung der Aufgabe mußten innerhalb einer bestimmten Zeit alle 36 Löcher des Lochbretts gefüllt werden. Nachdem die Versuchspersonen entweder 25, 50, 75, 89, oder 100% der Löcher gefüllt hatten, wurden sie vom Versuchsleiter unterbrochen. Auf der Grundlage der Arbeiten von Miller und anderen nahmen Haner und Brown an, daß die Stärke der Annäherungstendenz umso größer sein würde, je näher sich die Person beim Ziel befände. Auf ihr Experiment bezogen: Sie vermuteten, daß die Habitstärke, und damit die Stärke der Annäherungstendenz, umso größer sein würde, je geringer der Abstand zum Ziel war – definiert als Anzahl der mit Murmeln gefüllten Löcher.

Die Unterbrechung der Aufgabe wurde durch einen Summton angekündigt, und gleich darauf fielen die Murmeln auf den Boden des Apparats. Die Versuchsperson konnte dann einen Hebel betätigen, der den Summton abstellte, und den nächsten Versuchsdurchgang beginnen. Die abhängige Variable in diesem Experiment – der Index der Frustration – war der Druck, den die Versuchspersonen auf den Hebel ausübten. Die Ergebnisse dieser Untersuchung sind in Abbildung 3.18 wiedergegeben.

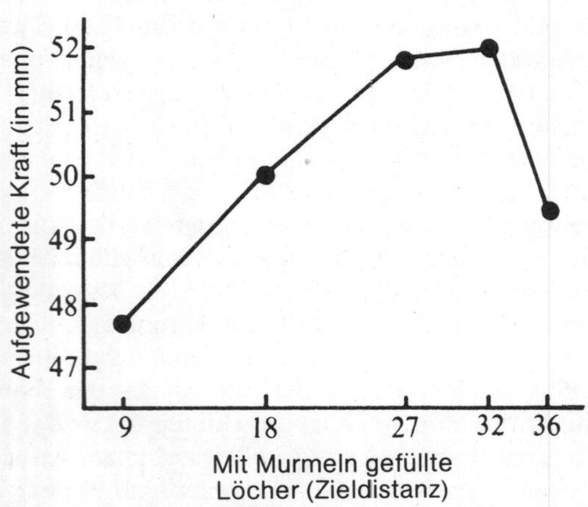

Abbildung 3.18: Die Auswirkungen von Frustration in Abhängigkeit von fünf Graden der Zielnähe. Die abhängige Variable war die auf den Hebel ausgeübte Kraft, operationalisiert als Ausmaß der Hebeldrückbewegung (in mm) (nach Haner & Brown, 1955, S. 205)

Aus Abbildung 3.18 ist ersichtlich, daß die Intensität der Hebeldrückreaktion umso mehr zunahm, je näher sich die Versuchsperson zum Zeitpunkt der Unterbrechung am Ziel befand. (Am geringsten war die Zieldistanz bei 32 plazierten Murmeln. Waren aber alle 36 Murmeln bereits in die Löcher gegeben, so nahm die Intensität der Hebeldrückreaktion wieder deutlich ab.) Die Hypothese von Haner und Brown wurde somit bestätigt gefunden. Die Ergebnisse scheinen zu belegen, daß Frustration wie ein nichtdirektiver, energetisierender Trieb wirkt. Falls der Leser je an einem Flipperautomaten gespielt hat, ist ihm vielleicht eine ähnliche Steigerung der Reaktionsintensität bekannt, die häufig auftritt, nachdem man im vorhergehenden Spiel knapp ein Freispiel verfehlt hat.

Bereits einige Zeit vor der Brown-Farber-Theorie der Frustration haben Sears und Sears (1940) eine Untersuchung durchgeführt, die für diese Theorie relevant ist. Diese Forscher erzeugten Frustration bei Säuglingen, indem sie ihnen während der Fütterung die Flasche wegnahmen. Anschließend maßen sie die Latenz, mit der das Kind zu weinen begann. Die Ergebnisse dieser Untersuchung sind in Tabelle 3.2 dargestellt. Wie Tabelle 3.2 zeigt, begannen die Kinder umso schneller zu weinen, je größer die Frustration war (in diesem Fall, je hungriger die Kinder noch waren). Auch dies stimmt mit der Hypothese überein, Frustration habe Triebeigenschaften und energetisiere das Verhalten.

Tabelle 3.2: Latenz des Weinens in Abhängigkeit von der bis zur Entfernung der Milchflasche verstrichenen Zeit

Aufgenommene Milch (in Unzen)	Latenz des Weinens (in Sekunden)
0,5	5,0
2,5	9,9
4,5	11,5

(aus Sears & Sears, 1940, S. 298)

Amsels Theorie der Frustration

Die systematischste theoretische Analyse der Frustration aus der Perspektive der Triebtheorie findet sich in den Arbeiten von Amsel und seinen Mitarbeitern (Amsel, 1958, 1967; Amsel & Ward, 1954, 1965). Auch diese Forscher bringen Frustration mit dem Konzept des ungerichteten Triebes in Zusammenhang und bauen auf dem Brown-Farber-Modell auf. Amsel und Roussel (1952) definieren Frustration als einen Zustand, der sich dann einstellt, wenn eine vorher regelmäßig verstärkte Reaktion nicht länger belohnt wird. Das heißt, ist zuerst eine Belohnungserwartung etabliert worden, und fällt die Belohnung dann plötzlich aus, so wird Frustration erlebt. Die erlebte Frustration beim Ausbleiben der Belohnung ist dabei umso intensiver, je stärker man die Belohnung erwartet hat. Frustration wird auch von Amsel als ein Zustand mit Triebeigenschaften aufgefaßt. Darüber hinaus postuliert Amsel, Frustration sei aversiv, und Hinweisreize, die den mit Frustration einhergehenden situationalen Stimuli ähnlich sind, erzeugten selbst auch ein gewisses Ausmaß an Frustration.

Diese Theorie wird klarer verständlich, wenn wir Spence' Analyse des r_G–s_G-Mechanismus betrachten, welcher dem Anreizwert eines Ziels zugrunde liegen soll. Erinnern wir uns daran, daß laut Spence ursprünglich neutrale Reize mit der Zeit die „Erwartung" von Belohnung induzieren, weil diese oder ähnliche Reize zum Zeitpunkt der Verstärkung vorhanden waren. Analog behauptet Amsel, daß ursprünglich neutrale Reize durch Koppelung mit frustrierenden Ereignissen aversive Eigenschaften erwerben. Und auch Reize, die den zum Zeitpunkt der Frustration vorhandenen Reizen ähnlich sind, nehmen aversiven Charakter an. Nach dem Nichterhalt von Belohnung in der Zielbox eines Laufgangs erlebt das Tier also überall im Laufgang Frustration. Amsel bezeichnet die vor dem Betreten der Zielbox auftretende Frustration als „antizipatorische" Frustration. Wieder durch Spence beeinflußt, behauptet Amsel, daß Frustrationsreaktionen ihr eigenes Muster von Feedbackstimuli produzieren. Die gesteigerte interne Stimulation ist für die Triebeigenschaften der Frustration verantwortlich.

Eine Demonstration der motivierenden Effekte frustrierender Nichtbelohnung wurde von Amsel und Roussel (1952) berichtet. Diese Experimentatoren verwendeten eine aus zwei miteinander verbundenen Laufgängen bestehende Versuchsapparatur (vgl. Abb. 3.19). Die Zielbox des ersten Laufgangs diente zugleich als Startbox des zweiten Laufgangs. Während der Trainingsperiode wurden die Tiere sowohl in der ersten als auch in der zweiten Zielbox gefüttert; in der Testphase wurde ihnen das Futter in der ersten Zielbox vorenthalten. Amsel und Roussel fanden,

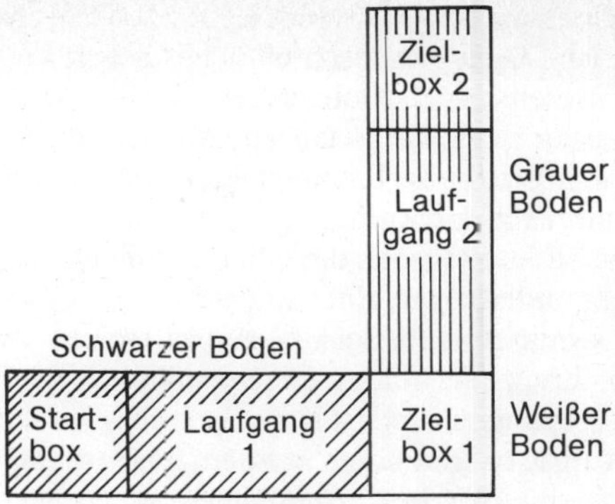

Abbildung 3.19: Versuchsapparatur von Amsel und Roussel (1952) zur Demonstration des Frustrationseffekts

daß nach dem Ausbleiben der Belohnung in der ersten Zielbox die Schnelligkeit der Laufreaktion im zweiten Laufgang anstieg. Sie behaupteten, daß dieser Schnelligkeitsanstieg die Triebeffekte der Frustration demonstriere. Die Intensivierung der Reaktion unmittelbar nach dem Nichterhalt einer erwarteten Belohnung wird als Frustrationseffekt bezeichnet.

Zusätzliche Forschungsarbeiten haben einige der Determinanten des Frustrationseffektes isoliert. So nehmen zum Beispiel die energetisierenden Wirkungen der Frustration mit der Anzahl der belohnten Durchgänge zu (Marzocco, 1951). Dies ergibt sich logisch aus Amsels Theorie, denn je größer die Anzahl der verstärkten Durchgänge, desto größer ist auch die Belohnungserwartung, und umso höher die erlebte Frustration, wenn die Belohnung der instrumentellen Reaktion nicht erfolgt.

Soziale Erleichterung

Auch viele primär für den Sozialpsychologen interessante Fragen sind von der triebtheoretischen Perspektive aus untersucht worden. An erster Stelle unter diesen Fragen steht die folgende: „Welchen Effekt hat die bloße Gegenwart anderer Individuen auf das Verhalten und die Leistung des einzelnen?" (Cottrell, 1972, S. 185). Obwohl gezeigt worden ist, daß andere die Aufgabenleistung des einzelnen nicht nur steigern, sondern auch beeinträchtigen können, wird in diesem Zusammenhang von „sozialer Erleichterung" *(social facilitation)* gesprochen.

Wenn zwei oder mehrere Individuen gemeinsam agieren, so nimmt die Intensität ihres individuellen Verhaltens häufig zu. Dieser Effekt der sozialen

Erleichterung ist ein – sowohl beim Menschen als auch bei Tieren – experimentell gut belegtes Phänomen. Bereits 1897 beobachtete Triplett, daß Radrennfahrer schneller zu fahren scheinen, wenn sie in direktem Wettbewerb miteinander stehen. Um diese Vermutung zu überprüfen, ließ Triplett Rennfahrer entweder allein (gegen die Uhr), mit einem „Schrittmacher" oder gegen einen anderen Fahrer antreten. Wie vermutet, hatte die Gegenwart eines zweiten Rennfahrers eine höhere Geschwindigkeit zur Folge. Soziale Erleichterung ist auch für eine Vielfalt anderer Aufgaben gefunden worden, insbesondere für einfache motorische Lernaufgaben.

Der überwiegende Teil der Forschung zur sozialen Erleichterung ist jedoch – vielleicht überraschenderweise – mit Tieren durchgeführt worden. So ist zum Beispiel die soziale Erleichterung des Fressens bei Hühnern ein relativ gut belegtes Phänomen: Hühner fressen in Gegenwart anderer Hühner mehr als allein. Auch Fische und Ratten fressen in der Gegenwart von Artgenossen mehr. Ähnlich werden Reaktionen wie Laufen, Picken und Nestbauen durch die Gegenwart von Mitgliedern der eigenen Art intensiviert (vgl. die Zusammenfassungen von Cottrell, 1972, und Zajonc, 1965).

Bei der Erforschung der sozialen Erleichterung sind drei unterschiedliche Versuchsanordnungen zur Anwendung gekommen. Erstens das Publikums-Paradigma *(audience paradigm),* bei dem man eine Tätigkeit in Gegenwart passiver Zuschauer ausführt. Zweitens das sogenannte Paradigma des Mitmachens *(co-action paradigm),* bei dem andere unabhängig an der gleichen Aufgabe arbeiten wie man selbst. Und schließlich das Interaktions-Paradigma *(interactive paradigm),* bei dem zahlreiche Individuen gemeinsam an der Lösung einer Aufgabe arbeiten. Zur Erklärung des Phänomens der sozialen Erleichterung sind drei hauptsächliche Interpretationen vorgeschlagen worden, welche in unterschiedlichem Maß auf die Ergebnisse der drei erwähnten Paradigmen anwendbar sind. Die zentralen Begriffe der einzelnen Interpretationen sind Imitation und Lernen, Enthemmung, und Trieb. Zuerst wird die triebtheoretische Position erörtert. Anschließend wird diskutiert, ob die übrigen Interpretationen eine bessere Erklärung für soziale Erleichterung geben können.

Die triebtheoretische Interpretation

Die triebtheoretische Erklärung der sozialen Erleichterung – erstmals von Zajonc (1965) propagiert – behauptet, daß der Beobachter oder der „Mitmachende" einen irrelevanten Trieb induziere (vgl. Weiss & Miller, 1971). Falls die Gegenwart anderer tatsächlich – wie behauptet – zu einer Erhöhung des Triebniveaus führte, sollte eine Leistungssteigerung bzw. soziale Erleichterung bei solchen Aufgaben auftreten, bei denen die „korrekte" bzw. gemessene Reaktion auch die mit der höchsten Habitstärke ist. Da Triebstärke und Habitstärke multiplikativ miteinander verknüpft sind, führt das gesteigerte Triebniveau zu einer Vergrößerung des Unterschiedes zwischen der Wahrscheinlichkeit der dominanten und der der nichtdominanten Reaktion. Daher sollte die Leistung bei einfachen motorischen Aufgaben (z. B. Fressen bei hungrigen Tieren) in Gegenwart anderer erhöht sein. Dagegen sollte die Leistung bei schwierigen Aufgaben – oder auch zu Beginn des Erlernens einfacher Aufgaben – durch die Gegenwart anderer beeinträchtigt werden, weil die in der Reaktionshierarchie des Individuums dominanten inkorrekten Reaktionen durch den erhöhten Trieb am relativ stärksten intensiviert werden. Man beachte, daß Zajonc' Analyse identisch ist mit der früher in diesem Kapitel dargestellten Konzeption der Beziehungen zwischen Triebniveau (Punktwert auf der *Manifest Anxiety Scale*) und der Leistung bei einfachen und komplexen Paarassoziationsaufgaben. In einer Zusammenfassung der Forschungsarbeiten zur sozialen Erleichterung kommt Zajonc (1965) zu dem Schluß, daß die postulierte Interaktion zwischen Aufgabenschwierigkeit und der Gegenwart oder Abwesenheit anderer Personen durch viele Befunde gestützt ist. Zajonc und andere (z. B. Cottrell, Wack, Sekarak & Rittle, 1968; Zajonc & Sales, 1966) führten eine Anzahl von Experimenten durch, welche die Trieb-Interpretation der sozialen Erleichterung direkt überprüften. Dabei verwendeten sie entweder „Pseudo-Wiedererkennungs"-Aufgaben, Wortassoziationen oder Leistungsaufgaben.

Pseudo-Wiedererkennung. In einem Experiment von Cottrell et al. (1968) wurden Versuchspersonen zuerst sinnfreie Silben präsentiert, und zwar mit unterschiedlicher Häufigkeit (1, 2, 5, 10 oder 25 Wiederholungen). Dies erzeugte unterschiedliche Niveaus von Habitstärke bzw. Stärke der Reaktionstendenz. Diese Silben wurden dann mittels eines Tachistoskops für sehr kurze Zeitspannen dargeboten, und die Versuchspersonen wurden aufgefordert zu berichten, was sie gesehen hätten. Bei den für dieses Experiment entscheidenden „Pseudo-Wiedererkennungs"-Durchgängen wurde ein Leerdia gezeigt. Die Hälfte der Versuchspersonen wurde allein getestet, der Rest in Gegenwart eines aus zwei anderen Personen bestehenden „Publikums".

Die Ergebnisse dieser Untersuchung sind in Abbildung 3.20 wiedergegeben. Abbildung 3.20 zeigt, daß Versuchspersonen, die in Gegenwart anderer („Publikum") getestet wurden, signifikant stärker dazu neigten, bei den kritischen Durchgängen ein Wort zu nennen, welches eine hohe Habitstärke aufwies (vorher häufig präsentiert worden war), als Versuchspersonen, die einzeln getestet wurden. Diese Ergebnisse stimmen mit den aus der Triebtheorie abgeleiteten Hypothesen überein. Eine dritte Versuchsbedingung („bloße Anwesenheit") wird später erörtert werden.

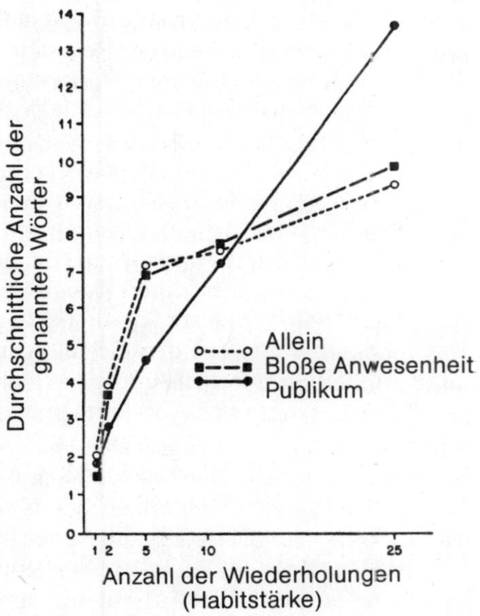

Abbildung 3.20: Anzahl der von verschiedenen Versuchsgruppen genannten Wörter unterschiedlicher Habitstärke bei einer Pseudo-Wiedererkennungsaufgabe (aus Cottrell, Wack, Sekarak & Rittle, 1968, S. 247)

Zajonc (1965) weist auf eine interessante Implikation der Untersuchungen zur sozialen Erleichterung hin:

> Sollte man aus der in diesem Artikel vorgelegten Zusammenfassung der Forschung zur sozialen Erleichterung eine praktische Empfehlung ableiten, so würde man dem Studenten anraten, allein zu studieren – vorzugsweise in einer isolierten Zelle – und es so einzurichten, daß er seine Prüfung gemeinsam mit vielen anderen Studenten, auf der Bühne, vor einem großen Publikum ablegen kann. Die Ergebnisse seiner Prüfung würden seine kühnsten Erwartungen übertreffen – vorausgesetzt natürlich, er hat den Prüfungsstoff einigermaßen gründlich gelernt (S. 274).

Zajonc' Analyse ist in der Folge von Cottrell (1972) kritisiert worden. Dieser behielt zwar die triebtheoretische Erklärung bei, behauptete jedoch, der durch die Gegenwart anderer induzierte Trieb sei nicht biologisch verankert, sondern gelernt, und zwar weil die Gegenwart anderer häufig mit Belohnung und Bestrafung einhergehe. Dadurch werden andere zu sekundären Triebquellen und induzieren entweder positive Anreizmotivation oder konditionierte Furcht. Da es sich als äußerst schwierig erwiesen hat, positive sekundäre Triebe zu etablieren, betont Cottrells theoretische Analyse der sozialen Erleichterung vor allem antizipierte aversive Konsequenzen bzw. die Induktion von Angst und Furcht durch die Gegenwart anderer. Die „bloße Anwesenheit" anderer Personen ist nach Cottrell also keine hinreichende Erklärung für soziale Erleichterung. Vielmehr tritt Erleichterung (oder auch Beeinträchtigung) auf, weil andere als potentielle Evaluatoren angesehen werden und Personen in Situationen, in denen sie beurteilt werden könnten, Nervosität und Angst empfinden.

Um ihre Position gegenüber der von Zajonc abzugrenzen, verwendeten Cottrell et al. (1968) in ihrem „Pseudo-Wiedererkennungs"-Experiment eine zusätzliche, kritische experimentelle Bedingung. In dieser Bedingung („bloße Anwesenheit") wurden die Versuchspersonen in Gegenwart von zwei weiteren „Versuchspersonen" (Mitarbeiter des Versuchsleiters) getestet, denen die Augen verbunden worden waren. Diese Versuchspersonen warteten angeblich auf ein Wahrnehmungsexperiment, für das eine Adaptation des Auges an die Dunkelheit notwendig war. Wie aus Abbildung 3.20 ersichtlich ist, war die Leistung der Versuchspersonen in Gegenwart der Personen mit verbundenen Augen (Bedingung „bloße Anwesenheit") vergleichbar mit der der Versuchspersonen in der „Allein"-Bedingung. Das heißt also, die „bloße Anwesenheit" anderer ist nicht hinreichend, um das Triebniveau zu steigern.

Obwohl Cottrell (1972) seine Ergebnisse triebtheoretisch interpretiert, ist klar, daß Angst vor der Bewertung durch andere Kognitionen und höhere geistige Prozesse involviert. Somit ist diese Position nicht mit der von Hull vertretenen mechanistischen Konzeption des Menschen vereinbar. Darüber hinaus ist die Idee einer „Angst vor Bewertung" irrelevant für Untersuchungen von z. B. Freßverhalten und

Nestbauverhalten bei Tieren. Cottrells Position hat also einen weniger breiten Anwendungsbereich als die von Zajonc vorgeschlagene Theorie.

Wortassoziationen. Auch die Forschung im Rahmen des Wortassoziationsparadigmas hat sowohl Befunde erbracht, die die triebtheoretische Erklärung sozialer Erleichterung bestätigen, als auch solche, die sie in Frage stellen (vgl. Blank, Staff & Shaver, 1976). In diesen Untersuchungen sollen die Versuchspersonen entweder allein oder in Gegenwart anderer – welche bloße Zuschauer oder auch Konkurrenten sein können – Assoziationen zu einem vorgegebenen Reizwort nennen (vgl. Matlin & Zajonc, 1968). Anhand von in der Forschungsliteratur etablierten Normen oder anhand eines Vergleichs mit der Gesamtheit der im Experiment erhaltenen Antworten können diese Assoziationen als mehr oder weniger einzigartig bzw. mehr oder weniger gewöhnlich eingestuft werden. Folgt man der Triebtheorie, dann sollten „gewöhnliche" Assoziationen in der „Beobachter"-Bedingung häufiger auftreten als in der „Allein"-Bedingung, denn gewöhnliche Reaktionen sind in der Habithierarchie der Versuchspersonen dominant und werden durch das erhöhte Triebniveau zusätzlich besonders intensiviert. Daten, die diese Vorhersage stützen, wurden bereits vor langer Zeit von Allport (1920) berichtet; bestätigende Befunde fanden in neuerer Zeit Matlin und Zajonc (1968).

Blank et al. (1976) haben jedoch Ergebnisse erhalten, die die triebtheoretische Erklärung in Frage stellen. In ihrer Untersuchung wurden Versuchspersonen aufgefordert, auf ein Stimuluswort mit „dem ersten Wort, das Ihnen in den Sinn kommt" zu antworten. Bei der Hälfte der Durchgänge waren die Versuchspersonen allein, bei der anderen Hälfte befanden sie sich in Gegenwart eines Beobachters. Gemessen wurden die Reaktionszeit und die relative „Gewöhnlichkeit/Einzigartigkeit" der produzierten Assoziationen. Entgegen den Vorhersagen der Triebtheorie nahm die Latenz der Reaktion in Gegenwart eines Beobachters nicht ab. Die Analyse der „Gewöhnlichkeit" der Assoziationen schien dagegen zunächst die triebtheoretische Interpretation zu stützen. Wie zusätzliche Analysen zeigten, war dies jedoch nicht darauf zurückzuführen, daß die Versuchspersonen in Gegenwart einer anderen Person mehr „gewöhnliche" Assoziationen produzierten, sondern darauf, daß sie weniger idiosynkratische Antworten gaben. Es scheint also, daß Versuchspersonen es vermeiden, persönliche oder „seltsame" Assoziationen zu nennen, wenn sie von jemandem beobachtet werden. Diese Ergebnisse sprechen eher für die Hypothese, daß die Versuchspersonen einen bestimmten Eindruck *(social impression)* von sich erzeugen wollen, als für die Triebtheorie.

Imitation und lerntheoretische Erklärungen

Die triebtheoretische Erklärung der sozialen Erleichterung hat eine Reihe von Konkurrenten, denn viele Daten scheinen den triebtheoretischen Vorhersagen zu widersprechen oder sich außerhalb des Anwendungsbereichs dieser Theorie zu befinden. D.h. das beobachtete Verhalten läßt sich innerhalb des Rahmens der triebtheoretischen Konzeption häufig nicht zureichend erklären.

Eine der alternativen Erklärungen sozialer Erleichterung verwendet Prinzipien, die aus der Erforschung von Imitationsverhalten abgeleitet wurden. Die nachahmungstheoretische Position behauptet einfach, daß die Gegenwart anderer Personen Hinweisreize liefert, welche das Verhalten des Handelnden beeinflussen. Zum Beispiel hat man gefunden, daß das Freßverhalten von Hühnern von der Pickfrequenz eines gleichzeitig fressenden Huhns beeinflußt wird (Tolman, 1967). Ähnlich wurde beobachtet, daß ein fressendes Huhn in Anwesenheit einer künstlichen (mechanischen) Henne, die nur Körner einer bestimmten Farbe frißt, selbst stärker zu diesen Körnern hingezogen wird (Turner, 1964).

Die Imitations-Erklärung legt nahe, daß es zu Leistungs- oder Aktivitäts*abnahme* kommen sollte, wenn der „Mit-Machende" unterhalb des Niveaus des Handelnden agiert. Diese Hypothese setzt voraus, daß der Handelnde den „Mit-Machenden" tatsächlich kopiert, anstatt nur durch von diesem herrührende Hinweisreize stimuliert zu werden. Solche Aktivitätsabnahmen sind tatsächlich bei Ameisen beobachtet worden, die mit langsameren Ameisen zusammengebracht wurden (Chen, 1937). Die von Chen erhaltenen Befunde widersprechen also der triebtheoretischen Erklärung. Andererseits wurde gefunden, daß die Rate, mit der Hühner nach Futter picken, auch dann ansteigt, wenn sie in Gegenwart eines Huhns fressen, das sich hinter einer Glasscheibe befindet und selbst kein Futter hat (Tolman, 1968). Und ganz allgemein kann die Imitations-Erklärung nicht auf die Ergebnisse der Untersuchungen des „passiven-Publikum"-Paradigmas angewandt werden.

Eine weitere Erklärung, die auf Prinzipien der Lerntheorie zurückgreift, geht von dem Grundgedanken aus, daß Organismen im Laufe ihres Lebens lernen, in Gruppensituationen mit höherer Intensität zu reagieren. Es ist bekannt, daß Tiere, die in Gruppen gefüttert werden, häufig einander das Futter wegstehlen, darum kämpfen und um die Nahrungsquelle konkurrieren. In solchen Situationen hat es instrumentellen Wert, mit größerer Intensität (Schnelligkeit) zu fressen, denn dadurch wird mehr Futter konsumiert.

Zahlreiche Untersuchungen belegen die Hypothese, daß gelerntes Wettbewerbsverhalten eine notwendige Vorbedingung für soziale Erleichterung darstellt. Zum Beispiel ist gezeigt worden, daß die Art der vorangegangenen sozialen Erfahrungen in Fütterungssituationen das Ausmaß der später gezeigten sozialen Erleichterung beeinflußt. Konkreter: Werden Vögel in Isolation aufgezogen, dann führt die Gegenwart anderer nicht zu einer Erhöhung der Pickfrequenz (vgl. Cottrell, 1972; Rajecki, Kidd, Wilder & Jaeger, 1975). Wiederum ist diese Erklärung für viele Untersuchungen wie zum Beispiel das „Pseudo-Wiedererkennungs"-Experiment von Cottrell et al. (1968) irrelevant.

Enthemmung

Eine weitere Erklärung der sozialen Erleichterung konzentriert sich nicht auf die Induktion von Angst oder die Intensivierung von Annäherungstendenzen, sondern auf die Reduktion von Vermeidungstendenzen. Es ist behauptet worden, daß viele Tiere während Fütterungsexperimenten ängstlich seien. Die Gegenwart anderer sei ein Signal, welches Angst reduziere. Diese Furchtreduktion habe ihrerseits eine Enthemmung anderer Reaktionen wie Futterpikken zur Folge (Rajecki et al., 1975). Als Beleg für diese Interpretation berichten Rajecki et al. (1975), daß bei Fütterung in Gegenwart anderer Hühner sowohl dominante als auch weniger dominante Reaktionen an Intensität zunehmen. Dies widerspricht der triebtheoretischen Interpretation, welche behauptet, daß bei hohem Triebniveau die dominanten Reaktionen die weniger dominanten verdrängen sollten. Darüber hinaus nehmen Rajecki et al. (1975) an, „daß Tiere in jeder beliebigen Situation mehr fressen, welche bekannte Komponenten enthält" (S. 509). Daher sollten zusammen mit anderen aufgezogene Tiere in sozialen Situationen mehr fressen, isoliert aufgezogene dagegen mehr, wenn sie allein sind. Diese Hypothesen werden durch zahlreiche Befunde bestätigt (vgl. Rajecki et al., 1975).

Zusammenfassung

Zusammenfassend scheint es also, daß viele Mechanismen oder Prozesse soziale Erleichterung oder Hemmung verursachen können und daß unterschiedliche Experimente unterschiedlicher Erklärungen bedürfen. Diese Schlußfolgerung ist nicht sehr attraktiv, denn das Ziel der Wissenschaft ist die Entwicklung allgemeiner Gesetze und Prinzipien, die eine Vielfalt von Beobachtungen erklären können. Gegenwärtig kann jedoch keine einzelne Hypothese die Mehrheit der Daten erklären. Insbesondere ist auch die Triebtheorie nicht in der Lage, die gesamte Bandbreite der Befunde zur sozialen Erleichterung zu erklären. (Eine Verteidigung der triebtheoretischen Position findet sich bei Geen & Gange, 1977.)

Die Aktivations-(Erregungs-) Theorie

von neuralen und ps. Prozessen

Die Triebtheorie unterscheidet zwei Dimensionen des Verhaltens: Intensität und Richtung. Der Trieb stellt die Energie für das Handeln zur Verfügung und ist somit verantwortlich für die Intensität des Verhaltens, während Lernen für die Richtung des Verhaltens verantwortlich ist. Bereits bei den vorangegangenen Ausführungen lag das Schwergewicht auf dem Intensitätsaspekt, denn viele Psychologen setzen Motivation mit der Mobilisierung oder Energetisierung von Handlungen gleich, und außerdem gehen Fragen, die sich auf das Lernen beziehen, über den Rahmen dieses Buches hinaus.

Es gibt eine Forschungsrichtung in der Psychologie, welche sich ausschließlich auf die Intensitätsdimension des Verhaltens konzentriert; diese wurde von der Aktivations- oder Erregungstheorie initiiert. Aktivationstheoretiker waren teilweise für die Entdeckung der neurophysiologischen Mechanismen verantwortlich, die vermutlich dem Triebzustand zugrunde liegen. Indem sie den anatomischen Sitz des Triebs identifizierten, lieferten sie zusätzliche Belege für die Validität dieses Konstrukts; zudem entwickelten sie eine fortgeschrittene Methodik, welche die exakte Quantifizierung der Triebstärke zu ermöglichen versprach. Doch haben paradoxerweise gerade viele der von der Aktivationstheorie angeregten Forschungsarbeiten die Hullsche Konzeption des Verhaltens widerlegt und ihren Teil dazu beigetragen, daß die Schar der Anhänger der Hullschen Theorie abgenommen hat. Eine der Ursachen für die schwindende Popularität dieser Theorie war ihre Unfähigkeit, die Tatsache zu erklären, daß Personen oft nach *Intensivierung* von Stimulation streben. Wir erinnern uns daran, daß auch Freuds Theorie denselben Schwachpunkt aufwies. Die zweite Unzulänglichkeit der Hullschen Theorie – die Nichtanerkennung der Tatsache, daß Menschen denken und Pläne machen – wird später in diesem Buch näher ausgeführt werden.

Die retikuläre Formation

Eine große Anzahl neurophysiologischer Forschungsarbeiten hat gezeigt, daß Verhalten auf einer Dimension beschrieben werden kann, die von Schlaf bis zu hoher Aktivation reicht (vgl. Lindsley, 1957). Darüber hinaus kann Verhalten auch auf einer Dimension „organisiert (wach und aufmerksam) – desorganisiert (unkontrolliert)“ beschrieben werden (vgl. Abb. 3.21). Der allgemeine Aktivationszustand kann mit Hilfe des EEGs gemessen werden, welches im 2. Kapitel im Abschnitt über den Traum erörtert wurde.

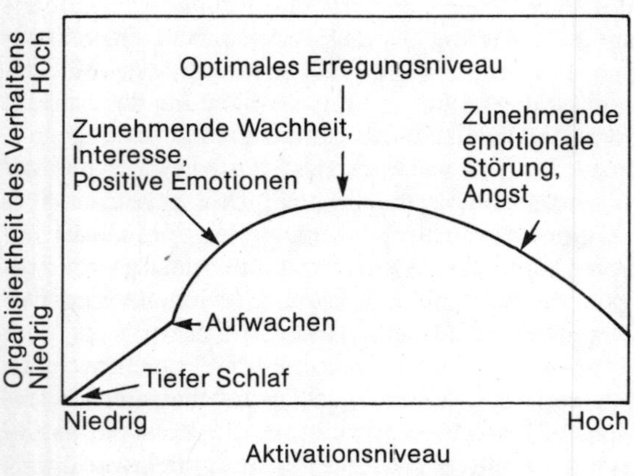

Abbildung 3.21: Organisiertheit des Verhaltens in Abhängigkeit vom Grad unspezifischer Erregung (nach Hebb, 1955, S. 249)

Die Schlaf-Wach- oder Koma-Aktiviertheits-Dimension ist mit drei anatomischen Strukturen in Verbindung gebracht worden: dem Kortex, dem Hypothalamus und der retikulären Formation. Der letztgenannten Struktur, welche mit allen wesentlichen Teilen des Kortex in Verbindung steht, ist von den Motivationspsychologen am meisten Aufmerksamkeit geschenkt worden.

Die ursprüngliche Untersuchung, welche die retikuläre Formation mit Aktivation in Zusammenhang brachte, wurde von Moruzzi und Magoun (1949) durchgeführt. Diese Forscher führten elektrische Hirnreizversuche an der anästhesierten Katze durch und fanden, daß bei Reizung der retikulären Formation ein kortikales EEG zustande kommt, das dem eines wachen Tieres ähnlich ist. Darüber hinaus wurde gefunden, daß eine Läsion der retikulären Formation zu einer Beseitigung des Wach-EEG führt (Lindsley, Schreiner, Knowles & Magoun, 1950). Somit scheint die retikuläre Formation also eine allgemeine aktivierende oder Weck-Funktion zu haben; sie ist daher zusammen mit anderen Hirnstrukturen wie dem Hypothalamus als die dem Trieb zugrunde liegende neurophysiologische Struktur angesehen worden. So schrieb Hebb (1955):

> ... Ich schlage vor, Aktivation, oder wie immer man es auch nennen will ... als gleichbedeutend mit einem allgemeinen Triebzustand anzusehen; damit nimmt das Triebkonzept eine anatomische und physiologische Identität an. Gestatten Sie mir, Sie daran zu erinnern, was wir an früherer Stelle erörtert haben: Trieb energetisiert, aber er ist nicht richtungsweisend; er ist ein Motor, aber keine Lenkvorrichtung. Dies sind genau die Eigenschaften der Aktivität im retikulären Aktivationssystem. Laut Triebtheorie hängt Lernen ferner vom Vorhandensein eines Triebzustands ab, und auch dies trifft im großen und ganzen zu – keine Aktivation, kein Lernen; und effizientes Lernen ist nur beim wachen, aufmerksamen und aufnahmebereiten Tier möglich (S. 249; vgl. Abb. 3.22A).

Die Aktivationstheoretiker haben viele Faktoren isoliert, die Erregung erzeugen, wie zum Beispiel die Intensität eines Reizes oder Deprivation zusammen mit dem Anblick der entzogenen Substanz (Eisman, 1966). Sie haben ferner mehrere zum Aktivitätsniveau beitragende Variablen identifiziert, die von den Triebtheoretikern ignoriert worden waren, wie etwa die Komplexität, Sinnhaftigkeit und Neuheit von Stimuli. Trieb- und Aktivationstheoretiker stimmen jedoch darin überein, daß unter Motivation im wesentlichen ein nichtdirektiver verhaltensenergetisierender Prozeß zu verstehen ist, welcher das Resultat einer Vielzahl triebinduzierender Antezedenzien ist (Ferguson, 1976).

In zwei entscheidenden Punkten stimmen Trieb- und Aktivationstheoretiker jedoch nicht überein:

1. Die Aktivationstheorie behauptet, daß Personen ein „optimales“ Erregungsniveau bevorzugen und dieses anstreben. Ist die Stimulation unter dem optimalen Niveau, dann setzen Individuen Verhaltensweisen in Gang, die

Aktivations-
theorie

zu 1.: Ziel: optimales Erregungsniveau
wenn Stimulation < O.Err.Niveau
=> Verhalten zur Steigerung des Niveaus
wenn St. > OEN => Verh. zur Senkung

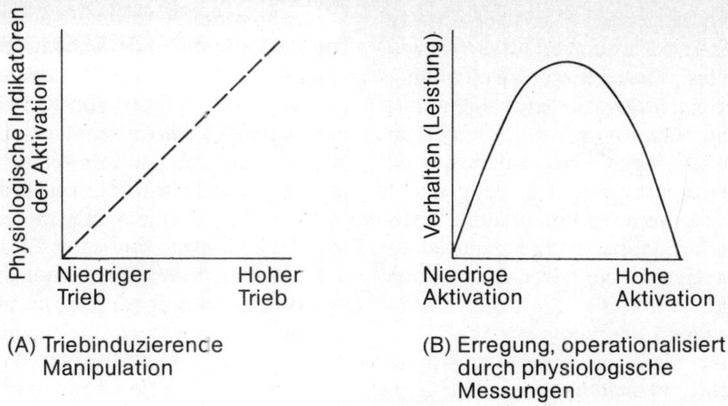

Abbildung 3.22: Die Beziehung zwischen Aktivation und (A) Triebstärke sowie (B) Verhalten (Leistung). Wie die rechte Abbildung zeigt, gibt es ein „optimales" Aktivationsniveau; höhere und niedrigere Aktivation hat eine Leistungsverschlechterung zur Folge (nach Malmo, 1966)

eine Zunahme der Stimulation bewirken; ist die Stimulation über dem optimalen Niveau, so werden Handlungen in Gang gesetzt, die die Stimulation reduzieren. Im Gegensatz zu dieser Position nehmen die Triebtheoretiker an, daß das optimale Stimulationsniveau beim „Nullpunkt" liegt, so daß also Verhalten in jedem Fall in Gang gesetzt wird, um die Stimulation zu reduzieren.

2. Laut Aktivationstheorie besteht zwischen Aktivationsniveau und Verhalten ein kurvilinearer Zusammenhang (vgl. Abb. 3.21 und 3.22B). Das heißt, jenseits des optimalen Aktivationsniveaus führt weiterer Erregungszuwachs zu Desorganisation und abnehmender Leistung, und zwar unabhängig von der Aufgabenschwierigkeit. Triebtheoretiker nehmen dagegen an, daß zwischen Triebniveau und Leistung ein linearer Zusammenhang besteht. In Situationen, in denen das dominante Habit „richtig" ist, sollte ein gesteigerter Trieb zu gesteigerter Leistung führen; in Situationen, die viele konkurrierende Habits aktivieren, erzeugt erhöhter Trieb eine Verschlechterung der Leistung.

Das Streben nach optimaler Aktivierung

Die Postulierung eines optimalen Aktivationsniveaus impliziert, daß Organismen häufig danach streben, die externe Stimulation zu erhöhen. Wie bereits bemerkt, konzipieren viele Psychologen, Freud und Hull eingeschlossen, die Person als einen Reiz-Reduzierer. Aggressive und sexuelle Aktivitäten werden unternommen, um den Triebdruck zu vermindern; gegessen wird, um Hunger zu reduzieren usw. Inzwischen hat sich jedoch allgemein die Ansicht durchgesetzt, daß Verhaltensweisen, welche eine Zunahme des Aktivationsniveaus bewirken – wie etwa mit der Berg- und Talbahn fahren oder einen Kriminalroman lesen – wahrscheinlich häufiger vorkommen als Verhaltensweisen, welche Spannung reduzieren.

Die Notwendigkeit abwechslungsreicher Stimulation wurde auf dramatische Art von Donald Hebb und seinen Mitarbeitern durch die Untersuchung der sogenannten „sensorischen Deprivation" demonstriert. In einer für die Sensorische-Deprivations-Forschung typischen Untersuchung liegt die Versuchsperson allein in einem weißen Raum und trägt Brillen, die nur diffuses Licht durchlassen (vgl. Heron, 1957). Zusätzlich sind Arme und Beine mit Polsterungen versehen, um taktile Stimulation zu minimieren. Universitätsstudenten, die dieser extrem eingeschränkten Reizsituation ausgesetzt wurden, berichteten nach einiger Zeit über eine Unfähigkeit, klar zu denken. Einige berichteten auch über Halluzinationen. Nur wenige der Versuchspersonen waren bereit, länger als acht Stunden in dieser Situation zu verbleiben, obwohl sie eine hohe Bezahlung dafür erhielten. Die Stärke ihres Wunsches nach Stimulation geht aus der Tatsache hervor, daß sie wiederholt darum baten, denselben langweiligen Börsenbericht anhören zu dürfen. Zur Demonstration der Unangenehmheit sensorischer Deprivation sind solche kontrollierten experimentellen Untersuchungen aber vielleicht gar nicht notwendig. Jedes Kind, das in seinem Zimmer eingesperrt wird, und jeder Gefangene berichtet über ähnliche Gefühle.

Ebenso wie Menschen streben auch Tiere nach sensorischer Stimulation. Ratten lernen einen Hebel zu drücken, um das Niveau der visuellen Stimulation zu verändern; Affen lernen einen Knopf zu drücken,

Triebtheorie: Opt. Err. Niveau = "Nullpunkt"
=> Verhalten in jedem Fall stimulationsreduzierend

um mit einem Puzzle spielen zu können. Einige dieser „intrinsisch motivierten" Handlungen werden durch extrinsische Belohnungen wie Futterverabreichung, welche triebreduzierend wirken, negativ beeinflußt. Affen zum Beispiel können sich endlos mit dem Lösen von Puzzles beschäftigen – sie drücken auf den Knopf, um ein Puzzle zu erhalten, lösen es, drücken auf den Knopf, um ein weiteres Puzzle zu erhalten usw. Wird ihnen jedoch nach jeder Lösung eines Puzzles Futter verabreicht, dann hören sie auf, den Knopf zum Erhalt des Puzzles zu drücken, sobald ihnen das Futter wieder vorenthalten wird (vgl. Harlow, 1953). Das heißt, die intrinsische Attraktivität des Puzzles ist anscheinend nicht länger ausreichend, um das Verhalten zu motivieren. Dieser „korrumpierende" Effekt extrinsischer Motivation auf intrinsisch motivierte Tätigkeiten wird im Detail an späterer Stelle in diesem Buch untersucht (vgl. 6. Kapitel).

Spontaner Reaktionswechsel

Eine der interessantesten Kontroversen, die im Zusammenhang mit dem „Bedürfnis nach abwechslungsreicher Stimulation" ausgetragen wurden, betrifft ein Phänomen, welches als „spontaner Reaktionswechsel" *(spontaneous alternation)* bezeichnet wird. Eine typische Untersuchung verwendet z.B. einen T-förmigen Laufgang. Der Organismus – z.B. eine Ratte – wird an den Beginn des Laufgangs gesetzt und muß dann an der Gabelung entweder nach rechts oder nach links abbiegen, um Futter zu erhalten. Dabei hat man beobachtet, daß Ratten, die beim ersten Versuchsdurchgang nach links abgebogen sind, beim zweiten Durchgang mit höherer Wahrscheinlichkeit nach rechts abbiegen, und umgekehrt. Da der Organismus seine Reaktion in zwei aufeinanderfolgenden Durchgängen spontan ändert, wird dieses Phänomen als spontaner Reaktionswechsel bezeichnet. Die Tendenz zum Reaktionswechsel wird durch die Verabreichung einer Belohnung für die erste Reaktion nicht reduziert. Nach mehreren belohnten Durchgängen wird sie allerdings durch die Tendenz zur Wiederholung der verstärkten Reaktion überlagert (vgl. Dember, 1960).

Die Hullianer hatten eine einfache und sparsame Erklärung für den spontanen Reaktionswechsel parat. Sie behaupteten, daß die bei der ersten Reaktion betätigten Muskeln einen zeitweiligen Ermüdungszustand durchmachten. Deshalb werde beim zweiten Durchgang eine andere Reaktion ausgeführt. Diese Erklärung entspricht natürlich ihrer mechanistischen Verhaltenskonzeption.

Demgegenüber postulierten kognitiv orientierte Psychologen, der spontane Reaktionswechsel sei auf einen Prozeß der *Stimulussättigung* zurückzuführen (Glanzer, 1953). Das heißt, vorausgehende Konfrontation mit einem Reiz reduziert die Ansprechbarkeit auf diesen Reiz. Die Stimulussättigungs-Hypothese führt zu denselben Vorhersagen wie die Ermüdungs-Hypothese: Bei aufeinanderfolgenden Durchgängen sollte es zu Reaktionswechsel kommen. Darüber hinaus sollte die Wahrscheinlichkeit eines Reaktionswechsels umso geringer sein, je länger die Zeitspanne ist, die zwischen zwei Durchgängen verstrichen ist, denn sowohl Stimulussättigung als auch Ermüdung lassen mit der Zeit nach. Diese Vorhersage konnte ebenfalls bestätigt werden.

Die Kontroverse Ermüdung versus Stimulussättigung erinnert an eine um viele Jahrzehnte zurückliegende und etwas weniger anspruchsvolle Debatte zwischen Mechanisten und Kognitivisten. Damals drehte sich der Streit der zwei Lager um die Frage, warum Motten zum Licht fliegen. Die Mechanisten behaupteten, die Motten hätten keine andere Wahl – ihr Verhalten sei instinktiv und außerhalb willentlicher Kontrolle. Die Kognitivisten behaupteten dagegen, daß Motten sich so verhielten, weil sie neugierig seien!

In einem Versuch, die Frage nach der zutreffenden Erklärung für das Phänomen des spontanen Reaktionswechsels zu entscheiden, wurde ein kritisches Experiment entworfen (Glanzer, 1953; Montgomery, 1952). Und zwar wurde ein Laufgang konstruiert, der zwei unterschiedliche Startpositionen hatte (vgl. Abb. 3.23). Ein Arm des Laufgangs war schwarz gestrichen, der andere weiß. Nach dem ersten Versuchsdurchgang wurde die Ratte in die gegenüberliegende Startbox gegeben. Falls im ersten Durchgang tatsächlich Reaktionsermüdung eintreten würde, dann sollte das Tier im zweiten Durchgang die entgegengesetzte Reaktion zeigen; diese würde es jedoch in denselben Arm führen und damit denselben Reizen aussetzen wie beim ersten Durchgang. Wäre jedoch Stimulussättigung die zutreffende Erklärung, dann sollte das Tier beim zweiten Durchgang dieselbe muskuläre Reaktion zeigen, denn diese würde es mit einer neuen Stimulussituation in Kontakt bringen. Die Ergebnisse der Experimente mit dieser Versuchsanordnung stützen eindeutig die Stimulussättigungs-Hypothese. Zum Beispiel biegt ein Versuchstier in zwei aufeinanderfolgenden Durchgängen beide Male nach rechts ab und setzt sich damit sowohl dem schwarzen als auch dem weißen Laufgang aus.

Es sollte jedoch festgehalten werden, daß das Konzept der Stimulussättigung, ebenso wie das der Reaktionsermüdung, eine „Gegenreaktions“-Hypothese darstellt. Das heißt, die Stimulussättigungs-Hypothese behauptet nicht, daß Organismen externe Stimulation anstreben. Vielmehr nimmt dieser Hypothese zufolge die „Interessantheit“ von Reizen infolge von Sättigung ab, und dies führt dazu, daß alternative Reize verhältnismäßig „interessanter“ werden.

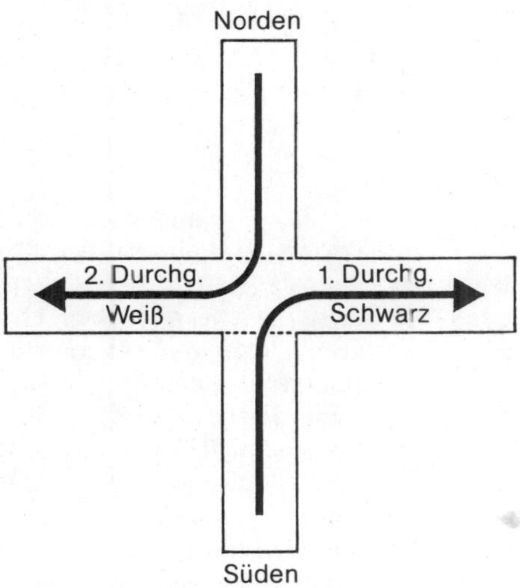

Abbildung 3.23: Schematische Darstellung des kritischen Experiments zur Entscheidung zwischen Reaktionsermüdungs- und Stimulussättigungs-Hypothese. Beim ersten Durchgang startet die Ratte im Süden; beim zweiten im Norden. Bei jedem Durchgang wird der jeweils gegenüberliegende Gang durch ein Gatter verschlossen. Die Pfeile zeigen den Weg des Tieres in zwei aufeinanderfolgenden Durchgängen. Im ersten Durchgang biegt die Ratte nach rechts ab und gerät dadurch in den schwarz gestrichenen Arm des Laufgangs. Beim zweiten Durchgang biegt das Tier ebenfalls rechts ab und gerät dadurch in den weißen Arm. Die Reaktion (Rechtsabbiegen) wird also wiederholt, aber die Reizsituation (Farbe des Laufgangs) ändert sich (aus Dember, 1960, S. 345)

Eine reizaufsuchende Erklärung des Reaktionswechsels wurde später von Dember (1956) und Dember und Earl (1957) vorgeschlagen. Diese Forscher nahmen an, daß Organismen von neuartigen Stimuli und Veränderungen in ihrer Umgebung angezogen werden. Um diese Hypothese zu überprüfen, untersuchte Dember (1956) das Verhalten von Ratten in einem Y-förmigen Laufgang, dessen einer Arm weiß und dessen anderer schwarz gestrichen war. Nachdem die Tiere in die Startbox gesetzt worden waren, wurden sie zunächst am Betreten der Arme des Laufgangs gehindert. Während dieser Verzögerung wurde der weiße Arm des Laufgangs in einen schwarzen umgeändert. Falls die Stimulussättigungs-Erklärung zuträfe, sollten die Tiere keine bestimmten Präferenzen für einen der beiden Arme des Laufgangs aufweisen, weil beide dieselbe Farbe haben. Wenn die Tiere jedoch durch Stimulus*veränderungen* angezogen würden, dann sollten sie den Arm des Laufgangs bevorzugen, der zuvor weiß gewesen war. Die Ergebnisse stützten die letztere Hypothese. In einem ähnlichen Experiment waren die Arme des Y-Laufgangs ursprünglich schwarz und grau und wurden anschließend beide in weiße umgewandelt. In dieser Situation bevorzugten die Tiere den Arm, der sich von schwarz auf weiß verändert hatte und somit den größeren Stimuluswechsel aufwies.

Eine triebtheoretische Erklärung der Reizaufsuche

Die oben erörterten Befunde scheinen in klarem Widerspruch zu den Prinzipien der Hullschen Theorie zu stehen. Jedoch ist von Berlyne (1959, 1960) eine Theorie reizaufsuchenden Verhaltens entwickelt worden, welche das Bestreben nach Erhöhung der Stimulation mit der Triebreduktionstheorie in Übereinstimmung zu bringen sucht. Berlyne ist zwar ein Aktivationstheoretiker, nimmt jedoch in Hullscher Tradition an, daß Organismen immer danach streben, Erregung zu reduzieren; das „optimale“ Aktivationsniveau liegt also beim Nullpunkt. Dies scheint der Beobachtung reizaufsuchenden Verhaltens geradezu konträr gegenüberzustehen, doch Berlyne bringt es fertig, diese zwei scheinbar widersprüchlichen Ideen miteinander zu vereinbaren.

Berlyne beginnt mit der Annahme, daß eine inverse Beziehung zwischen Aktivation einerseits und Attraktivität des jeweiligen Aktivationsniveaus andererseits besteht (vgl. Abb. 3.24A). Das heißt, man bevorzugt ein minimales Aktivationsniveau. Hohe Aktivation wird in Situationen verspürt, die entweder zu einfach oder zu komplex sind (vgl. Abb. 3.24B). Daher erzeugt zum Beispiel sensorische Deprivation erhöhte Erregung, und dies manifestiert sich in Ruhelosigkeit und mangelnder Integration der Denkprozesse. Und ebenso wird Erregung bei komplexen Stimuli verspürt. Daher werden Reize mittleren Komplexitätsgrades bevorzugt (vgl. Abb. 3.24C). Solche Reize sind deshalb am attraktivsten,

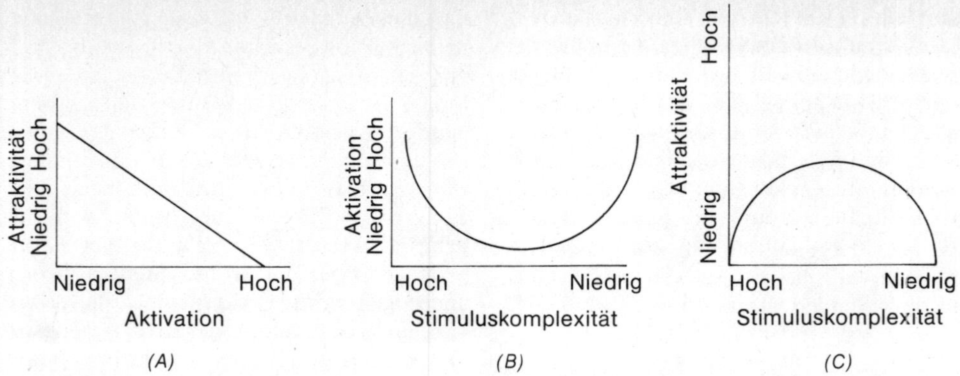

Abbildung 3.24: Berlynes Theorie der Neugier als reizaufsuchendes Verhalten (aus Berlyne, 1959, S. 319–320)

weil sie am wenigsten Erregung erzeugen. Obwohl es also scheinen mag, als ob Individuen Stimulation und Spannungszunahme aufsuchen, dient nach Berlyne auch dieses Verhalten in Wirklichkeit der Erregungsreduktion.

Aktivation und Verhalten

Wir erinnern uns daran, daß die Trieb- und Aktivationstheoretiker unterschiedliche Auffassungen vertreten, was die Form des Zusammenhangs zwischen Aktivation und Verhalten betrifft. Die Triebtheoretiker behaupten, daß Triebniveau und Verhalten linear zusammenhängen. Bei Aufgaben, bei denen keine konkurrierenden Habits aktiviert werden – wie beim aversiven Lidschlagkonditionieren oder beim Erlernen einer Liste von Paarassoziationen, die aus Synonymen bestehen –, sollte eine Zunahme des Triebniveaus zu einer Leistungsverbesserung führen. Umgekehrt sollte ein Triebzuwachs bei einer Aufgabe, bei der konkurrierende Habits auftreten – wie zum Beispiel beim Erlernen einer Liste von komplexen Paarassoziationen –, zu einem Leistungsabfall führen. Die Aktivationstheoretiker behaupten dagegen, daß es für jede Aufgabe ein optimales Aktivationsniveau gibt. Wie in Abbildung 3.21 angedeutet, verursacht zu starke Aktivation Desorganisation und Beeinträchtigung der Leistung. Sobald das optimale Aktivationsniveau überschritten wird, sollte die Leistung also wieder abnehmen. Die Aktivationstheoretiker postulieren somit eine kurvilineare Beziehung zwischen Aktivation und Verhalten bzw. Leistung.

Das Yerkes-Dodson-Gesetz. Die von den Aktivationstheoretikern postulierte kurvilineare Beziehung zwischen Aktivation und Verhalten wird noch durch einen weiteren Faktor verkompliziert: den Schwierigkeitsgrad einer Aufgabe. Auf den modifizierenden Effekt der Aufgabenschwierigkeit haben erstmals Yerkes und Dodson (1908) in einer vielzitierten Untersuchung aufmerksam gemacht. Yerkes und Dodson variierten die Stärke der Motivation von Mäusen (unterschiedliche Schockniveaus) bei einer visuellen Diskriminationsaufgabe. Korrekte Diskrimination ermöglichte es den Mäusen, den Schock zu beenden. Yerkes und Dodson fanden, daß bei einer einfachen Diskriminationsaufgabe die Anzahl der richtigen Lösungen mit zunehmender Schockintensität anstieg. Bei einer schwierigen Aufgabe nahm dagegen die Leistung mit ansteigender Schockintensität zuerst zu und dann wieder ab.

Die Beziehung zwischen Aktivation und Leistung ist also kurvilinear, wobei jedoch Aufgaben unterschiedlicher Schwierigkeit unterschiedliche „optimale“ Aktivationsniveaus haben. In einer Untersuchung, in der diese Hypothese direkt überprüft wurde, hielt Broadhurst (1957) Ratten von null bis zu acht Sekunden lang unter Wasser fest, bevor sie in einen Y-förmigen Laufgang gelassen wurden, durch den sie entkommen konnten, indem sie den richtigen Arm wählten. Wählte das Tier zuerst den falschen Arm, so mußte es unter Wasser zum korrekten Arm zurückschwimmen, um durch diesen dann entkommen zu können. Die Arme des Laufgangs unterschieden sich in ihrer Helligkeit, wobei der hellere Arm vom Versuchsleiter zum „korrekten“ (Flucht-) Weg bestimmt worden war. Die Schwierigkeit der Aufgabe wurde von Broadhurst dann manipuliert, indem er den Helligkeitsunterschied zwischen den zwei Armen variierte.

Die Ergebnisse dieser Untersuchung sind in Abbildung 3.25 wiedergegeben. Abbildung 3.25 zeigt, daß mehr korrekte Reaktionen stattfanden, wenn die Diskriminationsaufgabe einfach war, als wenn sie schwierig war. Von größerer Bedeutung ist im vorliegenden Zusammenhang die Tatsache, daß das optimale Motivationsniveau für die schwierige Aufgabe niedriger war als für die einfache Aufgabe. Wie in Abbildung 3.25 dargestellt, nahm die Anzahl der richtigen Reaktionen bei der schwierigen Aufgabe nach wenigen Sekunden Sauerstoffdeprivation deutlich ab.

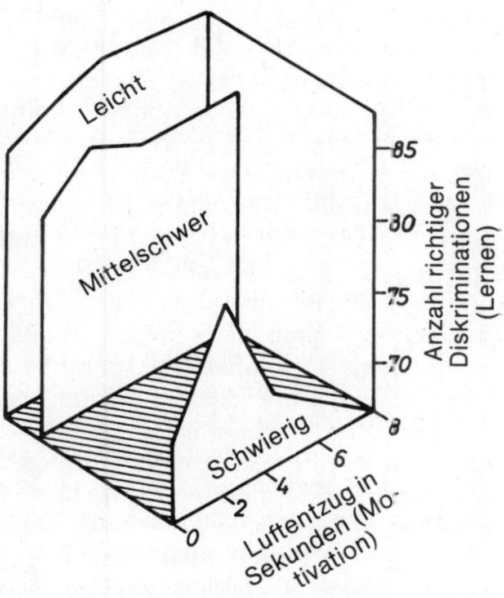

Abbildung 3.25: Eine dreidimensionale Darstellung der Beziehung zwischen den Leistungen bei einer Diskriminationsaufgabe und (a) der Intensität der induzierten Motivation (Luftentzug, gemessen in Sekunden) sowie (b) dem Schwierigkeitsgrad der Aufgabe. Gezeigt werden die insgesamten Durchschnittswerte (nach Broadhurst, 1957, S. 348)

Zwar stützt die Untersuchung von Broadhurst die Aktivationstheorie; leider wird aber das Yerkes-Dodson-Gesetz von vielen weiteren Untersuchungen nicht gestützt (vgl. Duffy, 1962; Ferguson, 1976). Auch wird, wie Duffy (1962) bemerkt,

> ... leider offenkundig, daß jede beliebige vorgefundene Beziehung zwischen Aktivation und Leistung erklärt werden kann. Nimmt die Qualität der Leistung mit steigender Aktivation zu, dann war das vorige Aktivationsniveau zu niedrig; nimmt sie ab, dann war das vorige Aktivationsniveau zu hoch (S. 185).

Obwohl die Aktivations- und die Triebtheorie unterschiedliche Vorhersagen machen, steht ein Entscheidungsexperiment, welches eine der beiden Konzeptionen stützen und gleichzeitig die andere entkräften würde, noch aus.

Zusammenfassung

In diesem Kapitel wurde der triebtheoretische Ansatz in der Motivationsforschung erörtert. Die wichtigsten theoretischen Konstrukte, die besprochen wurden, waren: Trieb (unspezifische, energetisierende Größe); Habit; erlernter Trieb; Anreiz. Diese Begriffe sind die Bestandteile, aus denen die Hullsche Verhaltenstheorie aufgebaut ist. Die Theorie behauptet, daß Verhalten eine Funktion von Triebstärke × Habitstärke sei; in späteren Erweiterungen wurden erlernte Triebe und Anreize als Determinanten des Verhaltens mit einbezogen.

Vier miteinander zusammenhängende Forschungsgebiete wurden näher erörtert: Angst, Konflikt, Frustration und soziale Erleichterung. Jedes dieser Gebiete wurde aus der Perspektive der Hullschen Triebtheorie dargestellt.

Es wurde dabei aufgezeigt, daß

1. Angst als ungerichteter Trieb aufgefaßt wird. Der triebgenerierende Mechanismus besteht in der emotionalen Reaktion auf einen Streßreiz. Die Triebstärke ist dabei eine Funktion sowohl der Aversivität des Stressors als auch von interindividuellen Unterschieden in der Reaktivität auf aversive Ereignisse. Hochängstliche Personen lernen besser bei einfachen und schlechter bei komplexen Aufgaben.
2. Die Erforschung der Natur von Konflikten ist durch ein von Miller vorgeschlagenes Modell vorangebracht worden. Dieses Modell postuliert, daß der Vermeidungsgradient (bzw. die Veränderung in der Stärke der Vermeidungsmotivation als Funktion der Zieldistanz) steiler ist als der Annäherungsgradient. Dieses Postulat erlaubt es dem Modell u.a., ambivalentes Verhalten zu erklären.
3. Es gibt zwei triebtheoretische Konzeptionen der Frustration, welche die energetisierenden Effekte von Nichterreichung eines Ziels erklären können (Amsels Theorie und die Theorie von Brown und Farber).

4. Triebtheoretische Prinzipien können einige der Befunde erklären, die dafür sprechen, daß Aggression eine der möglichen Folgen von Frustration ist und daß Frustration eine Intensivierung des Verhaltens zur Folge haben kann.
5. Die triebtheoretische Konzeption der sozialen Erleichterung bietet für die Mehrzahl der empirischen Befunde keine adäquate Erklärung. Einige dieser Befunde passen jedoch recht gut in den triebtheoretischen Rahmen.

Anschließend konzentrierte sich die Diskussion auf die Aktivationstheorie, denn Aktivation wird häufig synonym mit Trieb, Energie und Erregung verwendet. Aktivationstheoretiker unterscheiden sich von Triebtheoretikern in zwei wichtigen Aspekten: Aktivationstheoretiker behaupten, (1) daß Organismen gelegentlich nach Erhöhung der Stimulation streben; und (2) daß eine kurvilineare Beziehung zwischen Aktivationsniveau und Verhalten besteht. Es ist offensichtlich, daß Organismen häufig nach Stimulation streben, wie sich etwa mit den Forschungsarbeiten zur sensorischen Deprivation und zum spontanen Reaktionswechsel zeigen ließ. Diese Resultate stellen die philosophischen Grundlagen der Triebtheorie in Frage – trotz Berlynes Versuch, diese Beobachtungen in einen triebtheoretischen Rahmen zu integrieren. Auch die Beziehung zwischen Aktivationsniveau und Leistung ebenso wie die Frage, wie diese Beziehung von der Aufgabenschwierigkeit beeinflußt wird, muß erst noch geklärt werden.

Es ist offensichtlich geworden, daß das Triebkonstrukt und die Triebtheorie zur Erklärung einer breiten Vielfalt tierischen und menschlichen Verhaltens herangezogen wurde. Dies war manchmal recht erfolgreich, wie bei der Erklärung des Verhaltens hungriger oder durstiger Ratten im Laufgang oder bei der Erklärung komplexen Verschiebungsverhaltens. Auf anderen Gebieten war die Triebtheorie dagegen wenig erfolgreich.

Nach Meinung des Autors bestand der wichtigste Beitrag der Triebtheorie in dem Versuch, motiviertes Verhalten systematisch und präzise von einer vollkommen mechanistischen Position aus zu erforschen. Triebtheoretiker haben in vorbildlicher Weise gezeigt, wie die wissenschaftliche und experimentelle Motivationsforschung vorgehen sollte. Sie haben sorgfältig die Determinanten des Verhaltens identifiziert, ein mathematisches Modell konstruiert, Vorhersagen aus diesem Modell abgeleitet und die Vorhersagen in sorgfältig kontrollierten Laboruntersuchungen überprüft. Der triebtheoretische Ansatz steht in starkem Gegensatz zur Psychologie Freuds, obwohl er, wie früher erwähnt, paradoxerweise auch viele Gemeinsamkeiten mit der Freudschen Theorie aufweist – wie etwa die Annahme eines Hedonismus- und Homöostaseprinzips, die Annahme eines psychischen Determinismus und die Verwendung eines Energiekonstruktes.

Inzwischen hat die Triebtheorie ihre dominante Position in der Psychologie verloren, in erster Linie wegen ihrer Vernachlässigung kognitiver Prozesse und ihrer Annahme, Menschen seien weiter nichts als komplizierte Roboter. Nichtsdestoweniger spielte sie – und tut dies noch immer – eine wichtige Rolle für die Vertiefung unseres Verständnisses motivierten Verhaltens.

II. Erwartungs-Wert-Theorien

4. Kapitel
Kurt Lewins Feldtheorie

Einleitung

Nach den psychoanalytischen und mechanistischen Triebreduktionstheorien von Freud bzw. Hull wenden wir uns in diesem Abschnitt des Buches den kognitiven Erwartungs-Wert-Theorien von Kurt Lewin, John Atkinson und Julian Rotter zu. Lewin ist die Schlüsselfigur, welche den Übergang zwischen Abschnitt I und II dieses Buches markiert, denn seine Theorie enthält noch viele der von Freud und Hull vertretenen Ideen der Spannungsreduktion; diese Ideen sind jedoch in eine stärker kognitiv orientierte Konzeption des Verhaltens integriert. Damit stellt Lewin die Brücke von der Vergangenheit zur Gegenwart der Motivationsforschung dar. Lewin war auch der erste Psychologe, der einige der psychodynamischen Hypothesen Freuds experimentell überprüfte und darauf bestand, komplexes Alltagsverhalten zu untersuchen. Und doch entwickelte er ein quasi-mathematisches Verhaltensmodell, das überraschende Ähnlichkeiten zu Hulls Trieb × Habit-Theorie aufweist. Auf diese Weise wurde ein erster Schritt unternommen, die divergenten Ziele von Freud und Hull miteinander zu verbinden.

Später in diesem Buch werden wir sehen, daß Lewin auch die Attributionstheorie, einen weiteren Ansatz der Motivationsforschung, stark beeinflußte und sogar die „T-Gruppen-“ (Gruppentherapie-) Bewegung, einen wesentlichen Teilbereich der humanistischen Psychologie (vgl. 9. Kapitel), initiierte. Die vielfältigen Beiträge Lewins und sein Einfluß auf die Psychologie sind uns Psychologen häufig nicht bewußt. Mit seiner Theorie verhält es sich wie mit dem, was amerikanische Ökonomen als „schleichenden Sozialismus“ bezeichnen – seine Existenz wird nicht gerne zugegeben, aber die Vorteile, die er mit sich bringt, werden gerne akzeptiert.

Der historische Einfluß der Gestaltpsychologie

Kurt Lewin war Mitglied der gestaltpsychologischen Schule, deren Zentrum das Berlin des frühen 20. Jahrhunderts war. Als Begründer der Gestaltpsychologie wird Max Wertheimer betrachtet, der als erster die Aufmerksamkeit auf das „Phi-Phänomen“ lenkte. Wertheimer bemerkte, daß, wenn man zwei Lichtquellen in enger zeitlicher und räumlicher Nähe aufblitzen läßt, Bewegung wahrgenommen wird. (Heutzutage wissen wir das natürlich alle infolge der Allgegenwart des Films.) Zum Verständnis wahrgenommener Bewegung darf man also nicht nur das Aufleuchten einer einzelnen Lichtquelle betrachten, sondern muß auch ihre Beziehung zum Aufleuchten benachbarter Lichtquellen berücksichtigen. Nach Ansicht der Gestaltpsychologen lag die allgemeinere Bedeutung dieser Entdeckung darin, daß ein Verständnis von Wahrnehmungsphänomenen nicht möglich ist, indem diese in Teilkomponenten zerlegt und analytisch zergliedert werden. Vielmehr müsse man sich mit dem Ganzen beschäftigen, mit der gesamten Situation, wie sie von der Person wahrgenommen werde. Denn das Ganze sei oft mehr als die bloße Summe seiner Teile.

Zur Analyse der Gesamtsituation verwendeten die Gestaltpsychologen den physikalischen Feldbegriff. In einem physikalischen Feld beeinflußt die Änderung eines beliebigen Teils dieses Feldes die anderen

KURT LEWIN

(Wide World Photos)

Kurt Lewin wurde 1890 in Preußen geboren und erhielt seinen Doktortitel 1914 von der Universität Berlin. In Berlin kam er unter den Einfluß der Gestaltpsychologen, insbesondere Max Wertheimers, Wolfgang Köhlers und Kurt Koffkas. Zur Zeit von Hitlers Machtübernahme kehrte Lewin gerade von einer Reise in die Vereinigten Staaten über Rußland nach Berlin zurück. Er kam jedoch zu dem Entschluß, daß es unsicher wäre, nach Deutschland einzureisen, und kehrte in die Vereinigten Staaten zurück, um sich dort niederzulassen. Nach kurzer Tätigkeit an der Cornell University ging Lewin an die *Child Welfare Station* der University of Iowa (1935–1945). 1945 wurde er Leiter des Forschungszentrums für Gruppendynamik am Massachusetts Institute of Technology. Lewin starb 1945 im Alter von 56 Jahren an einem Herzinfarkt.

Lewins vorzeitiger Tod war von seinen Kollegen lange befürchtet worden, denn er führte ein Leben ständiger Aktivität. Seine Interessen umfaßten die Entwicklung von theoretischen Modellen der Motivation ebenso wie die Suche nach Lösungen für soziale Probleme. Seine angewandten Forschungsinteressen reichten vom Studium der Pubertät und des Schwachsinns bis zu Analysen von Nationalcharakter und Ernährungsgewohnheiten.

Lewin war ein warmherziger Mensch, der mit seinen Studenten und Kollegen intensiv zusammenarbeitete. Den Erzählungen seiner Schüler zufolge läutete er oft spät in der Nacht mit einer Flasche Wein in der Hand bei ihnen an, um dann bis zum Morgengrauen über Psychologie zu diskutieren. Seine Schüler, unter ihnen Leon Festinger und viele andere, wurden zu dominierenden Figuren auf dem Gebiet der Sozialpsychologie. Lewin identifizierte sich stark mit Amerika und dem American way of life. Er war aber ebenso ein entschiedener Anhänger des Staates Israel und trug sich knapp vor seinem Tod mit dem Gedanken, sich in dem damals relativ jungen jüdischen Staat niederzulassen.

Teile. Ein Feld wird durch alle auf die Gesamtheit der Objekte in diesem Feld einwirkenden Kräfte strukturiert.

Die Gestaltpsychologen zogen die Konzeption des Feldes zu ihrer Analyse psychischer Prozesse, vor allem von Wahrnehmungsprozessen, heran. Die Wahrnehmung eines Objekts – so ihre typische Argumentation – wird durch den gesamten Kontext beeinflußt, in den das Objekt eingebettet ist. Effektvoll wurde dies durch ihre Demonstration von Wahrnehmungstäuschungen, wie etwa die Müller-Lyersche Täuschung (vgl. Abb. 4.1), illustriert. Bei der Müller-Lyerschen Täuschung werden zwei objektiv gleichlange Linien als verschieden lang wahrgenommen. Nach Ansicht der Gestaltpsychologen wird dies durch die unterschiedlichen Kräftefelder, welche die geschätzten Linien umgeben, verursacht.

Die Gestaltpsychologen interessierten sich auch für Lernprobleme, aber die Art des Lernens, die sie untersuchten, kann als Teilgebiet der Wahrnehmung betrachtet werden und illustriert erneut die Bedeutung des psychologischen Feldes und der wechselseitigen Beziehungen zwischen den Teilen des Feldes. In Wolfgang Köhlers Buch „Intelligenzprüfungen an Menschenaffen“ (1924) werden Experimente berichtet, die Lernen durch Einsicht bei Tieren demonstrieren. Das allgemeine Vorgehen bei diesen Versuchen bestand darin, in eine Ecke des Affenkäfigs einen Stock zu legen und in eine gegenüberliegende Ecke des Raumes, außerhalb des Käfigs, Futter zugeben.

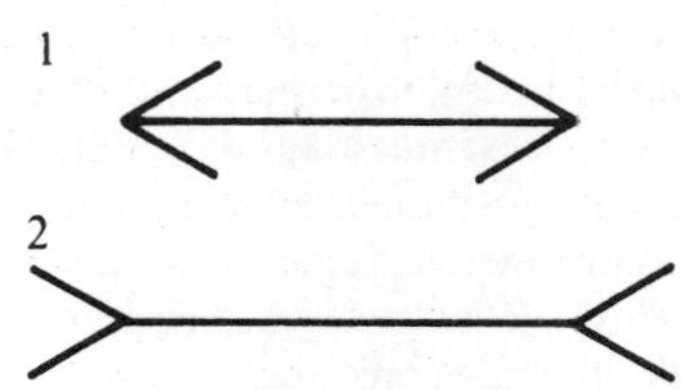

Abbildung 4.1: Die Müller-Lyersche Täuschung. Beide Linien sind objektiv gleich lang. Die zweite Linie erscheint jedoch länger als die erste

Das Tier konnte das Futter nur erreichen, indem es den Stock als Werkzeug benutzte. Köhler berichtet, daß die Affen in der Lage waren, die richtige Lösung für das Problem zu erkennen und das Futter mit Hilfe des Stocks heranzuholen. Köhler kontrastierte diese Form des Lernens durch Einsicht mit dem blinden Versuch- und Irrtumslernen, das von Thorndikes Katzen und Hühnern an den Tag gelegt wurde und das einen so starken Einfluß auf die Hullsche Verhaltenstheorie hatte.

In Köhlers Experimenten scheint das Lernen Wahrnehmungsprozesse zu beinhalten. Obwohl der Weg zum Stock dem Weg nach vorne zum Futter physikalisch entgegengesetzt ist, muß er als in Richtung des Ziels liegend wahrgenommen werden. Demnach hängt die Entdeckung der richtigen Reaktion in dieser Situation von der Art ab, in der das Tier das Feld organisiert; d.h. die Lösung des Problems erfordert die richtige Wahrnehmung der Beziehung zwischen den Teilen des Feldes.

Die von den Gestaltpsychologen verwendete Sprache wurde von Lewin für die Interpretation motivationaler Phänomene adaptiert. Begriffe wie Struktur des Feldes, Beziehung zwischen den Teilen, subjektive Wahrnehmung, Reorganisation des Feldes, Kraft, Energie und Anziehung bilden die Grundlage der Lewinschen Theorie. Dieser Theorie wenden wir uns nun zu.

Die Feldtheorie

Die von Lewin entwickelte Konzeption wird *Feldtheorie* genannt. Die Feldtheorie geht von der Annahme aus, daß Verhalten durch das zu einem bestimmten Zeitpunkt existierende Feld determiniert wird. Dieser Ansatz ist – im Gegensatz zu einem genetischen oder historischen – *ahistorisch*. Nehmen Sie zum Beispiel an, eine Person verspüre den Zwang, alle zehn Minuten die Hände zu waschen. Zur Erklärung dieses Verhaltens würde ein Psychologe mit einem historischen Ansatz, wie etwa Freud, Nachforschungen über die Vergangenheit der Person anstellen, vor allem was die Art der Erziehung sowie in frühen Entwicklungsstadien aufgetretene Ereignisse betrifft. Im Idealfall könnte dann festgestellt werden, wie diese historischen Ereignisse das gegenwärtige Handeln beeinflussen. Dagegen würde Lewin die Kräfte bestimmen, die in der *unmittelbaren Gegenwart* auf die Person einwirken. Er würde wahrscheinlich annehmen, daß die Person eine Abneigung gegen Schmutz hat oder daß Seife auf sie eine besondere Anziehung ausübt. Die vorangegangenen historischen Bedingungen bzw. die Gründe, *warum* die Person die Situation so und nicht anders wahrnimmt, wären für ihn nicht das Wesentliche. Was hingegen wichtig ist, ist die Spezifizierung der gegenwärtig oder unmittelbar wirksamen Verhaltensdeterminanten. Damit werden Vergangenheit wie auch Zukunft in der Gegenwart repräsentiert. Dieser ahistorische Ansatz charakterisiert auch die Theorie Hulls, obgleich Hull diesen Aspekt seiner Theorie nicht explizit erörtert hat.

Ein zweiter Grundsatz Lewins, der bereits angedeutet wurde, ist, daß eine Verhaltensanalyse die Gesamtsituation in Betracht ziehen muß. Wie schon die gestaltpsychologischen Vorgänger Lewins bei ihrer Untersuchung von Wahrnehmungsphänomenen betonten, muß das gesamte Kräftefeld berücksichtigt werden. Jeder Teil eines Feldes interagiert mit den anderen Teilen. Bei der Erörterung von Lewins Konzept des „Lebensraums" wird die Anwendung dieses Prinzips deutlich werden.

Der Lebensraum

Lewins grundlegende theoretische Aussage lautet, daß Verhalten sowohl durch die Person (P) als auch durch die Umwelt (U) determiniert wird: V = f(P,U), wobei f irgendeine Funktion oder Beziehung repräsentiert. Person und Umwelt zusammen ergeben den Lebensraum (vgl Abb. 4.2).

Der Lebensraum stellt die *psychologische* Realität dar; er repräsentiert die Gesamtheit der Faktoren, die zu einem bestimmten Zeitpunkt das Verhalten determinieren, d.h. der Lebensraum repräsentiert die Umwelt, wie sie von der Person wahrgenommen

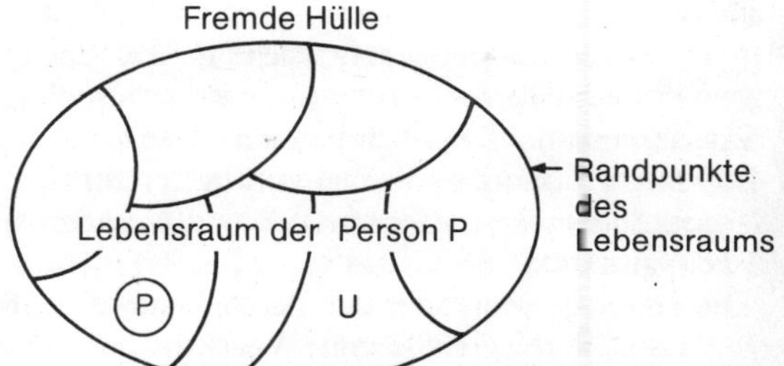

Abbildung 4.2: Darstellung eines Lebensraums. P repräsentiert die Person und U repräsentiert die psychologische Umwelt (aus Lewin, 1936, S. 73)

wird. Die psychologische Umwelt ist nicht identisch mit der physikalischen Umwelt. Lewin illustrierte diese Idee etwas dramatisch durch die Geschichte des Reiters, der sich mit seinem Pferd in einem Schneesturm verirrt hatte. Er sah in der Ferne ein Licht und ritt direkt darauf zu. An seinem Ziel angekommen, erfuhr er, daß er soeben einen kaum zugefrorenen See überquert hatte. Das Verhalten dieses Reiters hätte sicher anders ausgesehen, wenn die mit der Überquerung des Sees verbundene Gefahr nicht nur eine physikalische, sondern auch eine psychologische Realität gewesen wäre.

Die subjektive Repräsentation der Umwelt wird durch eine Reihe von Personeigenschaften, wie Bedürfnisse, Werte, Einstellungen und Motive, beeinflußt. Analog beeinflußt auch die wahrgenommene Umwelt die Person. Das plötzliche Auftreten eines bedrohlichen Ereignisses oder einer physisch attraktiven Person kann die Bedürfnisse und Spannungen einer Person verändern. Laut Lewin muß man, um Verhalten zu verstehen, die jeweilige Konstellation von Person und Umwelt betrachten. Zusammen determinieren sie das Handeln.

Es ist nützlich, Lewins Begriffsapparat zu Zwekken der Darstellung in person- und umweltbezogene Komponenten des Lebensraums aufzuteilen. Innerhalb beider Kategorien lassen sich darüber hinaus dynamische und strukturelle Komponenten unterscheiden.

Konstrukte, die sich auf die Person beziehen

Strukturelle Konstrukte. Die Person kann man sich entweder als *Punkt* oder als *Bereich* im Lebensraum vorstellen. In Abbildung 4.2 wird das Individuum als undifferenzierter Punkt gesehen. In vielen Fällen war Lewin hauptsächlich mit der Position oder dem Platz des Individuums im Lebensraum beschäftigt; in diesen Fällen ist es wenig sinnvoll, die Person in Subkomponenten zu differenzieren. In anderen Situationen ist es jedoch notwendig, sich die Person als Bereich innerhalb des Lebensraumes vorzustellen. Wird die Person als Bereich betrachtet, so weist sie bestimmte Strukturen auf. Die wichtigsten Strukturen sind *Subbereiche, Grenzwände* und *Nachbarbereiche* (vgl. Abb. 4.3).

Die Bereiche innerhalb der Person sind „Behälter"; sie stellen „Gefäße mit Wänden" dar. Die Wände oder Begrenzungen unterscheiden sich hinsichtlich ihrer Durchlässigkeit; einige sind stärker, andere weniger durchlässig. Diese Eigenschaft der Bereiche ist wichtig, weil sie teilweise das Schicksal

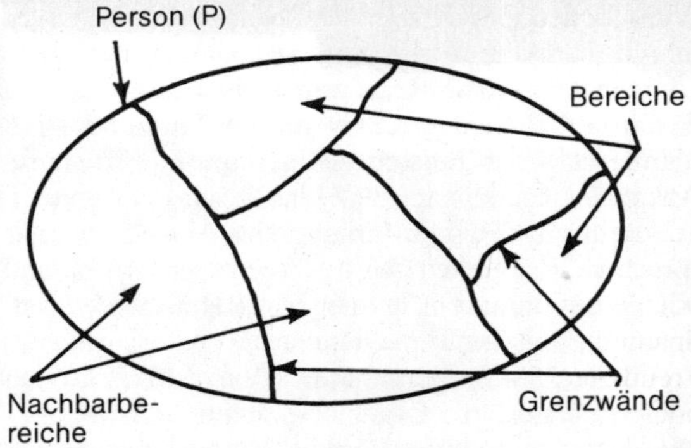

Abbildung 4.3: Darstellung der strukturellen Eigenschaften der Person. Die Bereiche sind durch Grenzwände voneinander getrennt, welche sich in ihrer Durchlässigkeit unterscheiden. Nachbarbereiche grenzen direkt aneinander

der in den Bereichen bestehenden Spannung bestimmt. *Spannung* ist das dynamische intrapersonale Konstrukt.

Dynamisches Konstrukt. Das dynamische Konstrukt der Spannung bezieht sich auf den Zustand eines Bereichs. Besteht ein Bedürfnis, so wird ein Bereich als in einem Zustand der Spannung befindlich dargestellt. Zum leichteren Verständnis des Spannungsbegriffs ist es hilfreich, sich die intrapersonalen Bereiche als flüssigkeitsgefüllte Gefäße vorzustellen, die unter einem bestimmten Druck stehen. (Wir erinnern uns, daß diese Metapher auch von den Ethologen bei ihrer Erörterung des Instinkts gebraucht wurde.) Das Ausmaß dieser Spannung („Flüssigkeitsdruck") ist eine Funktion der Stärke der Bedürfnisse.

Besteht Spannung innerhalb eines Bereiches, so versucht der Bereich seine Spannung an die der benachbarten Bereiche anzugleichen. Wie erinnerlich, unterscheiden sich die Trennwände der Gefäße hinsichtlich ihrer Durchlässigkeit. Ist die Grenze zwischen zwei Bereichen nicht vollkommen durchlässig, so wird irgendein minimaler Unterschied zwischen den Spannungszuständen der beiden Bereiche bestehen bleiben. Haben die Bereiche eine gemeinsame durchlässige Grenze (benachbarte Bereiche in Abb. 4.3), oder stehen sie miteinander in einer „dynamischen Verbindung" (die Spannung eines Bereichs kann über einen Zwischenbereich in den anderen abfließen), so wird das in dem einen Bereich bestehende Bedürfnis auch zu einem Bedürfnis im anderen Bereich führen. Wegen der Verbindung zwischen den Bereichen könnte zum Beispiel der

Wunsch, den Film X zu sehen, auch zu dem Wunsch führen, den Film Y zu sehen. Benachbarte Bereiche können demnach als Repräsentationen ähnlicher Bedürfnispotentiale angesehen werden.

Innerhalb der Person gibt es eine unbestimmte Anzahl intrapersonaler Bereiche, welche verschiedenen Bedürfnissen oder Intentionen (Absichten) entsprechen. Bei jedem Auftreten eines Bedürfnisses oder einer Intention tritt in einem neuen Bereich Spannung auf. Lewin hat demnach – im Gegensatz zu Freuds und Hulls Konzeption einer nichtdirektiven oder aggregierten Libido- bzw. Triebquelle – eine pluralistische Bedürfniskonzeption. Im Lewinschen System vereinigen sich die Spannungen der verschiedenen Bereiche nicht zu einem einzigen „Trieb", der dann sämtliche Verhaltensweisen beeinflußt. Vielmehr korrespondiert jeder „gespannte" Bereich mit einem ganz bestimmten Bedürfnisobjekt oder einer Klasse von Objekten.

Die Erreichung eines Ziels reduziert das Spannungsniveau innerhalb eines Bereichs. Die Zielerreichung braucht jedoch nicht im direkten Konsum des Wunschobjektes zu bestehen. Auch Denken, Erinnern, ins Kino gehen usw. kann die Spannung eines Bereichs vermindern. Man beachte wiederum den Unterschied zwischen den Lewinschen und den Freudschen bzw. Hullschen Vorstellungen bezüglich der Zielerreichung. Für Lewin gibt es auch Bedürfnisse, die sich nicht auf Körperfunktionen und das Überleben beziehen; für die Theorien von Freud und Hull trifft dies nicht zu.

Integration dynamischer und struktureller Aspekte. Ein Bedürfnis oder eine Intention erzeugt Spannung in einem Bereich der Person. Das Ungleichgewicht der Spannungszustände zwischen den Bereichen führt dazu, daß Spannung von einem Bereich in einen anderen abfließt. Der Spannungsausgleich zwischen den Bereichen hängt zum Teil von der Durchlässigkeit der Grenzwandungen ab. Sind die Trennwände nicht vollkommen durchlässig, so kann ein Bereich in einem relativ konstanten Spannungszustand verbleiben. Nach vollzogener Bedürfnisbefriedigung – so wird postuliert – verschwindet die Spannung, was das Gleichgewicht zwischen den Bereichen wiederherstellt.

Konstrukte, die sich auf die Umwelt beziehen

Strukturelle Konstrukte. Die strukturellen Komponenten der Umwelt sind mit denen der Person identisch. Sie umfassen Bereiche, Grenzwände und Nachbarbereiche. Jedoch unterscheiden sich die Umwelt- und die Personkonstrukte in ihrer Bedeutung. Umweltbereiche repräsentieren in erster Linie Handlungsmöglichkeiten. Wenn eine Person P zum Beispiel ins Kino gehen möchte, so muß sie dafür vielleicht Geld von ihrem Vater beschaffen, das Auto starten, zum Kino fahren usw. (vgl. Abb. 4.4). Die Bereiche entsprechen also instrumentellen Handlungen. Man beachte aber, daß die Bereiche auch als „Räume" betrachtet werden können, durch die man sich vorwärtsbewegt, um zum Ziel zu kommen.

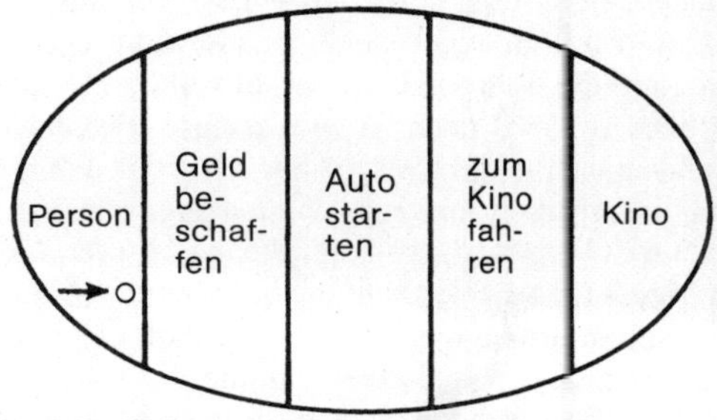

Abbildung 4.4: Darstellung einer Lebensumwelt. Die Bereiche repräsentieren instrumentelle Handlungen und einen Pfad, auf dem P sich zum Ziel hinbewegt

Die Anzahl der Bereiche im Lebensraum zu einem bestimmten Zeitpunkt wird durch die Anzahl der bestehenden psychologischen Differenzierungen determiniert. Für jede psychologische Differenzierung gibt es einen separaten Bereich im Lebensraum. Der Lebensraum kann sich also von Augenblick zu Augenblick verändern. Wenn zum Beispiel das Auto, das man benötigt, um zum Kino zu gelangen, nicht anspringt, so bilden sich neue Bereiche (wie etwa einen Mechaniker rufen) im Lebensraum.

Die Bereiche sind von Grenzwänden umgeben, die sich als Barrieren oder Hindernisse für das zielgerichtete Verhalten (Lokomotion) auswirken können, genauso wie die Grenzwandungen der intrapersonalen Bereiche Hindernisse für den Spannungsausgleich darstellen können. Die Trennwände bestimmen den „freien Bewegungsraum". Lewin definierte den freien Bewegungsraum als die Gesamtheit der Bereiche, die der Person zugänglich sind. Dieser Raum ist sowohl durch externe Verbote (Umweltbeschränkungen) als auch durch persönliche Grenzen, wie etwa mangelnde Fähigkeiten, limitiert. Der freie Bewegungsraum kann entweder eng oder recht ausgedehnt sein. In einem Gefängnis zum Beispiel ist die Anzahl der zugänglichen Bereiche gering. In anderen

Situationen mag der freie Bewegungsraum praktisch unbegrenzt sein – und doch kann es sein, daß die Person nicht in der Lage ist, ihr Ziel zu erreichen. Man stelle sich zum Beispiel den Fall eines Studenten vor, der von vielen Universitäten zugelassen wird, nur nicht von der, die er sich am meisten wünscht.

Die Bereiche des Lebensraums werden in Form eines sogenannten „topologischen“ oder, genauer, „hodologischen“ Raumes (vom Griechischen „hodos“ = „Pfad“) dargestellt. Der hodologische Raum läßt sich durch ein nichtquantitatives mathematisches Modell charakterisieren, welches ohne einige der üblichen, auf Entfernung bezogene Annahmen auskommt. Zum Beispiel ist die Entfernung zwischen zwei Punkten A und B, nicht notwendig gleich der Entfernung von B nach A. Dies könnte etwa der Fall sein, wenn man das Gefühl hat, daß der Weg von – sagen wir – zu Hause zur Schule länger oder kürzer ist als der Weg von der Schule nach Hause. Lewin glaubte, daß eine hodologische Sprache die Möglichkeit zu einer ernsthaften Auseinandersetzung mit der Idee eines psychologischen Raumes eröffnet. Das Konzept des psychologischen Raumes ist aus einer Reihe von Gründen notwendig. Zum Beispiel beinhaltet das Bestehen einer Prüfung oder das Eintreten in den Ehestand psychologische Bewegung, obwohl damit keine physikalische Ortsveränderung verbunden sein muß. Die psychologische Richtung kann manchmal sogar das genaue Gegenteil der physikalischen Richtung sein, wie etwa wenn jemand durch ein brennendes Zimmer läuft, um einem Feuer zu entkommen, oder wenn Köhlers Affe in die Richtung des Stabes ging, um das Futter zu erreichen.

Richtung im Lebensraum. Unter Richtung im Lebensraum versteht man eine Beziehung zwischen zwei Bereichen. Man nehme zum Beispiel an, daß ein in Bereich A befindliches Individuum sich in Richtung des Bereichs B bewegen möchte ($r_{A,B}$; vgl. Abb. 4.5). Die verschiedenen Verbindungen zwischen den Bereichen A und B werden als „Pfade“ bezeichnet. Zwischen zwei beliebigen Bereichen kann es sehr viele Pfade geben. Aus Abbildung 4.5 geht hervor, daß ein A und B verbindender Pfad durch die Bereiche X, Y, Z führen könnte; ein weiterer Pfad durch R, S, T; und ein dritter Pfad durch X, R, S und T. Wir erinnern uns daran, daß die Bereiche des Lebensraums häufig sowohl instrumentelle Handlungen repräsentieren können als auch ein „Medium“, durch welches man sich zur Erreichung eines Zieles hindurchbewegt. Abbildung 4.5 könnte demnach eine Person darstellen, die sich in A befindet (oder A tut)

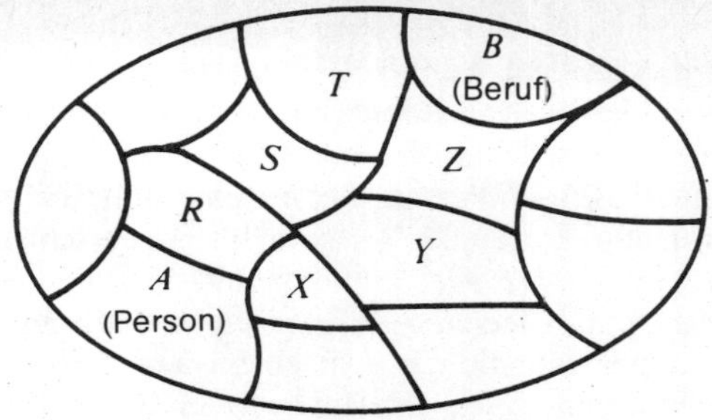

Abbildung 4.5: Darstellung eines Lebensraums mit verschiedenen Pfaden von A nach B

und die in B sein (oder B erreichen) möchte (z.B. einen bestimmten Beruf). Um dies zu erreichen, könnte die Person entweder eine Schule besuchen (X, Y, Z) oder sich für den Beruf anlernen lassen (R, S, T). Jeder dieser zwei Wege führt zum gewünschten Zielbereich (Berufstätigkeit).

Taxonomie der Richtung. Lewin entwickelte eine relativ einfache, doch nützliche Taxonomie der Gerichtetheit des Verhaltens (vgl. Tab. 4.1). Die in Tabelle 4.1 dargestellten vier Kategorien gerichteten Verhaltens ergeben sich aus einer Kombination von zwei Dimensionen: der Richtung des Verhaltens („hin zu“ oder „weg von“ einem Bereich) und der Anzahl der beteiligten Bereiche (nur der Bereich in dem sich die Person befindet, ist beteiligt, oder noch ein weiterer Bereich).

Tabelle 4.1: Die Lewinsche Taxonomie der Gerichtetheit des Verhaltens

Anzahl der Bereiche	Richtung des Verhaltens			
	„hin zu“		„weg von“	
Einer	(A,A)	Konsumatorisches Verhalten	(A,-A)	Fluchtverhalten
Zwei	(A,B)	Instrumentelles Annäherungsverhalten	(B,-A)	Vermeidungsverhalten

Die als „hin zu“ bezeichnete Verhaltensrichtung kann entweder von einem gegebenen Bereich (A) auf einen zweiten Bereich (B) hinzielen, oder sie kann von A nach A führen ($r_{A,A}$). Die letztere Kategorie entspricht Situationen, in denen sich die Person in einem bestimmten Bereich befindet und dort verbleiben möchte. Die als „weg von“ bezeichnete Verhaltensrichtung kann ebenfalls entweder einen zusätzlichen Bereich beinhalten oder nicht. So kann man sich in einem Bereich A befinden und sich in eine von A wegführende Richtung bewegen ($r_{A,-A}$). Die Verabreichung von Schocks an ein Tier kann zum Beispiel dazu führen, daß das Tier sich in Sicherheit zu bringen sucht, wobei jeder schockfreie Bereich eine akzeptable Alternative ist. Bei einem vierten Typus gerichteten Verhaltens schließlich vermeidet das Individuum einen anderen Bereich als den, in dem es sich befindet. Nehmen wir zum Beispiel den Fall eines Kriminellen, der in New York ein Verbrechen begangen hat, sich jetzt in Chicago aufhält und auf dem Weg nach Los Angeles ist. Seine Richtung könnte entweder als weg von New York ($r_{A,-B}$) oder als hin nach Los Angeles ($r_{A,C}$) beschrieben werden. Jedoch scheint die erstere Beschreibung der Dynamik dieser Situation besser gerecht zu werden.

Viele der in den vorangegangenen Kapiteln erörterten Verhaltensweisen können in dieses Schema eingeordnet werden. Instrumentelles Annäherungsverhalten ist „hin zu" einem Ziel gerichtet; konsumatorisches Verhalten bezieht sich auf den Fall, in dem die Person im Zielbereich verbleiben möchte; Fluchtverhalten ist Verhalten „weg von" einem Bereich; und aktives Vermeidungsverhalten kann man sich als eine Serie von Handlungen vorstellen, die „weg von" einem unangenehmen Zustand führen, wobei viele der Handlungen auftreten, wenn sich das Individuum nicht mehr im aversiven Bereich befindet.

Nach diesen strukturellen Betrachtungen wollen wir uns nun den dynamischen Umweltkonstrukten zuwenden.

Dynamische Umweltkonstrukte. Es besteht ein Zusammenhang zwischen den dynamischen Eigenschaften der Person und den dynamischen Eigenschaften der Umwelt. Befindet sich ein intrapersonaler Bereich in einem Spannungszustand, so nimmt ein damit korrespondierender Umweltbereich (ein Objekt) eine *Valenz* an. Lewin (1935) schreibt:

> ... die Valenz eines Objekts ergibt sich gewöhnlich aus der Tatsache, daß es ein Mittel zur Befriedigung eines Bedürfnisses darstellt oder indirekt mit der Befriedigung eines Bedürfnisses zu tun hat. Die Art (das Vorzeichen) und die Stärke der Valenz eines Objekts oder Ereignisses hängt demnach direkt von der momentanen Bedürfnislage des betreffenden Individuums ab; die Valenz der Umweltobjekte und die Bedürfnisse des Individuums korrelieren miteinander (S. 78).

Ist also ein Bedürfnis vorhanden (und infolgedessen ein korrespondierender Personbereich gespannt), so nimmt ein als zur Bedürfnisbefriedigung geeignet angesehenes Objekt anziehende Eigenschaften an. Wenn man zum Beispiel hungrig ist, dann erwirbt ein Steak oder ein anderes eßbares Objekt eine positive Valenz. Natürlich kann es vorkommen, daß Bedürfnisse und gespannte Bereiche bestehen, aber keine Umweltobjekte zur Verfügung stehen, die als zur Bedürfnisbefriedigung geeignet angesehen werden. Die Existenz eines Bedürfnisses bietet also keine Gewähr für das Vorhandensein von Valenzen in der Umwelt. Wenn jedoch das Individuum zum Beispiel zunehmend hungriger wird, so erhöht sich die Spannung und tendiert dazu, sich auf immer mehr Bereiche auszudehnen. Schließlich kann sich ein mit diesen entfernteren intrapersonalen Bereichen korrespondierendes Objekt finden, das die notwendigen Voraussetzungen zur Annahme einer positiven Valenz aufweist – sogar Schuhe werden bei entsprechend starker Deprivation als eßbar angesehen.

Die obige Diskussion impliziert daß, wenn ein Objekt eine Valenz hat, ein damit korrespondierendes Bedürfnis vorhanden sein muß. Das heißt, damit ein Steak einer Person attraktiv erscheinen kann, muß sie einen gewissen Grad an Hunger verspüren. Kurz, wenn eine Valenz besteht, so muß auch ein Bedürfnis vorhanden sein; existiert dagegen ein Bedürfnis, so können – müssen aber nicht – Valenzen in der Umwelt bestehen.

Die Stärke der Valenz, die ein Objekt annimmt, ist direkt proportional zur Intensität des Bedürfnisses – ein Steak ist attraktiver für jemanden, der den ganzen Tag nichts gegessen hat, als für jemanden, der erst seit drei Stunden ohne Nahrung ist. Darüber hinaus hängt die Valenz des Objekts von seinen intrinsischen Eigenschaften ab. Ein dickes, saftiges Steak beispielsweise wird eine größere Valenz haben als ein dünnes, ausgetrocknetes Stück Fleisch. Die Valenzstärke ist daher eine Funktion der Bedürfnisintensität und der Eigenschaften des Zielobjekts. Formal drückte Lewin diese Beziehung folgendermaßen aus:

$$Va(Z) = f(s, Z)$$

wobei Va(Z) die Valenz des Ziels repräsentiert; s steht für Spannung und Z für die Eigenschaften des Zielobjekts.

Die Valenz ist allerdings *keine Kraft*, sie ist nicht direkt mit Bewegung oder Lokomotion verbunden. Ein Bereich mit einer Valenz wird jedoch zum Zentrum eines Kräftefeldes (vgl. Abb. 4.6 und 4.7). Ein Kräftefeld gibt Größe und Richtung des Verhaltens für alle Punkte des Lebensraums an. Zu jedem

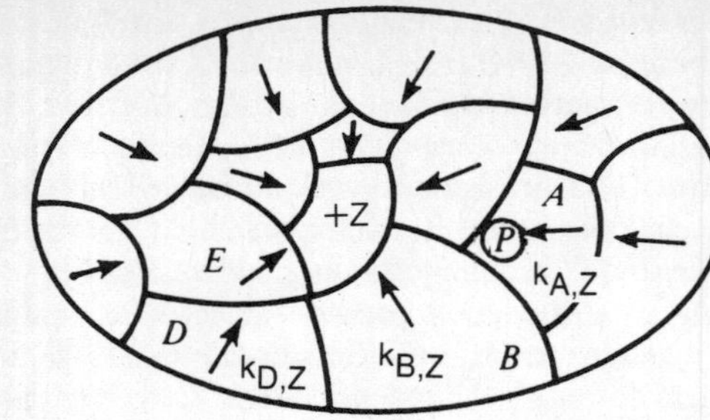

Abbildung 4.6: Ein positives zentrales Kräftefeld, das mit einer positiven Valenz korrespondiert. Die Kraft weist Stärke, repräsentiert durch die Länge des Vektors, und Richtung auf. Die Kraft setzt an der Person P an und wirkt in Richtung des Ziels Z (Lewin, 1946, S. 933)

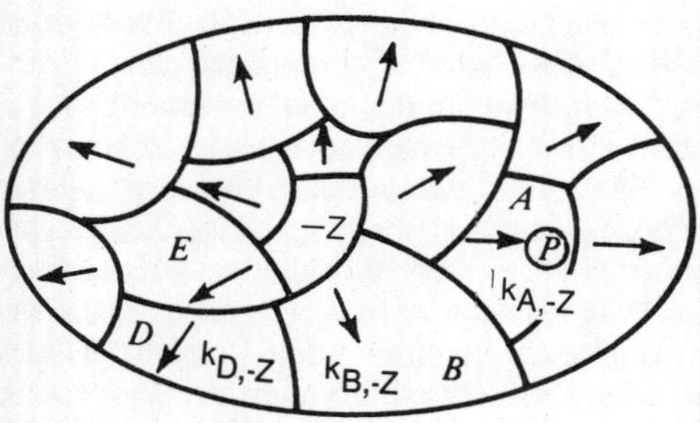

Abbildung 4.7: Ein negatives zentrales Kräftefeld, das mit einer negativen Valenz korrespondiert. Die Kräfte sind vom Ziel weggerichtet

beliebigen Zeitpunkt befindet sich die Person in einem der Bereiche und unterliegt daher einer spezifischen Kraft, die auf sie einwirkt.

Zusätzlich zur Bedürfnisintensität und zu den Eigenschaften des Zielobjekts hängt die Stärke der Kraft von einem weiteren Faktor ab: der relativen Entfernung der Person vom Ziel. Lewin behauptet, daß die Kraft mit der Verringerung der Distanz zwischen Person und Zielobjekt zunehme. Das bedeutet, daß, wenn wir hungrig sind, die auf uns einwirkende Kraft, die uns zur Erreichung des Zieles (Essen) drängt, zunehmend stärker wird, während wir uns zum Beispiel einem Restaurant nähern, eintreten und schließlich das Steak sehen und riechen. Lewin gestand ein, daß dies nicht immer zutreffen muß. Manchmal steigert auch eine *vergrößerte* Distanz die zum Ziel drängende Kraft. Lewin glaubte, daß dies der Grund dafür sei, wieso ferne Länder so attraktiv erscheinen – oder auch Partner, die „erobert werden wollen". Dies sind jedoch untypische Situationen.

Lewin konzeptualisierte die die Person zur Erreichung des Ziels drängende Kraft formal wie folgt:

$$\text{Kraft [k]} = f\left[\frac{Va(Z)}{e}\right] = \frac{(s, Z)}{e}$$

wobei e für die psychologische Distanz oder Entfernung zwischen Person und Ziel steht.

Ausgehend von dieser Formel ist es möglich, die in jedem Bereich des Lebensraums bestehenden Kräfte zu bestimmen. Wie bereits nahegelegt, wird die Kraft als Vektor begriffen: Sie hat Größe oder Betrag und Richtung. Zudem hat sie einen „Ansatzpunkt". Der Ansatzpunkt ist der Bereich, in dem sich die Kraft manifestiert. Da das Individuum sich in diesem Bereich befindet, setzt die Kraft an der Person an.

Wenn eine psychologische Kraft auf die Person einwirkt, ist es wahrscheinlich, daß es zu einer Lokomotion im Lebensraum kommt. Die Kraft wirkt auf die Person in Richtung auf das angestrebte Ziel hin ein. Ein Ziel ist ein Bereich des Lebensraums. Sobald das Ziel erreicht (d.h. in den Bereich eingedrungen) wird, kommt die Spannung des gespannten intrapersonalen Bereichs zum Verschwinden. Da nun in der Person keine Spannung mehr besteht, verliert das Umweltobjekt seine Valenz. Dies resultiert im Nachlassen der auf das Individuum einwirkenden Kraft, und das zielgerichtete Verhalten tritt nicht länger auf. Betrachten wir zur Konkretisierung eine Situation, in der eine Person fünf Stunden nichts zu essen hatte. Bestimmte Objekte ihrer Umwelt nehmen dann eine positive Valenz an. Die Höhe dieser Valenzen hängt davon ab, wie hungrig die Person ist und wie attraktiv die Nahrungsobjekte sind. Da Nahrungsmittel eine positive Valenz annehmen, wird um sie herum ein Kräftefeld aufgebaut, in dem alle Kräfte in ihre Richtung wirken. Die Person befindet sich in einem der Bereiche, die eine solche Kraft enthalten, und bewegt sich daher auf das Zielobjekt zu. Der Verzehr des Essens reduziert Hunger und Spannung. Die übrigbleibende Nahrung ist somit nicht weiter attraktiv und verliert ihre positive Valenz. Dies führt zur Beseitigung des Kräftefeldes und zur Beendigung der Handlung.

Die Beziehung zur Hullschen Theorie

Es ist aufschlußreich, auf die Ähnlichkeit zwischen der Lewinschen Konzeption der Handlungsdeterminanten und dem Hullschen Verhaltensmodell einzugehen. So beinhalten z.B. beide Modelle ähnliche

Komponenten: Bedürfnisse der Person (Trieb T bzw. Spannung s), Eigenschaften des Zielobjekts (Anreiz bzw. „Natur" des Zielobjekts Z) und eine Richtungsvariable (Habit H bzw. psychische Entfernung e). Allerdings ist Lewins s bedürfnisspezifisch, Z hängt von der Existenz von s ab und e ist ein bestimmter Aspekt der kognitiven Repräsentation der Umwelt, welcher die wahrgenommene Distanz reflektiert.

Wegen der Ähnlichkeit ihrer Konzepte war es relativ leicht für Lewin, einige der von den Triebtheoretikern zur Stützung der Triebkonzeption angeführten Phänomene zu erklären. Darüber hinaus führt die Lewinsche Konzeption zu zusätzlichen Einsichten in die Dynamik der von den Hullianern durchgeführten oder zitierten Experimente. Betrachten wir zum Beispiel die Experimente, die mit der *Columbia Obstruction Box* (vgl. Abb. 3.1) durchgeführt wurden. Um kurz zu rekapitulieren: im typischen Experiment mit der *Columbia Obstruction Box* wird ein Tier zuerst in die Startbox gesetzt. Am anderen Ende der Box befindet sich ein geeignetes Anreizobjekt. Zwischen dem Tier und dem Ziel liegt ein Hindernis, wie z.B. ein unter Strom gesetztes Gitter. In einer Reihe systematischer Untersuchungen stellten Moss (1924) und andere Forscher die Beziehungen zwischen Ausmaß und Art der Deprivation und der Tendenz des Tieres zur Überquerung des Gitters fest. Einer der klarsten Befunde war, daß die Tiere das Gitter umso früher überquerten, je größer ihr Hunger war. Zudem wurde das Verhalten auch durch die Eigenschaften des Zielobjekts beeinflußt, und zwar dahingehend, daß bei stärker positiv bewerteten Anreizen die Reaktion früher erfolgte.

Lewin glaubte, daß die *Obstruction Box* zur Messung psychologischer Kräfte geeignet sei (vgl. Abb. 4.8). Einer Kraft zur Erreichung des Ziels (C) steht eine Kraft zum Nichtbetreten des Schockbereichs (B) gegenüber. Es wird erwartet, daß das Tier sich auf

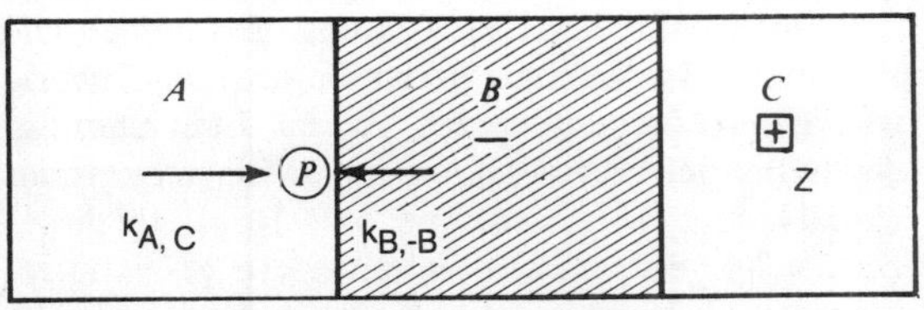

Abbildung 4.8: Schematische Darstellung der Columbia Obstruction Box und der in ihr wirksamen Kräfte. P, das Tier, befindet sich in A; Z, das Ziel, befindet sich in C; B ist das unter Strom stehende Bodengitter, welches A von C trennt. Auf P wirken zwei Kräfte ein: Die eine ist von A nach C gerichtet ($k_{A,C}$), die andere wirkt gegen das Betreten von B ($k_{B,-B}$) (nach Lewin, 1938, S. 72)

das Ziel zubewegt, wenn die in der Startbox (A) vorhandene, in Richtung C wirkende Kraft größer ist als die in B vorhandene, gegen das Betreten des Gitters wirksame Kraft (−B). Mit anderen Worten, Lokomotion tritt ein, wenn die psychologische Kraft ($k_{A,C}$) größer ist als die Kraft ($k_{B,-B}$). Dies ist der bekannte Annäherungs-Vermeidungs-Konflikt.

Besteht eine von A nach C gerichtete Kraft, so muß C das Zentrum eines Kräftefeldes sein, d.h. der Bereich C hat eine positive Valenz. Das Tier muß daher einen gespannten intrapersonalen Bereich haben und sich der Existenz eines geeigneten Zielobjekts in der Umwelt „bewußt" sein. Um diese Valenz zu erzeugen, wird den Tieren Nahrung (oder irgendeine andere lebenswichtige Substanz) entzogen, und sie werden trainiert (bzw. einer bestimmten Umweltsituation ausgesetzt), so daß sie entdecken können, daß in Bereich C Nahrung vorhanden ist.

Um die relative Stärke der Annäherungs- und Vermeidungskraft messen zu können, müssen die beiden Kräfte einander entgegengesetzt werden. Wenn das Tier den Bereich B umgehen könnte, gäbe es keinen Konflikt. Die physikalische Umwelt, mit der die Tiere konfrontiert werden, sorgt dafür, daß die Kräfte gegeneinander wirken. Die Barrieren (Wände), die um die Bereiche (den Laufgang) herum aufgestellt sind, beschränken den freien Bewegungsraum. Der einzig verfügbare Pfad zum Bereich C führt durch den Bereich B.

In den frühen von Moss durchgeführten Experimenten wurde als Maß für die Stärke der resultierenden Kraft oft die Häufigkeit der Gitterüberquerungen verwendet. Ist die Anzahl der Überquerungen während einer bestimmten Zeitspanne in einer bestimmten Versuchsbedingung größer als in einer davon verschiedenen Bedingung, dann muß die von A nach C gerichtete Kraft in der ersteren Bedingung größer sein als in der letzteren. Lewin glaubte jedoch, daß die Häufigkeit der Überquerungen im allgemeinen keine besonders valide abhängige Variable darstelle. Überquert das Tier das Gitter, um das Ziel zu erreichen, dann muß die Annäherungskraft größer sein als die Vermeidungskraft. Warum überquert dann das Tier das Gitter nicht *sofort* wieder, sobald es erneut in die Startbox gesetzt wird? Wenn das Tier in der Startbox bleibt, dann ist zwischen den zwei Versuchsdurchgängen eine Veränderung des Kräfteverhältnisses eingetreten. Lewin meinte, diese „historische" Veränderung ließe sich auf eine Reihe von Faktoren zurückführen, wie z.B. zufällige Reaktionsfluktuationen, Energieverlust oder eine verstärkte Abneigung gegen B nach dem ersten Schock.

Da das Häufigkeitsmaß notwendig eine „wechselnde Kräftekonstellation" reflektiert, konnte Lewin diesen motivationalen Index nicht ohne Vorbehalte anerkennen.

Der Übergang zur zeitgenössischen Psychologie

Zu Beginn dieses Kapitels wurde gesagt, daß Lewins Theorie eine Brücke zwischen der Vergangenheit und der Gegenwart der Motivationsforschung darstelle. Seine Verbindung mit der Vergangenheit, d. h. mit den Theorien von Freud und Hull, wurde bereits teilweise aufgezeigt. Sie zeigt sich am deutlichsten in seiner Akzeptierung der Hedonismus- und Homöostasedoktrin. Individuen werden als Wesen gesehen, die nach Lustmaximierung streben, und dies geschieht durch Spannungsreduktion. Das deckt sich exakt mit der homöostatischen Konzeption, die die Theorien Freuds und Hulls kennzeichnet. Zudem ist aus den vorangegangenen Erörterungen klar geworden, daß Lewin viele mechanistische Konstrukte verwendete, was ganz gewiß sowohl mit dem Denken Freuds als auch dem Hulls im Einklang steht.

Andererseits läßt sich Lewin als „Phänomenologe" charakterisieren. Verhalten wird demzufolge determiniert durch die Art und Weise, in der das Individuum die Welt *wahrnimmt.* Dies beinhaltet z. B. die Wahrnehmung der Zielentfernung (der psychologischen Distanz). Lewin ist daher ein kognitiver Theoretiker – Denken und Wissen spielen eine wesentliche Rolle in seiner Konzeption. Diese kognitive Orientierung stimmt überein mit neueren Ansätzen in der Motivationsforschung, die von Lewin stark beeinflußt wurden.

Empirische Forschung

Wir wenden uns jetzt von Lewins theoretischen Überlegungen einigen der Untersuchungen zu, die durch seine Theorie angeregt wurden. Wenige theoretische Ansätze waren empirisch so fruchtbar, wie die Lewinsche Feldtheorie. In ihrem bekannten Buch *Theories of Personality* konstatieren Hall und Lindzey (1957):

> ... ein weithin anerkanntes Kriterium einer „guten" Theorie ist ihre [empirische] Fruchtbarkeit bzw. der Grad, in dem sie die Forschung anregt. In dieser Hinsicht ist die Theorie Lewins wirklich eine außerordentlich „gute" Theorie. Nur wenige andere Persönlichkeitstheorien haben derart viel experimentelle Forschung hervorgebracht. Lewin selbst, obwohl in erster Linie als brillanter Theoretiker bekannt, war immer ein empirisch arbeitender Wissenschaftler. Er war führend bei der Ausarbeitung empirischer Tests für viele seiner grundlegenden Hypothesen, und sein großer Enthusiasmus für die Forschung hat sich auf viele Studentengenerationen in Deutschland und in den Vereinigten Staaten übertragen. Die Artikelfolge in der Zeitschrift *Psychologische Forschung* zwischen 1926 und 1930 ist eine der vorbildlichsten Serien empirischer Untersuchungen in der psychologischen Literatur. Darüber hinaus haben Lewins Ideen und sein geniales Talent zur Entwicklung einfacher und überzeugender Demonstrationen seiner theoretischen Konzeptionen für viele Psychologen, die nie persönlich mit ihm zusammenarbeiteten, als Katalysatoren gewirkt. Es ist unmöglich abzuschätzen, wie viele Untersuchungen durch Lewins Einfluß geprägt sind. Ihre Anzahl ist sicher Legion. Was auch immer das Schicksal von Lewins Theorie in zukünftigen Jahren sein mag, der von ihr initiierte Korpus an experimenteller Forschung stellt einen dauerhaften Beitrag zu unserem Wissen über die Persönlichkeit dar (S. 239–40).

Folgende Forschungsgebiete sollen hier näher betrachtet werden: Konflikt, Frustration, Erinnerung und Wiederaufnahme von Aufgaben; Ersatzhandlungen, Anspruchsniveau und ökologische Psychologie. Diese Gebiete wurden ausgewählt, weil sie am engsten mit der formalen Theorie Lewins zusammenhängen und weil sie als Kernfragen für das Verständnis der menschlichen Motivation angesehen werden können.

Konflikt

Zu jedem gegebenen Zeitpunkt wirken wahrscheinlich viele miteinander konkurrierenden Kräfte auf die Person ein und drängen sie in verschiedene Richtungen. Es gibt also „überlappende Kräftefelder" innerhalb des Lebensraums, mit denen die Person zu kämpfen hat. In der Lewinschen Theorie wird das so dargestellt, daß sich ein Individuum in einem Bereich befindet, der Bestandteil von mehr als einem Kräftefeld ist (vgl. Abb. 4.9). Der Leser dieses Buches könnte zum Beispiel einerseits ins Kino gehen, aber auch andererseits das vorliegende spannende Kapitel zu Ende lesen wollen; ein Kind möchte ausgehen, aber die Eltern haben ihm aufgetragen, sein Zimmer aufzuräumen usw. Das gleichzeitige Bestehen vieler verschiedener Wünsche und Bedürfnisse ist sicherlich typisch für menschliches Verhalten.

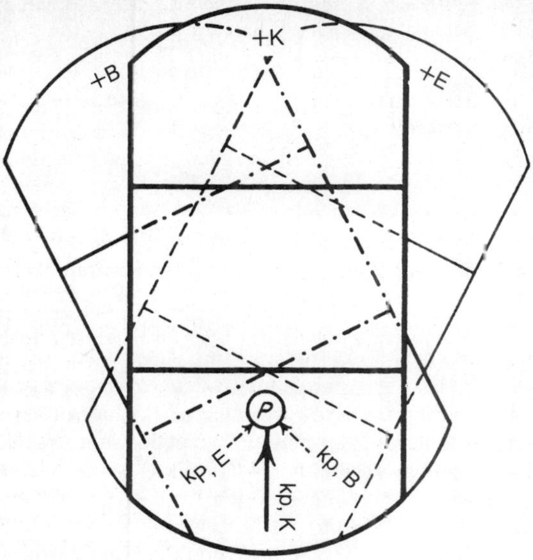

Abbildung 4.9: Situation mit überlappenden Kräftefeldern. Ein Kind, P, möchte ins Kino gehen ($k_{P,K}$): mit seiner Eisenbahn spielen ($k_{P,E}$) und ein Buch lesen ($k_{P,B}$). Die Kräfte unterscheiden sich in bezug auf ihre Richtung. Die Richtung der resultierenden Kraft entspricht hier der Richtung der dominanten (d. h. stärksten) Kraft, $k_{P,K}$

Lewin entwickelte eine Taxonomie der Situationen, in denen zu einem gegebenen Zeitpunkt mehr als eine Kraft auf die Person einwirkt. Er definierte drei Konflikttypen: Annäherung-Annäherung, Annäherung-Vermeidung und Vermeidung-Vermeidung. Lewin (wie übrigens auch N. Miller) nahm an, daß sich die Person in all diesen Konfliktsituationen in Richtung der größten Kraft fortbewegen werde.

Annäherungs-Annäherungs-Konflikte

Bei einem Annäherungs-Annäherungs-Konflikt befindet sich das Individuum unter dem Einfluß von mehr als einem *positiven* Kräftefeld. Beispiele dafür wären: eine Person hat zwei sehenswerte Filme zur Auswahl; in einem Restaurant hat man sowohl Lust auf Steak als auch auf Fisch; oder ein Kind muß sich entscheiden, ob es sein Taschengeld für Süßigkeiten oder für ein Comic-Heft ausgeben will. Lewin glaubte, daß Annäherungs-Annäherungs-Konflikte leicht zu lösen seien, und bezeichnete sie daher als instabile Situationen.

Die Instabilität der Annäherungs-Annäherungs-Konflikte wird deutlich, wenn man in die Lewinsche Formel der psychologischen Kraft einfache Zahlenwerte einsetzt. Nehmen Sie zum Beispiel an, Sie stehen Schlange in einem Selbstbedienungsrestaurant. Sie sehen zwei Kuchen: einen Apfelkuchen zu Ihrer Linken und einen Kirschkuchen zu Ihrer Rechten. Sie sind ziemlich hungrig (s = 3), und beide Kuchen sind gleich attraktiv hinsichtlich ihrer physikalischen Eigenschaften, wie zum Beispiel Größe (Z = 4). Zudem wird zum Erreichen jedes der beiden Kuchen die gleiche Anzahl „psychologischer Schritte" benötigt. Der Apfelkuchen erfordert eine Linksdrehung und eine anschließende Armbewegung, während zum Erreichen des Kirschkuchens eine Rechtsdrehung und eine Armbewegung nötig ist (e = 2). Die in diesem Annäherungs-Annäherungs-Konflikt wirksamen Kräfte sind daher gleich groß:

Apfelkuchen (links)	Kirschkuchen (rechts)
$\text{Kraft} = \frac{4 \times 3}{2} = 6$	$\text{Kraft} = \frac{4 \times 3}{2} = 6$

Es ist deshalb unentschieden, zu welcher Handlung es kommen wird; ein temporäres Gleichgewicht ist eingetreten. (Man beachte, daß hier angenommen wurde, Z und s seien multiplikativ miteinander verknüpft; Lewin hat die genaue mathematische Verknüpfung von Z und s unspezifiziert gelassen.)

Jetzt wird plötzlich jemand hinter Ihnen in der Reihe ungeduldig wegen der Verzögerung und versetzt Ihnen einen leichten Stoß. Durch diesen Stoß werden Sie nach rechts geschoben und befinden sich nun genau vor dem Kirschkuchen. Die psychologische Distanz vom Kirschkuchen hat nun, sagen wir, von 2 auf 1 abgenommen, während die psychologische Distanz zum Apfelkuchen von 2 auf 3 angestiegen ist. Das Kräfteverhältnis stellt sich jetzt wie folgt dar:

Apfelkuchen (links)	Kirschkuchen (rechts)
$\text{Kraft} = \frac{4 \times 3}{3} = 4$	$\text{Kraft} = \frac{4 \times 3}{1} = 12$

Die Kraft auf den Kirschkuchen zu ist jetzt größer als die Kraft zum Apfelkuchen hin. Daher werden Sie sich auf die „roten Kalorien" zubewegen. Der Konflikt ist gelöst; das konflikthafte Gleichgewicht war nur vorübergehend bzw. instabil.

Das eben beschriebene Beispiel beinhaltet nur eine Quelle der Spannung und zwei gleich starke Valenzen. Annäherungs-Annäherungs-Konflikte sind jedoch nicht auf solche Situationen beschränkt. Betrachten wir den Konflikt, der entsteht, wenn ein Kind nur einen kleinen Geldbetrag zur Verfügung hat und sich entscheiden muß, ob es sich dafür Süßigkeiten oder ein Comic-Heft kaufen will. Nehmen wir zum Zweck der Illustration an, daß sein Bedürfnis nach Süßigkeiten einen Betrag von s = 10 Einheiten ausmacht und die Geleebonbons, die es zu kaufen beabsichtigt, einen Wert von Z = 3 haben. Zudem muß es 6 psychologisch distinkte Handlungen ausführen, um die Süßigkeiten zu bekommen (sich zum Ausgehen ankleiden, drei Häuserblöcke weit gehen, um Hilfe bei der Überquerung der Straße bitten usw.). Die Kraft, die das Kind zu den Süßigkeiten hinzieht, beträgt dann 5 Einheiten $[(10 \times 3) : 6 = 5]$. Nehmen wir andererseits an, sein „Bedürfnis" nach dem Comic ist 2 Einheiten stark, das Heftchen hat einen Wert von 5 Einheiten und die psychologische Distanz des Kindes vom Heftchen beträgt 2. Die auf das Kind in Richtung auf das Comic hin wirkenden Kräfte würden dann ebenfalls 5 ausmachen $[(2 \times 5) : 2 = 5]$. Damit wäre ein Gleichgewicht etabliert; die auf das Kind wirkenden Kräfte wären gleich stark.

Wie kann dieser Konflikt gelöst werden? Jede Kognition, die die relative Attraktivität der beiden Zielobjekte verändert, wird eine Ungleichheit im Kräfteverhältnis bewirken. Das Ansehen einer bestimmten Fernsehsendung wird vielleicht das Comic-Heft attraktiver machen. Aber vielleicht wird das Kind, das sich nicht entschließen kann, im Laufe der Zeit hungriger, d. h. die durch den Nahrungsmangel verursachte Spannung steigt, und dadurch wird die Kraft zur Süßigkeit hin stärker als die Kraft hin zum Comic. Sind die Kräfte einmal ungleich geworden, so bewegt sich das Individuum in Richtung der größeren Kraft. Dies reduziert die psychologische Distanz zum gewählten Objekt und vergrößert die psychologische Distanz zum nichtgewählten Alternativobjekt. Das führt zu einer weiteren Vergrößerung des Unterschieds in der Stärke der psychologischen Kräfte.

Zusammenfassend läßt sich sagen, daß Annäherungs-Annäherungs-Konflikte Situationen darstellen, in denen die Person sich in einander überlappenden Kräftefeldern befindet, die durch positiv bewertete Ziele erzeugt werden. Die Lösung des Konflikts kann erreicht werden, wenn sich irgendeine der Determinanten der Kräfte (Spannung, Attraktivität des Zielobjekts oder psychologische Distanz) verändert. Dies kann durch geänderte Kognitionen, durch Änderungen der Bedürfnisspannung oder durch eine beliebige Anzahl weiterer Faktoren verursacht werden. Ist ein Ungleichgewicht einmal hergestellt, so bewegt sich das Individuum in Richtung des Ziels mit der größten Anziehungskraft. Diese Lokomotion führt zu einer weiteren Vergrößerung des Ungleichgewichts der Kräfte, da die psychologische Distanz zur gewählten Alternative abnimmt, während die Distanz zur nichtgewählten Alternative zunimmt.

Vermeidungs-Vermeidungs-Konflikte

Befindet sich eine Person in von Objekten mit *negativer* Valenz erzeugten, überlappenden Kräftefeldern, so kommt es zu Vermeidungs-Vermeidungs-Konflikten. Das ist zum Beispiel der Fall, wenn einem Kind gesagt wird, es solle entweder den Rasen mähen oder seine Hausaufgaben machen, oder wenn meinetwegen Banditen im Wildwestfilm den Marshal von zwei Seiten gleichzeitig angreifen. Lewin behauptete, daß Vermeidungs-Vermeidungs-Konflikte stabil seien, d. h. daß die entgegengesetzten Kräfte dazu tendierten, in einem Zustand des Gleichgewichts zu verharren. Warum das so ist, soll ein einfaches numerisches Beispiel klarmachen. Betrachten wir einen Augenblick den Marshal, der zwischen den zwei Banditen festsitzt, denen er lieber aus dem Weg gehen möchte. Nehmen wir an, sein Bedürfnis nach Sicherheit beträgt 5 Einheiten und jeder der zwei Banditen ist gleich gefährlich (Z = −3). Der Marshal sieht sich von den beiden auf ihn zukommenden Banditen gleich weit entfernt (e = 2). Die Kräfte sind also wie folgt verteilt:

linker Bandit	rechter Bandit
$\text{Kraft} = \frac{5(-3)}{2} = -7.5$	$\text{Kraft} = \frac{5(-3)}{2} = -7.5$

Somit wirken auf den Marshal sowohl von links als auch von rechts gleich starke und einander entgegengesetzte Kräfte ein, die ihn zur Flucht drängen.

Nehmen wir jetzt an, ihm fällt plötzlich ein, daß der linke Bandit ein schlechter Schütze oder ein Feigling ist. Das neue Kräftefeld könnte dann so aussehen:

linker Bandit	rechter Bandit
$\text{Kraft} = \frac{5(-2)}{2} = -5$	$\text{Kraft} = \frac{5(-3)}{2} = -7.5$

Da die negative Valenz jetzt auf der rechten Seite stärker ist, bewegt sich der Marshal nach links. Dadurch verändern sich die psychologischen Distanzen, und damit auch die Kräfte, und zwar folgendermaßen:

linker Bandit

$$\text{Kraft} = \frac{5(-2)}{1} = -10$$

rechter Bandit

$$\text{Kraft} = \frac{5(-3)}{3} = -5$$

Nun ist die psychologische Kraft zur Vermeidung des linken Banditen größer als die zur Vermeidung des rechten Banditen. Obwohl der linke Killer weniger gefährlich erscheint, erhöht die Verringerung der psychologischen Distanz die Kraft zur Vermeidung der Konfrontation. Daher sollte man erwarten, daß der Marshal neuerlich seine Richtung ändern wird, diesmal nach rechts. Theoretisch schwankt er für immer zwischen den beiden Handlungsalternativen hin und her.

Bedeutet dies, daß es stets unmöglich ist, Vermeidungs-Vermeidungs-Konflikte zu lösen? Das ist offensichtlich nicht der Fall, denn der Mensch befindet sich in der Tat häufig in solchen Situationen, und gewöhnlich überwindet er seine Unschlüssigkeit. So könnte etwa eine Änderung der Kognitionen die Stärke der Vermeidungskräfte verändern und dadurch zur Lösung des Konflikts beitragen. Bedürfnisse können sich ändern, die Attraktivität des Zielobjekts kann sich ihrer Größe und sogar ihrer Richtung nach verändern und die psychologische Distanz kann sich ändern. Lewin wies auch darauf hin, daß solche Konflikte häufig durch „Verlassen des Feldes" gelöst werden. Das bedeutet, daß eine Person die sich in einem solchen Konflikt befindet, oft einem Handlungspfad folgt, der die Distanz zu *beiden* Alternativen vergrößert. Würde der Marshal knapp vor Eintreffen der beiden Banditen in einem Heliumballon aufsteigen, so wäre sein Konflikt gelöst. Allerdings kann das Verlassen des Feldes als Konfliktlösungsmethode nur angewandt werden, wenn die Begrenzungen der Konfliktsituation genügend durchlässig sind. Wenn zum Beispiel ein Kind den Auftrag bekommt, entweder den Rasen zu mähen oder seine Aufgaben zu machen, so ist es offensichtlich in einer schwierigen Vermeidungs-Vermeidungs-Situation. Wenn es aber weiß, daß es beiden Arbeiten entgehen kann, indem es entweder der Mutter etwas vorjammert oder sich auf dem Dachboden versteckt, so wird der Konflikt leicht (wenn auch nur vorübergehend) gelöst. Eine der Konsequenzen dieser Analyse, auf die Lewin hingewiesen hat, ist die, daß wirksame Verhaltenskontrolle durch Bestrafung und negative Sanktionen die Errichtung starker Barrieren erfordert, welche die Person in der Situation festhalten. Außerdem muß Energie aufgewendet werden, um sicherzustellen, daß diese Barrieren bestehen bleiben.

Zusammenfassend kann gesagt werden, daß Vermeidungs-Vermeidungskonflikte, die durch überlappende Bereiche negativer Valenz erzeugt werden, nicht leicht zu lösen sind. Nähert man sich dem aversiven Bereich, so wird die Tendenz zur Vermeidung dieses Bereichs nur noch stärker. Daher wird ambivalentes Verhalten an den Tag gelegt; die Person schwankt zwischen den verschiedenen Alternativen. Damit solche Konflikte länger Bestand haben, müssen starke Grenzen existieren, die die Person daran hindern, das Feld zu verlassen und damit alle Alternativen zu vermeiden.

Annäherungs-Vermeidungs-Konflikte

Der dritte Konflikttypus, der Annäherungs-Vermeidungs-Konflikt, wurde bereits im vorangegangenen Kapitel im Detail besprochen. Bei solchen Konflikten nimmt ein- und derselbe Bereich sowohl positive als auch negative Valenzen an, bzw. es kommt zur Errichtung positiver und negativer Kräftefelder. Der Leser könnte zum Beispiel gern ins Kino gehen wollen, will aber das Geld nicht ausgeben; die Studentin würde vielleicht gerne zu lesen aufhören, weiß aber, daß eine Prüfung vor der Tür steht. Wie in allen Konflikten, so wird auch das in dieser Situation gezeigte Verhalten durch die Bedürfnisse der Person, die Eigenschaften des Zielobjekts und die psychologische Distanz determiniert. Wichtig ist dabei insbesondere die relative Steilheit des Annäherungs- und Vermeidungsgradienten.

Annäherungs-Vermeidungs-Konflikte sind ebenfalls relativ stabil. Es wird erwartet, daß sich die Person zunächst auf das Ziel zubewegt, es aber dann wegen der unterschiedlich starken Zunahme in der Stärke der Annäherungs- und Vermeidungstendenzen vermeidet (vgl. das vorangegangene Kapitel). Wieder kann eine Reihe von Faktoren zur Konfliktlösung führen; zum Beispiel könnte das Ziel an Attraktivität gewinnen, oder die Person könnte mit der Zeit ihre Angst verlieren.

Empirische Untersuchungen zum Konflikt

Die Lewinsche Konflikttaxonomie hat überraschend wenige Untersuchungen hervorgebracht. Der vielleicht am meisten untersuchte Aspekt seines Klassifikationsschemas betrifft die relative Stabilität versus Instabilität der verschiedenen Konflikttypen. In einem prototypischen Experiment forderte Arkoff (1957) Studenten auf, sich zu entscheiden, welche von zwei positiven Eigenschaften sie lieber besäßen (z.B. „Wären Sie lieber intelligenter oder lieber attraktiver?“) und welche von zwei negativen Eigenschaften weniger annehmbar für sie wäre (z.B. „Was würde Ihnen mehr ausmachen, weniger intelligent oder weniger attraktiv zu sein?“). Er maß dann die Latenz ihrer Antworten, also die zur Lösung des Konflikts benötigte Zeit. Arkoff fand, daß – wie Lewin vermutet hatte – der Annäherungs-Annäherungs-Konflikt weniger stabil bzw. leichter lösbar ist als der Vermeidungs-Vermeidungs-Konflikt. In dieser Untersuchung betrug die für die Entscheidung in der positiven Konfliktsituation benötigte Zeit annähernd zwei Minuten, während die Latenzzeit für die Antworten in der Vermeidungs-Vermeidungs-Situation mehr als 2.5 Minuten betrug. Darüber hinaus beurteilten die Versuchspersonen den Annäherungs-Annäherungs-Konflikt als leichter zu lösen als den Vermeidungs-Vermeidungs-Konflikt. Dieser Befund scheint verläßlich replizierbar zu sein und kann als gesichertes Faktum betrachtet werden.

Frustration und Regression

Eine interessante wissenschaftliche Spielerei besteht darin zu vergleichen, wie verschiedene Theoretiker an dieselben Problembereiche herangehen. Da das jeweils untersuchte Verhalten von den Theoretikern gewöhnlich recht unterschiedlich konzeptualisiert wird, haben die durchgeführten Experimente und die daraus gezogenen Schlußfolgerungen oft überraschend wenig miteinander zu tun.

Eine einfache Analyse der in diesem Buch besprochenen Lernprinzipien illustriert diesen Sachverhalt. Thorndike glaubte, daß Belohnung und Bestrafung wesentliche Voraussetzungen für den Erwerb von Reaktionen darstellten. Daher ging es in seinen Experimenten um instrumentelle Reaktionen zur Erlangung einer Futterbelohnung. Pawlow glaubte dagegen, daß Kontiguität die notwendige und hinreichende Bedingung für Lernen darstelle. Darum wurden in seinem experimentellen Paradigma zwei Stimuli in enger zeitlicher Aufeinanderfolge präsentiert. Die Gestaltpsychologen schließlich behaupteten, daß ein wesentliches Merkmal von Lernprozessen in der Umorganisation der Wahrnehmung bestehe. In ihren Experimenten zum Lernen durch Einsicht schufen sie Situationen, in denen anscheinend eine Umorganisation der Wahrnehmung notwendig war, um zur richtigen Lösung zu gelangen. Jede theoretische Position entwickelte also ein besonderes experimentelles Verfahren bzw. ein Referenzexperiment, welches geeignet war, Belege für die Ansichten des jeweiligen Theoretikers zu liefern. So ist es ganz natürlich, daß die Schlußfolgerungen, zu denen man gelangte, in der Tat sehr verschieden sind.

Dieser Sachverhalt wird auch durch die Forschungsarbeiten zur Frustration illustriert. Brown, Farber und Amsel waren von ihrer Ausbildung her der Hullschen Theorie verpflichtet. In ihren Untersuchungen wurde Frustration daher im allgemeinen dadurch operationalisiert, daß einem zuvor belohnten Tier das Futter vorenthalten wurde. Und es war vernünftigerweise zu erwarten, daß das Konstrukt der Frustration von diesen Forschern mit Trieb und Habit in Zusammenhang gebracht und zur Erklärung von Phänomenen wie etwa dem Löschungswiderstand herangezogen würde. Schließlich waren das die Probleme, mit denen sich Hull, Spence und ihre Schüler auseinandersetzten. Lewin dagegen war ein Feldtheoretiker mit starken persönlichkeits- und entwicklungspsychologischen Interessen. Seine Untersuchungen zur Frustration wurden mit dem Ziel durchgeführt, das Verständnis von Verhalten unter komplexen Umweltbedingungen zu verbessern und Einsichten in die Entwicklungsdynamik zu gewinnen.

Auf den vorangegangenen Seiten ist darauf hingewiesen worden, daß Lewin stark von Freud beeinflußt war und daß er einer der ersten Forscher war, der einige der grundlegenden Ideen Freuds, wie das Fortbestehen von Wunschvorstellungen, Ersatzhandlungen und Regression, einer rigorosen Prüfung unterzog. Als *Regression* bezeichnet man die Rückkehr zu einem entwicklungsgeschichtlich früheren Verhaltensmuster. Freud erklärte, daß das Individuum in den frühen Stadien der Entwicklung bestimmte „Problemlösungsstrategien“ zur Bewältigung von Konflikt und Streß herausbilde. Diese Verhaltensweisen dienten dazu, die aversive Stimulation zu reduzieren. In späteren Streßsituationen tendiert die Person laut Freud dazu, diese früheren Verhaltensmuster zu wiederholen, obwohl sie in der neuen Situation vielleicht inadäquat oder unangepaßt sind. Eine leichte Form von Regression könnte darin bestehen, in schwierigen Situationen „heim zu Muttern zu laufen“, während eine extremere Form solchen Verhaltens etwa darin besteht, den ganzen Tag lang Daumen zu lutschen, wie es bei Personen in einem schweren psychotischen Zustand vorkommen kann.

Barker, Dembo und Lewin (1943) betrachteten Regression als eine Form „negativer Entwicklung“ (S. 441). Daher behaupteten sie, daß die Kenntnis der Entwicklungsgesetze Licht auf regressives Verhalten werfen würde und umgekehrt. Sie argumentierten, daß Entwicklung als Zunahme des intrapersonalen Differenziertheitsgrades und als fortschreitende Trennung von Phantasie und Wirklichkeit begriffen werden könnte. Demzufolge ist jeder Zustand, der aus einer Entdifferenzierung von Bereichen und aus einer Rückbildung der Trennung zwischen Realität und Irrealität resultiert, regressiv.

Barker et al. nahmen ferner an, daß ein regressiver Zustand durch eine Erhöhung der intrapersonalen Spannung hervorgerufen werden könne, da übermäßige Spannung die Grenzen zwischen den Bereichen schwächen und dadurch eine Entdifferenzierung verursachen könnte. Entdifferenzierung bedeutet, daß das Individuum den Lebensraum weniger differenziert strukturiert, was in primitiveren Verhaltensmustern resultiert.

Eine der Methoden der Spannungssteigerung besteht darin, die Erreichung eines Wunschzieles zu verhindern. Dem Leser wird aus dem 3. Kapitel in Erinnerung sein, daß die Verhinderung der Zielerreichung häufig als *die* Operation zur Erzeugung von Frustration angesehen wird. Ähnlich wurde von Barker et al. die Verhinderung der Zielerreichung bzw. Frustration verwendet, um das Spannungsniveau zu steigern und dadurch Regression hervorzurufen.

Das von Barker et al. zur Erzeugung von Regression durchgeführte Experiment war relativ unkompliziert. Kinder wurden in einen Raum gebracht, in dem sie mit attraktivem Spielzeug spielen konnten. Dann wurden sie durch eine Zwischenwand vom Spielzeug getrennt. Sie konnten die Spielsachen zwar immer noch sehen, wurden aber durch die Barriere daran gehindert, damit zu spielen. Das heißt, ihr freier Bewegungsraum wurde eingeschränkt. In dieser „Frustrations“-Periode konnten die Kinder mit anderen im Raum befindlichen Gegenständen spielen. Sowohl während der „Präfrustrations“- als auch während der „Frustrations“-Periode maßen die Versuchsleiter die „Konstruktivität des Spiels“. Unkonstruktives Spiel wurde als „primitiv, einfach, wenig strukturiert“ (z. B. oberflächliches Untersuchen der Spielsachen) definiert, konstruktives Spiel dagegen als „einfallsreich und hoch entwickelt“ (z. B. die Verwendung von Spielsachen als Teil einer elaborierten Geschichte). Aus früheren Untersuchungen war bekannt, daß die Konstruktivität des Spiels mit dem Intelligenzalter zunimmt; daher konnte sie als Index der Regression verwendet werden.

Die Ergebnisse der Untersuchung von Barker, Dembo und Lewin zeigten, daß die Konstruktivität des Spiels tatsächlich von der Präfrustrations- zur Frustrationsperiode abnahm. In der Frustrationsphase war das Spiel der Kinder primitiver, weniger elaboriert usw. Die Forscher schlossen daraus, daß Frustration bzw. Spannungszuwachs zu Regression führen könne. (Der Leser, der sich für eine weiterführende Diskussion dieser Untersuchung und einige methodologische Kritikpunkte interessiert, wird auf Lawson, 1965, und Yates, 1962, verwiesen. Der wichtigste Kritikpunkt war, daß diese Untersuchung keine Kontrollgruppe ohne Frustration enthielt. Die „regressiven“ Verhaltensweisen könnten also auch auf Ermüdung, Langeweile oder ähnliche Faktoren zurückzuführen sein.)

Erinnerung und Wiederaufnahme von Aufgaben

Die Untersuchungen zur Erinnerung und Wiederaufnahme von Aufgaben waren die ersten Forschungen, in denen Hypothesen überprüft wurden, die direkt aus der Lewinschen Motivationskonzeption abgeleitet worden waren. Ihre Wichtigkeit innerhalb des Lewinschen Systems kann nicht genug betont werden. Lewin (1935) schreibt:

> ... Alle späteren experimentellen Untersuchungen bauten darauf auf. Es war ein Versuch, einen ersten Pfad in einen Urwald von Fakten und Annahmen zu schlagen, indem Konzepte verwendet wurden, deren praktischer Wert noch völlig unerprobt war (S. 240).

Erinnerung von Aufgaben

Die Idee zur experimentellen Untersuchung der Erinnerung von Aufgaben geht angeblich auf Beobachtungen in einem Restaurant zurück. Lewin bemerkte, daß ein bestimmter Kellner sich die einzelnen Bestellungen nicht notierte, sich beim Kassieren aber trotzdem daran erinnern konnte, was die Gäste konsumiert hatten. Eines Tages kehrte Lewin wenige Augenblicke, nachdem er die Rechnung bezahlt hatte, ins Restaurant zurück und bat den Kellner, ihm nochmals zu sagen, was er bestellt gehabt hatte. Der Kellner hatte diese Information nicht länger vorrätig. Dies brachte Lewin zu der Überzeugung, daß erledigte und unerledigte Aufgaben unterschiedlich gut erinnert werden.

Zur Ableitung der Hypothese, daß unerledigte Aufgaben besser erinnert werden als erledigte, verwendete Lewin (1951) vier Annahmen, die implizit schon an früherer Stelle in diesem Kapitel eingeführt wurden:

Annahme 1: Der Intention, ein bestimmtes Ziel (Z) zu erreichen (eine zu Z führende Handlung auszuführen) entspricht eine Spannung (s) in einem bestimmten System bzw. einem Bereich (S^Z) innerhalb der Person, so daß $s(S^Z) > 0$.

Annahme 2: Die Spannung $s(S^Z)$ wird entladen, sobald das Ziel Z erreicht ist:

$s(S^Z) = 0$, wenn P^vZ [wenn P das Ziel Z erreicht bzw. die Zielhandlung vollendet].

Annahme 3: Mit einem Bedürfnis nach Z korrespondiert eine Kraft $k_{P,Z}$, die auf die Person wirkt und eine Tendenz zur Lokomotion in Richtung Z erzeugt:

wenn $s(S^Z) > 0 \rightarrow k_{P,Z} > 0$

Annahme 3a: Ein Bedürfnis führt nicht nur zu einer Tendenz zur tatsächlichen Bewegung auf den Zielbereich zu, sondern auch zum Nachdenken über eine solche Handlung; mit anderen Worten, die Kraft $k_{P,Z}$ existiert nicht nur auf der Handlungsebene (Realität) sondern auch auf der Ebene der Kognition (Irrealität):

wenn $s(S^Z) > 0 \rightarrow k_{P,E} > 0$
E steht für Erinnerung (S. 9–10).

Diese Annahmen führen zu folgender Ableitung bezüglich unterschiedlicher Aufgabenerinnerung:

Die Tendenz zur Erinnerung unterbrochener Aktivitäten sollte größer sein als die Tendenz zur Erinnerung abgeschlossener Aktivitäten. Diese Ableitung kann wie folgt vorgenommen werden. Wir bezeichnen die vollendete Aufgabe mit V, die unvollendete mit U und die korrespondierenden Systeme mit S^V bzw. S^U. Wir können dann sagen:

1. $s(S^U) > 0$, laut Annahme 1.
2. $s(S^V) = 0$, laut Annahme 2.
3. $k_{P,U} > k_{P,V}$; dies gilt laut Annahme 3a auch für die Denkebene. Mit anderen Worten: die Tendenz zur spontanen Erinnerung unvollendeter Aufgaben ist größer als die zur Erinnerung vollendeter Aufgaben (S. 10).

Empirische Überprüfung. Um diese Ableitung zu überprüfen, manipulierten Lewin und seine Schüler (z.B. Marrow, 1938; Zeigarnik, 1927) im Labor den Grad der Aufgabenerledigung. Anschließend verglichen sie die Erinnerung unerledigter mit derjenigen erledigter Aufgaben. Den Versuchspersonen wurden in der Regel 16–20 einfache Rätselaufgaben (Anagramme, arithmetische Probleme u.ä.) zu lösen gegeben. Die Hälfte der Aufgaben waren zu schwierig, um innerhalb der vorgegebenen Zeit fertiggestellt zu werden, während die anderen relativ kurz waren und vollendet werden konnten. Der Versuchsleiter sammelte alle Aufgaben ein, und nach einer Spanne von wenigen Minuten forderte er unerwartet die Versuchspersonen auf, sich an die Aufgaben zu erinnern. Zeigarnik (1927) demonstrierte erstmals, daß sich die Versuchspersonen besser an unerledigte als an erledigte Aufgaben erinnerten. Das Verhältnis von erinnerten unerledigten zu erinnerten erledigten Aufgaben (der Zeigarnik-Quotient) betrug nahezu 2:1. Die Tendenz zur Erinnerung eines höheren Prozentsatzes unvollendeter Aufgaben wurde als „Zeigarnik-Effekt" bekannt.

Die unterschiedliche Erinnerung unerledigter versus erledigter Aufgaben wurde von Lewin als abhängige Variable bei der Überprüfung einer Reihe weiterer Ableitungen aus seiner Konzeption gespannter Systeme herangezogen. So hatte er postuliert, daß die in einem gespannten System vorhandene Spannungsmenge eine Funktion der Zeit sei, seit der das System gespannt ist, sowie eine Funktion der Stärke der den Bereich umgebenden Grenzwände. Daher sollte sich der Zeigarnik-Quotient im Verlauf der Zeit und in Situationen, in denen die Stärke der Trennwände zwischen den Bereichen geschwächt war, verringern. In einer diesbezüglich relevanten Untersuchung fand Zeigarnik, daß der Zeigarnik-Quotient auf 1.2:1 absank, wenn die Aufgabenerinnerung um 24 Stunden aufgeschoben wurde. Ferner zeigten Versuchspersonen und Individuen, die vor der Aufgabenerinnerung „starker emotionaler Erregung" ausgesetzt worden waren, einen stark verminderten Zeigarnik-Quotienten. Man nahm an, daß die Erzeugung von Erschöpfung und emotionaler Erregung die Festigkeit der intrapersonalen Trennwände verringert. In einer weiteren Untersuchung demonstrierte Marrow (1938), daß weniger die *objektive* Aufgabenerledigung als vielmehr das *subjektive Gefühl,* eine Aufgabe erledigt zu haben, die Erinnerung beeinflußt. Er erklärte den Versuchspersonen, eine Unterbrechung bedeute, sie würden eine gute Leistung erbringen, während die Erlaubnis, die Aufgaben fertigzumachen, auf eine schwache Leistung hindeute. Marrow fand, daß die subjektiv unvollendeten (objektiv vollendeten) Aufgaben besser erinnert wurden als die subjektiv vollendeten (objektiv unvollendeten).

Das allgemeine Ergebnismuster bestätigte die aus Lewins Konzeption der Spannung abgeleiteten Vorhersagen und erhöhte die Validität der Theorie. Seine Konzeption wurde ganz besonders deswegen durch diese Ergebnisse gestützt, weil sie sich nicht leicht in irgendein anderes theoretisches System einfügen ließen.

Empirische Probleme. Leider trat ein Widerspruch auf, als Untersuchungen zur Aufgabenerinnerung in

Amerika unternommen wurden. Forscher wie Rosenzweig (1943) und Glixman (1949) kamen zu Ergebnissen, die denen der früheren Untersuchungen teilweise widersprachen. Sie fanden eine stärkere Erinnerung vollendeter als unvollendeter Aufgaben in „Ich-bezogenen" bzw. Streßsituationen. Um diese Daten zu erklären, postulierte Rosenzweig, daß die unvollendeten Aufgaben „verdrängt" würden. Versagen – so vermutete er – stelle eine Bedrohung für das Selbst oder Ich dar; das Nichterinnern der unvollendeten Aufgaben wirke angstreduzierend. Aus diesem Grund, glaubte er, würden erfolgreich bewältigte bzw. vollendete Aufgaben besser erinnert als solche, bei denen man versagt hat oder die unerledigt geblieben sind. (Freuds Reaktion auf diese Untersuchung in seinem Brief an Rosenzweig ist in Abbildung 2.3 wiedergegeben.)

Nachfolgende Forscher wie Atkinson (1953) versuchten die widersprüchlichen Daten von Lewin und Rosenzweig in Einklang zu bringen, indem sie auf Unterschiede der in den Experimenten verwendeten Versuchspopulation hinwiesen. Im Lauf der Jahre haben jedoch viele Forscher einen Zeigarnik-Effekt berichtet, viele andere fanden „Verdrängung" und wieder andere fanden überhaupt keinen Unterschied in der Erinnerung (vgl. die Zusammenfassung in Weiner, 1966). Es ist daher nicht gesichert, ob es wirklich einen Zeigarnik-Effekt gibt, und eine befriedigende Erklärung für die widersprüchlichen Daten wurde noch nicht gefunden. Seit den sechziger Jahren hat es nur sehr wenige Untersuchungen auf diesem Gebiet gegeben, und es ist höchst unwahrscheinlich, daß diese empirische Streitfrage in nächster Zukunft gelöst wird. Experimentelle Psychologen zeigen jedenfalls mit Sicherheit keinen Zeigarnik-Effekt, denn sie begnügen sich damit, zu neuen Themen weiterzugehen und die Probleme der Vergangenheit ungelöst zu lassen und zu vergessen.

Wiederaufnahme von Aufgaben

Die Versuchsanordnung, welche zur Untersuchung der Wiederaufnahme von Aufgaben verwendet wurde, war der bei der Untersuchung der Aufgabenerinnerung verwendeten sehr ähnlich. Die Versuchspersonen, in der Regel Kinder, erhielten eine Reihe von Aufgaben vorgelegt. Bei einigen dieser Aufgaben wurden sie unterbrochen, bevor sie sie fertigstellen konnten, für andere stand ihnen dagegen genügend Zeit zur Fertigstellung zur Verfügung. Anschließend entfernte sich der Versuchsleiter unter irgendeinem Vorwand – ein Telefonanruf, Bleistiftspitzen o. ä. – aus dem Raum. In der Zwischenzeit konnten die Versuchspersonen einige der Aufgaben „spontan" wiederaufnehmen. In einer Versuchsbedingung verblieben die Aufgaben im Sichtfeld der Versuchsperson, in einer anderen wurden sie aus ihrem Sichtfeld entfernt, waren ihr aber nach wie vor zugänglich. In der ersten Untersuchung auf diesem Gebiet stellte Ovsiankina (1928) eine signifikante Tendenz der Versuchspersonen zur Wiederaufnahme der zuvor unerledigten Aufgaben fest. Dies war unabhängig davon, ob die Aufgaben sich im Gesichtsfeld der Versuchsperson befanden oder nicht, der Fall.

Weitere Untersuchungen zeigten, daß die Wahrscheinlichkeit der Wiederaufnahme von vielen Faktoren beeinflußt wird. Dazu gehören:

1. Die Art der Aufgabe. Aufgaben ohne klar definierten Endzustand (wie das Auffädeln von Glasperlen) werden signifikant seltener wiederaufgenommen als solche mit klar definiertem Ziel.
2. Der Punkt, an dem die Aufgabe unterbrochen wird. Im allgemeinen ist die Wahrscheinlichkeit der Wiederaufnahme umso größer, je näher am Ziel sich die Versuchsperson zum Zeitpunkt der Unterbrechung befindet.
3. Die Dauer der Unterbrechung. Die Tendenz zur Wiederaufnahme der Aufgabe nimmt mit zunehmender Zeitdauer zwischen der Unterbrechung und der Gelegenheit zur Wiederaufnahme ab. Dies stützt die Annahme Lewins, daß die innerhalb eines Bereichs vorhandene Spannungsmenge zum Teil eine Funktion der Zeitdauer ist, seit der der Bereich gespannt ist.
4. Einstellung und Charakter der Person. Laut Lewin (1951) zeigten „Kinder, die das Gefühl hatten, geprüft zu werden und unter strenger Aufsicht zu stehen, wenig Neigung zur Wiederaufnahme, was auf einen Mangel an persönlichem Engagement zurückzuführen ist; sie wurden hauptsächlich durch induzierte Kräfte gesteuert" (S. 275). Das heißt, bei diesen Kindern war kein intrinsisches Interesse zur Ausführung dieser Tätigkeiten vorhanden; daher blieb der Bereich nicht gespannt. Die Motivation zur Ausführung der Aufgabe rührte aus extrinsischen Motivationsquellen her. Wie bereits erwähnt, werden die Konsequenzen intrinsischer versus extrinsischer Motivation später noch ausführlicher behandelt.

Seit den dreißiger Jahren hat es äußerst wenige Studien zur Wiederaufnahme von Aufgaben gegeben. Es ist intuitiv einsichtig und sicherlich eine allgemein akzeptierte Beobachtung, daß Personen dazu tendieren, begonnene Aufgaben fertigzustellen und abgeschlossene Aufgaben nicht „wiederaufzunehmen". Aber die Offensichtlichkeit einer empirischen Tatsache vermindert keineswegs ihre theoretische Bedeutsamkeit. Es ist offensichtlich, daß die meisten Gegenstände zu Boden fallen; trotzdem handelt es sich dabei um eine bedeutsame empirische Tatsache, zu deren Erklärung eine komplizierte Theorie benötigt wurde. Aus der Lewinschen Feldtheorie läßt sich ableiten, daß unerledigte Aufgaben wiederaufgenommen werden. Andere theoretische Ansätze haben sich nicht bemüht, die Nachwirkungen erledigter versus unerledigter Aufgaben zu erklären. Die Ableitung bezüglich der Wiederaufnahme von Aufgaben ist daher eine Besonderheit der Lewinschen Theorie.

Mehr ins Detail gehende Fragen bezüglich der Wiederaufnahme von Aufgaben, deren Beantwortung die Lewinsche Theorie entweder weiter bestätigen, oder aber widerlegen könnten, müßten erst noch gestellt werden. Um nur ein Beispiel zu nennen: Tatsächlich stellen einige der von Ovsiankina berichteten Daten die Lewinsche Theorie in Frage. Lewin postulierte, daß bei der Nichterreichung eines Ziels die mit dem Ziel verbundene Spannung im intrapersonalen Bereich bestehen bleibe. Spannung wird operational als Stärke eines Bedürfnisses definiert; theoretisch ist sie relativ unabhängig von der psychologischen Entfernung vom Ziel. Ovsiankina fand jedoch, daß die Wiederaufnahme von der Zielentfernung beeinflußt wird; je näher das Ziel zum Zeitpunkt der Unterbrechung ist, umso wahrscheinlicher ist die Wiederaufnahme. Da die Wiederaufnahme von der psychologischen Distanz beeinflußt wird, welche eine Determinante der Kraft und nicht der Spannung ist, wäre es richtiger zu postulieren, daß es die psychologische *Kraft* sei, die nach einer Nichterreichung des Ziels bestehen bleibt. Bliebe nur die Stärke der erzeugten Spannung bestehen, dann sollte die Tendenz zur Wiederaufnahme unerledigter Aufgaben unabhängig von der Zielentfernung zum Zeitpunkt der Unterbrechung sein. Akzeptiert man diese Schlußfolgerung, so könnte dies zu weitreichenden Veränderungen der Lewinschen Theorie führen.

Ersatzhandlungen

Wie schon bei der Erörterung der Regression erwähnt, war Lewin stark durch die Beobachtungen und Analysen Freuds beeinflußt. Er erkannte, daß Freuds Behauptungen nicht leicht einer wissenschaftlichen Prüfung unterzogen werden konnten und daß die experimentellen Belege für Freuds Konzeption in der Tat sehr spärlich waren. Lewin (1935) schrieb:

> ... Experimentelle Studien der dynamischen Gesetze des Verhaltens und der Persönlichkeitsstruktur haben uns dazu gezwungen, immer kompliziertere Probleme zu betrachten. Anstatt die einzelnen psychischen Systeme, die mit einfachen Bedürfnissen und Wünschen korrespondieren, zu untersuchen, haben wir uns mit den wechselseitigen Beziehungen dieser Systeme zu beschäftigen, mit ihrer Differenzierung und ihren Transformationen und mit den verschiedenen Arten größerer Ganzheiten, die aus ihnen aufgebaut werden. Diese wechselseitigen Beziehungen und größeren Ganzheiten sind sehr labil und unbeständig. Dennoch muß man versuchen, sie experimentell in den Griff zu bekommen, denn sie sind äußerst wichtig für das Verständnis der dem Verhalten und den Persönlichkeitsunterschieden zugrundeliegenden Realitäten. Dabei stoßen wir oft auf Fakten, auf die wir von Freud als erstem aufmerksam gemacht wurden, womit er uns einen großen Dienst erwiesen hat, obwohl er uns in bezug auf sie keine klare dynamische Theorie hinterlassen hat (S. 180).

Das Studium der Ersatzhandlungen gab Lewin die Gelegenheit, einige der wichtigsten Freudschen Ansichten hinsichtlich der Dynamik des Verhaltens zu überprüfen. Freud hatte postuliert, daß die Tendenz, nach einem Ziel zu streben, nach der Nichterreichung dieses Ziels bestehen bleibe. Der für den fortbestehenden Wunsch verantwortliche Mechanismus wurde in einem „internen Reiz, dem man nicht entrinnen kann" gesehen. Wir erinnern uns daran, daß diese fortbestehenden, unerfüllten Wünsche nach Freud häufig unbeabsichtigt in Träumen, Witzen und Versprechern zum Ausdruck kommen, wenn das Ich weniger wachsam ist oder wenn die sozialen Regeln es gestatten. Lewin integrierte diese Idee in seine Theorie, indem er das Konzept einer anhaltenden Spannung von Bereichen einführte.

In der Freudschen Theorie kann sich das Wunschobjekt ändern; Triebe können verschiedene „Schicksale" haben; Ein verbotener, unerfüllter Wunsch kann zum Beispiel auf Objekte gerichtet (an sie gebunden) werden, die eine gewisse Ähnlichkeit mit dem Wunschziel haben. Freud nahm an, daß eine libidinöse Tendenz letztlich sogar in kulturellen Tätigkeiten wie Malerei und Komposition zum Ausdruck kommen könne. Wie im 2. Kapitel erwähnt, behauptete er in seinen Analysen Michelangelos und Leonardo da Vincis, daß diese großen Künstler starke unerfüllte sexuelle Wünsche nach ihren Müttern gehabt hätten, die in sozial akzeptierte Kanäle umgelenkt worden seien. Dies wurde von Freud als „Sublimierung" bezeichnet und wird normalerweise zusammen mit den bereits erörterten Phänomenen Verdrängung, Wahrnehmungsabwehr, Verleugnung, Intellektualisierung und Regression zu den Abwehrmechanismen gezählt.

Lewin (1935) nahm ebenfalls an, daß sich Zielobjekte ändern können. Ersatzhandlungen – der von Lewin verwendete Begriff für Sublimierung – manifestieren sich auf viele verschiedene Arten:

> ... Da gibt es zum Beispiel den Mann, der von einem Palast träumt und ein paar Marmorplatten in seiner Küche anbringt. Da gibt es den Mann, der es sich nicht leisten kann, ein Klavier zu kaufen, aber Klavierkataloge sammelt. Auch findet sich der jugendliche Straftäter, der genau weiß, daß er nicht die Erlaubnis erhalten wird, das Erziehungsheim zu verlassen, aber sich als Geburtstagsgeschenk eine Reisetasche wünscht; und der kleine Junge, der den größeren, den er auf dem Spielplatz nicht besiegen kann, bedroht und beschimpft. Diese und hunderte weiterer Beispiele lassen uns erkennen, wie wichtig und weitreichend das Problem der Ersatzhandlungen ist – sowohl in bezug auf psychische Bedürfnisse als auch hinsichtlich körperlicher Bedürfnisse wie Hunger und Sexualität (S. 180–181).

Experimentelle Studien

Die Grundlage der experimentellen Untersuchungen von Ersatzhandlungen waren die Studien von Ovsiankina und Zeigarnik. Es wurde davon ausgegangen, diese Forscher hätten demonstriert, daß die Spannung in einem Bereich eine gewisse Zeitlang anhält und mit der Zielerreichung reduziert wird. Die Frage, die beim Studium der Ersatzhandlungen gestellt wird, lautet: Können gespannte Bereiche durch irgendeine kompensatorische Aktivität entladen werden? Mit anderen Worten: Werden nach der Ausführung anderer Tätigkeiten vorher unterbrochene Aufgaben schlechter erinnert oder weniger häufig wiederaufgenommen? Wenn ja, so wäre dies eine valide empirische Demonstration, daß ein Ziel für ein anderes Ersatzwert haben kann.

Die für das Studium der Ersatzhandlungen verwendete allgemeine Versuchsanordnung lehnt sich eng an die zuerst von Ovsiankina entwickelte Methode an. Den Versuchspersonen wurden Aufgaben vorgelegt, und sie wurden vor deren Fertigstellung unterbrochen. Anschließend wurde eine Aufgabe dazwischengeschaltet, die die Versuchspersonen vollenden konnten. Schließlich wurden die Versuchspersonen hinsichtlich ihrer Tendenz zur spontanen Wiederaufnahme der zuvor unvollendeten Aufgaben getestet. Die Tendenz zur Wiederaufnahme wurde also als Kriterium zur Identifizierung von Ersatzzielen verwendet. Das heißt, nahm das Individuum die zuvor unterbrochene Aufgabe wieder auf, dann hatte die eingeschobene Tätigkeit keinen Ersatzwert gehabt. Wurde aber die ursprünglich unvollendete Aufgabe nach der eingeschobenen Tätigkeit nicht wieder aufgenommen, dann hatte diese Tätigkeit Ersatzwert gehabt.

Eine der ersten experimentellen Untersuchungen von Ersatzhandlungen wurde von Lissner (1933) durchgeführt. In ihrem Experiment wurden Kinder beim Formen einer Plastilinfigur unterbrochen. Nachdem sie eine andere Figur geformt hatten, wurden sie in bezug auf die Wiederaufnahme der ersten Tätigkeit getestet. Lissner stellte zwei Faktoren fest, die den Ersatzwert einer Tätigkeit beeinflußten: ihre Ähnlichkeit mit der ursprünglichen Aufgabe und ihren Schwierigkeitsgrad. Je ähnlicher die eingeschobene Tätigkeit der ursprünglichen war, und je schwieriger sie war, desto höher war ihr Ersatzwert. In einem weiteren Experiment beschrieb Lissner den Kindern die eingeschobene Aufgabe als „völlig verschieden" von der, mit der sie gerade beschäftigt gewesen waren. In dieser Bedingung hatte die eingeschobene Tätigkeit wenig Ersatzwert für die ursprüngliche Aufgabe, d.h. es kam zu keiner Abnahme der Wiederaufnahmehäufigkeit der ursprünglichen Aufgabe.

Mahler (1933), eine weitere Schülerin Lewins, gab ihren Versuchspersonen eingeschobene Tätigkeiten, welche sich hinsichtlich ihres Realitätsgrades unterschieden, d.h. sie konnten auf verschiedene Arten ausgeführt werden: Die Versuchspersonen konnten sich die Ausführung der Aufgabe vorstellen, über ihre Ausführung reden oder sie tatsächlich ausführen. Im großen und ganzen stieg der Ersatzwert mit der Realitätsnähe der Handlung an. Das impliziert, daß Tagträumen und andere vergleichbare Phantasietätigkeiten nur einen geringen (aber doch einen gewissen) Wert für die Motivationsreduktion haben. Wir erinnern uns an die an früherer Stelle gemachte Feststellung, daß die Hypothese der Katharsis von Aggression durch Phantasietätigkeit nur schwache experimentelle Bestätigung gefunden hat.

Auch die Einstellung der Versuchspersonen zur Aufgabe ist – wie gezeigt wurde – eine wichtige Determinante des Ersatzwertes (Adler & Kounin, 1939). Ist diese Einstellung konkret, wie z.B. wenn die Aufgabe lautet „ein Haus für Maria zu bauen", dann hat das „Bauen eines Hauses für eine andere Person" wenig Ersatzwert. Ist die Aufgabe jedoch abstrakter, wie zum Beispiel einfach ein Haus zu bauen, dann hat die eingeschobene Aufgabe, ein anderes Haus zu bauen, Ersatzwert.

Vom Verhalten schwachsinniger Individuen in Ersatzhandlungsexperimenten ausgehend, stellte Lewin (1935) Spekulationen über die psychischen Charakteristika solcher Personen an. Schwachsinnige Kinder zeigen in ihrem Verhalten nach der Fertigstellung einer eingeschobenen Aufgabe eine große Varianz. Entweder tendieren sie alle dazu, nach der Fertigstellung der eingeschobenen Aufgabe die ursprüngliche Tätigkeit wiederaufzunehmen (kein Ersatzwert), oder buchstäblich keines der Kinder nimmt die ursprüngliche Tätigkeit wieder auf (vollständiger Ersatz). Lewin argumentierte daher, daß schwachsinnige Kinder starke Grenzwandungen zwischen ihren intrapersonalen Bereichen hätten, aber weniger Bereiche (Differenzierungen) als normale Kinder aufwiesen (vgl. Abb. 4.10). Infolgedessen werden zwei Tätigkeiten entweder als identisch (vollständiger Ersatz) oder als psychologisch getrennt (kein Ersatzwert) gesehen (vgl. Stevenson & Zigler, 1957, und Zigler, 1962, bezüglich einiger Einwände gegen diese Formulierung).

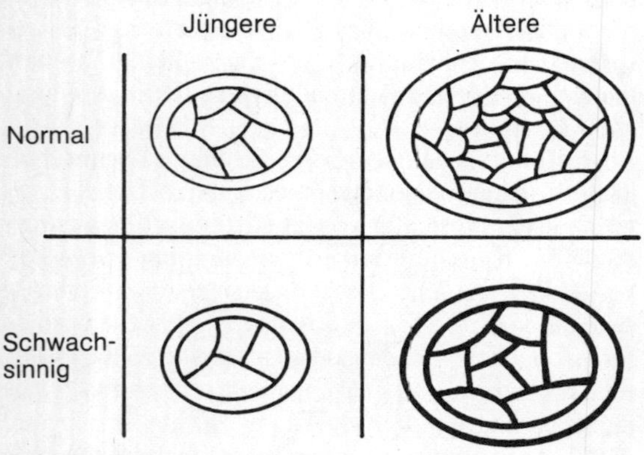

Abbildung 4.10: Darstellung der Entwicklung normaler und schwachsinniger Individuen. Es wird angenommen, daß normale Kinder eine stärkere Differenzierung der intrapersonalen Bereiche und schwächere Grenzwände zwischen den Bereichen aufweisen als schwachsinnige Kinder (aus Lewin, 1935, S. 210)

Weitere experimentelle Arbeiten zu den Ersatzhandlungen wurden von Henle (1944) durchgeführt. Ihre Arbeiten beschäftigten sich mit den Beziehungen zwischen Ersatzhandlung, der Valenz der ursprünglichen Aufgabe und der Valenz der eingeschobenen oder Ersatzaufgabe. In Henles Studien beurteilten die Versuchspersonen zunächst die Attraktivität verschiedener Aufgaben. Dann wurde ihnen entweder eine subjektiv attraktive oder eine unattraktive Aufgabe gegeben. Nach der Unterbrechung wurde eine Zwischentätigkeit hoher oder niedriger Attraktivität ausgeführt. Wieder war die Wiederaufnahme der ursprünglichen Aufgabe das Kriterium, von dem auf den Grad des Ersatzwertes geschlossen wurde. Henle fand, daß es umso schwieriger ist, eine Aufgabe durch eine andere zu ersetzen, je höher die Valenz der ursprünglichen Aufgabe war. Ähnlich ist der Ersatzwert einer eingeschobenen Tätigkeit umso größer, je höher ihre Valenz ist.

Die Studien von Mahler, Lissner, Henle und anderen haben klar gezeigt, daß Ziele sich wechselseitig substituieren können. Darüber hinaus haben diese Studien einige der relevanten Dimensionen und Determinanten von Ersatzhandlungen identifiziert. Die Daten stützen Lewins Behauptung, daß es wechselseitige Beziehungen oder dynamische Verbindungen zwischen psychischen Systemen gebe. Das heißt, Bedürfnisse sind psychisch nicht getrennt, oder, in der Terminologie Lewins, Spannung überträgt sich auf benachbarte Bereiche. Auch diese empirischen Arbeiten sind eine Besonderheit der Lewinschen Theorie und können im Rahmen anderer theoretischer Systeme nur schwer erklärt werden.

Anspruchsniveau

Zu den einflußreichsten Forschungsarbeiten, welche die Lewinsche Theorie hervorgebracht hat, gehören die Untersuchungen zum „Anspruchsniveau". Das Anspruchsniveau wird gewöhnlich definiert als „dasjenige Niveau der zukünftigen Leistung bei einer bekannten Aufgabe, welches eine Person, der ihr vergangenes Leistungsniveau bei dieser Aufgabe bekannt ist, explizit zu erreichen versucht" (Frank, 1935, S. 119). Das Anspruchsniveau hat demnach mit dem Anstreben eines Ziels und der wahrgenommenen Schwierigkeit des Ziels, das man zu erreichen wünscht, zu tun. Es kommt etwa ins Spiel, wenn man sich einen Gegner für einen sportlichen Wettstreit aussucht, wenn man sich die Anzahl der Verkaufsabschlüsse vornimmt, die man im nächsten Monat tätigen will, oder wenn man die Distanz für eine Wandertour festlegt. Da in allen diesen Situationen viele Ziele (Schwierigkeitsgrade) möglich sind, beinhaltet die Festlegung der Anspruchsniveaus eine Auswahl zwischen verschiedenen Alternativen.

Innerhalb einer Anspruchsniveau-Sequenz kann man vier zeitlich aufeinanderfolgende Stadien unterscheiden (vgl. Abb. 4.11). Nehmen wir zu Illustra-

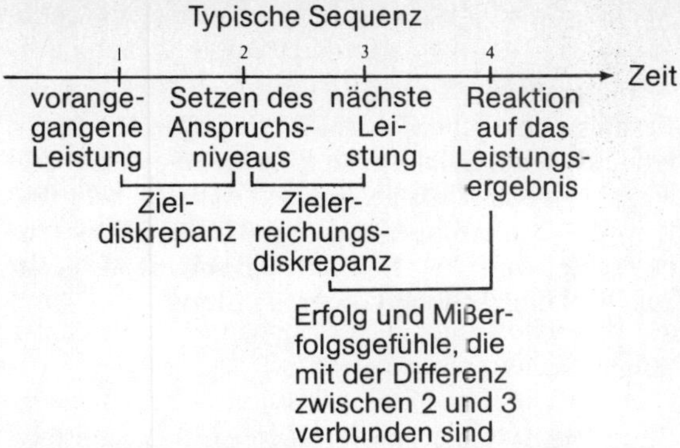

Abbildung 4.11: Die vier Hauptstadien einer typischen Ereignissequenz in einer Anspruchsniveau-Situation: vorangegangene Leistung, Setzen des Anspruchsniveaus für die nächste Leistungshandlung, nächste Leistung und die psychische Reaktion auf das Leistungsergebnis (aus Lewin, Dembo, Festinger & Sears, 1944, S. 334)

tionszwecken an, eine Person sei damit beschäftigt, aus einer bestimmten Distanz Ringe über einen Pflock zu werfen. Die Person macht sich zunächst mit der Aufgabe vertraut und unternimmt zehn Übungsversuche. Während der Übungsphase wird die Anzahl der erfolgreichen Würfe gezählt. Nehmen wir an, in diesem Fall waren sechs der zehn Würfe erfolgreich. Anschließend gibt die Person ihr Anspruchsniveau für die Serie der nächsten zehn Versuche an. Wäre dies eine experimentelle Situation, so würde ihr in der Regel eine folgendermaßen formulierte Frage gestellt: „Wieviele Ringe werden Sie bei der nächsten Serie über den Pflock zu bekommen versuchen?" Angenommen, die Person antwortet: „Acht." Die Differenz zwischen dieser Antwort und dem vorangegangenen Leistungsniveau definiert dann die Größe der *Zieldiskrepanz*. Im vorliegenden Fall strebt die Person eine höhere Leistung (+ 2) an als im vorangegangenen Versuch; die Diskrepanz wird daher als positiv bezeichnet. Natürlich könnte man auch nach einer geringeren Leistung als im ersten Versuch streben. In diesem Fall wäre die Diskrepanz negativ. Die Versuchsperson tätigt dann zehn weitere Würfe. Die Differenz zwischen der Anzahl der erfolgreichen Würfe und dem angestrebten Ziel ist die sog. Ziel*erreichungs*diskrepanz. Bringt der Werfer nur sieben Ringe über den Pflock, so beträgt diese Diskrepanz −1; das angestrebte Ziel wurde nicht erreicht. Es ist zu vermuten, daß mit der Zielerreichungsdiskrepanz affektive Reaktionen verbunden sind; im beschriebenen Beispiel wird sich die Person wahrscheinlich unzufrieden fühlen, weil sie das angestrebte Leistungsniveau nicht erreicht hat.

Empirische Forschung

Die Forschung zum Anspruchsniveau hat eine ganze Reihe klarer empirischer Befunde hervorgebracht. So ist demonstriert worden, daß Erfolgs- bzw. Mißerfolgsgefühle hauptsächlich durch die Erreichung bzw. Nichterreichung des angestrebten Ziels determiniert werden und nicht durch das absolute Leistungsniveau. Ein Student mit einem sehr hohen Anspruchsniveau mag z.B. unzufrieden sein, wenn er eine „Zwei" erhält, während ein gleich intelligenter Student mit geringeren Ansprüchen mit dieser Note zufrieden wäre. Die Wahrnehmung von Erfolg und Mißerfolg basiert also auf der Zielerreichungsdiskrepanz, und nicht auf dem objektiven Leistungsniveau. (Schon William James hatte behauptet, daß Gefühle von Erfolg und Selbstwert eine direkte Funktion des tatsächlichen Erfolgs und eine umgekehrte Funktion des Anspruchs seien.) Darüber hinaus hängt auch das nachfolgende Anspruchsniveau zum Teil von der vorangegangenen Zielerreichungsdiskrepanz (dem subjektiven Erfolg bzw. Mißerfolg) ab. In den meisten Fällen nimmt das Anspruchsniveau nach Erfolg zu und nach Mißerfolg ab. Jedoch beobachtet man manchmal „atypische" Reaktionen, d.h. das Anspruchsniveau wird nach Erfolg herabgesetzt und nach Mißerfolg erhöht. Ferner wurde gezeigt, daß das Anspruchsniveau durch individuelle Unterschiede, Gruppenstandards und kulturelle Faktoren beeinflußt wird. Begabte oder ehrgeizige Personen zum Beispiel tendieren dazu, sich höhere Anspruchsniveaus zu setzen (Hoppe, 1930). Darüber hinaus wird die Niveausetzung häufig durch Gruppenziele und die Gruppenleistung beeinflußt und paßt sich an diese an (Festinger, 1942).

Die Experimente zum Anspruchsniveau haben auch unser Wissen über Abwehrreaktionen bei Mißerfolg vertieft. Mißerfolg führt im allgemeinen zu einer stärkeren Varianz der nachfolgenden Leistung und des Anspruchsniveaus (Sears, 1942) und hat häufig einen psychischen Rückzug von der Aufgabe zur Folge. Diese Befunde haben einige Forscher dazu gebracht, das Anspruchsniveau eher als Index der Abwehrhaltung denn der Zielanstrebung zu betrachten.

Die Theorie der resultierenden Valenz

Eine theoretische Analyse der Anspruchsniveausetzung, die durch die oben kurz zusammengefaßten Forschungsergebnisse angeregt wurde, wurde zuerst von Escalona (1940) vorgelegt und später von Festinger (1942) und Lewin, Dembo, Festinger und Sears (1944) elaboriert und präzisiert. Diese Konzeption, welche als „Theorie der resultierenden Valenz" bezeichnet wird, beschreibt die Setzung eines Anspruchsniveaus als Entscheidungs-(Konflikt-)Situation, in der es zu einer Lokomotion in Richtung bzw. einer Wahl der Alternative mit der größten resultierenden Annäherungskraft kommt.

Die Theorie der resultierenden Valenz spezifiziert die Determinanten der Valenz und der Kraft der verschiedenen zur Auswahl stehenden Alternativziele. Potentieller Erfolg – so wird postuliert – hat eine positive, potentieller Mißerfolg eine negative Valenz. Ferner wird angenommen, daß die Valenzen von Erfolg und Mißerfolg teilweise von der Schwierigkeit der Aufgabe abhängen. „Die Attraktivität des Erfolgs scheint mit dem Schwierigkeitsgrad zuzunehmen ... während die negative Valenz des Mißerfolgs umso größer ist, je leichter die Aufgabe ist" (Atkinson, 1964, S. 99).

Würde man nichts weiter annehmen, als daß die Entscheidung für eine bestimmte Aufgabe eine Funktion der Valenz ist und daß die positive Valenz umso größer und die negative Valenz umso geringer ist, je schwieriger die Aufgabe ist, so ergäbe sich die größte Kraft in Richtung des schwierigsten Ziels. Personen entscheiden sich jedoch häufig für Aufgaben mit mittlerem Schwierigkeitsgrad oder sogar für sehr leichte Aufgaben. Daher müssen noch andere Verhaltensdeterminanten das Anspruchsniveau beeinflussen.

Ein zusätzliches Konstrukt, das von Escalona und Festinger als Determinante des Anspruchsniveaus postuliert wurde, ist das Lewinsche Konstrukt der „Potenz" *(potency)*; es bezieht sich auf die subjektive Erwartung oder Gewißheit. Es gibt sowohl eine mit Erfolg assoziierte Potenz als auch eine mit Mißerfolg assoziierte. Heute würde man eher den Begriff Wahrscheinlichkeit statt Potenz verwenden. Der Begriff der Potenz kann auch mit der psychologischen Distanz verglichen werden; eine niedrige Potenz könnte als Hinweis auf große psychologische Distanz (viele Schritte stehen zwischen der Person und ihrem Ziel) angesehen werden, während eine hohe Potenz darauf hinweist, daß nur wenige instrumentelle Handlungen zur Zielerreichung notwendig sind. Lewin verwendete die Begriffe Potenz und psychologische Distanz jedoch nicht als wechselseitig austauschbar. Denn es kann natürlich sein, daß man viele Schritte vom Ziel entfernt ist, daß aber jeder Schritt mit hoher Wahrscheinlichkeit erfolgreich ausgeführt werden kann.

Jedem Schwierigkeitsgrad entspricht eine Erfolgspotenz (Po_e) und eine Mißerfolgspotenz (Po_m). Die Annäherungskraft an ein Ziel ist nach Escalona und Festinger eine Funktion des Produkts aus Erfolgsvalenz (Va_e) und Erfolgspotenz, während die vom Ziel wegdrängende Kraft als Produkt aus negativer Valenz des Mißerfolgs (Va_m) und Mißerfolgspotenz betrachtet wird. Daher wird die resultierende Kraft zum Ziel hin wie folgt konzeptualisiert:

$$\text{Resultierende Kraft} = (Va_e \times Po_e) - (Va_m \times Po_m)$$

Zusammenfassend kann man sagen, daß jede Entscheidungsalternative einen Annäherungs-Vermeidungs-Konflikt zwischen positiven und negativen Kräften beinhaltet, die durch Valenzen und Potenzen determiniert sind. Eine Entscheidung beinhaltet einen Vergleich aller zur Auswahl stehenden Alternativen; es wird angenommen, daß die Alternative mit der größten resultierenden Annäherungskraft gewählt wird.

Ein numerisches Beispiel, das Atkinson (1964) von Lewin et al. übernommen und adaptiert hat, gibt einen kleinen Eindruck von der Erklärungskraft dieser Konzeption. In dem in Tabelle 4.2 dargestellten Beispiel sind der Erfolgs- und Mißerfolgsvalenz willkürliche Werte zugeordnet, die je nach Schwierigkeitsgrad zu- bzw. abnehmen. Ähnlich variiert auch die Erfolgs- und Mißerfolgspotenz, deren Werte von 1–100 reichen, mit der objektiven Aufgabenschwierigkeit. In der Illustration wird angenommen, daß das Leistungsniveau bei der vorangegangenen Aufgabe 7 betrug. Die nachfolgende Wahlentscheidung, d.h. die mit der größten resultierenden Kraft verbundene Alternative, ist das Leistungsniveau 8. Daher besteht eine Zieldiskrepanz von 1.

Es wurde früher erwähnt, daß das Anspruchsniveau auch durch motivationale Dispositionen beeinflußt wird. Tabelle 4.3 stellt eine Situation dar, in der eine Person große Angst vor Mißerfolg hat. Die negative Valenz des Mißerfolgs in Tabelle 4.3 ist doppelt so hoch wie die im vorangegangenen Beipiel. Wie man aus der Tabelle ersehen kann, ist das Ergebnis überraschend. Obwohl die Wahrscheinlichkeit von Mißerfolg zunimmt, liegt das Anspruchsniveau 3 Punkte *über* der vorhergehenden Leistung! Dies entspricht genau der unrealistischen Zielsetzung, die man manchmal bei Personen mit von Mißerfolg gekennzeichneter Vergangenheit und unzulänglicher Leistungsmotivation findet (vgl. 5. Kapitel).

Tabelle 4.2: Numerisches Illustrationsbeispiel der Determinanten des Anspruchsniveaus

Mögliche Leistungsniveaus		Stärke der Kraft Erfolg anzustreben			Stärke der Kraft Mißerfolg zu vermeiden			resultierende Kraft[3]	
		Va_e	× Po_e	= k_e[1]	Va_m	× Po_m	= k_m[2]	$k_e + k_m$	
Zu ↑	15	10	0	0	0	100	0	0	
schwie-	14	10	0	0	0	100	0	0	
rig	13	10	0	0	0	100	0	0	
	12	10	0	0	0	100	0	0	
	11	10	5	50	0	95	0	50	
	10	9	10	90	0	90	0	90	
	9	7	25	175	– 1	75	– 75	100	Anspruchs-
	8	6	40	240	– 2	60	–120	120 ←	niveau
	7	5	50	250	– 3	50	–150	100 ←	Ziel-diskrepanz
	6	3	60	180	– 5	40	–200	–20	vorange-
	5	2	75	150	– 7	25	–175	–25	gangenes
Zu	4	1	90	90	– 9	10	– 90	0	Leistungs-
leicht	3	0	95	0	–10	5	– 50	–50	niveau
	2	0	100	0	–10	0	0	0	
↓	1	0	100	0	–10	0	0	0	

1 Kraft hin zum Erfolg
2 Kraft weg vom Mißerfolg
3 Auf die Person wirkende Kraft hin zum bzw. weg vom Ziel (aus Atkinson, 1964, S. 101)

Tabelle 4.3 Determinanten des Anspruchsniveaus bei relativ hoher negativer Valenz des Mißerfolgs

Mögliche Leistungsniveaus		Stärke der Kraft Erfolg anzustreben			Stärke der Kraft Mißerfolg zu vermeiden			resultierende Kraft	
		Va_e	× Po_e	= k_e	Va_m	× Po_m	= k_m	$k_e + k_m$	
Zu ↑	15	10	0	0	0	100	0	0	
schwie-	14	10	0	0	0	100	0	0	
rig	13	10	0	0	0	100	0	0	
	12	10	0	0	0	100	0	0	
	11	10	5	50	0	95	0	50	Anspruchs-
	10	9	10	90	0	90	0	90 ←	niveau
	9	7	25	175	– 2	75	–150	25	Ziel-
	8	6	40	240	– 4	60	–240	0	diskrepanz
	7	5	50	250	– 6	50	–300	– 50	
	6	3	60	180	–10	40	–400	–220	vorange-
	5	2	75	150	–14	25	–350	–200	gangenes
Zu	4	1	90	90	–18	10	–180	– 90	Leistungs-
leicht	3	0	95	0	–20	5	–100	–100	niveau
	2	0	100	0	–20	0	0	0	
↓	1	0	100	0	–20	0	0	0	

Anmerkung: Die Werte für die subjektive Erfolgs- und Mißerfolgswahrscheinlichkeit sind die gleichen wie in Tabelle 4.2, aber die Werte für die negative Valenz des Mißerfolgs sind verdoppelt (aus Atkinson, 1964, S. 102)

Das Anspruchsniveau in sozialen Kontexten

In abgewandelter Form wurde das Konzept des Anspruchsniveaus zur Analyse sozialer Interaktion und Interdependenz verwendet. Thibaut und Kelley (1959) nehmen an, daß Personen den Grad ihrer Zufriedenheit mit einer Beziehung genauso bestimmen können, wie man die Valenz von Erfolg oder Mißerfolg bei einer Leistungsaufgabe feststellen kann. Sie führen den Begriff des „Vergleichsniveaus“ (CL, *comparison level*) ein, der als „neutraler Punkt auf einer Skala zwischen Zufriedenheit und Unzufriedenheit“ (Thibaut & Kelley, 1959, S. 81) definiert wird. Liegt der durchschnittliche „Ertrag“ einer interpersonellen Beziehung über dem CL-Niveau, so ist die Beziehung befriedigend („belohnend“); liegt der durchschnittliche „Ertrag“ jedoch unter dem CL-Niveau, so ist die Beziehung relativ belastend („bestrafend“). Jedoch selbst dann, wenn eine Beziehung negativer Natur ist, können die beteiligten Individuen voneinander abhängig bleiben. Die Fortdauer der Beziehung hängt zum Teil von den verfügbaren Alternativen ab oder von der potentiellen Befriedigung, die von anderen möglichen Beziehungen erwartet wird.

Insgesamt gehen Thibaut und Kelley von einer rationalen Person aus, die nach Gewinnmaximierung strebt und fähig ist, eine Reihe potentieller Befriedigungsobjekte gegeneinander abzuwägen und sich für ein bestimmtes „Ziel“ (eine bestimmte Beziehung) zu entscheiden. Es ist offenkundig, daß es sich hierbei um eine Ausweitung der Anspruchsniveauforschung auf das Gebiet zwischenmenschlicher Beziehungen handelt.

Ökologische Psychologie

In diesem Kapitel ist immer wieder betont worden, daß Verhalten eine Funktion des Lebensraums ist, und daß der Lebensraum die psychische und nicht etwa die physikalische Realität repräsentiert. Jedoch anerkannte Lewin die Existenz von verhaltensbeeinflussenden Faktoren, die außerhalb des Lebensraums in der physikalischen Umwelt liegen. Diese „nichtpsychologischen“ Faktoren siedelte er in der sogenannten „fremden Hülle“ an. Die fremde Hülle wurde als den Lebensraum umgebender (jedoch nicht zu ihm gehöriger) Bereich dargestellt (vgl. Abb. 4.2). Der Begriff „fremde Hülle“ *(foreign hull)* war eine ironische Anspielung auf Clark Hull, die andeuten sollte, daß Hull Determinanten des Verhaltens untersuchte, die nicht Bestandteil der psychischen Realität des Individuums sind. Lewin (1951) schreibt:

> Jede Form des Gruppenlebens spielt sich in einer Umwelt ab, die bestimmte Beschränkungen aufweist hinsichtlich dessen, was möglich ist und was nicht, was geschehen kann und was nicht. Die nichtpsychologischen Faktoren Klima, Kommunikationsmöglichkeiten, Gesetze eines Landes oder einer Organisation gehören häufig zu diesen „äußeren Beschränkungen“ (S. 170).

Lewin selbst war nicht an vielen Studien „nichtpsychologischer“ Verhaltensdeterminanten beteiligt. Eine der wenigen einschlägigen Untersuchungen, an denen er teilnahm, versuchte die Grundlagen von Eßgewohnheiten aufzudecken und Gründe dafür zu finden, warum Leute bestimmte Speisen zu sich nehmen. Eine der wichtigsten Schlußfolgerungen dieser Studie war, daß Nahrung viele Kanäle bzw. Schritte durchlaufen muß, ehe sie auf den Tisch kommt – sie muß gekauft, gelagert, gekocht werden usw. Die Ausführung der Unterlassung jedes dieser Schritte hängt hauptsächlich von einem „Türhüter“ ab – einer Person, die den Zutritt zu den jeweiligen Kanälen kontrolliert. Im Fall der Ernährung übernimmt die Hausfrau oft die Verantwortung dafür, was die Familie zu essen bekommt, insofern als sie eine große Anzahl von Kanälen kontrolliert. Ihre Entscheidungen werden wiederum durch kognitive und motivationale Faktoren determiniert, wie durch ihre Auffassung von gesunder und eßbarer Nahrung, ihre Bewertung der Bekömmlichkeit und Schmackhaftigkeit der Nahrung u.ä. Für die anderen Familienmitglieder, besonders für die Kinder, werden die Eßgewohnheiten hauptsächlich durch das bestimmt, was ihnen von der Hausfrau vorgesetzt wird. Den Familienmitgliedern ergeht es gewöhnlich so, daß „ihnen schmeckt, was sie essen, statt daß sie essen, was ihnen schmeckt“ (Lewin, 1951, S. 181). Man beachte, daß sich die Familienmitglieder in diesem Beispiel der Hauptdeterminante des Eßverhaltens – der Handlung des Türhüters – weder auf der bewußten noch auf der unbewußten Ebene gewahr sind. Daher wird die Rolle des Torhüters als Teil der fremden Hülle (der physikalischen Realität) aufgefaßt und nicht als Teil der psychischen Realität.

T-Daten und O-Daten

Die ausführlichsten Beiträge zu Lewins Konzeption der sogenannten nichtpsychologischen Faktoren sind die Untersuchungen von Roger Barker und seinen Mitarbeitern. Barker (1965) unterscheidet zwei Methoden der Datengewinnung, die für Psychologen von Interesse sind. Im einen Verfahren fungiert der Psychologe als „Operator". Das heißt, der Forscher ist direkt am Geschehen beteiligt, er verändert das Verhalten des Organismus und generiert die gewünschten Daten. Psychologen stellen zum Beispiel eine Reihe von Fragen zur Feststellung der Intelligenz, geben Futter in eine Zielbox, um Tiere zum Laufen zu bringen, errichten Barrieren zwischen Kindern und Spielzeug, um die Auswirkungen von Frustration zu beobachten usw. Barker bezeichnet auf diese Weise gewonnene Daten als „O-Daten". O-Daten sind das Resultat der typischen experimentellen Methode. Die „experimentelle Methode" hat den Vorteil, daß der Forscher über einen gewissen Grad an Kontrolle über die Ereignisse verfügt und sich auf diejenigen Variablen konzentrieren kann, die für ihn von hauptsächlichem Interesse sind.

Eine zweite Art von Daten, die als „T-Daten" bezeichnet werden, wird ohne die Intervention des Wissenschaftlers erhalten, der bloß als „Umformer" *(transducer)* auftritt, welcher die Beobachtungen überträgt und übersetzt. Das heißt, der Psychologe beschränkt sich darauf, die aus der Umwelt erhaltenen Inputs zu registrieren, zu kodieren und zu klassifizieren. T-Daten bringen bestimmte Tatsachen zum Vorschein, die mit Hilfe von O-Daten nicht feststellbar sind. Zum Beispiel zeigen T-Daten, was tatsächlich in der Umwelt vor sich geht. In der Chemie, sagt Barker, ist es äußerst wichtig zu wissen, welche Elemente tatsächlich vorkommen, wie häufig sie vorkommen und wo sie vorkommen; dagegen tendieren Psychologen dazu, die Beschreibung der wirklichen Welt zu vernachlässigen. Wie wichtig es ist, diese Art von Information zu sammeln, wird von Barker gut illustriert. Zum Beispiel findet er überraschend wenige Fälle schwerer Frustration im Leben der meisten amerikanischen Kinder, und wenn solche Frustrationen vorkommen, sind ihre Auswirkungen häufig nur vorübergehend. In einem zweiten Beispiel, das die Wichtigkeit von T-Daten demonstriert, bemerkt Barker, daß Versuchspersonen, die keine Reaktion zeigen, in der experimentellen Psychologie gewöhnlich nicht in die Datenanalyse einbezogen werden. Keine Reaktion zu zeigen, ist jedoch eine typische Verhaltensweise von Kindern. Die Beobachtung von Mutter-Kind-Interaktionen in einem Kaufhaus ergab, daß Kinder auf nahezu ein Drittel der Inputs ihrer Mütter nicht reagierten!

Verhaltensmilieus („behavioral settings')

Verhalten in der natürlichen Umwelt, aus dem sich T-Daten herleiten, findet oft in einem bestimmten „Verhaltensmilieu" statt. Ein Verhaltensmilieu zeichnet sich durch eine Reihe charakteristischer Eigenschaften aus: Es enthält physikalische Objekte, die nach einem bestimmten Muster angeordnet sind; das in dem Milieu gezeigte Verhalten ist relativ unabhängig von den spezifischen Menschen, die darin anwesend sind; das Milieu kann sehr lange unverändert bestehen bleiben; und es existiert im allgemeinen unabhängig vom Bewußtsein der in ihm anwesenden Personen. Ein Beispiel für ein Verhaltensmilieu wäre der Bridgeclub an der Ecke Er hat einen bestimmten physikalischen Standort und bestimmte physikalische Merkmale; das Verhalten im Club ist relativ unabhängig von den spezifischen Leuten, die ihn frequentieren; und der Club kann viele Jahre lang unverändert bestehen bleiben. Ebenso stellt ein Fußballplatz ein Verhaltensmilieu dar. Er hat bestimmte physikalische Merkmale, eine bestimmte Art von Verhalten tritt in diesem Milieu auf, und es bleibt über längere Zeit unverändert bestehen. Kurz, ein Verhaltensmilieu ist ein Stück sichtbare Umwelt, beinhaltet Menschen, hat gewisse Merkmale und beeinflußt in starkem Maße das in ihm auftretende Verhalten.

Menschen sind natürlich das *sine qua non* eines Verhaltensmilieus. Sie sind Teil des Milieus und im allgemeinen von entscheidender Bedeutung für sein Fortbestehen. Der lokale Bridgeclub würde nicht fortbestehen, gäbe es niemanden, der ihn besucht. Die Individuen in einem Verhaltensmilieu sind jedoch in hohem Grad gleichwertig und austauschbar: Ein vierter Bridgepartner ist ein vierter Bridgepartner – nicht mehr und nicht weniger. Außerdem gibt es für jedes Verhaltensmilieu eine optimale Personenanzahl. Der Bridgeclub sollte mindestens vier Mitglieder haben, aber nicht mehr als Spielplätze vorhanden sind. Analog erfordert ein Fußballspiel eine gewisse Mindest- und Höchstanzahl von Spielern.

Innerhalb dieser Milieus werden eine große Vielfalt persönlicher Motive befriedigt. Die Motive von Bridgespielern können von Aggressions- und Anschlußbedürfnissen bis zu Leistungs- und Machtstreben reichen. Dasselbe gilt für die Teilnehmer an einem Fußballspiel. Die Einheit eines Milieus ergibt sich daher *nicht* daraus, daß es ein einheitliches Motiv wachruft.

Der von Barker und seinen Mitarbeitern am ausführlichsten untersuchte Aspekt von Verhaltensmilieus waren die psychologischen Auswirkungen der für ein Milieu verfügbaren Personenanzahl. Verhaltensmilieus wurden in drei Kategorien eingeteilt: unterbesetzte, überbesetzte, und optimal besetzte. Die jeweilige Besetzung hat weitreichende Konsequenzen für das Verhalten der Mitglieder in dem jeweiligen Milieu.

Überlegen Sie sich zum Beispiel einige der Konsequenzen der Teilnahme an einem Fußballspiel, in dem ihre Mannschaft nur sechs Spieler hat, statt der üblichen elf. Jedes Mannschaftsmitglied hat einen hohen Wert, da jeder Spieler gebraucht wird, und individuelle Unterschiede werden weniger stark bewertet, da jeder verfügbare Spieler willkommen ist. Ferner hat jede Person mehrere Aufgaben; der Vorstopper muß zum Beispiel auch die Aufgaben eines Stürmers übernehmen. Das bedeutet, daß jede Person ein breiteres Spektrum von Verhaltensweisen zeigt und sich mehr anstrengen muß, als wenn das Milieu optimal besetzt wäre. Darüber hinaus kommt es wegen der Komplexität der Aufgabe und der vermehrten Anforderungen, die an jeden Spieler gestellt werden, zu einer Herabsetzung der Leistung. Auch wird infolge der erhöhten Anforderungen und der größeren Anzahl zu treffender Entscheidungen erhöhte Spannung erzeugt, mehr Verantwortung übernommen und größere Unsicherheit erlebt. Und natürlich kommen auch Erfolgs- und Mißerfolgserlebnisse häufiger vor.

Wicker (1968) faßt diese und andere Auswirkungen wie folgt zusammen:

> ... Bei Unterbesetzung sind die Funktionen des Verhaltensmilieus oft in Gefahr, und die Teilnehmer spüren, daß sie möglicherweise der Befriedigungen, die ihnen das Milieu verschafft, verlustig gehen könnten. Dies veranlaßt sie, mehr Zeit und Energie zu investieren, als wenn die Teilnehmer zahlreich und die Funktionen des Verhaltensmilieus nicht in Gefahr wären. Häufig übernehmen sie verantwortungsvolle Positionen und zeigen eine breite Skala unterstützender Verhaltensweisen. Unter dem Druck, die Aktivitäten fortzuführen, versuchen die Mitglieder, andere zur Teilnahme zu bewegen. Die Anforderungen für die Mitgliedschaft werden herabgesetzt, und es werden Versuche unternommen, die verfügbaren Leute wenigstens auf ein minimales Leistungsniveau zu bringen. Gefühle von Involviertheit, Erfolg, Mißerfolg, Herausforderung, Verantwortung und Unsicherheit infolge der Abhängigkeit von anderen sind häufig (S. 255).

Verhaltensbeobachtungen in Klein- und Großstädten sowie in mittelgroßen Städten in Amerika und England haben die oben angeführten Beobachtungen gestützt. In einer Versuchsreihe fanden Barker und seine Mitarbeiter (vgl. Barker, 1960), daß die typische Kleinstadt in England weniger Verhaltensmilieus und mehr dafür zur Verfügung stehende Menschen aufzuweisen hat als die typische amerikanische Kleinstadt. Daher nimmt die Durchschnittsperson in der amerikanischen Stadt mehr verantwortungsvolle Positionen in den diversen Milieus ein. Laut Barker weisen die beiden Nationen unterschiedliche Segregationsmuster auf, weil der Einzelne in Amerika für den Fortbestand des Verhaltensmilieus wichtiger ist als in England. In Amerika ist der Zugang zu den einzelnen Verhaltensmilieus viel seltener durch bestimmte Anforderungen in bezug auf Alter, Geschlecht und soziale Klasse beschränkt als in England. Dies sind wichtige Überlegungen für das Verständnis der Probleme alter Menschen oder für die Analyse der Jugendkriminalität. Ferner kann es sich die englische Kleinstadt leisten, einige ihrer Bewohner aus der Gemeinde fortzuschicken, da sie nicht wirklich alle Mitbürger „braucht". In der Tat werden viele Kinder englischer Kleinstädte in Internatschulen unterrichtet. Diese Erziehungspraxis ist untypisch für das ländliche Amerika – vermutlich zum Teil deshalb, weil dort die jüngeren Mitglieder der Gemeinschaft zur Aufrechterhaltung der unterbesetzten Verhaltensmilieus gebraucht werden.

Untersuchungen der psychologischen Auswirkungen von Populationsgröße und Verhaltensmilieus wurden auch in großen und kleinen Schulen durchgeführt. Allgemein kann man sagen, daß kleine Schulen unterbesetzt sind, während große Schulen mehr Schüler zur Verfügung haben, als sie für ihre Verhaltensmilieus brauchen. Wicker (1968) faßt die Ergebnisse dieser Untersuchungen wie folgt zusammen:

> ... Schüler kleiner Schulen unterscheiden sich von Schülern großer Schulen in folgenden Punkten: Sie (a) beteiligen sich an mehr verschiedenen Arten von Aktivitäten, (b) nehmen mehr verantwortungsvolle Positionen bei diesen Aktivitäten ein ..., (c) verwenden mehr Dimensionen bzw. Konstrukte zur Beschreibung von Schulaktivitäten ..., (d) erleben mehr Befriedigung „hinsichtlich Herausforderung, Teilnahme an wichtigen Aktionen, Involviertheit in Gruppenaktivitäten und Erreichung moralischer und kultureller Werte" (Barker & Gump, 1964, S. 197), (e) berichten über stärkeren internen und externen Druck, mitzumachen und teilzunehmen, inklusive Gefühle der Verpflichtung zur Unterstützung der Aktivitäten (S. 255).

Diese unterschiedlichen Verhaltensauswirkungen kleiner vs. großer Schulen sind nicht die Folge der Schulgröße an sich, sondern ergeben sich eher aus der Tatsache, daß in den kleineren Schulen mehr Schüler mit verantwortungsvollen Positionen betraut und in den verschiedensten Verhaltensmilieus gebraucht werden. Die Schüler der kleinen Schulen sind daher eher „Darsteller", während die Schüler größerer Schulen eher „Zuschauer" sind.

Zusammenfassung

Kurt Lewins Theorie der Motivation entwickelte sich aus den Prinzipien der Gestaltpsychologie. Die Gestaltpsychologen vertraten die Ansicht, daß die Wahrnehmung eines Objekts durch das dieses Objekt umgebende Kräftefeld sowie durch die wechselseitigen Beziehungen der Kräfte des Feldes beeinflußt wird. Ähnlich geht Lewins Theorie davon aus, daß Verhalten in einem psychologischen Feld stattfindet und daß es zu jedem gegebenen Zeitpunkt von vielen interagierenden Kräften determiniert wird.

Lewins Feldtheorie beinhaltet strukturelle und dynamische Konstrukte für Person und Umwelt. Die Verbindung zwischen Person- und Umweltkonstrukten wird durch das Konstrukt der Spannung hergestellt. Spannung, die aus einem Bedürfniszustand resultiert, ist die Voraussetzung dafür, daß ein Objekt der Umwelt Valenz annehmen kann. Mit der Entstehung einer Valenz kommt es zur Errichtung eines Kräftefeldes um das begehrte Objekt. Dieses Kräftefeld führt zu einer Lokomotion der Person in Richtung auf das Zielobjekt, wobei die Stärke der Kraft mit der Annäherung der Person an das gewünschte Objekt zunimmt. Wird das Ziel erreicht, so wird die Spannung entladen, wobei die Valenz des Umweltobjekts reduziert wird, was seinerseits die auf die Person wirkende Kraft vermindert. Die Reduktion der Kraft führt zur Beendigung der Handlung. Lewins Konzeption der Motivation beinhaltet somit die Prinzipien des Hedonismus und der Homöostase. Jedoch ist Lewin im Gegensatz zu anderen Spannungsreduktionstheoretikern ein Phänomenologe, d.h. er betont vor allem die wahrgenommene und weniger die objektive Umwelt.

Aus Lewins Theorie sind eine Reihe von Untersuchungen hervorgegangen. Zu den untersuchten Forschungsgebieten gehören: (1) Konflikt: Hierbei wurde vor allem die sich aus der Überlappung von Kräftefeldern ergebende Instabilität (Annäherungs-Annäherungs-Konflikte) versus Stabilität (Vermeidungs-Vermeidungs-Konflikte) des Verhaltens betont; (2) Frustration und die Beziehung zwischen der Nichterreichung des Ziels und Regression (Entdifferenzierung); (3) Erinnerung und Wiederaufnahme von Aufgaben: Hier wurde die Hypothese überprüft, daß sich anhaltende Spannung von Bereichen in der Erinnerung und Wiederaufnahme unerledigter Aufgaben manifestiert; (4) Ersatzhandlungen, ein Konzept, das Freuds Idee einer Überlappung von Bedürfnissen und seine Überzeugung aufgriff, daß einige Ziele ihren Wert dadurch erhalten, daß andere, wünschenswertere Ziele nicht erreichbar sind; (5) Anspruchsniveausetzung, welche mit Hilfe der Theorie der resultierenden Valenz und der Konzepte der Valenz und Potenz von Erfolg und Mißerfolg erklärt wurde; und (6) Ökologische Psychologie bzw. das Studium von Umweltfaktoren wie Verhaltensmilieus, die nicht innerhalb des Lebensraums liegen. Es ist offensichtlich, daß sich Lewins Theorie äußerst anregend auf die psychologische Forschung ausgewirkt hat.

Auf viele Ähnlichkeiten und Unterschiede zwischen den Systemen Freuds, Hulls und Lewins ist bereits hingewiesen worden. Vergleicht man einmal nur Hull und Lewin, so kann man sagen, daß beide Theoretiker versuchten, die unmittelbaren Determinanten des Handelns zu identifizieren und ein quasi-mathematisches Verhaltensmodell aufzustellen. Sowohl Hull als auch Lewin integrierten in ihr Modell Konstrukte, die den motivationalen Zustand der Person (Trieb, Spannung), den Anreizwert des Ziels (Anreiz, Attraktivität des Zielobjekts) und eine Richtungs- bzw. Steuerungsvariable (Habit, psychologische Distanz) repräsentieren. Die Triebtheoretiker gewannen jedoch ihre Daten hauptsächlich aus Tierexperimenten, während Lewin sich fast ausschließlich mit komplexem menschlichen Verhalten beschäftigte, wobei er sich machmal von den Ideen Freuds leiten ließ. Die Stärke der Triebtheoretiker bestand in der Durchführung gut kontrollierter Laboruntersuchungen, durch die sie vorbildlich demonstrierten, wie Motivationsforscher experimentell arbeiten sollten. Dagegen bestand der Hauptbeitrag der Feldtheoretiker in ihrem Hinweis auf die allgemeineren Ziele der Motivationstheorie, zu denen das Verstehen komplexen menschlichen Verhaltens mittels einer experimentell überprüfbaren Theorie, die auch das einfachere Verhalten von Tieren erklären kann, gehört.

5. Kapitel
Die Theorie der Leistungsmotivation

Einleitung

Die bekanntesten und fruchtbarsten Theorien der Leistungsmotivation sind dem Erwartungs-Wert-Ansatz zuzurechnen. Das heißt, es wird davon ausgegangen, daß die Erfolgserwartung und der Anreizwert des Erfolgs bestimmen, für welche von mehreren leistungsbezogenen Tätigkeiten sich ein Individuum entscheidet und wie sehr es sich bei Leistungsaufgaben anstrengt. Einfacher ausgedrückt: Was wir zu erreichen suchen, und wie sehr wir uns darum bemühen, hängt davon ab, was uns das angestrebte Ziel bedeutet und für wie wahrscheinlich wir es halten, daß wir es erreichen können.

Ähnlich wie die Triebtheoretiker haben auch die Leistungsmotivationstheoretiker versucht, einen begrenzten Bereich menschlichen Verhaltens relativ präzise vorherzusagen. Und ähnlich wie die triebtheoretischen Modelle enthalten auch die Modelle der Leistungsmotivation viele mechanistische Konstrukte wie z.B. Verhaltenstendenzen und Kräfte. Die Theorien der Leistungsmotivation beinhalten daher sowohl Merkmale der kognitiven (Erwartungs-Wert) als auch der mechanistischen Tradition der Motivationspsychologie. Dies trifft auch auf die Lewinsche Verhaltenskonzeption zu, welche der Theorie der Leistungsmotivation vorausging und ihre Entwicklung in starkem Maße beeinflußte.

Historische Vorläufer der Theorie der Leistungsmotivation

Der genaue Beginn der wissenschaftlichen Erforschung der Leistungsmotivation kann nur willkürlich angesetzt werden. Ich will hier mit Henry Murray beginnen und die früheren Beiträge von Freud, Lewin und Sears bzw. die einflußreiche Rolle, die diese Theoretiker spielten, übergehen (vgl. Atkinson, 1964; Murray, 1959; Weiner, 1972).

Murray war für die Geschichte der Leistungsmotivationsforschung in zweifacher Hinsicht von Bedeutung. Zum einen war er der erste, der das Augenmerk auf die Existenz eines *Bedürfnisses* nach Leistung (Leistungsmotiv, *need for achievement*) lenkte. Ursprünglich wurden Trieb *(drive)* und Bedürfnis *(need)* häufig als austauschbare Konstrukte verwendet oder wurden eng miteinander verknüpft. Hull zum Beispiel sah den Trieb als die psychologische Manifestation eines Bedürfniszustands an. Im Lauf der Zeit wurde der Triebbegriff jedoch zunehmend mit Deprivationszuständen, Behaviorismus und tierexperimenteller Forschung in Verbindung gebracht, während der Bedürfnisbegriff stärker mit molaren Persönlichkeitstheorien assoziiert wurde, in denen er relativ stabile Persönlichkeitseigenschaften bezeichnet.

Murray (1938) entwickelte eine Taxonomie zwanzig grundlegender menschlicher Bedürfnisse. Dieser taxonomische Ansatz war einigen der früheren, erfolglos gebliebenen Bestrebungen McDougalls und anderer Forscher, Listen von Instinkten zu erstellen, nicht unähnlich. Eines der Murrayschen Bedürfnisse war das Bedürfnis nach *Leistung (achievement)*, welches aufgefaßt wurde als das Bestreben danach,

> etwas Schwieriges zustande zu bringen; physikalische Objekte, Menschen oder Ideen zu beherrschen, zu manipulieren oder zu organisieren; dies so schnell und so selbständig wie möglich zu tun; Hindernisse zu überwinden und einen hohen Leistungsstandard zu erreichen; über sich selbst

hinauszuwachsen; mit anderen zu konkurrieren und sie zu übertreffen; seine Selbstachtung durch die erfolgreiche Ausübung seiner Fähigkeiten zu steigern (S. 164).

Dieses Bestreben, so Murray (1938), geht mit den folgenden Handlungen einher:

Intensive, langanhaltende und wiederholte Anstrengungen unternehmen, um etwas Schwieriges zu erreichen; mit Zielstrebigkeit auf ein hohes und fernes Ziel hinarbeiten; die Entschlossenheit haben, sich durchzusetzen; versuchen, alles, was man tut, gut zu machen; durch die Gegenwart anderer dazu stimuliert werden, sich hervorzutun; Wettbewerb genießen; Willenskraft aufwenden; Langeweile und Müdigkeit überwinden (S. 164).

Murrays zweiter Beitrag zu Leistungsmotivationsforschung bestand in der Entwicklung eines Instruments zur Messung von Bedürfniszuständen. Dieses Meßinstrument, der sogenannte Thematische-Apperzeptions-Test (TAT) enthüllt angeblich „verborgene und unbewußte Komplexe" (Murray, 1938, S. 530). Der TAT wurde von fast allen nachfolgenden Forschern zur Messung des Leistungsmotivs übernommen.

Die nächste historisch bedeutsame Person der Leistungsmotivationsforschung ist David McClelland. McClelland und seine Mitarbeiter (McClelland, Atkinson, Clark & Lowell, 1953) begannen eine systematische Erforschung der Leistungsmotivation, wobei sie zur Messung des Leistungsmotivs eine verbesserte Version des TAT verwendeten. In diesem Zusammenhang stellen sich zwei das Murraysche Vermächtnis betreffende Fragen, die es wert sind, näher erörtert zu werden: (1) Warum wurde ausgerechnet das Leistungsbedürfnis näher erforscht und nicht irgendein anderes der von Murray angeführten Bedürfnisse (z.B. das Anschlußbedürfnis oder Aggression)? (2) Warum wurde ausgerechnet der TAT und nicht ein objektives Meßinstrument verwendet?

Bezüglich der Entscheidung für die Erforschung des Leistungsbedürfnisses bemerken McClelland et al. (1953): „Wir widmeten unsere Aufmerksamkeit hauptsächlich deshalb dem Leistungsmotiv, weil es eine Reihe häufig verwendeter Operationen zu geben schien, um es im Labor wachzurufen" (S. 4). Das heißt, Leistungsbedürfnisse konnten durch geeignete Instruktionen angeregt werden („Dies ist ein Intelligenztest"), und Erfolg und Mißerfolg konnten experimentell manipuliert werden. Außerdem war McClelland mit den damals dominanten Defizit- und Überlebenstheorien der Motivation von Freud und Hull unzufrieden. Die Konzentration dieser Forscher auf Angst (Freud) bzw. Nahrungsdeprivation (Hull) mußte unweigerlich zu „Reizreduktions-" bzw. *reaktiven* Theorien des Verhaltens führen. Dagegen führt eine Betonung von Leistungsbedürfnissen eher zu „Reizintensivierungs-" bzw. *proaktiven* Konzeptionen der Motivation. Die ursprüngliche Motivationstheorie McClellands war von den Arbeiten Hebbs und der von den Aktivationstheoretikern vertretenen Idee eines optimalen Stimulationsniveaus beeinflußt. Damit konnte sowohl das Streben nach Reduktion als auch nach Intensivierung von Stimulation erklärt werden. Und schließlich dürfte die Entscheidung zur Erforschung des Leistungsbedürfnisses zum Teil von persönlichen, außerwissenschaftlichen Überlegungen beeinflußt worden sein, wie etwa durch McClellands Wunsch, gesellschaftliche Verhältnisse zu verbessern.

Was die zweite Frage betrifft – warum McClelland sich zur Messung des Leistungsmotivs für den TAT anstatt für ein objektives Meßinstrument entschied –, so gab McClelland zu verstehen, daß „wir die Freudsche These akzeptiert hatten, daß die Phantasie der geeignete Ort sei, um sich nach Auswirkungen von Motiven umzusehen" (McClelland et al., 1953, S. 107). Nachfolgende Forschungsarbeiten erbrachten in der Tat eine gewisse Stütze für die Vermutung, daß durch oberflächliche verbale Befragungen erhaltene Angaben über die Stärke des Leistungsbedürfnisses zur Vorhersage von leistungsmotiviertem Verhalten nicht geeignet sind, während Phantasieproduktionen einen validen Index dafür darstellen (de Charms et al., 1955; McClelland, 1958; McClelland et al., 1953). Aber mehr zur Messung des Leistungsmotivs später.

Nach der Veröffentlichung von *The Achievement Motive* im Jahre 1953 teilte sich die Leistungsmotivationsforschung in zwei Stränge. McClelland wandte sich von der Laborforschung der Analyse der ökonomischen Entwicklung und der Rolle des Leistungsmotivs für die Stimulierung des gesellschaftlichen und wirtschaftlichen Wachstums zu. Diese Arbeiten gipfelten 1961 in der Publikation von *The Achieving Society*, einem respekteinflößenden Werk, welchem von verschiedenen Disziplinen der Sozialwissenschaften viel Beachtung geschenkt worden ist.

Zur selben Zeit fuhr John Atkinson – welcher als die nächste historisch bedeutsame Figur der Leistungsmotivationsforschung angesehen werden kann – mit der experimentellen Erforschung des Leistungsmotivs fort. Das Stadium der Verbesserung und Validierung des TAT wurde bald durch den Versuch Atkinsons abgelöst, eine Theorie der Leistungsmotivation zu formulieren. Angeregt wurde diese Theorie von den zeitlich früheren Thesen Tolmans, der Entscheidungstheoretiker und Lewins, sowie dem von Festinger und Escalona entwickelten Modell des Anspruchsniveaus. Atkinsons Theorie der Leistungsmotivation, welche 1957 erstmals publiziert wurde (die ausführlichste Darstellung dieser Theorie findet sich in seiner Monographie über Motivation; Atkinson, 1964), dominierte die Leistungsmotivationsforschung der folgenden Dekade. Diese Theorie bildet den Schwerpunkt des vorliegenden Kapitels.

Sowohl die anwendungsorientierte Forschung McClellands als auch die Laborforschung Atkinsons wurden von diesen Wissenschaftlern weiterverfolgt. McClellands Beschäftigung mit Problemen des „realen Lebens“ verschob sich jedoch von der historischen Analyse der Wirtschaftsentwicklung auf die Untersuchung von Möglichkeiten zur Veränderung des Leistungsverhaltens. Eine Reihe von Trainingsprogrammen zur Förderung des Leistungsstrebens wurden entwickelt (vgl. McClelland & Winter, 1969). Atkinson dagegen begann sich mit der Entwicklung einer allgemeinen Verhaltenstheorie zu beschäftigen, wobei er sich in starkem Maße auf mathematische Modelle und Computersimulationen stützte (Atkinson & Birch, 1970; Atkinson & Raynor, 1974).

Neben diesen Hauptströmungen der Forschung wurden (und werden) eine Vielzahl verwandter Probleme untersucht. So gibt es Versuche, neue Meßinstrumente zur Messung des Leistungsmotivs zu konstruieren; eine weitere Forschungsrichtung beschäftigt die sich mit den Faktoren, die die Entwicklung von Leistungsbedürfnissen beeinflussen; ebenso besteht ein Interesse für die Leistungsbedürfnisse von Frauen (hier kam es mit der Entdeckung einer angeblichen „Furcht vor Erfolg“ bei Frauen zu einem plötzlichen Ausbruch der Forschungstätigkeit); eine Reihe von Fragebogenerhebungen untersucht die Beziehungen zwischen Jobzufriedenheit, Erfolg, Leistungsmotiv und verschiedenen demographischen Variablen; und viele Forscher beschäftigen sich mit den wahrgenommenen Ursachen von Erfolg und Mißerfolg. Dieses letztgenannte Gebiet wird im 8. Kapitel erörtert.

Das „goldene Zeitalter“ der Leistungsmotivationsforschung – etwa 1950 bis 1965 – ist vorbei. Aber trotz der Wankelmütigkeit der Psychologen hält die Leistungsmotivationsforschung nun schon seit mehr als 35 Jahren ohne Unterbrechung an und floriert noch immer. Diese Langlebigkeit ist teils den beharrlichen Anstrengungen einiger herausragender Wissenschaftler zuzuschreiben, teils den reichen Erträgen dieses Forschungsgebiets und teils der offensichtlichen Bedeutung des Leistungsstrebens in unserer und anderen Gesellschaften.

Nach dieser sehr knappen historischen Einleitung möchte ich mich nun einigen der oben aufgezählten Forschungsgebiete zuwenden. Die folgenden Probleme sollen erörtert werden: (1) Die Messung des Leistungsmotivs und einige der Kontroversen, die sich um die Verwendung projektiver Meßinstrumente ranken; (2) die Korrelate dieser Persönlichkeitsdisposition und die Frage nach ihrer Generalität und Stabilität; (3) Atkinsons Theorie der Leistungsmotivation und ihre Validierung in Untersuchungen zum Anspruchsniveau, zur Ausdauer und zur Aufgabenwahl; (4) die Beziehungen zwischen dem in einer Gesellschaft existierenden Leistungsbedürfnis und der Wirtschaftsentwicklung; (5) entwicklungspsychologische Vorbedingungen von Leistungsbedürfnissen; (6) Trainingsprogramme zur Steigerung von Leistungsbedürfnissen; (7) Leistungsmotivation bei Frauen; und (8) der Einfluß des sozialen Kontexts auf leistungsmotiviertes Verhalten. Für weitere Zusammenfassungen dieses umfangreichen Bereichs von Theorie und Forschung sei der Leser auf Atkinson, 1964; Atkinson & Feather, 1966; Birney, 1968; Byrne, 1974; Heckhausen, 1967, 1968; und Weiner, 1970, 1972 verwiesen.

Die Messung von Bedürfnissen

Wie bereits erwähnt, entwickelte Henry Murray den TAT. Bei diesem Persönlichkeitstest verfaßt die Person Geschichten zu mehrdeutigen Bildern. Der Inhalt der Geschichten wird verwendet, um auf die Persönlichkeit des Erzählers und seine Konfliktbereiche rückzuschließen. Murray (1938) beschrieb den TAT folgendermaßen:

> Der Zweck dieses Verfahrens besteht darin, die literarische Kreativität anzuregen und dabei Phantasien wachzurufen, die verborgene und unbewußte Komplexe enthüllen.
>
> Der Test beruht auf der anerkannten Tatsache, daß eine Person bei der Interpretation einer mehrdeutigen sozialen Situation gewöhnlich ebensoviel über ihre eigene Persönlichkeit aussagt, wie über das Ereignis, mit dem sie sich befaßt. Damit beschäftigt, das objektive Geschehen zu erklären, verliert die Person ihre Befangenheit und ist sich ihrer selbst und der prüfenden Blicke anderer weniger gewahr; daher achtet sie weniger auf ihre Abwehrmechanismen. Für jemanden, der zwischen den Zeilen zu lesen vermag, offenbart sie jedoch gewisse innere Neigungen und Kathexen: Wünsche, Befürchtungen und Spuren vergangener Erlebnisse. Ein weiteres Faktum, auf das wir uns bei der

Entwicklung der vorliegenden Methode stützten, ist, daß ein großer Teil der belletristischen Literatur bewußt oder unbewußt die Phantasien des Autors widerspiegelt. [Murray teilte mit seinem Mentor, Jung, ein großes Interesse für Literatur und war einer der führenden Interpreten von Melvilles *Moby Dick*.]

Der ursprüngliche Plan bestand darin, Versuchspersonen eine Reihe von Bildern vorzulegen, von denen ein jedes irgendein dramatisches Ereignis darstellte, und sie zu instruieren, die auf jedem Bild dargestellte Handlung zu interpretieren und eine plausible Vermutung anzustellen, welche Ereignisse vorher stattgefunden hätten und wie die Geschichte schließlich ausgehen würde. Es wurde angenommen, daß eine Person bei der Ausführung dieser Aufgabe notwendigerweise gezwungen sein würde, einige ihrer eigenen Phantasien in den Text zu projizieren, und daß sie auf diese Weise einige ihrer vorherrschenden thematischen Tendenzen zu erkennen geben würde. Da die Versuchspersonen, die an diesem Test teilnahmen, gebeten wurden, jedes Bild zu interpretieren, d. h. die Handlung oder dramatische Struktur eines jeden Bildes aufzufassen bzw. zu apperzipieren, nannten wir ihn den „Thematischen-Apperzeptions-Test". Erst im Laufe der Zeit entdeckten wir, daß viel mehr von der Persönlichkeit der Person zutage tritt, wenn sie aufgefordert wird, eine dramatische Geschichte zu erfinden, als wenn sie instruiert wird, die wahrscheinlichen Fakten zu erraten (S. 530–531).

Das TAT-Verfahren

Das von Murray entwickelte Verfahren zur Durchführung und Auswertung des TAT war zur Messung individueller Unterschiede in der Stärke des Leistungsbedürfnisses ungeeignet. Zuerst mußte ein Schema konstruiert werden, das es gestattete, den Individuen gemäß der *Stärke* ihres Leistungsmotivs Punktwerte zuzuordnen. Und zweitens mußten verbindliche Auswertungsregeln festgelegt werden, um eine ausreichende Übereinstimmung zwischen verschiedenen Auswertern (bzw. eine ausreichende sogenannte Inter-Rater-Reliabilität) zu erzielen. Wenn der TAT zu klinischen Zwecken verwendet wird, sind diese Kriterien häufig nicht erfüllt.

Diese Schwierigkeiten wurden von McClelland et al. (1953) überwunden, indem sie ein Auswertungssystem entwickelten, bei dem Individuen numerische Punktwerte erhalten, welche angeblich die Stärke ihres Leistungsmotivs reflektieren. Mit diesem Auswertungssystem war auch eine hohe Übereinstimmung zwischen verschiedenen Auswertern ($r \approx .90$) ohne Schwierigkeiten zu erreichen (vgl. Atkinson, 1958a; McClelland et al., 1953).

Die allgemeine Methode zur Messung des Leistungsmotivs ist seit ihrer Entwicklung praktisch unverändert geblieben. Den gewöhnlich als Gruppe getesteten Versuchspersonen werden vier bis sechs Bilder präsentiert (vgl. Abb. 5.1), wobei die Versuchspersonen auf vier Leitfragen antworten sollen (Was geschieht gerade? Was führte zu dieser Situation? Woran denken die Personen? Wie wird die Geschichte weitergehen?). Für jede der Geschichten haben die Versuchspersonen vier Minuten Zeit zur Verfügung. Den Gesamtleistungsmotivwert einer

Abbildung 5.1: Ein häufig verwendetes Bild des TAT-Verfahrens zur Messung des Leistungsbedürfnisses

Person erhält man, indem die Punktwerte ihrer einzelnen Geschichten aufsummiert werden. Auf einige dieser Durchführungsregeln kam man auf Grund von Untersuchungen, die darauf hindeuteten, daß TAT-Protokolle bei mehr als 20 Minuten Schreibzeit keine Vorhersagekraft mehr besitzen, während bei einer Schreibzeit von weniger als vier Minuten der Leistungsmotivwert stark durch die bloße Wortproduktivität determiniert wird (vgl. Reitman & Atkinson, 1958; Riccuiti, 1954).

Auswertungsmethode. Die Auswertung der TAT-Protokolle erfolgt in zwei Schritten. Zuerst entscheiden die Auswerter – anhand des Inhaltsschlüssels eines Auswertungsmanuals –, ob eine Geschichte überhaupt leistungsbezogene Vorstellungsinhalte aufweist. Beispiele solcher Vorstellungsinhalte sind einzigartige Leistungen (wie z.B. Erfindungen) oder langfristige Leistungsbestrebungen (wie z.B. der Wunsch, im Leben Erfolg zu haben). Wenn das geschriebene Protokoll solche Vorstellungsinhalte aufweist, erhält die Geschichte einen Punktwert von +1 und wird dann auf das Vorkommen von zehn zusätzlichen Subkategorien leistungsbezogener Inhalte hin analysiert. Solche Subkategorien sind zum Beispiel die Erwähnung leistungsbezogener Gefühle, instrumenteller Tätigkeiten, und von Zielerwartungen und -befürchtungen. Jede Subkategorie, die in der Geschichte auftaucht, erhält einen Punktwert von +1 (vgl. McClelland et al., 1953). Somit kann jede Geschichte einen Maximalpunktwert von +11 erhalten. Es ist jedoch darauf hingewiesen worden, daß diese zehn Unterkategorien wenig zur Differenzierung zwischen den untersuchten Personen beitragen, denn eine einfache 1/0 Auswertung allein nach dem Vorkommen/Nichtvorkommen von leistungsbezogenen Inhalten korreliert .90 mit dem Ergebnis der vollständigen Auswertung nach dem 11-Punkte-System (vgl. Entwisle, 1972).

Zur Bewertung des TAT als Meßinstrument des Leistungsmotivs

Die gegenwärtigen Ansichten hinsichtlich der Messung des Leistungsmotivs mittels des TAT lassen sich in drei allgemeinen Feststellungen zusammenfassen:

1. Der TAT ist ein recht unzulängliches Instrument zur Messung von Leistungsbedürfnissen.
2. Der TAT ist das beste verfügbare Instrument zur Messung von Leistungsbedürfnissen.
3. Personen, die direkt mit der Leistungsmotivationsforschung zu tun haben, zeigen sich stärker von der zweiten Verallgemeinerung beeinflußt; Personen, die nicht direkt mit der Leistungsmotivationsforschung zu tun haben, sind stärker von der ersten Verallgemeinerung beeindruckt.

Einige Unzulänglichkeiten des TAT. Die erwähnte Verallgemeinerung (1) beruht auf den vielen bekannten Mängeln der gegenwärtig verwendeten TAT-Verfahren. So werden zum Beispiel noch heute die von Atkinson (1958a) beschriebenen Bilder benutzt, obwohl die dort dargestellten Szenen ziemlich veraltet sind und nicht selten Gelächter hervorrufen. Niemand weiß, wie sich dieser Mangel an ökologischer Validität auf die Leistungsphantasien sowie natürlich auf die Reliabilität und Validität des TAT auswirkt. Darüber hinaus liegen keine festen Richtlinien dafür vor, welche der vielen vorhandenen TAT-Bilder verwendet werden sollen. Und die Frage nach der „Übereinstimmung" – in bezug auf Geschlecht, Alter oder Rassenzugehörigkeit – zwischen dem Testbeantworter und den auf den TAT-Bildern dargestellten Personen ist nach wie vor ungelöst. Diese Kritikpunkte sind nicht unbedingt vernichtend, doch sind es auch nicht die schlimmsten Vorwürfe, die man gegen das TAT-Verfahren erhoben hat. Vielmehr sollen sie nur auf einige der vielen unbeantworteten und nicht untersuchten Fragen hinweisen.

Viele dieser Unzulänglichkeiten sind anscheinend auf die Tatsache zurückzuführen, daß die in der Leistungsmotivationsforschung tätigen Psychologen hauptsächlich an Fragen der Persönlichkeitsdynamik und Motivation interessiert waren und nur sekundär an der Messung von Persönlichkeitseigenschaften. Dadurch kam es zu einem vorzeitigen Endpunkt in der Entwicklung des TAT. Ähnliche Diskrepanzen zwischen Theorie und Messung finden sich auch in anderen Gebieten der Motivationsforschung, die sich mit der Messung individueller Unterschiede beschäftigt haben. So ist zum Beispiel die im Rahmen der Hull-Spence-Konzeption der Motivation zur Messung der Triebstärke verwendete *Manifest Anxiety Scale* recht primitiv, verglichen mit der Ausgefeiltheit der Triebtheorie.

Die Reliabilitätskontroverse. Die Frage nach der Reliabilität des TAT hat mehr Aufmerksamkeit auf sich gelenkt und zu größeren Meinungsverschiedenheiten Anlaß gegeben als das TAT-Verfahren selbst. Das Problem, um das es dabei geht, ist ganz einfach das folgende: Die gefundene interne Konsistenz des

Tests (d.h. die Korrelation zwischen verschiedenen Teilen des Tests – wie der ersten und zweiten Hälfte) und die Retestreliabilität (die Korrelation des Tests mit sich selbst zu verschiedenen Zeitpunkten) sind ziemlich niedrig. Entwisle (1972) gibt eine Zusammenfassung der Ergebnisse mehrerer Untersuchungen, welche darauf hindeuten, daß diese Reliabilitäten bei .30 liegen. Die von Klinger (1966) angegebenen Schätzungen sind sogar noch niedriger.

Angesichts dieser von Entwisle und Klinger präsentierten Reliabilitätswerte sind von Verteidigern des TAT-Verfahrens zwei Gruppen von Gegenargumenten vorgebracht worden. Eine Gruppe von Argumenten stellt die Folgerichtigkeit der Kritik in Frage. Es ist zum Beispiel bekannt, daß einige der TAT-Bilder Szenen darstellen, die sich auf Anschluß- und Machtbedürfnisse beziehen. Das heißt, der Test ist nicht „homogen" und wird auch tatsächlich häufig zur Messung von anderen Motiven als dem Leistungsmotiv herangezogen. Von Bildern, die in erster Linie solche anderen Motive anregen, werden Leistungsmotive nur in ungenügendem Grade aktiviert. Ein Bild mit Personen beim Abendessen führt zum Beispiel nicht zu Gedanken an Erfindungen oder langfristige Erfolge. Bei Bildern, die verschiedene Motive anregen, ist somit eine hohe interne Konsistenz nicht möglich. Tatsächlich wurden Reliabilitäten von über .70 berichtet, wenn alle verwendeten TAT-Bilder leistungsbezogene Szenen darstellen (vgl. Haber & Alpert, 1958; McClelland et al. 1953; Morgan, 1953).

Was die Retestreliabilität anlangt, so ist gefunden worden, daß trotz einer sehr niedrigen Korrelation die überwiegende Mehrheit der Personen bei zwei Gelegenheiten gleich klassifiziert wird, wenn nur eine dichotome (hoch/niedrig) Klassifikation verwendet wird. Das heißt, werden Versuchspersonen nur dahingehend klassifiziert, ob sie über oder unter irgendeinem Medianwert liegen, dann ist die Retestreliabilität akzeptabel (vgl. McClelland et. al., 1953). Aus diesem Grund glaubt man, daß das Meßinstrument zwar nicht dazu geeignet ist, eine bestimmte Person exakt hinsichtlich ihres Leistungsmotivs einzustufen (der TAT wird häufig zu diesem Zweck in der Industrie verwendet), daß es jedoch ausreicht, wenn es dem Forscher nur darum geht, zwei *Gruppen* von Individuen mit unterschiedlicher Stärke des Leistungsmotivs miteinander zu vergleichen.

Eine zweite Antwort auf die von Entwisle (1972) und Klinger (1966) vorgebrachte Kritik wirft grundsätzlichere Fragen auf. Diese betreffen die Natur projektiven Messens und „die irreführende Übervereinfachung und die Mythen über das Messen, welche in einführenden Darstellungen psychologischer Meßmethoden verbreitet werden" (Atkinson & Birch, 1974, S. 293). Der TAT wird im allgemeinen als ein „Kreativitätstest" präsentiert. Daher könnte es sein, daß die Testpersonen zu vermeiden suchen, bei aufeinanderfolgenden Gelegenheiten dieselbe allgemeine Art von Antworten zu geben. Tatsächlich ist bezüglich des Vorkommens von leistungsbezogenen Vorstellungsinhalten im TAT ein „Sägezahneffekt" beobachtet worden – diese nehmen ständig zu und ab (vgl. McClelland et al., 1953). McClelland et al. (1953) behaupten daher:

> Die geringe Retestreliabilität des Meßinstruments könnte auf eine durch die erste Testung erzeugte Veränderung in den Versuchspersonen zurückzuführen sein. Das heißt, es ist theoretisch möglich, daß ein Test hoch mit einer Anzahl von anderen [Kriteriums-] Maßen korreliert (hohe „Validität" aufweist) nicht aber mit sich selbst bei einer zweiten Testabnahme (niedrige „Reliabilität") (S. 193–194).

Stellen wir uns zum Beispiel vor, jemand hört einen Witz und reagiert darauf mit herzhaftem Lachen. Hört er den Witz ein zweites Mal, so wird dieser nur mehr wenig Lachen hervorrufen. In diesem Fall wäre es ungerechtfertigt, das Lachen auf Grund der geringen Retestreliabilität als invaliden Index für die Güte eines Witzes anzusehen. In dieselbe Richtung geht die Bemerkung von Atkinson und Raynor (1974): „Anstatt zur zweiten Messung konstant und unverändert wie ein Metallklotz zurückzukehren – wie dies die der Physik entlehnte klassische Testtheorie annimmt – könnten die Versuchspersonen für einen Wiederholungstest total ‚verdorben' sein" (S. 9).

Die oben skizzierten umstrittenen Punkte sind weit davon entfernt, entschieden zu sein. Klar ist, daß einige der Kritiker des TAT übertrieben streng gewesen sind. Es ist jedoch ebenso klar, daß die Verwender dieses Instruments bessere Belege für seine Reliabilität erbringen werden müssen. Wenn man zu dem Schluß kommt, daß die Phantasie tatsächlich der „beste Ort" sei, um motivationale Unterschiede festzustellen, wie Reitman und Atkinson (1958) vor langer Zeit behauptet haben, dann wird wesentlich mehr an methodologischer Grundlagenforschung notwendig sein.

Alternative Meßverfahren

Zusätzlich zu dem Mißtrauen, das der Reliabilität des TAT entgegengebracht wird, sprechen auch praktische Gründe dafür, den TAT als Meßinstrument für

Leistungsbedürfnisse durch ein anderes Verfahren zu ersetzen. Eine geschriebene Geschichte setzt voraus, daß die Testperson des Lesens und Schreibens kundig ist und sich einigermaßen ausdrücken kann. Davon abgesehen, ist das Schreiben von Geschichten zu vier bis sechs Bildern ziemlich ermüdend und zeitaufwendig. Zudem sind die TAT-Antworten besonders empfindlich gegenüber Umwelteinflüssen; daher kann ein Vergleich von Personen, die zu verschiedenen Zeitpunkten oder in verschiedenen Situationen getestet wurden, sehr leicht zu falschen Schlußfolgerungen führen. Und schließlich ist die Auswertung von Phantasieprotokollen zeitaufwendig und erfordert eine spezielle Schulung.

Aber trotz der Vorteile eines objektiven Meßinstruments, trotz des großen Bedarfs für einen Ersatztest, trotz der ansehnlichen Zeit, die bereits für die Konstruktion alternativer Tests aufgewendet worden ist, und trotz der Kontroverse um die Verwendung von projektiven Meßinstrumenten, ist der TAT bis heute nicht ersetzt worden. Entwisle (1972) vermutet – einen Ausspruch Jensens (1964) heranziehend – daß die Erklärung „dieses erstaunlichen Phänomens eine Aufgabe für zukünftige Geschichtsschreiber der Psychologie darstellt und wahrscheinlich ein größeres Wissen über die Psychologie der Leichtgläubigkeit voraussetzt, als wir gegenwärtig besitzen" (Jensen, 1964, S. 75). Angemessener ist jedoch eine weniger psychodynamische Erklärung: Sowohl einfache verbale Angaben über die eigene Leistungsmotivation (z.B. „Wie sehr wünschen Sie sich, Erfolg zu haben?") als auch komplexere Persönlichkeitstests, welche leistungsbezogene Items enthalten, haben sich nicht als valide erwiesen (vgl. z.B. deCharms et al., 1955; Hermans, 1970). Einige Ansätze zur Konstruktion eines objektiven Tests sind vorhanden (z.B. Hermans, 1970; Mehrabian, 1969), aber diese Ansätze sind nicht mit der für die Entwicklung von Tests notwendigen Ausdauer und Hingabe weiterverfolgt worden, und die entsprechenden Forschungsprogramme sind unterblieben. Somit bleiben diese Tests uneingelöste Versprechungen.

Messung von Persönlichkeitseigenschaften und Theoriekonstruktion

Der Leser mag sich berechtigterweise fragen, warum der Diskussion des TAT so breiter Raum eingeräumt worden ist und warum nicht gleichviel Platz auf die Diskussion zum Beispiel der *Manifest Anxiety Scale* verwendet wurde. Die Antwort auf beide Fragen ist, daß die Theorie der Leistungsmotivation im Gegensatz zu den Theorien von Freud, Hull und Lewin individuelle Unterschiede (in der Stärke des Leistungsmotivs) explizit berücksichtigt hat

Sowohl Hull als auch Lewin haben erkannt, daß individuellen Unterschieden im Verhalten irgendwie Rechnung getragen werden muß. Hull schenkte diesem Problem jedoch verhältnismäßig wenig Beachtung, und zwar weil

> ... Verhaltenstheoretiker von ihren empiristischen und assoziationistischen Vorfahren aus vorangegangenen Jahrhunderten einen Hang zum Environmentalismus [zur Betonung von Umweltfaktoren] ererbt haben .. Verhaltenstheoretiker verbringen den Großteil ihrer Zeit damit, erlerntes Verhalten zu untersuchen, und glauben, daß das Verhalten höherer Säugetiere zu verstehen vor allem bedeutet, zu verstehen, wie Lernen funktioniert ...
>
> Die vorrangige Beschäftigung mit dem Prozeß des Lernens kann dazu führen, daß man angeborene Unterschiede vernachlässigt, welche für jemanden, der die Unterschiede zwischen den Menschen erhellen möchte, den logischen Ausgangspunkt darstellen müssen ...
>
> Es ist vollkommen klar, daß Menschen in mancher Hinsicht voneinander verschieden, in anderer Hinsicht jedoch einander gleich sind. Die Frage ist, was sollen wir zuerst tun: nach Gesetzen suchen, die auf alle zutreffen, oder individuelle Unterschiede zu beschreiben und zu erklären versuchen? Der Verhaltenstheoretiker glaubt, daß die Suche nach allgemeinen Prinzipien menschlichen und tierischen Verhaltens Vorrang haben muß. Dies, so würde er betonen, ist die Art und Weise, auf die wissenschaftliche Forschung vorgehen muß ... Solange wir nicht wissen, was die Individuen einer Klasse oder Spezies gemeinsam haben, können wir nicht hoffen zu verstehen, wie ihre Unterschiede zustande gekommen sind, oder auch nur den nützlichsten Weg zu finden, diese Unterschiede zu beschreiben und zu klassifizieren (Berlyne, 1968, S. 639–641).

Ähnlich trachtete auch Lewin danach, allgemeine Gesetzmäßigkeiten zu entdecken, und die Person wurde gewöhnlich als „Massenpunkt, dessen spezifische psychische Konstitution unwesentlich ist" (Murray, 1959, S. 29) angesehen. Wie Atkinson (1964) feststellt:

> ... Bei ihrer theoretischen Konzeption und experimentellen Analyse der Motivation berücksichtigen die Lewinianer nur den augenblicklichen und vorübergehenden Zustand der Person, welcher als $s(S^Z)$ [ein gespanntes System] repräsentiert wird. Und in den meisten Fällen wird $s(S^Z)$ als annähernd äquivalent für alle Versuchspersonen angesehen, die im Verlauf des Experiments dieselben Instruktionen erhalten haben und denselben Manipulationen ausgesetzt worden sind (S. 103).

Dagegen baut die Theorie der Leistungsmotivation auf der Idee individueller Unterschiede auf, und Persönlichkeitsstrukturen sind wesentliche Determinanten des Verhaltens. Atkinsons Philosophie wird durch folgendes Zitat illustriert:

> Eine außerordentlich ermutigende Entwicklung der neueren experimentellen Motivationsforschung ... ist die Verwendung von Tests zur Messung von individuellen Unterschieden in der Stärke theoretisch relevanter Motivdispositionen. Auch hier ist die breite Implikation der Lewinschen Theorie offensichtlich. Die Leithypothese, V = f(P,U), kommt nun in einer methodologischen Entwicklung zum Ausdruck, welche ein Mittel zur Überbrückung der Kluft zwischen der Erforschung interindividueller Unterschiede der Persönlichkeit und der Suche nach grundlegenden Erklärungsprinzipien darstellen könnte. [Diese Kluft] hat bisher in der relativ kurzen Geschichte der Psychologie ein schwerwiegendes Handicap für beide Forschungsrichtungen dargestellt (Atkinson, 1964, S. 271).

Das Leistungsmotiv

Wegen der Bedeutung der Persönlichkeitsstruktur in der Leistungsmotivationsforschung ist es notwendig, vor der Besprechung der eigentlichen Theorie der Leistungsmotivation zuerst einen zusammenfassenden Überblick darüber zu geben, was über die als „Leistungsmotiv" bezeichnete Persönlichkeitsdisposition bekannt ist. Zwei Fragen sind in diesem Zusammenhang von besonderer Bedeutung:

1. Wie generell (situationsübergreifend) ist das Leistungsmotiv?
2. Ist diese Disposition stabil oder zumindest *relativ* stabil?

Diese Fragen sind leider bis heute nicht zufriedenstellend beantwortet worden. Zum Beispiel ist nicht bekannt, ob eine Person, die nach Erfolg im Beruf strebt, auch auf dem Tennisplatz, in der Literaturklasse der Abendschule oder in anderen derartigen Situationen leistungsorientiertes Verhalten zeigt. In der einzigen Untersuchung, in der dieser Frage nachgegangen wurde, fand Rosenstein (1952), daß Chemiestudenten einen signifikant höheren Leistungsmotivationswert beim TAT erzielten als Sportstudenten, wenn die TAT-Szenen Laborsituationen darstellen. Es ist sicher vernünftig, anzunehmen, daß sich Leistungsbedürfnisse bei unterschiedlichen Individuen auf unterschiedliche Art äußern oder in unterschiedlichen Situationen zum Vorschein kommen können. Das heißt, ähnliche Genotypen bzw. zugrundeliegende Bedürfnisse können sich in unterschiedlichen Phänotypen oder sichtbaren Manifestationen äußern. Aber diese Behauptung ist nicht untersucht worden, und die Generalität (vs. Spezifität) der Persönlichkeitseigenschaft „Leistungsmotiv" ist unbekannt. Auf das allgemeine Problem der Generalität von Persönlichkeitseigenschaften wird im nächsten Kapitel näher eingegangen werden.

Die Stabilität von Leistungsbedürfnissen ist ausführlicher untersucht worden als ihre Generalität. Das ist vielleicht überraschend, wenn man bedenkt, daß Längschnittsuntersuchungen schwierig durchzuführen sind und einen Hang zum Masochismus beim Forscher erfordern. Wie man sich daher denken kann, sind Untersuchungen zur Langzeitstabilität auch gering an der Zahl. Die am häufigsten zitierten Daten zur Stabilität des Leistungsmotivs stammen aus den sogenannten *Fels Institute Studies* (vgl. Kagan & Moss, 1959; Moss & Kagan, 1961). Kagan und Moss (1959) fanden eine geringe, aber signifikante positive Korrelation (r = .22) zwischen TAT-Werten im Alter von 8½ und 14½ Jahren. Birney (1959) fand eine etwas höhere Korrelation (r = .29) über einen Zeitraum von vier Monaten, und Feld (1967) berichtet eine Korrelation von r = .38 über eine Sechs-Jahres-Periode. Kurz, in Studien zur Langzeitstabilität des Leistungsmotivs werden Korrelationen von ungefähr .25 bis .35 gefunden. Dies spricht für eine schwache, aber doch überzufällige Stabilität. Aber natürlich sind derartige Untersuchungen durch die ungenügende Retestreliabilität des TAT belastet. Es ist unmöglich, die Stabilität von durch projektive Verfahren gemessenen Leistungsbedürfnissen festzustellen, wenn die Retestreliabilität dieser Tests gering ist.

Wenn schon die grundlegenden Fragen nach der Generalität und Stabilität des Leistungsmotivs unbeantwortet sind, was weiß man dann über hoch leistungsmotivierte Personen bzw. über Personen, die ein starkes Bedürfnis nach Erfolg haben? Die eindeutigsten und einleuchtendsten Korrelate des Leistungsmotivs sind aus den Theorien der Leistungsmotivation abgeleitet worden; sie werden im nächsten Abschnitt dieses Kapitels – ebenso wie an späterer Stelle in diesem Buch – besprochen. Dazu gehören zum Beispiel die Daten zur Beziehung zwischen Leistungsmotiv und Aufgabenwahl. Obwohl diese Befunde später noch im Detail erörtert werden, soll bereits hier erwähnt werden, daß empirische Befunde existieren, die dafür sprechen, daß hoch erfolgsmotivierte Personen Aufgaben mittleren Schwierigkeitsgrades attraktiver finden als niedrig motivierte Personen. Ähnlich sind hoch leistungsmotivierte Personen als „realistisch“ charakterisiert worden, d. h. sie haben berufliche Ziele, die ihren Fähigkeiten entsprechen (Mahone, 1960; Morris, 1966). Die Bevorzugung von Aufgaben mittleren Schwierigkeitsgrades könnte auf das Bestreben zurückzuführen sein, persönlich relevante Informationen zu erhalten bzw. Erkenntnisse über sich selbst zu gewinnen. Diese „informationale“ Erklärung steht in Einklang mit der Tendenz von hoch Leistungsmotivierten, kaufmännische Berufe zu wählen, bei denen die Erfolgsrückmeldung (Profite) unmittelbar evident ist (McClelland, 1961, S. 55; Mayer, Walker & Litwin, 1961). Darüberhinaus sind hoch Leistungsmotivierte besser dazu in der Lage, Befriedigungen aufzuschieben (Mischel, 1961), und erzielen in der Schule bessere Noten – wenn diese für den langfristigen Erfolg von Nutzen sind – als niedrig Leistungsmotivierte (Raynor, 1970). Personen mit hoher Leistungsmotivation sind ferner stärker „hoffnungsorientiert“ als „furchtorientiert“. Es ist zum Beispiel vermutet worden, daß sie ihre subjektiven Erfolgswahrscheinlichkeiten höher einschätzen, als es der objektiven Erfolgswahrscheinlichkeit entspricht (Feather, 1965). Und schließlich machen hoch motivierte Personen sich selbst für Erfolg verantwortlich und schätzen sich im allgemeinen als hoch befähigt ein (Kukla, 1972). Die Attribution des Erfolgs auf die eigene Person steigert ihr Selbstwertgefühl. Dies erklärt zum Teil, warum sie freiwillig leistungsorientierte Tätigkeiten unternehmen, wenn sich die Gelegenheit dazu ergibt (Atkinson, 1953; Green, 1963). Zusätzlich könnte die Selbst-Attribution hoher Fähigkeit das hohe Selbstkonzept dieser Personen erklären, das einige Forscher gefunden haben (Mukherjee & Sinha, 1970).

Es gibt eine Fülle weiterer bekannter Beziehungen von Leistungsbedürfnissen zu verschiedenen Variablen, obwohl viele dieser Beziehungen spärlich belegt sind oder ihre theoretische Bedeutung unklar ist. Zum Beispiel hat man gefunden, daß ein hoch ausgeprägtes Leistungsmotiv mit Widerstand gegen soziale Beeinflussung, Bevorzugung bestimmter Farben (blau), bestimmten ästhetischen Vorlieben, einem erniedrigten Schwellenwert für erfolgsbezogene Wörter, besserem Behalten unerledigter Aufgaben, bestimmten zeichnerischen Ausdrucksformen (einzelne Linien und S-förmige Linien) und einem hohen Harnsäure-Blutspiegel zusammenhängt (vgl. die oben erwähnten Übersichtsreferate bezüglich der entsprechenden Literaturbelege). Obwohl die hier angeführten Beispiele von Korrelaten des Leistungsmotivs die „assoziative Fruchtbarkeit“ des Konstrukts erhöhen, ist die dauerhafte Bedeutsamkeit der vorgefundenen Beziehungen fragwürdig, entweder weil die theoretische Relevanz der Befunde nicht klar ist oder weil Zweifel bezüglich ihrer Replizierbarkeit bestehen.

Abschließend noch ein letzter Kommentar zu den Korrelaten des Leistungsmotivs. Entwisle (1972) und andere haben das TAT-Maß des Leistungsmotivs kritisiert, weil es den Notendurchschnitt in der Schule (*grade point average,* GPA) nicht vorhersagen kann. Das heißt, hoch Leistungsmotivierte haben keine besseren Schulnoten als niedrig Leistungsmotivierte. Seit dem Beginn der Forschung auf diesem Gebiet ist davor gewarnt worden, „überdeterminiertes“ Verhalten (Verhalten, das von vielen Motiven verursacht werden kann) vorhersagen zu wollen. McClelland stellte 1953 fest: „Die Beziehung von Leistungsmotivwerten zu Schulnoten ... ist von zweifelhafter theoretischer Bedeutung, da Schulnoten von vielen unbekannten Faktoren beeinflußt werden“ (S. 237). Und zwanzig Jahre später habe ich diese Warnung im wesentlichen wiederholt:

> Schulnoten sind ein überdeterminierter motivationaler Index. Gute Noten können aus einer Vielzahl von Gründen angestrebt werden, wie z. B. um von den zufriedenen Eltern einen neuen Wagen geschenkt zu bekommen oder um vom Militärdienst zurückgestellt zu werden. In dem Maße, wie die extrinsische Motivation zur Durchführung von Leistungsaufgaben ansteigt, nimmt die relative, durch das Leistungsmotiv erklärte Varianz ab. Daher sollte man erwarten, daß das Leistungsmotiv mit den Schulnoten nur schwach korreliert (Weiner, 1972, S. 222).

Nach der Erörterung der Korrelate des Leistungsmotivs wollen wir uns nun Atkinsons Theorie der Leistungsmotivation zuwenden.

Atkinsons Theorie der Leistungsmotivation

In der Tradition von Hull und Lewin versuchte auch Atkinson (1957, 1964), die Determinanten des Verhaltens zu isolieren und die mathematischen Beziehungen zwischen den Komponenten seiner Theorie zu spezifizieren. Damit steht auch er in der akademischen oder experimentellen Tradition der Motivationsforschung. Wie bereits erwähnt, unterscheidet sich Atkinson von anderen Theoretikern dieser Tra-

John W. Atkinson

(Courtesy of J. W. Atkinson)

John Atkinson machte seine erste Bekanntschaft mit dem Gebiet der Motivationsforschung bereits als *Undergraduate* mit dem Hauptfach Philosophie an der Wesleyan University. Dort arbeitete er mit David McClelland und anderen an der Entwicklung eines Auswertungsschlüssels für den TAT, der für Forschungszwecke brauchbar wäre. Sein Interesse für interindividuelle Unterschiede blieb während seiner gesamten Karriere bestehen, und er ist einer derjenigen Forscher, die am nachhaltigsten auf die Bedeutung der Persönlichkeitsstruktur zum Verständnis motivationaler Prozesse hingewiesen haben.

Atkinson erhielt seinen Doktortitel von der University of Michigan und blieb praktisch während seiner gesamten Karriere an dieser Universität. Seine Arbeit gliedert sich in eine Reihe ziemlich unterschiedlicher Phasen. Nach der Verfeinerung des TAT entwickelte er eine Theorie der Leistungsmotivation, welche auf einem Erwartungs-mal-Wert-Modell basierte. Diese kognitive Theorie wurde zu einem Zeitpunkt publiziert, als die Triebtheorie die Psychologie dominierte, und erhielt zunächst relativ wenig Unterstützung von anderen Forschern auf diesem Gebiet. Doch die Geschichte der Motivationsforschung hat Atkinson recht gegeben. Später arbeitete er mit David Birch und anderen an der Konstruktion einer allgemeinen Verhaltenstheorie. Diese Theorie wird gegenwärtig revidiert und erweitert. Veränderung und Fortschritt sind in der Tat die auffallendsten Charakteristika von Atkinsons Laufbahn.

Atkinson ist einer der produktivsten Psychologen; er hat zahlreiche Bücher und viele Artikel in Fachzeitschriften veröffentlicht. Außerdem ist er als hervorragender Lehrer bekannt und zeichnet für die Ausbildung vieler bekannter Psychologen, wie Norman Feather und Joseph Veroff, verantwortlich. (Er supervidierte auch die Dissertation des Verfassers dieses Buches!)

dition jedoch durch seine Betonung interindividueller Unterschiede. Aber trotz dieses Akzentunterschiedes ist sein Verhaltensmodell den von Hull und Lewin vorgeschlagenen sehr ähnlich. Diese früheren Motivationstheoretiker konzipierten Verhalten als abhängig vom momentanen Zustand des Organismus (Trieb bzw. Spannung), den Eigenschaften des Zielobjekts (Anreizwert bzw. Valenz) und einem Faktor, der Erfahrung oder Lernen widerspiegelt (Habit bzw. psychologische Distanz). Atkinson postuliert eine sehr ähnliche Gruppe von individuellen, Umwelt- und Erfahrungsvariablen als unmittelbare Determinanten des Verhaltens.

Darüber hinaus wurde Atkinsons Theorie der Leistungsmotivation von Millers Konfliktmodell beeinflußt. Leistungsorientiertes Verhalten wird von Atkinson als Ergebnis eines Konflikts zwischen Annäherungs- und Vermeidungstendenzen aufgefaßt. Mit jeder leistungsbezogenen Handlung ist die Möglichkeit von Erfolg (mit dem nachfolgenden Gefühl des Stolzes) und die Möglichkeit von Mißerfolg (mit dem nachfolgenden Gefühl der Scham) verbunden. Die Stärke dieser antizipierten Gefühle ist ausschlaggebend dafür, ob ein Individuum Leistungshandlungen in Angriff nehmen oder ihnen aus dem Weg gehen wird. Das heißt, Leistungsmotivation wird als resultierende Tendenz eines emotionalen Konflikts zwischen der Hoffnung auf Erfolg und der Furcht vor Mißerfolg aufgefaßt.

Hoffnung auf Erfolg

Die Tendenz, Erfolg anzustreben (T_e), wird als Produkt aus drei Faktoren angesehen: dem Leistungsmotiv, auch als Erfolgsmotiv bezeichnet (M_e), der subjektiven Wahrscheinlichkeit, daß man bei der Aufgabe Erfolg haben wird (W_e), und dem Anreiz des Erfolgs (A_e). Es wird postuliert, daß diese drei Komponenten multiplikativ miteinander verknüpft sind:

$$T_e = M_e \times W_e \times A_e$$

Das Leistungsmotiv. In dieser Gleichung repräsentiert M_e eine relativ stabile bzw. überdauernde Disposition, Erfolg anzustreben. Die Definition und Operationalisierung dieses Konstrukts, ebenso wie sein historischer Bezug zu den Arbeiten Murrays und McClellands, sind bereits erörtert worden. Atkinson (1964) definiert das Leistungsmotiv als eine „Fähigkeit zum Erleben von Stolz über erbrachte Leistungen" (S. 214). Das heißt, das Leistungsmotiv ist eine emotionale Disposition.

Die Erfolgswahrscheinlichkeit. Die Erfolgswahrscheinlichkeit, W_e, bezieht sich auf eine kognitiv repräsentierte Zielerwartung bzw. die Antizipation, daß eine instrumentelle Handlung zum Ziel führen wird. Bei der Verwendung dieses Konstrukts wurde Atkinson von Tolmans Analysen geleitet. Tolman hatte behauptet, daß, wenn ein Verhalten von einer Belohnung gefolgt wird, Verhaltens-Belohnungs-Kontingenzen oder *Erwartungen* gelernt würden. Zum Beispiel lerne ein Versuchstier, daß eine bestimmte Reaktion in einer bestimmten Reizsituation von einer Belohnung gefolgt werde. In einer Erläuterung seines Gebrauchs von W_e erklärt Atkinson (1964):

> Dem, was Tolman ursprünglich die *Zielerwartung* nannte und als zukunftsgerichtete, auf früherer Erfahrung beruhende Kognition verstand, entspricht hier die subjektive Erfolgswahrscheinlichkeit ... Die zwei Termini *Erwartung* und *subjektive Wahrscheinlichkeit* werden in der Theorie der Leistungsmotivation synonym verwendet ... Das lenkt die Aufmerksamkeit auf die Tatsache, daß das Erwartungskonstrukt ... dazu dient, die assoziative Verknüpfung zwischen der Ausführung eines Verhaltens und der Zielerreichung zu repräsentieren (S. 275).

Laut Tolman nimmt die Zielerwartung mit der Anzahl der belohnten Durchgänge zu. Darüber hinaus behauptet er, daß die ersten und letzten Durchgänge auf die Bildung von Zielerwartungen einen besonders starken Einfluß ausüben. Atkinson, der mit menschlichen Versuchspersonen und nicht mit Versuchstieren arbeitete, nimmt sich dagegen wesentlich mehr Freiheit, was die Spezifikation der Bedingungen anlangt, welche die Zielerwartung bzw. die subjektive Erfolgswahrscheinlichkeit beeinflussen. Jede beliebige Information und jede erdenkliche Reizsituation, welche die Überzeugungen einer Person hinsichtlich ihrer Chancen, zu gewinnen oder bei einer Aufgabe gut abzuschneiden, beeinflußt, kann verwendet werden, um die Höhe von W_e operational zu definieren. Die zur Manipulation von W_e am häufigsten verwendete Strategie besteht darin, den Versuchspersonen normative Information bezüglich der Schwierigkeit der Aufgabe, an der sie arbeiten, zu geben. Zum Beispiel könnte den Versuchspersonen gesagt werden: „Unsere Normen zeigen, daß ....% der Studenten Ihrer Altersgruppe und Ihres Fähigkeitsniveaus in der Lage sind, diese Aufgaben zu lösen" (vgl. Feather, 1961; Weiner, 1970). Ein weiteres Verfahren, das zur Beeinflussung von W_e verwendet wird, besteht darin, die Versuchspersonen gegen unterschiedlich große Gruppen anderer Versuchspersonen antreten zu lassen. Zum Beispiel sagte Atkinson (1958b) einigen seiner Versuchspersonen, daß sie, um eine Prämie zu gewinnen, besser als *eine* bestimmte andere Person abschneiden müßten, während andere informiert wurden, sie müßten mit *zwanzig* anderen konkurrieren. Noch eine weitere Methode, die zur Beeinflussung von W_e verwendet wird, besteht darin, die tatsächliche Schwierigkeit der Aufgaben zu manipulieren. In vielen Untersuchungen zur Leistungsmotivation wird zum Beispiel ein Ringwurfspiel verwendet, bei dem es darum geht, Ringe aus einer gewissen Distanz über einen Pflock zu werfen. Es wird allgemein angenommen, daß die subjektive Erfolgswahrscheinlichkeit um so geringer ist, je weiter man vom Pflock entfernt steht. Schließlich wurden unterschiedliche Niveaus von W_e auch durch eine Manipulation der Verstärkungsgeschichte erzeugt. In einer derartigen Untersuchung (Weiner & Rosenbaum, 1965) erhielten die Versuchspersonen Aufgabenhefte, die sich hinsichtlich der Anzahl lösbarer Aufgaben unterschieden. Der Prozentsatz erlebter Erfolge (gelöster Aufgaben) bestimmte die Erfolgswahrscheinlichkeiten.

Der Anreiz von Erfolg. Die dritte von Atkinson spezifizierte Determinante der aufsuchenden Erfolgstendenz ist A_e, der Anreiz des Erfolgs. Angeregt durch Escalonas und Festingers Theorie der resultierenden Valenz postuliert Atkinson einen inversen Zusammenhang zwischen A_e und W_e, nämlich: $A_e = 1 - W_e$. Das heißt, der Anreizwert von Erfolg nimmt mit sinkender Erfolgswahrscheinlichkeit zu. Atkinson behauptet, daß der Anreizwert eines Leistungszieles ein Affekt sei, welcher als „Stolz über die erbrachte Leistung" bezeichnet wird. Er argumentiert, daß nach Erfolg bei einer schwierigen Aufgabe intensiverer Stolz erlebt werde, als nach Erfolg bei einer einfachen Aufgabe. Zum Beispiel sollte ein Student nur geringen Stolz empfinden, wenn er eine Eins bei einer einfachen Prüfung bekommen hat, aber wesentlich stärkeren Stolz, wenn er bei einer schwierigen Prüfung Erfolg gehabt hat. Ähnlich sollten die Spieler einer Mannschaft stärkere positive Gefühle erleben, wenn sie ein überlegenes Team schlagen, als wenn sie ein schwaches Team besiegen.

Insofern als der Anreiz des Erfolgs in einer selbstbewertenden Emotion gesehen wird, ergänzt er das Leistungsmotivkonstrukt (M_e), welches ja eine emotionale Disposition – nämlich die Fähigkeit zum Erleben von Stolz bei Erfolg – repräsentiert. Somit ist die Valenz des Ziels – wie in der Lewinschen Theorie – letztlich eine Funktion sowohl von Personeigenschaften (Motivstärke) als auch von Eigenschaften des Ziels (Aufgabenschwierigkeit).

Obwohl die inverse Beziehung zwischen A_e und W_e als Axiom der Atkinsonschen Theorie angesehen werden könnte, ist sie doch einer empirischen Überprüfung unterzogen worden. Zum Beispiel fand Litwin (1958; berichtet in Atkinson & Feather, 1966, und McClelland, 1961) daß Versuchspersonen, die befragt wurden, welche Belohnungen für Treffer bei einem Ringwurfspiel ausgesetzt werden sollten, umso höhere Geldbeträge angaben, je größer der Abstand vom Pflock war (vgl. Abb. 5.2). Auf ähnliche Weise wird Berufen, in denen das Erreichen von Erfolg als schwierig gilt, größeres Prestige und höheres Gehalt (A_e) zuerkannt als Berufen, in denen Erfolg als relativ leicht erreichbar angesehen wird

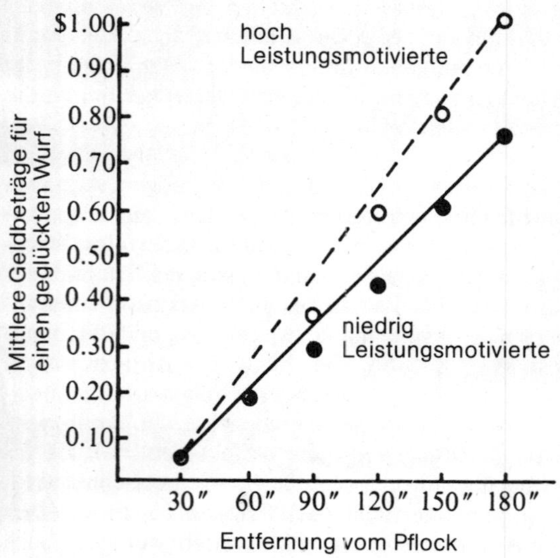

Abbildung 5.2: Mittlere vergebene Belohnung für erzielte Treffer bei einem Ringwurfspiel in Abhängigkeit von unterschiedlichen Entfernungen vom Pflock (berichtet in McClelland, 1961, S. 236)

(Strodtbeck, McDonald & Rosen, 1957). Man beachte jedoch, daß in diesen Untersuchungen nicht nach dem Erleben von Stolz – dem eigentlichen Anreiz des Erfolgs – gefragt wurde.

Furcht vor Mißerfolg

Leistungsorientierte Tätigkeiten rufen auf Grund vergangener Erfolge und erlebten Stolzes *positive emotionale Antizipationen* hervor; ebenso aber auch *negative emotionale Antizipationen,* welche von früheren Mißerfolgen und erlebter Scham herrühren. Leistungsbezogene Situationen lösen also sowohl Hoffnung auf Erfolg als auch Furcht vor Mißerfolg aus.

Die Determinanten der Furcht vor Mißerfolg bzw. der Tendenz, Mißerfolg zu vermeiden, werden von Atkinson analog zu denen der Hoffnung auf Erfolg konzipiert. Es wird postuliert, daß die Tendenz zur Vermeidung von Mißerfolg (T_m) das Produkt des Motivs, Mißerfolg zu vermeiden (M_m), der subjektiven Wahrscheinlichkeit des Mißerfolgs (W_m) und des negativen Anreizes von Mißerfolg (A_m) ist:

$$T_m = M_m \times W_m \times A_m$$

Das Motiv, Mißerfolg zu vermeiden. Genauso wie M_e als die Fähigkeit zum Erleben von Stolz über vollbrachte Leistungen aufgefaßt wird, wird M_m als Vermögen zum Erleben von Scham über die Nichterreichung eines Ziels angesehen. Die Idee eines vom Erfolgsmotiv unabhängigen Motivs, Mißerfolg zu vermeiden, wurde erst einige Zeit nach den Untersuchungen zur Messung des Leistungsmotivs mittels des TAT eingeführt, und ein eigenes Forschungsprogramm zur Entwicklung eines Meßverfahrens für das Mißerfolgsmotiv wurde nicht in Angriff genommen. Gewöhnlich definieren Atkinson und andere Forscher die Stärke von M_m operational mittels des *Test Anxiety Questionaire* (TAQ) von Mandler und Sarason (vgl. Mandler & Sarason, 1952). Der TAQ ist ein objektiver Angstfragebogen. Atkinson verwendet also ein projektives Meßinstrument zur Messung von M_e und einen objektiven Fragebogen zur Messung von M_m. Diese Asymmetrie ist insofern interessant, als Fragebogen zur Ermittlung von M_e im allgemeinen wenig bringen und von Atkinson und seinen Mitarbeitern selten verwendet werden (vgl. Atkinson, 1964).

Die Items der TAQ beziehen sich ausschließlich auf die in Prüfungssituationen auftretenden Angstreaktionen. Typische Items des TAQ sind etwa:

Wie stark sind Sie beunruhigt, während Sie an einem Intelligenztest teilnehmen?
Wie stark schwitzen Sie vor einer Klausurarbeit?

Die Fragen werden auf Ratingskalen beantwortet, die von extremer Zustimmung bis zu extremer Ablehnung reichen (z. B. Schwitze sehr stark – Schwitze überhaupt nicht). Einen Gesamtpunktwert erhält man, indem man die Punktwerte der 39 Testitems aufsummiert. Mandler und Sarason (1952) berichten eine Korrelation von r = .59 zwischen TAQ-Werten und verschiedenen, während einer Prüfung gezeigten Verhaltensweisen, wie Arm- und Körperbewegungen, unangebrachtem Lachen und Sprechen. Diese Verhaltensweisen interferieren mit der Leistung, entweder weil sie für die erfolgreiche Bewältigung der Aufgabe irrelevant oder damit inkompatibel sind. Mit der durch die *Manifest Anxiety Scale* gemessenen generellen Angstneigung korreliert die mittels TAQ gemessene Prüfungsangst von r = .40 bis zu r = .55.

Wahrscheinlichkeit und Anreiz des Mißerfolgs. Die Vermeidung von Leistungshandlungen wird von zwei Umweltfaktoren beeinflußt: der Wahrscheinlichkeit des Mißerfolgs (W_m) und dem Anreiz des Mißerfolgs (A_m). Es wird angenommen, daß der negative Anreizwert des Mißerfolgs in einem negativen Gefühl (Scham) besteht und daß nach Mißerfolg bei einer einfachen Aufgabe größere Scham empfunden wird als nach Mißerfolg bei einer schwierigen Aufgabe. Deshalb wird A_m als gleich $-(1-W_m)$ gesetzt. Anders als im Fall der Beziehung zwischen A_e und W_e sind nur wenige erfolgreiche Experimente berichtet worden, welche die postulierte Beziehung zwischen A_m und W_m empirisch belegen.

Ferner wird von Atkinson angenommen, daß die subjektive Erfolgs- und Mißerfolgswahrscheinlichkeit sich zu 1 aufaddieren: $W_e + W_m = 1$. Daraus folgt, daß $W_m = 1 - W_e$. Oben wurde bereits erwähnt, daß auch gilt: $A_e = 1 - W_e$. Damit ist A_e numerisch identisch mit W_m. Ferner ergibt sich aus $A_m = -(1-W_m)$ und $(1-W_m) = W_e$, daß $A_m = -W_e$.

Resultierende Tendenz

Die resultierende Tendenz, sich einer Leistungsaufgabe zuzuwenden oder sie zu meiden (T_r), wird als gleich der Stärke der Tendenz, Erfolg anzustreben, plus der Stärke der (negativen!) Tendenz, Mißerfolg zu vermeiden, konzipiert:

$$T_r = T_e + T_m \quad (1)$$

bzw.

$$T_r = (M_e \times W_e \times A_e) + (M_m \times W_m \times A_m) \quad (2)$$

Wie erwähnt, wird angenommen, daß $A_e = 1 - W_e$, $W_m = 1 - W_e$ und $A_m = -W_e$. Durch einfache arithmetische Substitution erhält man dann:

$$T_r = [M_e \times W_e \times (1 - W_e)] + [M_m \times (1 - W_e) \times (-W_e)]$$

$$T_r = [M_e \times W_e \times (1 - W_e)] - [M_m \times (1 - W_e) \times W_e]$$

$$T_r = (M_e - M_m)[W_e \times (1 - W_e)] \quad (3)$$

Insofern M_e und M_m in der Gesamtpopulation nicht miteinander korrelieren, verdeutlicht Gleichung (3), daß die personalen Determinanten des Verhaltens zwei Freiheitsgrade aufweisen. Die vier situationalen Determinanten des Handelns (W_e, A_e, W_m, A_m) weisen dagegen nur einen einzigen Freiheitsgrad auf: Ist zum Beispiel der Wert von W_e festgelegt, so ist automatisch auch die numerische Größe von A_e, W_m und A_m festgelegt. Ob also alle vier Variablen als eigenständige Determinanten des Verhaltens angesehen werden können, ist eine theoretische Streitfrage.

Weitere Ausarbeitung des Modells

Aus Gleichung 3 wird deutlich, daß immer dann, wenn $M_e > M_m$, T_r einen positiven Wert hat. Individuen mit dieser Motivkonstellation (welche als *hoch in resultierender Leistungsmotivation* bezeichnet werden) sollten sich also leistungsbezogenen Tätigkeiten zuwenden, wenn die Möglichkeit dazu besteht. Falls dagegen $M_m > M_e$, dann hat T_r einen negativen Wert. Individuen mit dieser Motivkonstellation – als *niedrig in resultierender Leistungsmotivation* bezeichnet – sollten daher leistungsbezogene Tätigkeiten nicht anstreben. Atkinson nimmt an, daß eine negative resultierende Tendenz nur anzeigt, daß das Individuum etwas zu tun *unterläßt.* Die Tendenz zur Vermeidung von Mißerfolg wird also als eine hemmende Kraft aufgefaßt.

Es ist offenkundig, daß sich in unserer Gesellschaft die große Mehrheit der Individuen mit irgendwelchen leistungsbezogenen Tätigkeiten beschäftigt, wie z. B. die Schule zu besuchen oder irgendeinen Beruf auszuüben. Dies scheint der postulierten Tendenz zur Vermeidung leistungsbezogener Tätigkeiten bei Individuen, für die $M_m > M_e$, zu widersprechen. Leistungsbezogene Tätigkeiten werden jedoch nicht nur in Angriff genommen, um Leistungsbedürfnisse zu befriedigen. Leistungsverhalten kann auch durch das Vermeidenwollen von Strafe oder durch das Streben nach Macht oder nach sozialem Anschluß motiviert sein. Man kann zum Beispiel in der Schule besonders eifrig lernen, um einen Kameraden zu beeindrucken oder um die Gunst der Eltern zu gewinnen. Damit wird nur nochmals die offensichtliche Tatsache breitgetreten, daß Verhalten überdeterminiert ist, und daß eine bestimmte Handlung durch viele Motive verursacht sein kann.

Um der Überdeterminiertheit von Leistungsverhalten Rechnung zu tragen, nimmt Atkinson an, daß die endgültige Tendenz, Leistungshandlungen in Angriff zu nehmen, determiniert wird von der Stärke der resultierenden Tendenz (T_r) plus der Stärke aller weiteren Tendenzen zur Inangriffnahme von Leistungsverhalten, welche durch die Situation aktiviert werden, jedoch nichts mit Leistungsbedürfnissen per se zu tun haben (extrinsisch sind):

$$\text{Leistungsverhalten} = T_r + \text{extrinsische Motivation } (T_{ex})$$

Daher kann mit diesem Modell auch das Leistungsverhalten von Individuen erklärt werden, für die $M_m > M_e$. Solches Leistungsverhalten wird auf Motive zurückgeführt, die nichts mit Leistungsbedürfnissen zu tun haben. Die Stärke der extrinsischen Tendenzen hängt dabei von der Stärke anderer Motive, Zielerwartungen und Anreize ab.

Kombination der Motive

Einige Leser dürften berechtigterweise die Frage stellen: Wie kann jemand als hoch oder niedrig in resultierender Leistungsmotivation klassifiziert werden? Wie kann die Stärke von M_e und M_m miteinander verglichen werden, nachdem sie als voneinander unabhängige Dimensionen angesehen und mit unterschiedlichen Meßinstrumenten erfaßt werden? Die von Atkinson und anderen Forschern auf diesem Gebiet gewöhnlich verfolgte Methode besteht darin, die TAT- und TAQ-Werte eines jeden Individuums in Standard- oder Z-Werte zu transformieren (d.h. als standardisierte Abweichungen vom Mittelwert der untersuchten Stichprobe auszudrücken). Indem sowohl die TAT- als auch die TAQ-Werte in Z-Werte umgewandelt werden, ist es möglich, die relative Stärke dieser Motive bei jedem Individuum zu vergleichen. Das heißt, hat eine Person im Vergleich zu ihrer Bezugsgruppe zum Beispiel einen hohen TAT- und einen niedrigen TAQ-Wert, so wird sie als hoch in resultierender Leistungsmotivation eingestuft bzw. als Person, für die gilt, daß $M_e > M_m$. Einer der Nachteile dieses Verfahrens besteht darin, daß Personen, welche auf beiden Maßen hohe Werte erzielen, und solche, die auf beiden Maßen niedrige Werte haben, in dieselbe „mittlere“ Kategorie gruppiert werden (vgl. Tab. 5.1). Es ist jedoch wahrscheinlich, daß diese zwei „mittleren“ Gruppen unterschiedliche Charakteristika aufweisen.

Tabelle 5.1: Resultierende Leistungsmotivation als Funktion der Stärke des Erfolgsmotivs (gewöhnlich gemessen mittels TAT) und der Stärke des Mißerfolgsmotivs (gewöhnlich gemessen mittels TAQ)

Motiv, Erfolg anzustreben (Leistungsmotiv)	Motiv, Mißerfolg zu vermeiden (Testangst)	Resultierende Leistungsmotivation
hoch	niedrig	hoch
hoch	hoch	mittel
niedrig	niedrig	mittel
niedrig	hoch	niedrig

Vergleich mit den Theorien von Hull und Lewin

In diesem Kapitel ist immer wieder darauf hingewiesen worden, daß zwischen den Motivationstheorien von Atkinson, Hull und Lewin sowohl wichtige Gemeinsamkeiten als auch wichtige Unterschiede bestehen. Betrachten wir zuerst die von diesen drei Theoretikern postulierten Handlungsdeterminanten (vgl. Tab. 5.2). Wie Tabelle 5.2 zeigt, behaupten alle drei Theoretiker, daß Verhalten eine Funktion von Eigenschaften der Person (Motiv, Trieb oder Spannung), Eigenschaften des Zielobjekts (Anreiz oder Valenz) und einer Erfahrungs- oder Lernvariable (Erfolgswahrscheinlichkeit, Habitstärke oder psychologische Distanz) sei. Die Personvariable ist in Atkinsons Modell jedoch eine stabile Persönlichkeitseigenschaft, während sie in den Theorien von Hull und Lewin einen temporären Trieb- bzw. Spannungszustand darstellt. Darüber hinaus hat der Anreizwert des Zielobjekts in den Konzeptionen von Hull und Lewin eine eigenständige operationale Existenz. Für Atkinson wird A_e dagegen vollständig durch den Wert von W_e determiniert. (Allerdings sieht Atkinson sein Leistungsmotivationsmodell als einen Spezialfall eines allgemeineren Modells an, in dem A_e und W_e nicht notwendigerweise zusammenhängen.) Schließlich repräsentiert die assoziative oder Lernvariable im Hullschen Modell eine mechanische Stärkung einer Reiz-Reaktions-Verbindung,

Tabelle 5.2: Vergleich der Verhaltensdeterminanten der Motivationsmodelle von Atkinson, Hull und Lewin

	Konstrukt				
Theoretiker	Person		Umwelt		Lernen
Atkinson	Motiv[a]	×	Anreiz des Erfolges[b]	×	Erfolgswahrscheinlichkeit
Hull	Trieb	×	Anreizwert	×	Habit
Lewin	Spannung[c]		Valenz[d]		Psychologische Distanz[e]

a. Repräsentiert eine stabile Persönlichkeitsposition
b. Ist gleich $(1 - W_e)$
c. Lewin hat die mathematische Verknüpfung der Komponenten seiner Theorie nicht spezifiziert
d. Bzw. genauer, der Anteil der Valenz, der nur durch die Eigenschaften des Zielobjekts determiniert wird, unabhängig von den Bedürfnissen einer Person (Spannung)
e. Auch das Lewinsche Konstrukt der Potenz ist eine Erfahrungs (Lern-) variable.

während sowohl von Atkinson als auch von Lewin die Erfahrungskomponente als kognitive Variable konzeptualisiert wird, welche die Antizipation des Zielereignisses oder der Konsequenzen einer Reaktion beinhaltet. Das heißt, Atkinson und Lewin nehmen an, daß zwischen Reizinput und Handlung mentale Ereignisse (Erwartungen) intervenieren.

Für die Klassifikation der Hullschen Theorie als mechanistisch und der Theorie von Atkinson und Lewin als kognitiv ist in erster Linie die unterschiedliche Konzipierung der Lernvariable verantwortlich. Aber obwohl Atkinson und Lewin als kognitive Theoretiker angesehen werden, sind beide auch sehr stark von physikalischen Modellverstellungen beeinflußt und gebrauchen eine Reihe mechanistischer Begriffe. Trotz ihrer Verwendung mechanistischer Terminologie sehen sie jedoch den Menschen als „rationales" Wesen an, welches seine geistigen Fähigkeiten einsetzen kann, um begehrte Ziele zu erreichen. Somit stellen die Theorien von Lewin und Atkinson eigentlich einen Übergang zwischen mechanistischen und kognitiven Theorien dar.

Es gibt noch weitere Punkte der Übereinstimmung und Divergenz zwischen den drei Motivationsmodellen. Alle drei sind hedonistische Konzeptionen: Individuen – so wird angenommen – handeln, um Lust zu maximieren und Unlust zu minimieren. Die meisten Motivationstheorien bringen Hedonismus mit homöostatischen Prozessen in Zusammenhang; angenehme Ereignisse führen den Organismus in einen Zustand des Gleichgewichts zurück. Für Hull, ebenso wie für Freud, bedeutet ein Gleichgewichtszustand Abwesenheit von Stimulation. Alle inneren Reize werden als unangenehm angesehen und müssen daher eliminiert werden. Auch Lewin vertrat die Ansicht, daß motivationale Prozesse sich aus homöostatischen Ungleichgewichtszuständen ableiten. Im Gegensatz zu diesen Theoretikern hat Atkinson das Homöostaseprinzip aufgegeben: Es spielt in seiner formalen Verhaltenstheorie keine Rolle. Da das Leistungsmotiv darüber hinaus als stabile Persönlichkeitseigenschaft angesehen wird und nicht als Trieb- oder Spannungszustand, kann das Erreichen oder Nichterreichen eines Ziels die intrapersonalen Verhaltensdeterminanten nicht dramatisch beeinflussen.

Auch hinsichtlich der tatsächlichen und intendierten Breite des Geltungsbereichs ergeben sich Unterschiede zwischen den hier betrachteten Theorien. Die Hullsche Konzeption wurde zwar als allgemeine Verhaltenstheorie formuliert, aber die zur Stützung dieser Theorie präsentierten Daten sind in erster Linie an hungrigen Ratten im Laufgang erhalten worden. Andere Verhaltensbefunde kann diese Theorie nur mit Mühe und mit großen interpretativen Anstrengungen erklären. Lewin ist dagegen ein eher allgemeiner Theoretiker. Er versucht die von den Hullianern gesammelten Befunde zu erklären und liefert zusätzlich eigene Forschungsergebnisse in einer Vielfalt von Gebieten zur Stützung seiner Theorie. Im Gegensatz sowohl zu Hull als auch zu Lewin hat Atkinson seine Theorie auf den Bereich der Leistungsmotivation beschränkt. Praktisch alle zur Stützung seiner Theorie zitierten Befunde beziehen sich auf Erfolg oder Mißerfolg bei irgendeiner Leistungsaufgabe oder auf eine Wahlentscheidung in einem leistungsbezogenen Kontext. Somit folgt sein Ansatz dem allgemeinen Trend in der Psychologie in Richtung auf die Vorhersage und Erklärung von relativ eng umschriebenen Verhaltensbereichen. Es ist zwar auch richtig, daß Atkinsons Modell als allgemeine Verhaltenstheorie angesehen werden könnte; wird sie jedoch tatsächlich als solche aufgefaßt, dann ist der damit implizierte Geltungsbereich der Theorie größer als ihre empirische Basis. Ob das Modell leistungsmotivierten Verhaltens auch als Modell für Machtstreben, Anschlußbedürfnisse usw. brauchbar ist, muß erst noch gezeigt werden.

Ableitungen aus der Theorie und bestätigende empirische Befunde

Nach dieser recht abstrakten Analyse der Atkinsonschen Theorie wollen wir uns nun einigen der aus diesem Modell abgeleiteten Hypothesen und einigen der zu ihrer Überprüfung durchgeführten Untersuchungen zuwenden. Die folgenden zwei experimentellen Gebiete sollen zuerst erörtert werden: das *Anspruchsniveau* und die *Ausdauer* bei Leistungsverhalten. Ebenso wie in den vorangegangenen Kapiteln wird auch hier auf eine kritische Diskussion dieser Forschungsarbeiten verzichtet. Stattdessen sollen die Experimente einfach der Erläuterung der Theorie dienen. Anschließend wird ein drittes Forschungsgebiet, die *Aufgabenwahl,* im Detail untersucht. Die Aufgabenwahl ist derjenige Forschungsbereich, in dem Atkinsons Theorie hauptsächlich überprüft worden ist; sie ist gegenwärtig Gegenstand der kritischen Analyse vieler Forscher.

Für alle genannten Forschungsgebiete können die aus Atkinsons Theorie ableitbaren Hypothesen verdeutlicht werden, indem für die Ausdrücke in Gleichung 2 (s.o.) Zahlenwerte eingesetzt werden (vgl. Tab. 5.3). In Tabelle 5.3 wird für den Fall, daß $M_e > M_m$, $M_e = 2$ und $M_m = 1$ angenommen; ist $M_e = M_m$, so haben beide Motive den Wert 1; und für den Fall, daß $M_m > M_e$, gilt $M_m = 2$ und $M_e = 1$. Die Zeilen in der Tabelle geben den Wert der resultierenden Tendenz als Funktion der Aufgabenschwierigkeit (W_e) wieder. Extrinsische Motive werden in diesem Beispiel vernachlässigt.

Aus Tabelle 5.3 ist ersichtlich, daß, wenn $M_e > M_m$, T_r positiv ist; ist $M_e = M_m$, so ist $T_r = 0$; und ist $M_m > M_e$, so ist T_r negativ. Somit können die Motivwerte als relative Gewichtungen der situativen Motivationsquellen angesehen werden. Ist $M_e > M_m$, dann wird dem Produkt aus $W_e \times A_e$ größeres Gewicht zugemessen als dem Produkt aus $W_m \times A_m$. Ist umgekehrt $M_m > M_e$, so wird der mit Mißerfolg verbundene negative Affekt vom Individuum stärker gewichtet als der mit Erfolg assoziierte positive Affekt.

Die detaillierte Analyse von Tabelle 5.3 fördert einige recht komplizierte Hypothesen zu Tage. Die Tabelle zeigt, daß die Leistungsmotivation systematisch in Abhängigkeit von der subjektiven Erfolgswahrscheinlichkeit (W_e) variiert. Für diejenigen Personen, für die M_e größer ist als M_m, ist die resultierende Verhaltenstendenz am höchsten, wenn $W_e = .50$ ist. Darüber hinaus nimmt die Höhe der resultierenden Tendenz symmetrisch ab, sobald sich W_e vom mittleren Schwierigkeitsniveau entfernt (d.h. sobald die Aufgabenschwierigkeit zunimmt oder abnimmt). Zwar ist weder der Anreiz des Erfolges noch die Erfolgswahrscheinlichkeit bei Aufgaben mittleren Schwierigkeitsgrades am größten, aber das Postulat, daß $A_e = 1 - W_e$, sowie die Annahme, A_e und W_e seien multiplikativ miteinander verknüpft, führen dazu, daß die resultierende Tendenz am höchsten ist, wenn W_e – und damit auch A_e – gleich .50 ist.

Wenden wir unsere Aufmerksamkeit nun Personen zu, für die $M_m > M_e$, so sieht man, daß für diese Personen die resultierende Leistungsmotivation bei Aufgaben mittleren Schwierigkeitsgrades am stärksten gehemmt ist. Zwar sind für diese Personen *alle* Leistungsaufgaben aversiv, insofern, als sie hauptsächlich Furcht auslösen; sehr einfache oder sehr schwierige Aufgaben sind jedoch, verglichen mit Aufgaben mittlerer Schwierigkeit, nur mäßig aversiv.

Schließlich zu denjenigen Personen, für die gilt, daß $M_m = M_e$ (d.h. für die die positiven und negativen emotionalen Antizipationen gleich stark sind). Für diese Personen ist die resultierende Tendenz

Tabelle 5.3: Stärke der resultierenden Tendenz in Abhängigkeit von der Aufgabenschwierigkeit (Erfolgswahrscheinlichkeit) für Personen mit hoher, mittlerer und niedriger resultierender Leistungsmotivation

Motivgruppe		
hoch ($M_e > M_m$)	mittel ($M_e = M_m$)	niedrig ($M_m > M_e$)
M_e W_e A_e M_m W_m A_m T_r	M_e W_e A_e M_m W_m A_m T_r	M_e W_e A_e M_m W_m A_m T_r
$2 \times .1 \times .9 + (1 \times .9 \times -.1) = .09$	$1 \times .1 \times .9 + (1 \times .9 \times -.1) = 0$	$1 \times .1 \times .9 + (2 \times .9 \times -.1) = -.09$
$2 \times .3 \times .7 + (1 \times .7 \times -.3) = .21$	$1 \times .3 \times .7 + (1 \times .7 \times -.3) = 0$	$1 \times .3 \times .7 + (2 \times .7 \times -.3) = -.21$
$2 \times .5 \times .5 + (1 \times .5 \times -.5) = .25$	$1 \times .5 \times .5 + (1 \times .5 \times -.5) = 0$	$1 \times .5 \times .5 + (2 \times .5 \times -.5) = -.25$
$2 \times .7 \times .3 + (1 \times .3 \times -.7) = .21$	$1 \times .7 \times .3 + (1 \times .3 \times -.7) = 0$	$1 \times .7 \times .3 + (2 \times .3 \times -.7) = -.21$
$2 \times .9 \times .1 + (1 \times .1 \times -.9) = .09$	$1 \times .9 \times .1 + (1 \times .1 \times -.9) = 0$	$1 \times .9 \times .1 + (2 \times .1 \times -.9) = -.09$

gleich Null, unabhängig von der Aufgabenschwierigkeit. Jedoch nimmt in dem Maße, in dem die Aufgabenschwierigkeit sich vom mittleren Niveau entfernt, die Stärke des Annäherungs-Vermeidungs-Konflikts ab. Bei geringen oder hohen Erfolgswahrscheinlichkeiten werden nur geringe Annäherungs- und Vermeidungstendenzen hervorgerufen, während bei mittleren Erfolgswahrscheinlichkeiten sowohl starke Annäherungs- als auch starke Vermeidungstendenzen auftreten.

Aus der obigen Analyse lassen sich sowohl in bezug auf Unterschiede zwischen Erfolgs- und Mißerfolgsmotivierten als auch in bezug auf das Leistungsverhalten innerhalb jeder dieser Gruppen mehrere Hypothesen ableiten. Nachdem hoch leistungsmotivierte Individuen am stärksten durch Aufgaben mittlerer Schwierigkeit motiviert werden, sollten sie, falls sich die Gelegenheit dazu bietet, solche Aufgaben bevorzugen und die stärkste Motivation bei diesen Aufgaben an den Tag legen (wie z.B., wenn sie mit jemandem mit gleicher Fähigkeit konkurrieren). Umgekehrt sollten Personen mit hoher Angst vor Mißerfolg, wenn sie schon gezwungen sind, leistungsbezogene Tätigkeiten auszuüben, theoretisch einfache oder schwierige Aufgaben bevorzugen und sollten die größte Intensität des Leistungsverhaltens bei Aufgaben mit extrem hoher und extrem niedriger Erfolgswahrscheinlichkeit zeigen (wie z.B. wenn sie gegen einen Konkurrenten mit höherer oder geringerer Fähigkeit antreten). Die Ableitungen bezüglich der Aufgabenwahl haben am meisten Forschung auf dem Gebiet der Leistungsmotivation veranlaßt; sie sind es, die dem Atkinsonschen Modell den Namen „Risikowahlmodell" eingetragen haben.

Anspruchsniveau

Die oben beschriebene Analyse des Aufgabenwahlverhaltens ist zu dem von Escalona und Festinger vorgeschlagenen Anspruchsniveau-Modell (welches im letzten Kapitel erörtert wurde) in Beziehung gesetzt worden. Unter Anspruchsniveau versteht man die Setzung eines Leistungsziels. Man kann davon ausgehen, daß eine solche Zielsetzung den Vergleich zwischen einer Reihe möglicher Aufgaben unterschiedlicher Schwierigkeit und die anschließende Wahl einer dieser Aufgaben erfordert. Bei der Festlegung eines Anspruchsniveaus für eine Reihe von Rechenaufgaben könnten Personen zum Beispiel annehmen, die Wahrscheinlichkeit, 10 Aufgaben in der vorgegebenen Zeit zu lösen, betrage .70; 15 Aufgaben zu lösen, .50; 20 Aufgaben zu lösen, .30 usw. Anschließend wählen sie denjenigen Schwierigkeitsgrad aus, den sie anstreben wollen, wobei sie sich daran orientieren, daß leichtere Aufgaben leichter gelöst werden können, daß aber Erfolg bei einfacheren Aufgaben auch weniger attraktiv ist als Erfolg bei schwierigeren Aufgaben. Somit ist das Festsetzen eines Anspruchsniveaus begrifflich einer Risikowahl ähnlich, bei der unter einer Anzahl unterschiedlich schwieriger Alternativen gewählt wird.

Eine Verbindung zwischen einer modifizierten Version des üblichen Anspruchsniveau-Paradigmas und der Theorie der Leistungsmotivation ist in einem Experiment von Moulton (1965) hergestellt worden. Moultons Versuchspersonen wurden zuerst mit drei Aufgaben bekannt gemacht, welche sich hinsichtlich ihres wahrgenommenen Schwierigkeitsgrades unterschieden. Die Aufgabenschwierigkeit wurde manipuliert, indem den Versuchspersonen fingierte Normen präsentiert wurden, welche besagten, daß eine der Aufgaben einfach (W_e = .75), eine zweite mittelschwer (W_e = .50) und die dritte schwierig (W_e = .25) sei.

Nachdem sie die Normen erfahren hatten, bekamen alle Versuchspersonen die Aufgabe mittlerer Schwierigkeit vorgelegt, und sie erhielten entweder Erfolgs- oder Mißerfolgsrückmeldung. Bei der Aufgabe ging es darum, Buchstaben so umzuordnen, daß sie ein Wort ergaben.

Nach dem Erfolgs- oder Mißerfolgserlebnis wurde die Versuchsperson gebeten, eine zweite Aufgabe zu wählen, wobei sie die Wahl zwischen den zwei verbleibenden, ursprünglich als leicht bzw. schwierig präsentierten Aufgaben zu treffen hatte. Moulton argumentierte, daß eine Person, die bei der ersten Aufgabe erfolgreich gewesen sei, die „schwierige" Aufgabe nun als näher beim W_e = .50-Niveau befindlich ansehen würde als die „einfache" Aufgabe. Das heißt, der Erfolg sollte die W_e anheben, und die Wahrscheinlichkeiten, welche sich ursprünglich symmetrisch um den mittleren Schwierigkeitsbereich verteilten (.25 und .75) würden nun zum Beispiel .35 und .85 betragen. Somit läge die schwierige Aufgabe (W_e = .35) näher bei .50 bzw. näher bei einer mittleren Schwierigkeit als die einfache Aufgabe.

Infolge dieser Asymmetrie der Erfolgswahrscheinlichkeiten sollten Personen mit hoher resultierender Leistungsmotivation die ursprünglich schwierige Aufgabe wählen und Personen mit niedriger resultierender Leistungsmotivation die einfache Aufgabe. Die Wahl der einfachen Aufgabe nach Erfolg bei der W_e = .50 Aufgabe wurde dagegen als atypisch angesehen, weil sie die Senkung des Anspruchsniveaus nach Erfolg bedeutete.

Analog wurde angenommen, daß W_e nach Mißerfolg abnimmt. Die subjektiven Erfolgswahrscheinlichkeiten könnten sich also von .25 und .75 zum Beispiel auf .15 und .65 verschoben haben. Somit liegt die als einfach beschriebene Aufgabe nun näher beim mittleren Schwierigkeitsniveau als die als schwierig beschriebene. Daher wurde erwartet, daß Individuen, für die $M_e > M_m$, die einfache Aufgabe wählen würden; diejenigen Personen, für die $M_m > M_e$, sollten hingegen eine atypische Wahl treffen, d. h. nach Mißerfolg die schwierigere Aufgabe wählen.

Die Ergebnisse dieser Untersuchung sind in Tabelle 5.4 wiedergegeben. Es ist ersichtlich, daß Mißerfolgsmotivierte ($M_m > M_e$) mehr atypische Aufgabenwahlen zeigten als Erfolgsmotivierte und solche in der Gruppe mit mittlerer resultierender Leistungsmotivation. Somit wurden Moultons Hypothesen bestätigt, zusätzliche Belege für Atkinsons Motivationsmodell erhalten und eine Wiederannäherung zwischen der Anspruchsniveau- und Leistungsmotivationsforschung erzielt.

Tabelle 5.4: Art der Anspruchsniveauänderung in Abhängigkeit von der resultierenden Leistungsmotivation

Motivgruppe	Resultierende Leistungsmotivation	Art der Anspruchsniveauänderung	
		atypisch	typisch
$M_m > M_e$	Vermeidung	11	20
$M_m = M_e$	Ambivalent	3	28
$M_e > M_m$	Annäherung	1	30

(nach Moulton, 1965, S. 403)

Ausdauer

Die Ausdauer oder Persistenz *(persistence)* ist neben dem freien Wahlverhalten eine der am häufigsten verwendeten abhängigen Variablen der Motivationsforschung. Eine Untersuchung von Feather (1961), welche die Ausdauer von Personen bei einer Leistungsaufgabe untersuchte, demonstriert die diesbezügliche Vorhersagekraft der Atkinsonschen Theorie der Leistungsmotivation vielleicht am besten.

Feather schuf eine freie Wahlsituation, in der den Versuchspersonen eine Problemaufgabe zur Lösung vorgelegt wurde. Es wurde ihnen gesagt, sie könnten an der Aufgabe so lange arbeiten, wie sie wollten, und sie könnten aufhören und ein neues Problem bearbeiten, wann immer sie den Wunsch dazu verspürten. Die Aufgabe bestand darin, alle Linien einer komplexen Figur nachzuziehen, ohne den Bleistift abzusetzen oder eine Linie doppelt zu zeichnen. Ohne daß die Versuchspersonen es wußten, waren die Aufgaben aber in Wirklichkeit unlösbar.

Um unterschiedliche subjektive Erfolgswahrscheinlichkeiten zu etablieren, gab Feather falsche Normen an. In einer der Experimentalgruppen wurde die Aufgabe als recht schwierig hingestellt („In Ihrer Altersgruppe sind ungefähr 5% der Studenten in der Lage, diese Aufgabe zu lösen"). In einer zweiten Versuchsbedingung wurde die Aufgabe als relativ leicht hingestellt („70% der Studenten sind fähig, diese Aufgabe zu lösen"). Feather notierte dann die Anzahl der Versuche, die von einer Person unternommen wurden, ehe sie aufgab, bzw. die Ausdauer der Person. Es wurde vorhergesagt, daß die Ausdauer sowohl eine Funktion der anfänglichen subjektiven Erfolgswahrscheinlichkeit bei der Aufgabe als auch der interindividuellen Unterschiede in der Stärke des Leistungsbedürfnisses sein würde.

Die Ableitung der Featherschen Hypothesen aus dem Leistungsmotivationsmodell ähnelt der früher im Zusammenhang mit der Untersuchung von Moulton beschriebenen. Tabelle 5.5 zeigt die Stärke der resultierenden Tendenz in den zwei Experimentalgruppen, getrennt für Versuchspersonen, für die $M_e > M_m$, und für solche, für die $M_m > M_e$. Wieder wird zur Vereinfachung der Darstellung angenommen, daß, wenn $M_e > M_m$, $M_e = 2$ und $M_m = 1$ ist; und umgekehrt für den Fall, daß $M_m > M_e$. Zusätzlich wird angenommen, daß die Stärke der extrinsischen Tendenz (T_{ex}) gleich .50 ist, und daß die Abnahme von W_e nach Mißerfolg in der $W_e = .70$ Bedingung gleich .10 und in der $W_e = .05$ Bedingung gleich .01 ist. Die Tabelle zeigt, daß für Erfolgsmotivierte ($M_e > M_m$) die resultierende Tendenz beim ersten Lösungsversuch größer ist, wenn $W_e = .70$ beträgt, als wenn $W_e = .05$ ist (nämlich .71 versus .55). Darüber hinaus steigt nach ursprünglichem Mißerfolg die Motivation in der $W_e = .70$ Bedingung an, denn W_e nimmt ab und bewegt sich auf das Niveau mittlerer Aufgabenschwierigkeit zu. Angenommen, der Abfall von W_e beträgt wieder .10, dann sollte die resultierende Tendenz auch nach dem nächsten Mißerfolg zunehmen. Umgekehrt nimmt die Motivation unmittelbar nach dem Mißerfolg in der $W_e = .05$ Bedingung ab, denn W_e entfernt sich noch weiter

Tabelle 5.5: Stärke der Gesamtmotivation zum erneuten Versuch bei derselben Aufgabe für Personen mit hoher und niedriger resultierender Leistungsmotivation in den zwei von Feather (1961) verwendeten Versuchsbedingungen

Stärke der Gesamtmotivation (Leistungsmotivation plus extrinsische Motivation)
Motivgruppen

			$M_e > M_m$								$M_m > M_e$							
Versuchsbedingung	Durchgang	W_e	M_e	W_e	A_e	M_m W_m	A_m	Tex^c	T_r		M_e	W_e	A_e	M_m W_m	A_m	Tex	T_r	
	1	.70[a]	2 ×	.7 ×	.3 +	(1 × .3 × −	.7) +	.50[c] =	.71		1 ×	.7 ×	.3 +	(2 × .3 × −	.7) +	.50 =	.29	
$W_e = .70$	2	.60	2 ×	.6 ×	.4 +	(1 × .4 × −	.6) +	.50 =	.74		1 ×	.6 ×	.4 +	(2 × .4 × −	.6) +	.50 =	.26	
	3	.50	2 ×	.5 ×	.5 +	(1 × .5 × −	.5) +	.50 =	.75		1 ×	.5 ×	.5 +	(2 × .5 × −	.5) +	.50 =	.25	
	1	.05[b]	2 ×	.05 ×	.95 +	(1 × .95 × −	.05) +	.50 =	.55		1 ×	.05 ×	.95 +	(2 × .95 × −	.05) +	.50 =	.45	
$W_e = .05$	2	.04	2 ×	.04 ×	.96 +	(1 × .96 × −	.04) +	.50 =	.54		1 ×	.04 ×	.96 +	(2 × .96 × −	.04) +	.50 =	.46	
	3	.03	2 ×	.03 ×	.97 +	(1 × .97 × −	.03) +	.50 =	.53		1 ×	.03 ×	.97 +	(2 × .97 × −	.03) +	.50 =	.47	

a. Es wird angenommen, daß W_e nach Mißerfolg um .10 abnimmt
b. Es wird angenommen, daß W_e nach Mißerfolg um .01 abnimmt
c. Die extrinsische Motivation wird als konstant und gleich .50 angenommen

vom Bereich mittlerer Aufgabenschwierigkeit. Bei wiederholtem Mißerfolg nimmt die resultierende Tendenz weiter ab. Daher sagte Feather voraus, daß die Ausdauer, *d.h. die Anzahl von Entscheidungen für einen erneuten Versuch bei derselben Aufgabe* für Erfolgsmotivierte ($M_e > M_m$) in der $W_e = .70$ Bedingung größer sein würde als in der $W_e = .05$ Bedingung.

Die rechte Hälfte von Tabelle 5.5 zeigt die hypothetische Stärke der resultierenden Tendenz für Personen, bei denen $M_m > M_e$. Die Gesamtmotivation dieser Versuchspersonen ist nur deshalb positiv, weil die Stärke der angenommenen extrinsischen Motivation größer ist als die durch die Aufgabe selbst hervorgerufene Leistungshemmung. Ist $M_m > M_e$, so ist die anfängliche resultierende Tendenz in der $W_e = .05$ Bedingung höher als in der $W_e = .70$ Bedingung (.45 versus .29), denn .05 ist weiter vom Niveau mittlerer Aufgabenschwierigkeit entfernt als .70. Darüber hinaus nimmt nach Mißerfolg die resultierende Tendenz in der $W_e = .70$ Bedingung ab, während sie in der $W_e = .05$ Bedingung zunimmt. Wieder ist dies auf die Verschiebung der Erfolgswahrscheinlichkeiten hin zum bzw. weg vom .50 Niveau zurückzuführen. Nachdem weiterhin Mißerfolge erlebt werden, sollte man annehmen, daß die resultierende Tendenz in der $W_e = .05$ Bedingung weiter ansteigt und sich mit der Annäherung von W_e an Null asymptotisch an den Wert T_{ex} (der Stärke der extrinsischen Tendenzen) annähert. Daher sagte Feather voraus, daß Versuchspersonen, bei denen $M_m > M_e$, in der $W_e = .05$ Bedingung größere Ausdauer zeigen würden als in der $W_e = .70$ Bedingung.

Zusammenfassend wurde also eine Interaktion zwischen dem Niveau resultierender Leistungsmotivation und der Aufgabenschwierigkeit vorhergesagt. Für Versuchspersonen mit hoher resultierender Leistungsmotivation ($M_e > M_m$) wurde größere Ausdauer bei der einfachen als bei der schwierigen Aufgabe erwartet; umgekehrt wurde für Versuchspersonen mit niedriger resultierender Leistungsmotivation ($M_m > M_e$) größere Ausdauer bei der schwierigen als bei der einfachen Aufgabe vorhergesagt. Die Ergebnisse dieses Experiments, wiedergegeben in Tabelle

Tabelle 5.6: Anzahl der Versuchspersonen mit hoher und niedriger Ausdauer, in Abhängigkeit von ihrer resultierenden Leistungsmotivation und der ursprünglichen Aufgabenschwierigkeit

			Anzahl der Versuche bei derselben Aufgabe (Ausdauer)	
Leistungsmotiv	Testangst	Aufgabenschwierigkeit	hoch (über dem Median)	niedrig (unter dem Median)
hoch	niedrig	$W_e = .70$ (einfach)	6	2
		$W_e = .05$ (schwierig)	2	7
niedrig	hoch	$W_e = .70$ (einfach)	3	6
		$W_e = .05$ (schwierig)	6	2

(nach Feather, 1961, S. 558)

5.6, bestätigten Feathers Hypothesen (vgl. Weiner, 1972, bezüglich einer genaueren Analyse einiger der von diesem Experiment aufgeworfenen theoretischen Probleme).

Aufgabenwahl

Wie bereits erwähnt, ist die Analyse der Risikowahl zwischen Aufgaben unterschiedlichen Schwierigkeitsgrades derjenige Forschungsbereich, in dem Atkinsons Theorie der Leistungsmotivation hauptsächlich überprüft worden ist. Das allgemeine Vorgehen bei diesen Untersuchungen wird durch ein Experiment von Atkinson und Litwin (1960) illustriert. In dieser Untersuchung sollten die Versuchspersonen Ringe über einen Pflock werfen. Dabei war es den Versuchspersonen gestattet, in unterschiedlichen Abständen vom Pflock zu stehen und ihre Position nach jedem Wurf zu verändern. Atkinson und Litwin nahmen an, daß einer nahe beim Ziel befindlichen Wurfposition eine hohe Erfolgswahrscheinlichkeit entspricht und daß diese mit zunehmender Distanz vom Pflock abnimmt. Die gewählte Entfernung vom Pflock stellte somit einen Verhaltensindikator der Aufgabenwahl und der Aufgabenschwierigkeit dar.

Anhand der TAT- und TAQ-Werte der Versuchspersonen wurden verschiedene Gruppen mit unterschiedlicher resultierender Leistungsmotivation gebildet. Die in dieser Untersuchung erhaltenen Daten zur Aufgabenwahl sind in Abbildung 5.3 dargestellt.

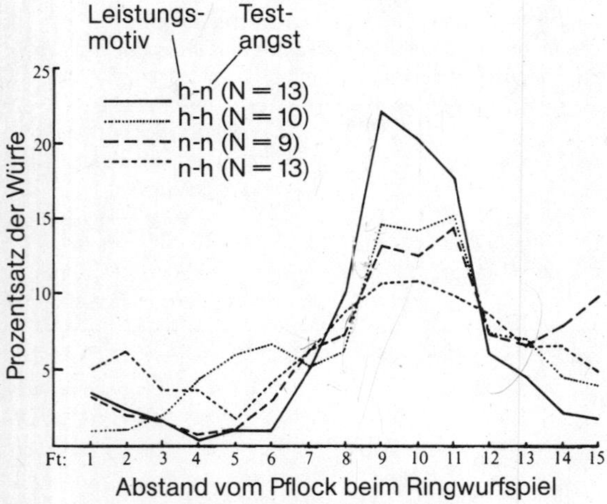

Abbildung 5.3: Anzahl der Wurfversuche bei einem Ringwurfspiel in Abhängigkeit von der Zieldistanz, für Gruppen von Versuchspersonen mit unterschiedlicher resultierender Leistungsmotivation (nach Atkinson & Litwin, 1960, S. 55)

Abbildung 5.3 zeigt, daß Aufgaben mittlerer Schwierigkeit am stärksten von Versuchspersonen mit hoher resultierender Leistungsmotivation (h–n) und am wenigsten von Personen mit niedriger resultierender Leistungsmotivation (n–h) bevorzugt wurden, während die Präferenzen von Personen, die auf beiden Motiven entweder hoch oder niedrig waren, dazwischen liegen. Die mittlere Aufgabenschwierigkeit wurde in dieser Untersuchung entweder als der durchschnittliche physikalische Abstand vom Pflock oder als der Median der erhaltenen Verteilung der Würfe definiert. Beide Operationalisierungen erbrachten vergleichbare Ergebnisse.

Die von Atkinson und Litwin erhaltenen Resultate sind typisch für die meisten Befunde zum Risikowahlverhalten. Die drei Leitfragen, denen in diesen Untersuchungen nachgegangen wurde, und die jeweiligen Antworten darauf lauten:

1. Bevorzugen Personen mit hoher resultierender Leistungsmotivation Aufgaben mittlerer Schwierigkeit? Unbedingt ja!
2. Bevorzugen Personen mit niedriger resultierender Leistungsmotivation Aufgaben, die verhältnismäßig einfach oder schwierig sind? Definitiv nein!
3. Zeigen Personen mit hoher resultierender Leistungsmotivation eine größere Bevorzugung für Aufgaben mittlerer Schwierigkeit als Personen mit niedriger resultierender Leistungsmotivation? Höchstwahrscheinlich ja (vgl. die Zusammenfassung bei Meyer, Folkes & Weiner, 1976).

Zusammenfassend kann man also sagen: Alle Personen scheinen Aufgaben mittlerer Schwierigkeit zu bevorzugen, obwohl diese Präferenz bei hoch leistungsmotivierten Personen stärker ausgeprägt sein dürfte. Diese Ergebnisse stellen für Atkinsons Theorie der Leistungsmotivation einige Probleme dar, jedoch stützen sie tendenziell die breitere (und oft überprüfte) Hypothese, daß gemäß der Stärke ihrer Leistungsbedürfnisse klassifizierte Gruppen von Versuchspersonen Aufgaben mittlerer Schwierigkeit in unterschiedlichem Maße bevorzugen.

Atkinson und Feather (1966, S. 22, 342) geben zu, daß hoch mißerfolgsängstliche Personen Aufgaben mittlerer Schwierigkeit nicht vermeiden. Sie bieten zwei Erklärungen für diesen Befund an. Einmal weisen sie darauf hin, daß die untersuchten Populationen (wie z. B. Universitätsstudenten) sich im allgemeinen aus Personen zusammensetzten, die hoch leistungsmotiviert seien. Daher würden extreme Risikowahlen nicht vorkommen, obwohl *gewisse* Unterschiede in der Bevorzugung von Aufgaben mittlerer Schwierigkeit bei Gruppen mit unterschiedlich ausgeprägten Leistungsbedürfnissen trotzdem zu erwarten seien. Dieses Argument wird jedoch durch die Tatsache geschwächt, daß selbst dann, wenn die untersuchten Personen Haupt- und Mittelschüler sind, niedrigmotivierte Personen Aufgaben mittlerer Schwierigkeit nicht vermeiden.

Eine zweite von Atkinson und Feather angebotene Erklärung lautet, daß für die Wahl von Aufgaben mittlerer Schwierigkeit neben dem Leistungsmotiv noch andere Motivationsquellen verantwortlich seien. Zum Beispiel „könnte außer dem Leistungsbedürfnis auch das – ungemessene – Anschlußbedürfnis bewirken, daß die Abneigung gegen Aufgaben mittlerer Schwierigkeit überwunden wird" (Atkinson und Feather, 1966, S. 342). Man beachte, daß die von Atkinson und Feather vorgebrachten Argumente die anscheinend widersprüchlichen Befunde zu erklären versuchen, ohne den Rahmen der von Atkinson 1957 aufgestellten Theorie zu verlassen; die Theorie selbst bleibt völlig unangetastet.

Eine Alternativerklärung. Atkinsons Vorhersage bezüglich unterschiedlicher Aufgabenpräferenzen der verschiedenen Motivgruppen beruht auf der Annahme, daß der Wahl zwischen Leistungsaufgaben bei Personen mit hoher resultierender Leistungsmotivation das Bestreben nach Maximierung positiver Affekte zugrundeliegt und bei Personen mit niedriger resultierender Leistungsmotivation das Bestreben nach Minimierung negativer Affekte. Das heißt, die Entscheidung für die Art von Aufgaben, die man zu lösen versucht, wird durch antizipatorische Emotionen bzw., allgemeiner, von hedonistischen Bestrebungen determiniert.

Eine Alternativerklärung des Risikowahlverhaltens beruft sich nicht auf hedonistische Bestrebungen, sondern auf den *Informationsgewinn* als motivierendes Prinzip. Es ist empirisch nachgewiesen worden, daß die Ergebnisse des Leistungshandelns bei Aufgaben mittlerer Schwierigkeit der Person ein Maximum an Information über die Beteiligung persönlicher Faktoren (Anstrengung und Fähigkeit) verschaffen. Daß Leistungshandeln bei Aufgaben mittlerer Schwierigkeit ein Maximum an personrelevanter Information erbringt, ist schon aus logischen Gründen zu erwarten. Wählt man einfache Aufgaben, so hat man gewöhnlich Erfolg, und das Ergebnis wird der Aufgabenleichtigkeit zugeschrieben (vgl. Weiner & Kukla, 1970). Ähnlich führt die Wahl einer sehr schwierigen Aufgabe gewöhnlich zu Mißerfolg, und man gibt dann der Aufgabe die Schuld. Somit führt die Wahl von einfachen oder schwierigen Aufgaben im allgemeinen nur zu einer Bestätigung dessen, was man ohnehin schon über die Umwelt weiß. Dagegen führen Aufgaben mittlerer Schwierigkeit mit gleicher Wahrscheinlichkeit zu Erfolg wie zu Mißerfolg. Daher vermittelt das Leistungsergebnis bei solchen Aufgaben Information über die Anstrengung und die Fähigkeiten der *Person*. Dieser Konzeption zufolge reflektiert das unterschiedliche Aufgabenwahlverhalten von Gruppen mit hoher versus niedriger resultierender Leistungsmotivation unterschiedliche Bedürfnisse nach persönlichem Feedback bzw. nach Selbsteinschätzung (vgl. McClelland et al., 1953). Es ist natürlich recht funktional und adaptiv, ein realistisches und zutreffendes Bild von sich selbst zu haben.

Um die hedonistischen und informationalen Determinanten der Aufgabenwahl zu entwirren, variierten Trope und Brickman (1975) sowohl die Schwierigkeit der Aufgabe als auch ihre „Diagnostizität". Unter der Diagnostizität einer Aufgabe versteht man die Differenz zwischen dem Prozentsatz von Personen mit hoher und niedriger Fähigkeit, die bei der Aufgabe Erfolg haben. So hat zum Beispiel eine Aufgabe, bei der 90% der Hochbegabten und 60% der Niedrigbegabten Erfolg haben, größeren diagnostischen Wert (90 − 60 = 30) als eine Aufgabe, bei der 52% der Hochbegabten und 48% der Niedrigbegabten Erfolg haben (52 − 48 = 4). Die 52 – 48-Aufgabe befindet sich jedoch näher beim Niveau mittlerer Schwierigkeit als die 90 – 60-Aufgabe.

Im Experiment von Trope und Brickman (1975) konnten die Versuchspersonen zwischen Aufgaben unterschiedlicher Schwierigkeit wählen. Die Aufgaben unterschieden sich jedoch auch hinsichtlich ihrer Diagnostizität. Zum Beispiel wurden die Versuchspersonen aufgefordert, zwischen einer Aufgabe, bei der 90% der Personen mit hoher Fähigkeit und 60% der Niedrigbegabten Erfolg hatten, und einer anderen, bei der 52% der Hochbegabten und 48% der Niedrigbegabten erfolgreich waren, zu wählen. Trope und Brickman fanden, daß die Versuchspersonen in dieser Situation die Aufgaben mit der größeren Diagnostizität (90 – 60) wählten und nicht die Aufgabe mittlerer Schwierigkeit (52 – 48). Dies legt nahe, daß die von so vielen Forschern gefundene Bevorzugung von Aufgaben mittlerer Schwierigkeit dem (im Normalfall gegebenen) hohen diagnostischen Wert dieser Aufgaben zuzuschreiben ist.

In einer Replikation und Erweiterung dieser Untersuchung ließ Trope (1975) erneut Versuchspersonen zwischen Aufgaben wählen, die sich sowohl hinsichtlich ihrer Schwierigkeit als auch hinsichtlich ihrer Diagnostizität unterschieden. Zusätzlich wurde die Leistungsmotivation der Versuchspersonen gemessen. Die Ergebnisse dieser Untersuchung sind in Abbildung 5.4 wiedergegeben. Abbildung 5.4 zeigt, daß die Versuchspersonen in beiden Motivgruppen Aufgaben hoher Diagnostizität gegenüber solchen niedriger Diagnostizität bevorzugen. Diese Bevorzugung ist jedoch bei hoch leistungsmotivierten Versuchspersonen deutlich stärker ausgeprägt. Mithin scheinen sich die beiden Motivgruppen in bezug auf ihr Bedürfnis nach personrelevanter Information zu unterscheiden. Abbildung 5.5 zeigt die Aufgabenwahl in Abhängigkeit von der Aufgabenschwierigkeit. Man sieht, daß bei allen Schwierigkeitsgraden Aufgaben hoher Diagnostizität gegenüber solchen niedriger Diagnostizität bevorzugt werden. Darüber hinaus zeigt sich keine besondere Bevorzugung für Aufgaben mittlerer Schwierigkeit mehr, sobald die Diagnostizität konstant gehalten wird. Tatsächlich findet sich sogar ein genereller Trend zur Bevorzugung einfacher Aufgaben.

Noch direkter wurde der informationale Wert von Aufgaben mittlerer Schwierigkeit von Meyer et al. (1976) demonstriert. Meyer et al. untersuchten die „Phänomenologie" der Aufgabenwahl, d.h. sie ma-

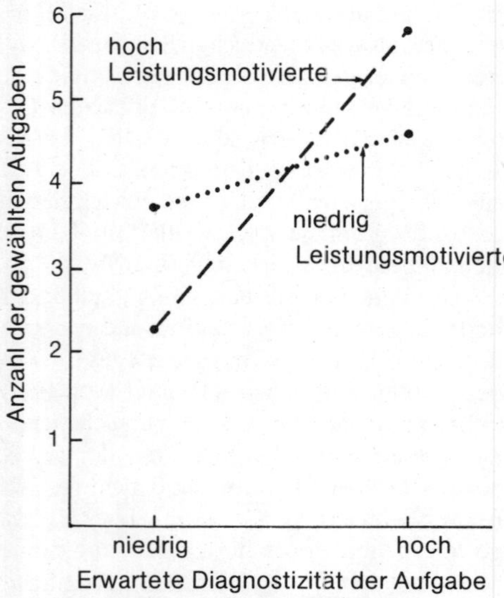

Abbildung 5.4: Durchschnittliche Anzahl der von Versuchspersonen mit hohem und niedrigem Leistungsmotiv gewählten Aufgaben hoher und niedriger erwarteter Diagnostizität (aus Trope, 1975, S. 1008)

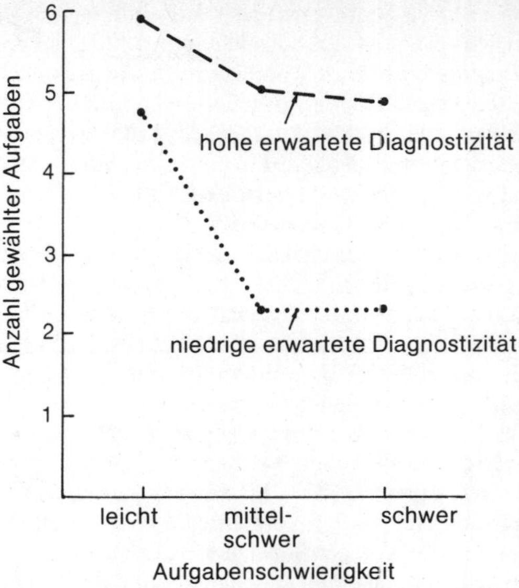

Abbildung 5.5: Durchschnittliche Anzahl gewählter Aufgaben unterschiedlicher Schwierigkeit und unterschiedlicher erwarteter Diagnostizität (nach Trope, 1975, S. 1008)

ßen die wahrgenommenen affektiven und informationalen Determinanten des Risikowahlverhaltens. Versuchspersonen, welche gemäß dem Niveau ihrer Leistungsbedürfnisse in Gruppen eingeteilt worden waren, sollten zwischen Aufgaben unterschiedlicher Schwierigkeit wählen. In einer der Versuchsbedingungen wurden die Versuchspersonen instruiert, sie sollten die Aufgaben so auswählen, daß die Beschäftigung damit maximale Befriedigung erbringen würde, während die Instruktionen in einer zweiten Bedingung lauteten, die Wahl solle so getroffen werden, daß die Information, welche man über seine Fähigkeit und aufgewendete Anstrengung erlangen würde, maximiert werde. Man fand, daß die Mehrheit aller Versuchspersonen Aufgaben mittlerer Schwierigkeit bevorzugte und daß sowohl positiver Affekt als auch Informationsgewinn bei oder nahe bei diesem Schwierigkeitsniveau als optimal angesehen wurde. Der Befund, daß alle Versuchspersonen – gleichgültig, wie stark ihre Leistungsbedürfnisse ausgeprägt sind – Aufgaben mittleren Schwierigkeitsgrades bevorzugen, stimmt, wie bereits erwähnt, mit einer großen Anzahl früherer Forschungsergebnisse überein.

In zwei zusätzlichen Experimenten wurde untersucht, bei welchem Schwierigkeitsniveau Personen

am meisten wünschten, Information über ihre Leistung zu erhalten. Polizeischülern und Mittelschülern mit unterschiedlichem Selbstkonzept hinsichtlich ihrer eigenen Fähigkeit im Zielschießen bzw. Hochspringen wurde die Möglichkeit gegeben, begrenzte, aber selbstgewählte Leistungsrückmeldungen bei einer Reihe von Schieß- und Sprungübungen zu erhalten, welche hinsichtlich ihres Schwierigkeitsgrades variierten. In der Studie mit den Polizeischülern ließen Meyer et al. (1976) die Polizisten vor einem Training zuerst ihre allgemeine Fähigkeit im Zielschießen einschätzen. Anschließend wurden Ziele unterschiedlicher objektiver Schwierigkeit präsentiert, und die Polizisten gaben ihre subjektive Erfolgswahrscheinlichkeit bei jedem der Ziele an. Schließlich wurden die Versuchspersonen informiert, sie würden auf jedes der Ziele schießen können, würden jedoch nur für eines der Ziele Leistungsrückmeldung erhalten. Die Polizisten konnten selbst entscheiden, für welches der Ziele sie die Leistungsrückmeldung wünschten.

Die Ergebnisse dieser Untersuchung sind in Tabelle 5.7 abgebildet, welche die durchschnittliche objektive Schwierigkeit des Ziels angibt, für das Leistungsrückmeldung gewünscht wurde, als auch die subjektive Erfolgswahrscheinlichkeit bei diesem Ziel. Alle Polizisten bevorzugten Leistungsrückmeldung bei dem Ziel mit mittlerer subjektiver Erfolgswahrscheinlichkeit. Das heißt, Polizisten, die sich selbst für schlechte Schützen hielten, wünschten Leistungsrückmeldung beim objektiv einfachen (subjektiv mittelschweren) Ziel, während Polizisten, die sich selbst als gute Schützen einschätzten, Leistungsrückmeldung beim objektiv schwierigen (subjektiv ebenfalls mittelschweren) Ziel wollten. Die Feedbackpräferenzen der Gruppe der mittelmäßigen Schützen lagen zwischen diesen Extremen.

Tabelle 5.7: Mittlere objektive Aufgabenschwierigkeit und Beurteilung der subjektiven Erfolgswahrscheinlichkeit bei Aufgaben, für die Leistungsrückmeldung gewünscht wurde

		Zielschießen	
Fähigkeitsgruppe	n	Objektive Aufgaben-schwierigkeit	Subjektive Erfolgswahr-scheinlichkeit
sehr hoch	18	15%[a]	5.22[b]
hoch	16	39%	6.12
mittelmäßig	50	47%	5.42
niedrig	23	75%	6.69

(nach Meyer, Folkes & Weiner, 1976, S. 420)

a. Den Versuchspersonen mitgeteilter durchschnittlicher Prozentsatz an Polizisten, die das Ziel trafen

b. Skala: 0 = werde sicher nicht treffen; 11 = werde sicher treffen

Zusammenfassend deuten die Ergebnisse der Untersuchungen zur Aufgabenwahl auf eine allgemeine Tendenz zur Selektion von Aufgaben mittleren Schwierigkeitsgrades hin, was wahrscheinlich auf deren informationalen (diagnostischen) Wert zurückzuführen ist. Diese Bevorzugung von Aufgaben mittlerer Schwierigkeit dürfte jedoch bei hoch erfolgsmotivierten Individuen stärker ausgeprägt sein. Diese Ergebnisse sind von großer Bedeutsamkeit für Atkinsons Theorie. Während diese Theorie hoch leistungsmotivierte Individuen in erster Linie als „hoffnungsorientiert" konzipiert, legen die eben erörterten Befunde nahe, daß sie vielleicht besser als Personen charakterisiert werden sollten, die Rückmeldungen und Informationsgewinn über sich selbst anstreben. Die letztere Charakterisierung verschiebt den Schwerpunkt von den emotionalen auf die kognitiven Korrelate der Leistungsmotivation. Demnach wären die Unterschiede im Risikowahlverhalten zwischen hoch und niedrig leistungsmotivierten Individuen also die Folge von unterschiedlichen Bedürfnissen nach Selbsteinschätzung, anstatt von (oder zusätzlich zu) unterschiedlichen emotionalen Antizipationen. Diese Analyse der Aufgabenwahl bedeutet eine völlige Änderung grundlegender Annahmen der Theorie der Leistungsmotivation. In den Kapiteln 7 und 8, welche sich mit der Attributionstheorie beschäftigen, wird dieser informationale Ansatz in der Motivationsforschung ausführlicher untersucht.

Die dynamische Handlungstheorie

Wie bereits an früherer Stelle in diesem Kapitel erwähnt, sind Atkinson und seine Mitarbeiter, insbesondere David Birch (Atkinson & Birch, 1970; Birch, Atkinson & Bongort, 1974), gegenwärtig damit beschäftigt, eine allgemeine Theorie der Motivation zu formulieren. Diese Theorie – als „dynamische Handlungstheorie" bezeichnet – macht ausgedehnten Gebrauch von mathematischen Ableitungen und Computersimulationen. Aus diesem Grund kann sie im gegenwärtigen Kontext nur ganz oberflächlich behandelt werden.

Atkinson und Birch (1970) gehen davon aus, daß „das Verhalten eines Individuums aus einem ständigen Wechsel von einer Aktivität zu einer anderen besteht" (S. 1). Das heißt, anstatt sich in einem Ruhezustand zu befinden oder diesen anzustreben, wie es von Gleichgewichtstheoretikern wie Freud und Hull angenommen worden war, seien Menschen ständig aktiv. Daher behaupten Atkinson und Birch, daß das Hauptproblem der Motivationstheorie darin bestehe, den Wechsel *von einer Aktivität zur anderen* zu erklären und vorherzusagen, und nicht den Wechsel von Aktivität zu Ruhe oder von Ruhe zu Aktivität.

Abbildung 5.6 zeigt den zeitlichen Verlauf der Stärke der Motivation (oder Stärke der motivationalen Tendenz, T) für zwei Aktivitäten (A und B). In allen dargestellten Fällen dominiert ursprünglich eine der Tendenzen (T_A) über die andere Tendenz (T_B). Im Verlauf der Zeit ändert sich jedoch die relative Dominanz der Verhaltenstendenzen, d. h. T_B wird stärker als T_A. Die Frage, mit der sich Atkinson und Birch beschäftigen, ist, was für diese Veränderung der Kräfte – welche theoretisch dazu führen sollte, daß die Person zuerst Aktivität A durchführt (wählt) und anschließend Aktivität B – verantwortlich ist. Darüber hinaus versuchen sie, die Geschwindigkeit des Wechsels von einer Aktivität zur anderen zu bestimmen.

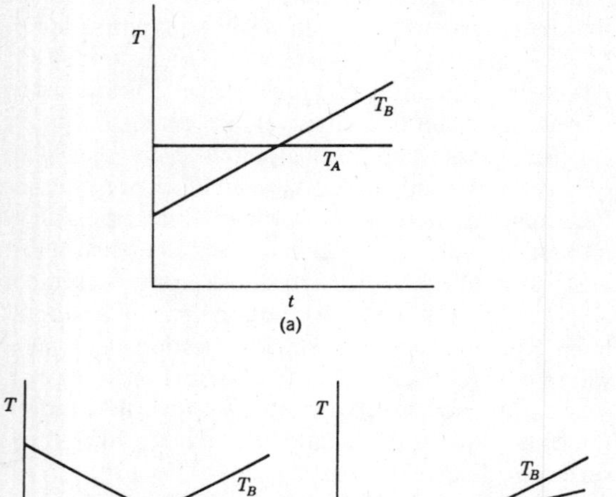

Abbildung 5.6: Anschauliche Darstellung derjenigen 5 möglichen Muster von Veränderungen in der Stärke der Reaktionstendenzen T_A und T_B von Zeitpunkt 1 zu Zeitpunkt 2, die einen Wechsel von Aktivität A zu Aktivität B zur Folge haben würden (aus Atkinson & Birch, 1970, S. 6)

Unter die verhaltensmotivierenden Kräfte (bzw. die Kräfte, die verschiedene Verhaltenstendenzen intensivieren) werden so verschiedene Faktoren wie das Zunehmen eines Deprivationszustandes oder das Läuten eines Telefons gerechnet. Diese Beispiele sind einander konzeptuell insofern ähnlich, als in beiden Fällen ein anhaltender motivierender Reiz vorliegt. Es wird angenommen, daß Verhaltenstendenzen angesichts anhaltender, mit Belohnungen assoziierter Reize an Intensität zunehmen. Zu einer Zunahme der Stärke motivationaler Tendenzen kann aber natürlich auch das plötzliche Auftauchen und anschließende Verschwinden eines externen Anreizobjekts, wie z. B. eines Mitglieds des anderen Geschlechts, führen. Handlungen, welche die Motivation reduzieren, umfassen konsumatorische Verhaltensweisen (bzw. die Erlangung des Zielobjekts) sowie Verschiebungs- und Ersatzhandlungen. Letztere stellen „Familien" konsumatorischer Endhandlungen dar (oder, in der Terminologie Lewins ausgedrückt: Systeme, die miteinander in dynamischer Verbindung stehen). Atkinson und Birch erörtern auch hemmende Kräfte, die gegen die Äußerung eines Verhaltens wirken, wie z. B. antizipierte Bestrafung.

Schon die in Abbildung 5.6 dargestellte relativ einfache Analyse führt zu einigen interessanten psychologischen Einsichten. Zum Beispiel bleibt in Situation (a) die Stärke von T_A konstant. Trotzdem wird die Aktivität A nach einiger Zeit nicht mehr gezeigt, da sie durch die stärkere Tendenz zur Äußerung von Aktivität B „verdrängt" wird. Dabei handelt es sich jedoch wahrscheinlich nur um eine zeitweilige Unterdrückung; sobald T_B wieder abgenommen hat, sollte die Person zur Aktivität A zurückkehren. In den Situationen (b) und (e) nimmt die Stärke von T_A dagegen ab, und die Aktivität A wird wahrscheinlich auch zu einem späteren Zeitpunkt nicht mehr auftreten. Die Situationen (a), (b) und (e) sind sich daher von ihrem Erscheinungsbild her ähnlich, obwohl die zugrundeliegende motivationale Dynamik in beiden Fällen ganz verschieden ist und unterschiedliche Implikationen für den weiteren Handlungsverlauf hat.

Leistungsmotivation und ökonomische Entwicklung

Auch außerhalb des Labors sind zahlreiche Untersuchungen zur Leistungsmotivation durchgeführt worden, insbesondere solche soziologischer und anthropologischer Natur. Die herausragendste davon war der bereits erwähnte monumentale Versuch McClellands (1961), Leistungsmotivation mit der ökonomischen Entwicklung in Verbindung zu bringen.

Die Anregung zu seinen diesbezüglichen Thesen erhielt McClelland durch die Befunde Winterbottoms (1953), welche den Zusammenhang zwischen der Stärke des Leistungsmotivs und bestimmten Erziehungspraktiken untersuchte. Winterbottom stellte fest, daß relativ hoch leistungsmotivierte Jungen Mütter hatten, welche im Nachhinein berichteten, sie hätten von ihren Söhnen schon in früher Jugend Selbständigkeit und Unabhängigkeit erwartet. Diese Mütter erwarteten von ihren Söhnen bereits früher, daß diese sich z. B. selbst in der Stadt zurechtfinden, sich ihre Freunde selbst suchen sollten usw., als Mütter, deren Söhne niedrig leistungsmotiviert waren, dies taten.

McClelland argumentierte, daß die Beziehung zwischen der frühzeitigen Erziehung zur Selbständigkeit und der Entwicklung der Leistungsmotivation von unmittelbarer Relevanz für den von Max Weber (1904) behaupteten Zusammenhang zwischen der protestantischen Ethik und der Entwicklung des Kapitalismus sei. McClelland (1955) schrieb:

> An erster Stelle betont er [Weber] – wie andere vor ihm – daß das wesentliche Element der protestantischen Revolte gegen die katholische Kirche in der Abkehr vom blinden Vertrauen auf die Institution Kirche hin zu größerer Selbstverantwortlichkeit in der Frage nach dem richtigen Weg zur Erlösung bestanden habe ... Wie Weber es beschreibt, haben wir es hier allem Anschein nach mit einer Revolution der Ideen zu tun, welche das Bedürfnis nach einer Erziehung zu Selbständigkeit stärken sollte. Sicher werden protestantische Eltern, welche ihre Kinder zu größerer Selbständigkeit in religiösen Angelegenheiten erziehen wollen, diesen gegenüber häufiger und früher die Notwendigkeit hervorkehren, sich nicht auf die Hilfe Erwachsener zu verlassen, sondern sein eigenes „Seelenheil" zu suchen. Zweitens ist Webers Beschreibung des von der Reformation hervorgebrachten Persönlichkeitstyps dem Bild, welches wir von einer hoch leistungsmotivierten Person zeichnen würden, überraschend ähnlich. Er erwähnt, daß junge protestantische Arbeiterinnen härter und länger zu arbeiten schienen, daß sie ihr Geld für langfristige Ziele aufsparten, daß protestantische Unternehmer häufiger auf Spitzenpositionen in der Geschäftswelt gelangten – und das trotz der besseren Ausgangsposition, die viele katholische Familien auf Grund ihres Wohlstands hatten – usw. ..
>
> Was aber trieb den Protestanten zu so gewaltigen Leistungen im Geschäftsleben? Weber glaubt, daß der protestantische Mensch „aus seinem Reichtum keinen persönlichen Gewinn zieht, außer dem irrationalen Gefühl, seine Sache gut gemacht zu haben." Dies entspricht genau unserer Definition des Leistungsmotivs ... Ist es also möglich, daß die protestantische Reformation eine auf gesellschaftlicher und historischer Ebene stattfindende Wiederholung desselben Zusammenhangs darstellt, den Winterbottom im Jahre 1950 in einer Kleinstadt in Michigan zwischen dem Selbständigkeitstraining von Müttern und dem Leistungsbedürfnis *(n Achievement)* ihrer Söhne fand?
>
> *Diagramm 5.1: Hypothetische Ereigniskette, die den Zusammenhang zwischen Protestantismus einerseits und wirtschaftlicher und technologischer Entwicklung andererseits erklärt.*
>
> 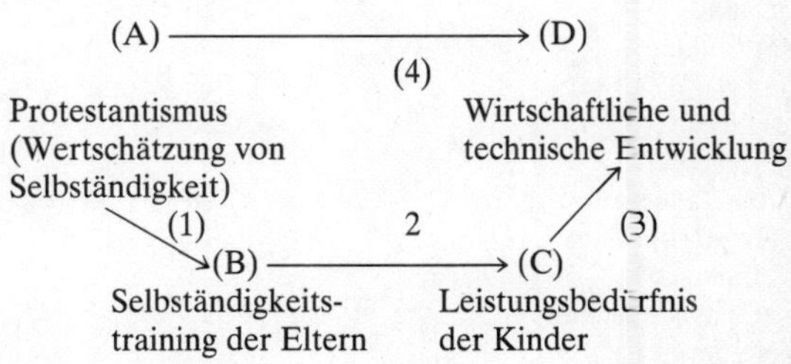
>
>
> Die Hypothese läßt sich recht einfach durch ein Diagramm darstellen [vgl. Diagramm 5.1]. Bezogen auf dieses Diagramm beschäftigte sich Weber hauptsächlich mit der Beziehung zwischen (A) und (D), d.h. mit der Art und Weise, auf die der Protestantismus zu einer Veränderung der kapitalistischen Ideologie in Richtung auf eine beschleunigte, durch hohen Leistungsdruck gekennzeichnete, auf Wettbewerb eingestellte Handelswirtschaft führte. Aber die Art, wie er diese Beziehung beschreibt, deutet stark darauf hin, daß die Verbindung zwischen diesen zwei Ereignissen die Schritte B und C beinhaltet – nämlich eine Veränderung der familiären Sozialisationspraktiken, welche ihrerseits die Anzahl der Individuen mit hoher Leistungsmotivation vergrößerte. Eine vollständige Formulierung der Hypothese würde also lauten, daß der Protestantismus zu einer stärkeren Betonung der Erziehung zu Selbständigkeit führte, welche höhere Leistungsmotivation nach sich zog, welche ihrerseits wiederum tatkräftigere unternehmerische Aktivität und beschleunigte wirtschaftliche Entwicklung zur Folge hatte (S. 44–46).

Die von McClelland erörterten vier Beziehungen sind in Diagramm 5.1 abgebildet. Es sind dies (1) Protestantismus und frühzeitige Erziehung zur Selbständigkeit; (2) frühzeitige Erziehung zu Selbständigkeit und Leistungsbedürfnis; (3) Leistungsbedürfnis und Wirtschaftswachstum und (4) Protestantismus und Wirtschaftswachstum. Gegenwärtig sind die behaupteten Beziehungen zwischen religiösem Bekenntnis und Erziehungspraktiken (1) sowie zwischen Erziehungsgewohnheiten und der Entwicklung von Leistungsbedürfnissen (2) noch umstritten. Zwar hat McClelland Befunde zitiert, welche zum Zeitpunkt, als er sein Buch schrieb, verfügbar waren und darauf hindeuten, daß protestantische Familien von ihren Söhnen früher Selbständigkeit erwarten als katholische Familien und daß frühe Erziehung zur Selbständigkeit zu erhöhten Leistungsbedürfnissen führt. Inzwischen sind diese Beziehungen jedoch in Frage gestellt worden (vgl. den nächsten Abschnitt dieses Kapitels).

Der Großteil der von McClelland selbst durchgeführten Untersuchungen beschäftigt sich mit der Beziehung zwischen Leistungsbedürfnis und Wirtschaftswachstum (3) und zwischen Protestantismus

Tabelle 5.8: Mittlerer Pro-Kopf-Verbrauch an Elektrizität, korrigiert entsprechend den natürlichen Energieressourcen des Landes, für protestantische und katholische Länder außerhalb der Wendekreise von Krebs und Steinbock

Länder	Elektrizitätsverbrauch in kwh/Kopf (1950)	Vorhergesagte Energieproduktion in kwh/Kopf	Differenz zwischen vorhergesagtem und tatsächlichem Verbrauch	Rangplatz der Differenz
protestantisch				
Norwegen	5,310	3,379	1,931	1
Kanada	4,120	3,186	964	4
Schweden	2,580	903	1,672	2
USA	2,560	2,328	232	9
Schweiz	2,230	1,253	977	3
Neuseeland	1,600	1,526	74	11
Australien	1,160	1,598	–438	20
Großbritannien	1,115	2,631	–1,566	24
Finnland	1,000	652	348	6
Südafrikanische Union	890	1,430	–540	21
Niederlande	725	724	1	15
Dänemark	500	74	426	5
Mittelwert	*1,983*	*1,645*	*338*	*10,1*
katholisch				
Belgien	986	1,959	–973	22
Österreich	900	620	280	8
Frankreich	790	989	–199	16
Tschechoslowakei	730	1,734	–1,004	23
Italien	535	227	308	7
Chile	484	764	–280	18
Polen	375	2,007	–1,632	25
Ungarn	304	628	–324	19
Irland	300	154	146	10
Argentinien	255	251	4	14
Spanien	225	459	–264	17
Uruguay	165	154	11	18
Portugal	110	82	28	12
Mittelwert	*474*	*771*	*–208*	*15,7*

(nach McClelland, 1961, S. 51)

und Wirtschaftswachstum (4). Zur Überprüfung der Hypothese, daß Protestantismus mit der wirtschaftlichen Entwicklung zusammenhängt, verglich McClelland den Pro-Kopf-Verbrauch an Elektrizität vorwiegend protestantischer Länder mit dem katholischer Länder. Der Pro-Kopf-Verbrauch an Elektrizität ist nach McClelland der beste Index des Wirtschaftswachstums (und nicht etwa der häufiger verwendete Index Bruttosozialprodukt), da diese Daten besser zugänglich sind, die Angaben in direkt vergleichbaren Einheiten vorliegen und moderne Gesellschaften von der Verwendung elektrischer Energie abhängen. Die Ergebnisse dieser Untersuchung sind in Tabelle 5.8 wiedergegeben, welche den tatsächlichen und den auf Grund der natürlichen Ressourcen des Landes erwarteten Pro-Kopf-Verbrauch an Elektrizität im Jahr 1950 zeigt. Die Differenzen zwischen dem tatsächlichen und dem erwarteten Verbrauch wurden berechnet und zum religiösen Bekenntnis des jeweiligen Landes in Beziehung gesetzt. Die Tabelle zeigt, daß die wirtschaftliche Produktivität (gemessen am von McClelland verwendeten Index) protestantischer Länder diejenige katholischer Länder übertrifft.

Die entscheidende Frage, die McClelland dann zu beantworten versuchte, war, ob der Zusammenhang zwischen Protestantismus und wirtschaftlicher Produktivität durch Leistungsbedürfnisse vermittelt sei. Er nahm an, daß Leistungsbedürfnisse dem Wirtschaftswachstum zeitlich vorangehen, und ermittelte Indikatoren dieser zwei Variablen für eine Vielfalt von Gesellschaften und historischen Epochen.

Tabelle 5.9: Zuwachsrate der Elektrizitätserzeugung (1952–1958) und nationaler Motivindex im Jahre 1950

	Abweichungen der erwarteten Zuwachsrate in Standardeinheiten					
	Nationaler Motivindex (*n ach*) 1950		Zuwachsrate über dem erwarteten Wert	Nationaler Motivindex (*n ach*) 1950		Zuwachsrate unter dem erwarteten Wert
hoher Leistungs-motivwert	3.62	Türkei	+ 1.38			
	2.71	Indien	+ 1.12			
	2.38	Australien	+ .42			
	2.33	Israel	+ 1.18			
	2.33	Spanien	+ .01			
	2.29	Pakistan	+ 2.75			
	2.29	Griechenland	+ 1.18	3.38	Argentinien	− .56
	2.29	Kanada	+ .06	2.71	Libanon	− .57
	2.24	Bulgarien	+ 1.37	2.38	Frankreich	− .24
	2.24	USA	+ .47	2.33	Südafrikanische Union	− .06
	2.14	BRD	+ .53	2.29	Irland	− .41
	2.10	UdSSR	+ 1.62	2.14	Tunesien	− 1.87
	2.10	Portugal	+ .76	2.10	Syrien	− .25
niedriger Leistungs-motivwert	1.95	Irak	+ .29	2.05	Neuseeland	− .29
	1.86	Österreich	+ .38	1.86	Uruguay	− .75
	1.67	Großbritannien	+ .17	1.81	Ungarn	− .62
	1.57	Mexiko	+ .12	1.71	Norwegen	− .77
	.86	Polen	+ 1.26	1.62	Schweden	− .64
				1.52	Finnland	− .08
				1.48	Niederlande	− .15
				1.33	Italien	− .57
				1.29	Japan	− .04
				1.20	Schweiz	− 1.92
				1.19	Chile	− 1.81
				1.05	Dänemark	− .89
				.57	Algerien	− .83
				.43	Belgien	− 1.65

Korrelation der Leistungsmotivwerte (1950) mit den Abweichungen von der erwarteten Zuwachsrate = .43, $p < .01$
(aus McClelland, 1961, S. 100)

Ein Hauptproblem, mit dem sich McClelland und seine Mitarbeiter dabei konfrontiert sahen, war, wie sie die Leistungsbedürfnisse einer Gesellschaft messen sollten. Soweit es sich dabei um gegenwärtig existierende Gesellschaften handelte, konnte man z.B. TAT-Geschichten einer repräsentativen Stichprobe der Gesamtbevölkerung – oder auch nur einer Stichprobe von Unternehmern (welche, nach Ansicht McClellands, für die wirtschaftliche Entwicklung am stärksten verantwortlich sind) – sammeln und auswerten. Dies ist jedoch nicht möglich, wenn die Leistungsmotivation vergangener Kulturen untersucht wird. Um die Stärke des Leistungsmotivs vergangener Generationen zu ermitteln, werteten McClelland und seine Mitarbeiter Stichproben sprachlicher Dokumente der jeweiligen Gesellschaft hinsichtlich des Vorkommens leistungsbezogener Inhalte aus, wobei sie das früher beschriebene allgemeine Auswertungsverfahren verwendeten. Häufig stammten die Texte aus Lesebüchern für Kinder; aber auch Volkssagen, Reden der Führer eines Landes, Gedichte und Lieder und sogar die Formen von Linien auf Vasen sind als Indikatoren der Leistungsmotivation verwendet worden.

In einer großangelegten Untersuchung von 22 gegenwärtigen Gesellschaften verglich McClelland zum Beispiel die Differenz zwischen dem erwarteten und dem tatsächlichen Zuwachs des Pro-Kopf-Verbrauchs an Elektrizität zwischen 1929 und 1950 mit der Stärke des Leistungsmotivs. Die Stärke der Leistungsbedürfnisse wurde dabei durch die Analyse von Schullesebüchern aus dem Jahre 1925 ermittelt. Die Ergebnisse zeigten eine dramatisch hohe Korrelation (r = .53) zwischen dem Motivkennwert einer Gesellschaft im Jahre 1925 und dem nachfolgenden wirtschaftlichen Wachstum.

Analog sagten die Leistungsmotivwerte, die durch die Analyse von im Jahre 1950 erschienenen Kinderlesebüchern erhalten wurden, die wirtschaftliche Entwicklung zwischen 1952 und 1958 voraus. Tabelle 5.9 zeigt die in der letzteren Untersuchung erfaßten Länder, die Höhe der Leistungsbedürfnisse im Jahre 1950 und die Abweichung von der erwarteten Wachstumsrate. Während sich aus dem Index der Leistungsmotivation für das Jahr 1950 die Wachstumsrate von 1952 bis 1958 vorhersagen ließ, war dies im Hinblick auf die Entwicklung von 1929 bis 1950 nicht möglich. Daher behauptete McClelland, daß die Leistungsmotivation der wirtschaftlichen Entwicklung zeitlich vorangehe.

Eine ähnliche Untersuchung analysierte die Periode des Aufstiegs und Niedergangs des griechischen Weltreichs. Die Höhe der Leistungsbedürfnisse wurde ermittelt, indem die literarischen Produkte führender Schriftsteller dieser Ära ausgewertet wurden. Drei Perioden der wirtschaftlichen Entwicklung wurden unterschieden: 900–475 v. Chr. (Wirtschaftswachstum), 475–362 v. Chr. (Höhepunkt) und 362–100 v. Chr. (Niedergang). Die entsprechenden Leistungsmotivwerte der drei Perioden betrugen 4.74, 2.71 und 1.35. Somit ging dem Höhepunkt der wirtschaftlichen Entwicklung der höchste Leistungsmotivwert voran, und der Abnahme der Leistungsmotivwerte folgte der wirtschaftliche Niedergang.

Abbildung 5.7 zeigt die Höhe der Leistungsbedürfnisse für die amerikanische Gesellschaft – ebenfalls durch die Analyse von Lesebüchern ermittelt. Wie aus der Abbildung ersichtlich, hat die Stärke der Leistungsbedürfnisse von 1800 bis 1910 zu-, seit 1910 hingegen ständig abgenommen. Deutet dies darauf hin, daß die amerikanische Wirtschaft sich im Abstieg befindet? Abbildung 5.7 zeigt, daß der Patentindex (Anzahl der angemeldeten Patente pro Million Einwohner), ein Indikator für herausragende Leistungen, ebenfalls abnimmt. Die Schlußfolgerungen dieser Untersuchung von de Charms und Moeller (1962) liegen auf der Hand.

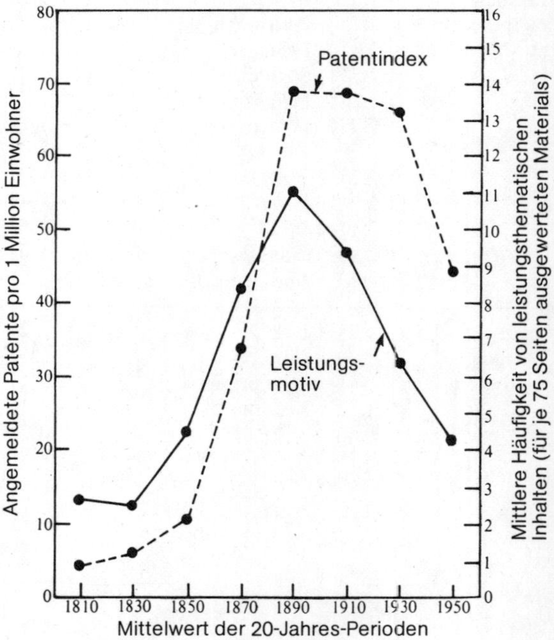

Abbildung 5.7: Durchschnittliche Häufigkeit von leistungsthematischen Inhalten in Kinder-Lesebüchern und der Patentindex in den U.S.A. von 1800 bis 1950 (nach de Charms & Moeller, 1962, S. 139)

Entwicklung des Leistungsmotivs

Der Schwerpunkt der amerikanischen Forschungstradition in der Entwicklungspsychologie bestand in der Untersuchung der sozialen oder Umwelteinflüsse auf die Persönlichkeitsentwicklung, wobei man sich vor allem auf frühe Eltern-Kind-Interaktionen als wichtigste Determinanten späteren Verhaltens konzentrierte. McClelland (1951) behauptete, daß „in der frühen Kindheit gelernte affektive Assoziationen sehr stark und resistent gegenüber Verlernen oder Vergessen sein dürften" (S. 257), da in der frühen Kindheit intensivere emotionale Erregung auftrete und da das Kind keine genauen Diskriminationen vornehme. Diese Ansichten dominierten die Erforschung der entwicklungspsychologischen Determinanten des Leistungsbedürfnisses.

Zwei frühe Untersuchungen gaben die Modelle für den Großteil der nachfolgenden Forschung auf diesem Gebiet ab. Eine dieser Untersuchungen – die Studie von Winterbottom (1953; berichtet in Atkinson, 1958a) wurde bereits erwähnt. In dieser Untersuchung wurden die Leistungsmotivwerte (laut TAT) einer Gruppe von acht- bis zehnjährigen Jungen erhoben, und ihre Mütter wurden bezüglich ihrer Einstellung zur Selbständigkeitserziehung befragt. Winterbottom fand, daß die Mütter von Söhnen mit hohem Leistungsbedürfnis von ihren Söhnen früher Selbständigkeit erwarteten als die Mütter von Söhnen mit niedrigem Leistungsbedürfnis.

Eine zweite einflußreiche Untersuchung wurde von Rosen und D'Andrade (1959) durchgeführt. Anstatt sich auf retrospektive Berichte zu verlassen, untersuchten diese Forscher den Zusammenhang zwischen dem aktuell beobachtbaren Erziehungsverhalten der Eltern und den Leistungsmotivwerten der Söhne. In einer experimentellen Versuchssituation wurden Kindern Aufgaben zur Lösung gegeben, wobei es den Eltern gestattet war, mit den Kindern zu interagieren und ihnen zu helfen. Rosen und D'Andrade fanden, daß die Eltern hoch leistungsmotivierter Kinder sich stärker an der Aufgabe mitbeteiligten, mehr Belohnung und Bestrafung austeilten und höhere Erwartungen hatten als die Eltern niedrig leistungsmotivierter Kinder. Daher schlossen sie, daß *Leistungs*training (d.h. Training, Dinge gut zu machen) und nicht *Selbständigkeits*training (Dinge allein zu erledigen) der entscheidende Antezedensfaktor für die Entwicklung von Leistungsbedürfnissen sei.

Die durch diese einflußreichen Untersuchungen geweckten hohen Erwartungen haben sich jedoch leider nicht erfüllt. Nachfolgende Untersuchungen erbrachten ebenso viele nichtbestätigende wie bestätigende Befunde für den behaupteten Zusammenhang zwischen Selbständigkeits- oder auch Leistungstraining und der Entwicklung von Leistungsbedürfnissen (vgl. z.B. Callard, 1964; Chance, 1961). Auf Grund dieser widersprüchlichen Befundlage und zusätzlicher interkultureller Diskrepanzen schlug McClelland (1961) eine Theorie des „optimalen Niveaus" vor. Er behauptete, daß zu frühe Erziehung zur Selbständigkeit sich genauso hemmend auf die Entwicklung von Leistungsbedürfnissen auswirke wie übermäßig „behütendes" Erziehungsverhalten. Auch diese Hypothese konnte jedoch empirisch nicht klar belegt werden (vgl. z.B. Bartlett & Smith, 1966; Smith, 1969).

Die Untersuchungen zu den sozialen Lernbedingungen der Leistungsmotivation sind hochgradig komplex. So dürfte die Ermutigung von Leistungsverhalten und Selbständigkeit höchstwahrscheinlich mit anderen Aspekten der Kindeserziehung vermengt sein, wie z.B. der allgemeinen Toleranz versus Restriktivität gegenüber dem Kind, Überzeugungen bezüglich der Kompetenz des Kindes, physischer Zuneigung und Belohnung, dem allgemeinen emotionalen Klima des Elternhauses, elterlichen Erwartungen usw. Für jede dieser Variablen ist in der einen oder anderen Untersuchung ein Zusammenhang mit Leistungsbedürfnissen gefunden worden, während andere Forscher einen solchen Zusammenhang wiederum nicht feststellten. Die Identifikation eines unzweideutigen, mit der Leistungsmotivation zusammenhängenden Erziehungsmusters dürfte wahrscheinlich eine Theorie erfordern, die den Forscher zu ganz bestimmten und spezifischen Antezedenzien hinführt. Solche theoretischen Richtlinien sind in der Sozialisationsforschung relativ selten.

Die Studien zur Untersuchung von Erziehungspraktiken leiden noch unter weiteren Problemen. Zum Beispiel wurde gefunden, daß die elterlichen Erziehungspraktiken auch durch das Verhalten der Kinder beeinflußt werden. Feld (1967) fand, daß die Mütter von Söhnen mit niedrigen Leistungsbedürfnissen während der Pubertät plötzlich besonders um deren Selbständigkeit besorgt waren. Darüber hinaus unterscheiden sich die vielen Experimente zur Sozialisation in bezug auf die untersuchte soziale Schicht, die Kulturzugehörigkeit und das Geschlecht der untersuchten Kinder. Es ist aber durchaus möglich, daß Verhaltensweisen, die in der einen sozialen Schicht als restriktiv klassifiziert werden, in einer anderen als permissiv einzustufen wären. Da es hinsichtlich der untersuchten Variablen keine im voraus etablierten Normen gibt, ist es kein Wunder, daß sich bei heterogenen Stichproben divergierende Befunde ergeben.

Zusammenfassend kann also die Annahme, daß das Geschehen im Elternhaus die Leistungsbedürfnisse des Kindes beeinflußt, als vernünftig gelten. Die einschlägige Forschung zu dieser Frage leidet jedoch unter vielfältigen Problemen, und die sozialisatorischen Vorbedingungen für die Entwicklung des Leistungsmotivs sind bisher noch nicht identifiziert worden.

Kognitive Entwicklung

Anstatt nach Erziehungspraktiken zu suchen, die für individuelle Unterschiede in der Leistungsmotivation verantwortlich sind, zielt der kognitive Ansatz in der Entwicklungspsychologie darauf ab, allgemeingültige Entwicklungsprozesse zu identifizieren. Als Beispiel für diesen Ansatz seien Heckhausen und Roelofsen (1962) genannt, die behauptet haben, eine notwendige Voraussetzung für die Entwicklung von Leistungsbedürfnissen sei die Fähigkeit des Kindes „die nach Erfolg oder Mißerfolg erlebte Freude bzw. Enttäuschung ... auf das eigene Selbst zu beziehen, so daß das Kind bei Erfolg Freude über seine Kompetenz empfindet und bei Mißerfolg Scham über seine Inkompetenz" (S. 378). Das heißt, Heckhausen und Roelofsen gehen davon aus, daß eine notwendige Vorbedingung für das Auftreten von Leistungsbedürfnissen die Entwicklung der Fähigkeit zur Selbstattribution sei. Diese Fähigkeit bilde sich etwa um das dritte Lebensjahr heraus.

In einer weiteren kognitiv-entwicklungspsychologischen Untersuchung erforschten Weiner und Peter (1973) die Verwendung von Kausalinformation bei der Bewertung von Leistungshandlungen. Sie trugen den Versuchspersonen auf, sich vorzustellen, die Kinder einer Schulklasse hätten eine Problemaufgabe zu lösen bekommen. Die aufgewendete Anstrengung und Fähigkeit der Kinder wurde entweder als hoch oder als niedrig beschrieben. Ferner wurde gesagt, die Aufgaben seien gelöst oder nicht gelöst worden (Ergebnisinformation). Den Versuchspersonen wurden alle acht möglichen Kombinationen der Information präsentiert (2 Anstrengungsniveaus × 2 Fähigkeitsniveaus × 2 Ergebnisniveaus). Anschließend wurden sie gebeten, die hypothetischen Schüler zu bewerten, wobei Bewertungen von +5 (höchstmögliche Belohnung) bis −5 (höchstmögliche Bestrafung) vergeben werden konnten. Die Versuchspersonen belohnten oder bestraften also zum Beispiel einen niedrig begabten, erfolgreichen Schüler, der sich stark angestrengt hatte. Das Alter der Versuchspersonen reichte von vier bis achtzehn Jahren.

Weiner und Peter (1973) fanden, daß die Beziehung zwischen Leistungsbewertung und aufgewendeter Anstrengung von der kognitiven Entwicklungsstufe abhing (vgl. Abb. 5.8). Abbildung 5.8 zeigt, daß die Belohnung für Anstrengung mit zunehmendem Alter der Versuchspersonen anstieg, während Bestrafung für mangelnde Anstrengung bis zum Alter von zwölf Jahren anstieg und danach wieder abfiel. Den stärksten Einfluß hatten die Anstrengungsattribuierungen auf die Bewertungen der Zehn- bis Zwölfjährigen.

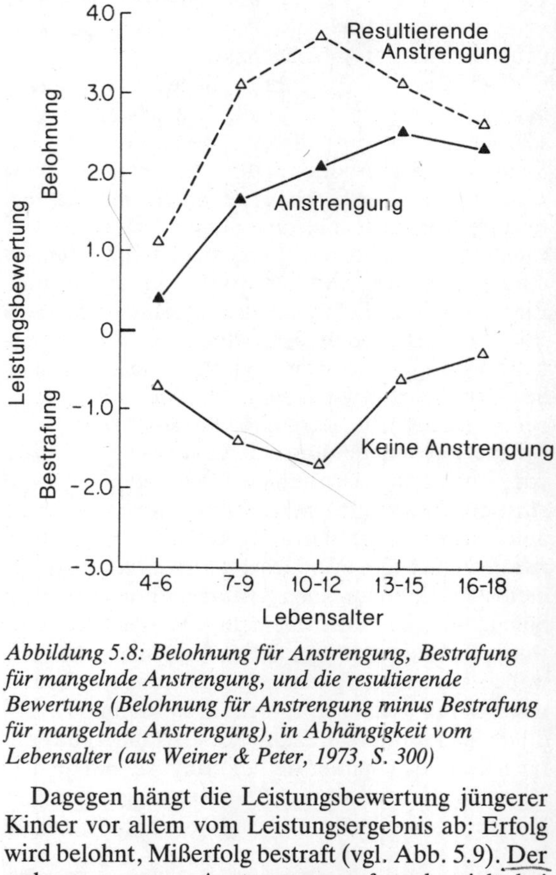

Abbildung 5.8: Belohnung für Anstrengung, Bestrafung für mangelnde Anstrengung, und die resultierende Bewertung (Belohnung für Anstrengung minus Bestrafung für mangelnde Anstrengung), in Abhängigkeit vom Lebensalter (aus Weiner & Peter, 1973, S. 300)

Dagegen hängt die Leistungsbewertung jüngerer Kinder vor allem vom Leistungsergebnis ab: Erfolg wird belohnt, Mißerfolg bestraft (vgl. Abb. 5.9). Der wahrgenommene Anstrengungsaufwand spielt bei jüngeren Kindern nur eine geringe Rolle für die Bewertung. Der dominierende Einfluß des Leistungsergebnisses auf die Bewertung verschwindet jedoch mit zunehmendem Alter, und bei den Zehn- bis Zwölfjährigen ist Anstrengung für die Vergabe von Belohnung und Strafe wichtiger als das Lei-

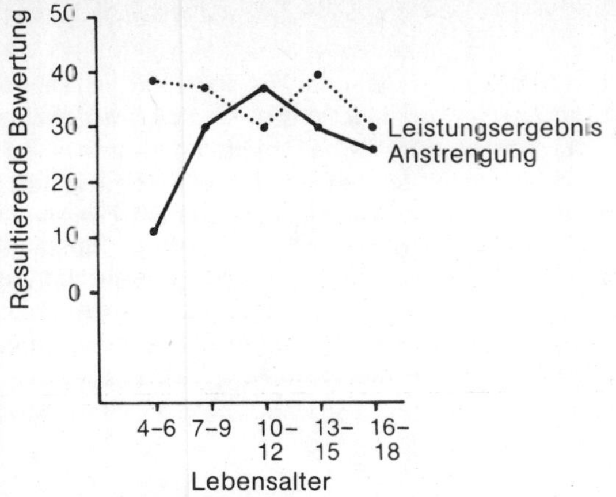

Abbildung 5.9: Effekt von Ergebnis- und Anstrengungsinformation auf die resultierende Bewertung, in Abhängigkeit vom Lebensalter (aus Weiner & Peter, 1973, S. 301)

stungsergebnis. Bei noch älteren Schülern kehrt sich dagegen die Bedeutsamkeit oder relative Gewichtung dieser zwei Faktoren wieder um, obwohl Anstrengung weiterhin einen wichtigen Hinweisreiz für die Beurteilung darstellt. Kurz, die Beurteilung von Leistungshandlungen scheint einem allgemeinen Entwicklungsmuster zu folgen, das möglicherweise auch für das Leistungsstreben selbst von Bedeutung sein könnte.

Eine etwas andere kognitive Analyse der Entwicklung des Leistungsmotivs wurde von Veroff (1969) skizziert. Veroff schlägt drei Stadien der Entwicklung von Leistungsbedürfnissen vor: zuerst ein Stadium intrapersonellen Wettbewerbs (autonomes Stadium), in dem das Kind mit sich selbst wetteifert; anschließend ein Stadium interpersonellen Wettbewerbs (Stadium des sozialen Vergleichs), in dem mit anderen konkurriert wird, und schließlich eine Integration der beiden vorhergehenden Stadien. Der Übergang vom ersten zum zweiten Stadium findet normalerweise beim Schuleintritt statt, wenn das Kind die Fähigkeit erwirbt, soziale Vergleichsinformation zu verwenden, um seine eigene Leistung zu beurteilen.

Veroff (1969) hat außerdem demonstriert, daß die Präferenz für Aufgaben mittlerer Schwierigkeit mit der kognitiven Reifung zunimmt. Jüngere Kinder neigen dazu, Aufgaben zu bevorzugen, bei denen ihnen der Erfolg sicher ist; mit zunehmender kognitiver Reife tendieren sie jedoch mehr und mehr zu einer Bevorzugung von Aufgaben mittlerer Schwierigkeit. Es ist verführerisch, die Fähigkeit zur Verwendung sozialer Vergleichsinformation mit der Bevorzugung schwierigerer Aufgaben in Zusammenhang zu bringen. Das heißt, der Übergang zur Bevorzugung von mittelschweren Aufgaben könnte auf die zunehmende Bedeutung personrelevanter Rückmeldung bzw. den Wunsch nach „Selbsterkenntnis" als Motivatoren der Aufgabenwahl hindeuten und könnte, wie Heckhausen und Roelofsen (1962) behauptet haben, durch die Fähigkeit zur Selbstattribution vermittelt sein.

Der nächste logische Schritt bei der kognitiv-entwicklungspsychologischen Analyse der Leistungsmotivation bestünde darin, die Implikationen von Leistungsbeurteilungen und der Stadien des Leistungsstrebens für leistungsbezogene Handlungen klar zu spezifizieren und diese Implikationen in die gegenwärtig aktuellen theoretischen Ansätze zu integrieren.

Die Änderung von Leistungsbedürfnissen

Die von McClelland (1961) berichteten Befunde liefern mehr als nur andeutungsweise Belege dafür, daß das Leistungsbedürfnis einen wichtigen Einfluß auf das Wirtschaftswachstum hat. Daher wäre es von äußerster Wichtigkeit, festzustellen, ob das Wirtschaftswachstum einer Nation beschleunigt werden kann, indem die Leistungsmotivation eines Teils der Mitglieder dieser Nation erhöht wird. McClelland und Winter (1969) stellten dazu fest:

> Das Buch *(The Achieving Society)* endet mit der traditionellen Hoffnung des Wissenschaftlers, das so sorgfältig zusammengetragene Wissen werde der Menschheit bei der Gestaltung ihres Schicksals irgendwie von Nutzen sein. Damals war dies kaum mehr als ein frommer Wunsch, denn es war völlig unklar, auf welche Weise ein Entwicklungsfachmann oder ein Führer einer jungen Nation vom Wissen, das über das Leistungsmotiv angehäuft worden war, Gebrauch machen könnte (S. 1–2).

In der Tat, wenn Leistungsmotivdispositionen in der frühen Jugend geformt werden und relativ dauerhafter Natur sind, dann wäre jeder Versuch, das Niveau der Leistungsbedürfnisse Erwachsener zu verändern, fruchtlos. Der einzig praktikable Weg zur Veränderung der Leistungsbedürfnisse der Mitglieder einer Gesellschaft – und damit möglicherweise zur Veränderung des Wirtschaftswachstums – bestünde dann darin, die Kindeserziehung zu verändern und dann eine Zeitlang zu warten, um zu sehen, ob die Veränderung effektiv war.

Dies ist eine etwas pessimistische Position, nur schwer vereinbar mit dem amerikanischen Optimismus hinsichtlich der Umweltdeterminiertheit und Veränderbarkeit von Verhalten. Obwohl jedoch McClelland ursprünglich die Ergebnisse von Winterbottom (1953) akzeptierte, ließ er ihre Befunde später außer acht und begann damit, kurzdauernde Motivänderungsprogramme durchzuführen, welche die Leistungsbedürfnisse der Teilnehmer erhöhen sollten (vgl. McClelland & Winter, 1969).

Um Leistungsbedürfnisse zu steigern, entwarfen McClelland und Winter (1969) einen drei- bis sechswöchigen Trainingskurs, in dem die Teilnehmer mit den Gedanken und Handlungen vertraut gemacht werden, die mit Leistungsverhalten assoziiert sind. Sie lernen, TAT-Protokolle zur Feststellung der Leistungsmotivstärke auszuwerten, und die vorteilhaften Konsequenzen eines mittleren Risikowahlverhaltens und einer zukunftsorientierten Perspektive werden ihnen beigebracht. Darüber hinaus unterziehen sich die Teilnehmer einem „Selbststudium", in dessen Verlauf sie ihre Lebensziele, ihre Wertvorstellungen, ihr Selbstbild usw. beschreiben. Das Trainingsprogramm hilft bei der Erstellung und Setzung von Berufszielen und bietet Methoden zur Überprüfung des eigenen Fortschritts auf diese Ziele hin an. Diese sogenannten Programm-„Inputs" werden in einer freundlichen und entspannten Atmosphäre im Beisein anderer vermittelt, welche – so hofft man – Teil einer neuen Bezugsgruppe werden sollen. McClelland (1965) beschreibt sein Programm als eine eklektizistische Methode, welche alle psychologischen Prinzipien verwendet, von denen angenommen wird, daß sie sich zur Verhaltensveränderung als geeignet erweisen würden.

Die Effektivität der Motivänderungsprogramme ist ungewiß. Positive Resultate sind mit leistungsschwachen Schülern (Kolb, 1965), Schullehrern (de Charms, 1972; vgl. auch 6. Kapitel) und Geschäftsleuten (McClelland & Winter, 1969) berichtet worden. Kolb (1965) zum Beispiel ließ Schuljungen, die, verglichen mit ihrer Begabung, zu schlechte Leistungen erbrachten, an einem Motivänderungsprogramm in einem Ferienlager teilnehmen. Die teilnehmenden Schüler hatten Intelligenzquotienten von über 120, zeigten in der Schule jedoch unterdurchschnittliche Leistungen. Die Effektivität des Programms, gemessen am Notendurchschnitt, ist aus Abbildung 5.10 ersichtlich. Außer einer Unterteilung in eine Experimental- (Trainings-) Gruppe und eine Kontrollgruppe wurden die Schüler noch nach ihrer sozialen Schichtzugehörigkeit klassifiziert. Abbildung 5.10 zeigt, daß sowohl die teilnehmenden als auch (unerwarteterweise) die nichtteilnehmenden Schüler eine Verbesserung ihres Notendurchschnitts aufwiesen. Nach dem ersten Jahr zeigten jedoch nur die Schüler aus höheren Sozialschichten, welche am Programm teilgenommen hatten, noch eine weitere Zunahme der Leistung. Kolb (1965) vertrat die Ansicht, daß die in der unteren Sozialschicht vorherrschenden Wertvorstellungen mit den durch das Programm vermittelten Werten unverträglich seien. Diese Bezugsgruppennormen behindern anscheinend die spätere Weiterentwicklung.

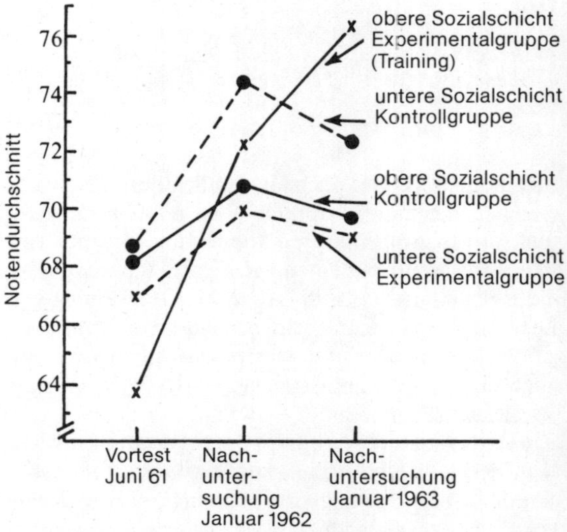

Abbildung 5.10: Notendurchschnitt beim Vortest und bei einer ein- bzw. zweijährigen Nachuntersuchung in Abhängigkeit von der sozialen Schichtzugehörigkeit und der Teilnahme am Motivtrainingsprogramm (aus Kolb, 1965, S. 789)

Es sind jedoch auch Ergebnisse berichtet worden, die die Effektivität der Motivänderungsprogramme in Frage stellen (vgl. McClelland & Winter, 1969), und insgesamt ist die Menge an Forschungsarbeiten zu diesem Thema gering. Es besteht sicherlich ein gewisser Anlaß zu der Hoffnung, daß Leistungsverhalten verändert werden kann, vorausgesetzt man hat geeignete Interventionsstrategien zur Verfügung. Damit diese Hoffnung jedoch Wirklichkeit wird, ist noch viel weitere Forschung vonnöten.

Leistungsbedürfnisse bei Frauen

McClelland (1958) behauptete, daß ein valides Instrument zur Messung der Motivstärke temporär aktivierte Motivationszustände des Individuums erfassen müsse. Das heißt, das Instrument sollte als eine Art Motivationsthermometer funktionieren, welches immer dann, wenn die „Temperatur" ansteigt, einen hohen Wert anzeigt. Die Anregung des Leistungsmotivs – zum Beispiel durch induzierten Mißerfolg oder „Ich-involvierende" Instruktionen – führt tatsächlich zu höheren Leistungsmotivwerten im TAT, als im normalen, entspannten Zustand erhalten werden. Dies trifft jedoch nur auf Männer zu; Frauen zeigen keine Unterschiede in ihren Leistungsmotivwerten zwischen Anregungs- und neutraler Bedingung. Daher nahm man an, daß der TAT kein valides Maß für das Leistungsmotiv von Frauen darstelle, und als Folge davon wurden Frauen in der Leistungsmotivationsforschung relativ vernachlässigt. Natürlich gibt es einige Untersuchungen, in denen auch Frauen getestet und die Ergebnisse beider Geschlechter kombiniert wurden, aber in einer gleich großen Anzahl von Forschungsarbeiten wurden Frauen entweder erst gar nicht getestet oder systematische Ergebnisse nur für männliche, nicht aber für weibliche Versuchspersonen berichtet.

Warum die wenigen Motivanregungsstudien mit Frauen erfolglos waren und warum Männer in Experimenten zur Leistungsmotivation systematischere Ergebnisse zu erbringen scheinen, ist unklar. Möglicherweise ist das Leistungsmotivsystem von Frauen komplexer geartet als das von Männern, weil gesellschaftliche Zwänge und soziale Normen den Tätigkeitsbereich der Frau früher ausschließlich auf das Haus beschränkten. Es ist jedoch wenig getan worden, um diese intuitiv vernünftige Hypothese empirisch zu belegen.

Eine weitere plausible Erklärung der mysteriösen Befunde für Frauen wurde von Horner (1968) vorgeschlagen. Horner postulierte ein „Motiv zur Vermeidung von Erfolg" bzw. eine „Furcht vor Erfolg" bei Frauen. Sie behauptete, daß Erfolg bei Frauen eine Angst vor sozialer Zurückweisung und die Furcht, als „unweiblich" angesehen zu werden, erzeuge. Diese Befürchtungen hemmten das Leistungsstreben. Um diese Hypothese zu überprüfen, ließ Horner (1968) weibliche und männliche Versuchspersonen Vier-Minuten-Geschichten zu folgendem Thema schreiben: „Nach der ersten Semesterabschlußprüfung ist Anna (Hans) der (die) Beste ihres (seines) Medizinstudium-Jahrgangs." Horner fand wesentlich mehr Furcht-vor-Erfolgs-Inhalte in den Geschichten der Frauen als in denen der Männer.

Diese Befunde verursachten sogleich große Aufregung bei vielen Psychologen und auch bei Nichtpsychologen. Die Daten wurden von der gerade aufkommenden Frauenemanzipationsbewegung aufgegriffen und sofort in Vorlesungen zur Psychologie der Frau integriert. Der durch diese Befunde ausgelöste Enthusiasmus dürfte jedoch eher das Symptom einer vorhandenen Wissenslücke und eines Bedürfnisses, diese zu füllen, gewesen sein als die Folge der Entdeckung einer wissenschaftlichen Wahrheit. Nachfolgende Forschungsarbeiten haben gezeigt, daß Männer in projektiven Tests ebensoviel Furcht vor Erfolg zu erkennen geben wie Frauen (vgl. z. B. Brown, Jennings & Vanik, 1974; Tresemer, 1974). Daher werden die ursprünglich von Horner berichteten Befunde inzwischen stark angezweifelt.

In der Literatur zur Leistungsmotivation finden sich noch einige weitere interessante Geschlechtsunterschiede, welche mögliche Richtungen für die zukünftige Forschung nahelegen. So ist gut belegt, daß Frauen im allgemeinen ihre subjektiven Erfolgswahrscheinlichkeiten niedriger einschätzen als Männer (Crandall, 1969). Wie diese niedrigere Einschätzung der Erfolgschancen zustande kommt, und was man tun könnte, um sie zu verändern, das sind Fragen für die zukünftige Forschung.

Der soziale Kontext der Leistungsmotivation

Bei der bisherigen Darstellung des Leistungsstrebens haben wir den sozialen Kontext dieses Phänomens vollkommen vernachlässigt: ein einzelnes Individuum bemüht sich, irgendeine Aufgabe zu lösen. Normalerweise spielt sich Leistungshandeln jedoch in einem sozialen Umfeld ab. Daher verdienen Themen wie Kooperation und Konkurrenz, Gruppenbildung, und Gruppenziele und -leistungen – um nur einige der relevanten Themen zu nennen – ebenfalls Aufmerksamkeit. Im vorliegenden Kapitel sollen zwei dieser Gebiete näher erörtert werden: die Bildung von Gruppen oder Teams und einige der positiven sozialen Auswirkungen von Erfolg.

Gruppenbildung

Viele Studien zur Gruppenbildung beschäftigen sich mit der Bildung von Koalitionen bzw. mit dem Prozeß, durch den sich Individuen zu wechselseitigem

Nutzen zusammenschließen. In den Forschungsarbeiten zur Koalitionsbildung hat sich ein dominantes Forschungsparadigma bzw. eine vorherrschende Versuchsanordnung herauskristallisiert, die ein klares Muster von Ergebnissen gebracht hat. In diesem Paradigma erhalten drei Versuchspersonen unterschiedliche „Ressourcen" zugeteilt, welche instrumentell für den Erhalt einer Geldprämie sind. Die Höhe der zugeteilten Ressourcen wird durch die Zahlenwerte 2, 3 und 4 repräsentiert. Diese Werte werden mit der Zahl multipliziert, die die jeweilige Person bei einem einfachen zufallsabhängigen Brettspiel wirft (vgl. Caplow, 1968; Kelley & Arrowood, 1962). Die mit den höchsten Ressourcen ausgestattete Person hat also die höchsten Gewinnchancen. Die experimentellen Spielregeln lauten, daß nach der Zuteilung der Ressourcen zwei der Spieler sich zusammenschließen und gegen den dritten spielen müssen, wobei die Ressourcen der zwei Koalitionspartner dann zusammengezählt werden.

Die mit diesem Paradigma durchgeführten Untersuchungen haben gezeigt, daß im allgemeinen jeder der Teilnehmer eine Koalition mit einem anderen einzugehen wünscht. Sowohl der Spieler mit Ressource 4 als auch der mit 3 möchte mit 2 zusammengehen, während Spieler 2 sich am liebsten mit 3 zusammentun möchte. Daher kommt es meistens zu einer 3 + 2 versus 4 Gruppierung. Nach einer von Caplow (1968) formulierten Theorie glauben sowohl 3 als auch 2, daß diese Partnerschaft ihre persönlichen Gewinne maximieren wird, indem sie es ihnen ermöglicht, den stärkeren Spieler 4 zu besiegen. Und weder 3 noch 2 möchte sich mit 4 zusammentun, welcher zum dominanten Mitglied jeder Dyade würde. Paradoxerweise gerät also in dieser Situation der Spieler mit den größten Ressourcen, 4, häufig in eine nachteilige Position.

Es ist jedoch intuitiv einsichtig, daß sich die bevorzugte Koalition ändert, wenn andere Motive für die Koalitionsbildung vorliegen. Nehmen wir zum Beispiel an, daß die Ressourcen der einzelnen Teilnehmer ihre Geschicklichkeit in irgendeinem Handwerk repräsentieren (wieder sei die Höhe der Ressourcen durch die Werte 2, 3 und 4 symbolisiert). Ferner sei angenommen, daß die beteiligten Personen die Qualität des erzeugten Produkts maximieren wollen. In dieser Situation dürften sowohl 3 als auch 2 es vorziehen, mit 4, der geschicktesten Person, zusammen zu sein, während 4 lieber mit 3 als mit 2 zusammenarbeiten wird. In diesem Fall wäre es also von Vorteil, bei der Bildung einer Allianz über die größten Ressourcen zu verfügen. Andererseits werden sich in einer Arbeitsumwelt, die die Kooperation unter allen Beteiligten fördert, wahrscheinlich ganz andere Subgruppen bilden. Man stelle sich zum Beispiel eine Situation vor, in der drei Personen einen schweren Tisch transportieren sollen, wobei zwei an einem Ende zusammenarbeiten müssen. Wenn den Arbeitern bekannt ist, daß eine Beschädigung des Tisches den Verlust der Bezahlung nach sich zieht, dann werden wahrscheinlich 3 und 2 am einen Ende tragen und 4 am anderen. Unter diesen Umständen dürfte 4 dieser Aufteilung wahrscheinlich zustimmen.

Zur Demonstration des Einflusses motivationaler Determinanten auf die Koalitionsbildung führten Folkes und Weiner (1977) ein Experiment durch, in dem die Determinanten der Koalitionspräferenzen manipuliert wurden. In einer der Versuchsgruppen wurde das übliche, oben erwähnte Paradigma verwendet, d. h. dem (den) Gewinner(n) eines zufallsabhängigen Spiels wurde eine finanzielle Belohnung („extrinsische" Motivation) versprochen. In drei anderen Versuchsgruppen wurden die Ressourcen als die Fähigkeiten der Beteiligten spezifiziert. Da es sich bei der spezifizierten Ressource um Fähigkeiten handelte, wurde angenommen, daß leistungsbezogene Motive aktiviert würden. Wie bereits des öfteren erwähnt, bevorzugen Personen bei Leistungsaufgaben Probleme mittleren Schwierigkeitsgrades. Daher sollten in den Fähigkeitsgruppen wieder 3 und 2 zusammenarbeiten wollen, während 4 es vorziehen sollte, allein zu arbeiten. Diese Aufteilung führt dazu, daß die Erfolgschancen aller Teilnehmer möglichst ausgeglichen sind. In zwei der Fähigkeitsgruppen wurde zusätzlich eine hohe bzw. niedrige Geldbelohnung vergeben. In diesen zwei Gruppen, so wurde angenommen, liegen sowohl intrinsische als auch extrinsische Quellen der Motivation vor.

Die Bevorzugungen der Spieler in den vier Motivgruppen (eine nur intrinsisch; zwei extrinsisch und intrinsisch, und eine nur extrinsisch) sind in Abbildung 5.11 wiedergegeben. Abbildung 5.11 zeigt, daß dann, wenn die einzige vorhandene Motivation die Leistungsmotivation (nur intrinsische Motivation) war, die 2 + 3 Koalition (linker Teil von Abb. 5.11) von allen Mitgliedern der Triade am stärksten bevorzugt wurde. Bei rein extrinsischer Motivation wurde diese Koalition dagegen vom Teilnehmer mit den höchsten Ressourcen (4) abgelehnt. Die nächstbeliebteste Gruppierung bei reiner Leistungsmotivation war die 2 + 4 Koalition; diese war dagegen bei rein extrinsischer Motivation für den Spieler mit mittleren Ressourcen (3) besonders unattraktiv. Die

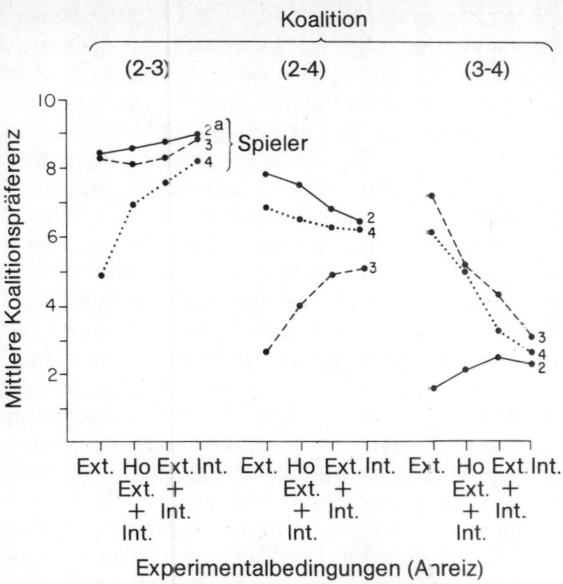

Abbildung 5.11: Koalitionspräferenzen in Abhängigkeit von den eigenen Ressourcen und dem motivationalen Charakter der Aufgabe. „Ext" bedeutet extrinsische Motivation, „Int" intrinsische Motivation (nach Folkes & Weiner, 1977)

a) Stärke des Wunsches von Spieler 2, mit Spieler 3 zusammen zu sein, für die verschiedenen experimentellen Bedingungen

3 + 4 Koalition wurde schließlich bei rein intrinsischer Motivation von allen Teilnehmern abgelehnt; am stärksten jedoch vom Teilnehmer mit den niedrigen Ressourcen (2) in der rein extrinsischen Bedingung. Zusammenfassend kann man also sagen: Am stärksten stimmten die drei Teilnehmer hinsichtlich ihrer Präferenzen für bestimmte Koalitionen in der rein intrinsischen Bedingung überein, wobei die Präferenzreihenfolge sich von einem Niveau mittlerer Schwierigkeit fortbewegte, d. h. die Reihenfolge lautete 2 + 3, 2 + 4, 3 + 4. Am wenigsten Übereinstimmung fand sich in der rein extrinsischen Motivgruppe, da dort keiner allein spielen wollte.

Abbildung 5.11 zeigt außerdem, daß die Koalitionspräferenzen der verschiedenen Teilnehmer von einer Änderung der Spielcharakteristik unterschiedlich stark beeinflußt wurden. Die Person mit niedrigen Ressourcen war am wenigsten betroffen; sie wollte immer mit 3 zusammen sein. Am stärksten wurde der Teilnehmer mit hohen Ressourcen (4) von der Veränderung der motivationalen Struktur der Situation beeinflußt, denn dieser Teilnehmer wollte in der Leistungssituation am liebsten allein sein (d. h. er bevorzugte die 2 + 3 Koalition); in Situationen mit extrinsischer Motivation (Geldprämie) wollte er dagegen entweder mit 2 oder 3 zusammen sein.

Es hat sich also folgendes gezeigt: Liegt nur extrinsische Motivation – wie z. B. Geld – vor, so bildet sich eine 2 + 3 Koalition; gleichzeitig existiert in dieser Situation jedoch ein interpersoneller Konflikt, da der Spieler 4 unzufrieden ist. Im Gegensatz dazu herrscht dann, wenn nur intrinsische Quellen der Motivation für die Koalitionsbildung von Bedeutung sind, allgemeine Übereinstimmung dahingehend, daß eine 2 + 3 Koalition für alle Beteiligten am besten sei.

Geht es ausschließlich um extrinsische Motivation (wie Geld), so könnte man das Motivsystem als „geschlossen" ansehen, wie dies im Freud-Kapitel erörtert worden ist. Das heißt, es liegt eine begrenzte Menge extrinsischer Belohnung vor, und je mehr irgendeiner der beteiligten Spieler davon erwirbt, desto weniger können die anderen Beteiligten davon erhalten. Dagegen kann man das intrinsische bzw. das Leistungsmotivsystem als „offen" ansehen. Die Höhe der „Belohung" ist nicht begrenzt, und daher braucht mit zunehmendem Anreizgewinn eines Spielers der für die anderen Spieler verfügbare Anreiz nicht abzunehmen.

Positive soziale Auswirkungen von Erfolg

Erfolg ist ein positiv bewertetes Ziel und wird von den meisten Personen unserer Gesellschaft angestrebt. Erfolg hat viele positive *persönliche* Konsequenzen wie z. B. höhere zukünftige Erfolgserwartungen und Gefühle von Stolz und Kompetenz. Darüber hinaus hat Erfolg aber auch positive *soziale* Auswirkungen. Die Erreichung eines angestrebten Ziels führt zu einer „freundlichen Aura des Erfolgs" (*„warm glow of success"*, Isen, 1970) – erfolgreiche Personen sind wohlwollender gegenüber anderen.

In einer Serie von Untersuchungen, in denen dieses Phänomen demonstriert wurde, fanden Isen und ihre Mitarbeiter (Isen, 1970; Isen, Horn & Rosenhan, 1973), daß erfolgreiche Personen eher bereit waren, für einen wohltätigen Zweck zu spenden und jemandem in einer Notlage zu helfen, als Personen ohne vorausgegangenes Erfolgserlebnis. Isen (1970) schließt daraus, daß es „einen Zusammenhang zwischen Erfolg und der Tendenz, nette Dinge zu tun" (S. 300) gibt. Nachfolgende Untersuchungen haben gezeigt, daß „sich gut zu fühlen" ganz allgemein dazu führt, daß man sich eher um andere zu kümmern bereit ist. Zum Beispiel ist gefunden worden, daß

Personen, die in einer Telefonzelle eine Münze finden, später eher bereit sind, anderen zu helfen (Isen & Levin, 1972; Levin & Isen, 1975).

Die Auswirkungen von *Mißerfolg* auf altruistisches Verhalten sind dagegen nicht ganz so klar. Man möchte meinen, daß, wenn Erfolg zu erhöhtem prosozialen Verhalten führt, Mißerfolg zu eigennützigem und antisozialem Verhalten führen sollte. Es scheint jedoch, daß Personen nach einem Mißerfolg manchmal versuchen, ihr Selbstwertgefühl und ihr Bild in der Öffentlichkeit zu verbessern, indem sie sich großzügig verhalten. Die Auswirkungen von Mißerfolg sind jedoch komplex und scheinen von vielen Faktoren abzuhängen, wie z.B. vom öffentlichen oder privaten Kontext der Situation, in der die Person, die versagt hat, sich befindet.

Zusammenfassung

Die experimentelle Erforschung der Leistungsmotivation hat ihren Ursprung in Murrays Bedürfnistaxonomie und seiner Entwicklung des TAT, eines projektiven Meßinstruments zur Erfassung der Motive eines Individuums. Der TAT wurde dann von McClelland und seinen Mitarbeitern verbessert und als Forschungsinstrument zur Messung des Leistungsmotivs eingesetzt. Obwohl dieses Verfahren mit einigem Erfolg verwendet worden ist und bis heute nicht durch einen Alternativtest ersetzt wurde, hat es viele Mängel. Besonders bedenklich sind seine niedrige Retest-Reliabilität und seine geringe interne Konsistenz.

Die Phase der TAT-Validierung wurde von der Phase der Entwicklung einer Theorie der Leistungsmotivation abgelöst. Diese Theorie wurde von Atkinson und seinen Mitarbeitern formuliert und spezifiziert interindividuelle Unterschiede im Leistungsbedürfnis als eine der Determinanten des Leistungsverhaltens. Die Theorie postuliert, daß Leistungsverhalten das Resultat eines Konflikts zwischen Hoffnung auf Erfolg (Annäherungsmotivation) und Furcht vor Mißerfolg (Vermeidungsmotivation) ist. Die Annäherungs- und Vermeidungstendenzen hängen ihrerseits von leistungsbezogenen Bedürfnissen (Erfolgsmotiv; Motiv, Mißerfolg zu vermeiden), der subjektiven Erfolgswahrscheinlichkeit und dem Anreizwert von Erfolg und Mißerfolg ab. Eine spezifische Annahme des Modells ist, daß der Anreizwert von Leistungsaufgaben durch die Erfolgswahrscheinlichkeit determiniert wird.

Die wichtigste Ableitung aus dieser Theorie lautet, daß Personen mit hoher resultierender Leistungsmotivation besonders stark von Aufgaben mittleren Schwierigkeitsgrades angezogen werden, während Personen mit niedriger resultierender Leistungsmotivation Aufgaben mit einer Erfolgswahrscheinlichkeit um .50 vermeiden. Untersuchungen von Moulton, Feather und von Atkinson und Litwin, welche als abhängige Variablen jeweils das Anspruchsniveau, die Ausdauer und das Risikowahlverhalten verwendeten, stützen die allgemeine Hypothese, daß Gruppen von Personen mit hohem Leistungsmotiv Aufgaben mittlerer Schwierigkeit stärker bevorzugen als Gruppen von Personen mit niedrigem Leistungsmotiv. Im Widerspruch zu Atkinsons Theorie steht jedoch der Befund, daß Personen mit niedriger resultierender Leistungsmotivation Aufgaben mittlerer Schwierigkeit nicht vermeiden. Vielmehr tendieren sie ebenfalls zu Aufgaben mittlerer Schwierigkeit, jedoch nicht so stark wie hoch leistungsmotivierte Individuen. Eine allgemeine Bevorzugung von Aufgaben mittlerer Schwierigkeit äußert sich nicht nur beim einzelnen Individuum, das mit einer Leistungsaufgabe konfrontiert ist, sondern auch in sozialen Situationen, z.B. bei der Bildung von Koalitionen.

Die Daten zur Risikowahl sind auch als Ausdruck eines Bestrebens nach Informationsgewinnung interpretiert worden. D.h. es ist behauptet worden, daß die Aufgabenwahl zum Teil vom Bedürfnis motiviert wird, seine eigene Kompetenz festzustellen. Aufgaben mittlerer Schwierigkeit verschaffen dem Handelnden am meisten Information über sich selbst, (d.h. bezüglich seiner Fähigkeit und Anstrengung), während einfache oder schwierige Aufgaben ihm in der Regel nur das, was er über die Umwelt bereits weiß, bestätigen.

Leistungsverhalten ist auch außerhalb des Labors untersucht worden. McClelland hat gezeigt, daß eine Zunahme der Leistungsbedürfnisse einer Gesellschaft dem Wirtschaftswachstum vorausgeht, während Abnahmen der Leistungsbedürfnisse von einem anschließenden wirtschaftlichen Niedergang gefolgt werden. Infolge der offensichtlichen Wichtigkeit der Leistungsmotivation sind Versuche unternommen worden, die Leistungsmotivation zu verändern. Zwar sind einige vielversprechende Ergebnisse berichtet worden, aber es ist noch zu früh, um die Wirksamkeit dieser Motivänderungsprogramme zu beurteilen.

Erörtert wurden ferner die frühkindlichen Sozialisationsbedingungen, welche zur Entwicklung hoher Leistungsbedürfnisse führen. Frühe Forschungsergebnisse zu dieser Frage, welche darauf hindeuteten, daß entweder Leistungstraining oder Selbständigkeitstraining von Kindern die Ursachen einer hohen Leistungsmotivation seien, konnten nicht bestätigt werden. Neuere Forschungsarbeiten haben sich auf die kognitiven Antezedenzien des Leistungshandelns konzentriert, und dabei sind einige vielversprechende Ansatzpunkte für die zukünftige Forschung entdeckt worden. Schließlich wurde erwähnt, daß die Hypothese einer „Furcht vor Erfolg" bei Frauen, welche ihr Leistungshandeln negativ beeinflusse, sich allem Anschein nach nicht hat halten lassen.

An früherer Stelle wurde darauf hingewiesen, daß die Triebtheoretiker demonstriert hatten, daß es möglich war, als Motivationspsychologe in einer wissenschaftlich exakten und mathematischen Art vorzugehen, während Lewin und seine Mitarbeiter darauf aufmerksam machten, was den eigentlichen Gegenstand der Motivationspsychologie darstellen sollte. Die Erforschung der Leistungsmotivation ließ sich sowohl von diesen methodischen als auch von diesen inhaltlichen Überlegungen leiten. Die Leistungsmotivationsforscher übernahmen die mathematische Orientierung der Hullianer und die von ihnen entwickelten Verfahren, wandten diesen Ansatz jedoch auf die Erforschung komplexer menschlicher Verhaltensweisen an, wie man sie im „täglichen Leben" beobachten kann. Somit stellt die Theorie der Leistungsmotivation das präziseste der „kognitiven" Motivationsmodelle dar.

6. Kapitel
Soziale Lerntheorie und Selbstverantwortlichkeit

Einleitung

Die bislang erörterten Motivationstheorien, insbesondere diejenigen, die aus der Beobachtung menschlichen Verhaltens hervorgegangen sind, haben vor allem die Bedeutung intrapersonaler Faktoren hervorgehoben. Motivationale Kräfte – wahlweise als Libido, Trieb, Spannung oder Bedürfnis bezeichnet – aktivieren den Organismus zum Handeln, und die Erreichung des Ziels ist mit Lustgewinn verbunden. Häufig beinhaltet die Zielerreichung auch die Wiederherstellung eines inneren Gleichgewichtszustandes. Darüber hinaus gibt es Kräfte, die der Zielerreichung entgegenwirken, wie z.B. Abwehrmechanismen, Umwelthindernisse oder Angst vor Mißerfolg; diese erzeugen Konflikt und Frustration. Das Individuum befindet sich somit in einem beständigen Kampf um Glück und Zufriedenheit angesichts ständig sich wiederholender, häufig unerfüllbarer innerer Befehle und Wünsche.

Die Konzeptionen von Freud und Lewin – und in geringerem Maße auch die von Hull und Atkinson – beinhalten häufig Konstrukte, die keinen klar ersichtlichen Bezug zu manipulierbaren oder meßbaren Variablen haben. Teilweise in Opposition zu diesen Theorien hat sich eine psychologische Schulrichtung entwickelt, die nicht die intrapersonalen, sondern die situationalen Determinanten des Verhaltens betont, und die versucht, motiviertes Verhalten mithilfe sorgfältig dokumentierter Lernprinzipien zu erklären. Diese Richtung wird als „soziale Lerntheorie" bezeichnet und umfaßt Psychologen mit recht verschiedenartigen Interessen. Alle diese Theoretiker sind sich jedoch in bezug auf die folgenden Annahmen einig:

1. Die wichtigsten Determinanten des Verhaltens sind erlernt. Genetische und biologische Faktoren sind nur insofern von Bedeutung, als sie den möglichen Lernerfahrungen Grenzen setzen.
2. Verhalten ist situationsspezifisch. D.h. „das Verhalten von Menschen wird durch die Erfordernisse und Charakteristika der jeweiligen Situation bestimmt, in der sie sich gerade befinden" (Liebert & Spiegler, 1974, S. 310).
3. Die wesentlichen Verhaltensdeterminanten liegen in der Umwelt.
4. Eine Theorie der Motivation sollte möglichst wenige theoretische Konstrukte verwenden, mit einem Minimum an Annahmen über nichtbeobachtbare Ereignisse auskommen, und sich von experimentellen Befunden leiten lassen.

Die soziale Lerntheorie ist ein Abkömmling der auf John Watson zurückgehenden behavioristischen Tradition und der neobehavioristischen Positionen von Hull, Spence, und Dollard und Miller (1950). Im Gegensatz zum klassischen Behaviorismus und Neobehaviorismus vertreten die sozialen Lerntheoretiker jedoch die Auffassung, daß Kognitionen und höhere Denkprozesse das Handeln beeinflussen (vgl. Diagramm 3.3). Es wird angenommen, daß Menschen durch Nachahmung lernen, relevanter Information Aufmerksamkeit zuwenden, zwischen verstärkenden und nichtverstärkenden Situationen diskriminieren, Erwartungen bezüglich der Wahrscheinlichkeit der Zielerreichung entwickeln und daß sie die Umwelt in subjektiv sinnvoller Weise strukturieren.

In diesem Kapitel wird zunächst kurz auf die theoretischen Ansätze von Bandura und Walters (1963) und Mischel (1968, 1973) eingegangen. Diese Psychologen gehören mit zu den einflußreichsten sozialen Lerntheoretikern. Anschließend wird eine von Julian Rotter (1954) formulierte Theorie im Detail erörtert. Rotter ist nicht nur eine bedeutende Figur der sozialen Lerntheorie, sondern darüber hinaus auch ein Erwartungs-Wert-Theoretiker; eine Besprechung seiner Konzeption im vorliegenden Abschnitt des Buches ist daher besonders angebracht. Außerdem hat Rotter auch grundlegende Beiträge zur Erforschung der Selbstverantwortlichkeit geleistet. Diese Arbeiten werden im Verbund mit einer Reihe verwandter Ansätze dargestellt, die sich alle mit dem Problem der Selbstverantwortlichkeit beschäftigen. Selbstverantwortlichkeit, Willensfreiheit, oder wahrgenommene Handlungsfreiheit ist eines der gegenwärtig populärsten Themen der Motivationsforschung und verdient daher eine ausführliche Erörterung.

Beobachtungslernen

Es ist eine offenkundige Tatsache, daß Menschen durch Beobachtung und Nachahmung des Verhaltens anderer lernen. Praktisch jede komplexe menschliche Tätigkeit, wie z.B. Autofahren, Fußballspielen oder das formvollendete Sichvorstellen, wird leichter erlernt, wenn man andere Personen bei der Ausführung der betreffenden Handlung beobachten kann. Während der Zeit, in der die Psychologie vom Behaviorismus dominiert wurde, wurde dieses offensichtliche Lernprinzip jedoch einfach beiseite geschoben. Die Behavioristen, welche sich auf die Gesetze des operanten Konditionierens stützten, glaubten, um etwas zu lernen, müsse der Organismus eine Reaktion ausführen, welche von einer Verstärkung gefolgt werde. Rein kognitives Lernen spielte in der Psychologie Skinners und anderer Psychologen der klassisch-behavioristischen Tradition keine Rolle.

Die Idee der Aneignung von Kenntnissen und Fertigkeiten durch das Beobachten anderer Personen (von „Modellen") wurde zuerst von Bandura und Walters (1963) verfochten. Weil dabei andere Menschen eine wichtige Rolle spielen, spricht man zu Recht von „sozialem" Lernen. Nach Liebert und Spiegler (1974) umfaßt das Beobachtungslernen drei Stadien. Zuerst muß man mit einem Modell konfrontiert werden. Bloße Konfrontation garantiert jedoch noch nicht, daß auch tatsächlich etwas gelernt wird; die Person muß außerdem ihre Aufmerksamkeit auf die Handlungen des Modells richten. Daher wird ein zweites Stadium postuliert, in dem man sich Wissen über das Verhalten des Modells aneignet. Und schließlich kann das durch Beobachtung angeeignete Wissen vom Individuum zur Steuerung nachfolgenden eigenen Verhaltens übernommen werden, oder auch nicht.

Was man sich angeeignet hat, braucht sich also nicht im Verhalten zu äußern. Deshalb unterscheiden die sozialen Lerntheoretiker zwischen Erwerb *(learning)* und Ausführung *(performance)* bzw. zwischen Wissen und Handeln. Diese Unterscheidung findet sich bereits viel früher in der Geschichte der Psychologie, nämlich bei Edward Tolman. Tolman zeichnete für die Studien zum latenten Lernen verantwortlich, die an früherer Stelle (vgl. 3. Kapitel) erörtert worden sind. In den Experimenten zum latenten Lernen „wußten" die Versuchstiere anscheinend den richtigen Weg zur Zielbox, führten das entsprechende Verhalten jedoch erst aus bzw. zeigten ihr Wissen erst dann, als sie am Ziel Futter erhielten. Das Lernen blieb also zunächst „latent" oder verborgen und kam erst zum Vorschein, nachdem geeignete Umweltbedingungen eingetreten waren.

Die Unterscheidung zwischen Erwerb und Ausführung, ebenso wie die Auswirkung von Beobachtungslernen auf das Verhalten, soll durch eine oft zitierte Untersuchung von Bandura (1965) illustriert werden. In Banduras Untersuchung sahen Kinder zuerst einen fünfminütigen Film, in dem ein Modell gezeigt wurde, das eine Anzahl aggressiver Handlungen gegenüber Spielsachen ausführte, so z.B. auf eine Puppe einschlug und Gegenstände nach ihr warf. Es gab drei unterschiedliche Versuchsgruppen. In einer Gruppe wurde das filmische Modell – ein Kind – für sein aggressives Verhalten von einem Erwachsenen belohnt. In einer zweiten Gruppe wurde das Modell für sein aggressives Verhalten bestraft, und in einer dritten Gruppe wurde das Modell vom Erwachsenen weder belohnt noch bestraft.

Nachdem die Kinder eine dieser drei Filmversionen gesehen hatten, wurden sie in einen Versuchsraum geführt, in dem sich das Spielzeug befand, das im Film gezeigt worden war. Sie wurden dort allein gelassen, und ihr Verhalten wurde heimlich beobachtet und aufgezeichnet. Die Ergebnisse zeigten, daß diejenigen Kinder, die das belohnte Modell gesehen hatten, am stärksten dazu tendierten, das aggressive Verhalten des Modells zu imitieren, während diejenigen Kinder, die das bestrafte Modell gesehen hatten, am wenigsten dazu neigten. Die Aggressivität der Kinder, die ein Modell gesehen hatten, das weder belohnt noch bestraft worden war, lag zwischen der der Kinder in den anderen Versuchsgruppen. Anschließend wurde zusätzlich noch demonstriert, daß alle drei Gruppen das Verhalten des Modells gleich gut reproduzieren konnten, wenn sie vom Versuchsleiter dazu aufgefordert wurden. Der Erwerb neuen Handlungswissens beeinflußte also nicht notwendigerweise das gezeigte Verhalten; Nachahmung trat jedoch auf, wenn geeignete Verstärkungsbedingungen vorlagen. Es scheint also, daß wahrgenommene Belohnung und Bestrafung eines Modells die Ausführung, nicht aber den Erwerb neuen Verhaltens durch Beobachtung beeinflußt.

Die auf dem Gebiet des Beobachtungslernens tätigen Forscher unterscheiden ferner zwischen „Live-" Modellen und symbolischen Modellen. Live-Modelle werden direkt, d.h. in vivo, beobachtet, während symbolische Modelle indirekt, d.h. in Medien wie Radio, Fernsehen, Film oder Zeitung in Erscheinung treten. Die Wichtigkeit dieser Unterscheidung hat sich in Studien zum Befriedigungsaufschub gezeigt. Erinnern wir uns daran, daß Befriedigungsaufschub nach Freud eine Ich-Funktion ist und daher von intrapsychischen Faktoren determiniert wird. Mischel (1968) kontrastiert diese Ansicht mit derjenigen der sozialen Lerntheoretiker:

> ... Nach der psychoanalytischen Theorie des Befriedigungsaufschubs drängen aktivierte Impulse nach unmittelbarer Abfuhr durch direkte motorische Aktivität ... Der psychoanalytische Ansatz ... führt dazu, die Determinanten des Befriedigungsaufschubs in hypothetischen inneren Ereignissen – wie der Organisation des Ich und energiebindenden Vorstellungen – zu suchen. Demgegenüber sieht ... die soziale Lerntheorie manipulierbare soziale Stimulusereignisse ... als die kritischen Determinanten selbstkontrollierenden Verhaltens an (S. 153).

Eines dieser „manipulierbaren sozialen Stimulusereignisse", das Mischel näher untersucht hat, ist der Einfluß eines Modells. In einem häufig zitierten Experiment identifizierten Bandura und Mischel (1965) zuerst Kinder, die bereit waren, sofortige Befriedigung zugunsten einer späteren, attraktiveren Belohnung aufzuschieben, und solche, die sofortige Befriedigung bevorzugten. Diese Kinder beobachteten anschließend ein Modell, welches Verhalten zeigte, das mit ihrem eigenen bevorzugten Aufschubverhalten inkonsistent war. Z.B. beobachteten diejenigen Kinder, die dazu tendierten, Befriedigung aufzuschieben, ein Modell, das sofort erhältliche billigere Schachfiguren einem erst in einer Woche erhältlichen, attraktiveren Schachspiel vorzog. In einer Versuchsgruppe war das Modell „live", in einer zweiten Gruppe wurde das Verhalten des Modells nur (in Form einer Geschichte) beschrieben (symbolisches Modell).

Unmittelbar nach der Beobachtung des Modells, sowie ein zweites Mal einen Monat später, wurde das Aufschubverhalten der Kinder erneut getestet. Abbildung 6.1 – welche nur die Reaktionen derjenigen Kinder zeigt, die ursprünglich eine starke Tendenz zum Befriedigungsaufschub gezeigt hatten – macht deutlich, daß deren Präferenz für sofort erhältliche, weniger wertvolle Belohnungen dramatisch anstieg; insbesondere in der Gruppe mit dem Live-Modell. Darüber hinaus zeigte sich der Einfluß des Modells auch noch beim Wiederholungstest nach einem Monat und generalisierte auf eine verwandte Entscheidungssituation („Generalisierungsbedingung"). Die Kinder mit ursprünglich geringer Neigung zum Befriedigungsaufschub zeigten dagegen nach der Beobachtung des Modells gesteigertes Aufschubverhalten.

Selbstkontrolle kann außer durch Beobachtungslernen auch durch andere Verfahren und Techniken gefördert werden. So zahlte eine Frau, die Schwierigkeiten hatte, ihr „Fluchen" zu kontrollieren, jedesmal wenn sie sich beim Fluchen erwischte, einen Dollar „Bußgeld", der sofort beiseite gelegt wurde, um später für einen wohltätigen Zweck gespendet zu werden. Eine weitere Technik zur Impulskontrolle ist z.B. das Anbringen eines Schlosses am Kühlschrank. Sogar Selbstinstruktionen bzw. „Zu-sich-selbst-Sprechen" sind mit Erfolg zur Kontrolle impulsiver motorischer Äußerungen verwendet worden („Wenn ich diesen Ball verschlage, werde ich mein Racket *nicht* fortwerfen!"). Kurz, Individuen können ihre eigenen „Verhaltenstechniker" sein und ihre Impulse kontrollieren lernen, und solche Verhaltensänderungen können erklärt werden, ohne daß intrapsychische Konstrukte, wie z.B. energiebindende Halluzinationen, bemüht werden müssen.

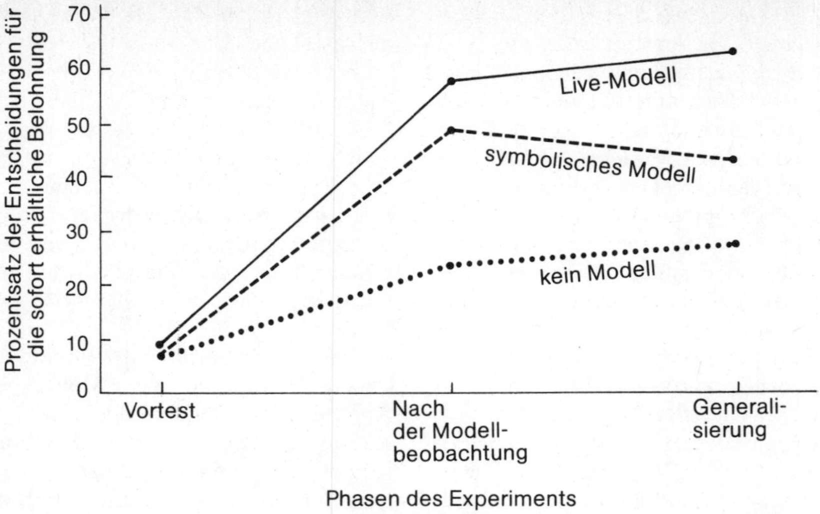

Abbildung 6.1: Auswirkungen des Modellernens auf den Befriedigungsaufschub: Mittlerer Prozentsatz der Kinder mit ursprünglich starker Tendenz zum Befriedigungsaufschub bei jedem der drei Aufschub-Tests, die sich für die sofort erhältliche Belohnung entschieden, getrennt für die drei Experimentalgruppen (nach Bandura & Mischel, 1965, S. 702)

Aggression

Das Thema Aggression ist bereits ausführlich in den vorangegangenen Kapiteln dieses Buches behandelt worden. Wir erinnern uns an Freuds Annahme, Aggression sei ein instinkthafter Trieb, der umso stärker werde, je länger er sich nicht im Verhalten geäußert habe. Darüber hinaus ist behauptet worden, daß der aggressive Triebdruck durch Verschiebungshandlungen erleichtert werden könne, und daß er „abgeführt" werden könne, indem man sich mit jemandem identifiziere, der eine aggressive Handlung ausführe. Der letztere Vorgang wird als „Katharsis" bezeichnet.

Die sogenannte Katharsis-Hypothese führt direkt zu der Frage, ob die Beobachtung von Gewalt, z.B. im Fernsehen, aggressive Bedürfnisse und aggressives Verhalten reduziert. Wie bereits erwähnt, gibt es einige – wenn auch nur spärliche – Befunde, die diese Ansicht stützen (z.B. Feshbach und Singer, 1971). Im Gegensatz zu dieser Ansicht vertreten soziale Lerntheoretiker die Auffassung, daß Gewalt im Fernsehen den Zuschauern Modelle zur Nachahmung zur Verfügung stellt. Daher wird erwartet, daß die Beobachtung aggressiven Verhaltens die anschließend gezeigte Aggressivität steigert.

Die Position der sozialen Lerntheoretiker wird von einer Fülle von Daten gestützt. In einer einschlägigen Untersuchung beobachteten z.B. Kindergartenkinder erwachsene Modelle, die sich aggressiv gegenüber einer Spielzeugpuppe verhielten (Bandura, Ross & Ross, 1961). Als die Kinder anschließend allein gelassen wurden, um mit der Puppe zu spielen, zeigten sie ähnliche aggressive Verhaltensweisen, wenn auch die Jungen in stärkerem Maße als die Mädchen.

In einer Untersuchung, die sich direkter mit den Auswirkungen von Gewalt im Fernsehen beschäftigte, kontrollierten Steuer, Applefield und Smith (1971) die „Fernsehkost" von Kindern. Eine Hälfte der Kinder wurde instruiert, ein gewalttätiges Programm anzusehen, während der Rest eine nichtaggressive Unterhaltungssendung verordnet bekam. Verhaltensbeobachtungen ergaben, daß diejenigen Kinder, die der filmischen Gewalt ausgesetzt worden waren, im Umgang miteinander aggressiver wurden. Wie jedoch bereits früher erwähnt, steht eine unzweideutige Antwort auf die Frage nach den Auswirkungen aggressiver Fernsehprogramme noch aus.

Hilfeleistung

Die Untersuchungen zum Modellernen haben sich nicht nur mit asozialem, sondern auch mit „prosozialem" Verhalten beschäftigt. So ist z.B. gezeigt worden, daß Kinder gegenüber anderen großzügiger sind, wenn sie zuvor ein Modell beobachtet haben, das uneigennütziges Verhalten an den Tag legt (Liebert & Poulos, 1971). Auch einige Felduntersuchungen zu den Auswirkungen von Modellen auf das Hilfeverhalten sind durchgeführt worden. Z.B. untersuchten Bryan und Test (1967) den Einfluß eines Modells auf die Bereitschaft von Autofahrern, einer „Dame in Not“ zu helfen. Diese Forscher postierten am Straßenrand eine Frau neben einem Wagen mit einem platten Reifen. Ungefähr eine Viertelmeile vor dieser Stelle plazierten sie ein weiteres Auto mit einem Platten; in diesem Fall half bereits ein junger Mann (das „Modell“), den Reifen zu wechseln. Verglichen mit einer Kontrollgruppe ohne Modell blieben eine signifikant größere Anzahl von Fahrern bei der zweiten Frau stehen, um ihr Hilfe anzubieten.

Die Situationsspezifität von Verhalten

Zu Beginn dieses Kapitels wurde erwähnt, daß sich die soziale Lerntheorie als Gegenposition zu Freuds Verhaltenskonzeption entwickelte. Erstens betonen die sozialen Lerntheoretiker die Umweltdeterminanten des Verhaltens (wie z.B. die Rolle von Modellen), anstatt intrapersonale Ursachen. Und zweitens behaupten sie, daß man, um Verhalten zu erklären, in erster Linie auf das Konzept „Lernen“ zurückgreifen müsse.

Diese Ideen haben wichtige Implikationen für solche theoretische Konzeptionen, die die Ursachen des Verhaltens in Persönlichkeitseigenschaften und -strukturen sehen. Nach Freud können eine Vielfalt von beobachteten Handlungen Zeichen ein- und desselben zugrundeliegenden Motivs sein. So seien z.B. sowohl paranoide Handlungen als auch ein direkter sexueller Annäherungsversuch an eine gleichgeschlechtliche Person Indikatoren einer zugrundeliegenden homosexuellen Neigung; sowohl künstlerische Leistungen als auch neurotische Symptome seien Zeichen unbefriedigter sexueller Wünsche; Krieg, Träume und das Lachen über Witze könnten alles Manifestationen aggressiver Triebe sein; Sparsamkeit und Sauberkeit enthüllten eine „anale“ Charakterstruktur, usw. Soziale Lerntheoretiker wie Mischel (1968, 1973) widersprechen dieser Konzeption. Mischel (1976) argumentiert dagegen wie folgt:

> Stellen Sie sich eine Frau vor, die sich bei manchen Gelegenheiten feindselig und betont unabhängig gebärdet, bei anderen Gelegenheiten dagegen passiv, abhängig und feminin wirkt. Wie ist sie wirklich? Welches dieser zwei Verhaltensmuster reflektiert ihre wahre Persönlichkeit? Dient das eine Verhalten dem anderen, oder dienen beide Verhaltensmuster einem dritten, übergeordneten Motiv? Ist sie eine in Wirklichkeit aggressive Person mit einer Fassade der Passivität – oder ist sie eine warmherzige, passiv-abhängige Frau, mit einer bloß oberflächlichen, dem Selbstschutz dienenden Aggressivität? Die soziale Lerntheorie nimmt an, daß Sie *all das* sein kann – eine feindselige, betont unabhängige, passive, feminine, aggressive, warmherzige Person – alles auf einmal (Mischel, 1969). Natürlich ist es nicht rein zufällig und unberechenbar, was davon sie zu einem bestimmten Zeitpunkt ist; dies wird vielmehr von diskriminativen Reizen abhängen – mit wem sie zusammen ist, wann, wie, usw. Aber jeder dieser Aspekte ihres Selbst kann einen völlig echten und realen Aspekt ihres gesamten Wesens darstellen ...
>
> Unterschiedliche Verhaltensweisen müssen also nicht notwendigerweise ein einheitliches, zugrundeliegendes motivationales Muster reflektieren. Stattdessen ... sind Verhaltensweisen relativ unabhängig voneinander und werden von relativ unabhängigen Ursachen und aufrechterhaltenden Bedingungen kontrolliert (S. 86).

Funktionalität des Verhaltens

Aus dem obenstehenden Zitat wird klar, daß die sozialen Lerntheoretiker nicht erwarten, daß sich die Person über unterschiedliche Situationen hinweg konsistent verhält. Konsistentes Verhalten in unterschiedlichen Situationen wird nur dann erwartet, wenn dasselbe Verhalten in den verschiedenen Situationen zur selben Verstärkung führt. Wenn aber z.B. Aggression gegen den Vater bestraft, feindseliges Verhalten gegen den Lehrer dagegen belohnt wird, dann wird offene Aggression nur in der letzteren, nicht aber in der ersteren Situation gezeigt werden.

Es wird also angenommen, daß Menschen sehr situationsspezifisch reagieren und in der Lage sind, Situationen, in denen bestimmte Verhaltensweisen belohnt worden sind, von solchen zu unterscheiden, in denen dieselben Verhaltensweisen bestraft worden sind. Diese Position kann man als die These von der „Spezifität des Verhaltens“ charakterisieren, im Gegensatz zu der von Freud und von Eigenschaftstheoretikern wie McClelland und Atkinson vertretenen These der „Generalität des Verhaltens“. Nach Ansicht der sozialen Lerntheoretiker sind die Ursachen menschlichen Verhaltens in der Funktion zu suchen, die dieses Verhalten in einer bestimmten Situation hat. Außerdem wird angenommen, daß die Umwelt in den meisten Fällen das Verhalten nicht automatisch oder reflexhaft auslöst. Vielmehr interpretieren und deuten Menschen ihre soziale Umwelt bzw.

geben ihr einen Sinn. Diese subjektive Situationsinterpretation ist dann der eigentliche „Auslöser“ des Handelns.

Die „Eigenschaft – vs. – Situation“-Kontroverse

Die gegensätzlichen Ansichten bezüglich der Spezifität versus Generalität des Verhaltens haben zu einer der prominentesten Kontroversen in der zeitgenössischen Persönlichkeitspsychologie geführt – der sogenannten „Eigenschaft-vs.-Situation“-Kontroverse (Mischel, 1968). Wie bereits erwähnt, behauptet Mischel, die Generalität von Verhalten sei im allgemeinen gering. So könnten Personen, die in der einen Situation ehrlich sind (z. B. während einer Klassenarbeit), in einer anderen Situation (z. B. wenn sie eine Gelegenheit zum Diebstahl erhalten) durchaus unehrlich sein. Mischel (1968) hat eine große Anzahl von Untersuchungen zusammengetragen, die belegen, daß Verhalten überwiegend situationsspezifisch ist. Er räumt jedoch ein, daß bestimmte Funktionen – wie man die Umwelt wahrnimmt, wie man Information enkodiert, wie man intellektuell funktioniert – hohe Generalität aufweisen können (Mischel, 1973). Eine Anzahl von Psychologen haben die Herausforderung Mischels angenommen und die Eigenschaftstheorie bzw. die Idee, daß Verhalten von zugrundeliegenden Persönlichkeitsstrukturen determiniert wird, verteidigt. Diese Psychologen sind davon überzeugt, daß es Persönlichkeitsstrukturen gibt, die Individuen dazu prädisponieren, in verschiedensten Situationen ähnliches Verhalten zu zeigen. Viele der Verteidiger der eigenschaftstheoretischen Position stellen die von Mischel zusammengetragenen empirischen Befunde nicht in Frage. Stattdessen bringen sie zumeist eines der folgenden Gegenargumente vor:

1. Nicht alle Individuen zeigen konsistentes Verhalten über verschiedene Situationen hinweg. Einige jedoch tun dies! D.h. es gibt interindividuelle Unterschiede in der Generalität/Spezifität des Verhaltens. Eine psychotische Person z. B. kann sich vollkommen gleich verhalten, unabhängig davon, in welcher Situation sie sich befindet (Bem & Allen, 1974).
2. Verhalten kann entweder generalisiert oder situationsspezifisch sein, je nachdem, um welche Verhaltensweisen es sich handelt und welche Situationen in Betracht gezogen werden. Die Frage nach der Generalität vs. Spezifität von Verhalten muß daher jeweils durch empirische Untersuchungen entschieden werden. Z. B. hat man gefunden, daß Verhalten über verschiedene Situationen hinweg relativ konsistent ist, wenn diese Situationen Ich-Beteiligung oder Streß auslösen (Klein & Schoenfeld, 1941). Sind die verschiedenen Situationen dagegen wenig ich-involvierend, so wird größere Situationsspezifität festgestellt.
3. Individuen haben bevorzugte „Ausdruckswege“. Ein Mann mit starken Machtbedürfnissen kann diese z. B. dadurch zum Ausdruck bringen, daß er sich ein neues Auto kauft, schnell fährt und „Playboy“ liest. Dagegen könnte ein anderer seine Machtbedürfnisse befriedigen, indem er in der Geschäftswelt oder in der Politik Karriere macht und Einfluß gewinnt. Ein- und dieselbe Person zeigt jedoch normalerweise nicht beide Verhaltensmuster (vgl. Winter, 1973).
4. Tatsächlich vorhandene Verhaltenskonsistenz wird möglicherweise durch eine ungenügende Differenzierung zwischen Personen und Situationen maskiert. So kann es z. B. sein, daß sich nur wenig Konsistenz im Verhalten von Individuen über zwei verschiedene Lernsituationen hinweg feststellen läßt. Werden die Situationen jedoch nach ihrer Schwierigkeit klassifiziert und die Personen nach ihrem Angstgrad in unterschiedliche Subgruppen aufgeteilt, dann wird man u. U. feststellen, daß die Hochängstlichen sich in einer bestimmten Lernsituation in einer ganz bestimmten Weise verhalten, während die Niedrigängstlichen ein davon verschiedenes Verhalten zeigen. Dieser Ansatz wird als „Moderator-Variablen-Ansatz“ bezeichnet; d. h. es wird angenommen, daß interindividuelle Unterschiede mit situativen Variablen interagieren (vgl. Alker, 1972; Bowers, 1973). Verhalten wird also als Funktion von Person *und* Umwelt angesehen. Treibt man diese Position ins Extrem, so unterscheidet sie sich kaum noch von Mischels These von der Situationsspezifität des Verhaltens.
5. Man muß unterscheiden zwischen dem „Phänotyp“ oder dem beobachtbaren Verhalten und dem „Genotyp“ bzw. der zugrundeliegenden Ursache des Verhaltens. So zeigt z. B. eine Person, die in einer Situation Pfeife raucht und in einer anderen an den Fingernägeln kaut, unterschiedliche phänotypische Verhaltensweisen; es könnte aber sein, daß beide denselben zugrundeliegenden Genotyp wiederspiegeln (vgl. Allport, 1966). Darüber hinaus ist möglicherweise in bezug auf sehr kleine Verhaltenseinheiten hohe Konsistenz vorhanden. So ist z. B. die Größe der Figuren, die eine Person

zeichnet, wenn sie aufgefordert wird, irgendein Objekt zu zeichnen, über verschiedene Situationen und verschiedene Zeitpunkte hinweg recht konstant (Wallach & Leggett, 1972).

Zusammenfassend kann man also festhalten, daß die Eigenschaft-vs.-Situation-Kontroverse noch lange nicht entschieden ist. Die sozialen Lerntheoretiker haben diese Kontroverse ausgelöst, indem sie a) darauf hingewiesen haben, daß es notwendig ist, bei der Vorhersage des Verhaltens die Situation mitzuberücksichtigen, und b) die Bedeutung der menschlichen Fähigkeit zur Diskrimination zwischen Situationen hervorgehoben haben. Diese Theoretiker haben also dem biologischen und intrapersonalen Ansatz Freuds eine Alternative entgegengestellt. Damit haben sie dazu beigetragen, einige Einseitigkeiten der Motivationsforschung auszugleichen.

Rotters Theorie des sozialen Lernens

Die sozial-lerntheoretischen Ansätze von Bandura und Walters, Mischel u. a. gehören eigentlich nicht in einen Buchabschnitt mit dem Titel „Erwartungs-Wert-Theorien" und scheinen im Anschluß an die Darstellung der Theorien von Lewin und Atkinson eher fehl am Platz. Wie jedoch früher erwähnt wurde, umfaßt der sozial-lerntheoretische Ansatz in der Psychologie unterschiedliche, wenn auch in vieler Hinsicht ähnliche theoretische Konzeptionen. Eine sozial-lerntheoretische Konzeption, die zutreffend als Erwartungs-Wert-Theorie bezeichnet werden kann, ist von Julian Rotter und seinen zahlreichen Schülern entwickelt worden. Obwohl Rotters Theorie nicht den großen Einfluß gehabt hat wie die

JULIAN ROTTER

(Courtesy of J. B. Rotter)

Julian Rotter verbrachte seine ersten Studienjahre am Brooklyn College, erhielt seinen Magistertitel von der University of Iowa und seinen Doktorgrad von der Indiana University (1941). Jede dieser Universitäten übte einen wichtigen Einfluß auf seine Theorie aus. In New York besuchte Rotter eine Seminarreihe, die vom späten Alfred Adler gehalten wurde. Adlers Lehren überzeugten Rotter davon, daß es wichtig war, den sozialen Kontext des Verhaltens, wie er von der Person wahrgenommen wurde, mitzuberücksichtigen, anstatt sich ausschließlich auf die intrapersonalen Determinanten des Verhaltens zu konzentrieren (vgl. Mosher, 1968). In Iowa und Indiana wurde Rotter von der Hull-Spence'schen Verhaltenstheorie beeinflußt, ebenso wie von Skinners Ansichten bezüglich der Rolle der Verstärkung (und damit der Situation) für die Verhaltenssteuerung. Darüber hinaus wurde Rotters Theorie in starkem Maße von Edward Tolman geprägt, der das Konstrukt „Erwartung" in die Psychologie eingeführt hatte.

Einige Jahre nach dem Abschluß seines Studiums wurde Rotter Direktor des klinischen Ausbildungsprogramms an der Ohio State University. Viele Jahre lang war die Ohio State University eines der größten Ausbildungszentren für klinische Psychologie in den USA. An der klinischen Abteilung waren drei berühmte Psychologen tätig: George Kelly, Carl Rogers und Rotter. (Die Theorien von Kelly und Rotter werden im 9. Kapitel ausführlicher besprochen.) Etwa 15 der ehemaligen Studenten Rotters haben gegenwärtig einen Lehrstuhl für klinische Psychologie in den USA oder Kanada inne, was von dem Einfluß zeugt, den Rotter auf die Psychologie hatte. Später folgte Rotter einem Ruf an die University of Connecticut, wo er bis heute (1978) aktiv ist.

Wie bereits erwähnt, ist Rotter vielleicht am meisten durch die Entwicklung der I-E-Skala bekannt geworden. Die Popularität dieses Fragebogens überraschte sogar ihn selbst. Bezugnehmend auf die weite Verbreitung der I-E-Skala gestand er einmal: „Ich ging im Wald spazieren, zündete mir die Pfeife an und warf das Streichholz fort, und als ich zurückblickte, stand der Wald in Flammen."

psychoanalytische, die triebtheoretische, oder die feldtheoretische Verhaltenskonzeption, so haben doch verschiedene Nebenprodukte dieses Ansatzes, wie z. B. die Forschung zur Lokation der Kontrolle *(Locus of Control)*, außerordentliche Popularität erlangt. In der Tat war eine von Rotter (1966) publizierte Monographie zum Thema *Locus of Control* die von Psychologen in den sogenannten „weichen" Gebieten (klinische, Persönlichkeits-, und Sozialpsychologie) am dritthäufigsten zitierte Arbeit zwischen 1965 und 1975. (Die am häufigsten zitierte Arbeit in diesem Zeitraum war ein von J. Taylor 1953 publizierter Artikel über die *Manifest Anxiety Scale.*) Man kann davon ausgehen, daß die Häufigkeit, mit der eine veröffentlichte Arbeit von anderen Psychologen zitiert wird, die Bedeutung bzw. den Einfluß dieser Arbeit wiedergibt.

Allgemeine theoretische Orientierung

Rotters soziale Lerntheorie beschäftigt sich vor allem mit den Entscheidungen, die Personen treffen, wenn sie sich mit einer Anzahl unterschiedlicher Handlungsalternativen konfrontiert sehen (Phares, 1976). Um solches Wahlverhalten zu erklären, versucht Rotter (1954), die zwei Hauptströmungen der amerikanischen Psychologie zu integrieren: den S-R oder lerntheoretischen Ansatz, wie er vor allem durch Skinner und in geringerem Maße auch durch Hull repräsentiert wird, und den kognitiven oder feldtheoretischen Ansatz, der von Tolman und Lewin propagiert wurde.

Rotter betont dabei *gelerntes* soziales Verhalten; er beschäftigt sich kaum mit den nichtgelernten, biologischen Handlungsdeterminanten, denen Freud sein Hauptaugenmerk schenkte. Aus diesem Grund wird Rotter der durch Dollard und Miller, Bandura und Walters und andere Theoretiker repräsentierten sozial-lerntheoretischen Tradition zugerechnet. Infolge der zentralen Stellung, die Lernen (die Stärkung/Schwächung von Erwartungen oder Belohnungsüberzeugungen) in Rotters Theorie einnimmt, wird für ihn auch die psychologische Situation von ausschlaggebender Bedeutung, denn Erwartungen werden durch bestimmte situative Kontexte induziert. Darüber hinaus nimmt Rotter jedoch auch an, daß sich auf der Grundlage verschiedenster Lernerfahrungen allgemeine Überzeugungen entwickeln, die das Verhalten in einer spezifischen Situation ebenfalls beeinflussen. Diese allgemeinen Überzeugungen – wie z. B. das Vertrauen, das man in andere Personen setzt, oder die Überzeugung, daß man sein Schicksal beeinflussen kann – ähneln dem, was man normalerweise mit Eigenschaften oder Persönlichkeitsdispositionen meint. Rotters soziale Lerntheorie betont daher sowohl generalisierte (Persönlichkeitseigenschaften) als auch spezifische (situationale) Handlungsdeterminanten, wobei er beide als das Produkt von Lernerfahrungen ansieht. Daher fordert Rotter, ähnlich wie Lewin, daß „die Untersuchungseinheit der Persönlichkeitsforschung die Interaktion des Individuums mit seiner subjektiv interpretierten Umwelt" sein müsse (Rotter, 1954, S. 85).

Grundlegende Begriffe

Rotters Theorie baut auf vier grundlegenden Begriffen auf: Verhaltenspotential, Erwartung, Verstärkungswert, und psychologische Situation. Diese hängen ihrerseits mit allgemeineren Konstrukten (Bedürfnispotential, Bewegungsfreiheit, und Bedürfniswert) zusammen und bilden die Grundlage noch weiterer Konstrukte wie z. B. generalisierte Erwartung und minimales Zielniveau. Rotters grundlegende motivationstheoretische Annahme lautet, daß das Verhaltenspotential eines jeden Verhaltens von der Erwartung, daß das Verhalten zu einer Verstärkung führen wird, und vom Verstärkungswert des Zieles determiniert wird:

Verhaltenspotential = f (Verstärkungserwartung, Verstärkungswert)

Dieser Ansatz ist dem von Hull, Lewin und Atkinson recht ähnlich: Auch hier wird der Versuch unternommen, die „proximalen" Verhaltensdeterminanten zu identifizieren, und auch hier soll das ausformulierte Modell motiviertes Verhalten von Individuen erklären.

Verhaltenspotential

Das Verhaltenspotential (VP) ist die Wahrscheinlichkeit, mit der ein gegebenes Verhalten, das sich „auf eine bestimmte Verstärkung oder Klasse von Verstärkungen bezieht" (Rotter, 1972, S. 12) in einer bestimmten Situation auftreten wird. Zum Beispiel könnte ein Mann bei einer Party eine bestimmte Frau kennenlernen wollen. Dazu könnte er z. B. zu ihr hingehen und sich ihr vorstellen oder darauf warten, daß sich eine Gelegenheit ergibt, ihr vorgestellt zu werden, oder aber ein Kennenlernen in die Wege leiten, indem er sich an einer Aktivität oder einem Spiel beteiligt, das wechselseitige Interaktion beinhaltet. Jede dieser Handlungen hat in der gegebenen Partysituation eine bestimmte Auftrittswahrscheinlichkeit bzw. ein bestimmtes Verhaltenspotential. Das Verhaltenspotential eines bestimmten Verhaltens ist ein relativer Begriff, d.h. es ergibt sich aus einem Vergleich mit den Verhaltenspotentialen der vielen anderen, in einer Situation möglichen Verhaltensweisen. Darüber hinaus wird der Begriff „Verhalten" von Rotter im weitesten Sinn verwendet und umfaßt auch kognitive Aktivität wie z.B. weiteres Pläneschmieden und sogar den Einsatz psychologischer Abwehrstrategien. Auch umfaßt Verhalten „molare" Handlungen (wie etwa eine der obengenannten relativ komplizierten Verhaltenssequenzen) ebenso wie „molekulare" Verhaltensweisen (z.B. Lächeln).

Erwartung

Erwartung (E) ist vielleicht das zentrale Konstrukt der Rotterschen Theorie. Definiert wird sie als „die vom Individuum vermutete Wahrscheinlichkeit, daß ein bestimmtes Verhalten in einer bestimmten Situation zu einer bestimmten Verstärkung führen wird" (Rotter, 1954, S. 107). Rotter faßt die Erwartung also als eine subjektive Wahrscheinlichkeit auf: Sie kann mit der wirklichen bzw. objektiven Wahrscheinlichkeit übereinstimmen oder auch nicht. Z.B. könnte der Mann auf der Party der Meinung sein, daß er, wenn er sich selbst vorstellt, als „unhöflich" oder „aufdringlich" angesehen wird. Dies wird die subjektive Wahrscheinlichkeit, auf diese Art eine Freundschaft zu schließen (d.h. den Verstärker zu erhalten), minimieren. Eine derartige Überzeugung könnte jedoch objektiv ganz unbegründet sein. Theoretisch können Erwartungen auf einer Skala gemessen werden, die von null (keine Chance, den Verstärker zu erhalten) bis eins (Belohnung folgt mit Sicherheit) reicht.

Rotters Erwartungsbegriff weist viele Gemeinsamkeiten mit dem älteren Konstrukt der Zielerwartung von Tolman (1932) auf; ebenso mit dem Lewinschen Konzept der „Potenz" und mit Atkinsons Konzept der subjektiven Erfolgswahrscheinlichkeit. Rotter behauptet, daß Verhaltensvorhersagen in der Motivationsforschung häufig ausschließlich auf der Grundlage vermuteter Bedürfnisse oder Eigenschaften der Person gemacht würden, während die subjektive Wahrscheinlichkeit, ein Ziel durch eine bestimmte Handlung zu erreichen, ignoriert werde. Rotter und Hochreich (1975) stellen dazu fest:

> ... Nur zu wissen, wie sehr ein Individuum ein bestimmtes Ziel begehrt, reicht nicht aus, um sein Verhalten vorherzusagen. Ein Schüler könnte sich sehnlichst wünschen, die Schule abzuschließen und sich für einen gutbezahlten Beruf zu qualifizieren. Wenn er aber aufgrund seiner bisherigen Erfahrungen zur Überzeugung gekommen ist, daß er trotz intensivsten Lernens die Prüfungen doch nicht bestehen wird – wenn also seine Erfolgserwartung in dieser Situation niedrig ist –, dann wird er trotz des starken Wunsches, einen Abschluß zu machen, wahrscheinlich kaum noch lernen. Sein Klassenkamerad könnte dieselben Wunschziele haben und gleichzeitig, aufgrund unterschiedlicher Erfahrungen in der Schule, eine hohe Erwartung hegen, daß ihm eifriges Studieren den gewünschten akademischen Erfolg einbringen wird. In diesem Fall könnte man mit Sicherheit vorhersagen, daß der zweite Schüler studieren wird, um seine Ziele zu erreichen. Wie Sie sehen, sind die Ziele in beiden Fällen die gleichen, aber die Erwartungen sind verschieden; daher unterscheidet sich wahrscheinlich auch das Verhalten der beiden Schüler (S. 95)

Generalisierte Erwartung (GE). Es wird angenommen, daß Verstärkungserwartungen z.T. durch die eigene Lerngeschichte in der spezifischen Situation determiniert werden. Es ist jedoch offensichtlich, daß Verstärkungserwartungen nicht nur von vergangenen Handlungs-Ergebnis-Erfahrungen in derselben Situation, sondern auch von Erfahrungen in ähnlichen Situationen beeinflußt werden. Z.B. werden die Überzeugungen einer Person hinsichtlich ihrer Chancen, bei einer Party eine Freundschaft zu schließen, nicht nur von den vorangegangenen einschlägigen Erfahrungen auf Parties, sondern auch von den Ergebnissen der eigenen Versuche in einer Vielfalt weiterer Situationen, Freundschaften zu schließen, determiniert. Das heißt, Verhaltens-Verstärkungs-Erwartungen, die in einer bestimmten Situation gebildet werden, generalisieren auf ähnliche Situationen. Formal ausgedrückt, behauptet Rotter, daß

$$E_{s_1} = f\,(E'_{s_1}\ \&\ GE)$$

Diese Formel bedeutet, daß die Verstärkungserwartung in Situation 1 (E_{s_1}) durch Erwartungen für diese spezifische Situation, sowie durch aus anderen Situationen generalisierte Erwartungen (GE) determiniert wird. Je neuartiger eine Situation ist, desto größer ist die Bedeutung generalisierter Erwartungen für die Bestimmung unmittelbarer Verstärkungserwartungen.

Hat man andererseits bereits viel Erfahrung mit der spezifischen Situation, dann dürften die generalisierten Erwartungen das Verhalten nur wenig beeinflussen. Phares (1976) illustriert diese Annahmen durch folgendes Beispiel:

„... Nehmen Sie an, eine Studentin, die noch nie eine Chemievorlesung besucht hat, soll ihre Erwartung angeben, beim ersten Chemietest eine „1" zu bekommen. Ihre Schätzung dürfte in diesem Fall durch ihre allgemeine Erfahrung mit denjenigen naturwissenschaftlichen Vorlesungen determiniert sein, die sie als ähnlich betrachtet. Würde dieselbe Frage dagegen am Ende des Semesters gestellt, dann würde ihre Antwort fast ausschließlich auf ihren spezifischen Erfahrungen mit Chemieprüfungen beruhen und fast überhaupt nicht auf aus anderen Situationen generalisierten Erwartungen" (S. 16–17).

Verstärkungswert

Der Verstärkungswert (VW) bezieht sich „auf den Grad, mit dem einer von mehreren Verstärkern gegenüber den anderen bevorzugt würde, ... wenn alle dieselbe Auftrittswahrscheinlichkeit hätten" (Rotter, 1954, S. 107). Somit ist der Verstärkungswert, wie das Verhaltenspotential, ein relativer Begriff.

Darüber hinaus erwerben einige Verstärkungen zusätzlichen Wert dadurch, daß sie mit anderen Verstärkungen zusammenhängen oder für diese relevant sind. So wird z.B. eine „1" bei einer Prüfung zwar schon um ihrer selbst willen gewünscht, doch kann sie noch zusätzlich an Wert gewinnen, wenn man glaubt, daß sie einem die Zulassung zur Universität erleichtern wird.

Der Verstärkungswert eines Zieles steht in klarer Beziehung zu den Bedürfnissen eines Individuums. Wie bereits Lewin angenommen hatte, erwirbt ein Objekt nur dann eine Valenz bzw. einen Verstärkungswert, wenn sich die Person in einem Bedürfniszustand befindet und sich das Objekt wünscht. Rotter zufolge sind die meisten menschlichen Bedürfnisse erlernt. Er schlägt sechs sehr breite Bedürfnisklassen vor: Anerkennung-Status, Dominanz, Unabhängigkeit, Schutz und Abhängigkeit, Liebe und Zuneigung sowie physisches Wohlbefinden. Diese Bedürfnisse sollen die meisten der gelernten Verhaltensweisen beeinflussen, indem sie den wahrgenommenen Verstärkungswert mitdeterminieren.

Minimales Zielniveau. Das Konzept des minimalen Zielniveaus ist implizit bereits bei der Erörterung der Konstrukte Anspruchsniveau und Vergleichsniveau (vgl. 4. Kapitel) erläutert worden. Nach Rotter können Handlungsergebnisse auf einer Skala angeordnet werden, die von extrem positiven bis zu extrem negativen Ereignissen reicht. Als minimales Zielniveau kann dann derjenige Punkt auf dieser Skala angesehen werden, an dem die Rangreihenfolge von negativ zu positiv übergeht. Ein objektiv positives Handlungsergebnis kann daher durchaus für eine bestimmte Person einen negativen Verstärkungswert haben – nämlich dann, wenn es als unter dem minimalen Zielniveau befindlich angesehen wird. Darüber hinaus kann dasselbe Handlungsergebnis für eine Person einen negativen Verstärkungswert und für eine andere einen positiven Verstärkungswert haben (auch dies wurde bereits bei der Diskussion des Anspruchsniveaus erwähnt). Z.B. hat eine „3" für eine Person, die später studieren möchte, einen anderen Wert als für eine Person, die nur die Prüfung bestehen möchte.

Die psychologische Situation

Die Bedeutung des situativen Kontexts, in dem sich das Individuum befindet, ist in der vorangegangenen Diskussion immer wieder betont worden. Rotter und Hochreich (1975) schreiben:

„Als Folge ihrer grundlegenden lerntheoretischen Orientierung betont [die soziale Lerntheorie] die Tatsache, daß eine Person aus vergangenen Erfahrungen lernt, daß einige Befriedigungen in bestimmten Situationen leichter zu erlangen sind als in anderen" (S. 98). Mit Situation meint Rotter die Situation, wie sie vom Individuum subjektiv wahrgenommen und interpretiert wird. Da sich Verhalten immer in dieser psychologischen Umwelt abspielt, muß der soziale Kontext berücksichtigt werden, will man Handlungen erklären und vorhersagen.

Die Determinanten der Handlung

Nach diesen Ausführungen kann das motivationale Modell Rotters nun ausführlicher dargestellt werden. Seine grundlegende Formel lautet:

$$VP_{x,s1,V_a} = f(E_{x,V_a s_1} \;\&\; VW_{a,s_1})$$

Diese Formel bedeutet: „Das Potential eines Verhaltens x, das sich auf Verstärkung a bezieht, in Situation 1 aufzutreten, ist eine Funktion der Erwartung, daß die Verstärkung a dem Verhalten x in Situation 1 auch wirklich folgt, und eine Funktion des Wertes, den die Verstärkung a in der Situation 1 hat" (Rotter, Chance & Phares, 1972, S. 14). Wie oben erwähnt, wird angenommen, daß sich die Verstärkungserwartung aus spezifischen und generalisierten Erwartungen zusammensetzt und daß der Verstärkungswert sowohl von den Eigenschaften des unmittelbaren Verstärkers selbst, als auch von seinem Zusammenhang mit anderen möglichen Verstärkern bestimmt wird.

Rotter schlägt außerdem auch eine allgemeinere Formel vor, die dieselbe Idee ausdrückt, aber weniger situationsspezifisch ist. Diese Formel lautet:

B.P. = f(B.F. & B.W.)

Dies ist wie folgt zu lesen: „Die Wahrscheinlichkeit für das Auftreten einer Reihe von Verhaltensweisen, die zur Befriedigung irgendeines Bedürfnisses führen (Bedürfnispotential, B.P.), ist eine Funktion der Erwartungen, daß diese Verhaltensweisen tatsächlich zu diesen Verstärkungen führen (Bewegungsfreiheit, B.F.), und der Stärke oder des Wertes dieser Verstärkungen für die Bedürfnisbefriedigung (Bedürfniswert, B.W.)" (Rotter, 1954, S. 110).

Beziehung zwischen den Konstrukten

Erwartung und Verstärkungswert sind als voneinander unabhängige Konstrukte dargestellt worden. Die Erwartung, so wird angenommen, hängt zum Teil von der Anzahl der belohnten Handlungen im Verhältnis zur Gesamtzahl der Handlungen ab, während der Verstärkungswert von den Eigenschaften des Zielobjekts und den Bedürfnissen der Person bestimmt wird. Damit wird offenkundig, daß die Erwartung dem Hullschen Habit-Konstrukt (H), dem Lewinschen Konzept der Potenz (Po), und Atkinsons subjektiver Erfolgswahrscheinlichkeit (W_e) ähnelt, während der Verstärkungswert dem Hullschen Anreizwert, Lewins Konzept der Valenz (Va) und Atkinsons Anreizwert des Erfolgs (A_e) gleicht.

Rotter behauptet jedoch auch (wie Atkinson), daß Erwartung und Wert nicht immer vollkommen unabhängig voneinander seien. Rotter, Chance und Phares (1972) weisen z. B. darauf hin, daß bei Nichterreichung eines Ziels die „Verstärkung selbst mit dem unangenehmen Erlebnis des Mißerfolgs assoziiert werden und an Wert verlieren könnte" (S. 19). Ferner besitzen schwierig zu erreichende Ziele häufig einen hohen Verstärkungswert. So ist es z. B. stärker belohnend, einen guten Sportler zu besiegen als einen schlechten, oder ein schwieriges, anstatt ein einfaches Problem zu lösen. D.h. hohe Erwartungen sind gelegentlich mit einem niedrigen Verstärkungswert assoziiert und umgekehrt.

Niedrige Erwartung und hoher Verstärkungswert. Nach der sozialen Lerntheorie ist eine der Ursachen persönlicher Probleme das Vorhandensein einer niedrigen Erfolgserwartung bezüglich der Erreichung eines hoch bewerteten Ziels. Zum Beispiel möchte jemand studieren, fühlt sich aber zu wenig begabt dafür, oder möchte ein Rendezvous mit einer Person haben, die seine Gefühle nicht erwidert. In diesen Situationen könnte die Person lernen, die befürchtete Bestrafung oder den Mißerfolg zu vermeiden, indem sie – langfristig schädliche – Abwehrstrategien einsetzt, wie z.B. sich in eine Phantasiewelt zu flüchten. Dieser psychologische Rückzug verringert die zukünftigen Erfolgschancen nur noch mehr, da das gewählte Verhalten unkonstruktiv ist.

Abweichendes Verhalten. Die Auswirkungen einer Diskrepanz zwischen Erwartung und Wert sind auch auf gesellschaftlicher Ebene untersucht worden. Merton (1957) hat darauf hingewiesen, daß in der U.S.-amerikanischen Gesellschaft der materielle Erfolg ein von allen angestrebtes Ziel ist. Dieses Ziel ist erreicht, wenn man ein Haus, ein oder zwei Autos, und andere Anzeichen eines hohen Einkommens besitzt. Andererseits haben viele Mitglieder der amerikanischen Gesellschaft nur einen begrenzten Zugang zur sogenannten *opportunity structure,* d.h. zu den Mitteln, die es ihnen ermöglichen würden, diese Ziele zu erreichen. Dazu gehören eine gute Ausbildung, einflußreiche Freunde, angemessene Umgangsformen usw. Eine Diskrepanz zwischen Werten und Erwartungen, so Merton, bringt Individuen dazu, abweichende Verhaltensweisen oder ungesetzliche Mittel zur Erreichung von Erfolg einzusetzen. Jessor, Graves, Hanson und Jessor (1968) berichteten Befunde, die Mertons Hypothesen stützen. Sie fanden, daß Personen, die am wenigsten Zugang zur „opportunity structure" hatten, am häufigsten deviantes Verhalten wie Trinken und Kriminalität zeigten.

Implikationen für die Psychotherapie

Die soziale Lerntheorie wurde von Rotter (1954) ursprünglich mit dem Ziel formuliert, den klinischen Psychologen eine neue Sprache zur Verfügung zu stellen. Auf einige der Implikationen der sozialen

Lerntheorie für das Verständnis psychopathologischer Phänomene und psychotherapeutischer Techniken wurde bereits angespielt, als die nachteiligen Auswirkungen einer niedrigen Verstärkungserwartung in bezug auf hochbewertete Ziele erwähnt wurden. Die soziale Lerntheorie behauptet, fehlangepaßtes Verhalten stelle ein Lernproblem dar; das Ziel der Psychotherapie bestehe darin, die Auftrittswahrscheinlichkeit unerwünschter Handlungen zu verringern, und diejenige erwünschter Handlungen durch geeignete neue Lernerfahrungen zu erhöhen (Katkovsky, 1968). Für den Therapeuten, der sich überlegt, was der Klient verlernen und was er neu lernen solle, seien zwei Fragen von besonderer Bedeutung: 1) Was sind die Erwartungen des Klienten? 2) Worin bestehen die Werte des Klienten?

Erwartung und fehlangepaßtes Verhalten

Niedrige Verstärkungserwartungen sind eine der Ursachen psychischer Probleme. Erwartungen können aus den verschiedensten Gründen niedrig sein. Eine Person könnte zum Beispiel die notwendigen Fertigkeiten bzw. geeignete zielführende Verhaltensweisen nie gelernt haben. In diesem Fall könnte der Therapeut neue und zielführende Verhaltensweisen aktiv vorschlagen. Der Therapeut übernimmt demnach also eine Lehrerrolle und hilft dem Klienten dabei, Kompetenzen zu entwickeln. Dieses Vorgehen wird von Rotter und Hochreich (1975) mit der traditionellen psychoanalytischen Therapie wie folgt kontrastiert:

> ... Die Betonung des Erlernens neuer und effizienterer Verhaltensweisen unterscheidet den sozial-lerntheoretischen Ansatz von anderen Arten der Psychotherapie, welche auf der Annahme beruhen, daß eine Person, sobald sie erst einmal frei von inneren Konflikten sei und sich selbst besser verstehe, automatisch in der Lage sei, vernünftigere Wege zur Erreichung ihrer Ziele zu finden. Einsicht in die eigenen Probleme kann sehr nützlich sein, führt aber nicht immer zu wirklichen Veränderungen im Verhalten einer Person (S. 207).

Erwartungen können auch aufgrund fehlerhafter Generalisierungen niedrig sein. Zum Beispiel kann das Selbstbild einer Person, die in ihrer Pubertät unattraktiv war, bis ins Erwachsenenalter fortbestehen, auch wenn es dann schon längst nicht mehr angemessen ist; oder eine Person, die in der Schule schlecht war, könnte erwarten, auch in nichtschulischen Situationen erfolglos zu sein, obwohl auf diesen zwei Gebieten unterschiedliche Fähigkeiten eine Rolle spielen. In diesen Fällen muß der Therapeut dem Klienten dabei helfen, zwischen unterschiedlichen Situationen diskriminieren zu lernen und adaptivere Unterscheidungen zu treffen. Der Therapeut könnte aber auch eine Veränderung der Umwelt vorschlagen, damit der Klient den die niedrigen Erwartungen auslösenden Reizen nicht länger ausgesetzt ist. So könnte der Therapeut dem Klienten z.B. vorschlagen, den Arbeitsplatz oder das Studienfach zu wechseln oder den Bekanntenkreis zu verändern.

Verstärkungswert und Anpassung

Auch Werte spielen bei fehlangepaßtem Verhalten eine wichtige Rolle. Zum Beispiel kann eine Person ein bestimmtes Ziel überbewerten. Dies könnte zu Wahrnehmungs- und Denkverzerrungen führen, z.B. der Art, daß alle Situationen als relevant für dieses bestimmte Bedürfnis angesehen werden (wie z.B. im Fall des Paranoikers, der ein Geräusch im Heizkörper als Zeichen dafür ansieht, daß ihn jemand beobachtet). Der Therapeut kann dem Klienten dabei helfen, seine Ziele anders zu bewerten oder angemessenere Handlungsziele zu wählen. Ferner kann auch das minimale Zielniveau einer Person zu hoch angesetzt sein, was zu Unzufriedenheit führt. Wieder eine andere Möglichkeit wäre, daß die Person gleichzeitig mehrere hochbewertete Ziele hat, die einander ausschließen. Zum Beispiel könnte sich herausstellen, daß eine Person, die sowohl ein hohes Unabhängigkeits-, als auch ein hohes Schutzbedürfnis hat, mit ein- und demselben Verhalten das eine Bedürfnis befriedigt und gleichzeitig die Befriedigung des anderen gefährdet.

Zusammenfassend läßt sich sagen, daß die soziale Lerntheorie für einen eklektizistischen Ansatz in der Psychotherapie plädiert. Die Theorie betont

> ... die Entwicklung von Problemlösefertigkeiten auf seiten des Klienten, wie z.B. das Suchen nach alternativen Wegen zur Zielerreichung, die Analyse der Konsequenzen eines Verhaltens und den Versuch, Situationen auf zwischen ihnen bestehende Unterschiede hin zu analysieren. Das Ziel der Therapie besteht nicht nur darin, dem Klienten bei der Lösung seiner unmittelbaren Probleme behilflich zu sein, sondern auch darin, ihn mit Fähigkeiten auszustatten, die ihm bei der Bewältigung zukünftiger Schwierigkeiten im Leben von Nutzen sind (Rotter & Hochreich, 1975, S. 104).

Repräsentative Forschungsarbeiten

Es wird den Leser nicht überraschen, daß die von Rotters Theorie des sozialen Lernens angeregte Forschung sich hauptsächlich mit der Messung von Erwartung und Verstärkungswert und den Auswirkungen dieser Variablen auf eine Vielfalt von Verhaltensweisen und auf die Anpassung der Person beschäftigt hat. Um den Leser mit den Forschungsmethoden und Zielen des Rotterschen Ansatzes bekannt zu machen, sollen im folgenden Abschnitt dieses Kapitels einige charakteristische Untersuchungen referiert werden, die sich mit den Antezedenzien und Konsequenzen von Verstärkungserwartungen beschäftigt haben.

Generalisierung von Erwartungen

Crandall (1955) hat ein projektives Verfahren zur Messung der Erfolgswahrscheinlichkeit entwickelt und dieses Verfahren dann zur Untersuchung der Auswirkungen von Mißerfolg auf die Generalisierung von Erwartungen verwendet. Versuchspersonen erfanden Geschichten zu neun verschiedenen, TAT-ähnlichen Bildern, welche drei verwandte Bedürfnisbereiche darstellten: Bedürfnis nach Anerkennung körperlicher Geschicklichkeit, Bedürfnis nach Anerkennung akademischer Tüchtigkeit, und Bedürfnis nach Liebe und Zuneigung vom andern Geschlecht. Aus den zu diesen Bildern erzählten Geschichten schloß Crandall auf die subjektiven Erwartungen der Versuchspersonen, diese Bedürfnisse befriedigen zu können.

Anschließend erlebten die Versuchspersonen in einer Experimentalgruppe einen Mißerfolg bei einer motorischen Koordinationsaufgabe, während Versuchspersonen in einer Kontrollgruppe kein solches Mißerfolgserlebnis hatten. Hierauf schrieben alle Versuchspersonen Geschichten zu einer zweiten Bilderserie.

Die Ergebnisse dieser Untersuchung sind in Abbildung 6.2 dargestellt. Abbildung 6.2 zeigt, daß es in der Experimentalgruppe – relativ zur Kontrollgruppe – zu einer Abnahme der Erwartungen kam. Dies steht in Einklang mit der These, daß Erwartungen durch die Verstärkungsgeschichte determiniert werden. Darüber hinaus hängt das Ausmaß des Erwartungsabfalls für ein bestimmtes Bedürfnis von der Ähnlichkeit zwischen diesem Bedürfnis und dem frustrierten Bedürfnis (Anerkennung körperlicher Geschicklichkeit) ab. Nichtsdestoweniger generalisierten die Erwartungen von einem Bedürfnisbereich

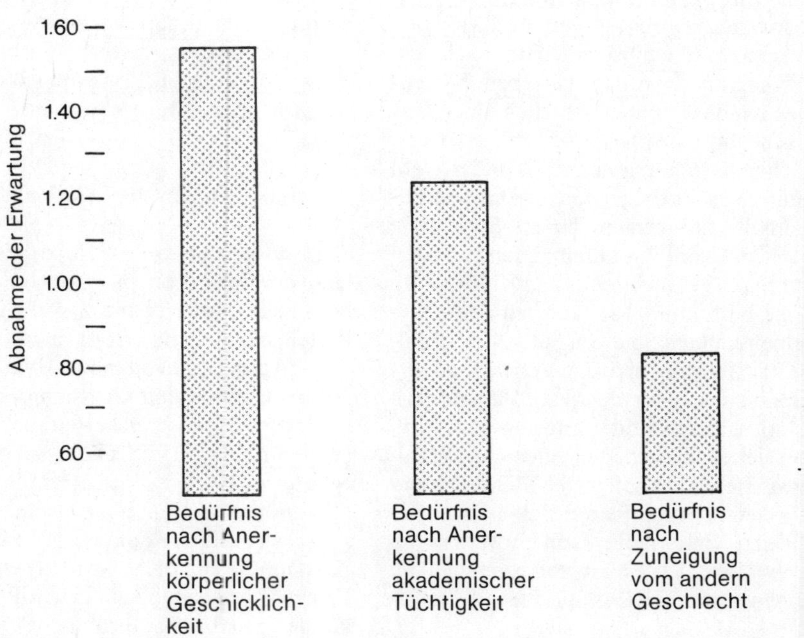

Abbildung 6.2: Differenz zwischen dem Erwartungsabfall der Experimental- und Kontrollgruppe in Crandalls Experiment [aus Rotter, 1954, S. 122, beruhend auf den von Crandall (1955) publizierten Daten]

auf die anderen, d. h. Versagen bei einer motorischen Koordinationsaufgabe senke auch die Erwartung, Anerkennung für akademische Tüchtigkeit zu finden, und sogar die Erwartung, Liebe und Zuneigung vom andern Geschlecht zu erhalten!

Erwartung und Befriedigungsaufschub

Aufgrund der engen Beziehung zwischen dem wichtigen Problem der Ichkontrolle und dem Befriedigungsaufschub ist letzterer von vielen verschiedenen Perspektiven aus untersucht worden. Im 2. Kapitel sind einige der von Mischel durchgeführten Untersuchungen zum Befriedigungsaufschub und ihre Beziehung zur psychoanalytischen Theorie Freuds erörtert worden. Eine weitere Untersuchung zum Befriedigungsaufschub wurde zu Beginn dieses Kapitels – bei der Besprechung des Beobachtungslernens – referiert; in dieser Untersuchung wurde demonstriert, daß sowohl „Live"-Modelle, als auch symbolische Modelle den Befriedigungsaufschub wirksam beeinflussen können.

Auch aus der Perspektive der Rotterschen Theorie ist Befriedigungsaufschub untersucht worden. Die diesbezüglichen Forschungsarbeiten demonstrieren, daß die soziale Lerntheorie für das Verständnis der Ich-Kontrolle von Relevanz ist. Angeregt durch die soziale Lerntheorie demonstrierte Mahrer (1956), daß der Befriedigungsaufschub zum Teil von den Erwartungen abhängt, die hinsichtlich der nach dem Aufschub verfügbaren Verstärker bestehen. Sieben- bis neunjährige Kinder konnten zwischen einer kleineren sofortigen und einer attraktiveren, aber erst später erhältlichen Belohnung wählen. Vor der Wahl wurden drei unterschiedliche Erwartungsniveaus bezüglich des Erhalts der versprochenen Belohnung induziert. An jedem von fünf aufeinanderfolgenden Tagen versprach der Versuchsleiter den Kindern, sie würden für eine bestimmte Tätigkeit am darauffolgenden Tag einen kleinen Spielzeugluftballon erhalten. Um hohe, mittlere und niedrige Verstärkungserwartungen zu induzieren, wurde dieses Versprechen entweder zu 100%, zu 50% oder nie eingelöst. Drei Tage später erhielten dieselben Kinder eine Wahlmöglichkeit zwischen einer sofortigen kleineren und einer aufgeschobenen attraktiveren Belohnung. Außerdem wurde den Kindern die Wahl entweder vom selben Versuchsleiter (Vl_A) oder von einer Person unterschiedlichen Alters und Geschlechts (Vl_B) angeboten.

Die Ergebnisse dieser Untersuchung sind in Tabelle 6.1 wiedergegeben. Die Tabelle zeigt, daß die von

Tabelle 6.1: Anzahl der Entscheidungen für sofortige und für aufgeschobene Belohnung

Gewählte Belohnung	Verstärkungserwartung					
	hoch		mittel		niedrig	
	Vl_A	Vl_B	Vl_A	Vl_B	Vl_A	Vl_B
sofort	6*	6	15	5	18	7
aufgeschoben	19	14	11	15	6	15

* Anzahl der Versuchspersonen
(nach Mahrer, 1956, S. 104)

Versuchsleiter B (Vl_B) getesteten Versuchspersonen alle dasselbe Ausmaß an Aufschub zeigen, und zwar gleichgültig, welche Erfahrungen sie zuvor mit dem anderen Versuchsleiter gemacht hatten. Dagegen stimmten die Reaktionen gegenüber Versuchsleiter A (Vl_A) mit den im vorangegangenen Training etablierten Erwartungen überein. In diesem Experiment kam es also zu keiner Erwartungsgeneralisierung; vielmehr schufen die stark unterschiedlichen Versuchsleiter unterschiedliche soziale Situationen, welche unterschiedliche Erwartungen auslösten.

Zusammenfassend kann man also sagen, daß das vorangegangene Training den Belohnungsaufschub beeinflußte und daß die für die Verabreichung des Verstärkers verantwortliche Person einen wichtigen Hinweisreiz für die Erwartungen darstellte, die hinsichtlich der aufgeschobenen Verstärkung bestanden.

Erwartung und Alkoholmißbrauch

Wir erinnern uns an die Hypothese Mertons (1957), eine der Ursachen devianten Verhaltens sei eine bestehende Diskrepanz zwischen hoch bewerteten Zielen und einer niedrigen Erwartung, diese zu erreichen. Ausgehend von dieser Hypothese behaupteten Jessor, Carman und Grossman (1968), daß für Studenten zwei Ziele von besonderer Wichtigkeit seien: akademischer Erfolg und soziale Beliebtheit. Ein Nichterreichen dieser Ziele sollte die Erwartungen senken, was dann u. U. zu deviantem Verhalten wie z. B. zum Alkoholmißbrauch, führen könnte. Der Alkoholkonsum biete nicht nur eine Möglichkeit zur Flucht vor diesen persönlichen Problemen, sondern könne gleichzeitig auch die Befriedigung anderer Bedürfnisse, wie z. B. von Dominanz oder Unabhängigkeit, ermöglichen. Dies könne die Person zum Teil für ihr Versagen auf akademischem und sozialem Gebiet entschädigen.

Um diese Hypothese zu überprüfen, maßen Jessor et al. (1968) die Erwartung von Studenten, sowohl das Bedürfnis nach akademischem Erfolg als auch das Bedürfnis nach Beliebtheit bei Gleichaltrigen befriedigen zu können. Dazu wurde ein Fragebogen verwendet, in dem die Versuchspersonen zum Beispiel gefragt wurden, für wie wahrscheinlich sie es hielten, daß sie „einmal zu der besseren Hälfte der Studenten ihres Studienjahrgangs zählen" oder „viele Freunde in verschiedenen Gruppen haben" würden. Zusätzlich wurden drei Indizes des Alkoholkonsums erhoben: die Menge an konsumiertem Alkohol, die Häufigkeit des Betrunkenseins und die Häufigkeit von berichteten Komplikationen, die mit dem Trinken zusammenhingen (wie z. B. Unfälle, Verlust eines Jobs usw.). Die Ergebnisse dieser Untersuchung stützten die Hypothese, daß Alkoholmißbrauch mit einer niedrigen Erfolgserwartung zusammenhängt; dieser Zusammenhang war für Frauen besonders stark ausgeprägt. In dieser Studie wurde außerdem noch untersucht, welche Funktion der Alkohol für die jeweilige Person hatte. Personen mit niedriger Erfolgserwartung berichteten, daß das Trinken ihnen physische Erleichterung ermögliche und einen Fluchtweg vor persönlichen Problemen darstelle. Dies stützt zusätzlich die von Merton und der sozialen Lerntheorie gemachten Vorhersagen. Wieder waren die diesbezüglichen Befunde für Frauen klarer.

Selbstverantwortlichkeit

Lokation der Kontrolle

Die soziale Lerntheorie nimmt an, daß „der Mensch ein klassifizierendes Lebewesen ist" (Rotter et al., 1972, S. 39), d. h. daß Individuen unterschiedlichste Situationen in dieselbe Klasse oder Kategorie einordnen. Diese Kategorien repräsentieren die den verschiedenen Situationen zugrunde liegenden, ihnen gemeinsamen Eigenschaften. Eines dieser Attribute bzw. Dimensionen von Situationen bezieht sich darauf, ob ein potentieller Verstärker durch eigenes Handeln erhalten werden kann oder ob er vom Zufall oder anderen unkontrollierbaren Faktoren abhängt. D. h. Situationen können in bezug auf die wahrgenommene Ursache einer Verstärkung klassifiziert werden.

Rotter zufolge stellen die Überzeugungen einer Person hinsichtlich der Selbstverantwortlichkeit für eine Verstärkung eine Persönlichkeitsdimension dar. Er nimmt also an, daß sich Personen in bezug auf die Internalität (Externalität) ihrer Kontrollüberzeugungen in einer Vielfalt von Situationen unterscheiden. Interindividuelle Unterschiede hinsichtlich der sogenannten „Lokation der Kontrolle" *(Locus of Control)* sind in Hunderten von Untersuchungen erforscht worden.

Definition

Rotter (1966) definiert das Konstrukt „Lokation der Kontrolle" folgendermaßen:

> Wenn eine Verstärkung von der Person als ... nicht völlig kontingent auf ihre Handlungen wahrgenommen wird, dann wird sie in unserer Gesellschaft gewöhnlich als Resultat von Glück, Zufall, Schicksal oder als von mächtigen anderen kontrolliert angesehen, oder auch als unvorhersehbar aufgrund der großen Komplexität der die Person umgebenden Kräfte. Wird das verstärkende Ereignis von der Person auf diese Art und Weise interpretiert, dann sprechen wir von einer *externalen Kontrollüberzeugung.* Glaubt die Person dagegen, daß Kontingenz zwischen ihren Handlungen oder ihren relativ stabilen Persönlichkeitseigenschaften und der Verstärkung besteht, so sprechen wir von einer *internalen Kontrollüberzeugung* (S. 1).

Das Konstrukt „Lokation der Kontrolle" bezieht sich also auf die Überzeugung, daß das eigene Handeln den Erhalt eines Verstärkers beeinflußt bzw. nicht beeinflußt. Deshalb werden Überzeugungen bezüglich der Lokation der Kontrolle als eine der Determinanten der Erfolgserwartung angesehen. Diese Kontrollüberzeugungen sind nicht mit Erwartungen bezüglich des Erhalts einer bestimmten Art von Verstärkern zu verwechseln. Vielmehr handelt es sich um eine generalisierte „Problemlöseerwartung" bzw. um die Überzeugung, das Erreichen von Zielen durch das eigene Handeln beeinflussen zu können, unabhängig von der spezifischen Natur des Ziels bzw. Verstärkers. Die Überzeugung bezüglich der Lokation der Kontrolle beeinflußt, so wird angenommen, die Zielerwartung in jeder gegebenen Situation, wobei die Stärke dieses Einflusses z. T. von der Neuheit und Mehrdeutigkeit der Situation sowie vom Ausmaß der Verstärkungen, die die Person in dieser Situation direkt erfahren hat, abhängt.

Fähigkeitsabhängige versus zufallsabhängige Aufgabensituationen

Um zu demonstrieren, daß Überzeugungen hinsichtlich der internalen vs. externalen Lokation der Kontrolle die Erfolgserwartung beeinflussen, wurde von Rotter und seinen Mitarbeitern eine Serie systematischer Untersuchungen durchgeführt. In diesen Untersuchungen wurde die Erfolgserwartung in fähigkeitsabhängigen (internal kontrollierten) mit derjenigen in zufallsabhängigen (external kontrollierten) Aufgabensituationen verglichen. Die intuitive Überlegung, die diesen Untersuchungen zugrunde liegt, wurde von Rotter, Seeman and Liverant (1962) folgendermaßen beschrieben:

> Der gesunde Menschenverstand sagt einem, daß die meisten Personen, die eine Fünfdollarnote auf der Straße finden, nicht umkehren und die Straße mehrmals auf und ab gehen werden, um nach weiteren Fünfdollarscheinen zu suchen, denn sie betrachten ihren Fund als einen Zufall. Sollte andererseits jemandem, der gerade Tischtennis spielen lernt, gesagt werden, für einen Anfänger spiele er ausgezeichnet, so wird er höchstwahrscheinlich in der Folge häufiger Tischtennis spielen. Im ersten Fall scheint die Verstärkung ein rein zufälliges Ereignis zu sein, welches auf irgendeine Weise durch andere Personen oder Kräfte außerhalb des Individuums kontrolliert wird; im zweiten Fall scheint die Verstärkung von irgendeiner Eigenschaft oder Qualität der Person abzuhängen, die sie als Fähigkeit bezeichnen könnte. Im letzteren Fall wird der Erhalt der Verstärkung also als in gewissem Sinn durch das eigene Verhalten verursacht angesehen (S. 474).

Das erste der Fähigkeit-vs.-Zufall-Experimente wurde von Phares (1957) durchgeführt. Phares nahm an, daß Erfolg und Mißerfolg in fähigkeitsabhängigen Aufgabensituationen dem Individuum anzeige, daß es die Aufgabe „könne“ bzw. „nicht könne“. Daher stellte Phares die Hypothese auf, daß es in fähigkeitsabhängigen Aufgabensituationen unmittelbar nach einem Erfolg zu einer relativ starken Zunahme der subjektiven Wahrscheinlichkeit zukünftigen Erfolgs kommen würde, und nach einem Mißerfolg zu einer relativ starken Abnahme. In zufallsabhängigen Aufgabensituationen befinden sich Erfolg und Mißerfolg dagegen nicht unter der Kontrolle des Individuums. Daher sollte sich die Erwartung nach Erfolg und Mißerfolg wenig verändern. Phares vermutete außerdem, daß in zufallsabhängigen Aufgabensituationen gelegentlich nach einem Mißerfolg eine Zunahme und nach einem Erfolg eine Abnahme der Erfolgserwartung auftreten könnte, da die Person glauben könne, die „Richtung des Zufallseinflusses“ werde sich ändern (dies sind die sogenannten atypischen Erwartungsänderungen).

Um diese Hypothesen zu überprüfen, gab Phares den Versuchspersonen eine Aufgabe, die hinsichtlich der objektiven Determinanten von Erfolg und Mißerfolg mehrdeutig war. In einer Versuchsgruppe wurde die Aufgabe als fähigkeitsabhängig, in einer zweiten Gruppe als vollkommen zufallsabhängig beschrieben. Vor jedem Durchgang gaben die Versuchspersonen an, wie viele von zehn Spielmarken sie auf das Ergebnis zu wetten bereit wären. Die Höhe der getätigten Einsätze wurde als Indikator der Erfolgswahrscheinlichkeit verwendet. Anschließend erlebten beide Versuchsgruppen bei 13 Durchgängen dieselbe zufällige Serie von Erfolgen.

Phares fand seine Hypothesen im großen und ganzen bestätigt. In der fähigkeitsabhängigen Aufgabensituation gab es mehr typische Erwartungsänderungen, und diese waren stärker ausgeprägt, als in der zufallsabhängigen Aufgabensituation. Die Versuchspersonen in der Fähigkeits-Bedingung erhöhten z.B. nach Erfolg ihren Einsatz für den nächsten Durchgang häufiger und stärker als die Versuchspersonen in der Zufalls-Bedingung. In der Zufalls-Bedingung gab es dagegen mehr atypische Erwartungsänderungen. Diese atypischen Erwartungsänderungen sind auch als der „Trugschluß des Spielers“ bekannt. Dies bezieht sich auf die Tendenz, Ereignisse, die objektiv völlig unabhängig voneinander sind, als voneinander abhängig anzusehen; d.h. es wird geglaubt, einem Verlust werde ein Gewinn folgen und umgekehrt.

James und Rotter (1958) weiteten die Untersuchung von Phares (1957) aus, indem sie unterschiedliche Verstärkungspläne und unterschiedliche Zufalls- und Fähigkeitsinstruktionen verwendeten. Die Versuchspersonen, die glaubten, an einem Experiment zur „außersinnlichen Wahrnehmung“ teilzunehmen, wurden gebeten, anzugeben, ob bei einer tachistoskopischen Darbietung ein „X“ oder ein „O“ projiziert worden sei. In Wirklichkeit wurde jedoch überhaupt nichts projiziert. Die Versuchsleiter manipulierten nun die Rückmeldungen, die die Versuchspersonen bei diesen Pseudo-Identifikationsdurchgängen erhielten. In einer Versuchsgruppe erhielten die Versuchspersonen zuerst eine Zeitlang 100% Verstärkung (Erfolgsrückmeldung), gefolgt von einer Löschungsphase (Mißerfolge). In einer zweiten Versuchsgruppe erhielten die Versuchspersonen nach einer Zufallsfolge bei 50% der Durchgänge Erfolgsrückmeldung; anschließend folgte ebenfalls eine Löschungsphase. Die Wahrnehmung der Aufgabensituation als zufalls- vs. fähigkeitsabhängig wurde manipuliert, indem der Hälfte der Versuchspersonen aus jeder dieser Gruppen mitgeteilt wurde, es gäbe „Befunde, die zeigen, daß einige Personen bei dieser Aufgabe ziemlich geschickt sind", während die andere Hälfte erfuhr, daß „die bisherigen wissenschaftlichen Untersuchungen gefunden haben, daß es sich um eine reine Glücksache handelt" (James & Rotter, 1958, S. 359). Vor jedem Durchgang schätzten die Versuchspersonen ihre Erfolgserwartung auf einer 10-Punkte-Skala ein. Diese Schätzungen wurden verwendet, um auf den Extinktionswiderstand zu schließen. Es wurde angenommen, daß Löschung eingetreten sei (d.h. daß die Versuchspersonen aufhören würden zu reagieren) sobald die subjektive Erfolgswahrscheinlichkeit bei drei aufeinanderfolgenden Durchgängen als gleich .10 oder niedriger eingeschätzt wurde.

Tabelle 6.2 zeigt die Anzahl der Durchgänge bis zum Eintritt von Löschung für die vier Experimentalgruppen (2 Verstärkungspläne × 2 Arten von Instruktionen). Die Tabelle zeigt, daß die Löschung bei Zufallsinstruktion in der 100%-Verstärkungsgruppe schneller vor sich geht als in der 50%-Gruppe. Dieser Befund repliziert die allgemeinen Ergebnisse, die in tierexperimentellen Untersuchungen zur Löschung erhalten wurden. Dagegen kam es bei Fähigkeitsinstruktion in der 50%-Gruppe schneller zur Löschung als in der 100%-Gruppe. Dieses Resultat stellt eine Umkehrung des oft zitierten „intermittierenden-Verstärkungs-Effekts" dar.

Die allgemeine Implikation dieser Forschungsarbeiten ist die, daß die wahrgenommene Lokation der Kontrolle (Wahrnehmung der Aufgabensituation als fähigkeits- vs. zufallsbedingt) eine der Determinanten der Erfolgswahrscheinlichkeit ist. Nachdem ihre Hypothesen solcherart empirisch bestätigt worden waren, wandten Rotter und seine Mitarbeiter ihr Interesse der Erforschung interindividueller Unterschiede bei der Wahrnehmung der Lokation der Kontrolle zu.

Tabelle 6.2: Versuchsdurchgänge bis zum Eintritt von Löschung

Versuchsgruppe	Durchgänge	Standardabweichung
100%, Zufall	15.55	9.86
50%, Zufall	29.05	9.41
100%, Fähigkeit	22.90	4.84
50%, Fähigkeit	19.75	7.27

(aus James & Rotter, 1958, S. 401)

Individuelle Unterschiede in der wahrgenommenen Lokation der Kontrolle

Die oben erwähnten Befunde von Rotter und seinen Mitarbeitern zeigen, daß fähigkeits- und zufallsabhängige Aufgabensituationen unterschiedliche Auswirkungen auf das Verhalten haben. Die Frage, die sich diese Forschergruppe als nächstes stellte, war, ob sich Personen identifizieren ließen, die sich bei gleichen externen Bedingungen stärker so verhalten, als ob die Aufgabensituation zufalls- (oder fähigkeits-) abhängig sei, als andere. Falls dies möglich wäre, dann wären diese individuellen Unterschiede eine Determinante generalisierter Erwartungen und sollten somit die subjektive Erfolgserwartung und das anschließende Verhalten in einer spezifischen Situation beeinflussen.

Um zu illustrieren, wie eine Person mit externalen Kontrollüberzeugungen denkt, zitiert Lefcourt (1976) eine Passage aus einem Interview aus Oscar Lewis' (1961) klassischem Buch über die mexikanische Kultur:

> Meiner Meinung nach wird das Schicksal des Menschen von einer mysteriösen Hand gelenkt, die alle Dinge bewegt. Nur für die Auserwählten entwickeln sich die Dinge wie geplant; für diejenigen von uns, die dazu bestimmt sind, Tamaleesser zu sein, schickt der Himmel nur Tamalen. Wir planen und planen, und dann passiert irgendeine Kleinigkeit und macht alles zunichte. So entschloß ich mich zum Beispiel einmal, einen Versuch zu wagen und etwas zu sparen, und sagte zu Paula: „Altes Mädchen, leg dieses Geld auf die Seite, damit wir eines Tages einen kleinen Haufen beieinander haben." Als wir neunzig Pesos auf die Seite gelegt hatten, bums! wurde mein Vater krank, und ich mußte ihm alles für Doktor und Medizin geben. Das war das einzige Mal, daß ich ihm geholfen hatte, und das einzige Mal, daß ich etwas zu sparen versucht hatte! Manchmal glaube ich sogar, daß Ersparnisse Krankheit verursachen! Deshalb glaube ich fest daran, daß es einigen von uns bestimmt ist arm zu sein (Lewis, 1961, S. 171).

Es ist erwähnenswert, daß viele Forschungsansätze in der Motivationspsychologie zuerst die Bedeutung von Umwelteinflüssen auf das Verhalten demonstrieren, um anschließend zu untersuchen, ob sich Personen in bezug auf ihre Reaktion auf diese Umwelteinflüsse voneinander unterscheiden. Im 3. Kapitel wurde z.B. dargelegt, daß Personen schneller konditionieren, wenn die Intensität des aversiven Reizes (ein auf das Auge gerichteter Luftstoß) erhöht wird. Um Personen zu identifizieren, die sich so verhalten, als ob ein Luftstoß konstanter Intensität für sie stärker wäre als für andere, wurde anschließend die *Manifest*

Anxiety Scale entwickelt. Solche Personen, so wurde angenommen, haben ein hohes allgemeines Triebniveau (bzw. eine hohe emotionale Reaktivität). Ebenso wurde in der Leistungsmotivationsforschung zuerst demonstriert, daß motivationale Anregungsbedingungen zu mehr leistungsbezogenen TAT-Inhalten führen als neutrale Bedingungen. Im Anschluß daran untersuchten die Forscher die Hypothese, daß auch unter neutralen Bedingungen einige Personen höher leistungsmotiviert sind als andere. Ähnlich untersuchte die *Locus of Control*-Forschung zunächst Erwartungsänderungen in fähigkeits- und zufallsabhängigen Aufgabensituationen. Anschließend versuchten die auf diesem Gebiet tätigen Forscher ein Meßinstrument zu entwickeln, mit dessen Hilfe Personen identifiziert werden konnten, die sich in derselben Aufgabensituation stärker so verhalten, als ob diese fähigkeits- (oder zufalls-) abhängig sei, als andere Personen.

Das Meßverfahren. Interindividuelle Unterschiede in der Tendenz, Ereignisse als internal vs. external kontrolliert anzusehen, werden mit Hilfe eines aus 29 Items bestehenden Fragebogens gemessen. Dieser Fragebogen, der als I-E-Skala *(Internal-External control scale)* bezeichnet wird, verlangt bei jedem Item, daß man sich für eine von zwei möglichen Antwortalternativen entscheidet, wobei jedesmal eine internale Kontrollüberzeugung einer externalen gegenübergestellt wird. Anhand der Bedürfnisarten, auf die sie sich beziehen, und anhand der Charakteristika der dargestellten Ziele lassen sich die Items des Fragebogens in sechs allgemeine Subkategorien einordnen. Diese sechs Subkategorien sind: Akademische Anerkennung, soziale Anerkennung, Liebe und Zuneigung, Dominanz, soziale und politische Überzeugungen und Lebensphilosophie. Zwei Beispiele für diese Items sind im folgenden angegeben (die unterstrichenen Buchstaben kennzeichnen die externalen Kontrollüberzeugungen):

1. a) Viele der traurigen Erfahrungen, die Menschen in ihrem Leben machen, sind zum Teil das Resultat von Pech.
   b) Das Unglück der Menschen kommt von den Fehlern, die sie begehen.
2. a) Die Ansicht, daß Professoren unfair zu ihren Studenten sind, ist Unsinn.
   b) Die meisten Studenten haben keine Vorstellung davon, wie stark Noten von Zufällen abhängen.

Es ist offensichtlich, daß die Items der I-E-Skala sehr allgemein gehalten sind. Wie Rotter (1975) feststellt: „[Die I-E-Skala] wurde nicht als Meßinstrument zur präzisen Vorhersage [des Verhaltens in] irgendeiner spezifischen Situation – wie z. B. des Leistungsverhaltens oder des politischen Verhaltens – konzipiert, sondern vielmehr als ein Instrument zur ungefähren Vorhersage von Verhalten in einem breiten Spektrum möglicher Situationen" (S. 62). D. h. normalerweise hängt die Verstärkungserwartung am stärksten von den in einer Situation vorhandenen Umweltreizen ab. Zu einem gewissen Grad wird die Verstärkungserwartung jedoch auch von generalisierten Kontrollerwartungen beeinflußt, und dieser Einfluß manifestiert sich in einem breiten Spektrum unterschiedlicher Situationen.

Validität. Man sollte annehmen, daß die Validierung der I-E-Skala im Bereich der Löschungsresistenz und der Erwartungsänderung vorgenommen wurde. Dies war jedoch nicht der Fall. Die wenigen veröffentlichten Untersuchungen, in denen I-E-Werte zum Extinktionswiderstand in Beziehung gesetzt worden sind, haben keine signifikanten Ergebnisse erbracht (vgl. z. B. Battle & Rotter, 1963). Und auch in bezug auf die Häufigkeit und das Ausmaß von Erwartungsänderungen – Variablen, die nachgewiesenermaßen zufallsabhängige von fähigkeitsabhängigen Aufgabensituationen differenzieren – wurden keine Unterschiede zwischen Personen mit internalen und solchen mit externalen Kontrollüberzeugungen gefunden.

Im allgemeinen ist die Chance, einen Test „validiert" zu bekommen, umso größer, je ähnlicher die Testsituation derjenigen Situation ist, in der die als Kriterium verwendeten Verhaltensmaße erhoben werden. Antworten auf einen Fragebogen, der z. B. Fragen nach der Lebenszufriedenheit enthält, sind offensichtlich von geringer direkter Relevanz für das Verhalten in den typischen Untersuchungen zu Erwartungsänderungen in fähigkeits- vs. zufallsabhängigen Aufgabensituationen. Es ist daher nicht überraschend, daß die I-E-Skala solche Erwartungsänderungen nicht erfolgreich vorhersagt. Das soll aber nicht heißen, daß Internalität-Externalität keine Persönlichkeitseigenschaft, d. h. keine Persönlichkeitsdimension mit transsituationaler Vorhersagekraft ist. Vielmehr besteht einfach eine zu große Kluft zwischen den Testitems der I-E-Skala (der Prädiktorvariablen) und den Erwartungsänderungen bei irgendeiner Laboraufgabe – wie z. B., zu erraten, ob ein „X" oder ein „O" tachistokopisch präsentiert worden ist (der Kriteriumsvariablen). Diese Einschätzung stimmt überein mit der Ansicht Rotters und seiner

Mitarbeiter, welche wahrscheinlich argumentieren würden, daß die situationalen Hinweisreize in der fähigkeits- oder zufallsabhängigen Aufgabensituation jeden möglichen, durch Persönlichkeitsdispositionen oder generalisierte Erwartungen verursachten Verhaltensunterschied überlagern.

Phares (1976) schreibt:

Der beste einzelne Indikator für die Validität der I-E-Skala wäre ohne Zweifel der Befund, daß Internale in bezug auf den Versuch, die Umwelt zu kontrollieren und zu manipulieren, aktiver, reger oder direktiver vorgehen als Externale. Nachdem sich Überzeugungen hinsichtlich der Lokation der Kontrolle auf die Erwartungen beziehen, die eine Person hinsichtlich der Kontrollierbarkeit ihrer Umgebung hat, sollte man von Internalen ein höheres Ausmaß an Bewältigungsversuchen erwarten (S. 60).

Es gibt Befunde, die diese Hypothesen stützen. In einer Reihe von Studien untersuchten Seeman und Evans (1962) und Seeman (1963) das Bedürfnis nach Information und das Behalten von persönlich relevanter Information bei institutionalisierten Personen. Seeman und Evans (1962) fanden, daß von hospitalisierten Tuberkulosepatienten diejenigen mit stärkeren internalen Kontrollüberzeugungen besser über ihre Krankheit informiert waren und den Ärzten mehr Fragen stellten als Patienten mit externalen Kontrollüberzeugungen. Seeman (1963) fand, daß als internal klassifizierte Gefangene mehr Information behielten, die sich auf Bewährung bezog, als die als external klassifizierten. Kurz, sowohl bei Patienten als auch bei Gefangenen zeigten Personen mit internalen Kontrollüberzeugungen Verhalten, das der Verbesserung ihrer Lebenssituation dienen konnte. Dagegen schienen Personen mit externalen Kontrollüberzeugungen weniger zu erwarten, daß ihnen der Erwerb von bestimmten Informationen irgendwie nützlich sein könnte.

Andere Forscher haben festgestellt, daß Internale und Externale sich in bezug auf ihre kognitive Funktionsweise unterscheiden. Z.B. präsentierten Walk und DuCette (1974) ihren Versuchspersonen Protokolle, die sie nach Rechtschreibfehlern durchsehen sollten. Man fand, daß Internale besser im „beiläufigen" Lernen waren (d.h. das durchgesehene Material besser erinnerten) und mehr Fehler entdeckten, als Externale. Generell haben die auf diesem Gebiet tätigen sozialen Lerntheoretiker behauptet, daß „die kognitive Funktionsweise von Internalen ihre persönliche Effizienz, verglichen mit Externalen, steigern sollte. Und dies ist allem Anschein nach der Fall" (Phares, 1976, S. 65).

Forschungsarbeiten zur Lokation der Kontrolle

Die Untersuchungen, die sich mit der Wahrnehmung von Kontrolle beschäftigen, weisen ein Paradoxon auf. Viele der Untersuchungen, in denen wahrgenommene Kontrollierbarkeit experimentell manipuliert wurde, haben sich mit Erfolgserwartungen oder Erwartungsänderungen beschäftigt; wie bereits erwähnt, wurden dabei reliable Befunde erhalten, die die soziale Lerntheorie zu stützen scheinen. Sonst ist in diesen experimentellen Untersuchungen jedoch kaum etwas systematisch erforscht worden. Im Gegensatz dazu haben die Forschungen, in denen Überzeugungen bezüglich der Lokation der Kontrolle gemessen – anstatt experimentell manipuliert – wurden, nahezu alles sondiert. Eindeutig replizierbare und interpretierbare Ergebnisse sind jedoch nur in einigen wenigen Bereichen erhalten worden, vor allem in solchen, die mit dem Informationsbedürfnis und der Nutzung von Information zusammenhängen (vgl. oben). Der Großteil dieser umfangreichen Literatur weist jedoch kaum eine direkte Beziehung zur sozialen Lerntheorie auf, denn viele Forscher haben nichts weiter getan, als I-E-Werte mit allem zu korrelieren, was in Sicht war! Es besteht also ein Ungleichgewicht zwischen den experimentellen Studien, in denen die Wahrnehmung von Aufgabensituationen als fähigkeits- vs. zufallsabhängig manipuliert wurde einerseits, und den Untersuchungen, in denen interindividuelle Unterschiede in der Wahrnehmung bezüglich der Kontrollierbarkeit von Situationen gemessen wurden andererseits.

Mit der Frage der Auswirkungen wahrgenommener Kontrolle beschäftigt sich auch eine – rasch im Zunehmen begriffene – Literatur, die ihren Ursprung außerhalb der sozialen Lerntheorie hat. In diesen Forschungen werden Kontrollüberzeugungen häufig experimentell manipuliert; außerdem werden zusätzlich zu (oder anstelle von) Erwartungsänderungen noch eine Reihe weiterer psychologischer Zustände und Reaktionen untersucht. Diese Untersuchungen, und die Theorien, auf denen sie basieren, sind Gegenstand des verbleibenden Teils des vorliegenden Kapitels. Das Thema der Selbstverantwortlichkeit und wahrgenommenen Kausalität wird außerdem noch an späterer Stelle in diesem Buch ausführlich erörtert (vgl. 7. u. 8. Kapitel).

Persönliche Verursachung

Dem Rotterschen Konzept der internalen vs. externalen Kontrolle ist eine von de Charms (1968) getroffene Unterscheidung zwischen „Urheber" *(origin)* und „Abhängigem" (*pawn;* von der Bauernfigur im Schachspiel) sehr ähnlich. De Charms (1968) stellt dazu fest:

Als Kurzbezeichnung für die Unterscheidung zwischen frei und gezwungen wollen wir die Begriffe „Urheber" und „Abhängiger" verwenden. Ein Urheber ist eine Person, die ihr Verhalten als von ihrer eigenen freien Entscheidung bestimmt ansieht; ein Abhängiger ist eine Person, die ihr Verhalten als von externen Kräften determiniert ansieht, die sich ihrer Kontrolle entziehen ... Ob man sich als Urheber oder Abhängiger fühlt, hat starke Auswirkungen auf das Verhalten. Es handelt sich dabei um einen fließenden Übergang, nicht um einen kategorischen Unterschied – ein und dieselbe Person fühlt sich unter bestimmten Umständen *mehr* als Urheber, unter anderen *mehr* als Abhängiger.

Die persönliche Überzeugung ist für die Motivation wichtiger als die objektiven Tatbestände. Wenn sich eine Person als Urheber fühlt, so ist dies für die Vorhersage ihres Verhaltens von größerer Bedeutung als jedes objektive Anzeichen von Zwang. Umgekehrt wird das Verhalten einer Person, die sich als Abhängiger fühlt, von dieser Überzeugung trotz aller objektiven Beweise dafür, daß sie frei ist, beeinflußt werden. Ein Urheber hat ein starkes Gefühl persönlicher Verursachung, ein Gefühl, daß die Ursachen der Effekte in seiner Umgebung in ihm selbst lokalisiert sind. Dieses Gefühl wird dadurch verstärkt, daß er die rückgemeldeten Veränderungen in seiner Umwelt seinem eigenen Handeln zuschreibt. Diese Attribution ist der entscheidende Punkt im Konzept der persönlichen Verursachung; sie stellt eine mächtige motivationale Kraft dar, die das weitere Verhalten steuert. Ein Abhängiger hat das Gefühl, daß sein Verhalten durch Kräfte, die sich seiner Kontrolle entziehen, oder durch Personkräfte, die in anderen lokalisiert sind, determiniert wird. Dies erzeugt ein starkes Gefühl der Macht- oder Einflußlosigkeit (S. 273–274).

De Charms bringt das Konzept des Verursachers mit intrinsisch motiviertem Verhalten (Personkräfte), Handlungsfreiheit und der Tendenz, Situationen als Herausforderung anzusehen, in Zusammenhang. Das Konzept des Abhängigen wird dagegen mit extrinsisch motiviertem Verhalten (induzierte Kräfte), Einschränkung der Handlungsfreiheit und der Tendenz, Situationen als bedrohlich anzusehen, in Verbindung gebracht. Darüber hinaus ist die Unterscheidung zwischen Urheber und Abhängigem auch mit einer Wertung als gut bzw. schlecht verbunden. Dazu bemerkt de Charms (1976):

Im Optimalfall muß der Mensch *aktiv* und nicht *reaktiv* sein; er muß kämpfen, anstatt sich als Marionette zu unterwerfen. Der Mensch muß sein Verhalten selbst bestimmen, anstatt es sich von Autoritäten diktieren zu lassen. Der Mensch ist keine Schachfigur, die von den Befehlen anderer gelenkt wird; im Optimalfall ist der Mensch der Urheber seiner Handlungen (S. 5).

Die Urheber-Abhängiger-Dimension ist also noch wesentlich weiter gefaßt als die bereits breite Konzeption der internalen vs. externalen Kontrolle.

Man hat versucht, das Gefühl, ein Urheber (oder ein Abhängiger) zu sein, experimentell, durch die Manipulation situationaler Variablen, zu beeinflussen. Das allgemeine Vorgehen bei diesen Experimenten besteht darin, in einer Experimentalbedingung „Freiheit" zu induzieren und in einer Kontrollbedingung „Zwang". In einem Experiment von Kuperman (1967; berichtet in de Charms, 1968) wurde z. B. Kindern die Aufgabe gestellt, Modelle zu bauen. In der „Abhängigen"-Bedingung wurde den Kindern genau gesagt, was sie tun sollten; in der „Urheber"-Bedingung konnten sie vorgehen, wie sie wollten. Anschließend erhobene Fragebogendaten zeigten, daß Urheber mehr Freude an der Aufgabe hatten und stärker an einer Fortsetzung der Tätigkeit interessiert waren als Abhängige. Signifikante Unterschiede im *Verhalten* der zwei Gruppen wurden jedoch nicht gefunden.

Urheber-Training

Auch de Charms hat Trainingsprogramme zur Steigerung von Leistungsverhalten entwickelt; sein Ansatz ist jedoch theoretisch etwas anders geartet als der von McClelland und Winter (vgl. 4. Kapitel), denn de Charms konzentriert sich auf das Training des Gefühls persönlicher Verursachung. Die Ziele dieses Programms bestehen darin, Lehrern die Überzeugung zu vermitteln, sie seien Urheber. De Charms (1976) schreibt:

In der Schulpraxis besteht das Problem darin, Bedingungen zu schaffen, die persönliches Engagement fördern, und dem Individuum das Gefühl vermitteln, daß es selbstverantwortlich Entscheidungen trifft.

Die Bedingungen, die persönliches Engagement und das Gefühl persönlicher Entscheidungsfreiheit und Selbstverantwortlichkeit fördern, bestehen aus vier grundlegenden Elementen. Die Person sollte ermutigt werden, ihre grundlegenden Motive in einer entspannten, durch Toleranz von seiten anderer gekennzeichneten Gruppenatmosphäre zu überdenken (Selbsterforschung). Die Gruppe sollte ihr dabei helfen, ihre Motive in realistische Kurz- und Langzeitziele zu übersetzen (internale Zielsetzung) und realistisches und konkretes Verhalten zum Erreichen dieser Ziele zu planen (Planung und zielgerichtetes Verhalten). Schließlich sollte die Gruppe der Person dabei helfen, Selbstverantwortlichkeit für ausgewählte Ziele zu übernehmen, ebenso wie für Erfolg und Mißerfolg bei ihren Versuchen, diese Ziele zu erreichen (Selbstverantwortlichkeit) (S. 6).

Diese Ziele sind den von McClelland und Winter (1969) in ihrem Motivänderungsprogramm verfolgten ähnlich; daher weisen das Motivänderungs- und das Urhebertrainingsprogramm viele Gemeinsamkeiten auf.

De Charms (1976) berichtet über ein großangelegtes vierjähriges Urhebertrainingspogramm mit schwarzen Lehrern aus Innenstadtschulen. Während des Schuljahres fanden regelmäßige Treffen zwischen den Lehrern und den Forschern statt, bei denen die Lehrer an Übungen teilnahmen, die realistische Zielsetzung, Leistungshandeln und Gefühle der Selbstverursachung fördern sollten. Außerdem wurden die Lehrer trainiert, ihre Schüler als Urheber zu behandeln.

Die Effektivität des Trainings wurde gemessen, indem die Interaktion zwischen den Lehrern und ihren Schülern im Klassenzimmer beobachtet wurde. Die Auswirkungen des Urhebertrainings auf das persönliche Erleben und Verhalten der Schulkinder wurde ebenfalls untersucht.

Die Ergebnisse dieses Trainingsprogramms sind komplex, stützen jedoch im großen und ganzen de Charms Hypothesen. Die urheber-trainierten Lehrer und Schüler unterschieden sich in einer Reihe von Aspekten von den nicht-trainierten. Nach de Charms führte das Training dazu, daß die Lehrer ihren Schülern gegenüber toleranter wurden. Außerdem zeigte sich in einem TAT-Verfahren zur Messung von „Urheber-Gefühlen" ein Anstieg der Punktwerte, wenn die Schüler als Urheber behandelt wurden, während diese Werte in einer Kontrollgruppe von Schülern, die diese Erfahrung nicht machten, nicht anstiegen. Ferner stiegen diese Werte nicht weiter an, wenn das Training nach einem Jahr wieder abgesetzt wurde (vgl. Abb. 6.3, S. 202).

Zusammenfassend kann man also sagen, daß das Urheber-Abhängiger-Konstrukt dem der internalen-externalen Lokation der Kontrolle ähnelt. Anders als die Forschung zur Lokation der Kontrolle ist die Forschung zur persönlichen Verursachung jedoch eher dem klinischen als dem experimentellen Ansatz in der Motivationsforschung gefolgt. Anstatt die Determinanten des Verhaltens zu spezifizieren, hat de Charms ein einzelnes Konstrukt herangezogen und eine Reihe von Verhaltensweisen untersucht, auf die es anwendbar schien. Dieser Ansatz war fruchtbar und hat zu interessanten Ideen geführt, die Implikationen für die Praxis haben. Die einschlägige Forschung ist jedoch nicht sehr umfangreich, und weitere Untersuchungen sind notwendig, um dem Konstrukt die nötige empirische Basis zu verschaffen.

Intrinsische versus extrinsische Motivation

Der vielleicht am besten dokumentierte Befund der psychologischen Literatur lautet, daß die Kopplung eines Verhaltens mit einem Verstärker die zukünftige Auftrittswahrscheinlichkeit dieses Verhaltens erhöht. Dieses sogenannte empirische Gesetz der Verstärkung wurde zuerst von Thorndike artikuliert und später im Rahmen des Skinnerschen Behaviorismus ausgearbeitet. Das Verstärkungsprinzip ist auch mit den in diesem Buch erörterten Verhaltenskonzeptionen konsistent. Nach der Hullschen Theorie z.B. reduziert eine Belohnung den Trieb und erhöht dadurch die Habitstärke der betreffenden Reaktion und somit die Wahrscheinlichkeit, daß die Reaktion in einer geeigneten Reizsituation emittiert wird. Ähnlich wird auch in der Rotterschen Theorie angenommen, daß Belohnung die subjektive Zielerwartung erhöht, was wiederum die Wahrscheinlichkeit erhöht, daß der Organismus bei zukünftigen Gelegenheiten das belohnte Verhalten ausführt. Handlungen zu wiederholen, die früher zu den begehrten Zielen geführt haben, ist sicherlich vernünftig und steht in Einklang mit dem Lustprinzip (dieses bezieht sich auf die postulierten Auswirkungen von Verstärkung), welches die Grundlage der meisten Motivationstheorien darstellt.

Es gibt jedoch Befunde, die das allmächtige Verstärkungsprinzip in Frage stellen. Zum Beispiel zeigen die im Zusammenhang mit Atkinsons Theorie der Leistungsmotivation erhaltenen empirischen Befunde zu den Auswirkungen von Erfolg und Mißerfolg, daß Personen mittleres Risiko bevorzugen. Daher scheint also Erfolg (eine Belohnung) bei einer einfachen Aufgabe die Wahrscheinlichkeit, dieselbe Aufgabe erneut zu versuchen, nicht zu erhöhen. Wenn man z.B. einen schlechten Tennisspieler mühelos besiegt oder eine Eins in einer Lehrveranstaltung erhält, in der keinerlei Anforderungen gestellt werden, dann wird man wahrscheinlich wenig Verlangen danach haben, gegen denselben Tennisspieler erneut anzutreten oder die Lehrveranstaltung ein

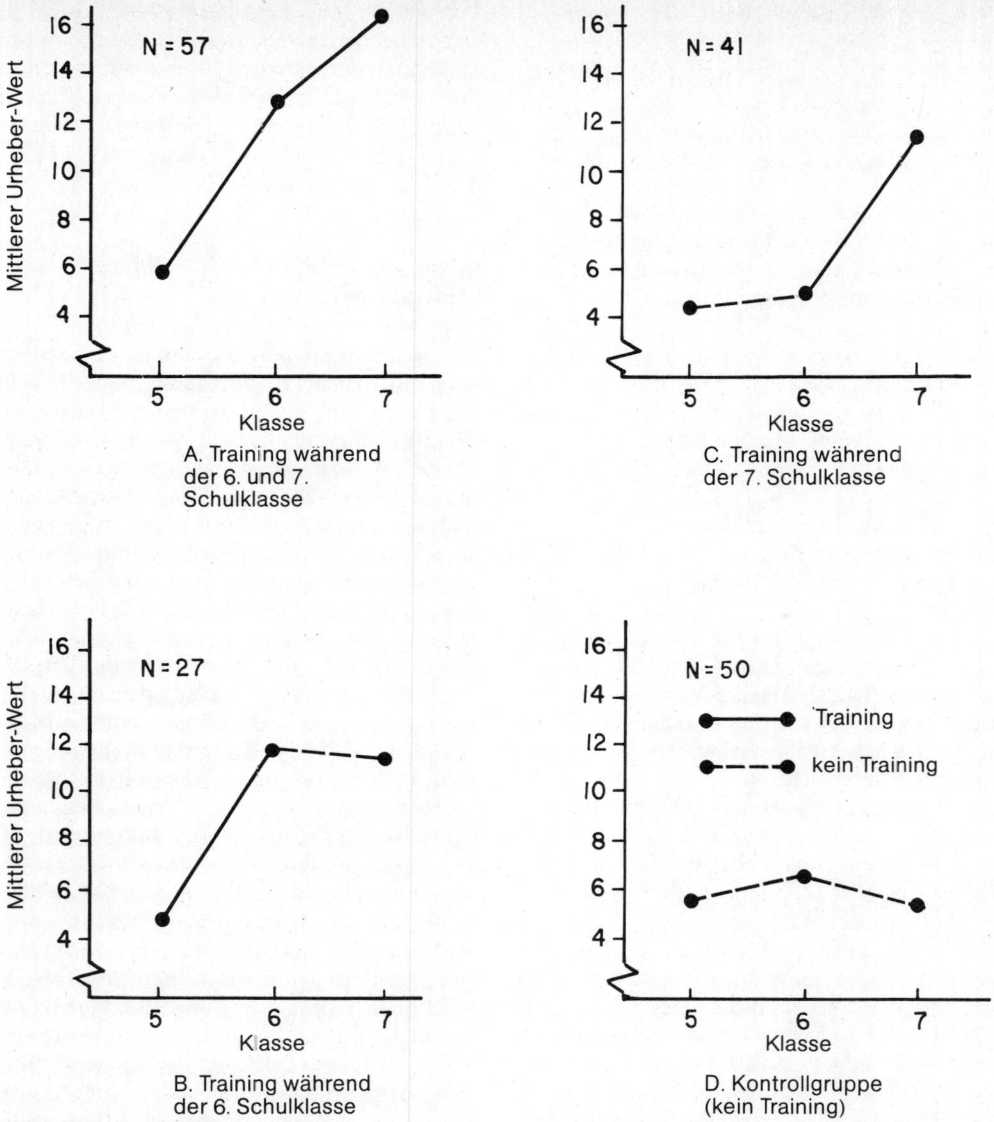

Abbildung 6.3: Mittlerer „Urheber"-Wert im TAT vor und nach dem Urhebertrainingsprogramm (nach de Charms, 1976, S. 137)

zweitesmal zu besuchen – und das, obwohl das vorangegangene Verhalten „belohnt" wurde.

Konsistent mit diesen, die positiven Auswirkungen von Belohnung in Frage stellenden Befunden ist eine wachsende Literatur, die dokumentiert, daß Kinder, die sich ursprünglich für eine Aufgabe interessieren (intrinsisch motiviert sind), einen Teil dieses Interesses verlieren, wenn ihnen eine externe Belohnung (extrinsische Motivation) für die Ausführung dieser Aufgabe versprochen wird (Deci, 1975). Etwas anders formuliert: Wenn ein Ziel nur mehr als Mittel zur Erreichung eines anderen Ziels angesehen wird, dann verliert dieses erstere Ziel etwas von seinem ursprünglichen Wert (Kruglanski, 1975).

Die Literatur zu diesem Thema wird gewöhnlich unter den Überschriften „intrinsische versus extrinsische Motivation“ oder „die korrumpierenden Auswirkungen extrinsischer Motivation auf das intrinsische Interesse“ abgehandelt. Diese Literatur ist von der Theorie der kognitiven Bewertung *(cognitive evaluation theory)* Decis (1975) beeinflußt worden und steht in engem Zusammenhang mit den von Rotter und de Charms getroffenen Unterscheidungen zwischen internaler Lokation der Kontrolle (Urheber, intrinsische Motivation) und externaler Lokation der Kontrolle (Abhängiger, extrinsische Motivation).

Die Theorie der kognitiven Bewertung

Die von Deci (1975) entwickelte Theorie der kognitiven Bewertung wurde ursprünglich wie folgt formuliert:

> Einer der Prozesse, durch den die intrinsische Motivation beeinflußt werden kann, ist eine Veränderung der wahrgenommenen Lokation der Kausalität von internal zu external. Dies verursacht eine Abnahme der intrinsischen Motivation und tritt – gewisse Randbedingungen vorausgesetzt – dann ein, wenn jemand für die Ausführung intrinsisch motivierter Handlungen extrinsisch belohnt wird (S. 139).

Eine von Ausubel (1948) berichtete Fabel illustriert dieses Prinzip:

> In einer Kleinstadt im Süden der USA, wo der Klan wieder einmal sein Unwesen trieb, hatte ein jüdischer Schneider die Verwegenheit, seinen kleinen Laden an der Hauptstraße zu eröffnen. Um ihn aus der Stadt zu vertreiben, schickte der Führer des Klans eine Bande kleiner Straßenbengels los, die ihn belästigen sollten. Tag für Tag standen sie am Eingang seines Ladens. „Jude! Jude!“ riefen sie ihm hinterher. Die Situation sah ernst aus für den Schneider. Er nahm sich die Sache so zu Herzen, daß er zu brüten anfing und schlaflose Nächte darüber verbrachte. Schließlich entwickelte er aus purer Verzweiflung einen Plan.
>
> Als die kleinen Strolche am darauffolgenden Tag wiederkamen, um ihn zu verspotten, kam er zum Eingang und sagte zu ihnen: „Von heute an bekommt jeder Junge, der mich ‚Jude‘ nennt, 10 Cents von mir.“ Dann griff er in die Tasche und gab jedem Jungen ein Zehncentstück.
>
> Entzückt über ihre Kriegsbeute kamen die Jungen am folgenden Tag wieder und begannen ihn zu verspotten: „Jude, Jude!“ Lächelnd trat der Schneider heraus. Er steckte die Hand in die Tasche und gab jedem Jungen ein Fünfcentstück, wobei er sagte: „10 Cents sind zuviel – ich kann mir heute nur fünf Cents leisten“. Die Jungen zogen zufrieden davon, denn fünf Cents sind schließlich auch Geld.
>
> Als sie jedoch am folgenden Tag erneut kamen, um ihn zu verspotten, gab der Schneider jedem nur einen Cent.
>
> „Warum bekommen wir denn heute nur einen Cent?“ riefen sie.
>
> „Mehr kann ich mir nicht leisten.“
>
> „Aber vorgestern hast du uns 10 Cents gegeben, und gestern haben wir fünf Cents erhalten. Das ist nicht fair, Mister.“
>
> „Macht was ihr wollt, mehr kriegt ihr nicht!“
>
> „Glaubst du etwa, wir heißen dich ‚Jude‘ für einen lausigen Cent?“
>
> „Dann laßt es eben bleiben!“
>
> Und sie ließen es bleiben (Ausubel, 1948).

Beachten Sie, daß in dieser Geschichte eine intrinsisch motivierte Handlung (den Schneider zu belästigen) unter die Kontrolle einer externen Belohnung (Geld) geriet und anschließend ihren intrinsischen Anreizwert verlor. In einem Experiment von Lepper, Greene, und Nisbett (1973) wurde dieses Phänomen im Labor demonstriert. In dieser Untersuchung wurden Kindergartenkinder, die besonders gerne zeichneten, als Versuchspersonen verwendet. Die Kinder wurden aufgefordert, etwas zu zeichnen, aber unter einer von drei Experimentalbedingungen: In einer Gruppe *(erwartete Belohnung)* wurde den Kindern für das Zeichnen eine „Urkunde für hervorragendes Spielen“ in Aussicht gestellt; in einer zweiten Gruppe *(unerwartete Belohnung)* erhielten die Kinder dieselbe Belohnung, jedoch ohne daß sie zuvor angekündigt worden war, und in einer Kontrollgruppe wurde die Belohnung weder versprochen noch vergeben.

Ein bis zwei Wochen später erhielten die Kinder während einer ihrer regulären Schulstunden erneut Gelegenheit zum Zeichnen; dabei war es ihnen freigestellt, ob sie zeichnen oder sich lieber mit ebenfalls erhältlichen anderen Spielsachen beschäftigen wollten. Keinerlei Belohnungen wurden erwähnt, und die Lehrer ermutigten keine bestimmte Aktivität. Die abhängige Variable (Zeit, die mit Zeichnen zugebracht wurde) wurde gemessen, indem die Forscher die Kinder heimlich durch eine Einwegscheibe beobachteten. Die Resultate zeigten, daß die Kinder in der Gruppe mit erwarteter Belohnung sich während der freien Zeit weniger für das Zeichnen interessierten als die Kinder in den restlichen zwei Gruppen. Es zeigte sich also nicht nur ein Einfluß der Belohnung auf das intrinsische Interesse der Kinder, sondern dieser Einfluß trat auch nur bei Kindern auf, die die Belohnung erwartet hatten (vgl. Condry, 1977).

Im Zusammenhang mit dieser Untersuchung drängen sich sofort eine Reihe von Fragen auf. Läßt sich z.B. bei solchen Personen, die ursprünglich kein

Interesse für eine Tätigkeit haben, die intrinsische Motivation durch externe Belohnung *erhöhen?* Wird das intrinsische Interesse auch dann korrumpiert, wenn wiederholte Belohnungen, anstatt nur eine einzige, verabreicht werden oder wenn die Belohnung aus etwas anderem als einer „Urkunde" besteht? Wird neben dem Interesse für eine Tätigkeit auch die Qualität von Leistungen von der Natur der Motivation für diese Tätigkeit beeinflußt? Was würde geschehen, wenn die Belohnung nur für Leistungen hoher Qualität vergeben würde?

Viele dieser Fragen sind untersucht (vgl. Condry, 1977; Deci, 1975), und einige Antworten sind gefunden worden. Vieles bleibt jedoch weiterhin ungeklärt. Eine nützliche Unterscheidung, die aus diesen Untersuchungen hervorgegangen ist, betrifft die kontrollierende versus die informationale Funktion von Verstärkungen; diese Unterscheidung trägt dazu bei, die oben aufgeworfene Frage nach den Auswirkungen von Belohnung für Leistungen hoher Qualität zu beantworten. Deci (1975) schreibt:

> Jede Belohnung (inklusive Leistungsrückmeldung) hat zwei Aspekte: einen kontrollierenden und einen informationalen Aspekt, d.h. sie verschafft dem Empfänger Information bezüglich seiner Kompetenz und Selbstbestimmtheit ... Wenn der kontrollierende Aspekt im Vordergrund steht, so wird die Verstärkung (a) eine Veränderung der wahrgenommenen Lokation der Kausalität verursachen ... Wenn der informationale Aspekt im Vordergrund steht, so kommt es (a) zu einer Veränderung von Gefühlen der Kompetenz und Selbstbestimmtheit (S. 142).

Einschlägige Forschungsarbeiten legen nahe, daß kontingente Verstärkungen, die dem Individuum anzeigen, daß es bei einer Aufgabe kompetent ist, die Motivation häufig erhöhen, anstatt sie zu korrumpieren. Man würde z.B. nicht erwarten, daß eine Medaille für den Besten – welche ein Zeichen seiner Überlegenheit ist – dessen intrinsisches Interesse korrumpieren sollte.

Der „korrumpiernde" Effekt extrinsischer Belohnung scheint ein robustes und nachhaltiges Phänomen zu sein. Die Implikationen dieses Phänomens für das Verhalten von Lehrern im Klassenzimmer, für verhaltenstherapeutische Verfahren, ja sogar für das betriebliche Management sind enorm (vgl. Deci, 1975). Aus diesem Grund müssen neben der Erforschung der Randbedingungen, unter denen der „Korrumpierungseffekt" auftritt, theoretische Modelle entwickelt werden, die die hemmenden Effekte extrinsischer Verstärkung erklären können. Es ist zu hoffen, daß diese Theorien so fruchtbar sein werden wie diejenigen, welche die positiven motivationalen Effekte externer Verstärkung betreffen.

In der Tat sind zur Erklärung des Korrumpierungseffekts eine Reihe verschiedener theoretischer Formulierungen entwickelt worden; allerdings ist keine davon in der Lage, die Gesamtheit der erhaltenen Befunde zu erklären (vgl. Deci, 1975). Die vorherrschende Interpretation leitet sich aus der Theorie der Selbstwahrnehmung von Bem (1972) her. Diese von Bem entwickelte Konzeption beruht auf der Annahme, daß Individuen ihre persönlichen Einstellungen und Motive z. Teil aus der Beobachtung ihres eigenen Verhaltens ableiten. Wenn daher eine Person eine Aufgabe ausführt, für die sie keine externe Belohnung erhält, dann könnte sie daraus „logisch" ableiten, daß sie ein intrinsisches Interesse an den Aufgaben hat. Eine solche Schlußfolgerung ist weniger zwingend, wenn eine externe Belohnung vorliegt, denn in diesem Fall kann die Person auch zum Schluß gelangen, daß sie für den Erhalt der externen Belohnung arbeitet. Bems Konzeption steht somit dem „radikalen Behaviorismus" nahe, demzufolge Kognitionen bloße Epiphänomene sind, die ihrerseits keinen Einfluß auf das Handeln haben (vgl. Diagramm 3.2). Wünsche, Bedürfnisse, Einstellungen usw. werden vielmehr aus der Beobachtung eigenen Verhaltens abgeleitet. Man fragt sich allerdings, ob Kinder tatsächlich in der Lage sind, solche komplizierten Schlußfolgerungen von Verhalten auf innere Zustände zu ziehen.

Eine weitere theoretische Erklärung des Korrumpierungseffekts lautet, daß externe Belohnungen zu einer Einengung der Aufmerksamkeit führen, so daß die Person für die nicht so offensichtlichen, intrinsisch positiven Aspekte einer Aufgabe weniger empfänglich ist. Dieser Hypothese widerspricht jedoch der Befund, daß auch die nachträgliche Behauptung des Versuchsleiters, für das Verhalten sei eine Belohnung versprochen worden (obwohl dies in Wirklichkeit nicht der Fall gewesen ist; die Kinder werden also „angeschwindelt"), das intrinsische Interesse korrumpiert (vgl. Kruglanski, Alon & Lewis, 1972). In der Untersuchung von Kruglanski et al. (1972) hatte nämlich auch – im Gegensatz zu den Befunden von Lepper et al. (1973) – unerwartete Belohnung eine Reduktion des intrinsischen Interesses zur Folge.

Eine weitere interessante Implikation dieser Forschungsarbeiten bezieht sich auf die Konzeptualisierung intrinsischer und extrinsischer Motivation im Rahmen der Atkinsonschen Theorie der Leistungsmotivation. Laut Atkinson verbinden sich diese zwei Motivationsquellen *additiv* zu der Gesamtmotivation, eine leistungsbezogene Tätigkeit in Angriff zu nehmen. Befunde wie die von Lepper et al. (1973) legen jedoch nahe, daß intrinsische und extrinsische Motivation sich gegenseitig beeinflussen, gelegentlich mit schädlichem Resultat. Die Motivationsforschung wird sich daher auch mit solchen *Wechselwirkungen* zwischen den Handlungsdeterminanten beschäftigen müssen, was ihre Aufgabe noch schwieriger macht.

Wahrgenommene Freiheit

Während der Begriff „[Willens]freiheit" für Psychologen eine positive Konnotation hat, solange sie sich als Staatsbürger verstehen, erhält er für sie häufig einen eher negativen Klang, sobald sie sich als Versuchsleiter betätigen. Der Grund dafür ist, daß Willensfreiheit das Gegenteil von Determinismus impliziert. Willensfreiheit hängt mit Begriffen wie Selbstbestimmung, Spontaneität und Abwesenheit von Kontrolle zusammen. Dagegen vertreten viele Psychologen eine deterministische Auffassung vom Verhalten, d.h. sie nehmen an, daß für jede gegebene Handlung ganz bestimmte Ursachen vorhanden sind, so daß man in jeder gegebenen Situation behaupten kann, das beobachtete Verhalten habe auftreten „müssen".

Freud, Hull und Skinner, deren Ansichten in so vielen Punkten einander entgegengesetzt sind, stimmen alle darin überein, daß Verhalten determiniert sei. In *Jenseits von Freiheit und Würde* (*Beyond Freedom and Dignity,* 1971) behauptet Skinner, daß wir die Illusion der Willensfreiheit aufgeben und die Tatsache anerkennen müßten, daß Verhalten von positiver Verstärkung kontrolliert werde. Wir könnten dann gezielt unser verhaltenstechnisches Wissen einsetzen, um menschliches Verhalten so zu beeinflussen, daß es zu einer allgemeinen Verbesserung gesellschaftlicher Verhältnisse komme. Nach Skinner weigern sich Menschen jedoch, die Illusion der Willensfreiheit und die irrtümliche Überzeugung aufzugeben, daß sie selbstständig Handelnde seien, die freien Willen besäßen und für ihre Handlungen persönliche Anerkennung verdienten. Wenn die Gesellschaft überleben wolle, so Skinner, müsse diese Überzeugung dem Eingeständnis Platz machen, daß Verhalten external kontrolliert sei. Ähnlich vertrat Freud einen psychischen Determinismus bzw. die Ansicht, daß sich jedes Verhalten auf bestimmte Ursachen zurückführen lasse – sogar verbale Versprecher und Träume.

Verhalten mag durchaus deterministisch verursacht sein – die Person kann trotzdem *glauben,* daß sie über einen freien Willen verfügt. Das heißt, objektive Determiniertheit und subjektive Freiheit schließen einander nicht aus. Ferner: Wenn die Überzeugung, einen freien Willen zu besitzen, das Handeln beeinflußt, dann müssen sogar Deterministen die Existenz dieses subjektiven Zustandes eingestehen!

Freiheit und Wahlmöglichkeit

Man hat behauptet, daß das subjektive Erleben von Freiheit umso größer sei, je weniger die Entscheidungen einer Person durch externe Zwänge eingeschränkt seien. Solche Zwänge können offensichtlicher Natur sein, wie z.B. die von Lewin erörterte Einschränkung der Bewegungsfreiheit (z.B. Gefängnisse, Ablehnung durch andere usw.). Häufig sind externe Zwänge jedoch weniger offensichtlich. Steiner (1970) zufolge ist die Entscheidungsfreiheit des Handelnden in Wahlsituationen umso größer, je ähnlicher sich die Wahlalternativen in bezug auf ihre Attraktivität sind. Nehmen wir z. B. an, ein angehender Student hat die Wahl zwischen zwei Universitäten. Die Universitäten sind sich in jeder Hinsicht gleich, außer in den Kosten – die eine Universität verlangt 4000 Dollar Studiengebühr, die andere 1000 Dollar. In diesem Fall wird sich der Student höchstwahrscheinlich für die billigere Universität entscheiden, und man könnte argumentieren, daß er wenig Wahlfreiheit hatte, da die Entscheidung von den Eigenschaften der zwei Universitäten (Kosten) determiniert wurde. D.h. die Wahl war external kontrolliert bzw. von äußeren Gegebenheiten aufgezwungen. Sind sich die Universitäten dagegen in allen wichtigen Belangen gleich, dann besteht hohe Wahlfreiheit. Dieser Argumentation zufolge sollten also Personen, wenn sie dazu aufgefordert würden, anzugeben, wieviel Wahlfreiheit sie erlebt hätten, in der zweiten Situation über höhere erlebte Freiheit berichten.

Eine Implikation der Analyse Steiners (1970) besteht darin, daß die wahrgenommene Handlungsfreiheit immer dann niedrig ist, wenn starke externale Kräfte wirksam sind. Daher ist z. B. die wahrgenommene Freiheit bei einem Einstellungsgespräch oder beim Studium in einer Bibliothek gering. In diesen Fällen diktiert die Umwelt eine ganz bestimmte Entscheidung bezüglich des eigenen Verhaltens. Weil das Verhalten von der Umwelt „aufgezwungen" ist, kann man in der Regel nicht viel über eine Person in Erfahrung bringen, indem man sie in solchen Situationen beobachtet. Manchmal zeigen Personen in solchen Situationen jedoch auch nicht-rollenkonformes Verhalten, wie z.B. lautes Sprechen in der Bibliothek oder feindseliges Verhalten gegenüber dem Personalchef. In solchen Fällen dürfte ein Beobachter die betreffenden Personen vermutlich als „geschwätzig" bzw. „aggressiv" bezeichnen (vgl. Jones, Davis & Gergen, 1961).

Steiner hat ferner behauptet, die wahrgenommene persönliche Freiheit hänge vom erwarteten Wert der Wahlalternativen ab: Je höher die positiven Konsequenzen der Wahlalternativen sind, desto größer soll die wahrgenommene Freiheit sein (Steiner bezeichnet dies als „ergebnisbezogene Freiheit"). So sollte z.B. bei einer Wahl zwischen zwei hochbezahlten Arbeitsplätzen größere Handlungsfreiheit erlebt werden als bei einer Wahl zwischen zwei weniger gut bezahlten (vorausgesetzt, diese zwei Alternativen sind sich in allen anderen relevanten Aspekten gleich).

Psychologische Reaktanz

Kämpfe um politische Freiheit hat es in der Geschichte immer wieder gegeben. Diese Kämpfe, bei denen es oft zu höchst heroischen Taten kam, illustrieren auf dramatische Weise die motivationalen Auswirkungen, die ein Verlust von Freiheit haben kann. Aber auch im täglichen Leben sind wir ständig damit beschäftigt, um den Erhalt unserer persönlichen Freiheiten zu kämpfen. Alltägliche Ereignisse, die die psychologische Freiheit einer Person bedrohen, gibt es viele. Einige Beispiele dafür wären etwa: Ein Kind wird in seinem Zimmer eingesperrt; man wird gezwungen, eine Entscheidung zu akzeptieren; man hört eine Mitteilung, die man eigentlich gar nicht hören will; man wird von anderen unter Druck gesetzt; Zensur wird verhängt; oder auch: man kann an einer Vorlesung nicht teilnehmen, die man gerne besuchen möchte.

Nach Brehm (1966, 1972) steigt bei einer Bedrohung oder einem Entzug der persönlichen Freiheit in bezug auf ein bestimmtes Verhalten, die Motivation zur Ausführung dieses Verhaltens – und damit die Motivation zur Wiederherstellung der Freiheit. Brehm (1972) schreibt:

> Jedesmal, wenn eine Person glaubt, daß eine ihrer Freiheiten bedroht oder eliminiert worden ist, wird sie motivational aktiviert. Diese motivationale Aktivierung – als „psychologische Reaktanz" bezeichnet (Brehm, 1966) – veranlaßt die Person, zu versuchen, ihre Freiheiten wiederzugewinnen (S. 1).

Die motivationalen Auswirkungen psychologischer Reaktanz sind von zahlreichen Forschern demonstriert worden. In der Mehrheit dieser Untersuchungen machen die Versuchspersonen die Erfahrung, daß Verhaltensweisen, die sie ursprünglich glaubten ausführen zu können, nicht länger durchführbar sind. Zum Beispiel wird eine Wahlalternative eliminiert, oder eine erwartete Mitteilung wird zensuriert. Im Anschluß daran mißt der Versuchsleiter gewöhnlich die Attraktivität der zugänglichen und nicht zugänglichen Wahlmöglichkeiten. Dem liegt die Annahme zugrunde, daß eine der Manifestationen des Versuchs, die Freiheit wiederherzustellen, in einer Zunahme der wahrgenommenen Attraktivität der nichterhältlichen Alternative besteht.

In einem der ersten dieser Experimente baten Hammock und Brehm (1966) Kinder, neun unterschiedliche Schokoladeriegel nach ihrer Erwünschtheit zu ordnen. Als Belohnung für diese Tätigkeit wurde einigen der Kinder eine *Wahlmöglichkeit* zwischen zwei der Süßigkeiten versprochen, anderen dagegen der *Erhalt* einer der zwei Süßigkeiten. Anschließend wurde allen Kindern der jeweils dritt- und viertbeliebteste Schokoladeriegel gezeigt und dann der beliebtere dieser zwei *gegeben*. Nach dem Erhalt der Süßigkeit (jedoch noch bevor sie verzehrt wurde) ließ der Versuchsleiter die Erwünschtheit der Süßigkeiten erneut beurteilen.

Falls die Hypothesen bezüglich Reaktanz und wahrgenommener Attraktivität (Einstellung) zutreffend wären, dann sollte die verweigerte Wahlalternative in der Gruppe mit versprochener Wahlmöglichkeit an Attraktivität gewinnen. Die Ergebnisse dieses Experiments sind in Tabelle 6.3 wiedergegeben. Die Befunde zeigen, daß die Attraktivität der ausgeschlossenen Alternative in der Experimental-(Reaktanz-) Gruppe in der Tat zunahm. Noch auffallender war jedoch der Attraktivitätsverlust derjenigen Süßigkeit, die die Kinder nehmen mußten. Eine zweite Untersuchung, in der den Kindern die weniger erwünschte Alternative gegeben wurde, replizierte im wesentlichen diese Befunde.

In einer neueren Untersuchung konnte Mazis (1975) die Reaktanztheorie in einer lebensechten Situation überprüfen. In der Stadt Miami im Bundesstaat Florida wurde ein Gesetz gegen die Umweltverschmutzung erlassen, das den Gebrauch von phosphathaltigen Waschmitteln verbot. Dies hatte eine

Tabelle 6.3: Durchschnittliche Rangplatzveränderung des erhaltenen und des verweigerten Schokoladenriegels

		Wahlalternative		
Versuchs-bedingungen	N	erhalten (Rangplatz 3)	verweigert (Rangplatz 4)	Gesamt-reaktanz
Experimentalgruppe	13	−1.23*	.23	1.46
Kontrollgruppe	14	.00	−.43	−.43

* Ein Minuszeichen zeigt eine Abnahme der Attraktivität an (aus Hammock & Brehm, 1966, S. 550)

beträchtliche Reduktion der den Kunden zur Auswahl stehenden Produkte zur Folge. Auf der Grundlage der Reaktanztheorie sollte man also erwarten, daß die Käufer ein erhöhtes Bedürfnis nach den verbotenen Produkten haben würden und daß ihre Einstellung zu diesen Produkten positiver sein sollte. Um diese Hypothese zu überprüfen, verglich Mazis die Einstellungen der Einwohner von Miami mit denen der Einwohner von Tampa (Florida), wo das Anti-Umweltverschmutzungsgesetz nicht in Kraft war.

Mazis (1975) ließ die Versuchspersonen (Hausfrauen mit mindestens einem zu Hause lebenden Kind) die Wirksamkeit verschiedener Waschmittel, die sie während der sechs Monate vor der Umfrage benutzt hatten, beurteilen. Tabelle 6.4 zeigt, daß die Bewertungen der phosphathaltigen Waschmittel in Miami – wo diese Produkte nun nicht mehr erhältlich waren – signifikant höher waren als in Tampa. Mazis konnte in seiner Felduntersuchung noch einige weitere Hypothesen überprüfen. Einige der verbotenen

Tabelle 6.4: Durchschnittliche Bewertung der Wirksamkeit der phosphathaltigen Waschmittel

Eigenschaft	Miami (n = 76)	Tampa (n = 45)
Macht die Wäsche weiß	8.68*	8.27
Macht die Wäsche frisch	8.77	7.87
Reinigt auch in kaltem Wasser	8.52	7.47
Gibt leuchtende Farben	8.31	7.84
Entfernt Flecken	8.00	6.96
Läßt sich leicht abfüllen	9.45	9.07
Macht die Wäsche weich	8.81	8.71

* Die Bewertungen wurden auf einer 11-Punkte-Skala vorgenommen, wobei 11 = „absolut tadellos" und 1 = „mangelhaft" (nach Mazis, 1975, S. 656)

Produkte kamen – nun phosphatfrei – auf den Markt zurück, andere dagegen nicht. Somit konnten die Einstellungen von Personen, die zu einer neuen Marke überwechselten, mit der von solchen Personen verglichen werden, die nach wie vor dasselbe Produkt verwendeten. Dieser Vergleich zeigte, daß Personen, die die Waschmittelmarke gewechselt hatten, das neue Waschmittel als weniger wirksam beurteilten als diejenigen, die das Produkt nicht gewechselt hatten. Tatsächlich bestand der Reaktanzeffekt weniger darin, daß die Beliebtheit des phosphathaltigen Waschmittels zunahm, als vielmehr darin, daß eine starke negative Einstellung gegenüber der Qualität des neuen Waschmittels ausgebildet wurde.

Gelernte Hilflosigkeit

Im vorangegangenen Abschnitt über die Theorie der psychologischen Reaktanz wurden einige Untersuchungen referiert, die darauf hindeuten, daß ein Verlust oder eine Einengung der Handlungsfreiheit bzw. die Unmöglichkeit, bestimmte Aspekte seines Lebens zu kontrollieren, psychologische Auswirkungen hat. Diese Auswirkungen können manchmal recht schädlich sein. Einige dieser negativen Auswirkungen wurden auf dramatische Weise in zwei Untersuchungen an Ratten demonstriert. Die in diesen Experimenten verwendeten Prozeduren und die beobachteten Auswirkungen waren so extrem, daß überhaupt nur das Tierexperiment in Betracht kam.

In der einen dieser Untersuchungen gaben Mowrer und Viek (1948) hungrigen Ratten die Gelegenheit, vor der Verabreichung eines Schocks zehn Sekunden lang Futter zu fressen. Eine Hälfte der Tiere konnte den Schock durch einen Luftsprung beenden. Diese Reaktion wurde von den Ratten auch in kurzer Zeit erlernt. Die zweite Versuchsgruppe konnte den Schock durch keine wie auch immer geartete Reaktion abstellen. Vielmehr wurde jedes dieser Tiere mit einem „kontrollierenden Partner" der Experimentalgruppe in der Art gekoppelt, daß es genau dieselbe Menge an Schock erhielt, die auch der „Partner" erhielt, ehe der hochsprang um den Schock zu beenden.

Um die Effekte dieses „Hilflosigkeitstrainings" zu überprüfen, maß der Versuchsleiter das Freßverhalten der zwei Versuchsgruppen. Aus früheren tierexperimentellen Untersuchungen war bekannt, daß Furcht sich hemmend auf das Fressen auswirkt. Die Ergebnisse zeigten, daß das Freßverhalten der Tiere, die keine Kontrolle über den Schock hatten bzw.

„hilflos" waren, stark gehemmt war, während das konsumatorische Verhalten derjenigen Tiere, die Kontrolle über den Schock hatten, nicht wesentlich beeinträchtigt war. Obwohl also beide Gruppen dasselbe Ausmaß an Schock erhalten hatten, waren anscheinend die Tiere, die den Schock durch ihr eigenes Verhalten beenden konnten, weniger ängstlich.

Im Verlauf nachfolgender Untersuchungen beobachtete Richter (1958), daß es während seiner Experimente mit Ratten häufig zu „plötzlichen Todesfällen" kam. Z. B. traten in einer Untersuchung, in der die Ausdauer von Ratten beim Schwimmen überprüft werden sollte, viele unerklärliche Todesfälle auf, nachdem die Ratten erst kurze Zeit geschwommen waren. Richter stellte dazu die folgenden Spekulationen an:

> Die Situation, in der sich diese Ratten befinden, kann weder durch Kampf noch durch Flucht bewältigt werden – vielmehr ist sie hoffnungslos: in der Hand oder im Schwimmbottich gefangen zu sein, ohne die geringste Chance, entkommen zu können, ist eine Situation, der die Ratte nichts entgegenzusetzen hat. In der Tat zeigen einige Wildratten eine solche Reaktion offensichtlicher Hoffnungslosigkeit bereits kurze Zeit nachdem sie mit der Hand festgehalten und daran gehindert werden, sich zu bewegen. Sie scheinen buchstäblich aufzugeben (S. 308–309).

Wieder wurde also der Schluß gezogen, daß ein Verlust von Kontrolle schädliche Auswirkungen auf das Wohlergehen des Organismus hat (vgl. Lefcourt, 1973).

Gelernte Hilflosigkeit und Depression

Die vielleicht systematischste und einflußreichste Analyse der Auswirkungen von Kontrollverlust stammt von Seligman (1975) und seinen Mitarbeitern. Der Großteil ihrer Untersuchungen sind an Tieren durchgeführt worden, obwohl inzwischen in zunehmendem Maße auch menschliche Versuchspersonen untersucht werden.

Seligman (1975) zufolge sind Organismen dann hilflos, wenn ihre Handlungen relevante Umweltereignisse nicht beeinflussen. Seine Analyse der Antezedenzien der Hilflosigkeit ist in Abbildung 6.4 dargestellt. Die horizontale Achse repräsentiert die Wahrscheinlichkeit, daß eine Verstärkung erhalten wird, wenn eine Reaktion gezeigt wird, p (V/R). Die vertikale Achse repräsentiert die Wahrscheinlichkeit einer Verstärkung in Abwesenheit der Reaktion, p ($V/\bar{R}$). Nach Seligman sind die Bedingungen für Hilflosigkeit dann gegeben, wenn gilt: p (V/R) = p ($V/\bar{R}$) (Diagonale in Abbildung 6.4), d.h. dann, wenn die Reaktion die Wahrscheinlichkeit des Erhalts des Verstärkers nicht beeinflußt. Nehmen wir z. B. an, daß ein Säugling jedesmal vor dem Einschlafen eine Stunde lang weint. Die geplagten Eltern versuchen, diese aversive Zeitspanne abzukürzen, indem sie das Kind wiegen, es füttern oder ihm vielleicht sogar Musik vorspielen. Aber trotz all dieser Bemühungen schläft das Kind weiterhin erst nach einstündigem Weinen ein. Die Verstärkung (die Beendigung des Weinens und der Schlafbeginn) ist also vom Verhalten der Eltern unabhängig; in dieser Situation sind die Eltern daher hilflos. (Wie wir jedoch noch sehen werden, wird der Begriff Hilflosigkeit nicht nur zur Bezeichnung der genannten Kontingenzverhältnisse, sondern auch zur Bezeichnung bestimmter Reaktionen des Organismus verwendet; das eine geht nicht immer mit dem anderen einher.)

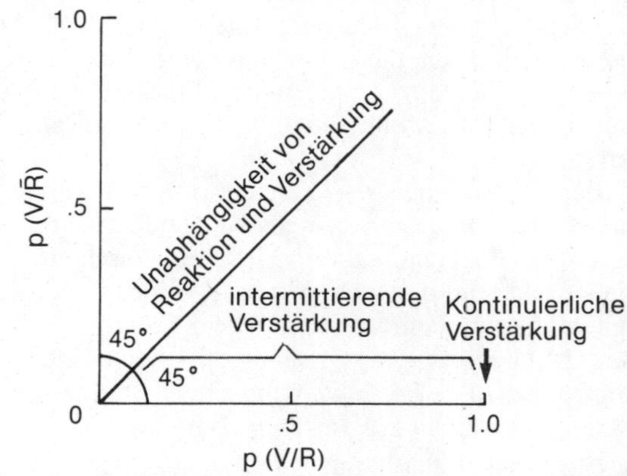

Abbildung 6.4: Darstellung der Antezedensbedingungen gelernter Hilflosigkeit (nach Seligman, 1975, S. 17)

Zur Erforschung der Hilflosigkeit unter Laborbedingungen entwickelten Seligman und seine Mitarbeiter folgendes Verfahren: Versuchstieren (Hunden) wurden zunächst eine Zeitlang unentrinnbare Schocks verabreicht. Dabei befanden sich die Hunde in einer Art Geschirr und erhielten den Schock über eines ihre Hinterbeine verabreicht. Anschließend wurden diese Tiere, ebenso wie eine Kontrollgruppe von Tieren ohne Hilflosigkeitstraining, in eine *shuttlebox* gebracht, wie sie von Miller und Mowrer bei der Erforschung der Angst verwendet wurde (vgl. 3. Kapitel). In dieser Situation ertönte zuerst ein Ton, der den Tieren signalisierte, daß ein Schock folgen würde. Im Unterschied zur vorangegangenen

Trainingssituation konnte der Schock jedoch beendet werden, indem eine in der Mitte der *shuttlebox* befindliche Hürde überquert wurde, welche das „sichere“ vom „unsicheren“ Abteil trennte.

Seligman und seine Mitarbeiter (z.B. Seligman & Maier, 1967) beobachteten, daß viele der Hunde, die zuvor unentrinnbare Schocks erhalten hatten, keinen Versuch unternahmen, den Schock in der *shuttlebox* zu beenden. Vielmehr akzeptierten sie passiv ihr vermeintliches „Schicksal“; sie schienen „Hilflosigkeit gelernt“ zu haben. In bemerkenswertem Kontrast dazu stand das Verhalten der Hunde, die zuvor keinen unentrinnbaren Schocks ausgesetzt worden waren. Diese nicht-hilflosigkeitstrainierten Tiere zeigten eine Reihe von verschiedenen Verhaltensweisen, bis sie schließlich die Fluchtreaktion lernten. Ähnliche Auswirkungen unentrinnbarer aversiver Ereignisse sind für eine Vielfalt anderer Tierarten gefunden worden, so u.a. für Fische, Ratten und Katzen.

Es muß jedoch hinzugefügt werden, daß nicht alle Tiere, die unentrinnbaren Schock erhielten, anschließend Hilflosigkeit zeigten und daß solche Verhaltensdefizite zwar bei bestimmten nachfolgenden Aufgaben gezeigt wurden, nicht jedoch bei anderen. Darüber hinaus findet sich hilfloses Verhalten nur dann, wenn der Test unmittelbar nach dem Hilflosigkeitstraining stattfindet, während eine Warteperiode den Hilflosigkeitseffekt eliminiert. Und schließlich ist nicht ganz klar, ob die hilflosen Tiere nicht in der Lage sind, die neue Reaktion zu lernen, oder ob sie motivational deprimiert sind und daher neue Verhaltensweisen, die zu Lernen führen könnten, einfach nicht zeigen (Levis, 1976). Es ist also wichtig, zwischen gelernter Hilflosigkeit als einer Trainingsprozedur und gelernter Hilflosigkeit als einem Reaktionsmuster bzw. einer Reaktion auf diese auslösenden Bedingungen zu unterscheiden.

Zur Erklärung der Befunde zur gelernten Hilflosigkeit hat Seligman ursprünglich (1975) eine Drei-Stufen-Theorie vorgeschlagen. Diese Theorie behauptet:

1. Information über die Kontingenz zwischen Umweltereignissen (Verstärkungen) und Reaktionen wird eingeholt. Im Fall von Hilflosigkeitstraining ergibt diese Informationssammlung, daß zwischen instrumentellen Reaktionen und Verstärkung keine Kontingenz besteht.
2. Dies führt zur Entwicklung der *Erwartung*, daß Reaktionen und Verstärkungen auch in Zukunft voneinander unabhängig sein werden. D.h. der Organismus erkennt oder glaubt, daß er nichts tun kann, um die Ereignisse zu beeinflussen und seine schlimme Lage zu verbessern. (Beachten Sie: Seligmans Theorie gehört also zur Familie der Erwartungs-Wert-Theorien.)
3. Diese Erwartung mangelnder Kontrolle verursacht Defizite im zukünftigen Lernen, sowie motivationale und emotionale Störungen.

Die Forschungsarbeiten zur gelernten Hilflosigkeit sind in neuerer Zeit auf menschliche Versuchspersonen ausgeweitet worden. In einer dieser Untersuchungen demonstrierten Hiroto und Seligman (1975) die Existenz des gelernten Hilflosigkeitsphänomens beim Menschen. Die Versuchspersonen wurden entweder unkontrollierbarem oder kontrollierbarem aversivem Lärm ausgesetzt. Anschließend erhielten sie eine „Finger-*shuttlebox*“-Aufgabe, bei der sie den Lärm durch die Bewegung eines Hebels abstellen konnten. Hiroto und Seligman fanden, daß diejenigen Personen, die zuvor dem unentrinnbaren Lärm ausgesetzt worden waren, bei dieser Aufgabe schlechter abschnitten (verglichen mit Kontrollgruppen, die entweder gar kein Vortraining erhalten hatten oder Vortraining mit kontrollierbarem Lärm). Ferner wurde gefunden, daß Mißerfolg bei einer Diskriminationsaufgabe (d.h. das Erleben von Unabhängigkeit zwischen Handlung und Handlungsergebnis bei einer kognitiven Aufgabe) zu Leistungsverschlechterungen bei einer anschließenden (lösbaren) Anagrammaufgabe führte. Jedoch können auch diese Befunde nicht ohne Vorbehalt akzeptiert werden, denn aus der Leistungsmotivationsforschung ist bekannt, daß Mißerfolg das anschließende Lernen und Leistungsverhalten häufig steigert, anstatt es zu beeinträchtigen.

Schließlich haben Seligman und andere die Aufmerksamkeit auf eine Parallele zwischen Hilflosigkeitslernen im Labor und menschlicher Depression gelenkt (vgl. Tabelle 6.5, S. 210). Es scheint zweifellos heuristisch fruchtbar zu sein, sich bestimmte Arten von Depression als der gelernten Hilflosigkeit ähnlich vorzustellen. Seligmans Modell, das ursprünglich aus Laborexperimenten mit Tieren herstammt, kann daher zum Verständnis komplexer menschlicher Probleme beitragen. In neuerer Zeit ist eine attributionstheoretische Analyse der gelernten Hilflosigkeit vorgeschlagen worden; diese wird im 8. Kapitel genauer erörtert.

Tabelle 6.5: Zusammenfassung der gemeinsamen Merkmale von gelernter Hilflosigkeit und Depression

	Gelernte Hilflosigkeit	Depression
Symptome	Passivität Schwierigkeit zu lernen, daß Reagieren zu Erleichterung führt Klingt im Lauf der Zeit ab Mangel an Aggression Appetit- und Gewichtsverlust, soziale und sexuelle Störungen Magengeschwüre und Streßsymptome	Passivität Negative kognitive Einstellung (*set*) Zeitlicher Verlauf Nach innen gerichtete Aggression Appetit- und Gewichtsverlust, soziale und sexuelle Störungen Magengeschwüre (?) und Streßsymptome Gefühle der Hilflosigkeit
Ursache	Lernen, daß Reagieren und Verstärkung unabhängig voneinander sind	Überzeugung, daß Reagieren nutzlos ist
Behandlung	Direktive Therapie: Erzwingen von Reaktionen, die Verstärkung herbeiführen Elektroschocktherapie Zeit	Wiederherstellung der Überzeugung, daß Reagieren Verstärkung herbeiführt Elektroschocktherapie Zeit
Prävention	Immunisierung durch Kontrolle über Verstärker	(?)

(nach Seligman, 1975, S. 106)

Gelernte Hilflosigkeit und Reaktanz

Es ist offensichtlich, daß die Theorie der gelernten Hilflosigkeit und die Reaktanztheorie genau entgegengesetzte Vorhersagen bezüglich der Auswirkungen unkontrollierbarer Ereignisse machen. Die Reaktanztheorie behauptet, daß der Verlust von Kontrolle zu dem Versuch führe, diese Kontrolle zurückzugewinnen, daß man also bestrebt sei, Handlungsfreiheit und Wahlmöglichkeit wiederherzustellen. Dagegen sprechen die Forschungsarbeiten zur gelernten Hilflosigkeit dafür, daß Kontrollverlust zu einer Beeinträchtigung der Motivation führt, daß also Organismen nach Erfahrungen mit unkontrollierbaren Ereignissen nicht aktiv, sondern passiv werden.

Wortman und Brehm (1975) haben versucht, diese zwei Konzeptionen miteinander in Einklang zu bringen: die beiden Theorien widersprächen einander nicht, sondern bezögen sich vielmehr auf unterschiedliche Phasen einer zeitlichen Abfolge psychologischer Zustände:

Wir glauben, mit Hilfe der theoretischen Konstrukte Kontrollerwartung und [persönliche] Bedeutsamkeit das Modell der gelernten Hilflosigkeit und das Reaktanzmodell in eine einheitliche theoretische Konzeption integrieren zu können. Wenn eine Person erwartet, Ereignisse, die für sie persönlich bedeutsam sind, kontrollieren oder beeinflussen zu können, so sollte die Erfahrung, daß diese Ereignisse unkontrollierbar sind, psychologische Reaktanz hervorrufen. Daher sollten Personen, die ursprünglich Kontrollierbarkeit erwarten, die ersten paar Durchgänge des Hilflosigkeitstrainings als Bedrohung ihrer Handlungsfreiheit erleben. Diese Personen sollten verstärkt motiviert sein, Kontrolle auszuüben, und es sollte zu einer Leistungsverbesserung kommen. Je bedeutsamer das unkontrollierbare Ereignis für sie ist, desto mehr Reaktanz sollte erlebt werden. Aber trotz ihrer verstärkten Motivation, die Ereignisse zu kontrollieren, kommt die Person im Verlauf des weiteren Hilflosigkeitstrainings zur Einsicht, daß sie das Ereignis nicht kontrollieren kann. Wenn eine Person zur Überzeugung gelangt, daß sie die Ereignisse nicht kontrollieren kann, wird sie ihre Kontrollversuche einstellen.

Reaktanz wird der Hilflosigkeit bei solchen Personen vorangehen, die ursprünglich Kontrollierbarkeit erwarten ... Die Variable „[persönliche] Bedeutsamkeit" kommt in Seligmans (1975) Modell nicht vor. Wir behaupten jedoch, daß die persönliche Bedeutsamkeit des Ereignisses eine entscheidende Rolle bei der Entstehung von Hilflosigkeit spielt. Eine Person wird durch eine bestehende Nichtkontingenz zwischen Handlungen und bestimmten Ereignissen ganz einfach nicht sonderlich deprimiert oder beunruhigt sein, wenn die Ereignisse trivialer Natur sind. Die Unmöglichkeit, extrem bedeutsame Ereignisse – wie z. B. das Verhalten einer geliebten Person oder das Erreichen beruflicher Anerkennung – zu kontrollieren, dürfte hingegen plausiblerweise sehr beunruhigend und imstande sein, einen Zustand der Depression hervorzurufen. Daher vermuten wir, daß die Intensität der Hilflosigkeit, die auftritt, wenn eine Person glaubt, sie könne ein Ereignis nicht kontrollieren, umso intensiver sein wird, je wichtiger ihr das Ereignis ist, das sie zu beeinflussen versucht hat.

Abbildung [6.5] gibt eine Zusammenfassung der postulierten Beziehungen zwischen Kontrollerwartung, Bedeutsamkeit des Ereignisses und dem Ausmaß an Hilflosigkeitstraining bzw. dem Ausmaß der Erfahrung von fehlender Kontrolle, sowie den Auswirkungen dieser Variablen auf die Stärke der Motivation der Person zur Ausübung von Kontrolle. Wir nehmen an, daß die Person bei Punkt *a* erwartet, Kontrolle über das Ereignis zu haben. Ist dies der Fall, dann wird ein geringfügiges Ausmaß an Hilflosigkeitstraining zu psychologischer Reaktanz und verstärkten Kontrollbemühungen führen. Aus diesem Grund sollten Personen, die erst einem geringen Ausmaß an Hilflosigkeitstraining ausgesetzt worden sind, stärker motiviert sein, Kontrolle auszuüben, und daher besseres Leistungsverhalten zeigen, als Personen, die keinem Hilflosigkeitstraining unterzogen worden sind. Je bedeutsamer das Ereignis für die Person ist, desto stärkere Reaktanz sollte erlebt werden.

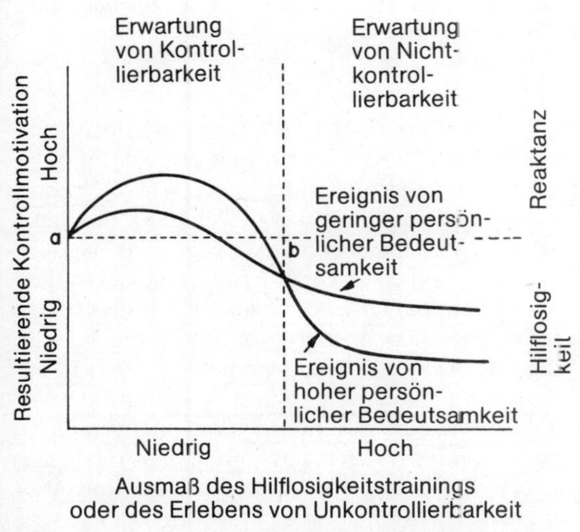

Abbildung 6.5: Wortman und Brehms Integration der Reaktanztheorie und der Theorie der gelernten Hilflosigkeit (aus Wortman & Brehm, 1975, S. 309)

Natürlich sollte die Kontrollerwartung im Verlauf des weiteren Hilflosigkeitstrainings abnehmen. Punkt *b* in Abbildung 6.5 repräsentiert den Punkt, an dem die Person keine Kontrollerwartung mehr hat – entweder, weil sie aus dem vorangegangenen Hilflosigkeitstraining gelernt hat, daß Kontrolle unmöglich ist, oder aus anderen Gründen ... Wie Abbildung [6.5] zeigt, werden Individuen, die keine Kontrollierbarkeit erwarten (vgl. Punkt *b*) keine Reaktanz zeigen, gleichgültig wie bedeutsam das Ereignis für sie ist. Das Erleben fehlender Kontrolle wird schnell zu Hilflosigkeit führen. Je wichtiger das Ereignis, desto größer ist das Ausmaß erlebter Hilflosigkeit (Wortman & Brehm, 1975, S. 307–309).

Wortman und Brehm (1975) geben auch einen Überblick über eine große Anzahl von Untersuchungen, die ihre Hypothese, daß ein geringes Ausmaß an Hilflosigkeitstraining leistungsverbessernd wirke, während ein hohes Ausmaß zu Passivität führe, zu stützen scheinen (vgl. auch Roth & Kubal, 1975).

Selbstverantwortlichkeit: Ein Integrationsversuch

Im vorangegangenen Abschnitt dieses Kapitels sind sechs Forschungsgebiete überblicksartig besprochen worden. Diese Forschungsgebiete sind: Lokation der Kontrolle, persönliche Verursachung, intrinsische versus extrinsische Motivation, wahrgenommene Freiheit, Reaktanz, und gelernte Hilflosigkeit (vgl. Tab. 6.6, S. 212). Es ist offensichtlich, daß diese Forschungsgebiete viel gemeinsam haben. Erstens beschäftigen sich alle mit der Zuschreibung von Verantwortlichkeit entlang eines internal (Selbst)-external (Umwelt)-Kontinuums. So hängen einerseits die Konstrukte Internalität, Urheber, intrinsische Motivation, wahrgenommene Freiheit, und Kontrollierbarkeit zusammen; ebenso andererseits die Konstrukte Externalität, Abhängiger, extrinsische Motivation, geringe wahrgenommene Freiheit, und Nichtkontrollierbarkeit.

Die mit diesen Konstrukten arbeitende Forschung hat sich sowohl mit den Antezedenzien dieser Zustände, als auch mit ihren Konsequenzen beschäftigt. Unter den Antezedensbedingungen (und dies umfaßt noch keineswegs alle der von den verschiedenen Theoretikern aufgeführten Möglichkeiten) befinden sich: Fähigkeits- vs. Zufallsabhängigkeit der Aufgabe, Strukturiertheit der Situation, Höhe der angebotenen externen Belohnung, Gleichwertigkeit der Wahlalternativen, Umweltbeschränkungen, und die Kontingenz zwischen Reaktion und Verstärkung

Tabelle 6.6: Theoretische Ansätze in der Selbstverantwortlichkeitsforschung

		Antezedenzien		Konsequenzen	
Konstrukt	Theoretiker	internal	external	internal	external
Lokation der Kontrolle (Internal-External)	Rotter (1966)	fähigkeitsabhängige Aufgabensituation	zufallsabhängige Aufgabensituation	Informationssuche; typische Erwartungsänderungen	Vermeidung von Information; atypische Erwartungsänderungen
Persönliche Verursachung (Urheber-Abhängiger)	de Charms (1968)	„richtig" strukturierte Situation	zu stark strukturierte Situation	Urhebergefühl; realistische Zielsetzung	Abhängiger-Gefühl; unrealistische Zielsetzung
Intrinsische vs. extrinsische Motivation	Deci (1975)	geringe externe Belohnung; intrinsische Motivation	hohe externe Belohnung	anhaltende Motivation	Mangel an Motivation zur Fortführung einer Tätigkeit
Wahrgenommene Freiheit	Steiner (1970)	gleichwertige Alternativen	ungleichwertige Alternativen	wahrgenommene Wahlfreiheit	geringe wahrgenommene Wahlfreiheit
Reaktanz	Brehm (1966)	keine Einschränkungen der Handlungsfreiheit	Einschränkungen der Handlungsfreiheit	Gleichgewichtszustand	Einstellungsänderung; Motivation zur Wiederherstellung des Gleichgewichtszustandes
Gelernte Hilflosigkeit	Seligman (1975)	Zusammenhang zwischen Reaktion und Verstärkung	Unabhängigkeit von Reaktion und Verstärkung	Normales Funktionieren	Lern-, motivationale und emotionale Defizite

(vgl. Tab. 6.6). Diese Antezedensbedingungen beeinflussen das Ausmaß an Informationssuche, Erwartungsänderungen, das persönliche Gefühl, ein Urheber oder ein Abhängiger zu sein, die realistische Zielsetzung, das Ausmaß der Motivation zur Fortführung einer Tätigkeit, die wahrgenommene Wahlfreiheit, Einstellungen, und das Funktionieren des Organismus. Wieder sei der Leser daran erinnert, daß die von Rotter, de Charms, Deci, Steiner, Brehm und Seligman diskutierten Auswirkungen noch weit über dieses bereits enorme Spektrum von Verhaltensweisen und psychischen Zuständen und Prozessen hinausgehen. Es nimmt daher kaum Wunder, daß diese Forschungsansätze so viel Aufmerksamkeit auf sich gelenkt haben; Selbstverantwortlichkeit ist momentan das vielleicht populärste Thema der Motivations-, Persönlichkeits- und Sozialpsychologie.

Aus Tabelle 6.6 wird ferner klar, daß Selbstverantwortlichkeit mit einer Wertung einhergeht: Internalität ist „gut", Externalität ist „schlecht". Genauer gesagt wird angenommen (vgl. Tab. 6.6), daß Internalität zu Aufnahmebereitschaft gegenüber neuer Information, angemessenen Erwartungsänderungen, dem Gefühl, ein Urheber zu sein, Realismus bei der Zielsetzung, anhaltender Motivation zur Fortführung einer Tätigkeit, wahrgenommener Freiheit, und normalem Funktionieren führt, während Externalität das Vermeiden von Information, unangemessene Erwartungsänderungen, das Gefühl, ein Abhängiger zu sein, Mangel an Realismus, geringe Motivation zur Fortführung einer Tätigkeit, geringe wahrgenommene Wahlfreiheit, Versuche zur Wiedergewinnung der Handlungsfreiheit und Lern-, motivationale und emotionale Defizite zur Folge hat. Man sollte sich jedoch der Tatsache bewußt sein, daß es sich bei der Ansicht, einige dieser Konsequenzen seien „schlecht", um ein reines Werturteil handelt. Von einer marxistischen Perspektive aus z. B. könnte man behaupten, daß der Verzicht auf individuelle Freiheit zugunsten des Kollektivs ein erstrebenswertes höheres Ziel darstelle. Falls der freiwillige Verzicht auf Kontrolle tatsächlich das größtmögliche Wohlergehen einer größtmöglichen Anzahl von Mitgliedern einer Gesellschaft zur Folge hat, dann werden die möglichen positiven Auswirkungen eines Kontrollverlusts von den besprochenen Theorien offensichtlich unterschätzt. Es ist wohl nicht zu bestreiten, daß der wissenschaftliche Prozeß durch den sozialen Kontext, in dem er stattfindet, beeinflußt wird: Die Forschung zur wahrgenommenen Kontrolle ist, sowohl was ihren Ursprung, als auch was ihre Eigenart betrifft, „typisch amerikanisch".

Zusammenfassung

Die soziale Lerntheorie stellt eine Alternative zur wissenschaftlich vielfach inadäquaten intrapsychischen Verhaltenskonzeption der Psychoanalyse dar. Im Gegensatz zu psychoanalytischen Ansichten nehmen die sozialen Lerntheoretiker an, daß die wesentlichen Determinanten des Verhaltens erlernt sind und daß eine der wichtigsten Lernformen das Beobachtungslernen (Lernen durch die Beobachtung der Handlungen von Modellen) ist. Darüber hinaus wird postuliert, daß die externe Situation eine Schlüsselrolle bei der Steuerung des Verhaltens spielt und daß sich daher Verhalten situationsabhängig ändert. Diese Ansichten haben zur sogenannten Eigenschaft-vs.-Situation-Kontroverse geführt, welche gegenwärtig eine der am meisten debattierten Streitfragen der Persönlichkeitspsychologie darstellt.

Aus der Perspektive des sozial-lerntheoretischen Ansatzes formulierte Julian Rotter eine Erwartungs-Wert-Theorie des Handelns. Er postuliert, daß die Wahrscheinlichkeit, mit der ein bestimmtes Verhalten ausgeführt wird, bzw. das Verhaltenspotential, von der Verstärkungserwartung und dem Wert des Verstärkers determiniert wird. Erwartung wird ihrerseits als Produkt der Verstärkungsgeschichte in einer spezifischen Situation und einer generalisierten Verstärkungserwartung, die von Erfahrungen in ähnlichen Situationen herrührt, angesehen. Obwohl Erwartung und Wert als voneinander unabhängig angesehen werden, ist ihr jeweiliges Verhältnis zueinander doch von großer Bedeutung für die Anpassung der Person. Eine niedrige Zielerwartung bei gleichzeitig bestehender hoher Bewertung des Ziels ist besonders dazu angetan, Verhaltensstörungen hervorzurufen.

Eines der Forschungsgebiete, die sich aus Rotters sozialer Lerntheorie entwickelt haben, beschäftigt sich mit der wahrgenommenen Lokation der Kontrolle. Verstärkung kann als das Resultat persönlicher Fähigkeit oder Anstrengung angesehen werden – wie in fähigkeitsabhängigen Aufgabensituationen – oder als von externalen Faktoren kontrolliert, wie in zufallsabhängigen Aufgabensituationen. Die Wahrnehmung von Situationen als fähigkeits- versus zufallsabhängig beeinflußt die Erwartungsänderungen nach Erfolg und Mißerfolg. Darüber hinaus bestehen interindividuelle Unterschiede in bezug auf die Wahrnehmung von Situationen als internal versus external kontrolliert. Untersuchungen deuten darauf hin, daß Personen mit internalen Kontrollüberzeugungen eine stärkere Tendenz zur Informationssuche zeigen und diese Information besser nutzen als Personen mit externalen Kontrollüberzeugungen.

Neben der aus der Rotterschen Theorie herstammenden Forschung zur Lokation der Kontrolle beschäftigen sich noch mehrere andere Forschungsansätze gegenwärtig mit dem Themenbereich Selbstverantwortlichkeit und wahrgenommene Handlungsfreiheit. Diese Forschungsarbeiten laufen unter den Stichworten persönliche Verursachung (Urhebererleben versus Abhängiger-Erleben), intrinsische versus extrinsische Motivation, wahrgenommene Freiheit, Reaktanz und gelernte Hilflosigkeit. Einschlägige Untersuchungen haben einige der Antezedensbedingungen identifiziert, die diese Überzeugungen und Zustände beeinflussen, sowie einige der Konsequenzen der Überzeugungen bezüglich persönlicher Kontrolle und Handlungsfreiheit festgestellt. Von besonderer Bedeutung ist die Hypothese, daß wahrgenommener Kontrollverlust eine der Antezedensbedingungen von Depression sein kann. Die Erforschung wahrgenommener Verantwortlichkeit ist gegenwärtig das aktivste Forschungsgebiet der Persönlichkeits-, Motivations- und Sozialpsychologie.

In den vorangegangenen Kapiteln habe ich auf die heuristische Fruchtbarkeit der psychoanalytischen Theorie, die Präzision der Hullschen Theorie, das Interesse für komplexes menschliches Verhalten im Rahmen der Theorie Lewins und auf die Verbindung dieser Vorzüge in der Theorie der Leistungsmotivation hingewiesen. Was die sozialen Lerntheoretiker betrifft, so treten sie für einen sorgfältigeren Umgang mit theoretischen Konstrukten ein und legen damit der Motivationsforschung diesbezüglich stärkere Beschränkungen auf. Darüber hinaus haben sie die Bedeutung von Umweltfaktoren im Gegensatz zu intrapsychischen Verhaltensdeterminanten demonstriert. Damit haben sie zu mehr Ausgeglichenheit in bezug auf die allgemein anerkannte Ansicht, daß Verhalten eine Funktion von sowohl Umwelt als auch Person sei, beigetragen. Und indem sie den Anstoß zur Erforschung der persönlichen Kontrolle gegeben haben, haben die sozialen Lerntheoretiker die Aufmerksamkeit auf ein wichtiges psychologisches Problem gelenkt. Schließlich ist erwähnenswert, daß die Vertreter der sozialen Lerntheorie durch ihre wissenschaftlich-psychologische Arbeit auch eine bedeutende philosophische Debatte neu belebt haben – die Diskussion über das Konzept der „Willensfreiheit“.

III. Theorien der kognitiven Umweltbewältigung und des persönlichen Wachstums

7. Kapitel
Die Attributionstheorie

Einleitung

Ganz offensichtlich stimmen die meisten Motivationstheoretiker darin überein, daß Organismen bestrebt sind, Lust zu maximieren und Unlust zu minimieren, daß also Verhalten im Dienst des Lustprinzips steht. Das sollte einen nicht überraschen, denn, wie Freud (1920/1975) feststellte: „die Eindrücke welche der Aufstellung [des Lustprinzips] zugrundeliegen, sind so augenfällig, daß es kaum möglich ist, sie zu übersehen" (S. 217). Freud wird häufig als der kompromißloseste Verfechter der hedonistischen Position angesehen. Aber auch die Triebtheoretiker und die Erwartungs-Wert-Theoretiker sahen im Gewinn von Lust und im Vermeiden von Unlust die „Triebfedern des Handelns".

Freud zog jedoch noch eine weitere „Triebkraft" in Betracht, welche dem, was wir heute als „Streben nach Kompetenz und kognitiver Bewältigung der Umwelt *(mastery)*" bezeichnen, ähnlich ist. Wie wir uns erinnern, wurde im Kapitel über die psychoanalytische Theorie erwähnt, daß Freud eine Reihe von Phänomenen beobachtete – wie Unfallträume, Versteckspiele („Verschwinden und Wiederkommen") und Übertragung in der Therapie (d.h. der Patient verhält sich zum Psychoanalytiker wie zu einer Vaterfigur) – welche auftreten, obwohl sie anscheinend keinen Lustgewinn mit sich bringen. Freud kam aus diesem Grund zu folgendem Schluß:

> ... bei näherer Überlegung muß man doch zugestehen, daß ... der Sachverhalt durch die Leistung der uns bekannten Motive [des Lustprinzips] nicht gedeckt wird. Es bleibt genug übrig, was die Annahme des Wiederholungszwanges rechtfertigt, und dieser erscheint uns ursprünglicher, elementarer, triebhafter als das von ihm zur Seite geschobene Lustprinzip (Freud, 1920/1975 S. 233).

Im Anschluß daran meint Freud, daß dieser Wiederholungszwang ein Ausdruck des Todestriebes sei. Aber er zieht auch eine alternative Erklärung in Betracht.

Bezugnehmend auf Spiele des Verschwindens und Wiederkommens bei Kindern schreibt er:

> ... bei unbefangener Betrachtung gewinnt man den Eindruck, daß das Kind das Erlebnis aus einem anderen Motiv zum Spiel gemacht hat. Es war dabei passiv, wurde vom Erlebnis betroffen und bringt sich nun in eine aktive Rolle, indem es dasselbe, trotzdem es unlustvoll war, als Spiel wiederholt. Dieses Bestreben könnte man einem Bemächtigungstrieb zurechnen, der sich davon unabhängig macht, ob die Erinnerung an sich lustvoll war oder nicht (Freud, 1920/1975, S. 226).

Freud zog diesen „Bemächtigungstrieb" dann auch zur Erklärung von Übertragung und Unfallträumen heran. In bezug auf letztere meinte er:

> Wenn die Träume der Unfallsneurotiker die Kranken so regelmäßig in die Situation des Unfalles zurückführen, so dienen sie damit allerdings nicht der Wunscherfüllung, deren halluzinatorische Herbeiführung ihnen unter der Herrschaft des Lustprinzips zur Funktion geworden ist. Aber wir dürfen annehmen, daß sie sich dadurch einer anderen Aufgabe zur Verfügung stellen, deren Lösung vorangehen muß, ehe das Lustprinzip seine Herrschaft beginnen kann. Diese Träume suchen die Reizbewältigung unter Angstentwicklung nachzuholen (Freud, 1920/1975, S. 241).

Zusammenfassend kann man also sagen, daß Freud zwei fundamentale motivationale Prinzipien oder Kräfte postulierte: 1. das hedonistische (Lust-Unlust-) Prinzip, und 2. das Bestreben nach dem Verstehen der Umwelt und des eigenen Selbst. Das hedonistische Prinzip wurde zum Leitprinzip der Motivationsforschung, und man kann davon ausgehen, daß es durch ein anderes Handlungsprinzip so schnell nicht abgelöst werden wird. In den letzten Jahren gewann jedoch daneben die Idee eines Bestrebens nach Kontrolle der Umwelt und nach Informationsgewinnung zunehmend an Bedeutung. Ein solches Motiv wurde z.B. als Erklärung für die Bevorzugung von Aufgaben mittleren Schwierigkeitsgrades in leistungsbezogenen Kontexten vorgeschlagen (vgl. 5. Kapitel). Am deutlichsten ausgeprägt ist der Gedanke, daß Menschen dazu motiviert sind, ihre Umwelt kognitiv zu bewältigen und zu verstehen, jedoch bei den Attributionstheoretikern. Harold Kelley (1967) z.B., einer der führenden Theoretiker auf diesem Gebiet, nimmt an, daß Menschen dazu motiviert sind, „die kausale Struktur [der] Umwelt kognitiv zu bewältigen" (S. 193). Man will wissen, warum ein Ereignis eingetreten ist – d.h. welcher Ursache oder welchem Motiv es zuzuschreiben ist. Fritz Heider (1958), der anerkannte „Begründer" der Attributionstheorie, erklärt:

> Die kausale Struktur der Umwelt, und zwar sowohl wie der Wissenschaftler sie beschreibt, als auch wie sie von der naiven Person verstanden wird, ist so geartet, daß wir gewöhnlich nur mit dem in Berührung kommen, was wir als den Ausdruck oder die Manifestationen zugrundeliegender Kernprozesse oder -strukturen bezeichnen könnten. Wenn ich z.B. auf meinem Schreibtisch Sand vorfinde, werde ich die Ursache dieses Ereignisses herauszufinden versuchen. Ich unternehme diese Nachforschung nicht aus bloßer Neugierde, sondern weil ich die Umwelt nur dann vorhersagen und kontrollieren kann, wenn ich dieses relativ unbedeutende Symptom mit einem zugrundeliegenden Kernereignis in Zusammenhang bringe. Sollte ich herausfinden, daß der Sand aus einem Riß in der Decke kommt und daß dieser Riß infolge der mangelnden Tragfähigkeit einer der Wände entstanden ist, dann habe ich eine für mich lebenswichtige Schicht des Verstehens erreicht. Der Sand auf meinem Schreibtisch ist nur ein Symptom, eine Manifestation, die solange mehrdeutig bleibt, bis sie mit dispositionellen Eigenschaften in Zusammenhang gebracht wird – in diesem Fall mit Rissen und Überbeanspruchungen in der Wand ... Die Suche nach den relativ beständigen Aspekten unserer Welt, den dispositionellen Eigenschaften der Natur, kann uns entweder sehr weit von den unmittelbar gegebenen Tatsachen fortführen oder kann kaum einen Schritt davon entfernt enden. D.h. es gibt eine Hierarchie von Erkenntnissen über die Umwelt, die bei der eher reizgebundenen Wahrnehmung von „Fakten" beginnt und allmählich zu den zugrundeliegenden Ursachen dieser Fakten vordringt ... Der Mensch gibt sich gewöhnlich nicht damit zufrieden, die ihn umgebenden beobachtbaren Tatsachen einfach zu registrieren; er hat das Bedürfnis, sie so weit als möglich mit den Konstanten seiner Umgebung in Verbindung zu bringen ... Die zugrundeliegenden Ursachen von Ereignissen, insbesondere die Motive anderer Personen, stellen diese für uns relevanten Konstanten der Umwelt dar; sie sind es, die unseren Erfahrungen Bedeutung verleihen – Bedeutungen, die wir als die Wirklichkeiten unseres Lebensraumes registrieren und abspeichern, und gemäß denen wir dann handeln (Heider, 1958, S. 80–81).

Wie bereits aus den obigen Freud-Zitaten hervorgeht, sind die Attributionstheoretiker nicht die einzigen, die den Menschen als Erkenntnissuchenden charakterisieren. Auch in Festingers Theorie der sozialen Vergleichsprozesse findet sich die grundlegende Annahme, daß

> im Menschen ein Bedürfnis existiert, seine Meinungen und Fähigkeiten vergleichend zu beurteilen ... Die Kognitionen einer Person (ihre Meinungen und Überzeugungen) über die Situation, in der sie sich befindet, und ihre Einschätzung dessen, was sie tun kann (die Bewertung ihrer Fähigkeiten) werden sich zusammengenommen auf ihr Verhalten auswirken. Fehlerhafte Überzeugungen und/oder unzutreffende Einschätzungen eigener Fähigkeit können in vielen Situationen zu negativen Konsequenzen führen oder sogar tödlich sein (Festinger, 1954, S. 117).

Man könnte die Meinung vertreten, daß das Verstehen des eigenen Selbst und der Umwelt die Überlebenschance steigert und, über kurz oder lang, auch zu größerem Lustgewinn führt. Das ist im obigen Festinger-Zitat impliziert. Demnach würde das Bestreben nach kognitiver Bewältigung der Umwelt also unter das Lustprinzip subsumiert. Man könnte jedoch auch davon ausgehen, das Streben nach Erkenntnis sei unabhängig von hedonistischen Bedürfnissen und könne sich auch gegen widerstrebende hedonistische Tendenzen durchsetzen, wie etwa im Fall schmerzhafter Erkenntnisse. Das scheint Freuds Auffassung gewesen zu sein, und dies ist auch die Überzeugung der Attributionstheoretiker.

Neben der Annahme eines Motivs zur kognitiven Bewältigung der Umwelt besteht ein weiteres Merkmal der Attributionstheorie, welches sie von den bislang erörterten motivationstheoretischen Konzeptionen abgrenzt, darin, daß es sich bei ihr um einen rein kognitiven Ansatz handelt. Bevor ich daher im Detail auf die Attributionstheorie eingehe, möchte ich kurz die geschichtlichen Wurzeln und grundlegenden Annahmen der kognitiven Psychologie erörtern. Anschließend komme ich auf die Attributionstheorie und auf die den Attributionsprozeß beeinflussenden antezedenten Bedingungen zu sprechen. Danach gehe ich auf einige Punkte der Kritik am attributionstheoretischen Ansatz sowie auf Ausweitungen der Attributionstheorie auf die Erklärung kognitiver Dissonanz, Emotion und ausgewählter Aspekte tierischen Verhaltens ein.

Historischer Hintergrund und Grundprinzipien des kognitiven Ansatzes in der Psychologie

Die kognitive Psychologie beschäftigt sich damit, wie einlaufende sensorische Reize „transformiert, reduziert, elaboriert, wiederabgerufen und genutzt werden" (Neisser, 1967, S. 4). Nach Auffassung kognitiver Theoretiker treiben Stimuli den Organismus weder an, noch setzen sie mechanistische Gedankenketten in Gang. Stimuli werden vielmehr als eine Quelle von Information verstanden. Häufig wird behauptet, daß die verarbeitete Information in eine „Überzeugung" integriert werde, welche die externe, physikalische Umwelt „sinnvoll" erscheinen lasse.

Frühe Ansätze zur Erforschung mentaler Prozesse hatten sich häufig als unfruchtbar erwiesen und wurden unter der von Watson und den nachfolgenden Behavioristen wie Skinner sowie von Neobehavioristen wie Hull ausgelösten psychologischen Lawine begraben. Diese Entwicklung wurde teilweise durch die Fehlauffassung begünstigt, nur durch das Studium von Verhalten (beobachtbaren Reaktionen) könne die Frage der Funktionalisten beantwortet werden, wie sich ein Organismus seiner Umwelt anpaßt. In den letzten dreißig Jahren ließ die assoziationistische Herrschaft in der Psychologie jedoch allmählich nach; heutzutage gibt es sie nicht mehr. Für zeitgenössische Psychologen besteht die Streitfrage nicht länger darin, ob Kognitionen das Verhalten beeinflussen oder nicht, sondern wie und unter welchen Bedingungen sich dieser Einfluß manifestiert.

Die gegenwärtige Akzeptierung des Studiums mentaler Prozesse ist das Resultat vielfältiger Faktoren. Der Hauptgrund für das Erstarken einer kognitiv orientierten Psychologie war vielleicht, daß die Mechanisten viele Verhaltensweisen nicht zureichend erklären konnten. Darüber hinaus stellten nach der Meinung Heiders (1958) der weitverbreitete Gebrauch projektiver Tests sowie das Interesse der Experimentalpsychologen an Wahrnehmung und das der Sozialpsychologen an Personwahrnehmung einen starken Impuls für die Erforschung höherer geistiger Prozesse dar und schufen zugleich ein günstiges Klima dafür. Zusätzlich verlieh das Aufkommen der Informationstheorie und der Computermodelle der Untersuchung mentaler Prozesse wissenschaftliches Ansehen. Diese mathematischen Ansätze versprachen die mit der Erforschung psychischer Prozesse häufig einhergehende vage Terminologie zu präzisieren und operational zu verankern. Schließlich ist darauf hinzuweisen, daß die zeitgenössischen Kognitionstheoretiker die methodologischen Errungenschaften und ausgeklügelten Forschungsstrategien der Behavioristen in ihre Untersuchungen übernommen haben.

Kognitive Theorien des Verhaltens

Baldwin (1969) charakterisiert eine kognitive Verhaltenstheorie folgendermaßen:

> Eine kognitive Verhaltenstheorie geht von der Annahme aus, daß der erste Abschnitt in der [kognitiven] Ereigniskette, die durch die Stimulussituation ausgelöst wird und schließlich in einem Verhalten endet, in der Konstruktion einer kognitiven Repräsentation der Umwelt besteht. Die späteren Ereignisse in dieser Kette werden durch diese kognitive Repräsentation angeregt, modifiziert und gesteuert. Die kognitive Repräsentation fungiert somit als die eigentlich psychologisch wirksame Umwelt, welche Motive und Emotionen wachruft und beobachtbares Verhalten zu seinem Ziel hinleitet (S. 326).

Eine kognitive Analyse des Verhaltens erfordert somit zwei getrennte Schritte (vgl. Diagramm 7.1). Im ersten Schritt wird eine kognitive Repräsentation (ein Schema) der wahrgenommenen Stimuli konstruiert. Im zweiten Schritt wird dann spezifiziert, auf welche Art diese Kognition das Zielverhalten beeinflußt. D.h. die Umwelt wird zuerst subjektiv interpretiert, und Verhalten wird dann ausgeführt, „weil ich der Meinung war, daß ..." (Neisser, 1967, S. 4).

Diagramm 7.1: Modell einer kognitiven Verhaltenstheorie

Vorausgehende Reize ⟶ Vermittelndes kognitives Ereignis ⟶ Verhalten

Damit wird deutlich, daß eine kognitive Theorie des Handelns zumindest die Rudimente einer Theorie der kognitiven Repräsentation der Umwelt enthalten muß, um den ersten der zwei oben angeführten Schritte vornehmen zu können. Von diesem Standpunkt aus gesehen, ist zu den *bisher* erörterten Theorien folgendes zu sagen: Hulls Konzeption war vollkommen mechanistisch, da in ihr mentale Vorgänge weder berücksichtigt noch akzeptiert wurden. In der Theorie von Freud und in den Erwartungs-Wert-Theorien werden zwar neben mechanistischen Begriffen (Energie, Spannung, Kraft) auch kognitive (Ich, Lebensraum, Erwartung) verwendet, jedoch fehlt eine detaillierte Analyse mentaler Prozesse. Die wichtigste kognitive Komponente in den Erwartungs-Wert-Theorien von Lewin, Atkinson und Rotter z.B. reflektiert den Effekt von Erfahrung oder Lernen (enthalten in den Termini „psychologische Distanz", „subjektive Wahrscheinlichkeit", und „Zielerwartung"). Jedoch vermerkte schon Festinger (1957) in diesem Zusammenhang:

> Zweifellos sind die spezifischen Handlungen einer zur Erreichung eines bestimmten Zieles motivierten Person teilweise durch deren Kognitionen über ihre Umwelt und die Wege, die zum erwünschten Ziel führen, determiniert. Das ist jedoch nur ein Aspekt der Beziehung zwischen Handlung und Kognition (S. 128).

Die in diesem Zitat angesprochenen weiteren „Aspekt(e) der Beziehung zwischen Handlung und Kognition" wurden von den bislang erörterten Motivationstheorien ignoriert; der Versuch, eine Theorie der Umweltrepräsentation und des Denkens zu konstruieren, unterblieb. Unberücksichtigt blieben z.B. der Prozeß der Filterung und Selektion von Information, ebenso der Kombination und Speicherung von Information und der Prozeß der Wahrnehmung von Kausalität – um nur einige der handlungsrelevanten höheren geistigen Prozesse zu nennen. Weitere kognitive Funktionen, z.B. die Organisation des Gedächtnisses und die Phantasietätigkeit betreffend, fanden zwar das Interesse von Theoretikern wie Lewin und Atkinson, doch blieben ihre diesbezüglichen Überlegungen von peripherer Bedeutung für ihre formalen Verhaltenssysteme und wurden nicht systematisch in diese integriert.

Warum sich Theoretiker wie Lewin, Atkinson und Rotter nicht eingehender mit kognitiven Prozessen und der Beziehung zwischen Kognition und Handeln auseinandergesetzt haben, kann nur spekulativ beantwortet werden. Atkinson z.B. war stark von Freuds These beeinflußt, die wesentlichen Determinanten des Verhaltens seien unbewußt. Er glaubte, daß Personen nicht einmal über das allgemeine Niveau ihrer Leistungsmotivation genau Auskunft geben könnten. Richtig ist jedoch auch, daß die bedeutendsten verhältnismäßig kognitiv orientierten Motivationstheoretiker in erster Linie an Verhalten und erst sekundär an Kognition interessiert waren. Die Attributionstheoretiker kehrten diese Priorität der Interessen womöglich um, indem sie sich mehr mit dem Prozeß der Kausalattribution selbst als mit den Konsequenzen dieser Attributionen für das Verhalten beschäftigten. Ich will mich nun der Attributionstheorie und dem Problem der Kausalinferenz zuwenden.

Der allgemeine attributionstheoretische Ansatz

„Die" Attributionstheorie, im Sinne eines vereinheitlichten Korpus an Wissen, gibt es nicht. Vielmehr existieren viele Arten von Attributionstheoretikern und -theorien. Dessen ungeachtet lassen sich einige zentrale Probleme angeben, welche das Denken aller Forscher auf diesem Gebiet leiten (z.B. Heider, 1958; Jones, Kanouse, Kelley, Nisbett, Valins, und Weiner, 1972; Kelley, 1967; Weiner, 1974). Attributionstheoretiker beschäftigen sich mit der Wahrnehmung von Kausalität bzw. den wahrgenommenen Ursachen für das Eintreten eines bestimmten Ereignisses. Ausgehend von der Analyse naiver Ursachenwahrnehmung entwickelten sich drei allgemeine Forschungsprogramme: (1) Spezifizierung der wahrgenommenen Verhaltensursachen, unter besonderer Berücksichtigung der im letzten Kapitel besprochenen Unterscheidung zwischen internaler (in der Person lokalisierter) und externaler (in der Umwelt lokalisierter) Kausalität. (2) Entwicklung allgemeiner Gesetzmäßigkeiten der Beziehung von Antezedensinformation und kognitiven Strukturen zu Kausalinferenzen. (3) Erforschung der Auswirkungen von Kausalattributionen auf verschiedene Indizes beobachtbaren Verhaltens.

Das folgende Beispiel möge dies illustrieren. Angenommen, jemand tritt mir in der U-Bahn auf die Zehen. Attributionstheoretiker würden wahrscheinlich die folgenden Fragen stellen: (a) Was sind die wahrgenommenen Ursachen dieses Ereignisses? (Handelt es sich z.B. um einen absichtlich ausgeführten aggressiven Akt, um ein Versehen, oder ist das Ereignis darauf zurückzuführen, daß ich zu nahe bei der Tür stand?) (b) Welche Informationen beeinflußten die jeweils getroffene Kausalattribution? (Z.B. die geballte Faust des Aggressors, die Beobachtung, daß auch anderen Personen auf die Zehen getreten wird?) (c) Worin bestehen die Verhaltenskonsequenzen der jeweiligen Kausalattribution (z.B. auf den Aggressor einschlagen, eine abwertende Bemerkung über die öffentlichen Verkehrsmittel machen, sich von der Zugtür entfernen?).

Festgehalten werden sollte hier, daß es sich bei der „Wahrnehmung" von Ursachen strenggenommen um eine *Zuschreibung* durch den Beobachter handelt; Ursachen *per se* sind nicht direkt beobachtbar. Daß mir z.B. jemand „mit aggressiver Absicht" oder „versehentlich" auf die Zehen trat, kann ich nur schlußfolgern. Bereits Hume (1739) behauptete, daß Kausalität keine den Sinneseindrücken inhärente Eigenschaft sei. Um Humes Beispiel zu verwenden: Eine Kugel A prallt auf eine Kugel B auf, und B bewegt sich daraufhin. Nur soviel ist beobachtbar. Man mag zwar dann schlußfolgern, daß A die Lageveränderung von B verursachte – d.h. man kann die Bewegung von B auf den Aufprall von A zurückführen – aber man kann diese Verursachung nicht direkt wahrnehmen. Hume (und später Kant, 1781) behaupteten, daß Ursachen vom Beobachter konstruiert würden, weil sie die Umwelt verständlicher erscheinen ließen.

Die Allgegenwärtigkeit kausaler Konstruktionen wurde auf eindrucksvolle Weise in den Experimenten von Heider und Simmel (1944) und Michotte (1946) demonstriert. In Michottes Experimenten wurden den Versuchspersonen zwei sich bewegende Scheiben, eine rot (A), die andere schwarz (B), auf einer Leinwand vorgeführt. Objekt A bewegte sich z.B. auf B zu und stieß auf B. Wenn sich daraufhin B sofort wegbewegte, hatten die Versuchspersonen den zwingenden „kausalen Eindruck", daß die Bewegung von B von A verursacht worden sei. Michotte nannte dieses Phänomen den „Ingangsetzungs-Effekt" *(launching effect)*. Die Wahrnehmung dieses Effektes wird in starkem Maße vom Zeitintervall zwischen dem Aufprall von A und der Fortbewegung von B beeinflußt. War dieses Zeitintervall kürzer als 75 msec, dann interpretierten die Versuchspersonen die wahrgenommene Bewegung der zwei Scheiben als „unmittelbares Ingangsetzen" (vgl. Abb. 7.1).

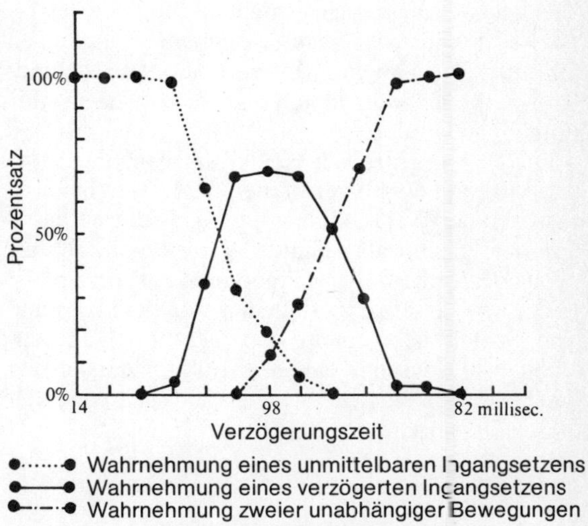

Abbildung 7.1: Wahrnehmung des „Ingangsetzungs-Effekts" in Abhängigkeit vom Zeitintervall zwischen dem Aufprall von A auf B und der Fortbewegung von B (aus Michotte, 1946, S. 94)

Näherte sich die Intervalldauer 100 msec, so war die häufigste Interpretation die eines „verzögerten Ingangsetzens". Wenn die Intervalldauer mehr als 200 msec betrug, dann hatten die Versuchspersonen nicht länger den Eindruck, daß A die Bewegung von B verursachte. Michotte berichtet ferner über ein Experiment, in dem B sich nach dem Anstoß zusammen mit A in die Richtung zurückbewegte, aus der A gekommen war. Diese Bewegung wurde von den Versuchspersonen als „B wird von A mitgenommen" oder „B schließt sich A an" interpretiert. Michotte nannte dies den „Verlade-Effekt" *(entraining effect)*.

Die Versuchsanordnung von Heider und Simmel (1944) ist der von Michotte verwendeten ähnlich, jedoch wurden drei sich bewegende Figuren anstatt zwei verwendet, und zwar ein großes Dreieck, ein kleines Dreieck und ein Kreis. Auch waren die

Bewegungen dieser Figuren komplizierter als die der von Michotte verwendeten; kurz, die gesamte Reizkonfiguration war komplexer. In der Interpretation der Versuchspersonen entstanden aus den Bewegungen der Figuren zwischenmenschliche Dramen: Z. B. wurde ein Zusammenprall von Figuren als Kampf interpretiert, sich gemeinsam bewegende Figuren wurden als „zusammengehörig" erlebt usw. Besonders hervorgehoben wurde von Heider und Simmel die „große Bedeutung, welche die Kausalinterpretation bei der Organisation der Ereignisse spielte" (S. 251). Diese Organisation wurde weitgehend durch den Figuren zugeschriebene Motive erreicht. Als selbstverursacht wahrgenommene Handlungen führten z. B. zu anderen Interpretationen als Handlungen, die als von anderen Figuren induziert wahrgenommen wurden.

Die Experimente von Heider und Simmel (1944) und Michotte (1946) verwischen die Unterscheidung zwischen der Wahrnehmung physikalischer Objekte und der Personwahrnehmung: Objekte wurden als „Personen" mit Motiven, Emotionen usw. perzipiert. Lange vor diesen Experimenten war bereits Hume zum Schluß gekommen, daß *jegliche* „Wahrnehmung" von Kausalität eine Konstruktion darstellt; er unterschied dabei nicht zwischen kausalen Analysen physikalischer und psychologischer Ereignisse.

Heiders „naive" Handlungstheorie

Heider versteht sein Werk als eine „Erforschung der Alltagspsychologie" (1958, S. 79), insofern er sich mit den Konzeptionen des „Durchschnittsmenschen" über psychologische Kausalität beschäftigt. Viele der grundlegenden Begriffe in Heiders Theorie sind der Umgangssprache entnommen. Wörter wie „geben", „nehmen", „versuchen", „können" und „dürfen" bilden die Grundlage seiner begrifflichen Analysen. Heider betrachtet es als sein Ziel, „einige der grundlegenden Begriffe zu präzisieren, die am häufigsten bei der Analyse naiver Verhaltensbeschreibungen angetroffen werden" (S. 14).

Heiders allgemeiner theoretischer Rahmen zeigt einen starken Einfluß der Gestaltpsychologie und Kurt Lewins. Heider (1958) bemerkt selbst dazu:

> Lewins feldtheoretischer Ansatz – bekannt als Topologie (Lewin, 1936, 1938) – bildete den Hintergrund für viele Gedankengänge der gegenwärtigen Theorie interpersoneller Beziehungen. Obwohl nicht viele der spezifisch topologischen Begriffe direkt übernommen wurden, so waren diese doch für die Konstruktion von neuen Begriffen hilfreich, mit deren Hilfe wir einige der grundlegenden Tatsachen zwischenmenschlicher Beziehungen darzustellen versucht haben (S. 4).

Die begriffliche Analyse des Handelns

Die grundlegendste Unterscheidung von wahrgenommenen Verhaltensursachen, die von Heider (1958) getroffen wurde, ist die zwischen Faktoren in der Person und Faktoren in der Umwelt. Diese Unterscheidung ist dem Lewinschen Postulat, daß Verhalten eine Funktion von Person und Umwelt sei [V = f (P,U)], offensichtlich äußerst ähnlich. Anders als Lewin bezieht sich Heider jedoch nicht auf die tatsächlichen auf eine Person einwirkenden psychologischen Kräfte und Verhaltensdeterminanten, sondern auf die *wahrgenommenen* Ursachen von Verhalten (obwohl er häufig – nicht ganz präzise – den Ausdruck „Motivation" anstatt „wahrgenommene Motivation" verwendet). Die wissenschaftliche Motivationsforschung und die naive Motivationsanalyse (welche man auch als die Ethnowissenschaft der Motivation bezeichnen könnte) können natürlich völlig verschiedene Gesetzmäßigkeiten hervorbringen. D. h. die „wahren" und die wahrgenommenen Verhaltensursachen müssen keineswegs identisch sein (obwohl Beziehungen zwischen beiden vorhanden sein sollten).

Die Person-Umwelt-Unterscheidung soll durch ein einfaches, von Heider (1958) stammendes Beispiel klar gemacht werden. Angenommen, jemand rudert an einem windigen Tag über einen See. Ob das gewünschte Handlungsziel (das Erreichen des anderen Ufers) tatsächlich erreicht wird, kann als abhängig von Faktoren in der Person (z. B. Anstrengung, Fähigkeit, Ermüdung) und von Faktoren in der Umwelt (z. B. Wind, Wellengang) angesehen werden, und zwar von einer bestimmten Kombination dieser beiden Ursachenquellen. Auf ähnliche Weise kann Erfolg bei einer Prüfung als Resultat von persönlichen Faktoren (Fähigkeit, zur Prüfungsvorbereitung aufgewendete Zeit) oder Umweltfaktoren (ein einfacher Test, Benotungsverfahren) wahrgenommen werden. Heider glaubt, daß in naiven Verhaltenserklärungen internale und externale Faktoren additiv miteinander verknüpft werden. Im Ruderbeispiel etwa kann entweder der Wind oder die Geschicklichkeit im Rudern als ausreichend angesehen werden, um zum anderen Ufer zu gelangen. Falls die wirksame Umweltkraft gleich Null ist, dann hängt das Handlungsergebnis ausschließlich von persönlichen

Fritz Heider

(K. G. Heider)

Fritz Heiders Schriften gaben den Anstoß zum attributionstheoretischen Ansatz in der Psychologie. Heider wurde 1896 in Österreich geboren und erhielt 1920 seinen Doktortitel von der Universität Graz. Sein Doktorvater war interessanterweise Professor Meinong. Meinong hatte seine eigene Dissertation bei Professor Brentano geschrieben, dessen Name eng mit dem Lust-Unlust-Prinzip der Motivation verbunden ist.

Nach dem Abschluß seiner Dissertation ging Heider nach Berlin, wo er unter den Einfluß der Gestaltpsychologen, insbesondere Kurt Lewins und Max Wertheimers, geriet. Im Jahre 1930 begab sich Heider an die Schule für Hörgeschädigte am Smith College, wo er ein Jahr lang bleiben wollte. Dort lernte er jedoch seine spätere Frau, die Psychologin Grace Moore (Heider) kennen und ließ sich nach der Heirat in den Vereinigten Staaten nieder. In den späten vierziger Jahren folgte er einem Ruf an die Universität Kansas, wo er bis heute (1978) aktiv ist. Heiders Erkenntnisse über interpersonale Beziehungen und Alltagspsychologie wurden bis zur Publikation seines Buches *The Psychology of Interpersonal Relations* (1958) relativ vernachlässigt. Heider ist für zwei grundlegende Beiträge zur Psychologie verantwortlich: Die Balancetheorie, welche zu Theorien der kognitiven Organisation Anlaß gab, und das Studium von Attributionsprozessen.

Heiders Schriften sind von Wärme und Witz durchdrungen. Er ist vielleicht einzigartig unter den akademischen Psychologen durch seinen häufigen Rückgriff auf Werke der Literatur zum Zweck der Hypothesenbildung und verkörpert das Ideal vom Gelehrten, Wissenschaftler und Humanisten.

Faktoren ab. Und umgekehrt könnte „der Wind ohne Zutun der Person ... das Boot zum anderen Ufer bringen" (Heider, 1958, S. 82).

Implizit findet sich die Unterscheidung zwischen in der Person lokalisierten und in der Umwelt lokalisierten Verhaltensursachen eigentlich in allen in diesem Buch besprochenen Theorien. Hull zum Beispiel postulierte, daß Verhalten teilweise durch die voneinander unabhängigen Faktoren Trieb (Personfaktor) und Anreiz (Umweltfaktor) determiniert sei. Instrumentelles Verhalten zur Erlangung von Nahrung kann demzufolge in Gang gesetzt werden, weil die Person hungrig ist (Stoß) oder weil das Zielobjekt besonders attraktiv ist (Zug). Auch Lewin postulierte, daß die Valenz eines Zieles eine Funktion der Bedürfnisse der Person und der Eigenschaften des Zielobjektes sei. Und laut Atkinsons Theorie der Leistungsmotivation zeigen Individuen, die sich hinsichtlich ihrer resultierenden Leistungsmotivation (Personfaktor) unterscheiden, unterschiedliches Leistungsverhalten bei Aufgaben unterschiedlichen Schwierigkeitsgrades (Umweltfaktor). Kurz, Verhalten wird in allen diesen Theorien als sowohl von der Person als auch von der Umwelt beeinflußt angesehen. Im Unterschied zu Hull, Lewin und Atkinson liegt Heiders Interesse jedoch auf den Verhaltenskonsequenzen *wahrgenommener* internaler vs. externaler Ursachenfaktoren.

Konsequenzen internaler vs. externaler Attributionen

Einer der Unterschiede zwischen externalen und internalen Verhaltensursachen besteht darin, daß nur bei Person- (internalen) Attributionen von „Intentionalität" gesprochen werden kann. Dies hat bedeutende Implikationen für den Bereich interpersoneller Beziehungen; genauer wird darauf im nächsten Kapitel eingegangen. Im gegenwärtigen Zusammenhang wichtiger ist die Tatsache, daß differentielle Ursachenzuschreibungen zu den zwei genannten Faktoren auch unterschiedliche Gefühle, Erwartungen und Handlungen zur Folge haben. Glaubt der Ruderer im oben erwähnten Beispiel etwa, daß er das Ufer nur infolge eines günstigen Windes erreicht hat, dann rudert er möglicherweise nur noch an windingen Tagen, oder er unterläßt überhaupt jeden künftigen Versuch, den See zu überqueren. Analog dürfte jemand, der einen Prüfungserfolg auf persönliche Faktoren wie etwa Fähigkeit (im Unterschied zu Aufgabenleichtigkeit) zurückführt, z.B. die Erwartung hegen, auch in anderen Bereichen gut abzuschneiden, könnte größeren Stolz empfinden, schwierigere Kurse belegen, sein berufliches Anspruchsniveau steigern oder weniger intensiv studieren. Die unterschiedlichen Verhaltenskonsequenzen von internalen vs. externalen Attributionen werden ausführlich von Heider (1958) erörtert:

Unsere Einschätzung einer Situation und ihrer möglichen zukünftigen Entwicklung kann weitgehend davon abhängen, ob wir das in Frage stehende psychologische Phänomen auf die Person oder auf das Objekt zurückführen. Eine Person kann an einem Objekt Gefallen finden, entweder, weil der Gegenstand an sich gefällig ist, oder aber aus sehr persönlichen Gründen.

Im ersteren Fall wird jede Person, die mit dem Gegenstand zu tun hat, ihn zufriedenstellend finden. Dies ist ein Urteil über den Wert des Gegenstandes und bezieht sich auf eine relativ beständige Eigenschaft des Objekts. Ist dieses Urteil einmal getroffen, werden eine Vielzahl von handlungsleitenden Erwartungen möglich. Wenn ich z.B. eine Person glücklich machen möchte, könnte ich ihr diesen Gegenstand schenken. Möchte ich sie ärgern, könnte ich sie an der Erlangung des Gegenstands hindern. Da ich glaube daß der Gegenstand begehrenswert ist, kann ich versuchen, jemanden neidisch zu machen, indem ich den Gegenstand offen zur Schau trage. Ich mag es begrüßen, als der Hersteller des Objekts erkannt zu werden, um bewundert oder geliebt zu werden. Ich selbst werde versuchen, neuerlich mit dem Objekt in Kontakt zu kommen, wobei diese Interaktion, abhängig von weiteren Bedingungen, verschiedene Formen annehmen kann: Ich könnte etwa versuchen, mit dem Objekt physischen Kontakt zu haben, oder ich kann darüber sprechen oder daran denken. In meiner Erwartungs Wert-Matrix wird er als etwas, das ich mag, registriert werden ...

Wenn p jedoch glaubt, daß die Ursache der wahrgenommenen Freude in o (der anderen Person) lokalisiert ist, und nicht im Objekt selbst, dann werden ganz andere Erwartungen entstehen. Diese hängen davon ab, zu welchen Annahmen über o man aufgrund der bei ihr wahrgenommenen Freude gelangt.

Attribution zur Person ... könnte bedeuten, daß o leicht zufriedenzustellen ist, daß er eine etwas verdrehte Person ist, daß er kultivierten Geschmack besitzt, daß er mir ähnlich ist usw. Bei diesen in der Freude der anderen Person offenkundig gewordenen „Tatsachen" handelt es sich um Persönlichkeitseigenschaften; diese Dispositionen sind es, auf die Erwartungen gegründet werden. Dementsprechend werde ich, falls ich die Freude der anderen Person ihrer Kultiviertheit zuschreibe, erwarten, daß sie auch an einem anderen, jedoch gleich kunstvollen Gegenstand Gefallen findet, daß sie Triviales verabscheut, daß sie die Gesellschaft von Kunstliebhabern gern hat usw. Diese Erwartungen beziehen sich alle auf verschiedene Objekte und Situationen, aber sie beruhen auf einer gleichbleibenden dispositionellen Eigenschaft der Person.

Wenn wir also die Rohdaten korrekt analysieren ... wissen wir wesentlich mehr über das Ereignis selbst und mögliche zukünftige Ereignisse. Sehr allgemein formuliert kann man sagen: Wenn wir wissen, daß unsere gegenwärtige Freude an einem Objekt ... auf unsere Persönlichkeitseigenschaften zurückzuführen ist, dann können wir bestenfalls von Menschen mit ähnlicher Persönlichkeit erwarten, daß sie sich daran erfreuen...

Vom Gesichtspunkt der psychologischen Bedeutung von Handlung (Bewegung) aus betrachtet, kann unserer Meinung nach alles davon abhängen, ob A in Bewegung ist und B still steht oder umgekehrt; ob Mohammed zum Berg geht, oder der Berg zu ihm kommt (Heider, 1958, S. 147–151).

Heiders Analyse kann daher dem breiteren Gebiet der Erforschung von wahrgenommener Verantwortlichkeit und Handlungsfreiheit zugerechnet werden (vgl. Tab. 6.6). Seine Analysen der Konsequenzen wahrgenommener Kausalität gehen jedoch selbst über diesen breiten, von Rotter, de Charms u.a. gesteckten Rahmen hinaus.

Formale Analyse

Heider postuliert, daß das Ergebnis einer Handlung eine Funktion der „wirksamen Personkraft" und der „wirksamen Umweltkraft" sei:

Handlungsergebnis = f (wirksame Personkraft, wirksame Umweltkraft)

Die wirksame Personkraft wird ihrerseits in zwei Faktoren aufgeteilt: Macht *(power)* und Bemühen (Motivation). Macht bezieht sich gewöhnlich auf Fähigkeit, obwohl auch weitere relativ stabile Persönlichkeitseigenschaften (z.B. Körperkraft) darunterfallen. Motivation bezieht sich auf das beabsichtigte Verhaltensziel einer Person (Intention) und auf die Intensität, mit der man dieses zu erreichen sucht (Anstrengung). Also:

Handlungsergebnis = f (Bemühen, Macht, wirksame Umweltkraft)

Heider nimmt an, daß Bemühen und Macht multiplikativ verknüpft sind. Weder Fähigkeit ohne Anstrengung, noch Anstrengung ohne Fähigkeit reichen aus, um Umwelthindernisse zu überwinden; wenn einer der zwei Faktoren gleich Null ist, dann ist auch die wirksame Personkraft gleich Null.

Heider (1958, S. 84) nimmt ferner an, daß Macht (Fähigkeit) und wirksame Umweltkraft in der in Diagramm 7.2 abgebildeten Weise zusammenwirken. Wie Diagramm 7.2 zeigt, determiniert das Verhältnis von Macht zu Umweltfaktoren, ob ein Ziel erreicht werden „kann". Das Verhältnis von Intelligenz zur Aufgabenschwierigkeit determiniert z. B., ob eine Prüfung bestanden werden „kann". Ähnlich bestimmt das Verhältnis von Körperkraft zur Breite des Sees, dem Windwiderstand usw., ob jemand zum gegenüberliegenden Ufer rudern „kann". Ob sich jedoch „Können" im Handeln manifestiert oder nicht, hängt von der Motivation bzw. dem Bemühen ab. Heider (1958) faßt zusammen:

Diagramm 7.2: Wahrgenommene Determinanten der Handlung nach Heider

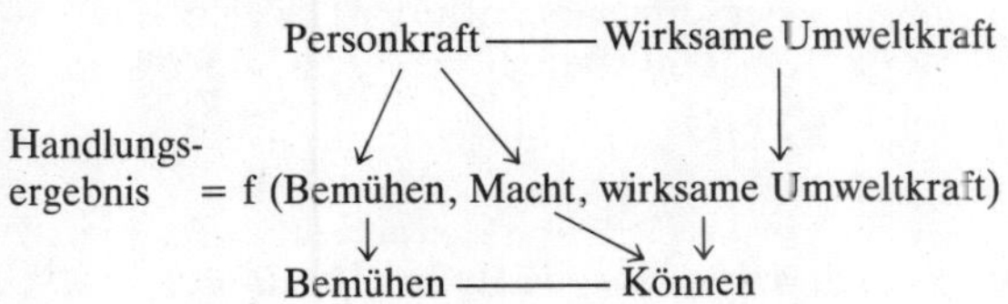

> Die Rolle, die den Faktoren „Können" und „Bemühen" bei der Erklärung eines Handlungsergebnisses zugeschrieben wird, steht in folgender Beziehung zu der wirksamen Person- und Umweltkraft: Wenn wir sagen „Er könnte es schon; es gelingt ihm nur deshalb nicht, weil er sich nicht genügend bemüht", dann meinen wir damit, daß die wirksame Personkraft nur deshalb kleiner ist als die hinderliche Umweltkraft, weil die Anstrengung nicht groß genug ist; bei größerer Anstrengung würde er Erfolg haben" (S. 86).

Insofern als die wirksame Personkraft sowohl durch Macht (Fähigkeit), als auch durch Anstrengung determiniert wird, ist klar, daß die zur Überwindung von Umwelthindernissen (hier Aufgabenschwierigkeit) erforderliche Anstrengung mit zunehmender Fähigkeit geringer wird:

Anstrengung = f (Schwierigkeit : Fähigkeit)

Damit ist gemeint, daß im Fall von Personen mit gleicher Begabung die minimale, zur Bewältigung einer Aufgabe erforderliche Anstrengung von der Aufgabenschwierigkeit abhängt. Ferner ergibt sich daraus, daß bei konstantgehaltener Aufgabenschwierigkeit die Person mit geringerer Fähigkeit mehr Anstrengung aufwenden muß, um Erfolg zu haben. Am meisten Anstrengung ist erforderlich, wenn die Person geringe Fähigkeit besitzt und die Aufgabe schwierig ist (Heider, 1958, S. 111).

Eine einfache mathematische Umformung ergibt ferner:

Fähigkeit = f (Schwierigkeit : Anstrengung)

Heider (1958) fährt fort:

> Wenn sich daher zwei Personen in gleichem Ausmaß anstrengen, dann hat diejenige Person die größere Fähigkeit, welche die schwierigere Aufgabe löst. Wer sich intensiver anstrengen muß, um eine Aufgabe eines gegebenen Schwierigkeitsgrades zu lösen, besitzt die geringere Fähigkeit. Die größte Macht oder Fähigkeit wird von derjenigen Person an den Tag gelegt, die eine schwierige Aufgabe mit geringer Anstrengung löst. Dies ist übrigens die theoretische Grundlage für die Verwendung von zeitlimitierten Problemen in Intelligenztests. Eine Person, die ein Problem in kurzer Zeit lösen kann, wendet weniger Anstrengung auf als jemand, der beträchtlich länger braucht; dies sollte ihr daher positiv für den Gesamt-Intelligenzwert angerechnet werden (S. 111).

Attribution von „Können" auf die Person vs. auf die Umwelt. In der vorangegangenen Diskussion wurde aufgezeigt, daß *Können* oder *Nichtkönnen* entweder auf Person- oder Umweltfaktoren zurückgeführt werden kann. Z. B. kann für Erfolg bei konstantgehaltener Anstrengung entweder hohe Begabung oder die geringe Schwierigkeit der Aufgabe verantwortlich gemacht werden. Ähnlich kann Mißerfolg auf mangelnde Fähigkeit oder auf hohe Aufgabenschwierigkeit zurückgeführt werden.

In einer der sich auf dieses Problem beziehenden Untersuchungen (Weiner & Kukla, 1970, Exp. VI) wurde den Versuchspersonen das Ergebnis (Erfolg oder Mißerfolg) einer fiktiven Person bei einer Leistungsaufgabe mitgeteilt. Zusätzlich wurde soziale Vergleichsinformation gegeben, d. h. der Prozentsatz anderer Personen, die die Aufgabe bewältigten, wurde angegeben (99, 95, 90, 70, 50, 30, 10, 5, 1%). Die Versuchspersonen beurteilten daraufhin für die 18 experimentellen Bedingungen (zwei Stufen des Faktors „Leistungsergebnis" mal neun Stufen des Faktors „soziale Norm"), ob das Leistungsergebnis auf die hypothetische Person zurückzuführen war. Diese Attributionen wurden auf einer Ratingskala mit den Extremen „das Ergebnis ist auf die Person zurückzuführen/ist nicht auf die Person zurückzuführen" vorgenommen.

Die Ergebnisse dieser Untersuchung zeigt Abbildung 7.2. Wie aus Abbildung 7.2 hervorgeht, ist eine

Person-Attribution umso geringer, bzw. eine Attribution auf die Aufgabenschwierigkeit umso höher ausgeprägt, je größer die Konsistenz zwischen dem Leistungsergebnis der fiktiven Person und der Leistung anderer ist. Das heißt, hat man Erfolg, wenn die meisten anderen auch Erfolg haben, oder Mißerfolg, wenn auch die meisten anderen versagen, dann wird dies auf die Leichtigkeit bzw. Schwierigkeit der Aufgabe zurückgeführt. Zu einer Person-Attribution kommt es hingegen, wenn der eigene Erfolg mit dem Mißerfolg, bzw. der eigene Mißerfolg mit dem Erfolg anderer einhergeht. Soziale Normen stellen somit eine der Informationsquellen dar, die es einer Person oder einem Beobachter erlauben, zu entscheiden, ob „Können" oder „Nichtkönnen" der Person oder der Umwelt zuzuschreiben ist.

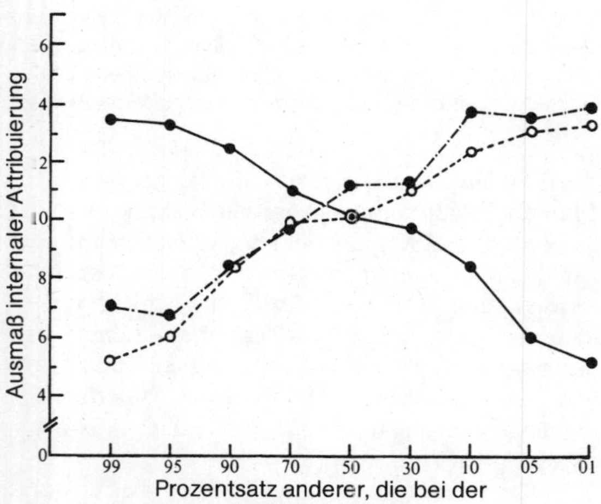

Abbildung 7.2: Mittlere Attribution von Erfolg und Mißerfolg auf internale Faktoren, in Abhängigkeit von der Aufgabenschwierigkeit (aus Weiner und Kukla, 1970, S. 18)

Die Attribution von „Können" auf die Person vs. auf die Umwelt ist von höchster funktionaler Bedeutsamkeit. Wie an früherer Stelle bereits erörtert wurde, kann die Attribution von Erfolg auf geringe Aufgabenschwierigkeit dazu führen, daß Personen nur mehr Kurse belegen, die vom selben Lehrer gegeben werden, daß sie sich weniger intensiv auf eine Prüfung vorbereiten usw. Wird der Erfolg dagegen großer Fähigkeit zugeschrieben, könnten sie die Erwartung hegen, auch in allen anderen Kursen gut abzuschneiden, könnten ihr Anspruchsniveau steigern und dergleichen mehr.

Abbildung 7.2 macht klar, daß soziale Normen eine wichtige Informationsquelle für die Kausalattribution darstellen. Die systematischste und einflußreichste Analyse der Determinanten von Kausalinferenzen wurde von Harold Kelley vorgenommen. Das Schwergewicht der Diskussion in diesem Kapitel liegt auf der Analyse der vorausgehenden Bedingungen von Kausalattributionen, inklusive derjenigen, die von Kelley hervorgehoben wurden. Die Konsequenzen von Kausalattributionen werden im nächsten Kapitel besprochen.

Antezedenzien von Kausalattributionen

Attributionsforscher haben sich besonders mit der Frage beschäftigt, wie Kausalattributionen zustandekommen – welche Informationen werden verwendet, und welche Prozesse und Strukturen werden aktiviert, um zu einer Erklärung für das Auftreten eines bestimmten Ereignisses zu gelangen? Heider (1958), geleitet von Mills „Methode des Unterschiedes", behauptet, daß „diejenige Bedingung für eine Wirkung verantwortlich gemacht wird, welche vorhanden ist, wenn die Wirkung vorhanden ist, und fehlt, wenn die Wirkung fehlt" (S. 152).

... wenn ich bei jeder Interaktion mit einem bestimmten Objekt Freude empfinde, und ein davon verschiedenes Gefühl (z. B. Sehnsucht, Verärgerung oder eine neutralere Reaktion), sobald das Objekt entfernt wird, dann werde ich das Objekt als die Ursache meiner Freude ansehen. Die Wirkung, Freude, wird als hoch mit der An- oder Abwesenheit des Objekts kovariierend wahrgenommen ...

Wenn ich dagegen an einem Objekt manchmal Gefallen finde und manchmal nicht, dann variiert die Wirkung nicht mit dem Objekt, sondern mit etwas, das in mir lokalisiert ist. Ich mag dazu in der Lage sein, dieses „Etwas" in mir zu definieren, oder auch nicht; auf jeden Fall weiß ich, daß die Wirkung etwas mit einem fluktuierenden persönlichen Zustand zu tun hat. Es könnte meine Stimmung sein, meine Deprivation usw. – Zustände welche, obwohl vorübergehender Natur, häufig als mit der Wirkung hoch korrelierende Bedingungen erkannt werden. Man beachte, daß bei dieser Art von Attribution ein vorübergehender Zustand und damit eine mehr oder weniger nichtdispositionelle Eigenschaft der Person als die Ursache der Freude identifiziert wird ...

Zur Attribution der Freude auf eine dispositionelle Personeigenschaft sind dagegen zusätzliche Daten notwendig, Daten die die Reaktionen anderer Personen betreffen.

> Konkret: Beobachte ich, daß nicht alle Personen an dem Objekt Gefallen finden, dann kann ich die Wirkung individuellen Unterschieden zuschreiben ... Damit ist gemeint: Das Auftreten der Wirkung – in diesem Fall Freude – hängt von der Person ab, um die es sich handelt. o empfindet Freude, q nicht. Wir sprechen dann manchmal von Unterschieden im Geschmack. Das Wichtige dabei ist, daß das Vorhandensein und Fehlen der Freude nicht mit der An- und Abwesenheit des Objekts, sondern mit der An- und Abwesenheit unterschiedlicher Personen korreliert. Unsere Erklärung dafür, daß o das Objekt x mag, während q nichts Besonderes daran findet, ist daher die, daß o und q unterschiedliche Typen von Personen sind (Heider, 1958, S. 152–153).

Die Faktoren, die zu Person- vs. Umweltattribution führen, wurden von Kelley (1967) systematisiert. Auch er geht davon aus, daß das Kovariationsprinzip die Grundlage des Attributionsprozesses darstellt, und er vergleicht die Methode der Zuschreibung von Kausalität mit den von Wissenschaftlern verwendeten formalen statistischen Verfahren. Nehmen wir an – so schreibt er – daß einer Person ein Film besonders gut gefällt. Unter welchen Bedingungen wird dieser Effekt (dieses „Rohdatum") der Person zugeschrieben (z.B. „sie ist leicht zufriedenzustellen") und wann den Eigenschaften der Entität (Güte des Films)? Kelley (1967) argumentiert, daß der verantwortliche Kausalfaktor eruiert werden könne, indem man feststellt, wie der Effekt mit der Variation von „(a) Entitäten (verschiedene Filme), (b) Personen (andere Filmbesucher), (c) Zeitpunkten (dieselbe Person sieht den Film zu wiederholten Malen), und (d) Modalitäten der Interaktion mit der Entität (verschiedene Arten, den Film zu sehen)" (S. 194) kovariiert. Die Attribution des Filmgenusses auf die Entität (Film) ist am wahrscheinlichsten dann, wenn das Individuum sehr unterschiedlich auf verschiedene Filme reagiert, wenn die Reaktion auf diesen Film über Zeitpunkte und Modalitäten der Interaktion gleichbleibt und wenn die Reaktion mit der anderer Personen übereinstimmt. Das heißt, die Wahrscheinlichkeit einer Attribution auf den Film ist dann am höchsten, wenn der Person nur dieser eine Film gefällt (hohe Distinktheit, *distinctiveness*), wenn ihr der Film auch bei wiederholter Betrachtung und bei unterschiedlicher Art der Darbietung gefällt (hohe Konsistenz, *consistency*) und wenn er auch allen anderen Filmbesuchern gefällt (hoher Konsens, *consensus*). Gefallen der Person hingegen praktisch alle Filme (d.h. weist ihre Reaktion geringe Distinktheit auf), gefällt ihr der Film das eine Mal und das andere Mal nicht (geringe Konsistenz) und mag sonst keiner diesen bestimmten Film (geringer Konsens), dann werden wir das Ereignis entweder vorübergehenden oder stabilen Personcharakteristika zuschreiben oder vielleicht auch besonderen Umständen zum Zeitpunkt des Filmbesuchs.

McArthur (1972) unterzog einige der Kelleyschen Hypothesen einer empirischen Überprüfung. Sie gab Versuchspersonen Information bezüglich Konsens, Distinktheit und Konsistenz eines bestimmten Verhaltens. Und zwar wurde das Verhalten als entweder hoch oder niedrig auf diesen drei Dimensionen charakterisiert. Die Versuchspersonen erhielten zum Beispiel die Information: „Hans lacht über den Komiker."

> Die Konsensinformation lautete entweder:
> a) Fast jeder, der den Komiker zu hören bekommt, lacht über ihn (hoher Konsens), oder
> b) kaum jemand, der den Komiker zu hören bekommt, lacht über ihn (geringer Konsens).
> Die Distinktheitsinformation lautete entweder:
> a) Hans lacht über kaum einen anderen Komiker (hohe Distinktheit), oder
> b) Hans lacht auch über jeden anderen Komiker (geringe Distinktheit).
> Die Konsistenzinformation lautete entweder:
> a) In der Vergangenheit hat Hans fast immer über diesen Komiker gelacht (hohe Konsistenz), oder
> b) in der Vergangenheit hat Hans nie über diesen Komiker gelacht (geringe Konsistenz) (McArthur, 1972, S. 174).

Die Versuchspersonen wurden dann gebeten, anzugeben, welche der folgenden vier alternativen Ursachen ihrer Meinung nach für das Ereignis verantwortlich sei:

> a) Daß die Person (Hans) auf den Stimulus bzw. die Entität X (den Komiker) mit dem Verhalten X (Lachen) reagierte, ist wahrscheinlich auf eine Besonderheit der Person zurückzuführen.
> b) Daß die Person auf den Stimulus X mit dem Verhalten X reagierte, ist wahrscheinlich auf eine Besonderheit des Stimulus bzw. der Entität zurückzuführen.
> c) Daß die Person auf den Stimulus X mit dem Verhalten X reagierte, ist wahrscheinlich auf besondere Situationsumstände zurückzuführen.
> d) Daß die Person auf den Stimulus X mit dem Verhalten X reagierte, ist wahrscheinlich auf eine Kombination von a, b, und c zurückzuführen (McArthur, 1972, S. 175).

Beachten Sie also, daß zusätzlich zu den bereits bekannten internalen und externalen Ursachenkategorien eine dritte Alternative (besondere Situationsumstände) eingeführt wurde. McArthur verwendete außerdem vier verschiedene Verhaltenskategorien:

Emotion (z.B. „fürchtet sich vor dem Hund"), Leistungsergebnis (z.B. „hatte Erfolg bei einer Aufgabe"), Meinung (z.B. „glaubt, der Lehrer ist unfair") und Handlung (z.B. „spendet eine hohe Geldsumme"). Auf diese und andere Feinheiten ihres Experiments kann hier jedoch nicht genauer eingegangen werden.

McArthurs Ergebnisse bestätigten im großen und ganzen Kelleys Hypothesen. Person-Attributionen waren zum Beispiel am häufigsten bei geringem Konsens, geringer Distinktheit und hoher Konsistenz des Verhaltens (vgl. Abb. 7.3). Daß Hans über den Komiker lachte, wurde folglich am häufigsten dann einer Besonderheit seiner Persönlichkeit zugeschrieben, wenn sonst niemand über den Komiker lachte, wenn Hans auch über andere Komiker lachte und wenn er über diesen Komiker auch bei anderen Gelegenheiten lachte. Stimulus- bzw. Entitäts-Attributionen waren dagegen vorherrschend, wenn das Verhalten hohen Konsens, hohe Distinktheit und hohe Konsistenz aufwies (alle lachen über den Komiker, Hans lacht nur über diesen einen Komiker, und er lacht über ihn auch bei anderen Gelegenheiten).

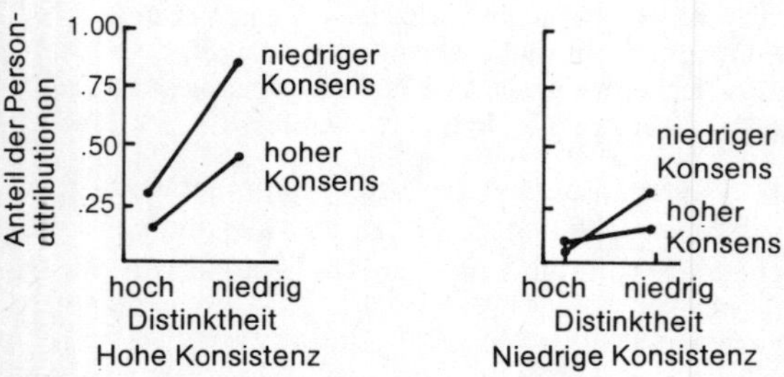

Abbildung 7.3: Anteil der Person- an den Gesamtattributionen als Funktion von Konsens-, Distinktheits-, und Konsistenzinformation (nach McArthur, 1972, S. 178)

Attributionen auf besondere Situationsumstände waren schließlich dann am wahrscheinlichsten, wenn das Verhalten hohe Distinktheit, jedoch geringe Konsistenz aufwies (dies ist der einzige Komiker, über den Hans je gelacht hat, und auch über diesen lachte er nur dieses eine Mal).

Orvis, Cunningham und Kelley (1975) replizierten diese Befunde und untersuchten darüber hinaus genauer, welche speziellen Antezedensinformationen zu bestimmten Attributionen führen. Diese Forscher postulierten, daß ganz bestimmte Kovariationsmuster mit den jeweiligen Attributionen zur Person, zur Entität und zu den Situationsumständen assoziiert sind (vgl. Tab. 7.1). Eine Betrachtung der Spalten in Tabelle 7.1 macht deutlich, daß jede dieser Kausalattributionen in eindeutiger Weise mit Information auf jeweils einer der drei Dimensionen zusammenhängt.

Tabelle 7.1: Mit den Attributionen auf Stimulus (Entität), Person und Situationsumstände assoziierte Informationsmuster

	Informationsmuster		
Attribution	Konsens	Distinktheit	Konsistenz
Stimulus (Entität)	hoch	hoch	hoch
Person	niedrig	niedrig	hoch
Situationsumstände	niedrig	hoch	niedrig

(aus Orvis, Cunningham & Kelley, 1975, S. 607)

So sollte hoher Konsens (jeder lacht über den Komiker) Entitäts-Attributionen nahelegen; geringe Distinktheit (Hans lacht über alle Komiker) Person-Attributionen; und geringe Konsistenz (Hans lacht über den Komiker nicht bei anderen Gelegenheiten) sollte zu Attributionen auf Situationsumstände Anlaß geben. Dementsprechend gaben Orvis et al. ihren Versuchspersonen eine, zwei oder alle drei dieser Informationen und forderten sie auf, Attributionen des Verhaltens auf die Person, die Entität oder die Situationsumstände vorzunehmen. Wurde nur eine der Kovariationsinformationen gegeben, so erhielt man die folgenden Resultate: Hoher Konsens führte bei 70% der Versuchspersonen zu Entitäts-Attributionen; geringe Distinkheit bei 94% zu Person-Attributionen; und geringe Konsistenz bei mehr als 50% zu Attributionen auf die Situationsumstände. Die drei in Tabelle 7.1 wiedergegebenen Kovariationsmuster führten ebenfalls zu entsprechenden Attributionen auf die Entität, Person und Situationsumstände, jedoch nicht häufiger, als wenn nur die eine mit diesen Attributionen in eindeutiger Weise assoziierte Information gegeben wurde.

Kausale Schemata

Die Untersuchung von Orvis et al. (1975) macht deutlich, daß Individuen auch in Abwesenheit vollständiger Kovariationsinformation logische Kausalinferenzen vornehmen können. In der Tat ist ja die für eine vollständige Kovariationsanalyse notwendige Information normalerweise nicht verfügbar. In diesen Fällen werden nach Kelley (1972) sogenannte kausale Schemata, d.h. allgemeine Regeln, welche Ursachen und Wirkungen zueinander in Beziehung setzen, aktiviert. Diese aus früheren Erfahrungen abstrahierten Regeln werden von geeigneten Umweltreizen aktiviert und ermöglichen es der Person, kausale Schlußfolgerungen auch in solchen Situationen zu tätigen, in denen die verfügbare Information begrenzt ist.

Eines dieser von Kelley vorgeschlagenen Schemata setzt Kausalinferenzen zur Extremheit eines Ereignisses in Beziehung. Nach Kelley aktivieren extreme oder ungewöhnliche Ereignisse Schemata „multipler notwendiger Ursachen", geringfügige oder typische Ereignisse dagegen Schemata „multipler hinreichender Ursachen". Um zu verstehen, was damit gemeint ist, vergegenwärtige man sich die einfache Situation, in der für ein bestimmtes Ereignis (Z) nur zwei Ursachen (X und Y) wahrgenommen werden. So kann zum Beispiel Essen oder Nichtessen (das beobachtete Ereignis) auf die An- oder Abwesenheit von Hunger und/oder die An- oder Abwesenheit von schmackhafter Nahrung (die wahrgenommenen Ursachen) zurückgeführt werden. Eine Person könnte nun der Meinung sein, daß das Vorhandensein von Hunger *oder* schmackhaften Speisen jeweils für sich allein hinreichend ist, um jemanden zum Essen zu veranlassen. Eine derartige Annahme über die Beziehung zwischen Ursachen und Wirkung, in der die Ursachen *disjunktiv* (d.h. mit dem logischen Junktor „oder") miteinander verknüpft sind, wird als ein Schema multipler hinreichender Ursachen bezeichnet. Jede der Ursachen für sich allein genommen reicht aus, um die Wirkung hervorzubringen. Die Person könnte jedoch andererseits auch glauben, daß *sowohl* Hunger *als auch* schmackhafte Speisen vorhanden sein müssen, um jemanden zum Essen zu veranlassen. Eine derartige Annahme, in der die Ursachen *konjunktiv* (d.h. mit dem logischen Junktor „und") miteinander verknüpft sind, wird ein Schema multipler notwendiger Ursachen genannt. Beide Ursachen müssen vorhanden sein, damit die Wirkung eintritt (vgl. Kelley, 1972).

Die besondere Bedeutung kausaler Schemata besteht einmal darin, daß sie es dem Individuum ermöglichen, bestimmte Wirkungen aus der Kenntnis der An- oder Abwesenheit bestimmter Ursachen vorherzusagen. Darüber hinaus können bei Anwesenheit einer bestimmten Wirkung Rückschlüsse auf die zugrundeliegenden Ursachen gezogen werden. Die Verwendung des Schemas multipler notwendiger Ursachen führt zum Beispiel zu der Schlußfolgerung, daß jemand, der ißt, hungrig gewesen sein muß *und* daß die Speisen schmackhaft sind. Die funktionale Bedeutsamkeit solcher Schlußfolgerungen sollte offensichtlich sein.

Schemata multipler notwendiger und hinreichender Ursachen führen zu unterschiedlichen Attributionen und Annahmen über die Umwelt (vgl. Tab. 7.2). Weiß jemand, daß Z eingetreten ist, so erlaubt ihm ein Schema multipler hinreichender Ursachen die Schlußfolgerung, daß entweder X oder Y (oder beide) vorhanden waren. Ist zusätzlich bekannt, daß auch X anwesend war, so wird bezüglich der Anwesenheit von Y immer noch Ungewißheit herrschen (vorausgesetzt, daß X und Y voneinander unabhängig sind). Wie Tabelle 7.2 zeigt, tritt Z immer ein, wenn X vorhanden ist, gleichgültig ob Y vorhanden ist oder nicht. Wenn wir daher zum Beispiel eine Person, von der wir wissen, daß sie hungrig ist, essen sehen, sollten wir unter Verwendung eines Schemas multipler hinreichender Ursachen bezüglich der Schmackhaftigkeit der Speisen ungewiß sein. Wird hingegen ein Schema multipler notwendiger Ursachen herangezogen, dann verschafft uns das Eintreten von Z in Gegenwart von X unzweideutige Evidenz, daß auch Y vorhanden ist. Wie in Tabelle 7.2 dargestellt ist, tritt das Ereignis Z nur dann ein, wenn sowohl X als auch Y vorhanden sind. Die Verwendung eines Schemas multipler notwendiger Ursachen

Tabelle 7.2: Schema multipler hinreichender und multipler notwendiger Ursachen für den Effekt Z, für den Fall zweier Ursachen (X und Y)

Schema multipler hinreichender Ursachen

		Ursache X: nicht vorhanden	Ursache X: vorhanden
Ursache Y	vorhanden	Z	Z
	nicht vorhanden	—	Z

Schema multipler notwendiger Ursachen

		Ursache X: nicht vorhanden	Ursache X: vorhanden
Ursache Y	vorhanden	—	Z
	nicht vorhanden	—	—

(aus Kun & Weiner, 1973, S. 199)

führt daher zur Schlußfolgerung, daß, wenn jemand ißt, die Speisen schmackhaft sein müssen.

Zur Überprüfung der Hypothese, daß extreme oder ungewöhnliche Ereignisse Schemata multipler *notwendiger* Ursachen, geringfügige oder typische Ereignisse dagegen solche multipler *hinreichender* Ursachen aktivieren, legten Cunningham & Kelley (1975) Versuchspersonen Beispiele solcher Ereignistypen vor (z. B.: „ein Theaterkritiker schrieb eine ziemlich günstige Kritik eines neuen Stückes" versus „ein Theaterkritiker ... beschrieb das Stück als eines der besten des Jahrzehnts"). Die Versuchspersonen hatten dann anzugeben, ob die jeweilige Kritik ihrer Meinung nach besonderen Eigenschaften des Stücks und/oder des Kritikers zuzuschreiben war. Konsistent mit den Vorhersagen wurden multiple notwendige Ursachen häufiger angegeben, wenn extreme Ereignisse beschrieben wurden (allerdings war dies nicht für alle Arten von Ereignissen der Fall).

Um dem möglichen Einwand vorzubeugen, daß ihr Experiment realitätsfern sei, geben Cunningham und Kelley die folgenden Beispiele von Situationen, in denen ähnliche Entscheidungen oder Kausalinferenzen getroffen werden müssen:

> Liest jemand z. B. im Sportteil der Zeitung im Bericht über ein Fußballspiel, daß der Mittelstürmer der Gegenmannschaft bei einem Zusammenstoß mit dem Verteidiger das Bewußtsein verlor, dann mag er sich fragen, was davon zu halten sei. Sagt das etwas über das Können, die Größe und die Aggressivität des Verteidigers aus oder reflektiert es eher die Unfähigkeit und Schwäche des Gegenspielers? Ähnliche Fragen könnten dem Leser in den Sinn kommen, wenn er erfährt, daß der Ortsbürgermeister einen unbekannten Politiker enthusiastisch im Senatswahlkampf unterstützt, daß ein Regisseur unsterblich in den weiblichen Star verliebt ist oder daß ein Geschäftsmann scharfe Kritik am Leiter einer bestimmten Regierungsbehörde übt (Cunningham & Kelley, 1975, S. 74).

Das Abwertungsprinzip

Die Verwendung eines Schemas multipler hinreichender Ursachen kann dazu führen, daß Personen das Ausmaß, in dem eine weitere Ursache zu einer bestimmten Wirkung beigetragen hat, unterschätzen oder abwerten *(discount)*. Im vorangegangenen Kapitel wurde zum Beispiel darauf hingewiesen, daß Personen, denen eine Belohnung für die Ausführung einer intrinsisch interessanten Aufgabe in Aussicht gestellt wurde, zur Auffassung gelangen können, sie führten die Aufgabe ausschließlich wegen der Belohung aus. Das heißt, sie werten ihr intrinsisches Interesse ab. Die „Korrumpierung" der intrinsischen Motivation durch extrinsische Verstärker könnte somit als das Ergebnis der Verwendung eines bestimmten kausalen Schemas erklärt werden.

Ein weiteres Beispiel für die Abwertung von Ursachen wurde von Strickland (1958) in einer Untersuchung über die Auswirkungen von Arbeitsüberwachung demonstriert. In Stricklands Experiment wurde der Versuchsperson die Rolle eines Aufsehers über zwei (in Wirklichkeit fiktive) Studenten zugeteilt, welche angeblich an einer Aufgabe arbeiteten. Der Aufseher hatte die Möglichkeit, einen der zwei Studenten genauer zu überwachen und stärker zu bestrafen als den anderen. Er erhielt dann die Rückmeldung, daß beide identische und zufriedenstellende Arbeit leisteten, und Bestrafung wurde nicht verabreicht. Anschließend hatte der Aufseher anzugeben, welche Kausalfaktoren für die Arbeitsleistung der zwei Untergebenen verantwortlich gewesen seien. Daraufhin wurde eine weitere Aufgabe durchgeführt, bei welcher der Aufseher die Arbeit beider Untergebener nach Belieben überwachen konnte. Aus der relativen Zeit, die zur Überwachung der zwei Untergebenen verwendet wurde, sowie aus Selbstberichten in einem postexperimentellen Fragebogen wurde auf das Ausmaß an Vertrauen geschlossen, welches der Aufseher in die zwei Untergebenen hatte.

Die Ergebnisse dieser Untersuchung zeigten, daß der Aufseher die Arbeitsleistung des stärker Überwachten dem externalen Faktor „angedrohte Bestrafung" zuschrieb, ihn bei der zweiten Aufgabe stärker überwachte, und im Fragebogen angab, weniger Vertrauen zu ihm zu haben. In diesem speziellen Kontext kam es also zu einer Abwertung der kausalen Rolle von Personfaktoren des Untergebenen.

Kontrolle über einen anderen, selbst wenn davon nicht Gebrauch gemacht wird, hat häufig zur Folge, daß erwünschtes Verhalten dieser Person dem Vorhandensein der Kontrolle zugeschrieben wird. Attributionen von Vertrauen in jemanden werden anscheinend nicht vorgenommen, solange sich für die betreffende Person nicht eine Gelegenheit ergeben hat, das positive Verhalten auch in Abwesenheit der Kontrolle an den Tag zu legen. Es wäre denkbar, daß die Lehrer-Schüler-Beziehung, mit dem ihr inhärenten Machtgefälle, einen ähnlichen Attributionsfehler begünstigt, bei dessen Zustandekommen das Abwertungsprinzip eine wesentliche Rolle spielt.

Attribuierungsperspektive: Handelnder versus Beobachter

Bei der bisherigen Erörterung der Attributionstheorie wurde immer wieder darauf hingewiesen, wie wichtig es ist, zwischen dispositionellen und situativen Ursachenfaktoren zu unterscheiden – besonders in Anbetracht der ganz verschiedenartigen Auswirkungen von Attributionen auf das Subjekt vs. Objekt auf das Verhalten. Es wurde aufgezeigt, daß spezifische Informationen, wie Konsens-, Konsistenz- und Distinktheitsinformationen, die Zuschreibung eines Verhaltens auf die Person vs. auf die Umwelt beeinflussen. Ein weiterer Faktor, von dem behauptet worden ist, daß er die Attribution auf die Person vs. auf die Umwelt beeinflusse, ist die Attribuierungsperspektive (Handelnder vs. Beobachter). Konkreter: „Für den Handelnden besteht eine durchgängige Tendenz, seine eigenen Handlungen situativen Erfordernissen zuzuschreiben, während Beobachter dazu tendieren, dieselben Handlungen stabilen Persönlichkeitseigenschaften zuzuschreiben" (Jones & Nisbett, 1972, S. 22). Aussagen wie „Ich schlug ihn, weil er mich provozierte" vs. „Du hast ihn geschlagen, weil du eine aggressive Person bist" illustrieren diese von Jones und Nisbett behauptete Tendenz des Handelnden zu situativen und des Beobachters zu personalen Ursachenzuschreibungen.

Jones und Nisbett (1972) zählen eine Reihe von plausiblen Gründen für diese attributionalen Voreingenommenheiten auf. Zunächst stellen sie fest, daß der Handelnde weiß, wie er in der Vergangenheit in verschiedenen Situationen reagiert hat. Das Wissen von der Unterschiedlichkeit seines Verhaltens in verschiedenen Situationen bringt ihn davon ab, sein eigenes Verhalten dispositionell zu attribuieren.

(Beachten Sie: Diese Erklärung setzt voraus, daß Individuen *tatsächlich* in verschiedenen Situationen sehr unterschiedlich reagieren, wie Mischel und andere soziale Lerntheoretiker behauptet haben.) Umgekehrt könnte die Tendenz des Beobachters zu dispositionellen Attributionen auf das Fehlen solcher Information bezüglich der Distinktheit des Verhaltens zurückzuführen sein. Ferner vermuten Jones und Nisbett, daß der Handelnde seine Aufmerksamkeit auf die Umwelt richtet, der Beobachter dagegen auf den Handelnden und dessen Verhalten. Infolgedessen werden Handelnde die Umwelt, Beobachter dagegen die Person als prominent und hervorstechend erleben. Zusammenfassend also: Handelnde und Beobachter gründen ihre kausalen Schlußfolgerungen auf verschiedenartige Information und können daher zu inkongruenten Urteilen gelangen.

Falls die Richtung der Aufmerksamkeit für diese attributionalen Voreingenommenheiten verantwortlich ist, sollte es möglich sein, diese Attribuierungstendenzen zu beeinflussen, indem die relative selbstzentrierte Aufmerksamkeit manipuliert wird. Einige Untersuchungen scheinen tatsächlich zu bestätigen, daß ein Wechsel der Perspektive die Kausalattribution beeinflußt. Ein Beispiel dafür ist eine Untersuchung von Duval und Wicklund (1973), in welcher den Versuchspersonen mehrere Situationsbeschreibungen wie die folgenden zu lesen gegeben wurden:

Stellen Sie sich vor, Sie hätten ein Rennpferd ausgesucht und erworben. Sie melden das Pferd für ein wichtiges Rennen und engagieren einen guten Jockey. Das Pferd gewinnt das Rennen. Inwieweit war dieser Sieg auf Ihre eigenen Handlungen zurückzuführen und inwieweit auf den Jockey?

Stellen Sie sich vor, eine Freundin möchte Ihnen ein Rendezvous verschaffen. Sie teilen ihr mit, welche Eigenschaften Sie bei einem Partner mögen, und sie wählt einen ihrer Freunde aus. Sie gehen mit ihm aus und verbringen einen herrlichen Abend. Zu welchem Grad war das erfolgreiche Rendezvous auf Ihre eigenen Handlungen zurückzuführen und zu welchem Grad auf Ihre Freundin? (S. 26).

Die Hälfte der Versuchspersonen las diese Geschichten unter normalen Bedingungen, der Rest saß dabei vor einem auffälligen Spiegel. Man nahm an, daß die Existenz des Spiegels die Aufmerksamkeit auf das eigene Selbst lenken würde; daher sollten die Attributionen stärker selbstbezogen sein. In Übereinstimmung mit den Hypothesen von Jones und Nisbett gab es bei den Personen der „Spiegel"-Gruppe verhältnismäßig mehr Selbst-Attributionen, während es bei den Versuchspersonen der Kontrollgruppe mehr situative Attributionen (d.h. Attributionen auf die andere Person) gab. Auf der Grundlage dieser und ähnlicher Befunde vermuten Duval und Wicklund (1972, 1973), daß die Ursachenzuschreibung zu internalen vs. externalen Faktoren in allen Fällen vom Fokus der Aufmerksamkeit determiniert wird.

In einer verwandten Untersuchung argumentierte Storms (1973), daß die vermuteten attributionalen Voreingenommenheiten von Handelndem und Beobachter geschwächt oder sogar umgekehrt werden könnten, falls man dem Beobachter die Perspektive des Handelnden und dem Handelnden die Perspektive des Beobachters verschaffte. Um dies zu überprüfen, zeichnete Storms eine kurze „Kennenlern"-Konversation zwischen zwei miteinander nicht bekannten

Versuchspersonen (Handelnden) auf Video auf. Zwei weitere Versuchspersonen (Beobachter) sollten diese Konversation nur beobachten. In einer der Experimentalgruppen wurden den Handelnden und den Beobachtern anschließend Aufzeichnungen der Konversation vorgeführt, die jeweils aus ihrer eigenen Perspektive aufgenommen worden waren. In einer zweiten Experimentalgruppe sahen die Handelnden dagegen das aus der Beobachterperspektive, und die Beobachter das aus der Perspektive des Handelnden aufgenommene Videoband. Die Versuchspersonen wurden dann unter anderem gefragt, in welchem Ausmaß Person- vs. Situationscharakteristika die jeweilige Freundlichkeit, Gesprächigkeit, Nervosität und Dominanz der Handelnden beeinflußt hätten. Wie Storms vermutet hatte, wurden die Handelnden, die sich selbst aus der Beobachterperspektive sahen, in ihren Attribuierungen relativ stärker dispositionell, während Beobachter, die die Situation aus der Perspektive des Handelnden sahen, stärker situativ wurden.

Der Status der Hypothese perspektivebedingter Attribuierungsunterschiede ist jedoch trotz dieser bestätigenden Befunde nach wie vor unklar (vgl. Monson und Snyder, 1977). Ein Teil des Problems liegt in der Tatsache begründet, daß Selbst- vs. Umwelt-Attributionen nicht immer klar als das eine oder andere klassifizierbar sind. Wenn zum Beispiel Frau X angibt, sie ginge mit Herrn Y aus, weil sie ihn feinfühlig finde – stellt dies dann eine situative Attribution oder eine Attribution auf Persönlichkeitseigenschaften dar (nämlich, daß sie feinfühlige Menschen mag)? Dieses Problem stellt sich noch schärfer, wenn wir die Frage der „Freiheit" (Internalität) des Verhaltens bei verschiedenen Spezies betrachten. Im allgemeinen ist die Variabilität des Verhaltens in einer bestimmten Situation umso größer, je höher entwickelt die Spezies ist. Ein instinktives Verhaltensmuster ist dagegen dadurch gekennzeichnet, daß es trotz Veränderungen in der Situation invariant bleibt. Bedeutet dies, daß die Internalität (Personverursachung) des Verhaltens umso größer ist, je niedriger die Spezies ist, und daß Verhalten umso mehr von externalen Faktoren kontrolliert wird, je höher die Spezies ist? Oder zeigt dies nicht vielmehr, daß höher entwickelte Organismen sensibel auf ihre Umwelt reagieren und daß diese Sensibilität ein Kennzeichen selbstbestimmten Verhaltens darstellt? Letzteres scheint wohl die plausiblere Interpretation zu sein.

Zusätzlich zu diesem Problem der Unterscheidung zwischen internalen und externalen Attributionen ist festzuhalten, daß auch Umkehrungen der Attributionsvoreingenommenheiten von Handelndem und Beobachter gefunden wurden (vgl. die Zusammenfassung bei Monson und Snyder, 1977). Zum Beispiel hat sich in leistungsbezogenen Kontexten gezeigt, daß der Handelnde Erfolg oder Mißerfolg normalerweise auf die internalen Faktoren Begabung und/oder Anstrengung zurückführt. Zusammenfassend also: Obwohl die Hypothese von perspektivebedingten Attribuierungsunterschieden viel Aufmerksamkeit auf sich gelenkt hat (vielleicht mehr als irgendeine andere einzelne attributionstheoretische Hypothese), ist über die Effekte der Beobachtungsperspektive auf die Attribution bislang relativ wenig sicheres Wissen vorhanden.

Der rationale Mensch

Das in der vorangegangenen Erörterung der informationalen Vorbedingungen der Kausalattribution und der kausalen Schemata entworfene Menschenbild zeigt den Menschen als Wissenschaftler und rational Entscheidenden: Daten werden der Welt entnommen und Kovariationsanalysen unterzogen, oder vorhandene kausale Schemata werden auf sie angewendet und logische kausale Schlußfolgerungen getroffen. Interindividuelle Unterschiede in der Kausalattribution wurden teilweise auf Unterschiede in der Richtung der Aufmerksamkeit zurückgeführt, was wiederum als Beweis für die kognitiven Tendenzen und Fähigkeiten des Menschen angesehen werden kann.

Die Konzeption des Menschen als rationales Wesen ist jedoch von (mindestens) drei Arten von Befunden in Frage gestellt worden. Erstens ist behauptet worden, daß motivational bedingte Attributionsfehler existierten, d. h. daß Attributionen häufig verzerrt seien, weil sie hedonistische Konsequenzen hätten. Zweitens existiert eine wachsende Anzahl von Befunden, die zeigen, daß Menschen schlechte Informationsverarbeiter sind – ihre informationsverarbeitende Kapazität ist begrenzt, sie verwenden fehlerhafte Regeln, gründen Urteile auf unzureichende Daten usw. Und drittens ist eingewandt worden, daß viele Handlungen überhaupt nicht durch komplexe Kognitionen oder kausale Schlußfolgerungen vermittelt würden, sondern vielmehr häufig durch Umweltstimuli relativ „direkt" ausgelöste, automatisierte Reaktionen darstellten.

Motivational bedingte Attribuierungsvoreingenommenheiten

Eine große Anzahl der Untersuchungen zu motivational bedingten Attribuierungsvoreingenommenheiten wurde in leistungsbezogenen Kontexten durchgeführt. In einer Demonstration eines „motivationalen“ Attribuierungsfehlers (Johnson, Feigenbaum & Weiby, 1964) brachten Lehrer zwei fiktiven „Schülern“ arithmetische Begriffe bei. Manipuliert wurde die den Lehrern gegebene Rückmeldung: die Leistung des einen Schülers war in allen Versuchsdurchgängen gleichbleibend hoch, während die des zweiten Schülers entweder durchgehend niedrig (N–N) war oder von niedrig auf hoch zunahm (N–H). Anschließend wurden die Attributionen der Lehrer für Erfolg bzw. Mißerfolg der Schüler erhoben. Die Daten zeigten, daß externale Attributionen der jeweiligen Schülerleistung (nämlich auf die geringe Fähigkeit und/oder Anstrengung des *Schülers*) von den Lehrern vor allem in der N–N Bedingung gegeben wurden. Die zunehmende Schülerleistung in der N–H Bedingung schrieben sich die Lehrer dagegen selbst zu.

Beckman (1970) berichtet einen ähnlichen Befund. Auch in ihrem Experiment brachten Lehrer zwei fiktiven Schülern mathematische Begriffe bei. Beckmann verwendete jedoch zusätzlich eine weitere Bedingung, in der die Schülerleistung abnahm (H–N), und erhob außerdem neben den Kausalurteilen der beteiligten Lehrer auch die von Beobachtern. Die Attributionen der Schülerleistung in der H–N und N–H Bedingung sind in Tabelle 7.3 wiedergegeben. Wie diese Tabelle zeigt, schrieben die Lehrer häufiger die zunehmende als die abnehmende Schülerleistung sich selbst zu. Nach Meinung der Beobachter waren die Lehrer dagegen stärker für die abnehmende (H–N) als die zunehmende (N–H) Schülerleistung verantwortlich!

Tabelle 7.3: Fähigkeit des Lehrers als wahrgenommene Ursache von Schülerleistungen

Versuchsbedingung (Leistungsmuster)	Lehrer ja	Lehrer nein	Beobachter ja	Beobachter nein
niedrig-hoch	13*	4	2	10
hoch-niedrig	7	12	7	8

* Anzahl der Versuchspersonen, die die Fähigkeit des Lehrers als eine Ursache in Betracht zogen.
(aus Beckman, 1970, S. 79)

So provokativ diese Ergebnisse auch sein mögen, mehrere Untersuchungen haben sie in Frage gestellt. In diesen Untersuchungen (vgl. Beckman, 1973; Ross, Bierbrauer & Polly, 1974) wurde eine derartige attributionale Voreingenommenheit von Lehrern nämlich nicht gefunden.

Der vielleicht klarste Beleg für einen anscheinend motivational bedingten Attributionsfehler ist die Tendenz von Personen, bei Erfolg sich selbst das Verdienst zuzuschreiben, bei Mißerfolg dagegen einem externalen Faktor die Schuld zu geben (vgl. die Zusammenfassung bei Miller & Ross, 1975). Selbst dieser Befund kann jedoch ohne Rückgriff auf motivationale Konzepte erklärt werden. Erfolg könnte nämlich ein üblicheres Ereignis sein als Mißerfolg. Infolgedessen weist Mißerfolg hohe Distinktheit und geringe Konsistenz auf, was zu externalen Attributionen (Aufgabenschwierigkeit) oder zu Attribution auf Situationsumstände führt. Erfolg weist dagegen geringe Distinktheit und hohe Konsistenz auf und wird daher der Person zugeschrieben.

Auch eine Reihe weiterer Attributionsfehler, die auf selbstwertdienliche oder selbstwertverteidigende Tendenzen hinzudeuten scheinen, könnten in Wirklichkeit die Folge ungenügender oder fehlerhafter Informationsnutzung sein. Kelley (1967) erwähnt das Beispiel des Geschäftsmannes, der Geschäftserfolge in Zeiten des Wirtschaftswachstums fälschlicherweise seinem Scharfsinn anstatt den günstigen ökonomischen Verhältnissen zuschreibt. Dieser Attributionsfehler wird durch die Tendenz zur Wiederholung belohnter Handlungen begünstigt. Das wiederholte Auftreten der Sequenz Handlung-Belohnung deutet auf Kovariation hin und resultiert in der kausalen Zuschreibung von Selbstverantwortlichkeit. Während einer Rezessionsphase wird die Schuld für abnehmende Profite dagegen wahrscheinlich eher den ungünstigen ökonomischen Umständen gegeben. Gleichgültig, was die Person unternimmt, das Geschäft geht bergab. Kovariation von Handlung und Ergebnis ist nicht länger gegeben, und daher werden externale Faktoren für die auftretenden Mißerfolge verantwortlich gemacht. Man beachte jedoch, daß die Zuschreibung von Erfolg zum Selbst und von Mißerfolg zur Umwelt in diesen Fällen nicht auf eine selbstwertdienliche motivationale Tendenz zurückgeführt werden kann. Dieselbe Erklärung könnte übrigens auch für die aufgefundenen attributionalen Voreingenommenheiten von Lehrern (vgl. oben) herangezogen werden.

Generell hat es sich als recht schwierig erwiesen, die Existenz selbstwertdienlicher Voreingenommenheiten bei der Kausalattribution unzweideutig zu demonstrieren (vgl. Miller & Ross, 1975). Angesichts überwältigender Befunde dafür, daß Verhalten eine Funktion sowohl des Es als auch des Ich (d. h. sowohl von Wünschen als auch von realen Erfordernissen) ist, scheint es jedoch ein Ding der Unmöglichkeit, daß motivational bedingte Attributionsfehler nicht existieren sollten. Und weisen nicht auch Alltagsbeobachtungen immer wieder auf die weite Verbreitung von Selbsttäuschungen hin? Das gegenwärtige Unvermögen, starke und durchgängige motivational bedingte Attribuierungsvoreingenommenheiten experimentell zu demonstrieren, muß daher auf die Unzulänglichkeit der bisher verwendeten Versuchsanordnungen zurückzuführen sein, insbesondere auf die Verwendung von relativ schwachen Manipulationen. Es ist zum Beispiel unwahrscheinlich, daß Erfolg oder Mißerfolg bei einer relativ bedeutungslosen Laboraufgabe starke motivational bedingte Attribuierungsvoreingenommenheiten erzeugen wird.

Ein Beispiel für ein etwas stärker involvierendes Experiment, in dem ein motivational bedingter Attributionsfehler gefunden wurde, ist eine Untersuchung von Pepitone (1950). In dieser Untersuchung wurden die Versuchspersonen glauben gemacht, der Erhalt von Karten für eine Sportveranstaltung hinge von ihrer Meinung über Sport ab. Die Versuchsperson wurde von drei „Beurteilern" (Mitarbeitern des Versuchsleiters) interviewt, die sich hinsichtlich des Grades ihrer Zustimmung zu den Ansichten der Versuchsperson und auch angeblich hinsichtlich ihres Einflusses auf die Kartenvergabe unterschieden. Es zeigte sich, daß die Versuchspersonen diejenigen Beurteiler, welche ihren Ansichten zustimmten, für einflußreicher bei der Kartenvergabe hielten als Beurteiler, welche ihren Ansichten nicht zustimmten.

Zusammenfassend kann man also sagen, daß der rationale Ansatz der Attributionstheoretiker durch die große Anzahl von Untersuchungen, in denen nach selbstwertdienlichen attributionalen Voreingenommenheiten gesucht wurde, nicht widerlegt worden ist. Gleichzeitig ist jedoch festzuhalten, daß solche Attributionsfehler mit Sicherheit existieren und auch tatsächlich gelegentlich nachgewiesen worden sind. Die von den meisten Attributionstheoretikern vertretene Konzeption des rationalen oder logischen Menschen war nicht so gemeint, daß wir überhaupt nicht von unerfüllten Wünschen, selbstwertdienlichen Bestrebungen usw. beeinflußt werden. Die allgemeine Ansicht ist eher die, daß Menschen sich normalerweise rational verhalten, und daß logisches Denken eine Erklärung für viele, aber nicht alle Phänomene der Kausalattribution darstellen kann.

Grenzen der Rationalität

In der vorangegangenen Diskussion wurde bereits darauf hingewiesen, daß einige der angeblich motivational bedingten Attributionsfehler auf Unzulänglichkeiten der menschlichen Informationsverarbeitung, z. B. bei der Suche nach und Integration von Information, zurückzuführen sein könnten. Eine wachsende Literatur spricht dafür, daß Menschen in der Tat infolge von Beschränkungen ihrer informationsverarbeitenden Kapazität schlecht abschneiden, wenn es um das Fällen von Entscheidungen geht (vgl. Tversky und Kahneman, 1974). Herbert Simon, einer der führenden Entscheidungstheoretiker, bemerkt dazu:

> Die Kapazität des menschlichen Verstandes zur Formulierung und Lösung komplexer Probleme ist äußerst gering, verglichen mit dem Umfang der Probleme, deren Lösung für objektiv rationales – oder auch nur annähernd objektiv rationales – Verhalten in der Umwelt notwendig wäre (Simon, 1957, S. 198).

Insofern das Zustandekommen einer Kausalattribution ebenfalls als ein komplexes Entscheidungsproblem angesehen werden kann, sollte man erwarten, daß Menschen auch bei der Ursachenattribution Fehler machen. Die tatsächlichen Fähigkeiten des „naiven" Psychologen scheinen daher der von den Attributionstheoretikern vertretenen Konzeption des rationalen Menschen nicht ganz zu entsprechen. Auf den folgenden Seiten werden einige dieser kognitiven Unzulänglichkeiten besprochen und zum Attributionsprozeß in Beziehung gesetzt.

„Falscher Konsens". Eine der Ursachen für attributionale Voreingenommenheiten wurde von Ross, Greene und House (1977) aufgedeckt und als „falscher Konsens" bezeichnet. Dieses Phänomen bezieht sich auf die Tendenz, eigenes Verhalten als „normal und den vorherrschenden Umständen angepaßt, unterschiedliches Verhalten anderer jedoch als ungewöhnlich, abweichend und unangemessen" (Ross et al., 1977, S. 280) anzusehen. Da eigenes Verhalten als der Norm entsprechend (hoher Konsens) angesehen wird, neigt man dazu, es situativen Faktoren zuzuschreiben. Vom eigenen Verhalten abweichendes Verhalten anderer wird dagegen als nicht der Norm entsprechend (niedriger Konsens)

angesehen und wird daher eher der Person zugeschrieben. Das Phänomen des falschen Konsens kann daher die behaupteten perspektivebedingten Attribuierungsvoreingenommenheiten (Unterschiede zwischen Handelndem und Beobachter) erklären.

Zur Demonstration solcher fehlerhaften Konsensüberzeugungen präsentierten Ross et al. (1977) Versuchspersonen eine Reihe von Situationsbeschreibungen wie die folgende:

Als Sie gerade den benachbarten Supermarkt verlassen, werden Sie von einem Mann im Geschäftsanzug angesprochen. Er fragt Sie, ob Sie gern in diesem Geschäft einkaufen. Sie erwidern ganz ehrlich, daß Sie gerne hier einkaufen, und weisen darauf hin, daß der Supermarkt nahe bei ihrer Wohnung gelegen sei und darüber hinaus sehr gute Fleischwaren führe und vernünftige Preise habe. Daraufhin enthüllt der Mann, daß Ihre Kommentare von einer versteckten Kamera aufgezeichnet worden seien, und ersucht Sie, eine Freigabeerklärung zu unterschreiben, die die Verwendung des unredigierten Films in einem TV-Werbespot gestatten würde, den die Supermarktkette gerade vorbereitet (S. 281).

Dieser Geschichte folgten zwei Fragen:

a) Wieviel % Ihrer Bekannten, schätzen Sie, würden diese Erklärung unterschreiben? ....%
b) Wieviel % Ihrer Bekannten würden es ablehnen, zu unterschreiben? ....% (Insgesamt sollten sich 100% ergeben)

Nachdem sie diese Fragen beantwortet hatten, wurden die Versuchspersonen gefragt, welche der zwei Möglichkeiten sie selbst wählen würden. Außerdem sollten sie durch Ankreuzen auf verschiedenen Persönlichkeitseigenschaftsskalen Eigenschaftsprofile für Personentyp a (jene Personen, die die Möglichkeit a wählen würden) und Personentyp b (jene Personen, die b wählen würden) erstellen.

Die Daten zeigten ganz klar, daß die Wahrnehmung von Konsens in Zusammenhang mit der eigenen Wahl stand. Diejenigen Personen, die angaben, sie persönlich würden die Freigabeerklärung unterschreiben, glaubten, daß auch andere unterschreiben würden; diejenigen, die angaben, sie würden nicht unterschreiben, erwarteten, daß dies auch bei anderen der Fall sein würde. Darüber hinaus zeigten die Persönlichkeitsbeurteilungen, daß stärkere Rückschlüsse auf die Persönlichkeit anderer vorgenommen wurden, wenn deren Wahl von der eigenen Wahl abwich.

In einem verwandten Experiment wurden Studenten aufgefordert, einige ihrer Vorlieben und Persönlichkeitseigenschaften zu beschreiben. Anschließend wurden sie gebeten, „den Durchschnittsstudenten" auf denselben Dimensionen zu beurteilen. Die Resultate stützten die Konsens-Hypothese: die Versuchspersonen nahmen ihre eigenen Eigenschaften und Vorlieben als konsistent mit denen anderer wahr.

Wahrnehmung von Zufälligkeit und Kontrollillusionen in zufallsabhängigen Aufgabensituationen. Es ist offensichtlich wichtig, fähigkeitsabhängige Aufgabensituationen von solchen zu unterscheiden, die rein zufallsbedingt sind. In einer rein zufallsabhängigen Situation ist jeder Versuch, die Ereignisse instrumentell zu beeinflussen, eine Verschwendung von Zeit und Energie; die Fehlwahrnehmung einer fähigkeitsbedingten Aufgabe als zufallsbedingt kann dagegen dazu führen, daß die zur Zielerreichung notwendige Anstrengung nicht aufgewendet wird. Wie jedoch empirisch nachgewiesen wurde, werden zufalls- und fähigkeitsabhängige Aufgabensituationen häufig fehlerhaft wahrgenommen. Eines der Charakteristika einer zufallsabhängigen Aufgabensituation ist zum Beispiel die Zufälligkeit der Ergebnisfolge. Individuen sind jedoch nicht in der Lage, zufällige Ergebnismuster zu produzieren, wenn sie dazu aufgefordert werden (Bakan, 1960; Cohen und Hansel, 1956). Von „naiven" Personen produzierte „zufällige" Ereignissequenzen zeigen nämlich zu viele Alternierungen. In einer Serie von Münzwürfen wird zum Beispiel die Häufigkeit von Folgen wie abwechselnd Zahl (Z) und Wappen (W) – z. B. ZWZWZW – oder zweimal Zahl gefolgt von Wappen und umgekehrt – wie ZZW und WWZ – überschätzt, während die Häufigkeit von Folgen wie ZZZWWW unterschätzt wird.

Darüber hinaus werden zufallsbedingte Ereignisse häufig fälschlicherweise als fähigkeitsabhängig wahrgenommen, d. h. so, als ob sie unter persönlicher Kontrolle stünden. Dem Leser wird wahrscheinlich aus eigener Beobachtung der Spieler am Glückspielautomaten bekannt sein, der sich gebärdet, als ob er persönlich für den Hauptgewinn „verantwortlich" wäre, oder der Würfelspieler, der sich verhält, als ob das Werfen einer Sechs sein persönliches Verdienst wäre. Einige der Determinanten solcher Kontrollillusionen sind identifiziert worden. Zu ihnen gehören unter anderem das Vorhandensein von Wahlfreiheit, Vertrautheit mit der Situation, aktive Involvierung und das Vorhandensein von Wettbewerb (Langer, 1975).

Wettbewerb zum Beispiel wird mit fähigkeitsabhängigen Aufgaben, wie Tennis oder Bridge, assoziiert. Infolgedessen könnte die Einführung einer Wettbewerbskomponente in eine rein zufallsabhängige Aufgabensituation zu der Illusion führen, daß diese Situation fähigkeitsabhängig sei. Um diese Hypothese zu überprüfen, ließ Langer Versuchspersonen gegen eine andere Person in einem Kartenziehspiel antreten. Wer die höhere Karte zog (was offensichtlich vollkommen zufallsabhängig ist), gewann. In einer der Experimentalgruppen trat die Versuchsperson gegen einen selbstsicher auftretenden Gegner (in Wirklichkeit einen Mitarbeiter des Versuchsleiters) an, während in einer zweiten Gruppe der Gegner „ziemlich schüchtern und ungeschickt zu sein schien, ein nervöses Zucken hatte und ein zu kleines Sakko trug“ (Langer, 1975, S. 314).

Den Versuchspersonen wurden vier Wetten mit jeweils maximal 25 Cents Einsatz gestattet. Die Höhe des getätigten Einsatzes wurde als Index der subjektiven Erfolgserwartung angesehen. Da die Spielsituation vollkommen zufallsabhängig war, hätte die subjektive Wahrnehmung der Gewinnchancen durch so irrelevante Faktoren wie die Charakteristika des Gegners unbeeinflußt bleiben sollen. Die Daten zeigten jedoch, daß die Versuchspersonen höhere Einsätze tätigten, wenn sie den „Tolpatsch“ zum Gegner hatten.

In weiteren von Langer (1975) berichteten Demonstrationen solch fehlerhaften Denkens zeigte sich zum Beispiel, daß Personen weniger bereit waren, ein Lotterielos weiterzuverkaufen, wenn sie dessen Nummer selbst hatten aussuchen können, als wenn ihnen das Los einfach gegeben worden war. Das heißt, das Vorhandensein von Wahlfreiheit schien zu einer Illusion von Kontrolle zu führen. Ferner waren Personen weniger bereit, das Lotterielos zu verkaufen, wenn es bekannte Buchstaben aufwies, als wenn es mit unbekannten Symbolen bedruckt war. Auf der Grundlage dieser Ergebnisse und der Literatur zur wahrgenommenen Selbstverantwortlichkeit kommt Langer (1975) zu der Schlußfolgerung, daß Menschen bestrebt sind, Ereignisse zu kontrollieren, und daß diese Kontrollmotivation für die Erzeugung der Illusion von Kontrolle verantwortlich ist. Ferner argumentiert sie, daß diese Illusion umso wahrscheinlicher auftrete, je mehr eine zufallsabhängige Aufgabensituation einer fähigkeitsabhängigen ähnle.

Verwandte Befunde wurden von Wortman (1975) vorgelegt. Wortman stellte die Hypothese auf, daß Personen dann zur Annahme tendieren, zufallsabhängige Ereignisse könnten kontrolliert werden, wenn sie den ereignisgenerierenden Prozeß selbst in Gang setzen können und wenn sie vorher wissen, welches Ereignis zu einer erwünschten Konsequenz führt.

Um diese Hypothesen zu überprüfen, zeigte Wortman (1975) ihren Versuchspersonen zwei Konsumartikel. Den Versuchspersonen wurde mitgeteilt, sie würden einen dieser zwei Artikel abhängig vom Resultat einer Zufallsziehung erhalten. Anschließend wurden zwei Murmeln, welche die zwei Artikel repräsentierten, in eine Dose gegeben. Einem Drittel der Versuchspersonen wurde mitgeteilt, welche Murmel welchen Gegenstand repräsentierte, die Ziehung wurde jedoch vom Versuchsleiter vorgenommen. Ein weiteres Drittel wußte ebenfalls, welchen Preis jede der Murmeln repräsentierte und konnte außerdem die Ziehung selbst vornehmen. In einer dritten Gruppe schließlich konnten die Versuchspersonen die Murmel selbst ziehen, ohne jedoch zu wissen, welcher Preis für welche Murmel ausgesetzt war. Wortman fand, daß diejenigen Versuchspersonen, welche ihr jeweiliges Ergebnis „selbst verursachten“, indem sie die Murmel zogen, und außerdem wußten, welches Objekt jede der Murmeln repräsentierte, größere wahrgenommene Kontrolle über das Ergebnis der Ziehung erlebten und glaubten, sie seien dafür stärker persönlich verantwortlich. Auch hier zeigte sich also, daß ein objektiv zufallsbedingtes Ereignis unter bestimmten situativen Bedingungen als subjektiv kontrollierbar wahrgenommen wurde.

Illusionäre Korrelationen. Wir erinnern uns daran, daß sowohl Heider als auch Kelley behaupten, das Kovariationsprinzip stelle die Grundlage des Attributionsprozesses dar. Kovariation oder Korrelation von zwei Variablen impliziert, daß die Kenntnis einer der Variablen eine Vorhersage der anderen ermöglicht. Untersuchungen haben gezeigt, daß Korrelationen infolge von Unzulänglichkeiten der „naiven“ Informationsverarbeitung häufig fehlerhaft beurteilt werden.

Speziell wurden zwei Fehlerquellen bei der „naiven“ Schätzung von Korrelationen gefunden. Chapman und Chapman (1969) demonstrierten, daß *bestehende Erwartungen* bezüglich der Korrelation von zwei Variablen zur Wahrnehmung einer in den Daten nicht existenten Korrelation führen können. Chapman und Chapman präsentierten Versuchspersonen Information über mehrere fiktive psychiatrische Patienten. Diese Information bestand aus der klinischen Diagnose des jeweiligen Patienten und aus einer von ihm angefertigten Zeichnung. Anschließend sollten die Versuchspersonen schätzen, wie häufig eine bestimmte diagnostische Kategorie (wie z. B. Paranoia) von bestimmten Arten von Zeichnungen begleitet worden war. Bei diesen Urteilen kam es zu systematischen Überschätzungen der Kovariation oder Korrelation zwischen bestimmten Variablen. Die Chapmans bezeichnen diesen Effekt als eine „illusionäre Korrelation", denn die Versuchspersonen nahmen wahr, was sie vorzufinden erwarteten (z. B. eine Korrelation zwischen Paranoia und einem „mißtrauischen Blick"). Die Chapmans weisen darauf hin, daß klinische Diagnostiker ähnlichen Fehlern zum Opfer fallen könnten.

Eine zweite Fehlerquelle bei der Schätzung von Korrelationen besteht darin, daß Personen die zur Verfügung stehende Information *nicht gleichgewichtig verwenden.* Smedslund (1963) und Jenkins und Ward (1965) haben gezeigt, daß Schätzungen von Korrelationen in erster Linie auf das gleichzeitige Auftreten von positiven Instanzen beider Variablen gegründet werden. Slovic (1972) illustriert dieses Prinzip mit folgendem Beispiel:

Eine Frau stellte Abigail Van Buren die folgende Frage: „Wie kommt es nur, daß so viele Menschen behaupten, Marihuana sei harmlos? Unsere Tochter begann damit im Januar. Im März wechselte sie zu Meskalin über, und im Juli war sie in der Nervenheilanstalt" (Slovic, 1972, S. 7).

Diese Frau beging einen Denkfehler, einmal schon deshalb, weil sie ihre Meinung bezüglich der Kovariation zwischen dem Genuß von Marihuana und Geisteskrankheit auf nur einen einzigen Fall stützte. Zudem illustriert dieses Beispiel jedoch auch einen Fall, in dem positive Ausprägungen beider in Betracht gezogenen Variablen vorlagen. Fälle, in denen Marihuanakonsumenten nicht geisteskrank wurden oder in denen Nichtkonsumenten geisteskrank wurden, blieben unberücksichtigt.

Implikationen für die Attributionstheorie. Eine Reihe von Befunden demonstriert also, daß „naive" Personen unvollkommene Informationsverarbeiter sind. Sie nehmen falschen Konsens wahr, verwechseln fähigkeits- und zufallsabhängige Aufgabensituationen und schätzen Korrelationen falsch ein. Dies sind jedoch nur einige wenige der vorgefundenen Unzulänglichkeiten der menschlichen Informationsverarbeitung; viele weitere Beispiele hätten hier aufgezählt werden können (vgl. Tversky & Kahneman, 1974). Selbstverständlich müssen Attributionstheoretiker diese Unvollkommenheiten der menschlichen Informationsverarbeitung in ihre Überlegungen mit einbeziehen. Vielleicht sollte der Mensch daher weniger als ein rationales Wesen charakterisiert werden, sondern eher als jemand, der sich selbst als rational wahrnimmt oder versucht, rational zu handeln. Da sich Attributionstheoretiker ja mit Phänomenologie, d. h. mit der Welt, wie sie vom Handelnden wahrgenommen wird, beschäftigen, würde eine solche Akzentverschiebung nicht in Widerspruch zu den grundlegenden Aussagen der Attributionstheorie geraten.

Zur Rolle von Kognitionen

Der attributionstheoretische Ansatz, welcher eng mit der experimentellen kognitiven Psychologie verbunden ist, geht davon aus, daß Kognitionen das Verhalten steuern. Unbekannt ist jedoch zum Beispiel, wann und wie häufig Menschen tatsächlich Kausalattributionen vornehmen oder „Regeln" zur Steuerung ihres Verhaltens heranziehen. Viele Psychologen vermuten inzwischen, daß die Häufigkeit von Attributionen – und ihre funktionale Bedeutung – weit geringer sei als von Attributionstheoretikern angenommen.

Eine der Kritiken am rationalistischen Ansatz basiert auf dem „Skript"-Konzept (Abelson, 1976). Unter einem Skript versteht man eine „miteinander verbundene Kette von Situationsbeschreibungen (Vignetten), welche [im Gedächtnis] als eine Einheit abgespeichert sind" (Abelson, 1976, S. 34). Mit zunehmender Erfahrung genügt bereits die Aktivierung eines Teils des Skripts, um das vollständige Skript vorwegzunehmen. Daher braucht man nicht die gesamte in einer Situation vorhandene Information zu verarbeiten. Dies reduziert die „kognitive Belastung".

Langer und ihre Mitarbeiter (Langer, 1978; Langer, Blank & Chanowitz, 1978) lieferten direkte Belege für diese „Nicht-Denk"-Hypothese, indem sie die Gedankenlosigkeit bestimmter sozialer Interaktionen nachwiesen. In einer dieser Untersuchungen wurde eine Person, die gerade dabei war, ein Kopiergerät zu benutzen, von einer anderen Person angesprochen und gefragt, ob diese den Kopierer zuerst benutzen dürfe. Die Bitte wurde auf drei verschiedene Arten vorgetragen:

1. *Bitte allein:* Entschuldigen Sie, ich habe 5 (20) Seiten. Könnte ich das Kopiergerät benutzen?
2. *Placebo-Information:* Entschuldigen Sie, ich habe 5 (20) Seiten. Könnte ich das Kopiergerät benutzen, um diese Kopien zu machen?
3. *Echte Information:* Entschuldigen Sie, ich habe 5 (20)

Seiten. Könnte ich das Kopiergerät benutzen, ich hab's eilig? (Langer et al., 1978, S. 635).

Langer (1978) erläutert:

Bedingung 2 wird Placebo-Information genannt, weil der angegebene Grund vollkommen redundant ist. Was sonst wird man wohl mit einem Kopiergerät anfangen, als von irgendetwas Kopien zu machen? Falls daher die Versuchspersonen die vom Versuchsleiter gegebene Information vollständig verarbeiten würden, dann sollte die Einwilligungsrate in der „Bitte allein"-Bedingung und in der „Placebo-Informations"-Bedingung gleich hoch sein, da in beiden Bedingungen dieselbe Information vermittelt wird; beide Bedingungen könnten jedoch von Bedingung 3 verschieden sein, weil hier zusätzliche Information gegeben wird. Falls die Versuchspersonen andererseits nur einen kleinen Teil der Information verarbeiten, und wenn sie gemäß einem Skript handeln, das etwa lautet: „Jemand ersucht um einen Gefallen X und gibt einen Grund Y an – willige ein", dann sollte das Ausmaß an Zustimmung in der Gruppe mit der „Placebo-Information" und in jener mit der „echten Information" gleich hoch sein, jedoch verschieden von dem in der „Bitte allein"-Gruppe (S. 48).

Langer qualifizierte diese Vorhersage jedoch noch dahingehend, daß die Versuchspersonen die Information vollständig verarbeiten würden, falls der erbetene Gefallen erheblich sei oder beträchtliche Anstrengung erfordere.

Die Ergebnisse dieser Untersuchung, wiedergegeben in Tabelle 7.4, stützen Langers Hypothesen. In der Bedingung, in der der erbetene Gefallen klein war (5 Seiten), scheinen die Versuchspersonen tatsächlich ziemlich gedankenlos zu reagieren. Langer behauptet daher, daß Verhalten häufiger „unreflektiert" sein könnte, als dies in den Konzeptionen von Attributionstheoretikern und anderen kognitiv orientierten Psychologen angenommen wird.

Bislang habe ich einige der Antezedenzien von Kausalattributionen analysiert und die Frage nach

Tabelle 7.4: Anteil der Versuchspersonen, die dem Versuchsleiter die Benutzung des Kopiergeräts gestatteten

		angegebener Grund	
	keine Information	Placebo-Information	Echte Information
Gefallen klein	.60	.93	.94
Gefallen groß	.24	.24	.42

(aus Langer, Blank & Chanowitz, 1978, S. 637)

der Rationalität und Korrektheit solcher Kausalzuschreibungen erörtert. Ich möchte nun kurz drei weitere Forschungsgebiete von einer attributionstheoretischen Perspektive aus diskutieren: Kognitive Dissonanz, Emotion sowie einige ausgewählte, bei Tieren beobachtete Verhaltensphänomene. Eine detaillierte attributionstheoretische Analyse von Leistungsverhalten wird im nächsten Kapitel vorgenommen.

Kognitive Dissonanz

Es wird allgemein anerkannt, daß „das Problem der kognitiven Dynamik *das* sozialpsychologische Problem" (Zajonc, 1968, S. 338) der sechziger Jahre darstellte. Der Begriff „kognitive Dynamik" bezieht sich auf die Tendenz zur Veränderung von konflikthaften, d.h. inkonsistenten oder nicht „zusammenpassenden" Kognitionen. In den letzten 20 Jahren wurde eine ganze Reihe von Theorien der kognitiven Konsistenz formuliert. Obwohl diese Theorien unterschiedliche Namen haben (z.B. Balancetheorie, Kongruitätstheorie, Dissonanztheorie), ist „ihnen allen gemeinsam die Annahme, daß der Mensch dazu tendiert, die interne Inkonsistenz in seinen interpersonalen Beziehungen, seinen intrapersonalen Kognitionen sowie zwischen seinen Überzeugungen und Gefühlen einerseits und seinem Handeln andererseits zu minimieren" (McGuire, 1966, S. 1).

Die bekannteste der kognitiven Konsistenztheorien ist die Theorie der „kognitiven Dissonanz". Die Dissonanztheorie beschäftigt sich mit den motivationalen Auswirkungen der Beziehungen zwischen kognitiven Elementen. Mit „kognitiven Elementen" sind in der Dissonanztheorie „Überzeugungen" oder „Wissensinhalte" gemeint. Diese Elemente sind entweder unverbunden oder sie stehen zueinander in einer konsonanten oder dissonanten Beziehung. Laut Festinger (1957) stehen zwei Kognitionen in einer *dissonanten* Beziehung zueinander, wenn „das Gegenteil des einen Elements aus dem andern folgt" (S. 13). Für einen Raucher sind zum Beispiel das Wissen, daß er raucht, und das Wissen, daß Rauchen Lungenkrebs verursacht, dissonante Kognitionen. In ähnlicher Weise ergeben sich konflikthafte Kognitionen, wenn jemand ein Auto kauft, obwohl er weiß, daß die Automarke einen schlechten Ruf hat, und das Auto sich tatsächlich als eine Niete erweist. Aus der Überzeugung, daß Rauchen Lungenkrebs verursacht oder daß eine Automarke einen schlechten Namen hat, folgt ja, daß man nicht rauchen bzw. kein Auto dieses Herstellers kaufen sollte. Festinger postuliert, daß kognitive Dissonanz ein motivierender Zustand sei, welcher Verhaltensweisen hervorrufe, die (durch Veränderung der diskrepanten Elemente) die Dissonanz reduzieren.

Die Art und Weise, in der die „diskrepanten Elemente" verändert werden, hängt teilweise vom Veränderungswiderstand der beteiligten Kognitionen ab. Meinungen und Überzeugungen sind zum Beispiel offensichtlich einfacher zu verändern als tatsächliches früheres Verhalten (Wicklund und Brehm, 1976). Wenn eine Person jedoch zum Beispiel ständig neue Bestätigung dafür erhält, daß sie eine „Niete" erworben hat, dann könnte die Dissonanzreduktion einfacher erreicht werden, indem die Person das Auto verkauft, als wenn sie sich selbst zu überzeugen versucht, daß das Auto in Wirklichkeit gar nicht so schlecht ist.

Das postulierte Ausmaß der Dissonanz ist zum einen eine Funktion des Verhältnisses der *Anzahl* von dissonanten und konsonanten Kognitionen. Wenn zum Beispiel das Auto billig erworben wurde, und wenn auch Autos anderer Hersteller reparaturanfällig sind, dann ist die mit dem Autokauf verbundene Dissonanz geringer. Zum anderen wird das Ausmaß der Dissonanz auch von der *Wichtigkeit* der beteiligten Kognitionen beeinflußt. Es ist offensichtlich beunruhigender, herauszufinden, daß das eben gekaufte Auto eine Niete ist, als zu entdecken, daß ein erworbenes Kleidungsstück von geringer Qualität ist. Nach Wicklund und Brehm (1976) ist die Formel für die Größe der hervorgerufenen Dissonanz:

$$\frac{\text{Dissonante Kognitionen} \times \text{Wichtigkeit der Kognitionen}}{\text{Konsonante Kognitionen} \times \text{Wichtigkeit der Kognitionen}}$$

Die von Festinger postulierten relativ einfachen Prinzipien haben zu einer Reihe interessanter Erklärungen „alltäglichen Verhaltens" geführt. Festinger (1957) zufolge besteht zum Beispiel für einen Raucher, der glaubt, daß Rauchen Lungenkrebs verursacht, einer der Wege zur Reduktion der dadurch hervorgerufenen Dissonanz darin, daß er sich einredet, letztere Kognition sei falsch. (Eine andere Möglichkeit zur Dissonanzreduktion bestünde natürlich darin, das Rauchen aufzugeben; doch dies gelingt meist nicht.) In einer von der Regierung in Auftrag gegebenen Meinungsumfrage wurden Personen, welche gemäß der Stärke ihres Rauchens klassifiziert worden waren, gefragt, ob sie glaubten, daß die angebliche Beziehung zwischen Rauchen und Lungenkrebs ausreichend bewiesen sei. Die Befragten wurden auf der Grundlage ihrer Rauchgewohnheiten in vier Gruppen aufgeteilt: Nichtraucher, leichte, mittelstarke und starke Raucher. Der Prozentsatz derjenigen Personen, die angaben, sie hielten die Befunde für nicht ausreichend, betrug 55% für die Nichtraucher, 68% für leichte Raucher, 75% für mittelstarke und 86% für starke Raucher. Wenn Kognitionen nicht miteinander in Einklang stehen, werden also anscheinend Prozesse in Gang gesetzt, die die kognitiven Strukturen in Konsonanz bringen. Eine andere Methode zur Dissonanzreduktion besteht in der Gewinnung sozialer Unterstützung für die eigenen Überzeugungen. Im Buch *When Prophecy Fails* berichten Festinger, Riecken und Schachter (1956) über das Verhalten einer religiösen Gruppe, welche vorhersagte, der Weltuntergang stünde nahe bevor. Als ihre Erwartung nicht bestätigt wurde, steigerte sich ihr Bekehrungseifer dramatisch! Anscheinend konnten sie durch dieses Verhalten ihr eigenes Glaubenssystem stützen und die durch den Widerspruch zwischen ihren Überzeugungen und den tatsächlichen Ereignissen entstandene Dissonanz reduzieren. Abgesehen davon gibt es jedoch nur wenige Befunde, die die Hypothese stützen, daß nicht bestätigte Überzeugungen zu gesteigerter Bekehrungsaktivität Anlaß geben. Wie jedoch McGuire (1966) bemerkt, „könnte diese Annahme einige nicht unbedeutende historische Ereignisse erklären, welche schon vielen zu denken gegeben haben. Es ist eine attraktive Hypothese, die es verdienen würde, wahr zu sein" (S. 18).

Obwohl einige der Befunde, welche dissonanztheoretische Vorhersagen stützen, aus Feldstudien stammen, wurde doch die große Mehrzahl der Untersuchungen im Labor unter kontrollierten experimentellen Bedingungen durchgeführt. In vielen dieser Untersuchungen wurden die Versuchspersonen veranlaßt, ein Verhalten zu zeigen, das sie normalerweise vermieden hätten. Die negativen Aspekte solcher Handlungen waren also dissonant mit dem Wissen, daß man sie nichtsdestoweniger ausgeführt hatte. Diese Experimente sind als Studien zur „erzwungenen Einwilligung" *(forced compliance)* oder zur „unzureichenden Rechtfertigung" *(insufficient justification)* bekannt.

Erzwungene Einwilligung

Die im Rahmen des Paradigmas der erzwungenen Einwilligung durchgeführten Experimente untersuchen häufig die Auswirkungen von öffentlichen

Handlungen, die in Widerspruch zur privaten Überzeugung des Handelnden stehen und zudem für relativ geringe Belohungen ausgeführt werden. Es wird vermutet, daß in solchen Situationen Kräfte aktiviert werden, welche die Person veranlassen, ihre vorangegangenen Handlungen zu rechtfertigen.

Diese Hypothese wurde erstmals in einem inzwischen klassischen (und kontroversen) Experiment von Festinger und Carlsmith (1959) überprüft. In dieser Untersuchung nahmen die Versuchspersonen an einem extrem langweiligen „psychologischen Experiment" teil. Anschließend wurden sie gebeten, zukünftigen Teilnehmern mitzuteilen, das Experiment sei interessant und mache Spaß. Der Hälfte der Versuchspersonen wurden dafür 20 Dollar versprochen, der anderen Hälfte 1 Dollar. Nachher baten die Experimentatoren die Versuchspersonen, anzugeben, wie interessant sie das Experiment tatsächlich gefunden hätten. Die Ergebnisse zeigten, daß die Versuchspersonen in der 1-Dollar-Bedingung das objektiv langweilige Experiment als interessanter beurteilten als die Versuchspersonen in der 20-Dollar-Bedingung. Das heißt, wer die geringere Belohnung erhalten hatte, mochte das Experiment mehr, als derjenige, der die höhere Belohnung erhalten hatte. Festinger und Carlsmith (1959) argumentierten, daß ein zu den eigenen Überzeugungen im Widerspruch stehendes Verhalten dann nicht zu Dissonanz führe, wenn ein starker externaler Anreiz für diese Handlung (nämlich eine hohe Belohnung) vorhanden sei, denn die externale Belohnung erzeuge eine konsonante Kognition. Sei die Belohnung jedoch gering, dann werde das diskrepante Verhalten als ungenügend gerechtfertigt angesehen, und es werde hohe Dissonanz erzeugt. In Festingers und Carlsmiths Experiment setzte diese Dissonanz anscheinend Prozesse in Gang, welche die Kognitionen (Überzeugungen) bezüglich der Interessantheit des Experiments veränderten.

Das Paradigma der unzureichenden Rechtfertigung wurde später auf bestrafte Handlungen ausgedehnt. Aronson und Carlsmith (1963) argumentierten folgendermaßen:

> ... wird eine Person durch die Androhung von Bestrafung dazu gebracht, die Ausführung einer ihr angenehmen Tätigkeit einzustellen, dann ist ihre Kognition, daß die Tätigkeit angenehm ist, dissonant mit der Kognition, daß sie sie nicht ausführt. Die Androhung *schwerer* Bestrafung verschafft jedoch selbst ausreichende, mit der Einstellung des Verhaltens konsistente Kognitionen. Stellt eine Person die Ausführung einer angenehmen Tätigkeit jedoch angesichts *geringer* angedrohter Bestrafung ein, dann fehlen ihr diese konsonanten Kognitionen, und sie muß daher eine zusätzliche Rechtfertigung für das Unterlassen der angenehmen Tätigkeit finden. Eine Methode der Rechtfertigung besteht darin, sich selbst zu überzeugen, daß die angenehme Handlung nicht länger angenehm sei. Wird daher eine Person durch die Androhung von Bestrafung dazu gebracht, die Ausführung einer angenehmen Tätigkeit einzustellen, so wird ihre Tendenz zur Abwertung dieser Tätigkeit umso stärker sein, je geringer die angedrohte Bestrafung ist (S. 584–585).

Um diese Hypothese zu überprüfen, hielten Aronson und Carlsmith (1963) Kinder davon ab, mit beliebten Spielsachen zu spielen, indem sie ihnen entweder eine milde oder strenge Strafe androhten. Vor der Strafandrohung, sowie nach einer gewissen Zeitspanne, in der nicht mit den Spielsachen gespielt worden war, wurden Attraktivitätsbeurteilungen der Spielsachen erhoben. Tabelle 7.5 zeigt, daß die Spielsachen bei Androhung schwerer Strafe als relativ attraktiver beurteilt wurden als bei Androhung milder Strafe. Diese Ergebnisse stützen die Vorhersage von Aronson und Carlsmith.

Tabelle 7.5: Veränderung der Attraktivität der verbotenen Spielsachen

	Bewertung		
Strafandrohung	Zunahme	gleichbleibend	Abnahme
mild	4	10	8
streng	14	8	0

(aus Aronson & Carlsmith, 1963, S. 586)

Festinger (1957) gibt die folgende allgemeine Empfehlung bezüglich der Anwendung von Belohnung und Bestrafung: „Will man zusätzlich zu Veränderungen des Verhaltens auch Änderungen in der persönlichen Einstellung erreichen, so besteht das beste Vorgehen darin, gerade soviel Belohnung oder Bestrafung anzuwenden, wie zur Erreichung von offener Einwilligung erforderlich ist (S. 95). Diese Annahme widerspricht dem verstärkungstheoretischen Ansatz zur Einstellungsänderung, welcher behauptet, daß Einstellungen sich umso stärker ändern, je höher sie belohnt und je geringer sie bestraft werden. Dies hatte eine heftige Kontroverse zwischen Dissonanz- und Verstärkungstheoretikern zur Folge. Tatsächlich scheint es so zu sein, daß sowohl Dissonanz als auch Verstärkung Einstellungen beeinflussen, und zwar in entgegengesetzte Richtungen (eine Diskussion dieser Streitfrage findet sich bei Wicklund und Brehm, 1976).

Dissonanztheorie und traditionelle Motivationsforschung

Die Theorie der kognitiven Dissonanz gab Anlaß zu einer großen Anzahl von Untersuchungen, die sich mit „traditionellen" Fragen der Motivationsforschung beschäftigten. Dissonanz wurde dabei als ein Trieb verstanden, der denselben Status wie Hunger, Durst und andere physiologische Deprivationszustände hat. Wie für andere Triebe wurde auch für die kognitive Dissonanz postuliert, daß sie Verhalten energetisiere und steuere und daß ihre Reduktion verstärkend wirke. Festinger (1957) schrieb: „Erfolgreiche Dissonanzreduktion wirkt verstärkend in genau demselben Sinn, in dem Essen verstärkend wirkt" (S. 70). Der Zustand kognitiver Dissonanz ist ferner, analog zu anderen Triebzuständen, aversiv, und der theoretisch optimale Zustand ist der, in dem die Dissonanz gleich Null ist.

Hunger und Durst. Die Untersuchungen, in denen die motivationalen Wirkungen kognitiver Dissonanz demonstriert wurden, verwendeten eine Variante des ursprünglich von Festinger und Carlsmith (1959) entwickelten Paradigmas der erzwungenen Einwilligung bzw. unzureichenden Rechtfertigung. Brehm (1962) berichtet über eine Reihe von Experimenten, in denen Hunger- und Durstgefühle, sowie die tatsächliche Nahrungs- und Wasseraufnahme anschließend an eine dissonanzinduzierende Manipulation gemessen wurden. In einer dieser Untersuchungen wurden die Versuchspersonen unter dem Vorwand, die Auswirkungen von Deprivation auf die intellektuelle und motorische Leistungsfähigkeit werde untersucht, gebeten, kein Frühstück und kein Mittagessen einzunehmen. Vor der Durchführung der angekündigten Tests beurteilten die Versuchspersonen das Ausmaß ihres Hungers. Nach der Durchführung der Tests wurden sie gebeten, weiterhin abstinent zu bleiben und später zu einem weiteren Test zu erscheinen. In einer der Versuchsbedingungen (niedrige Dissonanz) wurden ihnen fünf Dollar als Belohnung für weitere Mitarbeit angeboten, in der anderen Versuchsbedingung (hohe Dissonanz) dagegen keine zusätzliche Belohnung. Auf diese Weise wurden also Bedingungen ausreichender bzw. unzureichender Rechtfertigung geschaffen. Willigte eine Versuchsperson ein, weiterhin abstinent zu bleiben, so wurde sofort anschließend eine zweite Hungereinschätzung vorgenommen. Abbildung 7.4 zeigt die Ergebnisse für Versuchspersonen, deren ursprüngliche Hungereinschätzungen gleich waren. Die Abbildung zeigt,

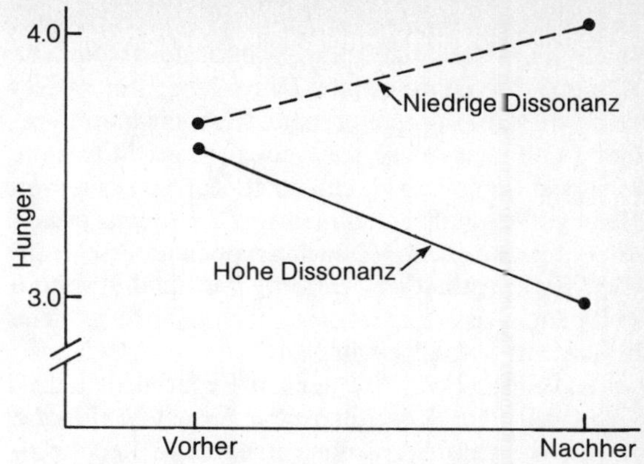

Abbildung 7.4: Durchschnittliche Selbsteinschätzung des Hungers von ausgewählten Versuchspersonen, vor und nach der Dissonanzmanipulation (aus Brehm 1962, S. 62)

daß sich die Versuchspersonen in der niedrigen Dissonanzbedingung nach der Einwilligung hungriger fühlten als davor, die Versuchspersonen in der hohen Dissonanzbedingung dagegen weniger hungrig. In der hohen Dissonanzbedingung wurde die fortgesetzte Deprivation anscheinend gerechtfertigt, indem die Kognition der empfundenen Unannehmlichkeit des Hungers geändert wurde.

Dieser und verwandte Befunde führten Brehm (1962) zu folgender Schlußfolgerung:

> Nur was der Organismus über seinen motivationalen Zustand „weiß", beeinflußt Lernen, Verhalten, Wahrnehmung, usw. Nichtkognitive Komponenten der Motivation, wie z.B. der physiologische Zustand des Organismus, sollten daher Verhalten wie z.B. Lernverhalten nur in dem Ausmaß beeinflussen, in dem sie sich kognitiv auswirken. D.h. abgesehen vom tödlichen Effekt extremer Deprivationszustände sollte ein Deprivationszustand nur dann irgendeine psychologische Wirkung haben, wenn er kognitiv repräsentiert ist (S. 75).

Schmerz und Furcht. In ähnlichen Versuchsanordnungen wie den von Brehm berichteten konnte demonstriert werden, daß auch das Schmerzerleben kognitiv kontrollierbar ist. In einer illustrativen Untersuchung (Grinker, 1967, berichtet in Zimbardo, 1969b) wurden Versuchspersonen einer klassischen aversiven Lidschlagkonditionierungsprozedur unterzogen. Wir erinnern uns, daß bei diesem Verfahren ein konditionierter Reiz, wie z.B. ein Ton, mit einem unangenehmen, auf das Auge gerichteten Luftstoß gekoppelt wird. Anschließend werden die Reaktionen auf den konditionierten Reiz allein gemessen. In

Grinkers Experiment wurden nun die Versuchspersonen nach 20 Durchgängen informiert, daß die Luftstöße in den folgenden Durchgängen intensiver sein würden. Frühere Untersuchungen hatten gezeigt, daß eine solche streßinduzierende Mitteilung die Konditionierung beschleunigt. Zur Schaffung von Bedingungen hoher und niedriger Dissonanz erhielten unterschiedliche Versuchsgruppen unterschiedliche Grade verbaler Rechtfertigung für die weitere Teilnahme am Experiment und unterschiedliche Grade von Wahlfreiheit. (*Alle* Versuchspersonen waren jedoch bereit, weiter am Experiment teilzunehmen.) Eine Kontrollgruppe erhielt weder die Möglichkeit zur Wahl noch irgendeine Rechtfertigung.

Abbildung 7.5 zeigt, daß in dieser Untersuchung die Änderung der Reaktionsstärke (Prozentsatz konditionierter Reaktionen) von den Durchgängen vor der Dissonanzinduktion zu denen danach umso geringer ist, je höher die induzierte Dissonanz war. Zwar kam es in allen Versuchsgruppen infolge des induzierten Stresses zu einem gewissen Anstieg der Konditionierungsrate; dieser Anstieg war jedoch geringer, wenn Dissonanz induziert wurde. Dies kann man damit erklären, daß die Versuchspersonen die Dissonanz reduzierten, in dem sie ihre *Kognitionen* bezüglich der Aversivität des Luftstoßes änderten. D.h. die Entscheidung, an einem aversiven Experiment trotz minimaler externaler Rechtfertigung teilzunehmen, scheint die wahrgenommene Unangenehmheit des Luftstoßes und damit die Furchtreaktion verringert zu haben, und dies wiederum führte zu einer Verlangsamung der Konditionierung.

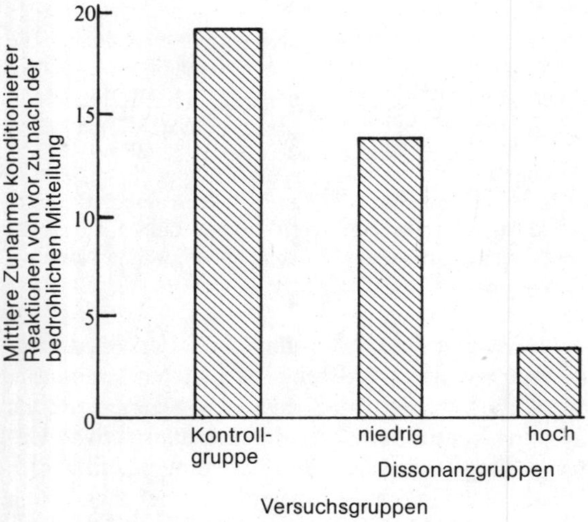

Abbildung 7.5: Durchschnittliche Zunahme des Prozentsatzes konditionierter Reaktionen von den Durchgängen 11–20 (vor der bedrohlichen Mitteilung) zu den Durchgängen 21–30 (nach der bedrohlichen Mitteilung) für Kontrollgruppe und Dissonanzgruppen (aus Grinker, 1967; berichtet in Zimbardo, 1969, S. 130)

Löschungsresistenz

Ein weiterer erwähnenswerter Bereich der Dissonanzforschung beschäftigt sich mit dem Phänomen der Löschungsresistenz. Die diesbezügliche dissonanztheoretische Forschungsarbeit hat bedeutende Implikationen für die allgemeine experimentelle Psychologie und ist darüber hinaus für eine im nächsten Kapitel unternommene, attributionstheoretische Diskussion dieses Phänomens relevant.

Das von Festinger und Carlsmith verwendete Paradigma der unzureichenden Rechtfertigung beruht auf der Erzeugung einer Ungleichheit zwischen dem Ausmaß extrinsischer Belohnung für „erzwungenes" Verhalten und der Bedeutung dieses Verhaltens für das Individuum. Diese Analyse ist auf Situationen ausgedehnt worden, in denen die Versuchspersonen zur Ausführung leicht aversiver Handlungen veranlaßt werden und in denen die Belohnung für diese Handlungen zu gering ist, um sie zu rechtfertigen. Postuliert wird, daß solche Situationen Dissonanz erzeugen, welche reduziert werden kann, indem die für die Handlung angebotene extrinsische Belohnung subjektiv aufgewertet wird. In der ersten Demonstration dieses Phänomens konnten sich weibliche Versuchspersonen zur freiwilligen Teilnahme an einer Diskussionsgruppe über Sex melden (Aronson & Mills, 1959). Die Hälfte der Teilnehmerinnen mußte sich zuerst einer langwierigen und peinlichen „Einführung" unterziehen, welche u.a. das Wiederholen von „schmutzigen" Wörtern beinhaltete (hohe Dissonanz). Eine zweite Gruppe nahm an einer unproblematischen Einführung teil (geringe Dissonanz). Anschließend hörten die Frauen einer ziemlich langweiligen Diskussion über Sex zu. Aronson und Mills (1959) fanden, daß die Versuchspersonen in der hohen Dissonanzbedingung die Diskussion als interessanter beurteilten, die Teilnehmer sympathischer fanden usw. als die Versuchspersonen in der niedrigen Dissonanzbedingung. Kurz, die Kognition „Ich habe mich einer unangenehmen Situation ausgesetzt, um ein unattraktives Objekt zu erlangen" ist dissonant, und die Dissonanz wird reduziert, indem das erreichte Ziel als attraktiv reinterpretiert wird.

Diese dissonanztheoretische Analyse wurde von Lawrence und Festinger (1962) in der Folge auf tierexperimentelle Untersuchungen angewendet. Sie behaupteten, daß Dissonanz auch bei Tieren induziert werden könne. Eine dieser dissonanzerzeugenden Methoden besteht in der Schaffung von Situationen, in denen mühevolle bzw. anstrengungsaufwendige Reaktionen zum Erhalt von Verstärkern notwendig sind. Solche Situationen sollten von infrahumanen Spezies (und Menschen) wenn möglich vermieden werden. Reaktionen unter solchen Bedingungen sind daher dissonanzerzeugend, verglichen mit Bedingungen, in denen eine „einfache" Reaktion möglich ist. Wieder kann die Dissonanz reduziert werden, indem „zusätzliche" Belohnungen in der Situation wahrgenommen werden bzw. das Zielobjekt als attraktiver angesehen wird. In einem der Experimente, in denen die Auswirkungen unterschiedlich großer Anstrengung untersucht wurden, mußten Ratten unterschiedlich steile Flächen überqueren, um zu Futter zu gelangen. Diejenige Gruppe, die mehr Anstrengung aufwenden mußte, wies größere Löschungsresistenz auf und lief während der Extinktionsphase schneller als die Gruppe, die weniger Anstrengung während des Trainings aufwenden mußte (vgl. Tab. 7.6). Nachfolgende, von Lawrence und Festinger durchgeführte Experimente wiesen nach, daß höherer Anstrengungsaufwand unabhängig vom verwendeten Verstärkungsplan zu gesteigerter Extinktionsresistenz führt und daß selbst bei minimaler Anstrengung das Fehlen einer Belohnung immer noch die Löschungsresistenz erhöht.

Tabelle 7.6: Durchschnittliche Laufzeit (in Sek.) während der Löschung für Gruppen mit unterschiedlicher aufgewendeter Anstrengung

	Anstrengungsbedingung	
	25° Steigung (N = 31)	50° Steigung (N = 31)
Letzter Trainingstag	1.8	2.0
Erster Tag der Löschung	7.1	3.8
Zweiter Tag der Löschung	26.1	16.4
Dritter Tag der Löschung	37.2	31.0

(aus Lawrence & Festinger, 1962, S. 43)

Kognitive Dissonanz aus attributionstheoretischer Sicht

Kognitive Dissonanzphänomene sind in der Folge attributionstheoretisch reinterpretiert worden. Betrachten wir z. B. das Paradigma der unzureichenden Rechtfertigung (Festinger & Carlsmith, 1959). In dieser Untersuchung wurde einigen Versuchspersonen ein hoher Geldbetrag für das öffentliche Anpreisen eines langweiligen Experimentes versprochen, für eine Handlung also, die im Widerspruch zu ihren privaten Überzeugungen stand. Diese Versuchspersonen blieben auch nach der Einwilligung bei ihrer negativen Privatmeinung über das Experiment. Versuchspersonen, die nur eine geringe Belohnung erhielten, änderten dagegen ihre privaten Überzeugungen so, daß sie stärker mit ihrem Verhalten übereinstimmten. Man nahm an, daß die der unzureichenden Rechtfertigung folgende Einstellungsänderung die Konsonanz zwischen den kognitiven Elementen vergrößerte.

Die attributionstheoretische Interpretation des Festinger-Carlsmith-Experiments besagt dagegen, daß die Versuchspersonen in der Bedingung mit hoher Belohnung ihr Verhalten externalen Faktoren (nämlich der Belohnung) zuschrieben. Die Versuchspersonen in der Bedingung mit geringer Belohnung konnten dagegen ihr Verhalten nicht external erklären. Daher schrieben sie ihre Einwilligung internalen Faktoren, wie z. B. geänderten Überzeugungen, zu. Dieser attributionstheoretische Zugang zur Erklärung von Dissonanzphänomenen beruht hauptsächlich auf der theoretischen Analyse von Bem (1967, 1972). Wie bereits früher erwähnt, nimmt Bem in seiner Theorie der Selbstwahrnehmung an, daß Individuen von ihrem Verhalten auf ihre inneren Zustände rückschließen, genauso wie sie das bei der Beurteilung anderer Personen tun. Im Dissonanzparadigma soll diesen Überlegungen zufolge eine Person, die wahrnimmt, daß sie eine unzureichend (external) gerechtfertigte Handlung ausgeführt hat, zu der Schlußfolgerung gelangen, daß internale Faktoren für das Verhalten verantwortlich gewesen sein müssen. Die Versuchsperson begeht daher einen Attributions-„Fehler" bei der Erklärung ihres vorangegangenen Verhaltens.

Eines der Schlüsselelemente der Dissonanzexperimente besteht daher darin, die Versuchspersonen trotz bestehender unzureichender Rechtfertigung zur Ausführung des einstellungsinkonsistenten Verhaltens zu bringen. Kelley (1967) argumentiert:

> Das erfolgreiche Dissonanzexperiment ist ein Experiment, in dem starke situative Zwänge – die vollkommen ausreichen, um völlige oder beinahe völlige Einwilligung zu erreichen – erfolgreich von einem Netz von Hinweisen auf Selbstbestimmung getarnt sind. Von einem attributionstheoretischen Standpunkt aus gesehen ist die Experimentalsituation irreführend ... Wenn die Versuchsperson in der

niedrigen Anreizbedingung ihr gerade ausgeführtes Verhalten beobachtet, wird es ihr daher nicht einfallen, das Verhalten der Situation zuzuschreiben ... In der hohen Anreizbedingung wird dagegen eine ... situative Erklärung des Verhaltens durch die auffällige Tatsache der hohen Belohnung nahegelegt (S. 229).

Die allgemeine attributionstheoretische Erklärung von Dissonanzphänomenen besagt, daß eine Handlung umso eher internalen Faktoren (wie z.B. dem intrinsischen Anreizwert der Handlung) zugeschrieben wird, je weniger das Verhalten mit vorhandenen extrinsischen Einflüssen konsistent ist und je weniger die Person dazu in der Lage ist, externale Ursachen für ihr Verhalten zu finden.

Nisbett und Valins (1971) haben diese Analyse auf Situationen ausgeweitet, in denen das Verhalten mit vorhandenen extrinsischen Verstärkern *konsistent* ist. Speziell argumentieren sie, daß die Wahrscheinlichkeit der Attribution von einstellungskonsistentem Verhalten auf internale Faktoren (nämlich auf die Einstellung) umso geringer sei, je höher die extrinsische Belohung für dieses Verhalten sei. Der Erhalt von Bezahlung für eine einstellungskonsistente Äußerung kann demnach dazu führen, daß die Stärke der betreffenden Überzeugung *abnimmt*. Nisbett und Valins berichten eine Reihe von Untersuchungen, die diese Hypothese stützen. Z.B. wurde gefunden, daß Versuchspersonen, denen ein relativ hoher Geldbetrag für das Verlesen einer einstellungskonsistenten Rede bezahlt worden war (mehr als ausreichende Rechtfertigung), später leichter von dieser Meinung abgebracht werden konnten als Versuchspersonen, denen nur ein geringer Geldbetrag für das Verlesen der Rede bezahlt worden war (Kiesler & Sakumura, 1966). Beachten Sie, daß diese Analyse praktisch identisch mit Decis (1975) Erklärung des „Korrumpierungs"-Effekts extrinsischer Verstärker ist (vgl. 6. Kapitel).

Nisbett und Valins (1971) kommen zu der Schlußfolgerung, daß der attributionstheoretische (kognitive) Ansatz zur Erklärung von Dissonanzphänomenen einen größeren Geltungsbereich beanspruchen kann, als die von Festinger gegebene motivationale Erklärung. Der Dissonanztheoretiker kann nur bei unzureichender Rechtfertigung des in Frage stehenden Verhaltens argumentieren, daß dieses Wissen der Person unangenehm sei und daß die anschließende Einstellungsänderung das Resultat eines motivationalen Prozesses (und nicht nur einer passiven Schlußfolgerung) ist. Nach Valins und Nisbett kann die Dissonanztheorie jedoch keine Vorhersagen bezüglich Einstellungsänderungen in Situationen machen, in denen das Verhalten ausreichend gerechtfertigt ist, da solche Situationen keine Dissonanz erzeugen sollten. Der attributionstheoretische Ansatz kann dagegen auch Einstellungsänderungen in Fällen „übergerechtfertigten" Verhaltens erklären.

Aktivation und Attribution bei Dissonanzphänomenen. In einer Serie von Untersuchungen haben Cooper, Zanna und Mitarbeiter die kontrastierende attributionstheoretische (kognitive) und aktivationstheoretische (Trieb-) Interpretation kognitiver Dissonanzphänomene einer experimentellen Prüfung unterworfen. Zanna & Cooper (1976) fassen die diesbezügliche Kontroverse folgendermaßen zusammen:

Dies ist die Geschichte zweier Theorien. Auf der einen Seite ist die Theorie der kognitiven Dissonanz; auf der anderen Seite die Attributionstheorie. Die Dissonanztheorie behauptet, daß Menschen durch Inkonsistenzen zwischen ihren Kognitionen aktiviert werden. Analog zu den klassischen Triebtheorien der Experimentalpsychologie (Hull, 1943) wird angenommen, daß der Mensch motiviert ist, sich von der triebähnlichen, unangenehmen Spannung zu befreien, die mit wahrgenommener kognitiver Inkonsistenz einhergeht. Attributionstheoretische Modelle betrachten den Menschen dagegen als jemanden, der ständig bemüht ist, sich seine Umwelt begreiflich zu machen. In diesen Modellen wird der Mensch als ein Wissenschaftler angesehen, der attributionale Regeln verwendet, um Kausalität in einer sonst chaotischen Umwelt sozialer Reize zu entdecken.

Zunächst führten diese zwei Theorien eine problemlose, friedliche Koexistenz. Attributionstheoretische Modelle (z.B. Heider, 1958; Jones & Davis, 1965) konzentrierten sich auf die Frage, wie wir die Handlungen anderer erklären, während sich die Dissonanztheorie mit den etwas ungewöhnlichen Methoden beschäftigte, mit denen wir unser eigenes kognitives Haus aufräumen, wenn es in Unordnung geraten ist. Geradezu ein Krieg zwischen den zwei Theorien brach jedoch aus, als von Theoretikern, die man später als Vertreter des attributionalen Standpunktes identifizierte, behauptet wurde, daß die zur Erklärung des Verhaltens anderer verwendeten Regeln auch auf das eigene Verhalten angewendet würden (Bem, 1967, 1972). Laut Bem können viele der Effekte, von denen angenommen wurde, sie seien auf den triebähnlichen Prozeß der kognitiven Dissonanz zurückzuführen, im Rahmen des nichtmotivationalen, trieb- und aktivationslosen Attributionsmodells erklärt werden, sobald einmal angenommen wird, daß wir Beobachter unseres eigenen Verhaltens sind und dabei die attributionalen Schlußregeln auf uns selbst anwenden. In der Folge unternahmen die Vertreter beider Modelle faszinierende wissenschaftliche Exkursionen, um den eigenen Standpunkt zu stützen und den des Gegners in Mißkredit zu bringen (z.B. Jones, Linder, Kiesler, Zanna & Brehm, 1968; Bem, 1968) (S. 199).

Zanna und Cooper versuchen dann zu zeigen, wie mit Hilfe attributionstheoretischer Ideen demonstriert werden kann, daß Aktivation oder physiologische Erregung eine notwendige Bedingung für das Zustandekommen von Dissonanzphänomenen darstellt. Studenten wurden gebeten, einen Aufsatz zu schreiben, in dem sie sich für ein Verbot von Rednern auf dem Universitätsgelände aussprachen – eine Forderung, die ihren tatsächlichen Überzeugungen widersprach. In einer der Versuchsgruppen wurde der einstellungsinkonsistente Aufsatz unter Bedingungen fehlender Wahlfreiheit geschrieben, während in einer zweiten Versuchsgruppe die Illusion von Wahlfreiheit geschaffen wurde. Sowohl Festingers ursprünglicher Formulierung zufolge, als auch gemäß späteren Modifikationen der Dissonanztheorie, wird Dissonanz nur dann hervorgerufen, wenn das einstellungsinkonsistente Verhalten anscheinend freiwillig ausgeführt wird. Dies sollte zu einer dissonanzreduzierenden Einstellungsänderung führen. Existiert dagegen keine Wahlfreiheit, so wird keine Dissonanz erzeugt, da das Verhalten konsistent mit externen Zwängen ist. Unter solchen Bedingungen sollte sich daher keine Einstellungsänderung ergeben. Ehe sie den einstellungsinkonsistenten Aufsatz schrieben, erhielten einige der Versuchspersonen unter einem Vorwand, der hier nicht näher erörtert zu werden braucht, eine Placebo-Pille verabreicht. Der Hälfte der Versuchspersonen wurde mitgeteilt, die Pille werde ein Gefühl der Anspannung erzeugen; der anderen Hälfte wurde mitgeteilt, sie würde ein Gefühl der Entspannung hervorrufen. Am Ende des Experiments wurde die Einstellung der Versuchspersonen bezüglich des Verbotes von Rednern auf dem Universitätsgelände erhoben. Zanna und Cooper (1976) erläutern dazu:

> Falls Dissonanz tatsächlich ein Erregungszustand ist, und falls Einstellungsänderungen nach erzwungener Einwilligung auf der Reduktion dieser Erregung beruhen, dann folgt daraus, daß eine Fehlattribution der Erregung (auf eine externale Ursache) die Motivation zur Einstellungsänderung verringern sollte ...
>
> Eine ähnliche Überlegung führte uns zu der Vorhersage, daß Versuchspersonen, die glaubten, sie würden sich aufgrund der „Droge" entspannt fühlen, nach dem Schreiben des einstellungsinkonsistenten Aufsatzes aber natürlich trotzdem erregt waren, ihre Einstellungen sogar noch stärker verändern würden als Versuchspersonen, die keine Entspanntheits-Erwartung hegten (S. 202).

Die Ergebnisse dieser Untersuchung zeigt Tabelle 7.7. Wie aus der Tabelle hervorgeht, trat in der

Tabelle 7.7: Mittelwert der Einstellungen der Versuchspersonen bezüglich des Verbots von Rednern auf dem Universitätsgelände

	Nebenwirkungen der „Droge"		
Ausmaß der Entscheidungs-freiheit	Erregung	Keine Droge	Entspannung
Wahlfreiheit	3.40	9.10	13.40
Keine Wahl-freiheit	3.50	4.50	4.70

Anmerkung: Zellenbesetzung: n = 10. Je größer der Mittelwert, desto höher die Zustimmung zum einstellungsinkonsistenten Aufsatz
(nach Zanna & Cooper, 1976, S. 204)

Kontrollgruppe (in der keine Placebo-Pille verabreicht worden war) ein typischer Dissonanzeffekt auf: die Versuchspersonen befürworteten die (im allgemeinen unpopuläre) Ansicht, Redner auf dem Universitätsgelände sollten verboten werden, in stärkerem Maße, wenn sie fälschlicherweise an eine freie Wahlentscheidung glaubten. Dagegen führte die Verabreichung einer angeblich erregenden Pille zur Eliminierung des Dissonanzeffektes. Und wenn die Versuchspersonen als Resultat der Pilleneinnahme ein Gefühl der Entspannung erwarteten, dann war der Dissonanzeffekt sogar intensiviert, ganz so, als ob die Versuchspersonen zu der Schlußfolgerung gelangt seien, sie müßten durch ihr inkonsistentes Verhalten wohl sehr stark erregt worden sein, da sogar ein entspannendes Medikament an diesem Gefühl wenig änderte!

Nachfolgende Untersuchungen dieser Forscher stützen die Annahme, daß Erregung eine notwendige Bedingung für Dissonanzeffekte und Einstellungsänderung ist. Dies steht offensichtlich im Widerspruch zu den rein kognitiven Erklärungen des Dissonanzphänomens durch Bem und Kelley. In einer dieser Folgeuntersuchungen wurde den Versuchspersonen entweder ein Tranquilizer oder Amphetamin verabreicht, bevor sie den einstellungsinkonsistenten Aufsatz schrieben. In der Tranquilizergruppe trat kein Dissonanzeffekt auf, während die Einstellungsänderung in der Amphetamingruppe besonders ausgeprägt war.

Auf der Grundlage dieser und weiterer Forschungsarbeiten kommen Zanna und Cooper (1976) zu folgender Schlußfolgerung:

Die entscheidende Frage ist: was genau ist mit Selbstattribution in Situationen einstellungsinkonsistenten Verhaltens gemeint? Wenn damit gemeint sein soll, daß Personen ihre Überzeugungen aus ihrem Verhalten ableiten, ohne irgendeinen inneren Zustand der Anspannung zu erleben, dann stellen die hier präsentierten Ergebnisse diese Ansicht ernstlich in Frage ... Alles, was wir mit unserer Forschungsarbeit demonstrieren wollten, war, daß kognitive Inkonsistenz von einem Zustand unangenehm erlebter Erregung begleitet wird. Unsere Ergebnisse beweisen weder, daß Attributionsprozesse nie vorkommen, noch daß attributionstheoretische Überlegungen nicht in einigen Situationen Einstellungsänderungen korrekt vorhersagen. Die Tatsache, daß unsere experimentellen Vorhersagen aus der Annahme attributionaler Prozesse abgeleitet wurden, zeigt ja gerade, daß Selbstattributionsphänomene frisch und munter sind.

Wir schlagen daher einen Waffenstillstand vor, der es uns ermöglichen wird, über den simplen Konflikt zwischen der motivationslosen, informationstheoretischen Perspektive der Attributionstheorie und der motivationalen Perspektive der Dissonanztheorie hinauszugelangen. Indem wir die Geltungsbereiche beider Ansätze schärfer abgrenzen, könnten wir sie vielleicht beide besser verstehen lernen (S. 215–216).

Emotionen

Das Wort „Emotion“ kommt vom lateinischen „emovere“ (sich bewegen). Young (1943, zit. nach Cofer & Appley, 1964) beschreibt auf prägnante Weise, wie der Terminus „Emotion“ seinen Weg in die Psychologie fand:

... Ursprünglich bedeutete das Wort das Umherziehen von einem Ort zum anderen, im Sinne einer Wanderung. Z. B. „Die verschiedenen Emotionen jenes Volkes (der Türken)“ (1603), „Eine zufällige Emotion ... des Schwerpunkts“ (1695). Das Wort erwarb die Bedeutung von Bewegung, Aufruhr, Erschütterung, Unruhe, und wurde in dieser Bedeutung in einem strikt physikalischen Sinn verwendet. Z. B. „Der Donner ... verursachte eine große Emotion in der Luft“ (1708), „Die Wasserströmungen in den Erdhöhlen ... verursachten die Emotion bzw. das Erdbeben“ (1758). Diese physikalische Bedeutung wurde dann auf den sozialen und politischen Bereich übertragen, wobei das Wort „Emotion“ die Bedeutung von Aufruhr, Volksunruhe, erwarb. Z. B. „Es gab ... großen Aufruhr und Emotionen in der Lombardei“ (1579), „Berichte von öffentlichen Emotionen, verursacht durch Getreidemangel“ (1709). Schließlich begann das Wort zur Bezeichnung eines jeden agitierten, heftigen oder erregten psychischen Zustandes des Individuums verwendet zu werden. Z. B. „Die Freude der Genugtuung wird zu Recht als Emotion bezeichnet“ (1762) (S. 25).

Das Studium der Emotionen ist offensichtlich von zentraler Bedeutung für die Motivationsforschung. In der Tat ist nicht nur behauptet worden, daß Affekte die hauptsächlichen Verhaltensmotivatoren darstellen (wie z. B. in der Hedonismusdoktrin), sondern sogar, daß physiologische Triebe ohne eine „Verstärkung“ durch Gefühle verhaltensunwirksam bleiben. Tomkins (1970) illustrierte die Interaktion von Trieb und Gefühl mit der folgenden Anekdote:

Betrachten wir z. B. den Fall der Sauerstoffdeprivation. Fast jede Beeinträchtigung des normalen Atemvorganges wird sofort ein verzweifeltes Schnappen nach Luft hervorrufen. Gibt es irgendeine Motivation, die dringlicher ist, als das Verlangen nach Luft bei einer Person, die am Ertrinken oder Ersticken ist? Es ist jedoch nicht einfach das dringende Verlangen nach Sauerstoff, das uns unter solchen Umständen auffällt. Wir beobachten ebenso die schnell ansteigende Panik, die gewöhnlich ausgelöst wird, wenn die Luftversorgung plötzlich in Gefahr ist. Diese Panik verstärkt das Triebsignal. Es ist diese Kombination von Panik und Triebsignal, die wir fälschlicherweise als das Triebsignal identifiziert haben. Wir brauchen nur die Geschwindigkeit der Sauerstoffdeprivation zu verändern, um die Art des begleitenden Affekts völlig zu verändern. Im zweiten Weltkrieg erlitten z. B. Piloten, die es ablehnten, in 10000 Meter Höhe ihre Sauerstoffmasken zu tragen, eine graduelle Sauerstoffdeprivation. Sie wurden euphorisch! Das langsamer entstehende Triebsignal löste also ein Gefühl der Euphorie aus. Einige dieser Piloten starben daher mit einem Lächeln auf den Lippen (S. 101–102).

Historische Entwicklung der Emotionsforschung

Plutchik (1970) führt drei wesentliche Forschungstraditionen an, welche die Emotionsforschung beeinflußt haben:

1. Die Darwinistische Tradition: Diese Position betont die angeborenen Grundlagen emotional-expressiven Verhaltens. Speziell konnte eine Reihe von charakteristischen, mit dem Emotionsausdruck in Beziehung stehenden Formen des Gesichtsausdrucks identifiziert werden, die in einer Vielfalt von Spezies auftreten (das Entblößen der Zähne bei Wölfen und höhnisches Grinsen beim Menschen sind z. B. beides angeborene Indikatoren von Wut und Ärger).
2. Die Freudsche Tradition: Wie im 2. Kapitel erörtert wurde, betont Freud die unbewußten Determinanten von Affekten. Ferner wird die Bedeutung bestimmter Emotionen, wie Angst und Schuld, hervorgehoben.

3. Die aus dem „Sequenzproblem" entstandene Forschungstradition: Das Sequenzproblem bezieht sich auf die Frage nach den zeitlichen Beziehungen zwischen dem körperlichen Ausdruck von Emotionen und dem subjektiven Gefühlserleben. Während viele Psychologen die Auffassung vertreten, daß das subjektive Gefühlserleben sowohl physiologische Veränderungen als auch emotionales Verhalten verursache, haben andere, wie z. B. William James, behauptet, daß das Erleben eines Gefühls eine *Folge* bestimmter körperlicher (speziell physiologischer) Veränderungen sei (vgl. die Diskussion um das Leib-Seele-Problem und Diagramm 3.2). Das Sequenzproblem generierte eine große Anzahl experimenteller Untersuchungen emotionaler Phänomene und ist von direkter Relevanz für eine (weiter unten besprochene) attributionstheoretische Emotionskonzeption.

Die Sequenz-Kontroverse

William James (1884) und Carl Lange sind dafür verantwortlich, daß das Sequenzproblem zu einer psychologischen Streitfrage wurde. James und Lange behaupteten, daß das Empfinden eines Gefühls in der Wahrnehmung der vom emotionalen Reiz ausgelösten körperlichen, insbesondere viszeralen Reaktionen bestünde. Die James-Lange-Theorie befaßt sich daher mit der Basis des Gefühlserlebens und geht davon aus, daß „periphere somatische oder viszerale Reaktionen notwendig [sind], um der Wahrnehmung eines Ereignisses eine emotionale Qualität zu verleihen" (Buck, 1976, S. 43). Buck (1976) erläutert:

> ... Wir weinen also nicht, weil wir traurig sind. Wir sehen vielmehr irgend etwas, das uns zum Weinen bringt, und die Wahrnehmung dieser Wein-Reaktion ist das Gefühl der Trauer. Wir sehen einen Bären, zittern und laufen davon, und die Wahrnehmung des Zitterns und Davonlaufens ist das Gefühl der Furcht" (S. 42).

Introspektive Evidenz scheint die James-Lange-Theorie zu stützen. Wie z. B. James (1890) bemerkt:

> ... kann man sich den Zustand der Wut vorstellen, ohne gleichzeitig an ein Aufwallen in der Brust, ein gerötetes Gesicht, erweiterte Nasenlöcher, zusammengebissene Zähne und einen Impuls zu gewalttätigem Handeln zu denken? ... Je genauer ich meine Gefühlszustände untersuche, desto mehr bin ich davon überzeugt, daß alle Stimmungen, Gefühle und Leidenschaften, die ich empfinde, in Wahrheit aus genau den körperlichen Veränderungen bestehen und zusammengesetzt sind, die wir gewöhnlich als ihren Ausdruck oder ihre Folge bezeichnen (S. 452; zit. nach Leventhal, 1974).

Eine interessante Implikation dieser Position, auf die Leventhal (1974) hinweist, ist die, daß unsere Gefühle sich verändern sollten, wenn wir uns in einer dem Gefühl entgegengesetzten Weise verhalten. Viele gängige Redensarten wie „Wenn du dich fürchtest, pfeif ein lustiges Lied" geben einen ähnlichen Ratschlag.

Die James-Lange-Theorie wurde von einer Reihe von Wissenschaftlern scharfer Kritik unterzogen, insbesondere von Walter Cannon (1927). Cannons Argumente waren:

1. Die vollständige Trennung der Viszera vom zentralen Nervensystem läßt emotionales Verhalten unbeeinflußt.
2. Dieselben viszeralen Veränderungen treten bei sehr verschiedenen emotionalen und auch bei nichtemotionalen Zuständen auf.
3. Vizerale Veränderungen sind zu langsam, um als Quelle des Gefühlserlebens in Frage zu kommen.
4. Die künstliche Induktion von viszeralen Veränderungen, wie sie für starke Emotionen typisch sind, führt nicht zum Auftreten dieser Emotionen.

Diese Argumente wurden als stichhaltig angesehen (vgl. Mandler, 1975), obwohl einige Befunde dafür sprechen, daß physiologische Erregung, wie James behauptete, zum Erleben eines Gefühles notwendig ist. Z. B. ist berichtet worden, daß Patienten mit Rückenmarksverletzungen, die das viszerale Feedback ausschalteten, weniger intensive Gefühle empfanden (Hohmann, 1966; vgl. auch Mandler, 1975). Andererseits gibt es jedoch auch klinische Berichte (Dana, 1921) von Fällen, in denen Personen, welche einen völligen Verlust der Empfindung von Körpersensationen erlitten hatten, dennoch ein unbeeinträchtigtes Gefühlserleben aufwiesen.

Cannon vermutete ferner, daß verschiedenartige Emotionen *nicht* durch unterscheidbare Muster physiologischer Reaktionen charakterisiert seien. D. h. die von der James-Lange Theorie implizierte Korrespondenz zwischen bestimmten physiologischen Zuständen und bestimmten psychischen Phänomenen (Emotionen) ist nicht gegeben. Cannon zufolge sind alle Emotionen durch eine globale Entladung des sympathischen Nervensystems gekennzeichnet. Katzen zeigen z. B. sehr ähnliche physiologische Reaktionen bei Furcht und Wut, wie gesteigerte Herzrate und vertiefte Atmung. Cannon schlug daher eine „globale Reaktionstheorie" der Emotion vor. Darüber hinaus vertrat Cannon die Ansicht, daß Gefühle das Verhalten mobilisierten und daß sie daher dem instrumentellen Verhalten vorausgingen, anstatt ihm zu folgen.

Die Aktivationstheorie der Emotion

Cannons Thesen hatten zur Folge, daß man sich auf das Studium einiger weniger Dimensionen konzentrierte, auf denen Emotionen beschrieben werden konnten. Am meisten Aufmerksamkeit wurde der Dimension der *Intensität* geschenkt. Man nahm an, daß man die Intensität durch Messung der Aktivität des retikulären Systems feststellen könne. Damit wurde der physiologische Indikator der Aktivation zugleich der Indikator für Emotion!

Ursprünglich wurde vermutet, daß ein zu hohes Aktivationsniveau in Übererregung resultiere, während ein zu niedriges Aktivationsniveau zu Depression führen würde. Darüber hinaus ging man davon aus, daß die Intensität der Aktivation auch die Richtung des Verhaltens beeinflusse (nämlich Annäherung versus Vermeidung); wir sind darauf bereits an früherer Stelle, im Zusammenhang mit der Diskussion reizaufsuchenden Verhaltens, zu sprechen gekommen. Wie ebenfalls bereits früher erwähnt (vgl. Abb. 3.21), wurde angenommen, daß Emotion je nach ihrer Intensität entweder zu Organisation oder zu Desorganisation des Verhaltens führen könne. Schlosberg (1954) illustriert diesen letzteren Punkt mit dem folgenden Bild:

[Ein schlafender Mensch] ... befindet sich nahe dem Nullpunkt der Aktivation. Sein Großhirn ist verhältnismäßig inaktiv ... die Muskeln sind entspannt ... Als Folge dieses allgemeinen Zustandes reagiert er nicht auf normale Reize; er ist nicht bei Bewußtsein.

Nun lassen wir den Wecker läuten. Dies ist ein starker Reiz, der die hohe Reizschwelle durchbricht. Beobachtbare Muskelbewegungen treten auf, welche Signale ins Zentralnervensystem rückmelden. Das autonome Nervensystem wird aktiviert, und die resultierenden Muskel- und Drüsenreaktionen veranlassen weitere Rückmeldungssignale ... Das Individuum ist nun wach und reagiert auf Reize ...

Wir wollen annehmen, daß unser Held sein optimales Aktivationsniveau um 10.00 Uhr vormittags erreicht hat. Er ist wach und reagiert effizient auf seine Umwelt. Nun bemerkt er, daß ein benötigtes Buch im Bücherregal fehlt. Diese Frustration bewirkt eine weitere Zunahme im Aktivationsniveau, zunächst vielleicht noch nicht hoch genug, um den Namen Ärger zu verdienen. Als er jedoch seine Suche nach dem Buch fortsetzt, steigert sich das Aktivationsniveau, bis er „blind vor Wut" ist ... Jetzt würde er wahrscheinlich das Buch selbst dann nicht finden, wenn es sich direkt vor seiner Nase befände (S. 82–83).

Schachters attributionstheoretische Zwei-Faktoren-Theorie der Emotion

Die Aktivationstheorie hatte mit zwei ernsten Problemen zu kämpfen. Das erste Problem bestand in der Schwierigkeit einer unzweideutigen Bestimmung des jeweiligen Aktivationsniveaus. Herzratenveränderungen z. B. können mit Veränderungen der Hautleitfähigkeit, der Muskelspannung, und des EEG einhergehen oder auch nicht. Was wichtiger ist, Aktivation allein kann subjektives Gefühlserleben offensichtlich nicht hinreichend erklären. Bei gleichem Aktivationsniveau können nämlich sehr verschiedene Emotionen auftreten. Hohe Erregung kann z. B. von einem Gefühl intensiven Hasses, intensiver Liebe, Aufregung, oder Verwirrung begleitet sein. Die Aktivationstheorie verfügte nicht über das begriffliche Werkzeug, um verschiedene Emotionen voneinander zu unterscheiden.

Schachter (1964) und Schachter und Singer (1962) ergänzten deshalb die Aktivationstheorie durch attributionstheoretische Konzepte, um eine Unterscheidung zwischen verschiedenen Emotionen möglich zu machen. Sie behaupteten, daß Emotionen eine Funktion von zwei Faktoren seien: dem Erregungsniveau und den Kognitionen über die erregende Situation. Die Kognitionen haben eine „Steuer"-Funktion, d. h. sie bestimmen die Richtung oder Qualität des subjektiven Gefühlserlebens, indem sie ein „Etikett" (d. h. eine Kausalerklärung) für die wahrgenommene Erregung bereitstellen.

In alltäglichen emotionalen Situationen liefern die den Organismus erregenden Reize auch die zum Verständnis des Ereignisses notwendige Information. Der Anblick eines Geburtstagskuchens z. B. kann das Erregungsniveau anheben und gleichzeitig die notwendigen Hinweisreize zum Erleben eines positiven Gefühls liefern; die Wahrnehmung einer auf einen selbst gerichteten Pistole wird wahrscheinlich physiologische Erregung auslösen und stellt gleichzeitig einen Hinweisreiz für das Erleben von Furcht dar. In Laboruntersuchungen konnten Schachter und seine Mitarbeiter jedoch den Erregungsfaktor und den kognitiven Faktor unabhängig voneinander manipulieren und anscheinend demonstrieren, wie diese Faktoren zusammen zu emotionalen Zuständen führen.

Im ersten einer Reihe von Experimenten injizierten Schachter und Singer (1962) Versuchspersonen unter dem Vorwand, die „Auswirkungen eines Vitaminpräparats auf die Wahrnehmungsfähigkeit" (S. 382) zu untersuchen, Adrenalin. Adrenalin ist eine aktivierende Substanz, die häufig autonome Erregungssymptome – wie gesteigerten Herzschlag und ein allgemeines Gefühl des „Aufgedrehtseins" – hervorruft. Einige Versuchspersonen wurden von diesen Wirkungen der Droge in Kenntnis gesetzt und konnten daher die Ursache ihrer wahrgenommenen Erregung korrekt identifizieren. Andere Versuchspersonen wurden entweder nicht über die Effekte des Adrenalin informiert oder erhielten falsche Symptominformation, während den Versuchspersonen in einer Kontrollgruppe ein Placebo injiziert wurde. Anschließend warteten die Versuchspersonen zusammen mit einem anderen Versuchsteilnehmer (in Wirklichkeit ein Mitarbeiter des Versuchsleiters) auf die angekündigten „Sehtests". Der Mitarbeiter des Versuchsleiters verhielt sich entweder in einer sehr euphorischen Weise, indem er z.B. mit mehreren Gegenständen spielte, oder er zeigte gespielte Verärgerung über einige persönliche Fragen, welche Teil eines in der Warteperiode auszufüllenden Fragebogens waren. Die Verhaltensweisen der Versuchspersonen während dieses Zeitabschnitts wurden beobachtet und bezüglich des Grades an gezeigter Euphorie oder Verärgerung eingestuft. Zusätzlich beantworteten die Versuchspersonen einen Fragebogen zu ihrem gegenwärtigen Gefühlszustand.

Die Hauptbefunde dieses Experimentes waren, daß uninformierte Versuchspersonen, denen Adrenalin injiziert worden war (die also erregt waren, jedoch keine Erklärung für die Erregung bekommen hatten) in der Ärger-Situation verhältnismäßig stärker verärgert und in der Euphorie-Situation relativ stärker euphorisch waren als die Versuchspersonen in der Kontrollbedingung (Placebo). Die Intensität der Emotion ist daher eine Funktion des Erregungsniveaus, und erregte Personen können ganz unterschiedliche Emotionen empfinden, je nachdem, in welcher sozialen (kognitiven) Situation sie sich befinden. Kurz, Schachter und Singer zeigten, daß das Erregungsniveau und kognitive Prozesse, wenn sie unabhängig voneinander und nacheinander (anstatt gleichzeitig) manipuliert werden, die Intensität und Qualität erlebter Gefühle determinieren.

In einer Folgestudie replizierten Schachter und Wheeler (1962) die Effekte des Erregungsniveaus auf emotional-expressives Verhalten. Den Versuchspersonen wurde entweder Adrenalin, Placebo oder Chlorpromazin (eine die sympathische Aktivität dämpfende Substanz) injiziert. Anschließend sahen die Versuchspersonen einen kurzen humorvollen Film. Während der Filmvorführung wurde ihr expressives Verhalten (Lachen etc.) beobachtet. Wie erwartet, variierte die Intensität des gezeigten Humor-Ausdrucksverhaltens mit der Intensität des induzierten Erregungsniveaus. Am meisten wurde in der Adrenalin-Bedingung gelacht, am wenigsten in der Chlorpromazin-Bedingung. Festgehalten werden muß jedoch, daß zwar das expressive Verhalten den Vorhersagen entsprechend variierte, daß jedoch kein Unterschied in verschiedenen von den Versuchspersonen vorgenommenen Filmbewertungen gefunden wurde.

Zusammenfassend kommt es laut Schachters Theorie also folgendermaßen zu einem Gefühlszustand:

(a) Physiologische Erregung tritt auf;
(b) das Individuum nimmt diese Erregung wahr;
(c) das Individuum spürt ein Bedürfnis, eine Erklärung oder Ursache für die Erregung zu finden.
(d) eine externale Ursache wird identifiziert, und die internale Reaktion wird „etikettiert". Diese „Etikettierung" verleiht dem Gefühlszustand seine Qualität.

Kritik der Schachterschen Zwei-Faktoren-Theorie der Emotion

Die Untersuchung von Schachter und Singer (und die allgemeine theoretische Formulierung von Schachter) hat sich als von erstaunlicher heuristischer Fruchtbarkeit erwiesen und trug wesentlich zum zunehmenden Wiederaufleben der experimentellen Emotionsforschung bei. Schachters Beitrag hat jedoch auch Kritik auf sich gezogen, sowohl infolge von methodischen, als auch infolge von theoretischen Schwächen. Was die spezifische, von Schachter und Singer (1962) verwendete Methodik anlangt, so wurde u.a. kritisiert, daß einige Versuchspersonen von der Datenanalyse ausgeschlossen wurden, daß die Euphorie- und Ärger-Selbstbeurteilungen zu einem gemeinsamen Index kombiniert wurden, daß manche Personen auf Adrenalininjektion nicht mit Erregung reagieren und daß der verwendete Erregungsindikator, nämlich die Pulsrate, einen relativ unzuverlässigen Indikator darstelle (Plutchik & Ax, 1967). Was jedoch wichtiger ist: Schachters Position wurde durch einige ernstzunehmende theoretische Einwände in Frage gestellt.

Zur zeitlichen Aufeinanderfolge von Erregung und Emotion. Schachter behauptet, daß die Wahrnehmung von externen Ereignissen oder die Verabreichung einer Droge, Erregung produziere. Die soziale Situation liefere anschließend die Hinweisreize zur Interpretation der Erregung und damit zur Identifizierung ihres Ursprunges. Die Arbeiten von Forschern wie Lazarus (vgl. 2. Kapitel) legen jedoch nahe, daß Erregung selbst von kognitiven Faktoren beeinflußt wird. Konkreter: Die subjektive Interpretation einer streßerzeugenden Situation beeinflußt das Ausmaß generierter Erregung. Erregung und Kognition beeinflussen sich daher wechselseitig. Gegenwärtig ist unbekannt, ob Erregung dem Erleben eines Gefühls vorausgeht, es begleitet oder ihm nachfolgt.

Zur Notwendigkeit von Erregung. Schachters Zwei-Faktoren-Theorie der Emotion wurde durch eine Reihe von Untersuchungen in Frage gestellt, welche von Valins und seinen Mitarbeitern durchgeführt wurden. Diese Untersuchungen zeigen, daß auch Kognitionen allein, ohne physiologische Erregung, ausreichen, um emotionale Reaktionen hervorzurufen.

Um zu demonstrieren, daß es nicht die *energetisierenden* Wirkungen physiologischer Erregung sind, welche Emotionen beeinflussen, gab Valins Versuchspersonen falsche Informationen, welche zu beweisen schienen, daß die Versuchspersonen physiologisch erregt waren. Anschließend untersuchte er, welchen Effekt die falsche physiologische Rückmeldung auf verschiedene Emotionsindikatoren hatte. D.h. die informationale oder Hinweisreiz-Funktion des Erregungszustandes wurde manipuliert, während der tatsächliche Erregungszustand nicht direkt beeinflußt wurde.

Im ersten seiner Experimente manipulierte Valins (1966) das Ausmaß wahrgenommener Herzratenveränderung von männlichen Versuchspersonen, denen Dias von halbentkleideten „Playboy"-Schönheiten vorgeführt wurden. Er ließ die Versuchspersonen fingierte Signale hören, die angeblich ihrer Herzschlagfrequenz entsprachen, bat sie jedoch, „zu versuchen, diese Herztöne zu ignorieren" (S. 402). Für die Versuchspersonen in der Experimentalgruppe war ein Teil der Dias mit einer Herzratenveränderung assoziiert (entweder Beschleunigung oder Verlangsamung). Versuchspersonen in einer Kontrollgruppe wurde mitgeteilt, die Signale, die sie hörten, seien bedeutungslose Töne. Nachdem sie die Dias betrachtet hatten, beurteilten die Versuchspersonen die Attraktivität der Frauen und konnten dann, „als Belohnung für die Teilnahme am Experiment" einige der Dias auswählen und mit nach Hause nehmen.

Die Ergebnisse dieser Untersuchung zeigten, daß in der Experimentalgruppe die mit einer Herzschlagbeschleunigung assoziierten Dias als attraktiver beurteilt und mit größerer Wahrscheinlichkeit ausgewählt wurden, um mit nach Hause genommen zu werden, als solche Dias, die nicht mit falscher Herzratenbeschleunigung gekoppelt worden waren. Wie sich aus den Resultaten für die Kontrollgruppe ergab, hatten die Tonsignale *per se* keinen Einfluß auf die Beurteilung der Dias. Valins (1966) kommt daher zu der Schlußfolgerung:

> ... Dies sind genau die Resultate, die man für den Fall erwarten würde, in dem echte Herzratenveränderungen und Gefühle des Herzklopfens bei einigen der Dias induziert worden wären und bei anderen nicht. Der Mechanismus, der diesen Effekten zugrunde liegt, ist wahrscheinlich derselbe, gleichgültig ob die physiologische Rückmeldung echt ist oder nicht. Internale Ereignisse sind eine Quelle von Information, und ... wenn eine emotionale Erklärung für sie vorherrschend ist, werden die Reaktionen entsprechend etikettiert (S. 406, 407).

Valins bemerkt auch, daß die mit falscher Herzrateninformation konfrontierten Versuchspersonen sich „aktiv zu überreden schienen, daß [die Frau] attraktiv sei. Sie berichteten, sie hätten sich das Dia genau angesehen, und es war offensichtlich, daß sie versuchten, die Rückmeldung zu rechtfertigen" (S. 407). Dieser Interpretation der Ergebnisse als Resultat eines „Hypothesen-Überprüfens" wurde in späteren Untersuchungen nachgegangen. Valins (1974) fand, daß eine postexperimentelle Aufklärung bezüglich der Beschaffenheit des Experimentes die Meinung der Versuchspersonen über die Dias nicht mehr veränderte. Es scheint also, daß die Versuchspersonen nicht einfach passiv der dargebotenen Herzrateninformation zuhören. Darüber hinaus fanden Barefoot und Straub (1971), daß die mit hoher Erregungsrückmeldung verbundenen Dias als attraktiver beurteilt wurden, wenn den Versuchspersonen mehr Zeit zum Betrachten der Stimuli gegeben wurde. Anscheinend betrachteten sie in der zusätzlichen Zeit die Dias genauer und fanden „Beweise", die ihren wahrgenommenen Gefühlszustand rechtfertigten. Im allgemeinen ist dieser Effekt stärker bei fiktiver Herzratenbeschleunigung als bei -verlangsamung, da Herzratenverlangsamung ein unklares Feedbacksignal darstellt (vgl. Liebhart, 1976).

Zusammenfassend scheinen Valins und seine Mitarbeiter also gezeigt zu haben, daß physiologische Erregung *per se* keine notwendige Bedingung für emotionale Zustände ist. Vielmehr scheint wahrgenommene Erregung eine Informationsquelle darzustellen, welche von der Person verwendet wird, um ihren jeweiligen Gefühlszustand einzuschätzen (z. B. „Mein Herz klopft, ich muß verärgert [euphorisch etc.] sein"; „Ich bin ganz aufgedreht, ich muß den Film lustig finden!" usw.). Kognitionen scheinen demnach also hinreichende Bedingungen für eine emotionale Reaktion zu sein.

Ehe Valins Standpunkt akzeptiert werden kann, muß allerdings eines gesichert sein: Es muß sichergestellt sein, daß die *Wahrnehmung* von falscher Herzrateninformation nicht zu einer *echten* Veränderung der Herzrate führt. Falls dies nämlich der Fall wäre, dann würde Schachters Theorie durch Valins Befunde nicht in Frage gestellt, sondern gestützt. Und tatsächlich fanden Goldstein, Fink und Mettee (1972), daß falsche physiologische Rückmeldung echte Herzratenveränderungen verursachte. Eine eindeutige Abklärung der Beziehung zwischen wahrgenommener und echter Erregung sowie dem Gefühlszustand steht jedoch bislang noch aus.

Emotionen und Fehlattribution

Das von Schachter und Singer (1962) eingeführte Fehlattributionsparadigma regte eine Reihe von nachfolgenden Experimenten an, in denen die Effekte von Kausalattributionen physiologischer Erregung auf Gefühl und emotionales Verhalten untersucht wurden. In einigen dieser Untersuchungen wurde z. B. Furcht erzeugt, indem man den Versuchspersonen eine Serie von elektrischen Schocks ankündigte. Zusätzlich wurde ihnen eine Placebo-Pille verabreicht, oder es wurde starker Lärm präsentiert, und sie wurden informiert, daß die Pille oder der Lärm physiologische Reaktionen erzeugen würden. Die beschriebenen Symptome waren den bei Angstzuständen erlebten sehr ähnlich. Daher ergab sich für die Versuchspersonen eine Möglichkeit, ihre Furchtreaktion der externalen Ursache zuzuschreiben. Es wurde erwartet, daß diese Fehlattribution der Angstsymptome zu einer Reduktion der Furchtreaktion führen würde.

Ein Experiment, das ziemlich genau dem soeben beschriebenen Paradigma entspricht, wurde von Nisbett und Schachter (1966) durchgeführt. In diesem Experiment wurde den Versuchspersonen ein Placebo verabreicht, und anschließend wurde ihnen mitgeteilt, daß sie eine Serie von Elektroschocks erhalten würden. Allen Versuchspersonen wurde gesagt, das Placebo habe gewisse Nebeneffekte. In einer der Versuchsbedingungen wurden diese Nebeneffekte als Zittern der Hände, Herzklopfen, ein komisches flaues Gefühl in der Magengegend usw. beschrieben (d. h. die „Nebeneffekte" entsprachen den bei Furcht auftretenden Erregungssymptomen). In einer zweiten Versuchsbedingung wurden die Nebeneffekte als Jucken, leichtes Kopfweh und andere nicht mit Angst zusammenhängende Symptome beschrieben.

Anschließend wurde den Versuchspersonen eine Serie zunehmend intensiver werdender Schocks verabreicht. Die abhängigen Variablen umfaßten diejenige Schockintensität, bei der das erstemal Schmerz empfunden wurde, und die Schockintensität, die als unerträglich bezeichnet wurde. Die Ergebnisse zeigten, daß, wenn die zuvor induzierte Angst nicht zu hoch und daher die Möglichkeit einer Fehlattribution gegeben war, diejenigen Versuchspersonen, welche ihre Erregungssymptome der Pille zuschreiben konnten, eine höhere Schmerz- und Toleranzschwelle aufwiesen als die Versuchspersonen, welche ihre Erregungssymptome der Angst vor dem Schock zuschrieben.

In einer nachfolgenden Untersuchung verwendeten Ross, Rodin und Zimbardo (1969) eine Modifikation der von Nisbett und Schachter (1966) entwickelten Prozedur. Wieder wurde in den Versuchspersonen die Erwartung erzeugt, sie würden Elektroschocks erhalten. Während des Experimentes wurde dann starker Lärm präsentiert. Der Hälfte der Versuchspersonen wurde gesagt, der Lärm werde erregungsirrelevante Symptome hervorrufen. Anstatt sich auf Selbstberichte zu verlassen wie Nisbett und Schachter, verwendeten Ross et al. einen Verhaltensindikator, um auf die Effekte der Fehlattribution zu schließen. Die Versuchspersonen konnten an zwei Aufgaben (Puzzles) arbeiten. Die Lösung der einen Aufgabe würde die Nichtverabreichung des Schocks (Schockvermeidungs-Puzzle), die Lösung der anderen Aufgabe eine Geldbelohnung zur Folge haben (Belohnungspuzzle). Man nahm an, daß die Zeit, die eine Versuchsperson für das Schockvermeidungspuzzle verwendete (bzw. die Zeit, während der sie das Belohnungspuzzle ignorierte), einen Verhaltensindikator für die Schockangst der Versuchsperson darstellen würde; somit ermöglichte dieser Indikator eine Überprüfung der Hypothese, daß die Attribution von Erregungssymptomen auf den Lärm die Furcht reduziert.

Die Resultate, die von Ross et al. erhalten wurden, stützen diese Hypothese. Die eindrucksvollsten Ergebnisse sind in Abbildung 7.6 wiedergegeben. Abbildung 7.6 zeigt den Prozentsatz der Versuchspersonen, die am Schockvermeidungspuzzle arbeiteten, zu verschiedenen Zeitpunkten während des Experimentes. Es ist offensichtlich, daß diejenigen Versuchspersonen, welche ihre Erregung der Angst vor dem Schock zuschrieben, während des gesamten Experimentes starkes Vermeidungsverhalten an den Tag legten; Versuchspersonen, welche veranlaßt worden waren, ihre Symptome dem Lärm zuzuschreiben, zeigten dagegen abnehmendes Vermeidungsverhalten.

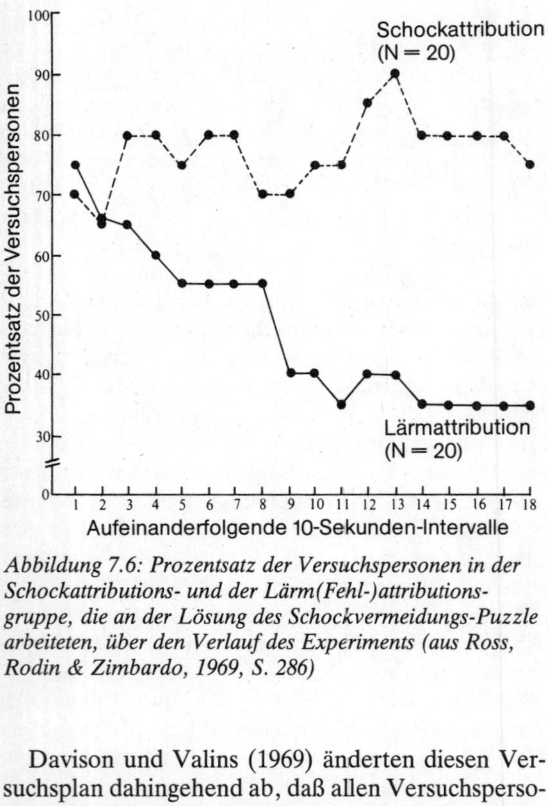

Abbildung 7.6: Prozentsatz der Versuchspersonen in der Schockattributions- und der Lärm(Fehl-)attributionsgruppe, die an der Lösung des Schockvermeidungs-Puzzle arbeiteten, über den Verlauf des Experiments (aus Ross, Rodin & Zimbardo, 1969, S. 286)

Davison und Valins (1969) änderten diesen Versuchsplan dahingehend ab, daß allen Versuchspersonen Schocks verabreicht wurden, ohne daß zunächst ihre Attributionen beeinflußt wurden. Zuerst wurde die Schmerzschwelle der Versuchspersonen festgestellt. Dann wurde ihnen ein als „schnellwirkende Droge“ beschriebenes Placebo verabreicht und die Schmerzschwelle neuerlich festgestellt. Während dieser zweiten Schwellenbestimmung wurde die Intensität der Schocks heimlich reduziert, so daß es so aussah, als ob die Versuchspersonen nun stärkeren Schock zu ertragen in der Lage wären. Der Hälfte der Versuchspersonen wurde dann mitgeteilt, daß es sich bei der „Droge“ in Wirklichkeit um ein Placebo gehandelt habe. Diese Versuchspersonen konnten daher ihre „verbesserte“ Schocktoleranz nicht länger auf die „Droge“ zurückführen. Somit mußten sie also die verbesserte Toleranz der eigenen Person zuschreiben. Im letzten Teil des Experiments wurde eine dritte Schmerzschwellenbestimmung vorgenommen. Es zeigte sich, daß die Versuchspersonen, die ihre Schmerztoleranz nicht länger der „Droge“ zuschreiben konnten, stärkeren Schock ertrugen als die Versuchspersonen in der Kontrollgruppe. D.h. die Versuchspersonen konnten schlußfolgern: „Da ich stärkere Schocks ertragen konnte, muß ich keine Angst vor den Schocks haben, oder vielleicht sind Schocks einfach nicht so schmerzhaft, wie ich dachte.“

Ein interessanter Aspekt der theoretischen Analysen – und der sie stützenden empirischen Befunde – von Ross et al. und Davison und Valins ist die unmittelbare Relevanz dieser Forschungsarbeiten für die Psychotherapie. Davison und Valins erörtern z.B. die Möglichkeit, daß die Verwendung von Drogen im Rahmen einer psychotherapeutischen Behandlung den Erfolg dieser Behandlung behindern könnte. Die Patienten können nämlich jede eintretende Verbesserung ihrer Symptome dem Medikament anstatt sich selber zuschreiben und sind dann sehr rückfallgefährdet, sobald das Medikament abgesetzt wird. Tatsächlich spricht eine Unmenge von Befunden dafür, daß medikamentöse Behandlung psychischer Störungen häufig von nur vorübergehender Wirkung ist. Valins und Nisbett (1971) weisen ferner darauf hin, daß Personen, deren abweichendes Verhalten von der medikamentösen Behandlung unbeeinflußt bleibt, wahrscheinlich zu der Schlußfolgerung gelangen werden, daß sich ihr Zustand verschlechtert hat. Mit diesen Argumenten wollen Valins und Nisbett darauf aufmerksam machen, daß manche Attributionen adaptiver sind als andere; daher sollten existierende Behandlungsmethoden die Kausalattributionen der Patienten berücksichtigen. Valins und Nisbett (1971) erwähnen z.B. die Möglichkeit, daß die Reattribution von körperlichen Schmerzen auf somatische Ursachen anstatt auf „fremde Kräfte, die in den Körper eindringen“, einen entscheidenden Schritt zur Besserung einer paranoiden Psychose darstellen könnte. In welchem Kontrast steht dieser rationale Erklärungsansatz von Verhalten und Motivation doch zu den Ansichten Freuds!

In einer direkten Anwendung attributionstheoretischer Prinzipien auf die Verhaltensmodifikation versuchten Storms und Nisbett (1970), die Schlafschwierigkeiten von Schlafgestörten zu verändern. Personen, die über Einschlafschwierigkeiten klagten, wurde ein Placebo verabreicht, welches angeblich Wachheit, Gedankenwandern und andere von unter Schlafschwierigkeiten leidenden Personen berichtete Symptome erzeugen würde. Selbstberichte über die Einschlafzeit deuten darauf hin, daß Versuchspersonen in dieser Fehlattributionsbedingung *schneller* einschliefen als Versuchspersonen, welche ihre Symptome nicht der Pille zuschreiben konnten. Bezüglich der Zuverlässigkeit dieser Ergebnisse gibt es jedoch einige Zweifel.

Storms und Nisbett argumentierten, daß der Schlafgestörte während Perioden des Wachliegens über seinen Neurotizismus nachgrüble, auf dessen Existenz er aus seiner Unfähigkeit, einzuschlafen, schließt. Diese Gedanken bezüglich der eigenen Inadäquatheit interferieren wiederum mit dem Einschlafen. Die Attribution des Wachliegens auf die Pille durchbricht diesen postulierten Zyklus von Schlaflosigkeit – Introspektion – Schlaflosigkeit und ermöglicht es dem Schlafgestörten somit, einzuschlafen.

Eine ähnliche Anwendung attributionstheoretischer Prinzipien auf fehlangepaßtes Verhalten wird von Storms und McCaul (1976) vorgeschlagen:

> (a) Die Attribution eines unerwünschten, fehlangepaßten Verhaltens auf die eigene Person führt zu einem intensivierten emotionalen Zustand (der grob als „Angst“ bezeichnet werden kann), und (b) diese Angst kann ihrerseits die Häufigkeit oder Intensität des fehlangepaßten Verhaltens steigern (S. 44).

Es wird also angenommen, daß die Selbst-Attribution unerwünschten Verhaltens die Emotionalität steigert und daß dies die Verhaltensprobleme weiter verschlimmert. Als Beleg hierfür berichten Storms und McCaul über Experimente, die zeigten, daß die Selbstattribution von Sprachunregelmäßigkeiten bei Stotterern deren späteres Stottern verschlimmerte, während die Attribution solcher Unregelmäßigkeiten auf die Teilnahme an einem Experiment zur Reduktion des Stotterns führte. Weitere Details der Beziehung zwischen der Lokation von Kausalität und affektiven Reaktionen werden im nächsten Kapitel erörtert.

Attribution im Tierexperiment

Einige der mit Tieren durchgeführten Experimente können ebenfalls im Rahmen eines attributionstheoretischen Modells interpretiert werden. Dabei stellt sich natürlich sofort die Frage, ob Tiere überhaupt Kausalzuschreibungen vornehmen und ob sie in der Lage sind, das Selbst von externalen Faktoren zu differenzieren. Zu den kognitiven Fähigkeiten von Tieren (in diesem Fall Ratten) bemerkt Festinger (1961):

> Alles was mit „Kognition“ gemeint ist, ist Wissen oder Information. Meiner Meinung nach ist es gerechtfertigt, zu sagen, ein Organismus verfüge über Kognitionen oder Information, wenn Unterschiede im Verhalten in Abhängigkeit von Unterschieden in der Reizsituation beobachtet werden können. Wenn der Organismus sein Verhalten in Abhängigkeit von Änderungen in der Umwelt ändert, dann verwendet er offensichtlich Informationen über diese Umwelt; ebensogut kann man sagen, er besitzt Kognitionen.
>
> Nun zu der Frage, ob Ratten Dissonanz reduzieren können, wie es beim Menschen der Fall ist ... Ich nehme an, daß die Ratte ein recht dummes Lebewesen ist und Dissonanz nicht annähernd so effektiv reduziert wie der Mensch. Die der Ratte zur Verfügung stehenden Mechanismen der Dissonanzreduktion sind vermutlich sehr begrenzt, und das Ausmaß an effektiv reduzierter Dissonanz ist wahrscheinlich recht gering. Nichtsdestoweniger glaube ich jedoch, *daß* die Ratte Dissonanz reduziert. Auf jeden Fall: Wenn die Dissonanztheorie valide Vorhersagen für das Verhalten der Ratte machen kann, dann ist dies ein Indiz dafür, daß die Ratte tatsächlich Dissonanz reduziert (S. 4).

Zur Auswahl von für die Attributionstheorie relevanten Tierexperimenten ist eine einfache Taxonomie hilfreich. Diese hier vorgeschlagene Taxonomie basiert auf zwei Klassifikationsdimensionen: der subjektiven (wahrgenommenen) und der objektiven (tatsächlichen) Lokation der Kausalfaktoren. Eine Kombination dieser beiden Dimensionen ergibt die in Tabelle 7.8 wiedergegebenen vier Experiment-Kategorien.

Im Anschluß an Heider und Kelley wollen wir annehmen, daß die wirksamen Kausalfaktoren aus der systematischen Kovariation von Antezedenzien und Konsequenzen erschlossen werden. Tritt eine Wirkung in Gegenwart bestimmter Antezedenzien auf und fehlt sie in Abwesenheit dieser Antezedensfaktoren, dann wird die Wirkung dieser bestimmten Faktoren zugeschrieben. Wird z.B. das Drücken eines Hebels stets von Futterverabreichung gefolgt, Nichtdrücken jedoch nicht, dann wird das Lebewesen das Erscheinen des Futters auf das Hebeldrücken zurückführen. Ein einfaches instrumentelles Konditionierungsparadigma wird daher in Quadrant I in Tabelle 7.8 klassifiziert: Das in Frage stehende Ereignis (Erscheinen des Futters) steht objektiv unter der Kontrolle des Lebewesens, und die Ursachen dieses Ereignisses werden auch subjektiv internal lokalisiert.

Tabelle 7.8: Taxonomie der für die Attributionstheorie relevanten tierexperimentellen Versuchsanordnungen

		Subjektive (wahrgenommene) Kausalität	
		Subjekt	Umwelt (externale Faktoren)
Objektive (tatsächliche) Kausalität	Subjekt	(I) Einfaches instrumentelles Lernen	(II) Instrumentelles Fluchtlernen nach vorangegangenem klassischen aversiven Konditionieren (gelernte Hilflosigkeit)
	Umwelt (externale Faktoren)	(III) Belohnung nach vom Versuchsleiter bestimmten Zeitintervall (abergläubisches Verhalten)	(IV) Einfaches klassisches Konditionieren

Nun zu Quadrant IV. Da die Ereignisse hier external kontrolliert sind, wird keine wie auch immer geartete Reaktion des Lebewesens mit der Wirkung kovariieren. D.h. die Wirkung wird manchmal in Gegenwart einer bestimmten Reaktion eintreten, manchmal in Abwesenheit dieser Reaktion und manchmal in Gegenwart anderer Reaktionen. Dies entspricht offensichtlich dem Paradigma des klassischen Konditionierens. In einem klassischen Konditionierungsverfahren ist das Auftreten von Belohnung oder Bestrafung (d.h. die Präsentation des unkonditionierten Reizes) ja unabhängig von den Reaktionen des Organismus und wird auch so wahrgenommen.

Die restlichen zwei Quadranten in Tabelle 7.8 geben Situationen wieder, in denen Attributionsfehler begangen werden. Quadrant III beinhaltet Versuchsanordnungen, in denen objektiv unkontrollierbare (d.h. external kontrollierte) Ereignisse als unter persönlicher Kontrolle befindlich wahrgenommen werden. Das in diesem Paradigma beobachtete sogenannte „abergläubische Verhalten“ kann somit als die Folge eines Attributionsfehlers erklärt werden. In den zu einer solchen Fehlattribution führenden Versuchsanordnungen wird gewöhnlich einem hungrigen Tier nichtkontingent, nach einem vom Versuchsleiter festgelegten fixen Zeitintervall, Nahrung verabreicht. Das Tier begeht dann einen Attributionsfehler, indem es das Erscheinen des Verstärkers seinem kurz vor der Futterverabreichung gerade zufällig ausgeführten Verhalten zuschreibt. In der Folge wird dieses „abergläubische“ Verhalten dann wiederholt. Kurz, da eine Reaktion zufällig von Verstärkung gefolgt wurde, kommt das Tier zum falschen (obgleich nicht unvernünftigen) Schluß, die Verstärkung sei durch dieses Verhalten verursacht worden. Da das daraufhin wiederholte Verhalten von Zeit zu Zeit tatsächlich von Verstärkung gefolgt wird, erfährt dieser Attributionsfehler weitere „Bestätigung“. Anstatt dieses Verhalten jedoch als „abergläubisch“ zu bezeichnen, sollte man es besser als das Resultat eines „aufrichtigen“ Fehlers bei der Informationsverarbeitung bzw. beim kausalen Schließen verstehen. Anscheinend mißt das Tier der Information über Kovariation von Verhalten und Belohnung größere Bedeutung bei als der Information über Kovariation von Verhalten und Nicht-Verstärkung. Was zur Korrektur dieser fehlerhaften kausalen Schlußfolgerung notwendig wäre, ist die Information, daß der Verstärker auch in Abwesenheit des „abergläubischen“ Verhaltens auftritt. Dann könnte das Tier entdecken, daß die Verstärkung nicht auf irgendeine seiner Verhaltensweisen kontingent ist.

Ein Tier, das einem intermittierenden Verstärkungsplan der Art unterworfen ist, daß jede n-te Reaktion verstärkt wird, verhält sich „rational“, wenn es sein Verhalten aufrechterhält. Dagegen wird das praktisch identische Verhalten eines Tieres unter einer andersgearteten Verstärkungsprozedur als „abergläubisch“ bezeichnet. In beiden Fällen reagieren die Tiere unter Bedingungen, in denen keine 1:1-Beziehung zwischen einer einzelnen Reaktion und einer Verstärkung gegeben ist; und in beiden Fällen ist die Information, die das Lebewesen über die Kontingenzen zwischen Verhalten und Verstärkung erhält, praktisch identisch. Im Paradigma des abergläubischen Konditionierens wäre jedoch zusätzliche Information erhältlich, die, falls sie genutzt würde, dem Lebewesen klarmachen würde, daß seine Kausalattribution falsch ist. Um diese Information zu erhalten, muß jedoch mit dem Reagieren aufgehört werden, und es ist unwahrscheinlich, daß hungrige Tiere auf den Versuch verzichten werden, Nahrung zu erhalten. Bei einem Einstellen der als „instrumentell" wahrgenommenen Reaktion im Paradigma des „abergläubischen Konditionierens" würde der Verstärker weiterhin auftreten, während die Verstärkung im echt instrumentellen Paradigma in diesem Fall aufhören würde.

Den umgekehrten Attributionsfehler zeigt Quadrant II: Hier wird ein (potentiell) persönlich kontrollierbares Ereignis externalen Ursachen zugeschrieben. So wurde z.B. in der Untersuchung von Zanna und Cooper (1976) das in Wirklichkeit selbstgenerierte (mit Dissonanz verbundene) Gefühl der „Anspannung" der Wirkung einer Pille zugeschrieben. Ähnlich verhält es sich in Untersuchungen zur gelernten Hilflosigkeit, in denen Hunde, die zuerst einer aversiven klassischen Konditionierungsprozedur unterzogen worden sind, in einem nachfolgenden instrumentellen Vermeidungstest schwere Lerndefizite aufweisen. Tatsächlich wird die Flucht- und Vermeidungsreaktion von der Mehrheit der zuvor konditionierten Tiere niemals erlernt. Anscheinend begehen die Hunde einen Attributionsfehler: sie generalisieren ihre vorangegangenen Schlußfolgerungen bezüglich der Unvermeidbarkeit des Schocks auf die neue Situation und nehmen fälschlicherweise an, daß die Beendigung des Schocks von ihrem Verhalten unabhängig sei.

Zusammenfassung

In diesem Kapitel wurde eine Einführung in die Attributionstheorie gegeben. Die Attributionstheorie ist ein stärker kognitiv bzw. an mentalen Prozessen orientierter Ansatz als die übrigen in diesem Buch erörterten Verhaltenstheorien. Die diesem Ansatz zugrunde liegende Annahme ist, daß Menschen motiviert sind, ihre Umwelt kausal zu erklären, also wissen wollen, „warum" ein Ereignis eingetreten ist.

Der anerkannte „Begründer" der Attributionstheorie ist Fritz Heider. Nach Heider können Kausalattributionen in Personfaktoren (Fähigkeit, Begabung) und Umweltfaktoren zweigeteilt werden. Das erfolgreiche Überqueren eines Sees in einem Ruderboot z.B. kann der großen Geschicklichkeit im Rudern, großer Anstrengung und/oder dem günstigen Wind zugeschrieben werden. Die Unterscheidung zwischen internaler und externalen Ursachenfaktoren ist eine der grundlegendsten Unterscheidungen der Attributionstheorie, da die unterschiedliche Zuschreibung eines Ereignisses zu Personfaktoren (wie Fähigkeit oder Anstrengung) versus zu Umweltfaktoren weitreichende Implikationen für das Verhalten hat.

Zum Teil wegen dieser Verhaltenswirksamkeit von Attributionen ist es von entscheidender Bedeutung für Individuen, daß ihre Kausalattributionen zutreffend sind. Kelley hat am klarsten beschrieben, wie ein solcher rationaler Attributionsprozeß geartet sein sollte. Demnach kann der Attributionsprozeß mit einem wissenschaftlichen Verfahren verglichen werden, bei dem die Kovariation von Ursachen und Wirkungen über Situationen, Personen, Zeit und Modalitäten der Interaktion hinweg untersucht wird. Dieses rationale Modell des Attributionsprozesses wird durch viele Befunde gestützt. Darüber hinaus werden, in Abwesenheit vollständiger Kovariationsinformation, sogenannte kausale Schemata zur Erklärung von Ereignissen verwendet. Eines dieser Schemata – das der multiplen notwendigen Ursachen – wird zur Erklärung von extremen Ereignissen verwendet; ein anderes Schema – das der multiplen hinreichenden Ursachen – wird zur Erklärung gewöhnlicher Ereignisse herangezogen. Die Verwendung eines Schemas multipler hinreichender Ursachen führt außerdem häufig dazu, daß Personen beim Vorhandensein einer Ursache den Beitrag zusätzlicher Ursachen „abwerten".

Obwohl die Konzeption des „rationalen Menschen" durch eine Vielzahl von Befunden gestützt wird, hat sich zunehmend die Überzeugung durchgesetzt, daß Menschen weniger logisch denken, als dies von Attributionstheoretikern angenommen wurde. Individuen verzerren ihre Attributionen, um ihr Selbstwertgefühl zu steigern oder zu verteidigen (obwohl vielleicht in geringerem Maße, als man annehmen möchte); sie glauben, daß andere dieselben Entscheidungen treffen würden wie sie selbst und tendieren daher dazu, abweichendes Verhalten anderer auf deren „Persönlichkeitseigenschaften" zurückzuführen; und sie nehmen zufallsbestimmte Ereignisse als fähigkeitsabhängig wahr. Ferner werden Beurteilungen von Kovariation nur auf einen geringen Teil der verfügbaren Daten gegründet, insbesondere auf positiv bestätigende Fälle; und in sozialen Interaktionen dürfte weniger Information verarbeitet werden, als es für einen naiven Beobachter den Anschein hat.

Schließlich wurde gezeigt, wie die Attributionstheorie zum Verständnis von Dissonanzphänomenen, Emotionen, und tierischen Verhaltensweisen beiträgt. In all diesen Fällen besteht der Schlüsselprozeß in der Attribution eines Ereignisses (z.B. das Lesen einer einstellungsinkonsistenten Rede, eine Furchtreaktion, das Hebeldrücken, um Verstärkung zu erlangen) auf das Selbst versus auf einen situationalen Faktor.

Die Attributionstheorie wird nicht als ein Allheilmittel zur Lösung aller motivationstheoretischen Fragen angesehen. Genausowenig wird sie als der einzig mögliche kognitive Zugang zum Verhalten aufgefaßt. Die Betonung von kausalen Kognitionen stellt vielmehr eine sinnvolle Orientierung bei der Formulierung einer allgemeineren Theorie dar, deren Gegenstand die systematischen Beziehungen zwischen Denken und Handeln sind. Die Spezifikation dieser Beziehungen ist das Ziel einer kognitiven Verhaltenstheorie. Den Auswirkungen von Kausalattributionen auf Erwartungen, Affekte und zielgerichtetes Verhalten werde ich mich im nächsten Kapitel zuwenden.

8. Kapitel
Eine attributionale Theorie des Verhaltens

Einleitung

In diesem Kapitel wird eine attributionale Theorie der Motivation vorgestellt. Diese Theorie ist einerseits den Erwartungs-Wert-Ansätzen verpflichtet, wie sie von Lewin, Atkinson und Rotter vertreten wurden, betont jedoch andererseits in besonderem Maße die Auswirkungen von Ursachenzuschreibungen auf Erwartungen, emotionale Reaktionen und interpersonelle Bewertungen. Von daher hätte der attributionale Zugang zu Motivationsproblemen ebensogut auch im zweiten Teil dieses Buches, zusammen mit den anderen Erwartungs-Wert-Theorien, abgehandelt werden können, anstatt ihn, wie das hier geschehen ist, in den dritten Teil (Theorien der kognitiven Umweltbewältigung und des persönlichen Wachstums) aufzunehmen.

Da die ursprüngliche empirische Basis dieser Theorie auf Untersuchungen beruht, in welchen Erfolg und Mißerfolg bei Leistungsaufgaben manipuliert wurde, wird der attributionstheoretische Ansatz zuerst im Kontext des Leistungshandelns besprochen. In diesem Zusammenhang werde ich Themen wie die Verwendung von Umweltinformation, kausale Schemata und andere Antezedenzien der Attribution wie z. B. Verstärkungspläne, erörtern, um nachzuweisen, daß die im letzten Kapitel vorgenommenen Analysen auch im Bereich der Leistungsmotivation anwendbar sind. Anschließend werden die Auswirkungen von Kausalattribuierungen auf Erwartung, Emotion und die interpersonale Bewertung besprochen. Diese Diskussion umfaßt verschiedenartigste Problemkreise, wie z. B. fähigkeits- versus zufallsabhängige Aufgabensituationen, die Aufrechterhaltung des Selbstkonzepts, Verstärkungspläne, Fremd- versus Selbstbewertung und Programme zur Änderung von Leistungsverhalten. Schließlich werde ich auf weitere psychologische Forschungsgebiete zu sprechen kommen welche die Breite des Geltungsbereichs des hier dargestellten attributionalen Ansatzes dokumentieren sollen, so unter anderem auf Entscheidungen von Bewährungskommissionen im Strafvollzug, Einsamkeit und Anschlußbedürfnisse, Umweltbemeisterung und Kompetenz, Hyperaktivität, und Depression.

Die wahrgenommenen Ursachen von Erfolg und Mißerfolg

Attributionstheoretiker gehen davon aus, daß Menschen sowohl zur Erklärung (Postdiktion) als auch zur Vorhersage (Prädiktion) von Handlungsergebnissen in leistungsbezogenen Kontexten eine Reihe von Kausalattributionen verwenden. Die attributionstheoretische Analyse leistungsmotivierten Verhaltens begann mit der Auflistung dieser wahrgenommenen Ursachen.

Wir erinnern uns an Heiders (1958) Annahme, Ergebnisse von Leistungshandlungen seien sowohl eine Funktion von internalen als auch von externalen (Umwelt-) Faktoren. Internale Ursachenfaktoren teilte er weiter auf in „Macht“ (z. B. Fähigkeit) und „Bemühen“. Die von Heider spezifizierten Ursachen von Erfolg und Mißerfolg sind somit Fähigkeit, Anstrengung und Charakteristika der Umwelt, wie z. B. die Leichtigkeit oder Schwierigkeit der Aufgabe. Heider räumte auch ein, daß in gewissen Situationen der Zufall als ausschlaggebende Ursache von Erfolg oder Mißerfolg angesehen werden kann.

In einer empirischen Untersuchung der wahrgenommenen Ursachen von Erfolg und Mißerfolg bat Frieze (1976b) Versuchspersonen, sich folgende Situationen vorzustellen:

Sie haben bei einer Prüfung eine sehr gute Note erhalten (versagt).
Sie haben ein Spiel gewonnen (verloren).

Die Versuchspersonen wurden dann aufgefordert, anzugeben, warum diese Ereignisse ihrer Meinung nach eingetreten sein könnten. Wie Heider vorhergesagt hatte, wurden am häufigsten Attributionen auf Fähigkeit und unmittelbar aufgewendete Anstrengung angegeben. Unter den weiteren von Frieze gefundenen Attributionen finden sich der Schwierigkeitsgrad der Aufgabe, Zufall, andere Personen, momentane Stimmung und konstante Anstrengung.

Natürlich gibt es darüber hinaus noch weitere wahrgenommene Ursachen von Erfolg und Mißerfolg, wie z. B. Müdigkeit, Krankheit oder Drogeneinwirkung, sowie Ursachen, die für bestimmte Situationen spezifisch sind. In einer kulturvergleichenden Untersuchung wurde festgestellt, daß sogar Geduld (in Griechenland und Japan) und Feingefühl und Eintracht (in Indien) als Ursachen von Erfolg angesehen werden (Triandis, 1972). Für unsere Gesellschaft und innerhalb der Grenzen akademischen, beruflichen und sportlichen Wettbewerbs wurde jedoch klar dokumentiert, daß Fähigkeit und Anstrengung als die typischen dominanten Ursachen von Erfolg und Mißerfolg angesehen werden und der Schwierigkeitsgrad einer Aufgabe sich oft unter den weiteren angeführten Ursachen befindet.

Akzeptiert man die vier von Heider spezifizierten Ursachen als die wichtigsten in einer bestimmten Situation, dann kann man das Handlungsergebnis (E) als Funktion von Fähigkeit (F), Anstrengung (A), Aufgabenschwierigkeit (S) und Zufall (Z) ansehen:

$$E = f(F, A, S, Z)$$

Das heißt, um einen *vorangegangenen* Erfolg oder Mißerfolg bei einer Leistungsaufgabe zu erklären, hätte die Person ihre Fähigkeit, das Ausmaß der aufgewendeten Anstrengung, die Schwierigkeit der Aufgabe sowie den Anteil von Glück (bzw. Pech) abzuschätzen. Man nimmt an, daß die Person die Bedeutung der einzelnen Ursachenfaktoren beiläufig einschätzt und das Leistungsergebnis dann in unterschiedlichem Maße auf diese zurückführt. In ähnlicher Weise sollte die Erfolgs- oder Mißerfolgserwartung bezüglich *zukünftiger* Aufgaben von der wahrgenommenen eigenen Fähigkeit im Verhältnis zur wahrgenommenen Aufgabenschwierigkeit (Heiders „Können") sowie einer Einschätzung der intendierten Anstrengung und des erwarteten Glücks (Pechs) abhängen.

Die Beziehungen zwischen diesen Kausalfaktoren sind bisher noch nicht exakt spezifiziert worden. Die früher vorgenommene Analyse kausaler Schemata legt nahe, daß sich die einzelnen Ursachenfaktoren entweder konjunktiv oder disjunktiv verbinden könnten. So wäre es zum Beispiel vorstellbar, daß in einer fähigkeitsabhängigen Aufgabensituation, in der eine Zuschreibung an Zufall ausgeschlossen werden könnte, das Vorhandensein von zwei der restlichen drei Ursachen als notwendig angesehen wird, um Erfolg zu haben. Das heißt, bei einer als schwierig angesehenen Aufgabe werden sowohl Fähigkeit (F) als auch Anstrengung (A) benötigt, um Erfolg zu haben; bei einer leichten Aufgabe (LA) entweder Fähigkeit oder Anstrengung. Die Beziehung zwischen Erfolg bei der Aufgabe (E) und dem Vorhandensein bzw. Nichtvorhandensein der wahrgenommenen Ursachen könnte also folgendermaßen formalisiert werden:

$$E \rightarrow (F \wedge A) \vee (F \wedge LA) \vee (LA \wedge A)$$

Das heißt, je zwei Ursachenfaktoren können die Abwesenheit des dritten Faktors kompensieren. Die zusätzliche Möglichkeit von Zufall und weiteren Ursachenfaktoren kompliziert die Sachlage natürlich beträchtlich. Zur Zeit ist es daher wohl eher verfrüht, die Beziehung zwischen verschiedenen Ursachenfaktoren quantifizieren zu wollen, obwohl wir auf dieses Problem im Verlauf der weiteren Diskussion noch zu sprechen kommen werden.

Antezedenzien von Kausalattributionen im Leistungskontext

Um zu einer Erklärung von Erfolg und Mißerfolg zu gelangen, müssen Informationen aus verschiedenen Quellen herangezogen und miteinander kombiniert werden. Ein Teil dieser Informationen ergibt sich aus der unmittelbaren Situation, während ein weiterer Teil von Erinnerungen an vergangene Ereignisse herrührt. Die Schlußfolgerungen, die ein Individuum dann anstellt, um seinen Erfolg oder Mißerfolg zu erklären, sind häufig recht kompliziert. Man stelle sich zum Beispiel die Schwierigkeiten vor, denen ein Trainer gegenübersteht, der herausfinden will, weshalb seine Mannschaft ein entscheidendes Spiel verloren hat; oder die Schwierigkeiten die eine Studentin haben kann, wenn sie sich erklären will, warum sie in einem Kurs hervorragend, in einem anderen dagegen sehr schlecht abgeschnitten hat. In der folgenden Erörterung wird zwischen Selbst- und Fremdattributionen nicht unterschieden werden, obwohl verschiedene Faktoren, wie hedonistisch bedingte Attributionsvoreingenommenheiten, das Wissen um die Intentionalität eigenen Verhaltens sowie das Wissen über früheres Verhalten bei Selbstattributionen eine zentralere Rolle spielen dürften als bei Fremdattributionen.

Antezedenzien der Fähigkeitsattribution. Attributionen auf Fähigkeit werden in erster Linie durch Informationen über die vergangene Leistung determiniert. Wiederholter Erfolg oder Mißerfolg zeigen zum Teil an, ob jemand „Können" besitzt oder nicht. Somit ist *Konsistenzinformation* ein wichtiger Hinweis für die Attribution auf Fähigkeit. Gute Noten werden zum Beispiel häufig als Beweis dafür angesehen, daß jemand „intelligent" ist, gewonnene Spiele sind der Beweis dafür, daß eine Mannschaft „gut" ist, usw. Information über Leistungsergebnisse – besonders wenn deren Relation zu sozialen Normen bekannt ist – wird also verwendet, um das Fähigkeitsniveau zu beurteilen (vgl. Frieze & Weiner, 1971; Weiner & Kukla, 1970). Wenn zum Beispiel jemand bei einer Aufgabe Erfolg hat, bei der alle anderen versagen, wird man ihn wahrscheinlich für besonders begabt halten.

Zusätzlich zur persönlichen Erfolgsgeschichte und zu sozialen Normen scheinen Fähigkeitsattributionen von zwei weiteren Hinweisreizen beeinflußt zu sein, einmal vom Muster der vorangegangenen Leistungsergebnisse und zweitens vom maximalen erzielten Leistungsniveau. Bei gleichen durchschnittlichen Leistungsresultaten werden Personen mit abnehmendem Leistungsmuster häufig als fähiger beurteilt als Personen, welche ein zufällig fluktuierendes oder ein ansteigendes Muster von Erfolgen aufweisen (Jones, Rock, Shaver, Goethals & Ward, 1968). Es findet sich also ein „Effekt des ersten Eindrucks" *(primacy effect)* bei der Fähigkeitsattribution. Rosenbaum (1971) fand ferner, daß Personen, welche eine einmalige Spitzenleistung aufweisen, als fähiger eingeschätzt werden als Personen, die eine solche Spitzenleistung nicht zeigen, selbst wenn die mittlere Leistung in beiden Fällen identisch ist. Leistungsspitzen scheinen die zugrundeliegenden Fähigkeiten einer Person zu reflektieren. Abbildung 8.1 illustriert unterschiedliche Abstufungen der drei erwähnten Informationsklassen (vorangegangene Erfolgsgeschichte, Leistungsmuster, Leistungsspitze) und deren Auswirkungen auf die Fähigkeitsattribution.

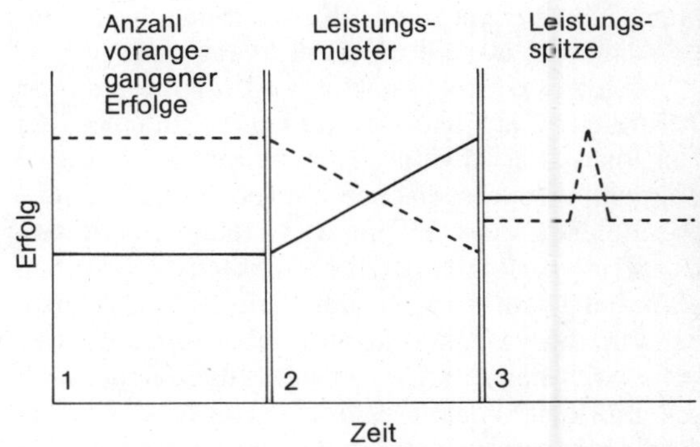

Abbildung 8.1: Drei Arten von Antezedensinformation, die die Fähigkeitsattribution beeinflussen. In allen drei Fällen repräsentiert die gestrichelte Linie diejenige Information, die zu höheren Fähigkeitsattributionen führt

Antezedenzien der Anstrengungsattribution. Man könnte meinen, daß man gewöhnlich „weiß", wie sehr man sich angestrengt hat, und daß propriozeptives Feedback oder introspektives Wissen ausreichende Informationen liefern, um zu einer schlüssigen Beurteilung der aufgewendeten Anstrengung zu gelangen. In Wirklichkeit ist dies jedoch oft nicht der Fall. Personen verwenden zum Beispiel Informationen über ihre Leistungsergebnisse, um darauf zu schließen, wie sehr sie sich angestrengt haben. In von Weiner und Kukla (1970) und Kukla (1972) durchgeführten Experimenten sollten Versuchspersonen zum Beispiel vorhersagen, ob 0 oder 1 die nächste zu erwartende Zahl in einer Zahlenreihe sein würde. Diese Zahlenreihe war in Wirklichkeit rein zufällig, die Versuchspersonen glaubten jedoch, daß eine Regelmäßigkeit entdeckt werden könnte. Nachdem sie darüber informiert worden waren, ob ihre Vorhersagen richtig oder falsch gewesen waren, beurteilten die Versuchspersonen die von ihnen aufgewendete Anstrengung. Es zeigte sich, daß erfolgreiche Personen sich stärker angestrengt zu haben meinten als erfolglose, obwohl das Ergebnis in Wirklichkeit rein zufallsbedingt war. Es gibt wenig Grund zu der Annahme, daß die Personen, die zufällig richtig geraten hatten, sich tatsächlich stärker anstrengten als diejenigen, die falsch geraten hatten, und es gibt auch keine klaren Belege dafür, daß Erfolg zu einer stärkeren Erhöhung der Motivation führt als Mißerfolg. Ein ähnlicher Befund wurde von Jenkins und Ward (1965) berichtet. Eine mögliche attributionstheoretische Erklärung dieser Fehlwahrnehmung besteht darin, daß im täglichen Leben Anstrengung und Ergebnis gewöhnlich kovariieren. Bei Erfolg nimmt man daher an, man hätte sich angestrengt, bei Mißerfolg dagegen, man hätte sich nicht angestrengt.

Auch das Leistungsmuster wird zur Inferenz von Anstrengungsattributionen verwendet. In einem der von Jones et al. (1968) durchgeführten Experimente erlebten Versuchspersonen entweder zunehmende, abnehmende oder zufällig variierende Erfolgsmuster. Diese Erfolgsmuster beeinflußten die Selbstzuschreibung von Anstrengung: Die Versuchspersonen, die zunehmenden Erfolg erlebten, glaubten, sie hätten sich stärker angestrengt, als die Versuchspersonen in den anderen Bedingungen. Wieder waren die Ergebnisse experimentell manipuliert und völlig unabhängig von der tatsächlich aufgewendeten Anstrengung.

Außerdem dürften wahrscheinlich auch externe Indikatoren von Anstrengung wie muskuläre Anspannung, Schwitzen, Ausdauer und dergleichen die Attribution auf Anstrengung begünstigen. Zusätzlich könnte möglicherweise eine Kovariation von Handlungsergebnissen und dem Anreizwert des Ziels zu Anstrengungsattribution führen. Leistungsschwankungen bei fähigkeitsabhängigen Aufgaben dürften – bei gleichbleibenden Umweltbedingungen – im allgemeinen auf Veränderungen in der Motivation (d.h. der aufgewendeten Anstrengung) zurückgeführt werden.

Antezedenzien der Attribution auf Aufgabenschwierigkeit. Die subjektiv wahrgenommene Schwierigkeit einer Aufgabe ist zum Teil eine Funktion der wahrgenommenen Leistung anderer Personen bei dieser Aufgabe. Wenn viele der anderen Erfolg haben, dann ist die Aufgabe „leicht"; haben wenige Erfolg, so ist sie „schwierig". Somit ist *Konsensinformation* eine Schlüsselinformation für die Inferenz von Aufgabenschwierigkeit. Es ist jedoch offensichtlich, daß daneben auch noch objektive Eigenschaften der Aufgabe, wie ihre Länge, Komplexität und Neuheit, die anfängliche Beurteilung der Aufgabenschwierigkeit beeinflussen. Dieser Information wird jedoch wahrscheinlich im Verhältnis zur Konsensinformation relativ wenig Gewicht beigemessen. Wenn jeder bei einer Aufgabe Erfolg hat, macht es wenig Unterschied, daß sie schwierig zu sein „scheint".

Am bedeutsamsten sind die objektiven Eigenschaften der Aufgabe für die Attribution eines Leistungsergebnisses vielleicht bei Tätigkeiten, die allgemein als sehr schwierig angesehen werden. Daß zum Beispiel jemand eine schwierige Gipfelbesteigung nicht schafft, wird von außenstehenden Personen der großen Schwierigkeit eines solchen Unternehmens zugeschrieben, und zwar selbst dann, wenn die meisten Bergsteiger, die es versucht haben, erfolgreich gewesen sind. Es ist jedoch durchaus möglich, daß der Bergsteiger selber sein Versagen sich selbst zuschreibt, da er die Schwierigkeit nicht an den Normen der Gesamtbevölkerung mißt, sondern an der Leistung anderer aus seiner Bezugsgruppe von Bergsteigern.

Antezedenzien der Attribution auf Zufall. Im Experiment werden Attributionen auf Zufall meist durch gezielte Instruktionen induziert, indem die Versuchspersonen einfach informiert werden, daß das Handlungsergebnis rein zufallsabhängig sei (vgl. z.B. Phares, 1957; vgl. auch 6. Kapitel). Im allgemeinen ist jedoch der deutlichste Hinweisreiz für Zufallsattributionen die *Struktur* einer Aufgabe. Das Werfen einer Münze, das Ziehen einer Karte aus einem gemischten Pack oder das Erraten der Zahl, auf der eine Roulettekugel zum Stehen kommen wird, zieht logischerweise die Attribution von Erfolg oder Mißerfolg auf Zufall nach sich. Eine validere Informationsquelle für Zufallsattributionen ist jedoch das Muster der Ergebnisse. Unabhängigkeit und Zufälligkeit der Ergebnisse deutet auf Zufall als den verursachenden Faktor hin – obwohl, wie früher ausgeführt, die „Zufälligkeit" von Ergebnissen oft falsch verstanden und zufällige Aufgabensituationen fälschlich als fähigkeitsabhängig wahrgenommen werden. Wenn beim Münzwurf dauernd „Kopf" fällt oder jemand beim Kartenspiel ständig Asse zieht, wird man Zufall, trotz der Struktur der Aufgabe, nicht länger als den alleinigen Ursachenfaktor ansehen.

Zufallsattributionen werden auch durch ungewöhnliche oder unerwartete Ereignisse veranlaßt. Findet zum Beispiel jemand Geld auf der Straße oder hat er Mißerfolg nach einer Reihe von Erfolgen, dann schreibt er dies gewöhnlich dem Zufall zu (Feather, 1969; Feather & Simon, 1971). Und schließlich gibt es den Spruch: „Die Erfolge deiner Feinde sind stets auf Glück zurückzuführen". In einer diesbezüglich relevanten Untersuchung befragte Mann (1974) die Zuschauer bei einem Footballspiel, warum die siegreiche Mannschaft ihrer Meinung nach gewonnen hätte. Von den Anhängern der siegreichen Mannschaft schrieben 93% den Sieg dem überlegenen Spiel ihrer Mannschaft zu; von den Anhängern der unterlegenen Mannschaft machten dagegen 50% Spielpech für die Niederlage verantwortlich (und weitere 10% gaben den Vereinsfunktionären die Schuld!).

Zusammenfassender Überblick. In Tabelle 8.1 sind einige der Informationen aufgelistet, die von Personen verwendet werden, um Leistungsergebnisse kausal zu erklären. Dabei handelt es sich wohl nur um einen kleinen Bruchteil der tatsächlich verwendeten Informationen, und die Liste würde wesentlich länger ausfallen, wäre die Diskussion nicht auf Fähigkeit, Anstrengung, Aufgabenschwierigkeit und Zufall beschränkt worden. Nichtsdestoweniger dürften die in Tabelle 8.1 angeführten Informationen wahrscheinlich in vielen leistungsbezogenen Situationen am wichtigsten sein.

Tabelle 8.1: Einige der zur Bildung eines Urteils über die Ursachen von Erfolg und Mißerfolg verwendeten Informationen

Ursachenfaktor	Informationen
Fähigkeit	Anzahl vergangener Erfolge, Prozentsatz der Erfolge, Leistungsmuster, Leistungsspitze, Aufgabenschwierigkeit.
Anstrengung	Leistungsergebnis, Leistungsmuster, wahrgenommene muskuläre Anspannung, Schwitzen, Ausdauer bei der Aufgabe, Kovariation der Leistung mit dem Anreizwert des Zieles.
Aufgabenschwierigkeit	Objektive Aufgabencharakteristika, soziale Normen.
Zufall	Objektive Aufgabencharakteristika, Unabhängigkeit der Ergebnisse, Zufälligkeit der Ergebnisse, Ungewöhnlichkeit des Ereignisses.

Untersuchungen zur Informationsnutzung

Eine Reihe von Experimenten beschäftigte sich mit der Frage, inwieweit Individuen dazu in der Lage sind, einige oder mehrere der oben angeführten, diversen attributionsrelevanten Antezedensinformationen zu nutzen, miteinander zu kombinieren und zu reliablen Schlußfolgerungen bezüglich der Ursachen von Erfolg und Mißerfolg zu gelangen. In einer dieser Untersuchungen (Frieze & Weiner, 1971) wurden die Versuchspersonen informiert, eine hypothetische Person hätte bei einer (unspezifiziert gelassenen) Aufgabe entweder 100, 50, oder 0% Erfolge gehabt. Ferner wurde ihnen mitgeteilt, die Person hätte bei einer ähnlichen Aufgabe ebenfalls entweder 100, 50 oder 0% Erfolge gehabt, und schließlich, andere Personen hätten bei der Aufgabe 100, 50 oder 0% Erfolge gehabt. Diese drei Informationen (Erfolg der Person bei der Aufgabe, Erfolg der Person bei einer ähnlichen Aufgabe und Erfolg anderer bei der Aufgabe) waren ausgewählt worden, weil damit annähernd die von Kelley (1967) spezifizierten Dimensionen Konsistenz und Konsens erfaßt wurden. Zusätzlich wurden die Versuchspersonen dann informiert, daß die Person die Aufgabe erneut versucht und dabei entweder Erfolg oder Mißerfolg gehabt habe. Zum Beispiel wurden die Versuchspersonen also informiert, daß eine Person, die bisher bei der Aufgabe immer (100%) erfolgreich gewesen sei und außerdem in 50% der Fälle bei einer ähnlichen Aufgabe, die Aufgabe erneut mit Erfolg versucht habe; außer ihr sei keine andere Person bei dieser Aufgabe erfolgreich gewesen.

Anschließend sollten die Versuchspersonen den Beitrag von Fähigkeit, Aufgabenschwierigkeit, Anstrengung und Zufall zum unmittelbaren Leistungsergebnis (Erfolg oder Mißerfolg) angeben. Diese Beurteilungen konnten von 0 (kommt überhaupt nicht als Ursache in Betracht) bis 3 (stellt eine sehr wichtige Ursache dar) variieren.

Die Ergebnisse zeigten, daß die gesamte zur Verfügung gestellte Information bei der Ursachenzuschreibung berücksichtigt wurde. Was zum Beispiel die vorangegangene Leistung bei derselben Aufgabe betraf, so wurde gefunden, daß Konsistenz des gegenwärtigen Leistungsergebnisses mit der vorangegangenen Leistung zu Fähigkeits- und/oder Aufgabenschwierigkeitsattributionen führte, während Diskrepanzen zwischen der früheren und gegenwärtigen Leistung zu Attributionen auf Zufall und/oder Anstrengung führten (vgl. Abb. 8.2). Das heißt also, wenn z. B. eine Person in der Vergangenheit ständig

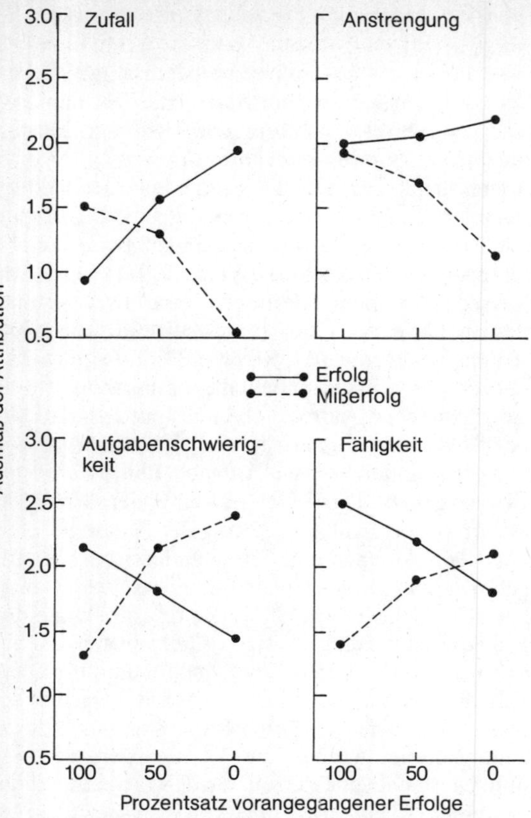

Abbildung 8.2: Attribution auf Zufall, Anstrengung, Aufgabenschwierigkeit und Fähigkeit, in Abhängigkeit von der Konsistenz des unmittelbaren Leistungsergebnisses mit der vorangegangenen Leistung beim gleichen Aufgabentyp (nach Frieze & Weiner, 1971, S. 60)

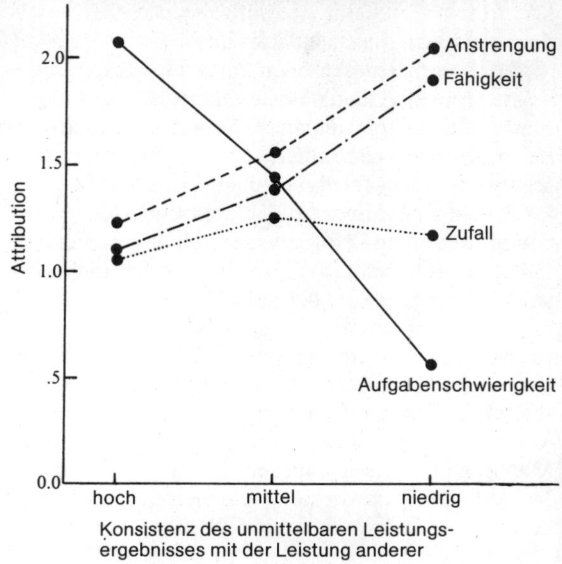

Abbildung 8.3: Attribution auf Fähigkeit, Anstrengung, Aufgabenschwierigkeit und Zufall als Funktion der Konsistenz des unmittelbaren Leistungsergebnisses mit der Leistung anderer bei der gleichen Aufgabe (sozialer Konsens) (aus Frieze & Weiner, 1971, S. 594)

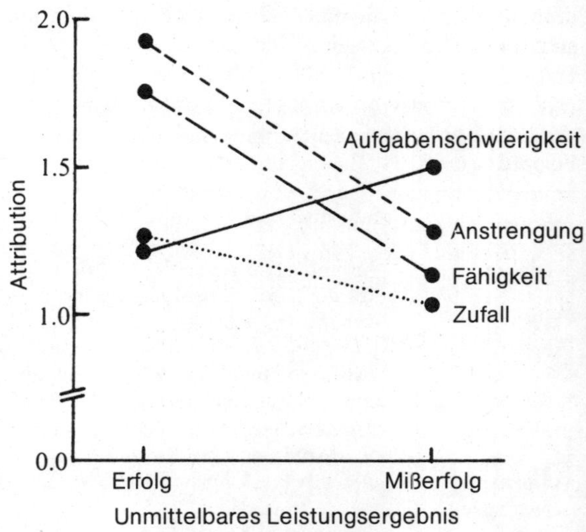

Abbildung 8.4: Attribution auf Fähigkeit, Anstrengung, Aufgabenschwierigkeit und Zufall als Funktion von Erfolg und Mißerfolg bei der Aufgabe (nach Frieze und Weiner, 1971, S. 596)

versagt hat und nun erneut versagt, dann wird die Ursache dafür in der Schwierigkeit der Aufgabe und/oder dem Mangel an Fähigkeit gesehen. Wenn hingegen nach wiederholtem Versagen Erfolg eintritt, dann wird der Erfolg glücklichen Umständen und/oder zusätzlicher Anstrengung zugeschrieben, nicht jedoch der Leichtigkeit der Aufgabe oder besonderer Fähigkeit.

Die Resultate zeigen auch systematische Effekte der Konsensinformation. Inkonsistenz zwischen dem unmittelbaren Leistungsergebnis und der Leistung anderer führte zu Zuschreibungen zu Fähigkeit und Anstrengung, während Konsistenz Attributionen auf Aufgabenschwierigkeit nach sich zog (Abb. 8.3; vgl. auch Abb. 7.2). Mit anderen Worten, wenn man Erfolg hat, wenn alle anderen auch erfolgreich sind, oder Mißerfolg, wenn auch alle anderen versagen, dann wird dies der Leichtigkeit bzw. Schwierigkeit der Aufgabe zugeschrieben (also einer externalen Ursache). Hat jemand jedoch Mißerfolg, wenn andere erfolgreich sind, oder vice versa, dann impliziert dies, daß die Ursachen dafür bei der Person liegen. Entweder sie hat (zu geringe) Fähigkeiten oder sie hat sich (nicht) ausreichend angestrengt. Diese Resultate sind konsistent mit denen von McArthur (1972) und Orvis et al. (1975), welche im vorangegangenen Kapitel erörtert wurden.

Was schließlich die Leistungsergebnis-Information betrifft, so zeigen die Daten, daß Erfolg eher auf internale Faktoren (Fähigkeit und Anstrengung), Mißerfolg dagegen eher auf den externalen Faktor Aufgabenschwierigkeit zurückgeführt wird (vgl. Abb. 8.4). Diese Befunde deuten auf selbstwertsteigernde und selbstwertverteidigende attributionale Tendenzen hin.

Informationsbevorzugung

Die oben erörterten Befunde zeigen, daß Personen in der Lage sind, mehrere attributionsrelevante Antezedensinformationen gleichzeitig zu berücksichtigen, um kausale Schlußfolgerungen zu ziehen. Darüber hinaus hat sich auch gezeigt, daß bestimmte dieser Informationen bevorzugt verwendet, d.h. bei der Urteilsbildung stärker gewichtet werden. In einer der Untersuchungen, in denen eine solche Präferenz demonstriert wurde, ließ Frieze (1976a) ihre Versuchspersonen beurteilen, weshalb jemand bei einer Prüfung Erfolg gehabt habe. Die Versuchspersonen erhielten Informationen über die Wichtigkeit (W) der Prüfung, über soziale Vergleichsnormen (N) bezüglich der Leistung anderer, sowie über die vorangegangene Leistung (L) der betreffenden Person. In einer der Experimentalgruppen erhielten die Versuchspersonen diese Informationen in der Reihenfolge WNL; in einer zweiten Experimentalgruppe in der Reihenfolge LWN. Nach jeder dieser Einzelinformationen sollten die Versuchspersonen die Ursachen des Erfolges angeben, indem sie ihn auf Fähigkeit, Anstrengung, geringe Aufgabenschwierigkeit, Glück und Stimmung zurückführten. Zum Beispiel wurde also einer Versuchsperson mitgeteilt, ein Student habe bei einer wichtigen (unwichtigen) Prüfung Erfolg gehabt. Nun sollte die Versuchsperson angeben, in welchem Ausmaß die fünf vorgegebenen Ursachen für den Erfolg verantwortlich gewesen seien. Anschließend wurde die Versuchsperson informiert, andere Personen hätten gut (schlecht) abgeschnitten. Nach dieser zweiten Einzelinformation sollten die Versuchspersonen erneut Ursachenzuschreibungen vornehmen. Schließlich wurde ihnen mitgeteilt, die zu beurteilende Person habe in der Vergangenheit gut (schlecht) abgeschnitten, und eine letzte Kausalattribution wurde vorgenommen.

Abbildung 8.5 zeigt die *Fähigkeits*attribution für die acht möglichen Informations-Kombinationen. Die Abbildung zeigt die Versuchsgruppe, in der die Reihenfolge der Informationen WNL war. In der linken Hälfte der Abbildung sind die Fähigkeitsattributionen für eine wichtige Prüfung dargestellt, in der rechten Hälfte die für eine unwichtige Prüfung. Ein vergleich von A und A′ läßt erkennen, daß die Attribution von Erfolg auf hohe Fähigkeit bei der unwichtigen Prüfung höher war als bei der wichtigen. Vermutlich wird Erfolg bei einer wichtigen Prüfung also zu einem größeren Teil verstärkter Anstrengung

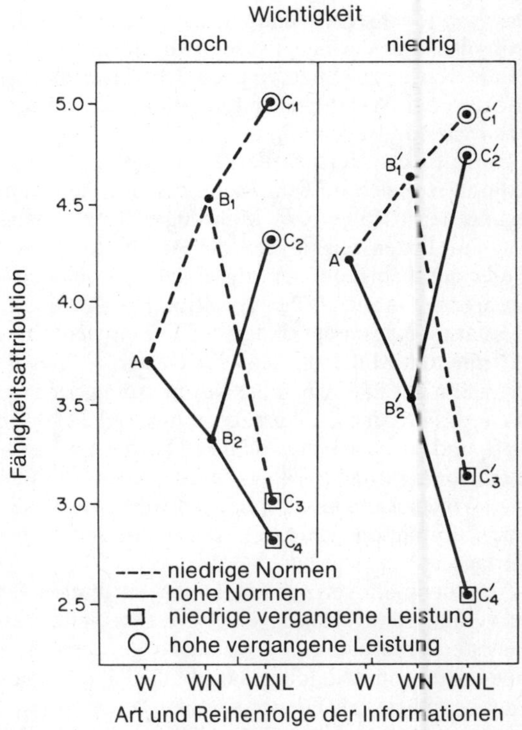

Abbildung 8.5: Fähigkeitsattribution nach Erfolg in Abhängigkeit von der Reihenfolge und Art der Einzelinformationen. Die Versuchspersonen erhielten zuerst die Wichtigkeitsinformation (W), gefolgt von der Information über soziale Vergleichsnormen (N), und zum Schluß die Information über vergangene Leistungen (L) (aus Frieze, 1973, S. 97)

zugeschrieben; Fähigkeit und Anstrengung werden ja häufig als kompensatorische Ursachen angesehen. Das heißt, je größer die Wahrscheinlichkeit, daß große Anstrengung im Spiel ist, desto geringer die Tendenz zur Attribution auf hohe Fähigkeit.

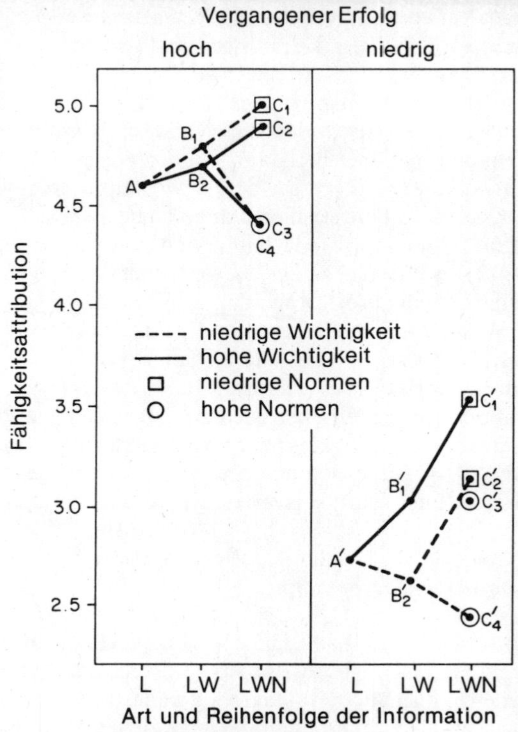

Abbildung 8.6: Fähigkeitsattribution nach Erfolg in Abhängigkeit von der Reihenfolge und Art der Einzelinformationen. Die Versuchspersonen erhielten zuerst die Information über vergangene Leistungen (L), gefolgt von der Wichtigkeitsinformation (W), und zum Schluß die Information über soziale Vergleichsnormen (N) (aus Frieze, 1973, S. 97)

Die zweite den Versuchspersonen gegebene Information bezog sich auf soziale Vergleichsnormen. Eine niedrige Normleistung impliziert, daß die meisten anderen versagt haben; hohe Normleistungen bedeuten, daß die meisten anderen auch erfolgreich waren. Gleichgültig, ob die Prüfung als wichtig oder unwichtig hingestellt wurde, das Wissen, daß andere versagten (B_1 und B_1') steigerte die Attribution von Erfolg auf Fähigkeit. Das heißt, geringer Konsens führte – wie bereits früher erwähnt – zu internalen Attributionen. Vergleicht man ferner die Attributionen bei hoher und geringer Wichtigkeit der Prüfung bei niedriger Normleistung (B_1 und B_1') mit den entsprechenden Attributionen bei hoher Normleistung (B_2 und B_2'), so fällt auf, daß B_1 mit B_1' praktisch identisch ist und ebenso B_2 mit B_2'. Das heißt also, das Verfügbarwerden von Konsensinformation führte zu einer völligen Überlagerung des Effektes der Wichtigkeitsinformation; die letztere verlor ganz an Bedeutung.

Die dritte den Versuchspersonen mitgeteilte Information bezog sich auf Konsistenz, d. h. auf die vorangegangenen Erfolge bzw. Mißerfolge des Handelnden. Die Daten zeigen, daß die Attributionen von Erfolg auf Fähigkeit bei vorhandener Konsistenz, d. h. wenn man auch früher Erfolg hatte, (C_1, C_2, C_1', C_2') stärker ausgeprägt sind als bei Inkonsistenz, also bei früherem Mißerfolg (C_3, C_4, C_3', C_4'). Dies ist auch dann der Fall, wenn die Normleistung hoch ist, was impliziert, daß die Aufgabenschwierigkeit gering ist (B_2 und B_2'); auch in diesem Fall führt Konsistenzinformation zu hoher Fähigkeitsattribution (C_2 und C_2'). Wieder kann also beobachtet werden, daß die neue Information den Effekt der zuvor gegebenen überlagerte.

Abbildung 8.6 zeigt die Fähigkeitsattribution für die veränderte Reihenfolge LWN. Das heißt, die Konsistenzinformation wurde zuerst gegeben. Die linke Hälfte von Abbildung 8.6 gibt die Fähigkeitsattributionen bei vorhandener Konsistenz wieder (vergangene Erfolge), die rechte Hälfte bei fehlender Konsistenz (wenig vergangene Erfolge). Wieder erweist sich zunächst, daß Konsistenz zwischen gegenwärtiger und vergangener Leistung (A) zu höherer Fähigkeitsattribution führt als Inkonsistenz (A'). Darüber hinaus wird hier jedoch offensichtlich, daß dieser Unterschied durch weitere Informationen nicht mehr wesentlich verändert wird. Wieder ist also Konsistenzinformation (die vergangene Leistung) die dominante Information für Fähigkeitsattributionen. Abbildung 8.6 zeigt jedoch, daß die endgültige Fähigkeitsattribution auch etwas durch die Konsensinformation beeinflußt wird: Geringe Normleistungen (C_1, C_2, C_1', C_2') resultieren in höheren Fähigkeitsattributionen als hohe Normleistungen (C_3, C_4, C_3', C_4'). Falls nichtbevorzugte attributionsrelevante Informationen also *nach* den bevorzugten gegeben werden, so werden sie genutzt; werden sie jedoch *vor* diesen präsentiert, dann werden sie abgewertet.

Zusammenfassend kann man also sagen, daß Attributionen auf Fähigkeit in erster Linie von Information über vergangene Leistungen beeinflußt werden. Eine Geschichte vergangener Erfolge resultiert in Zuschreibungen von Erfolg zu hoher Fähigkeit. Personen verwenden zwar bei der Kausalzuschreibung alle jeweils verfügbaren Informationen, aber die bevorzugte Information ist die über vergangene Leistungen; diese wird stark gewichtet, sobald sie erhalten wird.

Individuelle Unterschiede bei der Kausalattribution im Leistungskontext

Alltägliche Beobachtungen legen nahe, daß es individuelle Unterschiede bei der Kausalattribution von Erfolg und Mißerfolg gibt. Manche Menschen scheinen zum Beispiel Erfolg (Mißerfolg) besonders gerne auf Zufall zurückzuführen, während andere Fähigkeit oder harte Arbeit als die primären Determinanten von Leistungsergebnissen ansehen.

Solchen interindividuellen Differenzen wurde in zahlreichen Studien nachgegangen, wobei man sich hauptsächlich mit leistungsmotivbedingten und geschlechtsbedingten Unterschieden befaßte. Obwohl einige dieser Untersuchungen ermutigende Ergebnisse zeitigten, welche die Existenz solcher Unterschiede nahezulegen scheinen (vgl. dazu die optimistischen Äußerungen von Weiner, 1972), muß dieser frühere Optimismus inzwischen gemäßigt werden, da in zahlreichen Folgeuntersuchungen die ursprünglichen Befunde entweder nicht repliziert werden konnten oder aber widersprüchliche Resultate erhalten wurden. Um die Art dieser Experimente zu illustrieren und zu verdeutlichen, wie die Unterschiede beschaffen waren, die man vorzufinden erwartete, sollen hier zwei Untersuchungen referiert werden, in denen motiv- bzw. geschlechtsbedingte Unterschiede gefunden wurden.

Leistungsmotivbedingte Attribuierungsunterschiede

Leistungsmotivbedingte Attribuierungsunterschiede wurden in einer Studie von Kukla (1972) festgestellt, die bereits bei der Erörterung der Antezedenzien von Kausalattributionen kurz angesprochen wurde. Kukla ließ seine Versuchspersonen vorhersagen, ob die nächste Zahl in einer Zahlenreihe eine 0 oder eine 1 sein werde. Die Versuchspersonen wurden glauben gemacht, die Zahlenreihe weise eine Regelmäßigkeit auf; tatsächlich war sie jedoch vollkommen zufällig. Aus purem Zufall hatten daher einige Versuchspersonen mit ihrer Vorhersage „Erfolg" und andere „Mißerfolg". Anschließend nahmen die Versuchspersonen Kausalattributionen ihrer Leistungsergebnisse vor.

In Abbildung 8.7 sind die durchschnittlichen Attributionen auf Fähigkeit und Anstrengung in Abhängigkeit von individuellen Unterschieden im Leistungsmotiv dargestellt. Wie die Abbildung zeigt, tendierten hoch leistungsmotivierte Personen stärker als niedrig leistungsmotivierte dazu, bei Erfolg Fähigkeit und hohe Anstrengung für das Leistungsergebnis verantwortlich zu machen. Bei Mißerfolg tendierten hoch Leistungsmotivierte stärker dazu, mangelnde Anstrengung für das Ergebnis verantwortlich zu machen, als niedrig Leistungsmotivierte; letztere führten Mißerfolg auf mangelnde Fähigkeit zurück.

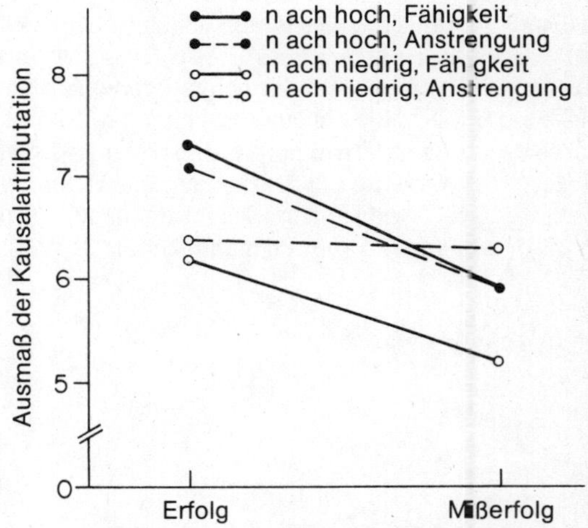

Abbildung 8.7: Fähigkeits- und Anstrengungsattribution nach Erfolg und Mißerfolg für Versuchspersonen mit hohem und niedrigem Leistungsmotiv (n ach) (beruht auf Daten von Kukla, 1972)

Hoch Leistungsmotivierte schrieben Erfolg also eher *internalen* und Mißerfolg eher *kontrollierbaren* und *instabilen* Faktoren zu als niedrig Leistungsmotivierte. D.h. Hochmotivierte attribuierten Mißerfolg auf mangelnde Anstrengung – eine Ursache, die veränderbar ist – während niedrig Leistungsmotivierte ihren Mißerfolg auf mangelnde Fähigkeit, einen unveränderlichen und unbeeinflußbaren Faktor zurückführten. (Die Begriffe Kontrollierbarkeit und Stabilität werden an späterer Stelle in diesem Kapitel noch ausführlich erläutert.)

Abbildung 8.7 zeigt auch, daß Erfolgsmotivierte ihre Fähigkeit hoch einschätzen und glauben, daß Anstrengung mit dem Ergebnis kovariiere. Der

Glaube an die Kovariation von aufgewendeter Anstrengung und erzielter Leistung, d.h. die Überzeugung, daß Erfolg davon abhängig ist, wie sehr man sich bemüht, ist dagegen uncharakteristisch für niedrig Leistungsmotivierte. Die Auswirkungen dieser unterschiedlichen Attributionsmuster auf das Verhalten werden später in diesem Kapitel noch eingehender besprochen.

Geschlecht

Einige Befunde scheinen darauf hinzuweisen, daß Leistungsergebnisse von Frauen und Männern von Außenstehenden unterschiedlich kausalattribuiert werden. Darüber hinaus unterscheiden sich Männer und Frauen möglicherweise auch in bezug auf die Selbstattribution. In einer Untersuchung zur Fremdattribution ließen Deaux und Emswiller (1974) ihre Versuchspersonen die erfolgreichen Leistungen von Männern und Frauen bei einer visuellen Diskriminationsaufgabe kausalattribuieren. Einige der zu diskriminierenden Objekte bei dieser Aufgabe waren „typisch weiblich" (wie Haushaltsgegenstände, z.B. ein Putzlappen), andere „typisch männlich" (z.B. Werkzeug). Die Leistung sowohl der männlichen als auch der weiblichen Versuchspersonen wurde als überdurchschnittlich hingestellt. Die Beobachter beurteilten anschließend die Ursachen dieser Leistung auf einer Skala, die von „Fähigkeit" bis „Glück" reichte.

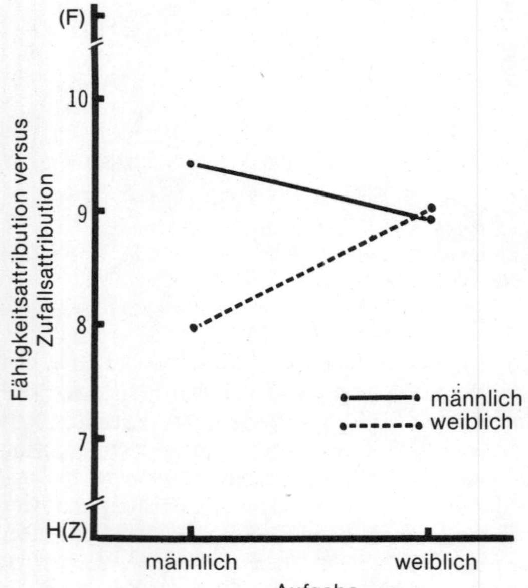

Abbildung 8.8: Fähigkeits- versus Zufallsattribution als Funktion von geschlechtsbezogenen Aufgabencharakteristika und dem Geschlecht des Leistungshandelnden (aus Deaux und Emswiller, 1974, S. 82)

Die Ergebnisse dieser Untersuchung zeigt Abbildung 8.8. Man sieht, daß der Erfolg von Männern bei der Diskrimination „männlicher" Gegenstände stärker auf deren Fähigkeit (bzw. weniger auf Zufall) zurückgeführt wurde als der Erfolg von Frauen bei denselben Gegenständen. Solche geschlechtsbedingten Unterschiede ergaben sich dagegen nicht für die Haushaltsgegenstände. Vergleichbare Resultate wurden erhalten, wenn Männer und Frauen ihre eigenen Leistungen beurteilten (Deaux & Farris, 1977).

Kausale Schemata

In den bisherigen Ausführungen wurden zunächst Befunde erörtert, die demonstrieren, daß Personen bestimmte Informationen benutzen, um zu Kausalattributionen zu gelangen, und daß diese Informationen in einer systematischen und „rationalen" Weise miteinander kombiniert werden. Außerdem wurden motiv- und geschlechtsbedingte Unterschiede in der Kausalattribution besprochen.

Darüber hinaus haben Untersuchungen gezeigt, daß auch kausale Schemata den Prozeß der Kausalattribution im Leistungskontext beeinflussen. Wir erinnern uns, daß mit einem kausalen Schema eine relativ beständige kognitive Struktur gemeint ist, die sich auf die Überzeugungen einer Person bezüglich der Beziehungen zwischen einem Ereignis (einem Effekt) und dessen wahrgenommenen Ursachen bezieht (Kelley, 1972).

Zwei unterschiedliche Schemata sind in der früheren Diskussion besonders hervorgehoben worden: das Schema der multiplen hinreichenden Ursachen und das Schema der multiplen notwendigen Ursachen. Das Schema multipler hinreichender Ursachen wird zur Erklärung gewöhnlicher, unauffälliger Ereignisse verwendet; das Schema multipler notwendiger Ursachen wird dagegen zur Erklärung ungewöhnlicher oder extremer Ereignisse herangezogen (Cunningham et al., 1975; Kelley, 1972). Gewöhnliche Ereignisse im Leistungskontext sind Erfolg bei einer leichten Aufgabe und Mißerfolg bei einer schwierigen Aufgabe; ungewöhnliche Ereignisse sind hingegen Erfolg bei einer schwierigen oder Mißerfolg bei einer einfachen Aufgabe. In Übereinstimmung mit

Kelleys Konzeption sollte man daher erwarten, daß Erfolg bei einer einfachen Aufgabe auf Fähigkeit *oder* Anstrengung zurückgeführt wird, und Mißerfolg bei einer schwierigen Aufgabe auf mangelnde Fähigkeit *oder* mangelnde Anstrengung. Dagegen sollte bei Erfolg bei einer schwierigen Aufgabe auf das Vorhandensein von *sowohl* Fähigkeit *als auch* Anstrengung geschlossen werden und bei Mißerfolg bei einer leichten Aufgabe auf das Fehlen von Fähigkeit *und* Anstrengung.

Kun und Weiner (1973) haben die Effekte von kausalen Schemata auf die Attribution von Erfolg und Mißerfolg zu demonstrieren versucht, indem sie Situationen schufen, welche entweder das Schema multipler notwendiger oder das multipler hinreichender Ursachen aktivierten. Genauer gesagt, wurde den Versuchspersonen unterschiedliche Information über Erfolg und Mißerfolg bei Aufgaben unterschiedlicher Schwierigkeit gegeben. Anschließend erhielten die Versuchspersonen Information über eine von zwei Ursachen, d. h. es wurde ihnen gesagt, entweder Fähigkeit oder Anstrengung sei vorhanden (nicht vorhanden) gewesen. Sie sollten dann entscheiden, ob die jeweils komplementäre Ursache (Anstrengung bzw. Fähigkeit) ebenfalls beteiligt war oder nicht. Zum Beispiel wurde den Versuchspersonen also mitgeteilt, eine (hypothetische) Person hätte bei einer Leistungsaufgabe hervorragend abgeschnitten und 90% der anderen Studenten hätten ebenfalls hervorragend abgeschnitten (also eine leichte Aufgabe). Ferner wurde der hypothetische Student als sehr begabt beschrieben. Nun sollten die Versuchspersonen beurteilen, ob sich der Student auch angestrengt hätte. Diese Urteile wurden in Form von Ratings auf einer Skala mit den Extremen „strengte sich sicher sehr an" und „strengte sich sicher nicht an" vorgenommen.

Abbildung 8.9 zeigt die Ergebnisse dieses Experiments. Es wurden drei Niveaus der Aufgabenschwierigkeit verwendet (impliziert durch die Konsensinformation 90, 50 oder 10% Erfolg anderer) sowie zwei Niveaus des Leistungsergebnisses (Erfolg oder Mißerfolg). Und schließlich wurde Information bezüglich des Vorhandenseins von Fähigkeit bzw. Anstrengung (vorhanden/nicht vorhanden) gegeben. Bei Erfolg war die mitgeteilte Ursache immer hohe Fähigkeit oder hohe Anstrengung, während bei Mißerfolg immer mangelnde Fähigkeit oder geringe Anstrengung angeführt wurde. Wie bereits erwähnt, sollten die Versuchspersonen die An- bzw. Abwesenheit der jeweils anderen (komplementären) Ursache beurteilen.

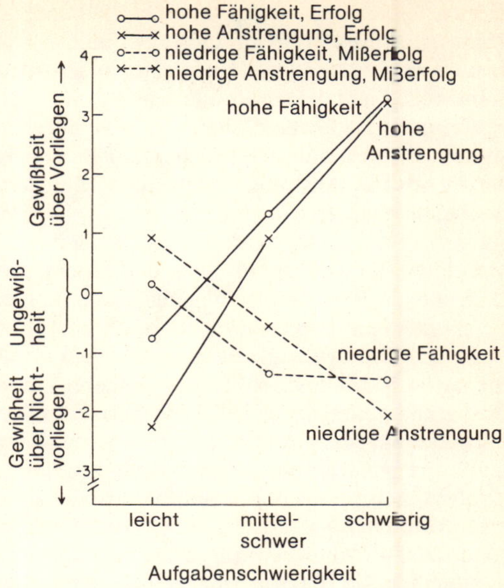

Abbildung 8.9: Mittlere Gewißheitsurteile bezüglich des Vorliegens von Fähigkeit oder Anstrengung bei Information über das Vorliegen der jeweils komplementären Ursache (Anstrengung bzw. Fähigkeit), das Leistungsergebnis, und die Aufgabenschwierigkeit. Die Beschriftungen geben an, welche Ursache hinsichtlich ihres Vorliegens beurteilt werden mußte (aus Kun & Weiner, 1973, S. 203)

Wie Abbildung 8.9 zeigt, gaben die Versuchspersonen im Fall von Erfolg bei der schwierigsten Aufgabe bei vorhandener Fähigkeit (Anstrengung) an, daß auch die komplementäre Ursache, nämlich Anstrengung (Fähigkeit) vorhanden war. Das heißt, sie verwendeten ein Schema multipler notwendiger Ursachen. Umgekehrt gaben die Versuchspersonen im Fall von Erfolg bei einer leichten Aufgabe an, daß die jeweils komplementäre Ursache abwesend war. Im Fall von Mißerfolg bei der schwierigsten Aufgabe und geringer Fähigkeit (geringer Anstrengung) urteilten die Versuchspersonen, daß die komplementäre Ursache, nämlich geringe Anstrengung (geringe Fähigkeit), keine Rolle spielte. Mißerfolg bei der einfachsten Aufgabe resultierte in einer leichten Tendenz, das Vorhandensein von sowohl geringer Fähigkeit als auch geringer Anstrengung anzunehmen.

Zusammenfassend also: Wenn Leistungsergebnisse ungewöhnlich sind, tendiert man dazu, mehrere Ursachen zur Erklärung heranzuziehen; sind die Ergebnisse dagegen gewöhnlich, dann wird nur eine Ursache verwendet. Information bezüglich der „Gewöhnlichkeit“ oder „Ungewöhnlichkeit“ eines Leistungsergebnisses aktiviert daher bestimmte kausale Schemata, und diese beeinflussen dann den Attributionsprozeß und dessen Resultat.

Abbildung 8.9 zeigt überdies, daß über einen weiten Bereich unterschiedlicher Aufgabenschwierigkeit sowohl Anstrengung als auch Fähigkeit als notwendig zur Erreichung von Erfolg angesehen werden. Das geht aus der Tatsache hervor, daß sowohl bei schwierigen als auch bei mittelschweren Aufgaben in der Erfolgsbedingung bei den Versuchspersonen keine Unsicherheit (0-Punkt in Abb. 8.9) bezüglich des Vorhandenseins des jeweils komplementären Kausalfaktors besteht. Andererseits wird über einen weiten Bereich von Schwierigkeitsniveaus entweder ein Mangel an Begabung oder ein Mangel an Anstrengung als hinreichend angesehen, um Mißerfolg zu haben: Sowohl bei mittelschweren als auch bei schwierigen Aufgaben sind sich die Versuchspersonen im Fall von Mißerfolg sicher, daß der jeweils komplementäre Faktor (mangelnde Anstrengung bzw. mangelnde Begabung) *nicht* vorhanden war (unter dem 0-Punkt in Abb. 8.9). Man wird an das Sprichwort erinnert, eine Kette sei nur so stark wie ihr schwächstes Glied; d.h. für das Erreichen von Erfolg müssen alle Komponenten stark sein, während ein einziges schwaches Glied ausreicht, um Mißerfolg herbeizuführen. Es sieht also so aus, als ob die Attribution von Erfolg und Mißerfolg unterschiedlichen psychologischen Regeln folgt.

Verstärkungspläne

Beim Arbeiten an einer Leistungsaufgabe erlebt eine Person normalerweise eine Reihe von Erfolgen und Mißerfolgen. Zum Beispiel könnte die Person zunächst mehrmals Mißerfolg haben, dann teilweisen Erfolg und schließlich wiederholten Erfolg. Ein derartiges ansteigendes Erfolgsmuster weist häufig auf eine Zunahme der betreffenden Fertigkeit hin. Auch das umgekehrte Muster ist möglich. Ein Schüler könnte leistungsmäßig zum Beispiel am Gymnasium zu den oberen 10% gehören, dann als Student zu den oberen 25% der Vordiplomanden zählen, später unter dem Median der Diplomanden liegen und schließlich in einem akademischen Beruf versagen. Diese abnehmende Erfolgskurve findet sich leider im Leben tatsächlich nicht so selten.

Die Erforschung der Auswirkungen von Verstärkungsplänen und -mustern auf eine Vielzahl von Indizes der Motivation ist Gegenstand einer umfangreichen psychologischen Literatur. Hier möchte ich zunächst nur erörtern, wie diese Verstärkungspläne die Ursachenwahrnehmung beeinflussen können; die Auswirkungen, die diese Attributionen auf weiteres Verhalten haben, werden an späterer Stelle in diesem Kapitel erörtert.

Intermittierende versus kontinuierliche (100%) Verstärkung

Der Prozentsatz von Verstärkungen während des Trainings oder Lernens ist eine der am häufigsten untersuchten Variablen der Psychologie. Eine typische Untersuchung verwendet Versuchstiere und vergleicht z.B. den Effekt eines kontinuierlichen Verstärkungsplans (100% Verstärkung) mit dem eines zufällig intermittierenden Verstärkungsplans (z.B. 50% Verstärkung). Es wurde bereits früher darauf hingewiesen, daß Variabilität in einer Ereignissequenz zu Attributionen auf Zufall Anlaß gibt. Gemäß dieser Überlegung sollte also ein zufällig intermittierender 50%-Verstärkungsplan ebenfalls Zufallsattributionen von Erfolg und Mißerfolg (bzw. Verstärkung und Nichtverstärkung) induzieren. Das heißt, ein zufällig intermittierender Verstärkungsplan, wie er in Tierexperimenten verwendet wird, ist konzeptuell einem Humanexperiment ähnlich, in dem eine Versuchsperson informiert wird, daß das Handlungsergebnis oder die Handlungsfolge (Verabreichung einer Belohnung bei Erfolg) rein zufallsabhängig seien. Es mag natürlich unrealistisch sein, niedrigen Organismen wie Ratten zu unterstellen, sie würden Kausalattributionen vornehmen, wenn man ihre geringe kognitive Kapazität bedenkt. Aber auch Tiere verarbeiten Information und lernen; es ist daher nicht ausgeschlossen, daß sie eine primitive Form von Kausalattribution vornehmen. Ehe man eine solche Annahme vorschnell ablehnt, muß mehr über die kognitiven Kapazitätsbegrenzungen niedrigerer Lebewesen bekannt sein.

Wiederholter Erfolg bei einer Aufgabe (100% Belohnung) deutet andererseits darauf hin, daß Kontingenz zwischen Handlung und Ergebnis (bzw. dem Erhalt der Belohnung) vorhanden ist. In diesem Fall sollte der Organismus also zu der Schlußfolgerung gelangen, daß er selbst die Belohnung verursacht hat bzw. dafür „verantwortlich“ ist. Da der Prozentsatz der Erfolge (oder Belohnungen) darüber hinaus auch einer der Indikatoren für vorhandene Fähigkeit ist, sollten Personen, welche kontinuierlich belohnt werden, den Schluß ziehen, daß sie hohe Begabung besitzen (oder auch, daß die Aufgabe leicht ist).

Quotenpläne versus Intervallpläne

Verstärkungspläne werden häufig danach unterschieden, ob es sich um Quoten- oder um Intervallpläne handelt. Bei einem fixen Quotenplan zum Beispiel wird die Belohnung immer nach einer festgelegten Anzahl von Reaktionen verabreicht. Da bei diesem Plan also die Belohnungen mit den Reaktionen kovariieren, sollten Organismen internale Attributionen (auf Fähigkeit und/oder Anstrengung) vornehmen. Bei einem fixen Intervallplan wird dagegen die erste nach einem festgelegten Zeitintervall auftretende Reaktion verstärkt. Hier sind die Verstärkungen also external kontrolliert, d.h. der Organismus kann die Häufigkeit der Belohnungen durch kein wie auch immer geartetes Verhalten erhöhen. Der Organismus lernt, daß es keinen Unterschied macht, ob er vor dem Ablauf des Zeitintervalls reagiert oder nicht. Dies ähnelt der Hilflosigkeitstrainingsprozedur (vgl. 6. Kapitel). Infolgedessen sollte der Erhalt der Belohnung auf externale Ursachen – wie Zeit oder Zufall – attribuiert werden.

Tabelle 8.2: Der Attributionsprozeß bei Erfolg und Mißerfolg

Antezedenzien	Kausalfaktoren
Spezifische Hinweisreize	
Vorangegangene Leistungsergebnisse	
Soziale Normen	
Leistungsspitze	
Leistungsmuster	
Ausdauer	
Aufgabencharakteristika	
Zufälligkeit der Ergebnisse	Fähigkeit
Kovariation von Leistungsergebnis und Anreiz	Anstrengung Aufgabenschwierigkeit
Kausale Schemata →	Zufall
Schema multipler notwendiger Ursachen	Stimmung Müdigkeit
Schema multipler hinreichender Ursachen	Krankheit andere Personen
Individuelle Unterschiede	
Leistungsbedürfnisse	
Geschlecht	
Verstärkungspläne	
100% versus 50%	
Quoten- vs. Intervallplan	
Weitere Informationen	
Mitteilung anderer	
Stereotype	

Weitere Antezedenzien der Kausalattribution im Leistungskontext

Natürlich gibt es noch viele weitere Kategorien von Antezedenzien, welche die Kausalattribution beeinflussen. So sind zum Beispiel die Mitteilungen anderer ohne Zweifel eine wichtige beeinflussende Größe bei der Kausalerklärung von Erfolg und Mißerfolg. Gibt uns jemand zu verstehen, daß er uns für „ausgesprochen intelligent" hält, oder daß wir „unheimliches Glück" hatten, so wird dies höchstwahrscheinlich unsere Kausalattributionen beeinflussen. Die Attribution der Handlungsergebnisse kann zudem durch stereotype Vorstellungen beeinflußt werden („die sind einfach faul"), und ebenso kann das allgemeine Selbstkonzept die Attribution von eigenem Erfolg oder Mißerfolg bei einer bestimmten Aufgabe beeinflussen. Zusammenfassend läßt sich also sagen: Es gibt eine große Anzahl von Determinanten des Attributionsprozesses (vgl. Tab. 8.2).

Kausaldimensionen

Wie bereits erwähnt, gibt es zahlreiche wahrgenommene Ursachen von Erfolg und Mißerfolg. Bedenkt man die große Menge plausibler idiosynkratischer Erklärungsmöglichkeiten für jedes Ereignis, so ist ihre Anzahl vielleicht sogar unbegrenzt. Mißerfolg bei einer Prüfung könnte zum Beispiel – um nur einige atypische Ursachen zu nennen – auch auf Abschreiben von der falschen Person, Hitze oder Lärm im Klassenzimmer, Lernen des falschen Stoffes oder einen vorangegangenen Streit mit einem Schulkameraden zurückgeführt werden. Auf Grund dieser Vielfalt möglicher Kausalfaktoren ist es von entscheidender Bedeutung, ein Klassifikationsschema oder eine Taxonomie von Ursachen zu erstellen und dabei ihre Gemeinsamkeiten und Unterschiede festzustellen und ihre zugrundeliegenden Eigenschaften zu identifizieren.

Als Ausgangspunkt für dieses Unternehmen kann auf die theoretischen Analysen von Rotter (1966) und Heider (1958) zurückgegriffen werden. Rotter und seine Mitarbeiter schlugen ein eindimensionales Klassifikationsschema für wahrgenommene Ursachen vor. Ursachen wurden als entweder innerhalb der Person (internal) oder außerhalb der Person (external) befindlich angesehen. Die internal-external-Klassifikation wurde in ähnlicher Weise auch von

Heider, deCharms, Deci und anderen vertreten. Rotter bezeichnete diese Dimension allerdings nicht als Lokation der *Kausalität* sondern als Lokation der *Kontrolle (locus of control)*. Es ist jedoch unklar, ob das Konzept der Kontrolle von dem der Kausalität unterschieden werden sollte. Fontaine (1972) vertrat die Ansicht, daß Kontrolle sich auf prospektive Ursachenanalysen (Prädiktion) bezieht, Kausalität dagegen auf postdiktive Kausalerklärungen. In diesem Kapitel wird jedoch *locus of control* als eine kausale Überzeugung angesehen und die internal-external Dimension als Lokationsdimension der Kausalität bezeichnet.

Die in Tabelle 8.2 angeführten Ursachen können ohne Schwierigkeit als internal oder external klassifiziert werden. Fähigkeit, Anstrengung, Stimmung, Müdigkeit und Krankheit sind in der Person lokalisierte Ursachen, während Aufgabenschwierigkeit, Zufall und Einfluß anderer Personen in der Umwelt lokalisierte Ursachen darstellen. Die Plazierung einer Ursache entlang der Lokationsdimension ist natürlich nicht invariant über verschiedene Menschen oder (innerhalb einer Person) über verschiedene Zeitpunkte. Glück kann z.B. als internal („Ich bin ein Glückspilz") oder als external („reiner Zufall") angesehen werden. Da sich die Attributionstheorie mit phänomenologischer Kausalität beschäftigt, d.h. mit der Kausalität, wie sie vom Individuum gesehen wird, muß solchen idiosynkratischen Interpretationen Rechnung getragen werden. Mit anderen Worten, die taxonomische Klassifikation einer Ursache hängt von der subjektiven Interpretation dieser Ursache durch das Individuum ab. Trotz dieser inter- und intraindividuellen Variationen besteht jedoch bei den meisten Ursachen im großen und ganzen Übereinstimmung hinsichtlich ihrer Klassifikation als internal oder external.

Neben der Lokationsdimension gibt es noch weitere Dimensionen oder Attribute von Ursachenfaktoren, obwohl diese nicht so starke Aufmerksamkeit gefunden haben, wie die internal-external-Klassifikation. Heider (1958) unterschied dispositionale, relativ dauerhafte Ursachenfaktoren (wie z.B. Fähigkeit) von fluktuierenden Faktoren wie Anstrengung und Zufall. Demgemäß lassen sich Ursachen also auf einer weiteren Dimension klassifizieren, nämlich auf dem Kontinuum stabil (invariant) bis instabil (variabel). Fähigkeit, Aufgabenschwierigkeit und die Voreingenommenheit anderer Personen werden in der Regel als relativ stabil angesehen, während Zufall, Anstrengung, Stimmung, Müdigkeit und Krankheit als eher variabel aufgefaßt werden – Zufall impliziert ja schon Variabilität, Anstrengung kann von einem Ereignis zum nächsten verringert oder erhöht werden und Stimmung, Müdigkeit und Krankheit werden gewöhnlich als vorübergehende Zustände angesehen. Auch die wahrgenommene Stabilität einer bestimmten Ursache kann inter- und intraindividuell verschieden sein: Eine Person, die sich als „Glückspilz" betrachtet, dürfte „Glück" als eine recht stabile Persönlichkeitseigenschaft ansehen; Krankheit mag richtiger- oder fälschlicherweise als permanenter Zustand aufgefaßt werden usw. Die wahrgenommene Stabilität einer bestimmten Ursache kann überdies experimentell beeinflußt werden. So stellten Valle und Frieze (1976) in einem Experiment, in dem es um Verkaufserfolg ging, die Aufgabenschwierigkeit als variabel hin, indem sie diese als zugewiesene Verkaufsgebiete operationalisierten, welche für jeden Verkäufer verändert werden konnten.

In Tabelle 8.3 sind Ursachen sowohl nach Lokation als auch nach Stabilität klassifiziert. Wie die Tabelle zeigt, ist Fähigkeit gewöhnlich ein internaler, stabiler Faktor; Anstrengung, momentane Stimmung, Müdigkeit und Krankheit sind ebenfalls internal, jedoch instabil (variabel); Aufgabenschwierigkeit ist external und stabil, und Zufall ist external und instabil. Es sei jedoch nochmals daran erinnert, daß alle diese Ursachen gelegentlich auch anders wahrgenommen werden. Sogar Fähigkeit wird manchmal als variabel angesehen („Heute spielte ich hervorragend"), und Anstrengung kann entweder als kurzfristiger Energieaufwand oder als Manifestation einer Persönlichkeitseigenschaft (Fleiß) aufgefaßt werden.

Tabelle 8.3: Zweidimensionales Klassifikationsschema für die wahrgenommenen Ursachen von Leistungsergebnissen

	Lokation	
Stabilität	internal	external
stabil	Fähigkeit	Aufgabenschwierigkeit
variabel	Anstrengung, Stimmung, Müdigkeit, Krankheit	Zufall

Eine dritte Kausaldimension wurde ebenfalls bereits von Heider identifiziert und später von Rosenbaum (1972) unter dem Namen „Intentionalität" in die Leistungsmotivationsforschung eingebracht. Diese Dimension wird hier jedoch angemessener als

„Kontrollierbarkeit“ bezeichnet (vgl. Litman-Adizes, 1978). Ursachenfaktoren wie Anstrengung werden in der Regel als kontrollierbar aufgefaßt, während Fähigkeit, Aufgabenschwierigkeit, momentane Stimmung und Krankheit als nicht willentlich beeinflußbar gelten. Diese Dimension ist nicht völlig unabhängig von der Lokations- und Stabilitätsdimension. Ist zum Beispiel eine Ursache sowohl internal als auch stabil (wie Fähigkeit), dann wird sie in der Regel auch als unkontrollierbar angesehen. Es gibt jedoch einige Ursachenfaktoren (wie z.B. momentane Stimmung und Müdigkeit), welche internal und variabel sind, jedoch nicht unter willentlicher Kontrolle stehen, während Anstrengung zwar ebenfalls internal und instabil, aber kontrollierbar ist. Daher scheint es vernünftig, Kontrollierbarkeit als dritte Dimension der Kausalität zu berücksichtigen.

Tabelle 8.4 enthält die bislang erwähnten Ursachenfaktoren, klassifiziert nach Lokation, Stabilität und Kontrollierbarkeit. Aus Tabelle 8.4 geht zum Beispiel hervor, daß sowohl Fähigkeit als auch Anstrengung als stabil oder instabil klassifiziert werden können (temporäre Schwankungen sind bei beiden Ursachenfaktoren möglich). In Tabelle 8.4 wird ferner davon ausgegangen, daß auch externale Faktoren prinzipiell kontrollierbar sind, obwohl aus der Perspektive des Handelnden externale Faktoren häufig als unkontrollierbar angesehen werden mögen. Schließlich wird aus Tabelle 8.4 auch klar, daß die Unterscheidung zwischen Fähigkeit und Anstrengung nur auf der Grundlage ihrer unterschiedlichen Stabilität unzureichend ist, weil damit die wesentliche Tatsache vernachlässigt wird, daß Fähigkeit nicht der willentlichen Kontrolle unterliegt, Anstrengung dagegen als kontrollierbar angesehen wird.

Es ist zu erwarten, daß im Verlauf weiterer Analysen zusätzliche Kausaldimensionen identifiziert werden. Wichtig scheint insbesondere eine Unterscheidung zwischen den Begriffen Kontrollierbarkeit und Intentionalität. Eine solche Unterscheidung wird zum Beispiel nahegelegt, wenn jemand von sich sagt: „Ich will ja mit dem Trinken aufhören, aber ich kann mich einfach nicht kontrollieren“ (vorhandene Intention, mangelnde Kontrollierbarkeit). Umgekehrt wird im Falle eines Ereignisses, das auf „Nachlässigkeit“ zurückgeführt wird, unterstellt, daß das Handlungsergebnis zwar nicht intendiert, jedoch prinzipiell vermeidbar (kontrollierbar) war. Schließlich impliziert nur Intentionalität, nicht jedoch Kontrollierbarkeit das Vorhandensein eines Wunsches oder eines Bedürfnisses. All dies deutet darauf hin, daß Intentionalität und Kontrollierbarkeit sich unterscheiden. Diese Unterscheidung mit einiger Sicherheit festzumachen, ist jedoch ein schwieriges Problem.

Die Kausaldimensionen sind Konstrukte „höherer Ordnung“ (Schütz, 1967, S. 59), d.h. es handelt sich dabei um Konstrukte, die von Attributionstheoretikern dazu verwendet werden, die vom „Alltagsmenschen“ gebrauchten Ursachenbegriffe zu klassifizieren. Diese Unterscheidung zwischen naiven und wissenschaftlichen Konstrukten gilt es im Gedächtnis zu behalten. Ausgangspunkt attributionstheoretischer Analysen waren Begriffe der Umgangssprache – Wörter wie „können“ und „bemühen“. Die Klassifikation dieser Begriffe erfolgt jedoch mit Hilfe wissenschaftlicher Konstrukte – wie „Lokation der Kausalität“ – Konstrukte, die sich im Vokabular des Alltagsmenschen möglicherweise nicht finden. Heider (1958) erkannte diesen Unterschied zwischen naiver und wissenschaftlicher Psychologie. Er schrieb:

Es gibt a priori keinen Grund, weshalb die kausale Beschreibung [Wissenschaftssprache] mit der phänomenologischen

Tabelle 8.4: Dreidimensionale Taxonomie der wahrgenommenen Ursachen von Erfolg und Mißerfolg

	kontrollierbar		unkontrollierbar	
	stabil	variabel	stabil	variabel
internal	konstante eigene Anstrengung	variable eigene Anstrengung	eigene Fähigkeit	eigene Müdigkeit u. Stimmung; Fluktuationen der eigenen Fähigkeit
external	konstante Anstrengung anderer Personen	variable Anstrengung anderer	Fähigkeit anderer, Aufgabenschwierigkeit	Müdigkeit, Stimmung und Fluktuationen der Fähigkeit anderer, Zufall

(nach Rosenbaum, 1972, S. 21)

Beschreibung [Alltagssprache] identisch sein sollte, obwohl natürlich die erstere die letztere adäquat erklären sollte (S. 22).

Die Dimensionen Lokation, Stabilität, Kontrollierbarkeit und Intentionalität gehen auf die Intuitionen von Forschern wie Rotter, Heider und Rosenbaum zurück. Obwohl manche dieser Begriffe (z. B. Intentionalität) auch in der Alltagssprache vorkommen, sind sie wissenschaftliche Konstrukte, welche die Alltagspsychologie erklären helfen. Zur Zeit wird von einer Reihe von Forschern überprüft, ob diese, aus logischen Überlegungen abgeleiteten Kausaldimensionen sich auch empirisch (z. B. faktorenanalytisch oder mit Hilfe der Technik der multidimensionalen Skalierung) nachweisen lassen. Das logische und das empirische Vorgehen muß natürlich nicht unbedingt zu denselben Resultaten führen. Zum Beispiel könnte es sein, daß der Durchschnittsmensch nicht spontan erkennt, daß Stimmung und Anstrengung einander insofern ähneln, als beide variabel sind; daher wird die multidimensionale Skalierung in diesem Fall auch keine Stabilitätsdimension zutage fördern. Ein Wissenschaftler wird jedoch diese Klassifikation von Stimmung und Anstrengung trotzdem als nützlich ansehen, weil sie zu identischen Vorhersagen in bezug auf das Verhalten führt.

In einer der empirischen Untersuchungen, in denen versucht wurde, die den wahrgenommenen Ursachen von Leistungsergebnissen zugrunde liegenden Dimensionen zu ermitteln, ließ Passer (1977) männliche und weibliche Versuchspersonen die Ähnlichkeit der Ursachen von Erfolg oder Mißerfolg bei einer Prüfung beurteilen (vgl. Tab. 8.5). Achtzehn Ursachen von Erfolg oder Mißerfolg wurden den Versuchspersonen in allen möglichen paarweisen Kombinationen präsentiert. Die erhaltenen Ähnlichkeitsbeurteilungen wurden einem multidimensionalen Skalie-

Tabelle 8.5: Die von Passer (1977) vorgegebenen Ursachen von Erfolg und Mißerfolg

Erfolgsbedingung	Mißerfolgsbedingung
Pat schnitt gut bei der Prüfung ab, weil...	Pat schnitt bei der Prüfung schlecht ab, weil...
1. Pat lernte den richtigen Stoff für die Prüfung.	1. Pat lernte den falschen Stoff für die Prüfung.
2. Pat fühlte sich an diesem Tag gut, sie war in guter Stimmung.	2. Pat fühlte sich an diesem Tag nicht gut, sie war in schlechter Stimmung.
3. Pat macht sich was aus Noten, ihr macht es etwas aus, ob sie in der Schule gut ist.	3. Pat macht sich nichts aus Noten, ihr ist es egal ob sie in der Schule gut ist.
4. Pat hat viel Selbstvertrauen in bezug auf Prüfungen.	4. Pat hat wenig Selbstvertrauen in bezug auf Prüfungen.
5. Die Fragen waren klar formuliert und fair.	5. Die Fragen waren unklar formuliert und unfair.
6. Pat konnte den Prüfungsstoff.	6. Pat konnte den Prüfungsstoff nicht.
7. Die Lehrveranstaltung war leicht.	7. Die Lehrveranstaltung ist schwierig.
8. Pat war während der Prüfung ruhig, wurde nicht nervös.	8. Pat wurde während der Prüfung nervös, „verlor den Kopf".
9. Pat bereitet sich stets gründlich auf Prüfungen vor.	9. Pat bereitet sich nie gründlich auf Prüfungen vor.
10. Pat war motiviert, bei der Prüfung gut abzuschneiden.	10. Pat war nicht motiviert, bei dieser Prüfung gut abzuschneiden.
11. Die Prüfung war leicht (jedermann erhielt eine gute Note).	11. Die Prüfung war schwierig (jedermann erhielt eine schlechte Note).
12. Der Lehrer stellte ganz einfach die „richtigen" Fragen.	12. Der Lehrer stellte ganz einfach die „verkehrten" Fragen.
13. Pat wurde rechtzeitig mit dem Examen fertig.	13. Pat wurde nicht mehr rechtzeitig mit dem Examen fertig.
14. Pat ist in diesem Fach sehr begabt.	14. Pat ist in diesem Fach nicht besonders begabt.
15. Pat ist fleißig, ein harter Arbeiter.	15. Pat ist faul, kein harter Arbeiter.
16. Pat hatte ausreichend Zeit, sich auf die Prüfung vorzubereiten.	16. Pat hatte nicht genügend Zeit, sich auf die Prüfung vorzubereiten.
17. Der Lehrer bereitete die Klasse gut auf die Prüfung vor.	17. Der Lehrer bereitete die Klasse schlecht auf die Prüfung vor.
18. Pat bereitete sich gründlich auf die Prüfung vor.	18. Pat bereitete sich nicht gründlich auf die Prüfung vor.

(aus Passer, 1977)

rungsverfahren unterzogen. Dieses statistische Verfahren ähnelt der Faktorenanalyse und der Clusteranalyse und gibt einen Hinweis auf die Anzahl der Dimensionen, die den Urteilen zugrunde liegen.

Eine der Lösungen des Skalierungsprogramms aus dieser Studie ist in Abbildung 8.10 wiedergegeben. Sie beruht auf den von männlichen Versuchspersonen vorgenommenen Ursachenzuschreibungen für Mißerfolg. Abbildung 8.10 macht deutlich, daß zwei grundlegende Dimensionen der Kausalität in der Analyse auftauchten: 1) eine Lokationsdimension (internal-external), charakterisiert am internalen Extrem durch Ursachenfaktoren wie schlechte Stimmung und mangelndes Selbstvertrauen und am externalen Extrem durch Ursachenfaktoren wie schlechter Lehrer oder schwierige Prüfung; und 2) eine Kontrollierbarkeitsdimension, markiert durch die Extreme „Nervosität" und „schlechte Stimmung" (unkontrollierbar) versus „bereitet sich nie vor" und „Faulheit" (kontrollierbar). Die von Passer durchgeführte multidimensionale Skalierung erbrachte sowohl in der Erfolgs- als auch in der Mißerfolgsbedingung und sowohl für männliche als auch für weibliche Versuchspersonen ähnliche Ergebnisse.

Die dritte der postulierten Kausaldimensionen, die Stabilitätsdimension, kam hingegen nicht zum Vorschein. Um diese Dimension zu erhalten, wäre es notwendig, zeitliche Charakteristika der Situation stärker in den Vordergrund zu stellen. Wenn die Versuchspersonen zum Beispiel die Ähnlichkeit der Ursachen von Erfolg und Mißerfolg in einer Situation beurteilen müßten, in der sie einen Partner für ein später gemeinsam zu bestreitendes Spiel auszuwählen hätten, dann wäre es denkbar, daß das Konzept der zeitlichen Stabilität aktiviert würde, und die Stabilitätsdimension könnte in der Skalierungsanalyse zum Vorschein kommen. In der von Passer verwendeten Aufgabensituation wurden Gedanken an die Zukunft nicht akzentuiert. Passers Resultate sind nichtsdestoweniger ermutigend, da zwei der postulierten Kausaldimensionen identifiziert wurden und keine unbekannten Dimensionen, also solche, die in

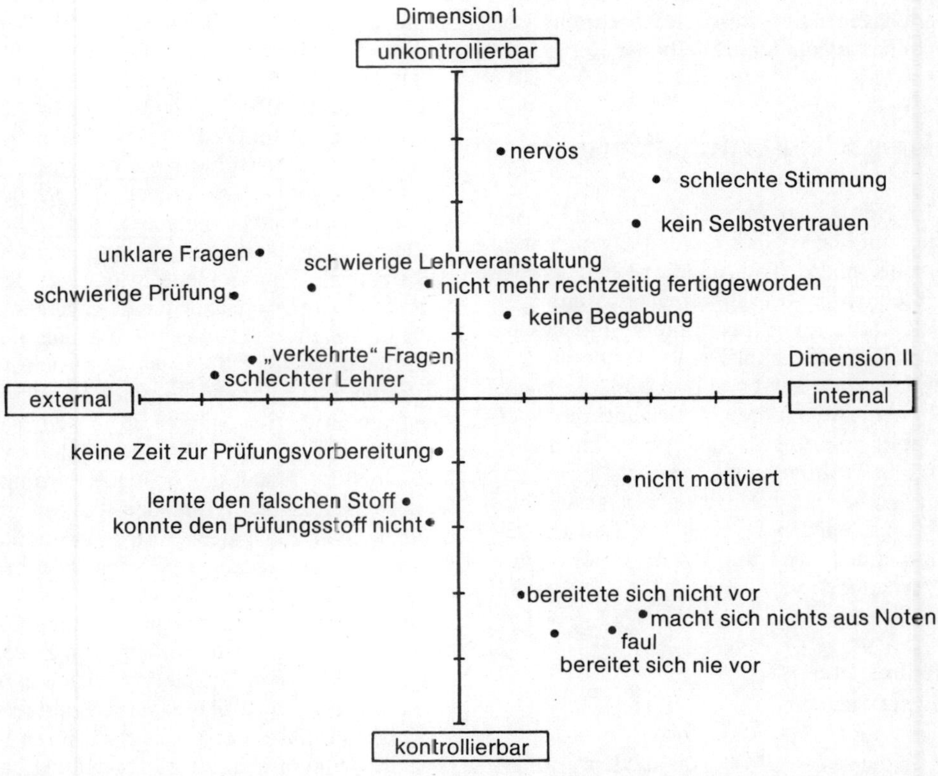

Abbildung 8.10: Zweidimensionale Lösung des multidimensionalen Skalierungsverfahrens für die Ähnlichkeitsbeurteilungen der Kausalfaktoren (nach Passer, 1977, S. 113)

der logischen Analyse nicht berücksichtigt worden waren, auftauchten.

In einer noch neueren Untersuchung ließ Meyer (1980) Versuchspersonen neun wahrgenommene Ursachen von Erfolg und Mißerfolg bei einer Prüfung beurteilen. Diese Ursachen-Ratings basierten auf Information über die Wichtigkeit der Prüfung, Konsistenz des Ergebnisses mit früheren Leistungen und Konsensinformation (Leistungen anderer bei dieser Prüfung). Eine Faktorenanalyse ergab drei als Lokation, Stabilität und Kontrollierbarkeit interpretierbare Faktoren. Darüber hinaus wurde gefunden, daß die Lokationsdimension mit Konsensinformation zusammenhing, Stabilität mit Konsistenzinformation und Kontrollierbarkeit mit der Wichtigkeit der Prüfung. Möglicherweise hängen also bestimmte Arten von Antezedensinformation mit ganz bestimmten Kausaldimensionen zusammen. Ein Vorteil von Meyers Verfahren gegenüber dem von Passer verwendeten besteht darin, daß die Versuchspersonen die Kausaldimensionen nicht bewußt erkennen müssen, da keine direkten Ähnlichkeitsbeurteilungen gemacht zu werden brauchen. Daher könnte Meyer die zugrundeliegenden psychischen Strukturen (Kausaldimensionen) adäquater erfaßt haben.

Auswirkungen von Attributionen

Nach der Erörterung der Antezedenzien von Kausalattributionen und der grundlegenden Eigenschaften von Ursachen komme ich nun auf die verhaltenswirksamen Konsequenzen von Ursachenzuschreibungen zu sprechen. Attributionstheoretikern zufolge wird menschliches Verhalten zum Teil dadurch bestimmt, auf welche Ursachen Personen ihre früheren Handlungsergebnisse zurückführen. Das heißt, die Attributionstheorie, ursprünglich ein Ansatz zur Erforschung sozialer Wahrnehmung, wird zur Erklärung motivierten Verhaltens herangezogen. Darüber hinaus besteht eine enge Beziehung zwischen Kausalattribution und den Erwartungs-Wert-Theorien motivierten Verhaltens.

Kausalattributionen und Erfolgserwartung

Bedenkt man die zentrale Rolle, die das Erwartungskonstrukt in kognitiven Motivationstheorien spielt, so ist es enttäuschend, daß seine operationale Verankerung und seine Antezedenzien so vage geblieben sind. Die erste systematische Analyse der Determinanten von Erwartungen wurde von Tolman (1932) vorgenommen. Auf der Grundlage von tierexperimentellen Forschungsarbeiten behauptete Tolman, daß Belohnungserwartungen sowohl von der Lernfähigkeit des Organismus als auch von Umweltvariablen abhängig seien. Die als am wichtigsten angesehenen Umweltvariablen waren, wie häufig ein bestimmtes Verhalten in der Vergangenheit belohnt worden war und wie lange die Belohnung schon zurücklag *(recency)*.

Überraschenderweise ist das Wissen um die Determinanten von Erwartungen und Erwartungsänderungen beim Menschen sogar noch weniger zufriedenstellend. Die Anspruchsniveau- und Leistungsmotivationsforschung, in denen das Erwartungskonstrukt eine so zentrale Rolle spielt, haben die Antezedenzien der subjektiven Erfolgswahrscheinlichkeit nicht systematisch untersucht. Was Erwartungsänderungen betrifft, so sind die einzigen von diesen Forschungsrichtungen identifizierten Determinanten Erfolg und Mißerfolg: Nach Erfolg steigt die Erwartung im allgemeinen an, während sie nach Mißerfolg normalerweise sinkt (solche Veränderungen werden als „typische" Erwartungsänderungen bezeichnet).

Die Analysen der sozialen Lerntheoretiker bezüglich des Erwartungskonstrukts waren nicht viel gründlicher. Erwartungen wurden recht vage als Funktion sowohl der generellen als auch der spezifischen Lerngeschichte aufgefaßt (vgl. 6. Kapitel). Rotter und seine Mitarbeiter demonstrierten jedoch, daß deutliche Unterschiede in der Art der Erwartungsänderungen zwischen fähigkeitsabhängigen (internaler *Locus of Control*) und zufallsabhängigen (externaler *Locus of Control*) Aufgabensituationen existieren. Nach Erfolg bei einer Leistungsaufgabe steigt die Erwartung stärker an, als nach Erfolg in einer zufallsabhängigen Situation. Ähnlich ist nach Mißerfolg der Abfall der Erfolgserwartung in einer fähigkeitsabhängigen Aufgabensituation größer als in einer zufallsabhängigen Aufgabensituation.

Teilweise von diesen Befunden geleitet, hat die attributionstheoretische Forschung gezeigt, daß Kausalattributionen vorangegangener Handlungsergebnisse eine wichtige Determinante von Zielerwartungen sind. Wird zum Beispiel Mißerfolg mangelnder Fähigkeit oder der Aufgabenschwierigkeit zugeschrieben, so führt dies zu einer stärkeren Verringerung der zukünftigen Erfolgserwartung, als wenn Mißerfolg auf Pech oder mangelnde Anstrengung zurückgeführt wird. Ähnlich resultiert die Attribution von Erfolg auf Glück oder besondere Anstrengung in einer geringeren Zunahme der subjektiven Wahrscheinlichkeit zukünftigen Erfolgs bei derselben Aufgabe als die Attribution des Erfolgs auf hohe Fähigkeit oder die Leichtigkeit der Aufgabe. Allgemein gesagt, wurde festgestellt, daß Erwartungsänderungen nach Erfolg und Mißerfolg von der wahrgenommenen *Stabilität* der Ursachen der vorangegangenen Ergebnisse abhängen: Die Attribution eines Handlungsergebnisses auf stabile Faktoren (wie Fähigkeit und Aufgabenschwierigkeit) verursacht stärkere typische Erwartungsänderungen als Zuschreibung zu instabilen Ursachen (wie Anstrengung oder Zufall). Etwas anders formuliert: hat man Erfolg (Mißerfolg) und glaubt man, daß die Ursachen des Handlungsergebnisses sich nicht ändern, dann wird man künftigen Erfolg (Mißerfolg) mit erhöhter Sicherheit antizipieren. Wenn man jedoch die Ursachen des Leistungsergebnisses als variabel ansieht, so wird man seine ursprüngliche Erfolgs- oder Mißerfolgserwartung nur wenig ändern.

Eine Zusammenfassung der Beziehungen zwischen Erwartungsänderungen und Kausalattributionen findet sich in Abbildung 8.11. Die Abbildung, welche nur die Ursachenfaktoren Fähigkeit, Anstrengung, Aufgabenschwierigkeit und Zufall berücksichtigt, macht deutlich, daß die von der Stabilität der Ursachenfaktoren abhängigen Erwartungsänderungen sowohl bei internalen (Fähigkeit oder Anstrengung) als auch bei externalen (Aufgabenschwierigkeit oder Zufall) Faktoren auftreten. Anstrengungsattributionen sollten jedoch, wie Abbildung 8.11 verdeutlicht, zu ausgeprägteren typischen Erwartungsänderungen Anlaß geben als Zufallsattributionen. Dies ist deshalb der Fall, weil Anstrengung gewöhnlich als relativ stabiler angesehen wird als Zufall, und zwar besonders nach Erfolg, denn die Intention, Erfolg zu haben, bleibt wahrscheinlich relativ konstant.

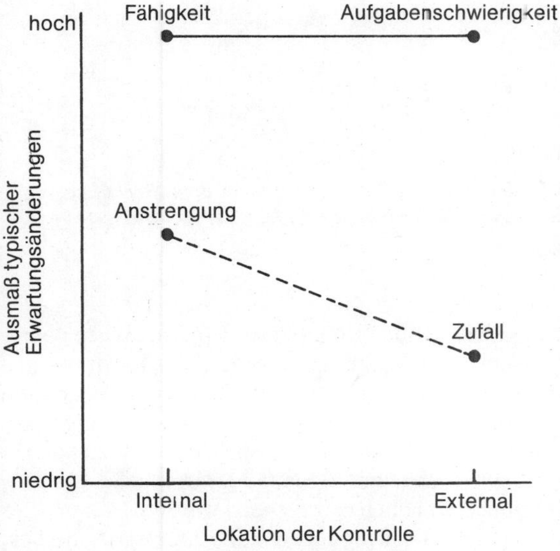

Abbildung 8.11: Ausmaß der Erwartungsänderung (Zunahme nach Erfolg, Abnahme nach Mißerfolg) als Funktion der Kausalattribution des Leistungsergebnisses

Empirische Befunde

Abbildung 8.11 beruht auf einer Abstraktion von Befunden aus einer großen Anzahl von Untersuchungen (vgl. Fontaine, 1974; McMahan, 1973; Meyer, 1970; Ostrove, 1978; Pancer & Eiser, 1975; Rosenbaum, 1972; Valle, 1974; Valle & Frieze, 1976; Weiner, Nierenberg & Goldstein, 1976). Die erste Untersuchung auf diesem Gebiet wurde von Meyer durchgeführt (Meyer, 1970; teilweise referiert in Weiner, Heckhausen, Meyer & Cook, 1972). In Meyers Experiment erlebten männliche Hochschulstudenten fünf aufeinanderfolgende Mißerfolge bei einer Zahlensymbolsubstitutionsaufgabe. Nach jedem Durchgang sollten die Versuchspersonen ihr Versagen auf mangelnde Fähigkeit, ungenügende Anstrengung, Aufgabenschwierigkeit oder Pech zurückführen. Zusätzlich sollten sie ihre Erfolgserwartung für den nächsten Durchgang angeben. Die in Form von Prozentangaben durchgeführten Attribuierungen mußten sich auf 100% aufsummieren lassen, waren also nicht unabhängig voneinander.

Die zwischen den Kausalattributionen und der Erfolgserwartung gefundenen Beziehungen sind in den Abbildungen 8.12 und 8.13 wiedergegeben. Abbildung 8.12 vergleicht die Erwartungsänderungen bei hohen (über dem Median liegenden) mit denen bei niedrigen (unter dem Median liegenden) Attributionen, getrennt für die vier einzelnen Ursachenfaktoren, während in Abbildung 8.13 die Erwartungsänderungen bei hoher versus niedriger Attribution auf die kombinierten stabilen Ursachen dargestellt sind. Die Abbildungen zeigen, daß die Erfolgserwartung nach Mißerfolg dann am stärksten verringert wird, wenn die Attribution von Mißerfolg auf mangelnde Fähigkeit und hohe Aufgabenschwierigkeit stark und die Attribution auf mangelnde Anstrengung und Pech schwach ausgeprägt ist.

Ebenfalls unter Zugrundelegung eines korrelationsanalytischen Designs (d.h. eines, in dem die

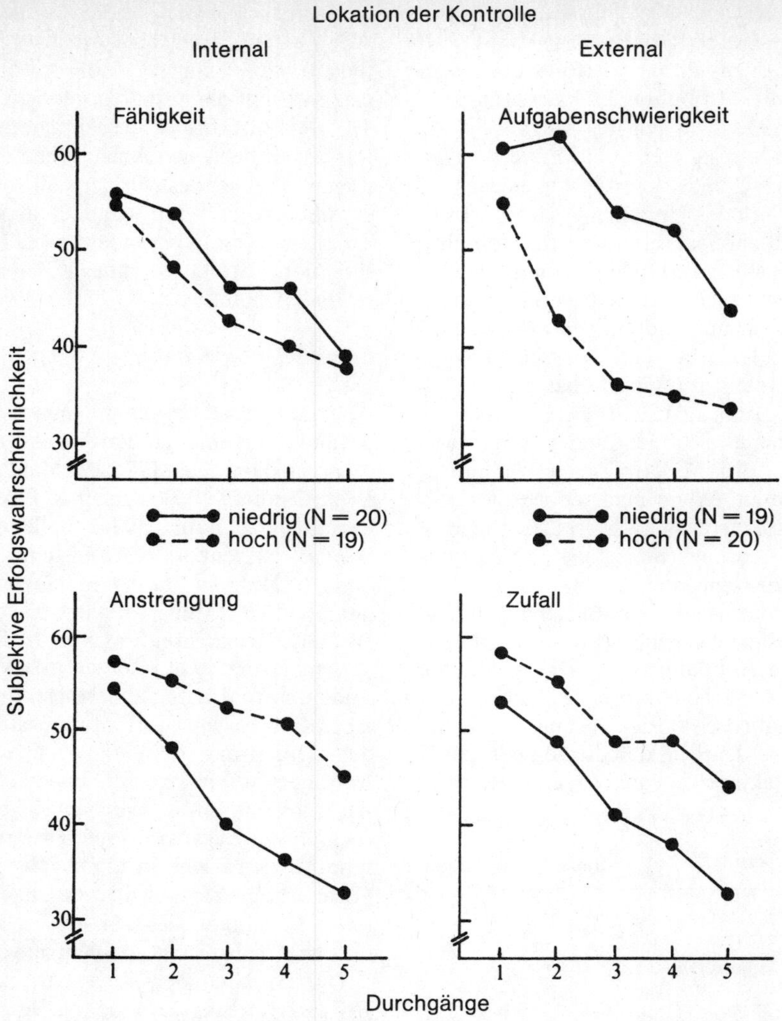

Abbildung 8.12: Erfolgserwartung als Funktion von über dem Median liegender (hoch) und unter dem Median liegender (niedrig) Attribution auf die vier Ursachenfaktoren. Hohe Zuschreibung bedeutet mangelnde Fähigkeit, schwierige Aufgabe, mangelnde Anstrengung, und Pech (nach Meyer, 1970)

Kausalattributionen der Versuchspersonen bloß *gemessen,* nicht aber direkt manipuliert wurden) replizierte McMahan (1973) diese Befunde. Anders als in der Untersuchung von Meyer (1970) erfaßte McMahan die Attributionen jedoch mit Hilfe einer Paarvergleichsmethode („Welche dieser zwei Ursachen war für Ihr Leistungsergebnis eher verantwortlich?"), und das Alter der Versuchspersonen reichte von ca. 11 bis 20 Jahre.

Das von Meyer (1970) eingeführte Versuchsparadigma wurde in weiteren Untersuchungen von Fontaine (1974) und Rosenbaum (1972) zugunsten eines Designs aufgegeben, in dem die Kausalattributionen von Erfolg und Mißerfolg *manipuliert* und dann die subjektiven Erfolgs- und Mißerfolgserwartungen gemessen wurden. Insofern als die Versuchspersonen in diesen Untersuchungen zufällig verschiedenen Attributionsbedingungen zugeteilt wurden, handelt es sich dabei also nicht um ein korrelationsanalytisches, sondern um ein experimentelles Vorgehen.

Rosenbaum instruierte seine Versuchspersonen, sich vorzustellen, ein Projektleiter und sein Mitarbei-

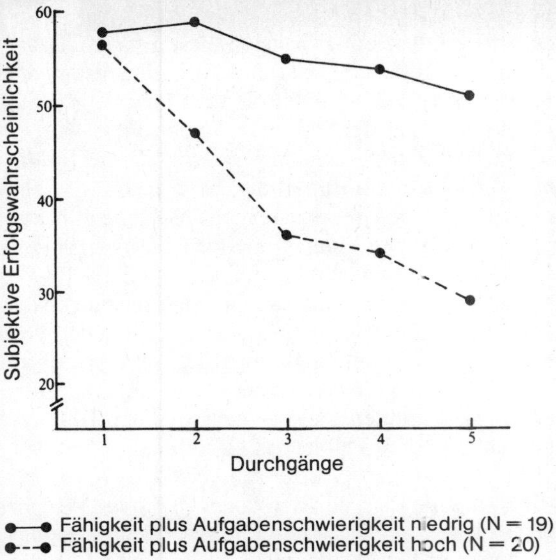

Abbildung 8.13: Subjektive Erfolgswahrscheinlichkeiten bei wiederholtem Mißerfolg für Gruppen mit hoher und niedriger Attribution auf stabile Faktoren (Mangel an Fähigkeit plus Aufgabenschwierigkeit) (nach Meyer, 1970)

ter würden gemeinsam an einem nicht näher spezifizierten Projekt arbeiten. Einer Gruppe von Versuchspersonen wurde gesagt, das Projekt sei ein Erfolg gewesen, einer zweiten Gruppe, es sei ein Mißerfolg gewesen. Als Ursache des Erfolgs/Mißerfolgs wurde die stabile/variable Fähigkeit/Anstrengung entweder des Projektleiters oder des Mitarbeiters angeführt (vgl. Tab. 8.6). Nach dem Erhalt der Ergebnis- und Ursacheninformation sollten die Versuchspersonen die Erfolgschancen des nächsten vom Projektleiter und seinem Mitarbeiter unternommenen Projekts beurteilen.

Die Ergebnisse dieser Untersuchung sind in Abbildung 8.14 wiedergegeben. Wie die Abbildung zeigt, gab es einen signifikanten Effekt des Leistungsergebnisses: Die zukünftigen Erfolgschancen wurden nach Erfolg höher eingeschätzt als nach Mißerfolg. Im gegenwärtigen Zusammenhang bedeutsamer ist jedoch die Tatsache, daß die Erfolgserwartungen am höchsten waren, wenn Erfolg stabilen Ursachen zugeschrieben wurde, und am niedrigsten, wenn Mißerfolg stabilen Ursachen zugeschrieben wurde. Dies war unabhängig davon der Fall, ob Fähigkeit oder Anstrengung die spezifische Ursache war und ob der Projektleiter oder der Mitarbeiter als der Hauptver-

Tabelle 8.6: Acht Beschreibungen eines Projekts, variiert nach der Art des Ergebnisses, der Stabilität der Ursache und der Intentionalität der Ursache

	Erfolg	
	Das Projekt war von hoher Qualität, weil... intentional	nicht-intentional
stabil	Ihr Mitarbeiter (Projektleiter) ist ein Mensch, der sich gewöhnlich sehr bemüht, ein erstklassiges Projekt durchzuführen.	Ihr Mitarbeiter (Projektleiter) ist ein Mensch, der gewöhnlich die Fähigkeit hat, erstklassige Projekte durchzuführen.
instabil	Ihr Mitarbeiter (Projektleiter) bemühte sich diesmal mehr als sonst, ein erstklassiges Projekt durchzuführen.	Die Fähigkeit ihres Mitarbeiters (Projektleiters), ein erstklassiges Projekt durchzuführen, war diesmal höher als es sonst gewöhnlich der Fall ist.
	Mißerfolg	
	Das Projekt war von geringerer Qualität, weil... intentional	nicht-intentional
stabil	Ihr Mitarbeiter (Projektleiter) ist ein Mensch, der sich gewöhnlich nicht besonders bemüht, erstklassige Projekte durchzuführen.	Ihr Mitarbeiter (Projektleiter) ist ein Mensch, der gewöhnlich nicht die Fähigkeit hat, erstklassige Projekte durchzuführen.
instabil	Ihr Mitarbeiter (Projektleiter) bemühte sich diesmal weniger als sonst, ein erstklassiges Projekt durchzuführen.	Die Fähigkeit ihres Mitarbeiters (Projektleiters), ein erstklassiges Projekt durchzuführen, war diesmal geringer als es gewöhnlich der Fall ist.

(nach Rosenbaum, 1972, S. 71)

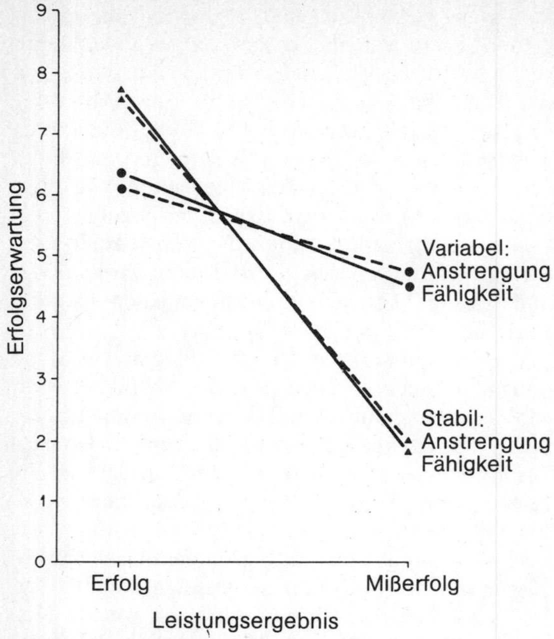

Abbildung 8.14: Die Auswirkung der Attribution von Erfolg und Mißerfolg auf stabile Faktoren vs. variable Faktoren auf die Erfolgserwartung. Die Ursachen von Erfolg sind hohe Fähigkeit oder hohe Anstrengung; die Ursachen von Mißerfolg sind niedrige Fähigkeit oder niedrige Anstrengung (aus Rosenbaum, 1972, S.83)

antwortliche angegeben wurde. Somit wurden also die Ergebnisse von Meyer und McMahan auch dann repliziert, wenn die Kausalattribution experimentell manipuliert, anstatt nur gemessen wurde.

Erwartungsänderungen und Locus-of-Control: eine Reinterpretation

Die oben beschriebene attributionstheoretische Analyse ist von direkter Relevanz für die von Rotter und seinen Mitarbeitern durchgeführten Untersuchungen zur Erwartungsänderung. Wie an früherer Stelle (vgl. 6. Kapitel) erörtert wurde, behauptet Rotter (1966), daß typische Erwartungsänderungen dann am größten seien, wenn Verstärkungen als internal kontrolliert wahrgenommen würden (fähigkeitsabhängige Aufgabensituationen); am geringsten seien Erwartungsveränderungen dagegen, wenn die Verstärkungen als external kontrolliert wahrgenommen würden (zufallsabhängige Aufgabensituationen). Diese Auffassung steht in klarem Gegensatz zur attributionstheoretischen Analyse. Die soziale Lerntheorie Rotters und die attributionstheoretische Position stimmen zwar darin überein, daß Erwartungsänderungen von Kausalattributionen beeinflußt werden; die sozialen Lerntheoretiker bringen diese Erwartungsänderungen jedoch mit der Lokationsdimension der Kausalität in Verbindung, die Attributionstheoretiker dagegen mit der Stabilitätsdimension.

Die postulierte Beziehung zwischen Lokation *(locus of control)* und Erwartungsänderungen wurde in einer Reihe von Untersuchungen anscheinend bestätigt gefunden. In einer der ersten diesbezüglichen Untersuchungen machte zum Beispiel Phares (1957) seine Versuchspersonen glauben, ihre Leistungen bei einer Diskriminationsaufgabe seien entweder von Fähigkeit oder von Zufall abhängig, und induzierte dann Erfolg oder Mißerfolg. Vor jedem neuen Durchgang mußten die Versuchspersonen Einsätze tätigen, von deren Höhe auf die subjektive Erfolgswahrscheinlichkeit geschlossen wurde. In Übereinstimmung mit dem von der *Locus-of-Control*-Hypothese für diesen Fall vorhergesagten Resultat war das Ausmaß des Erwartungsanstiegs bzw. -abfalls in der fähigkeitsabhängigen Situation größer als in der zufallsabhängigen.

Außerdem wurde nachgewiesen, daß in zufallsabhängigen Aufgabensituationen häufig „atypische" Veränderungen der Erfolgserwartung (d.h. Abnahme der subjektiven Erfolgserwartung nach Erfolg und Zunahme nach Mißerfolg) auftreten (z.B. Jarvik, 1951; Phares, 1957; Skinner, 1942). Solche atypischen Veränderungen sind auf den „Trugschluß des Spielers" zurückgeführt worden. Damit ist die Tendenz gemeint, aufeinanderfolgende Ereignisse in Glücksspielen fehlerhaft als nicht voneinander unabhängig und das wiederholte Eintreten desselben Ereignisses als unwahrscheinlich anzusehen (der sogenannte „negativer Neuheits- *[recency-]* Effekt"). Die Überzeugung, daß zukünftige Ereignisse in zufallsabhängigen Situationen von den vorangegangenen Ereignissen verschieden seien, ist übrigens umso stärker, je häufiger das Ereignis in der Vergangenheit unmittelbar aufeinander folgte (Jarvik, 1951; Lepley, 1963). Dieser Befund steht in deutlichem Gegensatz zu den Resultaten, die in fähigkeitsabhängigen Aufgabensituationen erhalten werden. Hier ist die Gewißheit zukünftigen Erfolgs (Mißerfolgs) umso ausgeprägter, je häufiger in der Vergangenheit Erfolg (Mißerfolg) erlebt wurde. Das heißt, in diesem Fall zeigt sich ein „positiver *recency*-Effekt" (vgl. z.B. Diggory, Riley & Blumenfeld, 1960; Zajonc & Brickman, 1969).

Die soeben zitierten Befunde scheinen die *Locus-of-Control*-Position zu stützen. Tabelle 8.3 macht jedoch deutlich, daß Ursachenzuschreibungen zu

Fähigkeit und Zufall sich nicht nur in bezug auf die Lokationsdimension unterscheiden, sondern auch in bezug auf die Stabilitätsdimension. Fähigkeit wird in der Regel als relativ stabil, Zufall dagegen als variabel angesehen. Vergleicht man also die Erwartungsänderungen in Aufgabensituationen, welche Attribution auf Zufall nahelegen, mit solchen, die Attribution auf Fähigkeit nahelegen, so konfundiert man damit zwei Kausaldimensionen. Damit wird es unmöglich, zu entscheiden, ob für die vorgefundenen Unterschiede in der Erwartungsänderung zwischen zufalls- und fähigkeitsabhängigen Aufgabensituationen die Lokationsdimension verantwortlich ist (wie die sozialen Lerntheoretiker argumentieren) oder die Stabilitätsdimension (wie die Attributionstheoretiker behaupten).

Man beachte also, daß sich die Meinungsverschiedenheit nicht auf die Validität der empirischen Befunde bezieht. Die unterschiedlichen „typischen" und „atypischen" Erwartungsänderungen in zufalls- vs. fähigkeitsabhängigen Aufgabensituationen können nicht bezweifelt werden. Die Meinungsverschiedenheit bezieht sich vielmehr auf die Erklärung dieser empirischen Befunde. Auf dem Gebiet der Motivationsforschung kommt es ziemlich selten vor, daß unbestrittene empirische Befunde von zwei unterschiedlichen Theorien gleich gut erklärt werden können. Das heißt, man kann die beiden Theorien direkt miteinander vergleichen und dann beurteilen, welche der beiden in bezug auf eine bestimmte Vorhersage „besser" ist.

Bereits in den Untersuchungen von Fontaine (1972), McMahan (1973), Meyer (1970) und Rosenbaum (1972) wurde die Lokationsdimension von der Stabilitätsdimension getrennt, und man fand, daß Erwartungsänderungen nicht mit der Lokations-, sondern mit der Stabilitätsdimension zusammenhängen. Darüber hinaus wurde in einem Experiment von Weiner, Nierenberg und Goldstein (1976) die Locus-of-Control-Hypothese direkt mit der attributionstheoretischen Hypothese konfrontiert. Die Versuchspersonen in der Untersuchung von Weiner et al. erlebten zuerst entweder einen, zwei, drei, vier oder fünf Erfolge bei einem Blockzeichentest, wobei – im Unterschied zur Untersuchung von Meyer (1970) – jeder der Versuchsbedingungen eine unterschiedliche Gruppe von Versuchspersonen zugeteilt wurde. Nach den Erfolgsrückmeldungen gaben die Versuchspersonen ihre Erfolgserwartungen und ihre Kausalattributionen an.

Die Erfolgserwartung wurde erfaßt, indem man die Versuchspersonen bat, anzugeben, „wie viele der nächsten zehn ähnlichen Aufgaben sie sich erfolgreich zu lösen zutrauen würden" (Weiner et al., 1976, S. 61). Zur Erhebung der Kausalattribution sollten die Versuchspersonen vier Ratingskalen ankreuzen. Jede dieser Skalen hatte als Endpunkte Attributionen, welche hinsichtlich einer der Kausaldimensionen (Lokation/Stabilität) identisch waren, sich jedoch hinsichtlich der zweiten Kausaldimension (Stabilität/Lokation) unterschieden. Zum Beispiel lautete eine Frage: „Hatten Sie bei dieser Aufgabe Erfolg, weil Sie bei dieser Art von Aufgaben immer gut sind oder weil Sie sich bei dieser bestimmten Aufgabe besonders anstrengten?" Die Endpunkte der Ratingskala waren in diesem Fall also „bin immer gut" und „strengte mich besonders an", beides internale Faktoren, die sich jedoch hinsichtlich der Stabilität unterscheiden (Fähigkeit = stabil, Anstrengung = variabel). Auf ähnliche Weise waren die übrigen Ratingskalen konstruiert:

Eine war an den Polen „hatte Glück" versus „strengte mich besonders an" (beides variable Ursachen unterschiedlicher Lokation) verankert; eine weitere an den Polen „diese Aufgaben sind immer leicht" versus „ich hatte Glück" (externale Ursachen unterschiedlicher Stabilität) und die vierte an den Polen „bin immer gut" versus „diese Aufgaben sind immer leicht" (stabile Ursachen unterschiedlicher Lokation). Somit wurden die Kausalurteile also immer innerhalb einer einzigen Kausaldimension vorgenommen. Dies ermöglichte eine direkte Überprüfung der *Locus-of-Control-* versus der Stabilitäts-Hypothese der Erwartungsänderungen.

Die Erwartungsschätzungen wurden getrennt für jedes der Kausalurteile untersucht. Abbildung 8.15 veranschaulicht die aufgefundene Beziehung zwischen Stabilität und Erfolgserwartung bei internaler Lokation der Kausalfaktoren (Fähigkeit versus Anstrengung); Abbildung 8.16 die entsprechende Beziehung bei externaler Lokation der Kausalfaktoren (Aufgabenschwierigkeit versus Zufall). Die Abbildungen zeigen, daß sowohl bei internaler als auch bei externaler Ursachenzuschreibung die Erwartungszunahmen positiv mit der Stabilität der Ursachenfaktoren kovariieren. Festgestellt werden kann auch, daß diese Beziehung in allen zehn unabhängigen Vergleichen auftritt. Hingegen gab es keine Unterschiede in der Erfolgserwartung zwischen externaler und internaler Ursachenzuschreibung, und zwar weder innerhalb der stabilen noch der instabilen Attributionen.

Kurz, die Ergebnisse dieser Untersuchung stellen eine starke Stütze der attributionstheoretischen Hypothese dar und widersprechen den Vorhersagen der

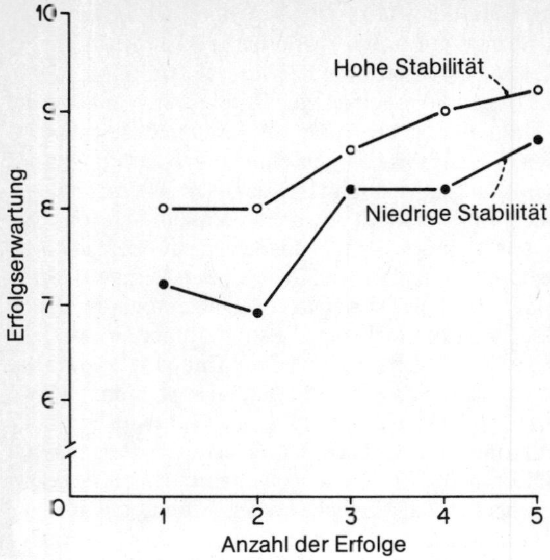

Abbildung 8.15: Durchschnittliche Erfolgserwartung als Funktion der Anzahl vorangegangener Erfolge für Versuchspersonen mit hoher und niedriger Stabilität der Ursachenzuschreibung innerhalb der internalen Lokation der Kontrolle (Fähigkeitsattribution vs. Anstrengungsattribution) (aus Weiner, Nierenberg & Goldstein, 1976, S. 63)

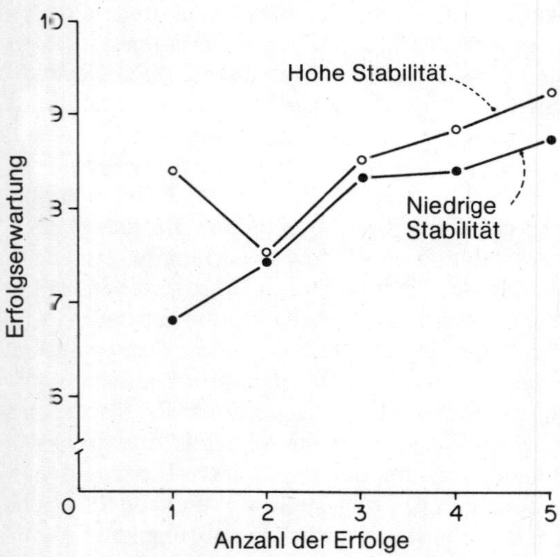

Abbildung 8.16: Durchschnittliche Erfolgserwartung als Funktion der Anzahl vorangegangener Erfolge für Versuchspersonen mit hoher und niedriger Stabilität der Ursachenzuschreibung innerhalb der externalen Lokation der Kontrolle (Aufgabenschwierigkeits-Attribution vs. Zufallsattribution) (aus Weiner, Nierenberg & Goldstein, 1976, S. 63)

sozialen Lerntheorie. Es ist die Stabilität der Ursachenzuschreibungen und nicht deren Lokation, welche mit Erwartungsänderungen zusammenhängt. Diese Ergebnisse haben eine Reihe von Implikationen für die Locus-of-Control-Forschung. Zunächst einmal wird deutlich, daß Locus of Control sich auf eine kausale Überzeugung bezieht und eine der Dimensionen darstellt, die zur kausalen Strukturierung der Umwelt verwendet werden. Daher sollte das Locus-of-Control-Konstrukt vielleicht aus seiner theoretischen Verankerung in der sozialen Lerntheorie gelöst werden (und von der Beziehung zu Belohnungserwartungen, die es nicht vorhersagt) und in einen breiteren kognitiven Rahmen integriert werden. Darüber hinaus ist klar, daß es neben der Lokationsdimension noch weitere Dimensionen der Kausalität gibt. Die Konzentration der Forschung auf eine einzige Dimension der Kausalität auf Kosten weiterer Dimensionen hemmt sowohl den empirischen als auch den theoretischen Fortschritt. Schließlich muß darauf hingewiesen werden, daß es neben Fähigkeit eine große Anzahl weiterer internaler, und neben Zufall eine große Anzahl weiterer externaler Ursachenfaktoren gibt. Die Locus-of-Control-Forschung macht keine Unterschiede zwischen verschiedenen externalen oder internalen Ursachen, obwohl wichtige Unterschiede zwischen z. B. Fähigkeit und Anstrengung (beides internale Faktoren) oder Glück und einflußreichen anderen (beides externale Faktoren) bestehen. Solchen Unterschieden wird man in der zukünftigen theoretischen und empirischen Arbeit Rechnung tragen müssen.

Formale Analyse und Aufrechterhaltung des Selbstkonzepts. Die Beziehung zwischen Erwartungsänderungen und Stabilitätsdimension wurde von McMahan (1973) und Valle und Frieze (1976) formaler zu erfassen versucht. Valle und Frieze (1976) postulierten, daß zukünftige Erfolgserwartungen (E_Z) sowohl vom Ausmaß der ursprünglichen Erwartung (E_U) als auch vom Ausmaß, in dem Handlungsergebnisse (HE) stabilen Ursachen (S) zugeschrieben werden, abhängig seien:

$$E_Z = f(E_U + HE[f(S)])$$

Valle und Frieze (1976) weisen auch darauf hin, daß die wahrgenommenen Ursachen von Erfolg und Mißerfolg von den ursprünglichen Erfolgserwartungen abhängen. Wie bereits an früherer Stelle bemerkt, ist klar belegt worden, daß unerwarteter Erfolg oder Mißerfolg zu instabilen Attributionen, insbesondere auf Zufall, Anlaß gibt (Feather, 1969; Feather & Simon, 1971; Frieze & Weiner, 1971). Valle und Frieze (1976) kommen daher zur Schlußfolgerung, daß

> es einen bestimmten kritischen Wert der Differenz zwischen ursprünglicher Erfolgserwartung und tatsächlichem Handlungsergebnis gibt, bei dem die zukünftigen Erfolgserwartungen einer Person am stärksten verändert werden. Wenn die Differenz diesen Wert überschreitet, dann wird das Handlungsergebnis in einem so hohen Ausmaß instabilen Faktoren zugeschrieben, daß es die zukünftige Erfolgserwartung wieder weniger stark beeinflussen wird (S. 581).

Diese Annahmen haben wichtige Implikationen für Attributionsveränderungsprogramme und für die Aufrechterhaltung des eigenen Selbstkonzepts (vgl. Weiner, 1974). Man stelle sich zum Beispiel vor, eine Person mit einem Selbstkonzept hoher Fähigkeit glaubt an eine hohe Erfolgswahrscheinlichkeit bei einer bestimmten Aufgabe. Falls dann dennoch Mißerfolg erlebt wird, wird dieser wahrscheinlich dem Zufall zugeschrieben. Eine derartige Kausalattribution dürfte die zukünftige Erfolgserwartung nicht reduzieren und die Aufrechterhaltung eines Selbstkonzepts hoher Fähigkeit ermöglichen. Erfolg würde dagegen der eigenen Fähigkeit zugeschrieben werden, was sowohl die Erwartung (Sicherheit) künftigen Erfolgs erhöhen als auch das eigene Selbstkonzept festigen würde. Das Umgekehrte gilt bei einem Selbstkonzept geringer Fähigkeit und niedriger Erfolgserwartung: In diesem Fall würde Erfolg wahrscheinlich dem Zufall und Mißerfolg mangelnder Fähigkeit zugeschrieben. Diese Attributionen resultieren in der Aufrechterhaltung des ursprünglichen Selbstkonzepts (vgl. Fitch, 1970; Gilmore & Minton, 1974). Ferner legt diese Analyse nahe, daß in Programmen zur Veränderung des Selbstkonzepts oder der Erfolgserwartung die Ursachenattribution von Leistungsergebnissen verändert werden und daß diese Veränderung graduell vor sich gehen müßte (Valle & Frieze, 1976). (Vgl. Ickes & Layden, 1978, bezüglich einer ausführlicheren Analyse der Beziehung zwischen Selbstwert und Attributionen.)

In einer auf diesen Überlegungen aufbauenden Untersuchung ließen Ames, Ames und Garrison (1977) Kinder großer und geringer Beliebtheit in der Klasse positive und negative interpersonelle Handlungsergebnisse kausal erklären. Den Kindern wurden Situationen wie z. B. die folgenden beschrieben:

a) Nimm an, du lernst in deiner Schule einen neuen Schüler kennen, und ihr werdet rasch Freunde.

b) Stell dir vor, du fragst jemanden, ob er mit dir nach der Schule spielen möchte, und er sagt, er kann nicht.

Die Kinder sollten dann für jede dieser Situationen die Ursache des Handlungsergebnisses angeben, indem sie es entweder auf einen internalen, externalen oder gemeinsamen Faktor zurückführten. Es zeigte sich, daß beliebte Kinder bei negativen Handlungsergebnissen häufiger externale, bei positiven Handlungsergebnissen dagegen häufiger internale Ursachen angaben als die weniger beliebten Kinder.

Attribution, Stabilitätsdimension und Löschungswiderstand

Der hier entwickelte attributionstheoretische Ansatz läßt sich auf ein weiteres psychologisches Phänomen anwenden – das der experimentellen Löschung. Löschung wird häufig als das auf die permanente Vorenthaltung von Verstärkung folgende Ausbleiben einer instrumentellen Reaktion definiert. Es wird angenommen, daß der Organismus aufhört, eine Reaktion zu zeigen, wenn diese Reaktion zur Erlangung eines Zielobjektes nutzlos geworden ist. Daher sollte jede Attribution, die die Erwartung erhöht, daß die Verstärkung ausbleiben wird, zu einer relativ schnellen Löschung der Reaktion führen. Umgekehrt sollte jede Attribution, die eine solche Erwartung verringert, die Löschung hinauszögern.

Wie in diesem Kapitel bereits mehrfach erwähnt wurde, wird die Erwartung, daß einer bestimmten Handlung auch in der Zukunft ein bestimmtes Ergebnis folgen wird, von der relativen Stabilität der wahrgenommenen Ursachenfaktoren beeinflußt. Dies legt nahe, daß der Extinktionswiderstand von der Stabilität der Kausalfaktoren abhängt, die zur Erklärung der ausbleibenden Verstärkung herangezogen werden. Konkreter gesagt, falls die ausbleibende Verstärkung auf Pech oder mangelnde Anstrengung zurückgeführt wird, dann sollten Belohnungserwartungen langsamer abnehmen und die Extinktion somit länger dauern, als wenn die ausbleibende Verstärkung auf z. B. hohe Aufgabenschwierigkeit oder mangelnde Fähigkeit attribuiert würde.

Ein gut dokumentierter Befund der tierexperimentellen Lernforschung ist der erhöhte Löschungswiderstand bei einem 50-prozentigen zufällig intermittierenden Verstärkungsplan. Von Weiner et al. (1971) wurde gezeigt, daß Variabilität in einer Serie von Handlungsergebnissen zu Attribution auf Zufall führt. Daraus ergibt sich die Hypothese, daß zufällig intermittierende Verstärkungspläne deshalb die Löschungsresistenz erhöhen, weil sie Attributionen auf instabile Faktoren begünstigen. Ganz ähnlich wird die Löschungsresistenz auch durch die Instruktion erhöht, es handle sich um eine zufallsabhängige (im Gegensatz zu einer fähigkeitsabhängigen) Aufgabe (Phares, 1957).

Eine weitere Hypothese lautet, daß Zuschreibung ausbleibender Verstärkung zu mangelnder Anstrengung ebenfalls in erhöhtem Extinktionswiderstand resultieren sollte. Es gibt in der psychologischen Literatur einige Befunde, die man als Stütze für diese Hypothese interpretieren könnte. Lawrence und Festinger (1942) haben zum Beispiel berichtet, daß der Löschungswiderstand umso höher ist, je anstrengender die Reaktion war, die zuvor verstärkt wurde (vgl. auch 7. Kapitel). Lawrence und Festinger, welche diese Befunde als Bestätigung ihrer dissonanztheoretischen Erklärung der Löschung interpretierten, behaupteten, daß das Ausbleiben der Verstärkung nach erhöhter Anstrengung zu stärkerer Dissonanz führe und daß die Dissonanz durch Aufwertung der Valenz des Zielobjekts (der Verstärkung) reduziert würde. Falls dem so wäre, sollten die Versuchstiere jedoch die mit erhöhter Anstrengung verbundenen Verstärkungen bevorzugen. Dies ist aber anscheinend nicht der Fall. Vielmehr wurde in Studien zur Hungermotivation gefunden, daß die am leichtesten erreichbaren Verstärker bevorzugt werden (vgl. Tolman, 1925). Somit tut eine andere Erklärung not.

Die attributionstheoretische Interpretation dieser Befunde lautet, daß das Ausbleiben der Verstärkung während der Löschungsphase in den Experimenten von Lawrence und Festinger von den Versuchstieren in der Bedingung, die hohe Anstrengung erfordert, auf ungenügende Anstrengung zurückgeführt wird. Die hohe Anstrengung, die zum Erlangen des Verstärkers erforderlich ist, macht die Rolle der Anstrengung für die Erreichung des Ziels besonders augenfällig. Daher sollte die Verstärkungserwartung bei ausbleibender Verstärkung relativ unbeeinflußt bleiben, und die Löschung wird hinausgezögert. Bei wiederholtem Ausbleiben der Verstärkung verschiebt sich die Attribution jedoch zunehmend von mangelnder Anstrengung auf ungenügende Fähigkeit und/oder hohe Aufgabenschwierigkeit, die Verstärkungserwartung sinkt, und Löschung tritt ein.

Eine weitere Theorie der Löschung (Amsel, 1958) geht davon aus, daß das Ausbleiben von Verstärkung nach einer Reihe verstärkter Durchgänge Frustration auslöst. Dieser Theorie zufolge tritt Löschung deshalb ein, weil die antizipierte Frustration schließlich zu einer Hemmung der Reaktion führt. In einer Untersuchung von Amsel und Roussel (1952), die häufig als Beleg für diese Theorie zitiert wird, wurde zunächst in einer Lernphase eine Reaktion kontinuierlich (100%) verstärkt. Nach den ersten nichtverstärkten Durchgängen stieg die Intensität der Reaktion an, was angeblich die energetisierenden Eigenschaften der Frustration demonstrierte (vgl. 3. Kapitel).

Die hier vertretene attributionstheoretische Analyse kann auch auf diese Daten angewendet werden. Wie bereits früher erörtert (vgl. Abb. 8.2), wird ausbleibende Verstärkung nach wiederholter vorangegangener Verstärkung gewöhnlich auf Pech, mangelnde Anstrengung oder beides zurückgeführt. Die bei Ausbleiben von Verstärkungen beobachtete erhöhte Intensität der Reaktion könnte daher damit erklärt werden, daß das Tier die ausbleibende Verstärkung instabilen Ursachen zugeschrieben hat und daß diese Attribution zu einer Intensivierung des nachfolgenden Verhaltens führt. Bei andauerndem Ausbleiben der Verstärkung wird sich die Attribution jedoch auf stabile Ursachen verschieben, wodurch es zur Löschung kommt.

Zusammenfassend wird also postuliert, daß die beobachteten Beziehungen zwischen Verstärkungsplänen und Reaktionscharakteristika (aufgewendete Anstrengung einerseits, und Löschungswiderstand andererseits) durch Kausalattributionen vermittelt werden, welche ihrerseits die Verstärkungserwartungen beeinflussen:

(Beobachtete Beziehungen)
Verstärkungsplan; aufgewendete Anstrengung → Löschungswiderstand
↘ ↗
Kausalattributionen von Verstärkung und Nicht-Verstärkung → Stabilität der Attribution → Erwartungen bzgl. zukünftiger Verstärkung
(Postulierter vermittelnder Prozeß)

Kausalattributionen und emotionale Reaktionen

Kognitive Motivationstheorien gehen gewöhnlich davon aus, daß die Intensität der aktuellen Motivation (Handlungstendenz) sowohl von der Höhe der Zielerwartung als auch von der Attraktivität des Zielobjekts determiniert wird. Je höher die subjektive Wahrscheinlichkeit der Zielerreichung und je höher der Anreizwert des Zieles, desto höher soll die Motivation sein, dieses Ziel zu erreichen. Oben wurde gezeigt, daß die Zielerwartungen entscheidend von der Stabilität der wahrgenommenen Ursachen von Erfolg und Mißerfolg abhängen. Welche Beziehung besteht aber zwischen Kausalattributionen und dem Anreizwert des Ziels bzw. den affektiven Konsequenzen der Zielerreichung?

Kausalattributionen bestimmen teilweise die emotionalen Reaktionen auf Erfolg und Mißerfolg. Man wird zum Beispiel kaum stolz auf einen Erfolg sein oder sich kompetent fühlen, wenn die „Eins" von einem Lehrer gegeben wurde, der nur diese eine Note vergibt, oder wenn man einen Tennispartner besiegt, der ständig verliert. In diesen Fällen sind die Ursachen des Erfolgs external lokalisiert (geringe Schwierigkeit der Aufgabe). Dagegen erzeugt eine „Eins" von einem Lehrer, der nur wenige sehr gute Benotungen vergibt, bzw. ein Sieg über einen hoch eingeschätzten Tennisspieler starke positive Emotionen. In diesen Fällen werden die Ursachen des Erfolgs wahrscheinlich in hoher eigener Fähigkeit, hohem Anstrengungsaufwand oder beidem gesehen werden (vgl. Abb. 7.2 und 8.3). Die gegenwärtigen Bestrebungen in der Industrie, die persönliche Leistung des Arbeiters beim Zustandekommen des Produkts stärker hervorzuheben, scheint ebenfalls von einem intuitiven Verständnis der Beziehung zwischen Kausalattribution und Emotion geleitet zu sein. Kurz, man kann vernünftigerweise annehmen, daß eine Beziehung zwischen der Kausalattribuierung von Leistungsergebnissen und den durch diese Ergebnisse ausgelösten Emotionen besteht.

Die These, daß emotionale Reaktionen von Kausalattributionen beeinflußt werden, wird von zwei ganz unterschiedlichen Forschungsrichtungen gestützt. Eine dieser Richtungen beruht auf dem im letzten Kapitel erörterten Fehlattributionsparadigma. Um kurz zu rekapitulieren: Der Prototyp dieser Fehlattributionsexperimente stammt von Schachter und Singer (1962). Diese Forscher induzierten physiologische Erregung, indem sie ihren Versuchspersonen Adrenalin injizierten. War die wahre Ursache der Erregung unbekannt, so zeigten die Versuchspersonen anscheinend erhöhte Emotionalität in sozialen Situationen, die Ärger oder Euphorie auslösten. Das heißt also, eine fehlerhafte internale Attribution der Erregung erhöhte die Emotionalität. Die von Schachter und Singer (1962) entwickelte Prozedur wurde später von Nisbett und Schachter (1966) umgekehrt. In der letzteren Untersuchung wurden die Versuchspersonen dazu veranlaßt, ihre emotionale Erregung während eines Experiments, in dem Schocks verabreicht wurden, inkorrekterweise auf den Effekt einer „Droge" zurückzuführen. Die Attribution der Furchtsymptome (z.B. rascher Herzschlag, zitternde Hände) auf die „Droge" anstatt auf die eigenen natürlichen Reaktionen auf einen bevorstehenden Schock reduzierte die Furcht. Ross, Rodin und Zimbardo (1969) replizierten diese Ergebnisse, wobei sie anstelle einer Pille starken Lärm als die nichtemotionale Ursache verwendeten. Und schließlich deuten von Storms und Nisbett (1970) erhaltende Befunde darauf hin, daß Personen, die unter Schlafstörungen leiden, weniger emotional sind und leichter einschlafen, wenn sie ihr Wachsein einer Placebo-Pille zuschreiben können.

Es zeigte sich also, daß eine Manipulation der wahrgenommenen Ursachen von innerer Erregung, Furchtsymptomen oder Einschlafschwierigkeiten die emotionalen Reaktionen beeinflußt. Fehlerhafte Attribution von Erregungssymptomen auf internale Faktoren erhöht die Emotionalität, während fehlerhafte Attribution von Furchtsymptomen oder Schlafbeschwerden auf externale Ursachen die emotionale Reaktion dämpft.

Ein zweites Forschungsgebiet, in dem die Auswirkungen von Kausalattributionen auf emotionale Reaktionen untersucht wurden, ist von direkter Relevanz für die Leistungsmotivation. In diesen Untersuchungen wurden Erfolg und Mißerfolg und deren wahrgenommene Ursachen experimentell manipuliert. Anschließend wurden verschiedene Emotionen, wie z.B. erlebter Stolz oder erlebte Scham, gemessen und zu den Kausalattributionen in Beziehung gesetzt.

Eines der ersten Experimente, welches diese Methode verwendete, stammt von Feather (1967). Feather induzierte Erfolg oder Mißerfolg bei Aufgaben unterschiedlicher wahrgenommener Schwierigkeit und ließ die Versuchspersonen die „Attraktivität" des Erfolgs und die „Unangenehmheit" des Mißerfolgs beurteilen. Zusätzlich wurde das Handlungsergebnis als entweder fähigkeits- oder zufallsabhängig beschrieben.

Abbildung 8.17 zeigt die Beurteilungen in Abhängigkeit von der wahrgenommenen Schwierigkeit der Aufgabe und der Fähigkeits- versus Zufallsinstruktion. Feather fand, daß Erfolg als attraktiver und Mißerfolg als unangenehmer empfunden wurde, wenn die Handlungsergebnisse auf (mangelnde) Fähigkeit anstatt auf Zufall zurückgeführt wurden. Abbildung 8.17 zeigt außerdem, daß auch die Aufgabenschwierigkeit die Attraktivitätsbeurteilung beeinflußte. Als am attraktivsten wurde Erfolg bei schwierigen Aufgaben bewertet, als am unangenehmsten Mißerfolg bei einfachen Aufgaben. Wir erinnern uns an Atkinsons Behauptung, der Anreizwert von Erfolg (Stolz, oder A_e) und Mißerfolg (Scham, oder A_m) stehe in inverser Beziehung zur Wahrscheinlichkeit des Erfolgs (W_e) bzw. Mißerfolgs (W_m), d. h. $A_e = 1 - W_e$ und $A_m = 1 - W_m$. Konkreter gesagt, man erlebt den größten Stolz nach Erfolg bei einer schwierigen Aufgabe und die größte Scham nach Mißerfolg bei einer einfachen Aufgabe. Diese Hypothesen sind mit den in Abbildung 8.17 dargestellten Ergebnissen konsistent.

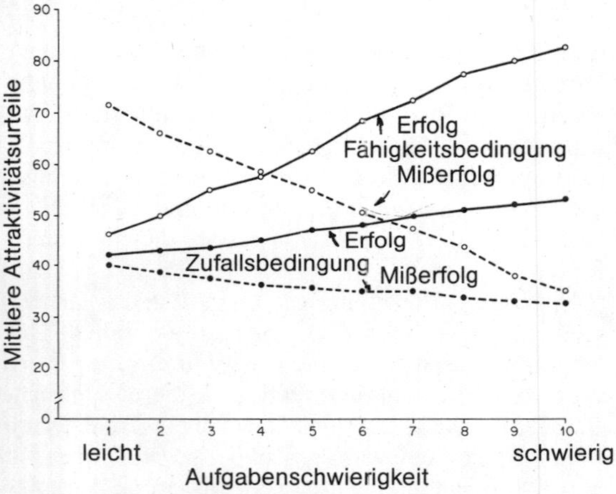

Abbildung 8.17: Mittlere Attraktivität von Erfolg und Unangenehmheit von Mißerfolg als Funktion von Zufalls- und Fähigkeitsattribution und von Aufgabenschwierigkeit. Hohe Werte zeigen höhere positive Gefühle bei Erfolg und stärkere negative Gefühle bei Mißerfolg an. Der Leser möge insbesondere die zwei Erfolgsbedingungen und die zwei Mißerfolgsbedingungen miteinander vergleichen (aus Feather, 1967, S. 379–380)

Vom attributionstheoretischen Standpunkt aus gesehen, führt Erfolg bei einer schwierigen und Mißerfolg bei einer leichten Aufgabe zu Attributionen auf internale Ursachenfaktoren bzw. zu wahrgenommener Selbstverantwortlichkeit für das erzielte Leistungsergebnis (vgl. Abb. 7.2 und 8.3). Dies ist deshalb der Fall, weil die Ergebnisse im Widerspruch zu den sozialen Normen stehen. Insofern bestätigen die in Abbildung 8.17 dargestellten Effekte der Aufgabenschwierigkeit auf die emotionale Reaktion also auch die These der Affektwirksamkeit internaler (versus externaler) Attributionen.

Feathers Experiment läßt sich demnach wie folgt zusammenfassen: Er ließ Versuchspersonen Erfolg oder Mißerfolg bei einer Aufgabe erleben, die entweder als zufalls- oder als fähigkeitsabhängig beschrieben wurde. Zusätzlich wurde durch Vermittlung geeigneter Information die wahrgenommene Aufgabenschwierigkeit beeinflußt. All diese Manipulationen beeinflußten die Kausalattribution des Leistungsergebnisses auf internale versus externale Ursachen. Die stärksten emotionalen Reaktionen ergaben sich in den Bedingungen maximaler Selbstattribution (Erfolg bei einer schwierigen, fähigkeitsabhängigen Aufgabe und Mißerfolg bei einer einfachen, fähigkeitsabhängigen Aufgabe).

Das Spektrum emotionaler Reaktionen im Leistungskontext. Wie im 5. Kapitel erörtert wurde, haben frühere theoretische Ansätze in der Leistungsmotivationsforschung (Atkinson, 1964; McClelland et al., 1953) die Leistungsmotivation mit einer bestimmten Emotionsdimension in Zusammenhang gebracht, welche als Stolz-Scham bezeichnet wurde (und möglicherweise im wesentlichen durch die „Attraktivitäts"- bzw. „Unangenehmheits"-Beurteilungen von Erfolg bzw. Mißerfolg in Feathers Experiment erfaßt wurde). Doch gibt es weder experimentelle noch anekdotische Belege dafür, daß die typischen Emotionen, die im „reinen" Leistungskontext auftreten, Stolz und Scham sind. Ebenso plausibel ist die Annahme, daß man nach Erfolg (Mißerfolg) Gefühle der Zuversicht (mangelnden Zuversicht), Sicherheit (Furcht), Zufriedenheit (Unruhe) oder Dankbarkeit (Rachsucht) empfindet. Darüber hinaus könnten alle diese Emotionen, inklusive Stolz und Scham, auch in nicht-leistungsbezogenen Kontexten auftreten (so mag das Gefühl des Stolzes auch beim Gewinn einer Wahl auftreten, was von Veroff [1957] und anderen dem Kontext des Machtstrebens zugerechnet wird; Scham könnte in einer Situation erlebt werden, in der moralische Fragen zum Tragen kommen; usw.). Um die Bandbreite der im Leistungskontext auftretenden Emotionen und deren Beziehung zu den Kausalattributionen festzustellen, wurden, beginnend mit Weiner, Russell und Lerman (1978), eine Reihe von Untersuchungen durchgeführt.

In einer dieser Untersuchungen wurde von den Forschern zuerst aus Wörterbüchern eine Liste von fast 250 potentiellen emotionalen Reaktionen auf Erfolg und Mißerfolg im akademischen Kontext zusammengetragen. Anschließend wurden aus den in früheren Untersuchungen erhaltenen Ursachenzuschreibungen für Leistungsergebnisse diejenigen ausgewählt, die am häufigsten spontan genannt worden waren (vgl. Frieze, 1976b). Sodann legten Weiner et al. (1978) ihren Versuchspersonen kurze Geschichten vor, in denen der Erfolg (Mißerfolg) einer hypothetischen Person und dessen Ursache geschildert wurde, gaben ihnen dazu die Liste der Emotionsbezeichnungen in zufälliger Reihenfolge und baten sie, auf einer Ratingskala anzukreuzen, wie intensiv jede dieser Emotionen ihrer Meinung nach von der betroffenen Person in der geschilderten Situation erlebt wurde.

Dieses Verfahren ist voller Risiken. Erstens wird dabei vorausgesetzt, daß die Versuchspersonen ihre eigenen oder die bei anderen beobachteten emotionalen Reaktionen auf die hypothetische Person in der Geschichte projizieren. Zweitens unterstellte man, daß die Affektbezeichnungen die „wirklichen" Gefühle der Versuchspersonen in dieser Situation erfassen. Und schließlich wurde angenommen, daß Verdrängung und Unterdrückung, Erinnerungsverzerrungen, Antworttendenzen, Versuchsleitereffekte und interindividuelle Unterschiede im Gebrauch von Emotionsbezeichnungen nicht derartig gravierend sein würden, daß sie die Resultate uninterpretierbar machten. Kurz, die Untersuchung unterliegt offensichtlich einer ganzen Reihe methodischer Beschränkungen; es bleibt zu hoffen, daß sich geeignetere methodische „Königswege" (oder auch nur „schmuddelige Gassen") zum inneren Erleben finden werden. Das beste, was man zur Verteidigung der verwendeten Methode vorbringen kann, sind die systematischen, signifikanten und heuristischen Befunde, die damit erhalten wurden.

Drei der Ergebnisse waren von besonderem Interesse. Zunächst wurde eine Anzahl von „ergebnisabhängigen, attributionsunabhängigen" Emotionen gefunden; diese stellen allgemeine positive und negative Reaktionen auf Erfolg bzw. Mißerfolg dar, und zwar unabhängig vom „Warum" des Leistungsergebnisses. Bei Erfolg wurde zum Beispiel über das Erleben von Gefühlen wie „zufrieden", „froh", „befriedigt", „gut" usw. berichtet, ganz gleich worauf der Erfolg zurückgeführt wurde. Ähnlich gab es auch bei Mißerfolg mehrere ergebnisabhängige, attributionsunabhängige Emotionen, wie z.B. „freudlos", „mißvergnügt" und „verstimmt".

Sowohl bei Erfolg als auch bei Mißerfolg fanden sich jedoch auch viele Emotionen, die klar unterscheidbar mit bestimmten Attributionen zusammenhingen (vgl. Tab. 8.7). Tabelle 8.7 zeigt diejenigen Kausalattributionen, für die ein Bezug zu bestimmten charakteristischen Gefühlen festgestellt wurde.

Tabelle 8.7: Attributionen und dominante trennscharfe Affekte bei Erfolg und Mißerfolg

Attribution	Affekt
Erfolg	
Fähigkeit	Zuversicht Kompetenz
Anstrengung als variabler Faktor	Aktivation, Erregungszunahme
Anstrengung als stabiler Faktor	Entspannung
eigene Persönlichkeit	Selbstaufwertung
Anstrengung und Persönlichkeit anderer	Dankbarkeit
Zufall	Überraschung
Mißerfolg	
Fähigkeit	Inkompetenz
Anstrengung als variabler oder stabiler Faktor	Schuld (Scham)
Persönlichkeit; intrinsische Motivation	Resignation
Anstrengung anderer; Motivation und Persönlichkeit anderer	Aggression
Zufall	Überraschung

Vielen der in der Tabelle angeführten Beziehungen wird man intuitiv bereitwillig zustimmen: Erfolg, den man der eigenen Fähigkeit zuschreibt, führt zu Gefühlen der Zuversicht und der Kompetenz; Dankbarkeit wird erlebt, wenn Erfolg auf das Einwirken anderer zurückgeführt wird; Attribution auf Zufall hat ein Gefühl der Überraschung zur Folge usw. Ein unerwarteter Befund besteht darin, daß Attribution auf konstante versus variable Anstrengung zu unterschiedlichen Graden erlebter Aktivation führt: Erfolg nach kurzfristiger intensiver Anstrengung führt zu gesteigerter erlebter Aktivation („ekstatisch" [*delirious*] und „begeistert" [*zestful*]), während Erfolg nach langdauernder, beständiger Anstrengung Ruhe und Entspannung mit sich bringt. Tabelle 8.7 zeigt außerdem, daß die mit Mißerfolg verbundenen Gefühle der Inkompetenz, Schuld, Resignation und Rachsucht mit bestimmten Attributionen zusammenhängen. Interessant ist, daß dieselben Kausalattributionen für Erfolg und Mißerfolg manchmal entgegengesetzte Emotionen zur Folge haben (Kompetenz versus Inkompetenz bei Fähigkeitsattributionen; Dankbarkeit versus Rachsucht bei Attributionen auf andere Personen), während in anderen Fällen eine bestimmte Attribution sowohl bei Erfolg als auch bei

Mißerfolg zur selben Emotion führt (Überraschung bei Attribution auf Zufall). In wieder anderen Fällen (z.B. bei Attribution auf hohe versus geringe Anstrengung) gibt es keine erkennbare Beziehung zwischen den bei Erfolg auftretenden Affekten und denen, die bei Mißerfolg erlebt werden.

Anschließende Untersuchungen, in denen die Versuchspersonen frei berichteten, welche Gefühle sie bei durch bestimmte Kausalfaktoren verursachtem Erfolg bzw. Mißerfolg empfinden würden, replizierten viele der in Tabelle 8.7 wiedergegebenen Befunde. Darüber hinaus konnte gezeigt werden, daß Versuchspersonen in der Lage sind, aus der Kenntnis der bei Erfolg und Mißerfolg auftretenden Gefühle einer anderen Person auf deren Kausalattributionen Rückschlüsse zu ziehen (Weiner, Russell & Lerman, 1979).

Die bislang berichteten Befunde haben eine Reihe von Implikationen für die Leistungsmotivationsforschung, die Emotionsforschung im allgemeinen und die in diesem Kapitel erörterte attributionale Motivationstheorie. Was die Leistungsmotivationsforschung betrifft, so ist nun klar, daß in Leistungskontexten ein breites Spektrum von Emotionen auftritt. Es gibt also guten Grund, der Annahme von Atkinson (1964) und McClelland et al. (1953), die charakteristischen Emotionen im Leistungskontext seien Stolz und Scham, nicht länger beizupflichten. In der Tat muß erst noch gezeigt werden, ob die Leistungsmotivation überhaupt mit irgendeiner bestimmten Emotion besonders eng zusammenhängt.

Was die Emotionsforschung im allgemeinen angeht, so ist die Forschung zur Zeit stark von der Zwei-Faktoren-Theorie Schachters beeinflußt (Schachter, 1964; Schachter & Singer, 1962). Diese Forscher haben behauptet, daß physiologische Erregung eine notwendige Antezedensbedingung für das Erleben eines Gefühls sei und daß die Art des Gefühls von der Etikettierung der Erregung abhänge (vgl. 7. Kapitel). Die in Tabelle 8.7 wiedergegebenen Befunde deuten jedoch darauf hin, daß zum Beispiel das Erleben von Aktivation oder aber von Ruhe nach Erfolg zum Teil von der wahrgenommenen Ursache des Erfolgs abhängt. Ähnlich legen auch Befunde von Lazarus (1966) nahe, daß physiologische Erregung selbst ein Produkt kognitiver Faktoren ist. Genauer gesagt, Lazarus demonstrierte, daß die Interpretation einer Streßsituation das Ausmaß der generierten Angst (Erregung) beeinflußt (vgl. 2. Kapitel).

Wie bereits früher erwähnt, ist zur Zeit noch unbekannt, ob physiologische Erregung dem Erleben eines Gefühls vorausgeht, es begleitet oder ihm folgt, bzw. ob alle diese Möglichkeiten in unterschiedlichen Situationen auftreten können (vgl. auch Plutchik, 1977). Die Befunde von Schachter und Singer (1962) mögen valide sein, doch mag es andere Fälle geben, in denen physiologische Erregung keine notwendige Bedingung für das Erleben eines Gefühls darstellt. Eine Implikation der in Tabelle 8.7 wiedergegebenen Daten ist, daß Kognitionen *sowohl notwendige als auch hinreichende* Bedingungen für Emotionen darstellen. Das Gefühl der Zuversicht bei Attribution von Erfolg auf besondere Fähigkeit oder das Gefühl der Dankbarkeit im Fall einer Attribution auf die Hilfe anderer scheint einen zuvor existierenden, erst vom Individuum zu interpretierenden Erregungszustand nicht vorauszusetzen. Eine Änderung der theoretischen Konzeption von Emotion gemäß der historischen Reihenfolge *Trieb → Trieb und Kognition → nur Kognition* erinnert an andere historische Entwicklungen in der Motivationsforschung. Viele Motivationspsychologen sind zu der Auffassung gelangt, daß das Triebkonstrukt eine „Zwischenstation" psychologischer Erklärung darstellt (vgl. Atkinson, 1964; Bolles, 1975b; Weiner, 1972); dies könnte auch in der Emotionsforschung der Fall sein.

Die Ansicht, Kognitionen seien hinreichende Bedingungen für Emotionen, stimmt mit den theoretischen Überlegungen von Valins (1966) überein. Wie im vorangegangenen Kapitel erörtert wurde, behauptet Valins, daß physiologische Erregung nur eine von vielen Informationsquellen darstelle, welche emotionale Reaktionen beeinflusse. Die Schlußfolgerungen, die Valins aus seinen Untersuchungen zieht, sind jedoch durch andere Befunde in Frage gestellt worden (Goldstein, Fink & Mettee, 1972) und bleiben weiterhin umstritten.

Was schließlich die Relevanz der geschilderten Befunde für die hier vertretene attributionale Motivationstheorie anlangt, so ist offenkundig, daß bestimmte Emotionen mit bestimmten Kausalattributionen zusammenhängen. Einige dieser Emotionen, wie z.B. Gefühle der Kompetenz und Inkompetenz, dürften wahrscheinlich wichtige Auswirkungen auf die Leistungsmotivation haben, während andere Emotionen, wie z.B. Ärger oder Dankbarkeit, die Leistungsmotivation nicht beeinflussen dürften, dafür jedoch andere Verhaltensweisen.

Die vorangegangene Diskussion könnte den Eindruck erwecken, daß Emotionen entweder mit bestimmten Leistungsergebnissen zusammenhängen oder direkt mit bestimmten Attributionen assoziiert sind, daß hingegen die Kausaldimensionen keine emotionale Relevanz haben. Dies ist jedoch nicht der Fall. Im Gegenteil, zusätzliche Analysen der oben berichteten Daten legen nahe, daß die Kausaldimensionen für emotionale Reaktionen von wesentlicher Bedeutung sind. Bei internalen Attributionen von Erfolg (Fähigkeit, Anstrengung, Persönlichkeitseigenschaften) berichteten die Versuchspersonen häufiger über Gefühle des „Stolzes", der „Kompetenz", der „Zuversicht" und der „Zufriedenheit" als bei externalen Attributionen. Internale Ursachenzuschreibungen von Mißerfolg erzeugten „Schuld", „Bedauern", „Ziellosigkeit" und „Bescheidenheit". Kurz, bestimmte Emotionen traten bei internalen Attributionen sowohl von Erfolg als auch von Mißerfolg gehäuft auf. Ärger und Dankbarkeit wurden dagegen am häufigsten bei externalen Attributionen berichtet.

Es scheint also, daß im Leistungskontext (mindestens) drei Quellen emotionalen Erlebens vorhanden sind. Erstens gibt es Emotionen, die direkt mit dem Leistungsergebnis zusammenhängen. Man fühlt sich „gut" nach Erfolg und „schlecht" nach Mißerfolg, gleichgültig, worauf man das Leistungsergebnis zurückführt. Dies sind wahrscheinlich die unmittelbarsten und auch intensivsten Emotionen. Diese allgemeinen Gefühle werden zweitens von differenzierteren Emotionen begleitet, wie z. B. Dankbarkeit oder Feindseligkeit, wenn Erfolg bzw. Mißerfolg auf andere zurückgeführt wird, Überraschung, wenn das Ergebnis auf Zufall attribuiert wird, usw. Drittens treten Selbstwertgefühle, wie Kompetenz, Stolz oder Scham auf, welche durch internale Attributionen vermittelt sind. Daher könnte es sein, daß die zentralen selbstwertbezogenen Emotionen, welche nachfolgendes Leistungshandeln fördern bzw. beeinträchtigen, an die Lokationsdimension gebunden sind bzw. bei internalen Attributionen auftreten.

Stabilitätsdimension und Emotion. Nicht nur die Lokationsdimension hängt mit Emotionen zusammen, sondern auch die Stabilitätsdimension. Weiner et al. (1978) fanden, daß die Gefühle der Depression, Apathie und Resignation hauptsächlich bei internalen und stabilen Attributionen von Mißerfolg (mangelnde Fähigkeit, Mangel an konstanter Anstrengung, Persönlichkeitsdefizite) berichtet wurden. Dies legt nahe, daß nur solche Attributionen, welche implizieren, daß sich Ereignisse in der Zukunft nicht verändern werden, Gefühle der Hilflosigkeit, der Resignation und der Depression zur Folge haben. Die Lokations- und die Stabilitätsdimension hängen also mit unterschiedlichen Gruppen von Emotionen zusammen. Darüber hinaus sind dimensionsabhängige Emotionen wahrscheinlich langlebiger als ergebnis- und attributionsabhängige.

In einer weiteren Untersuchung, welche für eine Beziehung zwischen Stabilitätsdimension und Emotion spricht, erhoben Arkin und Maruyama (1979) die Attributionen von Studenten für Erfolg oder Mißerfolg in einer Lehrveranstaltung. Zusätzlich wurde die Höhe der Schulangst gemessen. Es zeigte sich, daß die Stabilität der Attributionen erfolgreicher Studenten negativ mit dem Grad der Angst korrelierte. Das heißt, wenn Erfolg stabilen Ursachen zugeschrieben wurde, wurde wenig Angst empfunden. Bei den erfolgslosen Studenten bestand dagegen eine positive Korrelation zwischen Stabilität und Angst: Die höchste Angst wurde berichtet, wenn eine Wiederholung des Mißerfolgs in der Zukunft erwartet wurde.

Die Kognitions-Emotions-Sequenz im Leistungskontext

Die vorangegangenen Erörterungen legen nahe, daß der Handelnde im Leistungskontext (und besonders im schulischen Bereich) sich durch Kognitions-Emotions-Szenarios, wie etwa die folgenden, bewegt:

a) „Ich habe soeben eine Vier bei der Prüfung erhalten. Das ist eine sehr schlechte Note" (dies erzeugt Gefühle der Frustration und der Verstimmtheit). „Ich habe diese Note erhalten, weil ich einfach nicht intelligent genug bin" (darauf folgen Gefühle von Inkompetenz und mangelnder Zuversicht). „Mir geht einfach etwas ab, und das wird mir immer abgehen" (wird von Gefühlen niedriger Selbstachtung, der Wertlosigkeit und der Hoffnungslosigkeit begleitet).
b) „Ich habe bei der Prüfung soeben eine Eins erhalten. Das ist eine sehr gute Note" (erzeugt Freude und Befriedigung). „Ich habe diese Note erhalten, weil ich während des ganzen Schuljahres hart gearbeitet habe" (erzeugt Zufriedenheit und Entspannung). „Ich verfüge wirklich über einige positive Eigenschaften, und diese werden mir auch in Zukunft bleiben" (darauf folgen hohes Selbstwertgefühl und hohe Selbstachtung, sowie Optimismus in bezug auf die Zukunft).

Kontrollierbarkeitsdimension und Verhalten gegenüber anderen Personen

Die Attributionstheorie, wie sie von Heider (1958) und Kelley (1967) formuliert wurde, beschäftigt sich in erster Linie mit der Fremdwahrnehmung bzw. mit den Rückschlüssen auf die Intentionen und Eigenschaften anderer Personen. Im vorliegenden Kapitel haben wir uns dagegen bislang hauptsächlich mit der Selbstwahrnehmung beschäftigt. Bei der folgenden Erörterung der Kontrollierbarkeitsdimension geht es nun um Fremdwahrnehmung bzw. darum, wie Überzeugungen bezüglich der Verantwortlichkeit anderer für Erfolg und Mißerfolg die Reaktionen gegenüber diesen Personen beeinflussen.

Determinanten der Fremdbewertung

Eine Anzahl von Untersuchungen sind der Frage nachgegangen, welche Beziehung zwischen Kausalattributionen und den affektiven Reaktionen gegenüber anderen besteht (d.h. wie sehr man diese mag oder nicht mag bzw. sie belohnt oder bestraft). Außerhalb des Gebiets der Leistungsmotivationsforschung wurden diesbezüglich relevante Untersuchungen vor allem in der Aggressionsforschung durchgeführt. In einem frühen derartigen Experiment (Mallick & McCandless, 1966) wurden zum Beispiel Versuchspersonen durch eine andere Versuchsperson (in Wirklichkeit ein Mitarbeiter des Versuchsleiters) „frustriert", d.h. sie wurden von ihr an der Fertigstellung einer Aufgabe gehindert, was zur Folge hatte, daß sie einer dafür ausgesetzten Belohnung verlustig gingen. In einer der Experimentalgruppen wurde den Versuchspersonen erklärt, die für die Frustration verantwortliche Person sei „müde und schlecht gelaunt". Die Versuchspersonen in dieser Gruppe waren anschließend gegenüber dem Mitarbeiter des Versuchsleiters weniger aggressiv als Versuchspersonen, die keine „vernünftige Erklärung" für das Verhalten des Mitarbeiters erhalten hatten. In einer konzeptuell ähnlich gearteten Untersuchung verwendete Nickel (1974) das im 2. Kapitel beschriebene Schockverabreichungsparadigma. In dieser Untersuchung, die als „Experiment zur außersinnlichen Wahrnehmung" beschrieben wurde, erhielten die Versuchspersonen zunächst von einem als weitere Versuchsperson auftretenden Mitarbeiter des Versuchsleiters einen „motivierenden" Elektroschock hoher oder niedriger Intensität. Anschließend wurden die Rollen vertauscht; nun konnte also die Versuchsperson dem Mitarbeiter des Versuchsleiters bei derselben Aufgabe Schocks verabreichen. In einer der Versuchsgruppen gab der Mitarbeiter des Versuchsleiters zu verstehen, er habe sich bezüglich der von ihm verabreichten Schocks geirrt: hatte er einen schwachen Schock verabreicht, so sagte er, daß er eigentlich einen starken habe austeilen wollen und vice versa. In einer Kontrollgruppe wurde nichts dergleichen verlautbart. Es zeigte sich, daß die Versuchspersonen mehr „Vergeltungsschocks" austeilten, wenn sie glaubten, hoher Schock sei vom anderen zuvor *beabsichtigt* gewesen, unabhängig von der tatsächlich erhaltenen Schockintensität. Das heißt, die Attribution des erhaltenen Schocks auf eine Bestrafungsabsicht des anderen intensivierte die Gegenaggression (und vermutlich die Abneigung) gegen den anderen.

Von größerer Relevanz für die in diesem Kapitel behandelten Fragen sind eine Reihe von Untersuchungen auf dem Gebiet der Leistungsmotivation, in denen die Attribution von Erfolg und Mißerfolg auf Fähigkeit, Anstrengung und Aufgabenschwierigkeit direkt manipuliert wurde. In einem von Lanzetta und Hannah (1969) durchgeführten Experiment sollten die Versuchspersonen die Rolle von „Trainern" übernehmen, welche andere Versuchspersonen für deren Leistung bei einer Diskriminationsaufgabe belohnen oder bestrafen konnten. Die Belohnung bestand in einem von zwei unterschiedlich hohen Geldbeträgen, die Bestrafung in einer von zwei Schockintensitäten. Vor dem Beginn der „Trainingsperiode" wurde der „Trainer" informiert, sein jeweiliger „Schüler" besitze entweder hohe oder niedrige Fähigkeit, sowie, die Diskriminationsaufgabe sei entweder einfach oder schwierig.

Die Resultate dieser Untersuchung zeigen zunächst, daß bezüglich der für richtige Reaktionen bei der Diskriminationsaufgabe vergebenen Belohnung kein Unterschied zwischen den verschiedenen Versuchsgruppen bestand – in allen Gruppen wurde Erfolg hoch belohnt. Bestrafung bei Mißerfolg fiel dagegen bei der als einfach hingestellten Aufgabe höher aus als bei der als schwierig bezeichneten. Darüber hinaus wurden bei der schwierigen Aufgabe als kompetent angesehene Schüler stärker bestraft als solche, die für inkompetent gehalten wurden. Die höchste Bestrafung erhielten somit als kompetent angesehene Schüler, welche bei einer einfachen Aufgabe versagten (vgl. Abb. 8.18). Lanzetta und Hannah (1969) vermuten, daß im letztgenannten Fall der Mißerfolg auf mangelnde Anstrengung zurückgeführt wird. Demnach wird die stärkste Bestrafung also dann ausgeteilt, wenn angenommen wird, daß die Person ausreichend begabt ist, um Erfolg zu haben, aber sich nicht genügend anstrengt. Mißerfolg, der dieser Ursachenkonstellation zugeschrieben wird, „wird stärker negativ bewertet ... [und] motiviert Verhalten, welches zu einer Änderung der verantwortlichen Ursachenfaktoren führen könnte" (S. 251).

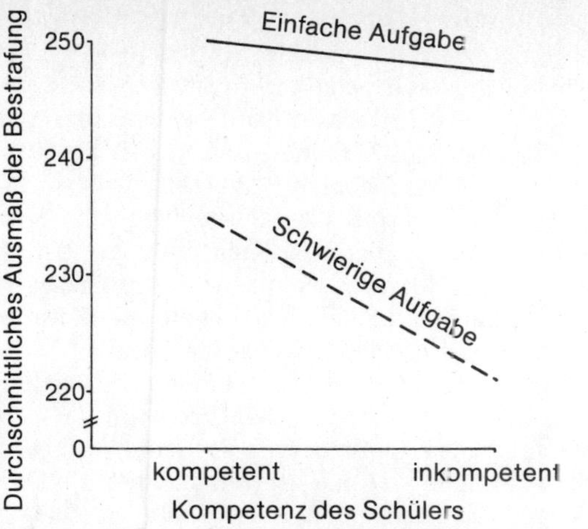

Abbildung 8.18: Durchschnittliche Höhe der Bestrafung als Funktion der Kompetenz des Schülers und der Aufgabenschwierigkeit. Höhere Werte bedeuten stärkere Bestrafung (aus Lanzetta & Hannah, 1969, S. 250)

Ein Schwachpunkt der von Lanzetta und Hannah verwendeten Methode besteht darin, daß die Ursachenzuschreibung zu mangelnder Anstrengung nur angenommen, nicht aber direkt überprüft wurde. In einer Reihe nachfolgender Untersuchungen wurden die Versuchspersonen sowohl über die Fähigkeit der Schüler als auch über deren aufgewendete Anstrengung informiert (vgl. Eswara, 1972; Kaplan & Swant, 1973; Rest, Nierenberg, Weiner & Heckhausen, 1973; Weiner & Kukla, 1970; Zander, Fuller & Armstrong, 1972). Man forderte die Versuchspersonen auf, sich in die Rolle von Grundschullehrern zu versetzen, die ihren Schülern „bewertende Rückmeldungen" geben müssen. Die Schüler hätten soeben eine Prüfung absolviert und eines von fünf möglichen Resultaten erzielt: ausgezeichnet, zufriedenstellend, noch ausreichend, Versagen, klares Versagen. Außerdem wurden die Versuchspersonen hinsichtlich ihrer Fähigkeit (hoch/niedrig) und aufgewendeten Anstrengung (hoch/niedrig) charakterisiert. Jede Versuchsperson bewertete alle zwanzig möglichen experimentellen Kombinationen (fünf Ergebnisniveaus × zwei Fähigkeitsniveaus × zwei Anstrengungsniveaus). Zum Beispiel wurde also gesagt, ein Schüler sei sehr begabt, habe sich wenig angestrengt und habe ein noch ausreichendes Resultat erhalten. Die Bewertung wurde häufig auf einer Skala vorgenommen, die von +5 (höchstmögliche Belohnung) bis −5 (höchstmögliche Bestrafung) reichte.

Die Resultate eines repräsentativen Experiments (Weiner & Kukla, 1970) sind in Abbildung 8.19 wiedergegeben. Die Abbildung zeigt zunächst, daß gutes Abschneiden bei der Prüfung belohnt, schlechtes Abschneiden dagegen bestraft wird. Dies stellt eine Anwendung der Fairneß-Regel „Jedem nach seinem *Verdienst*" dar: Diejenigen Schüler, die die bessere Arbeit leisten, werden höher belohnt und weniger bestraft. Die Bewertung wird jedoch auch durch Kausalattributionen beeinflußt. Erstens ist die Bewertung umso positiver, je stärker das Leistungsergebnis auf hohe Anstrengung zurückgeführt wird, und zwar unabhängig davon, wie das Ergebnis selbst ausgefallen ist. Und zweitens – und zu unserer anfänglichen Überraschung – hat Attribution auf mangelnde Fähigkeit eine positivere Bewertung zur Folge als Attribution auf hohe Fähigkeit. Der letztere Befund ist auf die besondere Konstellation der in diesem Experiment gegebenen Information zurückzuführen. Erfolg bei geringer Fähigkeit, aber hoher Anstrengung wird besonders positiv bewertet. Zum

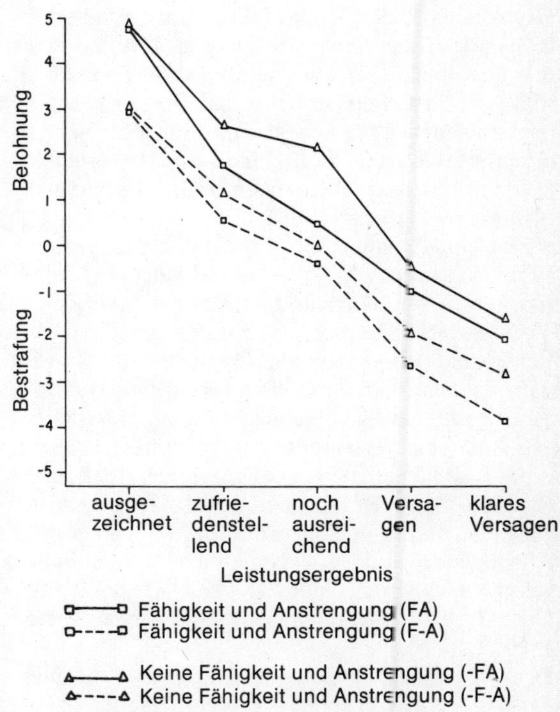

Abbildung 8.19: Bewertung als Funktion des Leistungsergebnisses, der Anstrengung, und der Fähigkeit des Schülers (aus Weiner & Kukla, 1970, S. 3)

Beispiel wird der körperbehinderten Person, die an einem Marathonlauf teilnimmt, oder dem retardierten Kind, das nicht aufgibt, ehe es eine Aufgabe bewältigt hat, besonders große Sympathie von seiten der Umwelt entgegengebracht. Umgekehrt wird Mißerfolg, welcher auf mangelnde Anstrengung bei vorhandener Fähigkeit zurückgeführt wird, besonders negativ bewertet. Zum Beispiel erfährt der talentierte Sportler, der sich weigert, zu trainieren, und infolgedessen schlecht abschneidet, oder der intelligente „Aussteiger" häufig starke soziale Mißbilligung. Da also Erfolg auf Grund hoher Anstrengung trotz geringer Fähigkeit so positiv bewertet wird, während Mißerfolg auf Grund mangelnder Anstrengung bei vorhandener Fähigkeit so negativ bewertet wird, erweist sich der Mangel an Fähigkeit in diesem Kontext als vorteilhafte Eigenschaft.

Auf eine interessante Extrapolation dieser Befunde hat Gold (1975) aufmerksam gemacht. Gold meint, daß eine Person, die für Erfolg bei einer einfachen Aufgabe hoch belohnt werde, daraus ableiten könne, daß man sie für wenig begabt halte. Das hieße also, daß Belohnung für Erfolg sich gelegentlich negativ auf das Selbstkonzept der Begabung auswirken könnte (vorausgesetzt natürlich, die Mitteilung des anderen wird akzeptiert). Überlegen wir uns nur einmal, wie wir selbst reagieren würden, wenn wir für Erfolg bei einer ganz simplen Aufgabe überschwenglich gelobt würden! Demnach hängt also unser Selbstkonzept zum Teil davon ab, worauf wir glauben, daß andere Personen unsere Leistung zurückführen.

Das in Abbildung 8.19 dargestellte allgemeine Ergebnismuster konnte in verschiedenen Gesellschaften (USA, Indien und Schweiz), in unterschiedlichen sozialen Situationen (Gruppen- und Einzelaufgaben) und bei Aufgaben unterschiedlichen Schwierigkeitsgrads (leicht, mittelschwer, schwierig) repliziert werden. Es kann kein Zweifel daran bestehen, daß Anstrengungsattributionen einen tiefgreifenden Einfluß auf evaluative bzw. affektive Reaktionen gegenüber anderen Personen haben. Hohe Anstrengung wird durchgehend positiver bewertet als geringe Anstrengung. Hingegen wurde nicht in allen Fällen gefunden, daß mangelnde Fähigkeit (wie bei Weiner & Kukla, 1970) zu positiveren Bewertungen führt.

Kognitive Reife. Abbildung 8.19 zeigt die Leistungsbewertungen *erwachsener* Versuchspersonen. Es ist plausibel anzunehmen, daß sich entsprechende Bewertungen von Kindern in einigen signifikanten Punkten von denen Erwachsener unterscheiden. Zum Beispiel wurde gefunden, daß *moralische* Urteile von Kindern hauptsächlich (wenn auch nicht ausschließlich) von Ergebnisinformation beeinflußt werden, während Erwachsene sich bei der moralischen Bewertung einer Handlung in erster Linie auf die Intention des Handelnden stützen. Falls analoge Unterschiede auch bei der Beurteilung von Leistungen bestehen, dann sollte man erwarten, daß Anstrengung und wahrgenommene Kontrollierbarkeit sich bei jüngeren Kindern wenig auf die Bewertung von Leistungsergebnissen auswirkt.

Um festzustellen, ob Bewertungen von Leistungsergebnissen vom Alter abhängen, wurde das oben beschriebene Experiment mit Kindern und Jugendlichen zwischen vier und achtzehn Jahren wiederholt (Weiner & Peter, 1973). Einige der einschlägigen Ergebnisse dieser Untersuchung sind in den Abbildungen 8.20 und 8.21 wiedergegeben. Abbildung 8.20 zeigt, daß die Verwendung von Information über die aufgewendete Anstrengung mit dem Alter variiert. Belohnung für aufgewendete Anstrengung steigt mit zunehmendem Alter an, während Bestra-

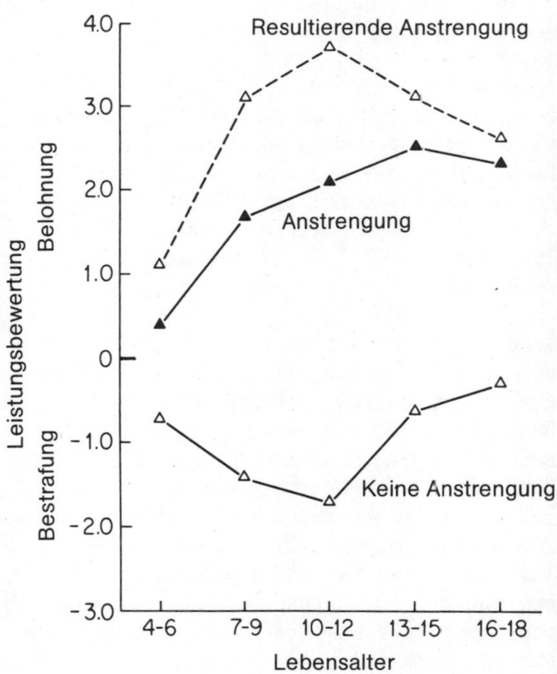

Abbildung 8.20: Belohnung für Anstrengung, Bestrafung für mangelnde Anstrengung, und die resultierende Bewertung (Belohnung für Anstrengung minus Bestrafung für mangelnde Anstrengung) in Abhängigkeit vom Lebensalter (aus Weiner & Peter, 1970, S. 300)

fung für mangelnde Anstrengung bis zum Alter von zwölf Jahren zu- und anschließend wieder abnimmt. Die Resultierende dieser beiden Kurven (d. h. Belohnung für Anstrengung minus Bestrafung für mangelnde Anstrengung) deutet darauf hin, daß Anstrengungsattributionen bei 10–12jährigen am wichtigsten sind.

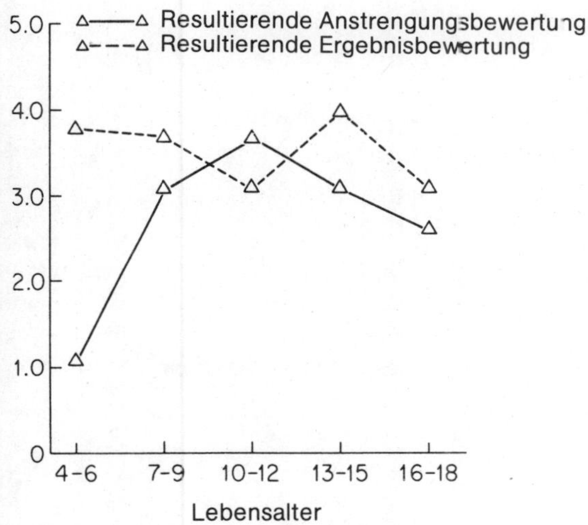

Abbildung 8.21: Resultierende Ergebnisbewertung (Belohnung für Erfolg minus Bestrafung für Mißerfolg) und resultierende Anstrengungsbewertung (Belohnung für Anstrengung minus Bestrafung für mangelnde Anstrengung) in Abhängigkeit vom Lebensalter (aus Weiner & Peter, 1973, S. 301)

Abbildung 8.21 zeigt die Auswirkungen von Anstrengungs- und Ergebnisinformation auf die Bewertung in Abhängigkeit vom Alter der Versuchspersonen. Aus der Abbildung geht hervor, daß die Bewertung von Leistungsergebnissen bei jüngeren Kindern hauptsächlich vom Ergebnis abhängt – Erfolg wird belohnt, Mißerfolg bestraft. Die wahrgenommene Anstrengung spielt zunächst nur eine untergeordnete Rolle. Mit zunehmendem Alter wird jedoch die aufgewendete Anstrengung für die Bewertung immer wichtiger, und bei 10–12jährigen ist sie von größerer Bedeutung als das Leistungsergebnis. Bei noch älteren Personen kehrt sich die relative Wichtigkeit dieser zwei Faktoren neuerlich um, allerdings bleibt die Anstrengungsattribution weiterhin eine wichtige Determinante der Bewertung. Die Fähigkeitsattribution hatte nur einen unwesentlichen Einfluß auf

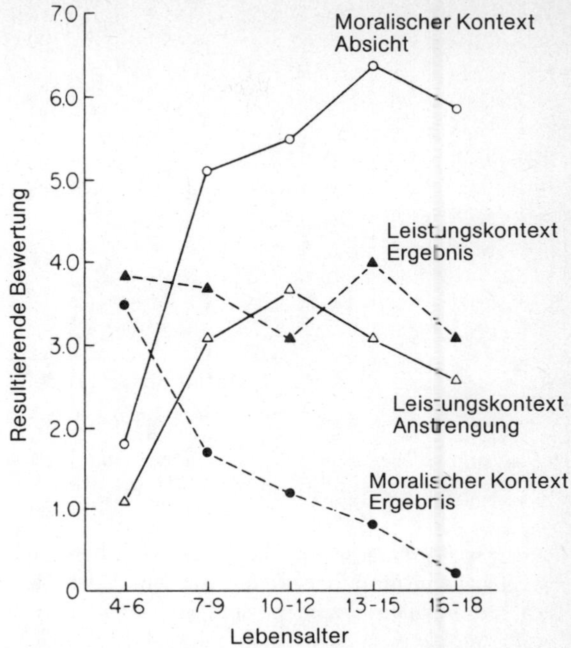

Abbildung 8.22: Resultierende Ergebnis- und Absichts- (bzw. Anstrengungs-)bewertung im moralischen Kontext und im Leistungskontext, in Abhängigkeit vom Lebensalter (nach Weiner & Peter, 1973, S. 307)

Belohnung und Bestrafung und wird hier nicht weiter diskutiert.

Neben der Bewertung von Leistungsergebnissen erhoben Weiner und Peter (1973) auch Beurteilungen moralischer Handlungen (jemand zeigt einem Kind, das sich verlaufen hat, den Weg nach Hause). Abbildung 8.22 zeigt sowohl die Bewertung von Leistungshandlungen als auch die moralischer Handlungen. Ein Vergleich ergibt, daß subjektive Faktoren (Absicht bzw. Anstrengung) im moralischen Kontext wichtiger sind als im Leistungskontext. Dagegen werden objektive Faktoren (Handlungsergebnis) stärker im Leistungskontext gewichtet. Darüber hinaus sind Bewertungen von Leistungsergebnissen im allgemeinen positiver als moralische Bewertungen. Dies ist deshalb der Fall, weil Erfolg beim Leistungshandeln stärker belohnt wird als eine erfolgreiche moralische Handlung, während eine moralisch verwerfliche Absicht stärker bestraft wird als mangelnde Anstrengung bei einer Leistungsaufgabe (vgl. Abb. 8.23). Verglichen mit moralischem Handeln kann Leistungshandeln also als ein *ergebnisab-*

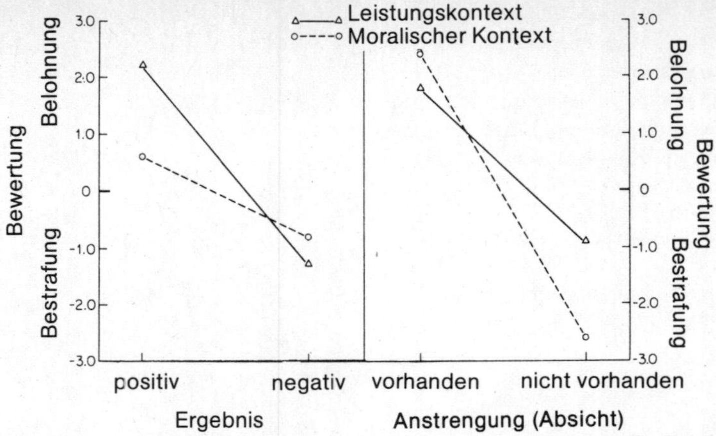

Abbildung 8.23: Bewertung im Leistungskontext und im moralischen Kontext in Abhängigkeit vom Ergebnis (linkes Bild) und der Anstrengung bzw. Absicht (rechtes Bild) (aus Weiner & Peter, 1973, S. 304)

hängiges Belohnungssystem bezeichnet werden; umgekehrt kann moralisches Handeln (für Erwachsene), im Verhältnis zum Leistungshandeln, als ein *absichtsabhängiges Bestrafungssystem* charakterisiert werden.

Kulturelle Einflüsse. Die bisherige Diskussion hat gezeigt, daß Gefühle gegenüber anderen bzw. Bewertungen anderer von einer Vielzahl von Faktoren beeinflußt werden – dem Erfolg der Handlung, der Kausalattribution bzw. der wahrgenommenen Verantwortlichkeit für das Ergebnis, der kognitiven Reife des Beurteilers und dem Bewertungssystem, welches von der jeweiligen Handlung aktiviert wird (leistungsbezogenes versus moralisches Bewertungssystem). Darüber hinaus gibt es interkulturelle Unterschiede bei der Verwendung von Kausalattributionen für die Bewertung. Spezifische kulturabhängige Lernerfahrungen erzeugen Unterschiede im Wertsystem, welche sich auf die interpersonelle Beurteilung auswirken.

Um festzustellen, ob kulturbedingte Lernerfahrungen die Beurteilung von Leistungsergebnissen beeinflussen, haben Salili, Maehr und Gillmore (1976) das zuletzt beschriebene Experiment mit 291 Kindern und Jugendlichen im Iran durchgeführt. Wieder wurde die Lehrer-Schüler-Situation (vgl. oben, Weiner & Peter, 1973) verwendet, wobei einige kleine Änderungen vorgenommen wurden, um den iranischen Verhältnissen Rechnung zu tragen.

Abbildung 8.24 zeigt, daß sich auch bei iranischen Schülern die Verwendung von Anstrengungsinformation in Abhängigkeit vom Alter verändert. Beloh-

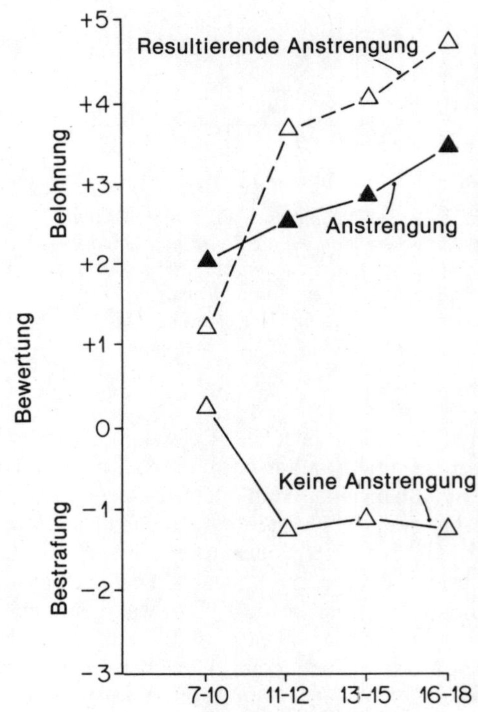

Abbildung 8.24: Belohnung für Anstrengung, Bestrafung für mangelnde Anstrengung, und die resultierende Bewertung (Belohnung für Anstrengung minus Bestrafung für mangelnde Anstrengung) in Abhängigkeit vom Lebensalter iranischer Schüler (aus Salili, Maehr & Gilmore, 1976, S. 331)

nung für hohe aufgewendete Anstrengung nimmt mit dem Alter ständig zu, während Bestrafung für mangelnde Anstrengung von der ersten zur zweiten Altersgruppe zunimmt und anschließend relativ konstant bleibt. Die „resultierende" Kurve (Belohnung für aufgewendete Anstrengung minus Bestrafung für mangelnde Anstrengung) ergibt somit, daß Anstrengung bzw. wahrgenommene Kontrollierbarkeit mit zunehmender kognitiver Reife zu einer immer wichtigeren Determinante der Leistungsbewertung wird. Die Auswirkung des Leistungsergebnisses auf die Bewertung änderte sich mit zunehmendem Alter nur unwesentlich; Erfolg wurde in allen Altersgruppen positiver bewertet als Mißerfolg (vgl. Abb. 8.25).

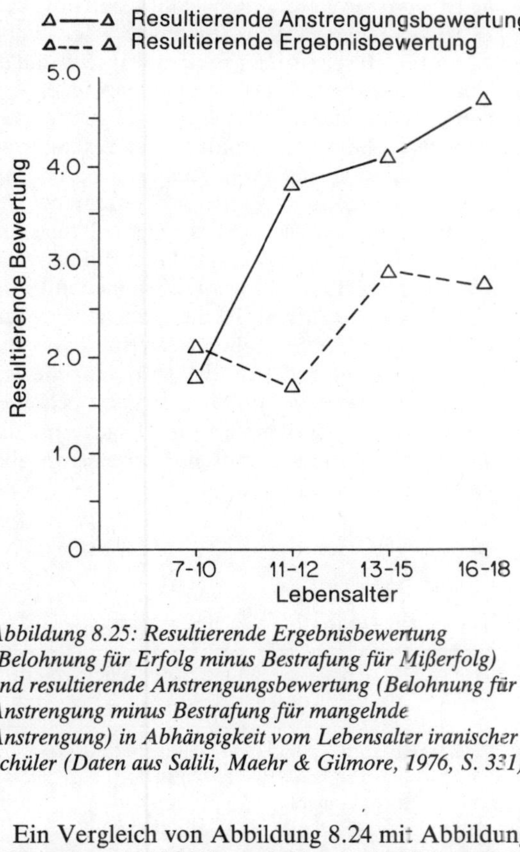

Abbildung 8.25: Resultierende Ergebnisbewertung (Belohnung für Erfolg minus Bestrafung für Mißerfolg) und resultierende Anstrengungsbewertung (Belohnung für Anstrengung minus Bestrafung für mangelnde Anstrengung) in Abhängigkeit vom Lebensalter iranischer Schüler (Daten aus Salili, Maehr & Gilmore, 1976, S. 331)

Ein Vergleich von Abbildung 8.24 mit Abbildung 8.20 und von Abbildung 8.25 mit Abbildung 8.21 zeigt einige grundlegende Unterschiede zwischen US-amerikanischen und iranischen Schülern, was die Determinanten der Bewertung von Leistungsergebnissen angeht. Für die Amerikaner nimmt die Bedeutung der aufgewendeten Anstrengung für die Leistungsbewertung nach einem anfänglichen Anstieg wieder ab, während sie bei den Iranern konstant zunimmt (vgl. Abb. 8.20 und Abb. 8.24). Für erwachsene Iraner ist somit die aufgewendete Anstrengung eine wichtigere Determinante der Bewertung als das Leistungsergebnis, während bei erwachsenen Amerikanern das Ergebnis stärker gewichtet wird als die Anstrengung (vgl. Abb. 8.21 und Abb. 8.25).

In ihrer Beschreibung der iranischen Gesellschaft stellen Salili et al. (1976) fest:

Einerseits kann wohl selbst der leistungsorientierteste Amerikaner nicht umhin, von der fortgesetzten, methodischen und ausdauernden harten Arbeit beeindruckt zu sein, die von einem beachtlichen Teil der iranischen Bevölkerung an den Tag gelegt wird; andererseits dürfte es ihn beunruhigen, wie wenig Wert auf das Produkt bzw. das Ergebnis gelegt wird. Wenn sich daher ein Kunde oder ein Unternehmer über die mangelnde Qualität des Produkts beschwert, so wird der iranische Kaufmann oder Arbeiter wahrscheinlich die harte Arbeit (Anstrengung) betonen, die in das Produkt investiert wurde. Man könnte die diesbezüglichen gesellschaftlichen Unterschiede zwischen dem Iran und den USA etwa so zusammenfassen: In den USA genügt es nicht, sich nur anzustrengen. Man muß auch etwas entsprechendes produzieren – man wird nach seinem Produkt beurteilt (S. 336).

Salili et al. (1976) fahren dann mit der Spekulation fort:

... Die bei US-amerikanischen und iranischen Versuchspersonen erhaltenen Befunde deuten darauf hin, daß zwischen diesen zwei Gesellschaften ein grundlegender Unterschied in der Einstellung zur Leistung existiert. Dieser Unterschied reflektiert vielleicht allgemeinere Unterschiede in der Gesellschaftsstruktur. Das heißt, die US-amerikanische Doppelorientierung an Anstrengung und Ergebnis könnte für Gesellschaften charakteristisch sein, in denen man Status eher auf Grund seiner Leistung (d.h. seinem Leistungsergebnis oder Produkt) erwirbt, während die alleinige Orientierung an Anstrengung charakteristisch für Gesellschaften sein könnte, in denen Statuts *verliehen* wird, und in denen man sich daher weniger bemüht, durch besondere Leistungen voranzukommen (S. 336–337).

Hilfeleistung

Die vorangegangenen Ausführungen haben deutlich gemacht, daß wahrgenommene Kontrollierbarkeit (im obigen Fall: Attribution von Leistungsergebnissen auf die aufgewendete Anstrengung) eine der wesentlichen Determinanten der Bewertung anderer Personen ist. Darüber hinaus ist es inzwischen gut belegt, daß die wahrgenommene Kontrollierbarkeit die Hilfeleistung und die Gefühle gegenüber anderen (ob wir sie mögen oder nicht) beeinflußt. Untersuchungen zur Hilfeleistung haben klar gezeigt, daß die Entscheidung, einem anderen zu helfen, zum Teil davon abhängt, worauf wir seine Notlage zurückführen. Berkowitz (1969) fand zum Beispiel, daß einer anderen Versuchsperson eher geholfen wurde, wenn deren Hilfsbedürftigkeit auf das Verschulden des Versuchsleiters zurückzuführen war, anstatt auf das eigene Verschulden der Versuchsperson. Das heißt, eine externale Ursachenzuschreibung führte zu größerer Hilfsbereitschaft als eine internale Attribution (vgl. auch Schopler & Matthews, 1965). Darüber hinaus wurde gefunden, daß innerhalb der internalen Ursachenzuschreibungen die Attribution auf mangelnde Fähigkeit zu größerer Hilfsbereitschaft führt als die Attribution auf mangelnde Anstrengung. Dies zeigte sich zum Beispiel in einem Experiment von Piliavin, Rodin und Piliavin (1969), welche in einer New Yorker U-Bahn einen „Zwischenfall" inszenierten: Ein Mann brach in Gegenwart mehrerer Fahrgäste zusammen und blieb auf dem Fußboden liegen. In einer der Versuchsbedingungen war die Person offenbar betrunken, während sie in einer zweiten Bedingung einen Stock trug (was auf ein mögliches Gebrechen hindeutete). Die Resultate zeigten, daß in der „Stock"-Bedingung mehr Hilfe geleistet wurde als in der „Betrunken"-Bedingung, wahrscheinlich deshalb, weil Betrunkenheit als Ursache des Zusammenbruchs als kontrollierbarer bzw. als stärker selbstverschuldet angesehen wird als Krankheit.

Auf der Grundlage dieser Befunde, sowie auf Grund eigener Untersuchungen schlußfolgerten Ickes und Kidd (1976), daß Hilfeleistung umso unwahrscheinlicher sei, je mehr die Notlage eines Individuums als selbstverschuldet angesehen werde. Attribution auf mangelnde Anstrengung (welche als kontrollierbar angesehen wird) sollte demnach weniger Hilfeleistung hervorrufen. Diese Hypothese wurde in einem Feldexperiment überprüft, in welchem Barnes, Ickes und Kidd (1979) die Bereitschaft von Studenten testeten, einem Kommilitonen ihre Vorlesungsmitschrift zu leihen. Zwei attributionale Dimensionen wurden manipuliert: Stabilität und Kontrollierbarkeit. Die Versuchspersonen (Studenten) wurden angerufen und hörten die folgende Bitte:

Hallo, kann ich bitte (Name der Versuchsperson) sprechen? (Versuchsperson)? Du besuchst doch auch die einführende Psychovorlesung, nicht? Ich heiße (Tony Freeman/Julie Pearson). Ich glaube nicht, daß du mich kennst, aber ich bin auch in der Vorlesung von (Professor X). Ich kenne niemanden aus der Vorlesung, daher habe ich im Psycho-Sekretariat nach der Namensliste der Vorlesungsteilnehmer gefragt; daraus hab' ich deinen Namen. Es ist mir echt unangenehm, daß ich dich belästigen muß, aber ich brauche wirklich etwas Hilfe vor dem Schlußexamen.

Ich glaube, ich (habe einfach nicht die Fähigkeit/Motivation), in der Vorlesung anständig mitzuschreiben; ich (bemühe mich ja/würde es ja schaffen) mitzuschreiben, aber (manchmal gelingt es mir einfach nicht/mir gelingt es einfach nie/manchmal bemühe ich mich einfach nicht genug/ich bemühe mich einfach nie genug). Daher ist meine Mitschrift (manchmal nicht/nie) besonders gut, um daraus für die Prüfung zu büffeln.

Die Versuchsperson wurde dann gefragt, ob sie dem Anrufer ihre Vorlesungsmitschrift leihen könnte, und wenn ja, wie lange er diese behalten könne.

Die Ergebnisse dieser Untersuchung sind in Tabelle 8.8 wiedergegeben. Die Ergebnisse zeigen, daß dem Anrufer am seltensten geholfen wurde, wenn er die Vorlesungsmitschrift auf Grund mangelnder Anstrengung nicht hatte. Attribution auf mangelnde Anstrengung scheint in Hilfesituationen deshalb eine Schlüsselrolle zu spielen, weil Anstrengung als willentlich kontrollierbar angesehen wird – jemand, der sich nicht bemüht hat, verdient es nicht, daß man ihm hilft. Außerdem wird das Ausmaß der Hilfeleistung auch von der Stabilität der wahrgenommenen Ursache der Notlage beeinflußt: Ist die Ursache variabel, könnte der potentielle Helfer bezweifeln, ob die Hilfe wirklich dringend benötigt wird. Tabelle 8.8 zeigt, daß dem Anrufer am ehesten dann geholfen wurde, wenn die wahrgenommene Ursache für die unzureichende Vorlesungsmitschrift in einem stabilen Faktor gesehen wurde.

Tabelle 8.8: Mittlere Anzahl von Hilfeersuchen, denen nachgekommen wurde

	Wahrgenommene Kontrollierbarkeit der Ursache der Notlage des anderen		
Wahrgenommene Stabilität der Ursache der Notlage des anderen	mangelnde Fähigkeit (unkontrollierbar)	mangelnde Anstrengung (kontrollierbar)	$\overline{X}$ =
stabil	4.27*	3.48	3.88
variabel	3.50	2.75	3.13
$\overline{X}$ =	3.90	3.12	

* Höhere Werte bedeuten größere Hilfeleistung.
(nach Barnes, Ickes & Kidd, 1979)

Gefühle für andere

Untersuchungen, in welchen die Kontrollierbarkeitsdimension mit Gefühlen der Zuneigung zu anderen in Beziehung gebracht wurde, sind vor allem auf dem Gebiet der „Einsamkeits"-Forschung (Peplau, Russell & Heim, 1979) durchgeführt worden. Michela, Peplau und Weeks (1978) fanden, daß Personen, deren Einsamkeit von anderen auf als kontrollierbar angesehene Ursachen zurückgeführt wird (z. B. „Bemüht sich einfach nicht, Freunde zu gewinnen"), weniger gemocht werden als Personen, deren Einsamkeit man unkontrollierbaren Ursachen zuschreibt (z. B. „Hat keine Gelegenheit, Leute kennenzulernen"). Darüber hinaus zeigte sich, daß eine einsame Person, wenn sie sich bemüht, Freunde zu gewinnen, gemocht wird und Mitgefühl hervorruft (Wimer & Peplau, 1978). Glaubt man hingegen, die einsame Person sei selbst für ihre Lage verantwortlich, so wird ihr kein Mitgefühl entgegengebracht, und sie wird von den anderen gemieden. Ich nehme an, daß diese emotionalen Reaktionen auch im Leistungskontext auftreten. Sicher wird ein Lehrer einen Schüler, der sich überhaupt nicht anstrengt, nicht besonders mögen, und Mißerfolg, der auf mangelnde Anstrengung zurückgeführt wird, dürfte kaum Mitgefühl hervorrufen.

Abschließende Übersicht über die Beziehung zwischen Kontrollierbarkeitsdimension und Verhalten gegenüber anderen Personen

Attributionen positiver und negativer Ereignisse auf von anderen Personen kontrollierbare Faktoren, wie aufgewendete Anstrengung oder das Bestreben, zu helfen bzw. zu verletzen, intensivieren die Belohnung und Bestrafung dieser Personen. Obwohl die Beziehung zwischen Anstrengungsattribution und Bewertung des Leistungsergebnisses durch das Alter und die Kulturzugehörigkeit des Beurteilers modifiziert wird, kann sie dennoch als allgemeingültig angesehen werden. Darüber hinaus beeinflußt die wahrgenommene Kontrollierbarkeit von Ursachenfaktoren in starkem Maße die Bereitschaft, anderen in einer Notlage zu helfen, ebenso wie unsere Gefühle für andere.

Zusammenfassung: Kausalattributionen im Leistungskontext und ihre unmittelbaren Auswirkungen

Eine Reihe von Informationsquellen werden herangezogen, um im Leistungskontext zu Kausalattributionen zu gelangen. Die wahrgenommenen Ursachen von Erfolg und Mißerfolg sind in erster Linie Fähigkeit und Anstrengung; außerdem gibt es noch eine geringe Anzahl weiterer hervorstechender Faktoren, wie Lehrer und Elternhaus, und eine Unzahl von idiosynkratischen Faktoren. Diese Ursachenfaktoren können in ein dreidimensionales Klassifikationssystem mit den primären Dimensionen Stabilität, Lokation und Kontrollierbarkeit eingeordnet werden. Die Stabilitätsdimension beeinflußt Erwartungsänderungen, die Lokationsdimension selbstwertbezogene Gefühle und die Kontrollierbarkeitsdimension interpersonelle Urteile (Entscheidungen bezüglich Hilfeleistung, Bewertung anderer und Gefühle für andere). Daneben haben die Kausaldimensionen noch sekundäre psychologische Auswirkungen: Stabilität steht im Zusammenhang mit depressionsähnlichen Gefühlen, und auch Kontrollierbarkeit hängt mit bestimmten Gefühlszuständen und Verhaltensweisen zusammen (vgl. 6. Kapitel). Im folgenden werde ich nun zu belegen versuchen, daß Kausalattributionen über ihren Einfluß auf Erwartung und Emotion das Leistungsverhalten beeinflussen.

Auswirkungen auf das Leistungsverhalten

Wiederholt ist in diesem Buch auf die grundlegende Annahme kognitiver Motivationstheorien hingewiesen worden, Verhalten sei eine Funktion der Zielerwartung und der emotionalen Konsequenzen der Zielerreichung. Wie oben aufgezeigt wurde, beeinflussen Kausalattributionen sowohl die Zielerwartungen als auch die emotionalen Reaktionen. Daher sollten Kausalattributionen auch das Verhalten beeinflussen.

Einige der Verhaltenskonsequenzen von Kausalattributionen sind bereits erörtert worden. Zum Beispiel dürften die Effekte von Verstärkungsplänen sowie des Anstrengungsaufwandes auf die Löschungsresistenz durch Kausalattributionen vermittelt sein. In diesem Abschnitt des Kapitels werden verschiedene Aspekte des Leistungshandelns von einer attributionstheoretischen Perspektive aus näher analysiert. Drei Aspekte des Verhaltens werden häufig als die Hauptkennzeichen motivierten Verhaltens angesehen: was man tut oder auswählt (Aufgabenwahl), die Intensität der Handlung, und die Ausdauer des Verhaltens (Persistenz) (Atkinson, 1964). Diese Variablen sollen daher genauer untersucht werden.

Aufgabenwahl

Die attributionstheoretische Erklärung der Aufgabenwahl in Leistungssituationen wurde bereits im 5. Kapitel dargestellt. Dort wurden das Atkinsonsche und das attributionale Modell am Beispiel des Risikowahlverhaltens miteinander konfrontiert. Atkinsons Theorie führt zu der Vorhersage, daß hoch erfolgsmotivierte Personen Aufgaben mittleren Schwierigkeitsgrades bevorzugen, niedrig erfolgsmotivierte dagegen sehr einfache oder sehr schwierige Aufgaben. Diese unterschiedlichen Aufgabenpräferenzen sollten theoretisch für den Erfolgsmotivierten den positiven Affekt maximieren, für den Mißerfolgsmotiverten den negativen Affekt minimieren.

Dagegen nehmen Attributionstheoretiker an, daß Menschen rationale Wesen sind, welche Information sammeln und die kausale Struktur ihrer Umwelt zu verstehen versuchen (Heider, 1958). Es ist behauptet worden, daß infolge dieses Bedürfnisses nach Informationsgewinn eine allgemeine Tendenz zur Bevorzugung von Aufgaben mittlerer Schwierigkeit besteht, und zwar deshalb, weil das Abschneiden bei sehr einfachen und sehr schwierigen Aufgaben relativ wenig Information über das eigene Fähigkeitsniveau und die aufgewendete Anstrengung erbringt. Die typische Erfahrung bei solchen Aufgaben (nämlich Erfolg bei der einfachen, Mißerfolg bei der schwierigen Aufgabe) stimmt mit den sozialen Normen überein und fördert somit Attributionen auf externale Faktoren (Frieze & Weiner, 1971; Kelley, 1967; Weiner & Kukla, 1970). Dagegen kann man wesentlich mehr Information über das eigene Selbst erlangen, wenn man sich wiederholt an Aufgaben mittleren Schwierigkeitsgrades versucht. Da einige der Personen, die sich an solchen Aufgaben versuchen, Erfolg haben, andere hingegen Mißerfolg, wird der Erfolg oder Mißerfolg der Person zugeschrieben. Das heißt, es besteht eher eine Kovariation zwischen Leistungsergebnis und Person als zwischen Leistungsergebnis und Aufgabenschwierigkeit.

Die attributionstheoretische Sichtweise wird durch die Untersuchungen von Meyer et al. (1976), Trope (1975) und Trope und Brickman (1975) gestützt. Die Untersuchungen von Trope (1975) und Trope und Brickman (1975) sind besonders überzeugend. Erinnern wir uns daran, daß diese Forscher ihren Versuchspersonen eine Wahl zwischen Aufgaben ermöglichten, welche sich sowohl hinsichtlich ihrer Schwierigkeit als auch hinsichtlich ihrer „Diagnostizität" unterschieden. Die Diagnostizität einer Aufgabe wurde operational definiert als die Differenz zwischen dem Prozentsatz der hochbegabten und der niedrigbegabten Personen, die bei dieser Aufgabe Erfolg hatten. Die Ergebnisse deuten darauf hin, daß Personen Aufgaben mit hoher Diagnostizität bevorzugen, und zwar unabhängig von der objektiven Aufgabenschwierigkeit. Das heißt also, daß das Ausmaß an Fähigkeitsrückmeldung bzw. „Selbsterkenntnis", welches eine Aufgabe vermittelt, als eine entscheidende Determinante der Aufgabenwahl nachgewiesen wurde.

Intensität und Ausdauer von Leistungsverhalten

Die attributionstheoretische Analyse der Intensität und Ausdauer von Verhalten wurde von drei grundlegenden Annahmen geleitet:

1. Verhalten ist eine Funktion von Erfolgserwartung und Anreizwert (d.h. antizipierten emotionalen Reaktionen auf Leistungsergebnisse).
2. Erwartungen werden von der Stabilität von Ursachenzuschreibungen beeinflußt. Jede Kausalattribution von Mißerfolg auf variable Ursachen, wie z.B. mangelnde Anstrengung oder Pech, wird zu intensiverem und ausdauernderem nachfolgenden Leistungsverhalten führen als Kausalattributionen auf stabile Ursachen wie mangelnde Fähigkeit oder Aufgabenschwierigkeit. Attribution von Mißerfolg auf mangelnde Anstrengung scheint besonders förderlich, da Anstrengung der willentlichen Kontrolle unterliegt.
3. Auch Emotionen werden von der Kausalattribution beeinflußt. Besonders wichtige Handlungsdeterminanten im Leistungskontext sind Gefühle der Adäquatheit versus Inadäquatheit (Kompetenz vs. Inkompetenz). Attributionen von Mißerfolg auf mangelnde Fähigkeit wirken sich besonders

beeinträchtigend auf die zukünftige Leistung aus, verglichen mit Attributionen auf Pech, mangelnde Anstrengung usw.

Die Auswirkungen von Kausalattributionen für Erfolg sind weniger klar als die für Mißerfolg. Es ist zum Beispiel nicht bekannt, ob die Intensität und Ausdauer zukünftigen Verhaltens stärker durch die Attribution von Erfolg auf hohe Fähigkeit oder durch die Attribution auf hohe Anstrengung beeinflußt wird. Einerseits führt die Attribution auf Fähigkeit zu Gefühlen der Kompetenz und des Selbstvertrauens; andererseits vermittelt die Attribution auf Anstrengung das Gefühl der willentlichen Kontrollierbarkeit und erhöht vielleicht auch die Aktivation. Die Forschung hat sich bislang beinahe ausschließlich mit den motivationalen Auswirkungen von Mißerfolgsattributionen beschäftigt, und dies ist zum Teil für die Wissenslücken bezüglich der Effekte von Erfolgsattributionen verantwortlich.

Eine der ersten Untersuchungen, in denen die Auswirkungen von Kausalattributionen für Mißerfolg auf die Intensität des Leistungsverhaltens untersucht wurden, ist bereits früher erörtert worden (Meyer, 1970). In Meyers Experiment erlebten Versuchspersonen bei einer Zahlensymbolsubstitutionsaufgabe fünf aufeinanderfolgende Mißerfolge. Nach jedem Mißerfolg wurde dieser auf die Faktoren mangelnde Fähigkeit, mangelnde Anstrengung, Aufgabenschwierigkeit und/oder Pech attribuiert. Hierauf wurde die Erfolgserwartung für den nächsten Durchgang angegeben. Der Mißerfolg wurde von Meyer dadurch induziert, daß er die Versuchspersonen unterbrach, wenn sie ungefähr 75% der Aufgabe fertiggestellt hatten. Zusätzlich wurde die zum Erreichen dieses Niveaus benötigte Zeit (d.h. die Intensität des Leistungsverhaltens) gemessen.

Abbildung 8.26 zeigt die Beziehung zwischen den Mißerfolgsattributionen nach dem ersten Durchgang und dem Leistungsanstieg (oder -abfall) vom ersten zum zweiten Durchgang. Attributionen auf Pech oder mangelnde Anstrengung (die instabilen Ursachenfaktoren) korrelierten positiv mit Leistungsanstieg. Das heißt: war die Versuchsperson der Meinung, der Mißerfolg sei auf Grund mangelnder Anstrengung zustande gekommen oder sie habe einfach Pech gehabt, so arbeitete sie beim nächsten Durchgang intensiver. Attributionen auf die stabilen Ursachenfaktoren (mangelnde Fähigkeit oder Aufgabenschwierigkeit) korrelierten dagegen negativ mit Leistungssteigerungen: glaubte die Versuchsperson also, der Mißerfolg sei auf mangelnde Fähigkeit oder zu große Aufgabenschwierigkeit zurückzuführen, so ließ sie gewöhnlich von instrumentellem, der Zielerreichung dienlichem Verhalten ab (d.h. strengte sich weniger an). Die Korrelation zwischen Leistungsanstieg und Attribution auf die kombinierten stabilen Ursachenfaktoren betrug r = –.43. Je stärker also der erste Mißerfolg stabilen Ursachen zugeschrieben worden war, desto geringer war der Leistungsanstieg vom ersten zum zweiten Durchgang.

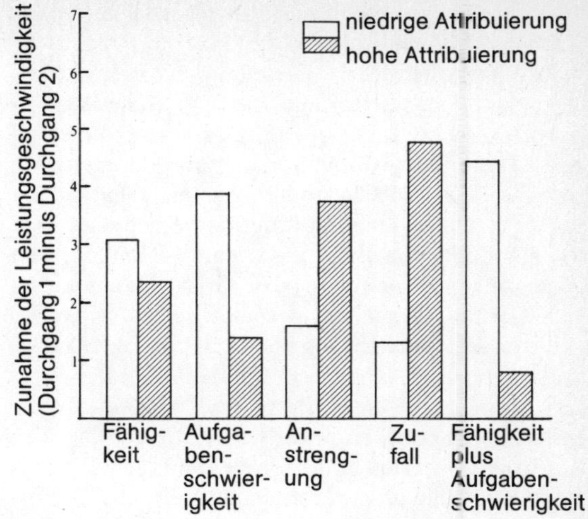

Abbildung 8.26: Intensität des Leistungshandelns (Schnelligkeit in Sekunden; Durchgang 1 minus Durchgang 2) in Abhängigkeit von der Attribution auf die vier Kausalfaktoren und auf die kombinierten stabilen Faktoren. Höhere Werte bedeuten eine größere Zunahme der Geschwindigkeit (nach Meyer, 1970)

Programme zur Veränderung von Kausalattributionen. Der Zusammenhang zwischen Kausalattributionen und Intensität und Ausdauer des Leistungsverhaltens wird am deutlichsten von Untersuchungen zur therapeutischen Beeinflussung der Leistungsmotivation demonstriert. Wenn Kausalattributionen das Verhalten beeinflussen, dann sollten logischerweise Veränderungen von Attributionen Veränderungen des Verhaltens zur Folge haben. Die Ansicht, daß Veränderungen von Kognitionen notwendig und/oder hinreichend für die Veränderung von Verhalten seien, ist von vielen klinischen Psychologen vertreten worden (z.B. Ellis, 1974; Kelly, 1955). Sogar innerhalb des behavioristischen Lagers existiert mittlerweile eine starke Bewegung, welche behauptet, daß „inneres Sprechen“ zur Kontrolle von beobachtbarem Verhalten verwendet werden könne (vgl. Meichenbaum & Cameron, 1974).

Zwei unterschiedliche Forschungsprogramme sind besonders relevant für die therapeutische Modifikation von Attributionen. Das erste entstand aus „Breitband"-Motivänderungsprogrammen (de Charms, 1972; McClelland & Winter, 1969; vgl. 5. Kapitel). Diese Trainingsprogramme bedienen sich einer Vielfalt von therapeutischen Techniken, von denen angenommen wird, daß sie zur Veränderung von Leistungsverhalten geeignet seien, wie z.B. Überredung, Verstärkung und Gruppen- und Einzeltherapie (vgl. McClelland, 1965). Außerdem wird den Teilnehmern dieser Programme auch die Wichtigkeit von Selbstverantwortlichkeit und internaler Kontrolle vermittelt. Insofern sie die Idee der internalen Kontrolle bzw. persönlichen Verursachung ins Spiel bringen, sind diese Programme also durchaus von Relevanz für attributionstheoretische Ansätze. Wieviel die attributionstheoretische Komponente zu ihrer Effektivität beiträgt, kann jedoch nicht abgeschätzt werden, da so viele verschiedene Methoden zur Anwendung kommen.

In der zweiten Art von Trainingsprogrammen, die für die hier vertretene attributionale Verhaltenstheorie von Relevanz sind, wird versucht, Attribution von Mißerfolg auf *mangelnde Fähigkeit* direkt zu beeinflussen. Attribution von Mißerfolg auf mangelnde Fähigkeit scheint besonders verheerende Folgen zu haben. Wiederholt ist darauf hingewiesen worden, daß Fähigkeit eine stabile, internale und unkontrollierbare Ursache darstellt. Wenn daher Mißerfolg mangelnder Fähigkeit zugeschrieben wird, besteht keine „Hoffnung" auf zukünftigen Erfolg. Darüber hinaus erzeugen Attributionen auf mangelnde Fähigkeit Gefühle der Inadäquatheit, von denen man ebenfalls annimmt, daß sie das Leistungsverhalten beeinträchtigen. Tatsächlich sind Gefühle der Inadäquatheit möglicherweise eine Folge der Erkenntnis, daß Erfolg auch in Zukunft nicht erreicht werden kann.

Zur Veränderung der Attribution von Mißerfolg auf mangelnde Fähigkeit wird häufig versucht, sie durch eine Attribution auf *mangelnde Anstrengung* zu ersetzen. Da Anstrengung als variabel und als persönlich kontrollierbar angesehen wird, sollte eine Attribution auf ungenügende Anstrengung die „Hoffnung" aufrechterhalten und somit in manchen Situationen adaptiv sein. Manchmal ist es jedoch auch adaptiv, Mißerfolg externalen Faktoren, wie z.B. „unfairen" gesellschaftlichen Bedingungen, zuzuschreiben und damit das Gefühl niedrigen Selbstwerts zu reduzieren. Ähnlich haben Lao (1970) und Sanger und Alker (1972) argumentiert, welche berichten, daß externale Attributionen bei Schwarzen und Frauen positiv mit Versuchen, ihre Umwelt zu verändern, zusammenhängen.

In einer der grundlegenden Untersuchungen zur Veränderung von Attributionen untersuchten Dweck und Reppucci (1973) die Auswirkungen attributionaler Voreingenommenheiten in Situationen wiederholten Mißerfolgs. Die Versuchspersonen (Kinder) erlebten 30 Durchgänge lang kontinuierlich Mißerfolg bei einer Blockzeichenaufgabe. Anschließend wurden zwei lösbare Probleme präsentiert und die zur Lösung benötigte Zeit gemessen. Einige Zeit vor dem Experiment hatten die Versuchspersonen die *Intellectual Achievement Responsibility* (IAR) Skala, einen von Crandall, Katovsky & Crandall (1965) entwickelten Fragebogen, ausgefüllt. Dieser Fragebogen besteht aus 34 Fragen, die sich auf positive und negative Erfahrungen in Leistungssituationen (z.B. Erfolg oder Mißerfolg bei einer Prüfung) beziehen. Die Versuchspersonen sollen jedesmal die Ursache des Leistungsergebnisses angeben, wobei sie zwischen einer externalen (z.B. jemand hat dir geholfen) und einer internalen vorgegebenen Ursache wählen müssen. Die internalen Ursachen beziehen sich entweder auf die Fähigkeit (z.B. du bist ein guter Spieler) oder auf die aufgewendete Anstrengung (z.B. du hast dich sehr bemüht).

Die Versuchspersonen, welche bei den zwei lösbaren Testaufgaben schlecht abschnitten, wurden als „hilflos", diejenigen, die relativ gut abschnitten, als „ausdauernd" bezeichnet. Tabelle 8.9 zeigt die IAR-Werte der hilflosen und der ausdauernden Kinder, getrennt nach Geschlecht. Aus der Tabelle geht hervor, daß ausdauernde Versuchspersonen höhere

Tabelle 8.9: Mittlere internale IAR-Werte (F = Fähigkeit, A= Anstrengung) für Erfolg (+) und Mißerfolg (–), für hilflose und ausdauernde weibliche und männliche Versuchspersonen

Versuchsperson	+	+F	+A	−	−F	−A
weiblich						
hilflos	13.0	6.2	6.8	10.7	4.8	5.9
ausdauernd	14.7	6.4	8.3	13.1	5.1	8.0
männlich						
hilflos	12.2	5.6	6.6	10.9	4.0	6.9
ausdauernd	14.6	6.5	8.1	13.7	4.6	9.1

Anmerkung: N = 10 in allen Subgruppen
(aus Dweck & Repucci, 1973, S. 115)

internale Attributionen vornehmen als hilflose Versuchspersonen – und zwar sowohl bei Erfolg (+) als auch bei Mißerfolg (−). Eine genauere Analyse der internalen Attributionen zeigt, daß in bezug auf die Fähigkeitsattribution wenig Unterschied zwischen hilflosen und ausdauernden Kindern besteht. Die ausdauernden Versuchspersonen beiderlei Geschlechts haben dagegen eine stärkere Tendenz, ihren Erfolg hoher Anstrengung und ihren Mißerfolg mangelnder Anstrengung zuzuschreiben, als hilflose Versuchspersonen. Das heißt, ausdauerndes Leistungsverhalten hängt mit der Tendenz zur Attribuierung von Leistungsergebnissen auf Anstrengung zusammen.

Dieser korrelationalen Untersuchung folgte der Versuch Dwecks (1975), das Leistungsverhalten von Kindern zu verändern, die „nach Mißerfolg extreme Leistungsverschlechterungen und Erwartungen zukünftigen Mißerfolgs" (S. 676) aufwiesen. Um dieses Verhalten zu verändern, wurden einige solcher Kinder (ausgewählt vom Schulpsychologen, einem Lehrer und dem Schuldirektor) einer experimentellen „Behandlung" unterzogen, in deren Verlauf sie bei einer Serie von Trainingsaufgaben 80% Erfolg und 20% Mißerfolg erlebten. Die Mißerfolgsdurchgänge waren von Attributionen auf mangelnde Anstrengung begleitet: „Du hat nur .... Aufgaben richtig. Das bedeutet, daß du dich hättest stärker anstrengen müssen." (Dweck, 1975, S. 679). Diese „Behandlung" wurde mit einer Kontrollgruppe verglichen, in der die Kinder 100% Erfolg erlebten, aber keine attributionale Information erhielten.

In einer abschließenden Testphase dieses Experiments wurde die Auswirkung von Mißerfolg auf die Leistung festgestellt. Dweck (1975) fand, daß nur das attributionale Interventionsprogramm zu verbesserter Bewältigung von Mißerfolg und zu höherer Intensität des Verhaltens führte (im Vergleich zum Verhalten vor Beginn des Trainings, vgl. Abb. 8.27). Außerdem führte nur dieses Training zu einer verstärkten Tendenz, Mißerfolg auf mangelnde Anstrengung zurückzuführen.

Leider war Dwecks Untersuchung methodisch nicht ganz einwandfrei, da das Attributionstraining mit der Häufigkeit von Erfolgserlebnissen konfundiert wurde. Das heißt, die zwei Versuchsgruppen unterschieden sich nicht nur hinsichtlich des Erhalts bzw. Nichterhalts attributionaler Information, sondern auch in bezug auf den Prozentsatz von Erfolgserlebnissen. In einer nachfolgenden Untersuchung von Chapin und Dyck (1976), in der diese Variablen nicht konfundiert waren, konnten die Ergebnisse von

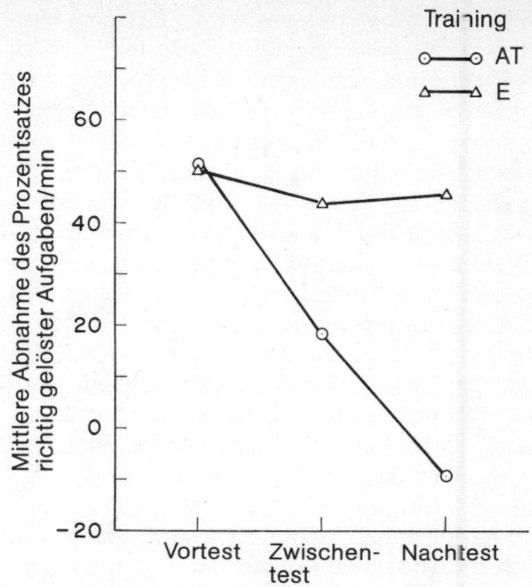

Abbildung 8.27: Mittlere Abnahme des Prozentsatzes richtig gelöster Aufgaben pro Minute nach induziertem Mißerfolg, und zwar beim Vortest, in der Mitte des Trainings, und beim Nachtest, für die Attributionstrainingsgruppe (AT) und die Kontrollgruppe (Erfolgserlebnisse ohne Attributionsinformation; E) (aus Dweck, 1975, S. 682)

Dweck jedoch repliziert werden. Anstelle der Intensität verwendeten diese Forscher die Ausdauer des Leistungsverhaltens als abhängige Variable.

In der Untersuchung von Chapin und Dyck (1976) erhielten Versuchspersonen mit Lernschwierigkeiten intermittierende Verstärkung. Diese war entweder von Anstrengungsattributionen (sowohl bei Erfolg als auch bei Mißerfolg) begleitet oder aber von keiner attributionalen Information. Die Effektivität dieses Trainings wurde festgestellt, indem die Ausdauer der Person bei einer schwierigen Leseaufgabe ermittelt wurde. Wieder wurde gefunden, daß das attributionale Training das Leistungsverhalten positiv beeinflußte (d.h. die Ausdauer erhöhte) (vgl. auch Andrews & Debus, 1978).

Ein weiteres Experiment illustriert, wie die verschiedenen von den Attributionstheoretikern spezifizierten Beziehungen die Intensität des Verhaltens beeinflussen. In dieser von Weiner und Sierad (1975) durchgeführten Untersuchung wurden die Mißerfolgsattributionen von Personen mit unterschiedlicher resultierender Leistungsmotivation experimentell manipuliert. Die Versuchspersonen erlebten vier wiederholte Mißerfolge bei einer Zahlensymbolsubstitutionsaufgabe. Vor dem Mißerfolg wurde eine

Hälfte der Versuchspersonen nach Zufall einer „Drogenattributions"-Gruppe zugewiesen; die andere Hälfte bildete die Kontrollgruppe. Den Versuchspersonen in der „Drogen"-Gruppe wurde ein Placebo verabreicht, welches angeblich die Hand-Augen-Koordination beeinträchtigte – eine Fähigkeit, die als notwendig für ein gutes Abschneiden bei der Zahlensymbolsubstitutionsaufgabe beschrieben wurde. Persönliches Versagen konnte somit der „Droge" zugeschrieben werden. In der Kontrollgruppe wurde kein Versuch unternommen, die Attributionen zu beeinflussen. Für die Kontrollgruppe wurde erwartet, daß hoch leistungsmotivierte Versuchspersonen mangelnde Anstrengung als die Ursache ihres Versagens ansehen würden, niedrig leistungsmotivierte Versuchspersonen dagegen geringe Fähigkeit (vgl. Abb. 8.7).

Man beachte nun, zu welchen Vorhersagen die Erwartungs-Wert-Theorie, wenn sie mit attributionstheoretischen Überlegungen kombiniert wird, für dieses relativ komplexe Experiment führt. Tabelle 8.10 gibt eine Übersicht über die zeitliche Reihenfolge vermittelnder Ereignisse und deren vermutete Auswirkungen auf das Verhalten für niedrig und hoch leistungsmotivierte Versuchspersonen sowohl der Kontroll- als auch der Experimental- („Drogen-") Gruppe. Betrachten wir zuerst die mißerfolgsmotivierten Versuchspersonen. Deren Tendenz, Mißerfolg auf mangelnde Fähigkeit zurückzuführen, wird durch die experimentelle Manipulation verändert, da der Mißerfolg nun der „Droge" zugeschrieben wird. Sowohl mangelnde Fähigkeit als auch die Drogeneffekte werden für die Zeitdauer des Experiments als stabil angesehen. Somit sollte fortgesetzter Mißerfolg erwartet werden bzw. die Erfolgserwartung sollte in beiden Gruppen niedrig sein. Bei der „Droge" handelt es sich jedoch um eine externale Ursache, während Fähigkeit eine internale Ursache ist. Laut Tabelle 8.7 sollte daher in der Experimentalgruppe ein relativ positiveres Selbstwertgefühl erlebt werden als in der Kontrollgruppe, d.h. man sollte sich weniger inkompetent fühlen, wenn man bei einer Aufgabe auf Grund eines vom Versuchsleiter induzierten Drogeneffekts versagt, als wenn man infolge mangelnder Fähigkeit versagt. Auf der Grundlage der Erwartungs-Wert-Theorie wurde vorhergesagt, daß mißerfolgsmotivierte Versuchspersonen daher in der Experimentalgruppe besser abschneiden würden als in der Kontrollgruppe – die Attribution an die „Droge" reduziert die aversiven emotionalen Auswirkungen von Mißerfolg und erhöht auf diese Weise die Leistungsmotivation.

Tabelle 8.10: Abfolge vermittelnder Ereignisse und vermutete Auswirkungen auf das Verhalten bei Versuchspersonen mit hohem und niedrigem Leistungsmotiv in Kontroll- und Experimental („Drogen") Gruppe

	Motivgruppe			
	niedrig	niedrig	hoch	hoch
Versuchsgruppe	Kontrollgruppe	Experimentalgruppe	Kontrollgruppe	Experimentalgruppe
Attribution von Mißerfolg	mangelnde Fähigkeit	„Droge"	mangelnde Anstrengung	„Droge"
Erfolgserwartung	niedrig	niedrig	hoch	niedrig
Negativer Affekt (niedriges Selbstwertgefühl oder Scham)	hoch	niedrig	hoch	niedrig
Leistung	niedrig	hoch	hoch*	niedrig

* im Verhältnis zur selben Motivgruppe in der Experimentalbedingung

Nun zu den Erfolgsmotivierten. Deren Tendenz, ihr Versagen auf mangelnde Anstrengung zurückzuführen, wird durch die experimentelle Manipulation ebenfalls dahingehend verändert, daß der Mißerfolg nun der „Droge" zugeschrieben wird. Die Drogeneffekte werden für die Zeitdauer des Experiments als stabil angesehen, während Anstrengung als veränderlich betrachtet wird. Daher sollte in der Experimentalgruppe die Erfolgserwartung niedriger sein als in der Kontrollgruppe. Zusätzlich handelt es sich bei der „Droge" um eine externale, unbeeinflußbare Ursache, während die aufgewendete Anstrengung von der Person kontrolliert werden kann. Daher sollten in der Drogenattributionsgruppe bei Mißerfolg weniger Schuld- und Schamgefühle empfunden werden.

Kurz, die Erfolgserwartung ist zwar in der „Drogen"-Gruppe niedriger als in der Kontrollgruppe, aber die negativen emotionalen Auswirkungen von Mißerfolg werden durch die Attribution auf die Droge abgeschwächt. Aus diesem Grunde ist es schwierig, die Verhaltensauswirkungen der Drogenattribution genau vorherzusagen. Eine der Verhaltensdeterminanten, nämlich die Erwartung, wird durch die experimentelle Manipulation dahingehend beeinflußt, daß es zu einem Leistungs*abfall* kommen sollte; die zweite Verhaltensdeterminante, Affekt, wird dagegen in Richtung einer möglichen Leistungs*steigerung* beeinflußt. Um die Verhaltensauswirkungen der Drogenattribution exakt vorhersagen zu können, müßte man wissen, wie die Erwartungs- und die Affektkomponente zu gewichten wären bzw. welche relative Bedeutung ihnen für das Verhalten zukommt. Auch müßte Genaueres über die Verhaltensauswirkungen von Gefühlen wie Schuld und Scham bekannt sein.

In einer früheren Publikation (Weiner, 1970) hatte ich die Vermutung geäußert, daß hoch leistungsmotivierte Individuen „realistisch" (S. 103) seien. Konkreter ausgedrückt, habe ich damals angenommen, daß hoch erfolgsmotivierte Individuen Umweltinformationen und die subjektive Wahrscheinlichkeit künftigen Erfolgs stärker gewichten als die vorangegangenen emotionalen Konsequenzen ihrer Handlungen. Falls dies zutrifft, dann sollte der durch die niedrige Erfolgserwartung in der „Drogen"-Gruppe erzeugte Leistungsabfall jeden durch den ebenfalls verringerten negativen Affekt verursachten Leistungsanstieg überwiegen. Daher sollte die Leistung der erfolgsmotivierten Versuchspersonen in der „Drogen"-Gruppe niedriger sein als in der Kontroll-

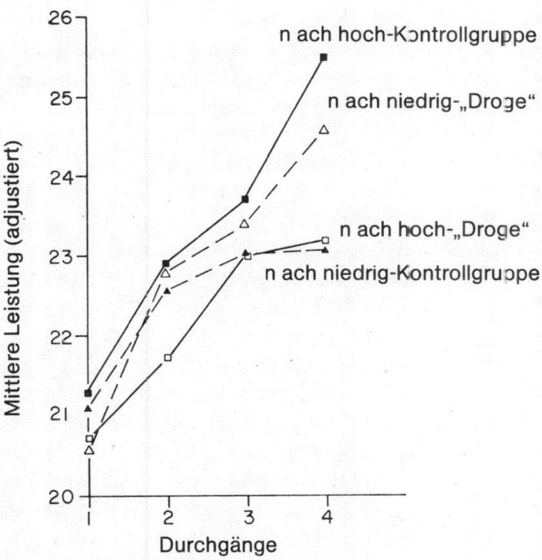

Abbildung 8.28: Mittlere Zunahme der Leistungsgeschwindigkeit (Anzahl der Zahlen-Symbol-Substitutionen) relativ zur Leistung beim Vortest, bei vier Testdurchgängen, in Abhängigkeit von der Höhe des Leistungsmotivs (n ach hoch vs. n ach niedrig) und der Experimentalbedingung („Drogen"- vs. Kontrollgruppe) (aus Weiner & Sierod, 1975, S. 419).

gruppe. Zusammenfassend wurde also vorhergesagt, daß die Attribution auf die Droge die Leistung niedrig erfolgsmotivierter Versuchspersonen erhöhen, diejenige hoch erfolgsmotivierter Versuchspersonen dagegen herabsetzen sollte.

Abbildung 8.28 zeigt die kombinierten Ergebnisse aus zwei identischen Experimenten. Der verwendete Verhaltensindex der Motivation ist die Zunahme in der Geschwindigkeit des Leistungsverhaltens (Anzahl der Zahlensubstitutionen pro Zeiteinheit) in aufeinanderfolgenden Versuchsdurchgängen, relativ zur Leistung bei einem Vortest. Betrachten wir zunächst die Ergebnisse in den Kontrollgruppen. Hier zeigten hoch leistungsmotivierte Personen einen stärkeren Anstieg in der Geschwindigkeit als niedrig leistungsmotivierte. In den Experimentalgruppen zeigten dagegen die niedrig leistungsmotivierten Personen einen stärkeren Anstieg in der Geschwindigkeit ihres Leistungsverhaltens als hoch leistungsmotivierte Versuchspersonen. Diese Bestätigung der Hypothesen unterstützt die attributionale Analyse des Leistungsverhaltens nachhaltig.

Leistungsmotivation aus attributionstheoretischer Sicht

Es ist offensichtlich, daß sich das Atkinsonsche Modell leistungsmotivierten Verhaltens in einer Reihe von Punkten von der attributionstheoretischen Analyse unterscheidet. Das betrifft einmal die Definition des Leistungsbedürfnisses. Atkinson definiert das Erfolgsmotiv als eine "Fähigkeit zum Erleben von Stolz über erbrachte Leistungen" (1964, S. 214). Ferner sind es in Atkinsons Modell emotionale Antizipationen von Erfolg (Hoffnung) und Mißerfolg (Furcht) – die ihrerseits durch geeignete leistungsbezogene Umweltreize ausgelöst werden – welche letztendlich dafür verantwortlich sind, ob ein bestimmtes Leistungsziel angestrebt oder vermieden wird. Das attributionstheoretische Modell schlägt dagegen vor, das Erfolgsmotiv zu definieren als die „Fähigkeit, Erfolg als durch internale Faktoren bedingt und Mißerfolg als durch instabile Faktoren verursacht wahrzunehmen". Die von hoch leistungsmotivierten Personen bei Erfolg erlebten, intensiveren selbstwertbezogenen Gefühle (wie Gefühle des Stolzes und der Kompetenz) werden demnach durch den besonderen Attributions-„stil" dieser Personen vermittelt. Daher ist das Erfolgsmotiv also eher eine kognitive als eine emotionale Disposition. Es wurde ja in diesem Kapitel die Auffassung vertreten, daß Affekte die Folge kognitiver Bewertungsprozesse sind.

Es scheint, daß diesen zwei Modellen des Leistungsverhaltens fundamental verschiedene Konzeptionen der Motivation zugrunde liegen. Auf der einen Seite steht Atkinsons ursprüngliche Konzeption der Leistungsmotivation, welche folgendermaßen dargestellt werden kann:

Reiz → Emotionale Antizipationen (Hoffnungen – Befürchtungen) → Instrumentelle Reaktion

Die theoretische Struktur des attributionalen Modells sieht dagegen folgendermaßen aus:

Reiz → Vermittelnde Kognitionen ↗ Affektive Reaktionen ↘ Instrumentelle Reaktion
Vermittelnde Kognitionen ↘ Erwartung ↗ Instrumentelle Reaktion

Eine Konsequenz der Annahme, daß das Erfolgsmotiv eine kognitive Disposition sei, besteht darin, daß es als möglich erscheint, Erfolgsmotivation durch die Induktion geeigneter Kausalattributionen hervorzurufen. In einer Überprüfung dieser Hypothese ließ Breit (1969) Versuchspersonen Aufsätze schreiben, in denen Erfolg entweder der eigenen Person oder externalen Faktoren zugeschrieben wurde. Versuchspersonen der „internalen" Gruppe zeigten anschließend mehr für hoch Leistungsmotivierte typisches Verhalten als Versuchspersonen der „externalen" Gruppe.

Auch die von Atkinson (1964) als Stütze seiner Theorie zitierten Befunde lassen sich attributionstheoretisch reinterpretieren. Laut Atkinson (1964) sind hoch leistungsmotivierte Personen dadurch charakterisiert, daß sie Leistungsverhalten initiieren, mit hoher Intensität an Leistungsaufgaben arbeiten und bei Mißerfolg nicht aufgeben. Niedrig leistungsmotivierte Personen vermeiden es dagegen, Leistungsaufgaben in Angriff zu nehmen, arbeiten mit verhältnismäßig geringer Intensität und geben auf, sobald sie Mißerfolg erleben. (Wie im 5. Kapitel erwähnt wurde, können die postulierten Beziehungen zwischen resultierender Leistungsmotivation und verschiedenen Verhaltensaspekten allerdings nicht als definitiv bestätigt angesehen werden.)

Wie könnten diese Unterschiede zwischen Erfolgs- und Mißerfolgsmotivierten im Rahmen eines attributionstheoretischen Modells erklärt werden? Wir erinnern uns an die Befunde, die darauf hindeuten, daß Personen mit unterschiedlicher resultierender Leistungsmotivation sich hinsichtlich ihrer Kausalattributionen für Erfolg und Mißerfolg unterscheiden. Es wurde die Ansicht vertreten, daß Erfolgsmotivierte Erfolg hoher Fähigkeit und Anstrengung, Mißerfolg dagegen einem Mangel an Anstrengung zuschreiben. Mißerfolgsmotivierte zeigen demgegenüber keine klaren attributionalen Präferenzen bei Erfolg und schreiben Mißerfolg mangelnder Fähigkeit zu (vgl. Abb. 8.7).

Nun zu der Hypothese, daß Erfolgsmotivierte eher leistungsbezogene Aktivitäten *in Angriff nehmen* als Mißerfolgsmotivierte. Ausgehend von einer großen Anzahl von Untersuchungen im Rahmen der Lerntheorien nehmen Attributionstheoretiker an, daß freies Wahlverhalten bzw. die Entscheidung dafür, Leistungsaufgaben in Angriff zu nehmen, teilweise durch die Lerngeschichte determiniert sei. Erfolgsmotivierte hatten ihre früheren Erfolge internalen Faktoren (Fähigkeit, Anstrengung) zugeschrieben. Daher erlebten sie Gefühle der Kompetenz, welche eine „Belohnung" für das Leistungsverhalten darstellten. Die attributionalen „Voreingenommenheiten" Erfolgsmotivierter erhöhen somit die Wahrscheinlichkeit nachfolgenden Leistungsverhaltens:

Hohe resultierende Leistungsmotivation ↘ Zuschreibung von Erfolg zu internalen Ursachen → Stolz über die erbrachte Leistung, Kompetenzgefühle ↗ Tendenz zu erneutem Leistungsverhalten

Insofern Mißerfolgsmotivierte weniger stark dazu tendieren, erlebten Erfolg ihrer Fähigkeit und Anstrengung zuzuschreiben, erleben sie auch abgeschwächte Erfolgsgefühle („Belohnungen") bei Erfolg und werden leistungsbezogene Tätigkeiten mit geringerer Wahrscheinlichkeit in Angriff nehmen als Erfolgsmotivierte.

Was die *Intensität* des Leistungsverhaltens betrifft, so ist die Tatsache von Bedeutung, daß Erfolgsmotivierte erlebten Erfolg hoher Anstrengung und Mißerfolg mangelnder Anstrengung zuschreiben. Somit nehmen sie also eine Kovariation von Anstrengung und Ergebnis wahr, d.h. aufgewendete Anstrengung wird als eine wichtige Determinante des Leistungsergebnisses angesehen. Infolgedessen strengen sie sich bei Leistungsaufgaben stärker an, denn Anstrengung wird als notwendig für Erfolg erachtet. Dagegen gibt es bei Mißerfolgsmotivierten kaum Unterschiede in der Anstrengungsattribution zwischen Erfolg und Mißerfolg (vgl. Abb. 8.7). Anscheinend nehmen diese Personen keine Kovariation zwischen Anstrengung und Leistungsergebnis wahr bzw. glauben nicht an die Effektivität von Anstrengung. Infolgedessen zeigen sie relativ wenig intensives Leistungsverhalten.

Auch scheinen *alle* Individuen bei Aufgaben mittleren Schwierigkeitsgrades am intensivsten zu arbeiten (obwohl Atkinson dies nur bei Erfolgsmotivierten erwartet). Die attributionstheoretische Analyse der Beziehung zwischen Aufgabenschwierigkeit und Intensität des Leistungsverhaltens beruht ebenfalls auf der Anstrengungsattribution. Aufgabenschwierigkeit kann als ein Hinweisreiz angesehen werden, der zu unterschiedlichen Annahmen bezüglich der Effektivität von Anstrengung führt. Bei einer einfachen Aufgabe dürfte Anstrengung als belanglos für das Erzielen von Erfolg, bei einer sehr schwierigen Aufgabe dagegen als „Vergeudung von Energie" angesehen werden. Daher wird Anstrengung wahrscheinlich bei Aufgaben mittleren Schwierigkeitsgrades die größte Rolle spielen.

Um die wahrgenommene Beziehung zwischen Anstrengung und Aufgabenschwierigkeit genauer zu erforschen, ließen Weiner, Heckhausen, Meyer und Cook (1972) Versuchspersonen die „Wichtigkeit von Anstrengung als eine Determinante des Leistungsergebnisses" (wobei nicht zwischen Erfolg und Mißerfolg unterschieden wurde) für fünf Aufgaben unterschiedlichen Schwierigkeitsgrades (10%, 30%, 50%, 70% und 90% anderer, die bei dieser Aufgabe erfolgreich abschnitten), beurteilen. Später in diesem Experiment wurden die Versuchspersonen auch gefragt, bei welcher dieser Aufgaben sich ihrer Meinung nach Anstrengung am meisten bezahlt machen würde. Beide Fragen sollten beantwortet werden, indem die Versuchspersonen die fünf unterschiedlich schwierigen Aufgaben in eine entsprechende Rangreihenfolge brachten.

Die Ergebnisse dieser Untersuchung zeigt Abbildung 8.29. Am wichtigsten für das Leistungsergebnis wird Anstrengung bei Aufgaben mittleren Schwierigkeitsgrades angesehen, und es wird die Meinung vertreten, daß es am zweckmäßigsten sei, sich bei solchen Aufgaben anzustrengen. Die übrigen Bedingungen sind relativ symmetrisch um das mittlere Schwierigkeitsniveau verteilt.

Was schließlich die *Ausdauer* des Leistungsverhaltens betrifft, so ist die Tatsache von Bedeutung, daß Erfolgsmotivierte erlebten Mißerfolg auf mangelnde Anstrengung zurückführen. Anstrengung ist variabel und willentlich kontrollierbar; sie kann also bei zukünftigen Aufgaben intensiviert werden. Diese attributionale Tendenz resultiert in der Aufrechterhaltung der „Hoffnung" und in der Fortsetzung zielstrebigen Handelns nach erlebtem Mißerfolg. Dagegen schreiben niedrig leistungsmotivierte Personen Mißerfolg mangelnder Fähigkeit zu. Fähigkeit wird als stabile und nicht willentlich kontrollierbare Verhaltensursache angesehen (in den meisten Leistungsbereichen verändert sie sich nicht von einer Gelegenheit zur nächsten.) Außerdem fühlen sich niedrig Leistungsmotivierte inkompetent, wenn sie versagen. Daher geben sie bei Mißerfolg auf.

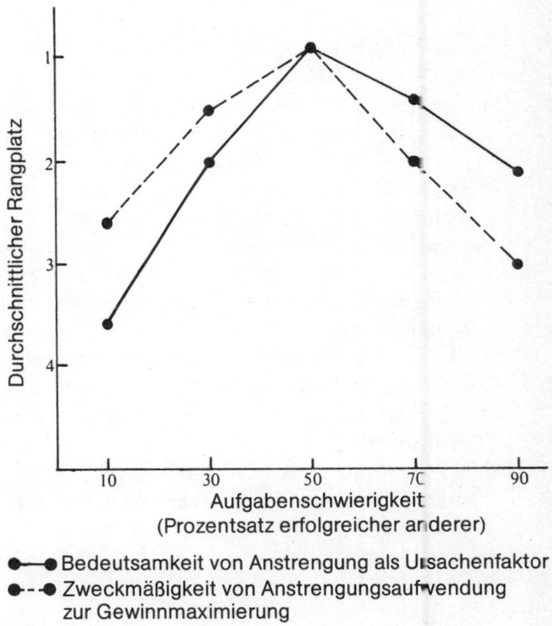

Abbildung 8.29: Wahrgenommene Wichtigkeit von Anstrengung als Determinante des Leistungsergebnisses und Meinungen hinsichtlich der Zweckmäßigkeit von Anstrengungsaufwendung in Abhängigkeit von der Aufgabenschwierigkeit (aus Weiner, Heckhausen, Meyer & Cook, 1972, S. 246)

Die attributionstheoretische Analyse der Atkinsonschen Konzeption der Leistungsmotivation läßt sich also folgendermaßen zusammenfassen: Interindividuelle Unterschiede im Leistungsmotiv ebenso wie situative Faktoren (wie z.B. die Aufgabenschwierigkeit) beeinflussen die Kausalattribution von Erfolg und Mißerfolg. Diese Kausalattributionen beeinflussen dann ihrerseits nachfolgendes Leistungsverhalten. Genauer gesagt läßt sich aus der vorangegangenen Diskussion – akzeptiert man die von Atkinson zitierten Befunde – folgendes entnehmen:

…eildarstellung einer attributionalen Theorie der Motivation

…ngungen →	*wahrgenommene Ursachen* →	*Kausaldimensionen* →	*unmittelbare Auswirkungen* →	*Weitere Auswirkungen*
Spezifische Information Kausale Schemata Individuelle Unterschiede	Fähigkeit Anstrengung (typische, kurzfristige)	Stabilität ⟶	Erwartungsänderungen	Intensität des Leistungsverhaltens; Ausdauer
		Lokation ⟶	Selbstwertgefühle	
Verstärkungspläne Weitere Antezedenzien	andere Ursachen (andere Studenten, Familie Lehrer) Motivation (Aufmerksamkeit, Interesse)	Kontrollierbarkeit ⟶	Gefühle für andere; interpersonelle Bewertungen	Aufgabenwahl andere

A. Personen mit hoher resultierender Leistungsmotivation
   (1) nehmen leistungsbezogene Aktivitäten in Angriff (dies wird durch die Attribution von Erfolg auf hohe Fähigkeit und Anstrengung vermittelt, was die positiven Gefühle nach Erfolg und damit die „Belohnung" erhöht);
   (2) geben bei Mißerfolg nicht gleich auf (dies wird durch die Attribution von Mißerfolg auf mangelnde Anstrengung vermittelt, die als veränderbar angesehen wird);
   (3) bevorzugen Aufgaben mittleren Schwierigkeitsgrades (weil solche Aufgaben am meisten Information für die Selbsteinschätzung erbringen);
   (4) zeigen relativ intensives Leistungsverhalten (vermittelt durch die Überzeugung, daß das Leistungsergebnis von der aufgewendeten Anstrengung abhängt).

B. Personen mit niedriger resultierender Leistungsmotivation
   (1) nehmen von sich aus keine leistungsbezogenen Aktivitäten in Angriff (dies ist auf die relativ stärkere Attribution von Erfolg auf externale Faktoren zurückzuführen, sowie auf die Nichtberücksichtigung von Anstrengung als Ursachenfaktor, was abgeschwächte belohnende Selbstwertgefühle zur Folge hat);
   (2) geben bei Mißerfolg auf (vermittelt durch die Attribution von Mißerfolg auf mangelnde Fähigkeit, eine als unkontrollierbar und stabil angesehene Verhaltensursache);
   (3) bevorzugen leichte oder schwierige Aufgaben (solche Aufgaben liefern minimale für die Selbsteinschätzung relevante Information);
   (4) zeigen relativ wenig intensives Leistungsverhalten (vermittelt durch den Glauben, daß das Leistungsergebnis verhältnismäßig unabhängig von der aufgewendeten Anstrengung ist).

Abschließender theoretischer Überblick

Eine Zusammenfassung der attributionalen Motivationstheorie findet sich in Tabelle 8.11. Wie aus der Tabelle hervorgeht, hängen die jeweiligen Kausalattributionen von Erfolg und Mißerfolg, zu denen ein Individuum gelangt, von einer Reihe von Hinweisreizen, individuellen Unterschieden sowie von der Verwendung bestimmter kausaler Schemata ab (Einzelheiten finden sich in Tab. 8.2). Die wichtigsten Ursachenfaktoren bei der Kausalattribution von Leistungsergebnissen sind Fähigkeit und Anstrengung, aber viele weitere Faktoren sind ebenfalls bedeutsam. Alle diese Ursachenfaktoren lassen sich auf drei grundlegenden Dimensionen charakterisieren: Stabilität (stabil versus variabel), Lokation (internal versus external) und Kontrollierbarkeit (kontrollierbar versus unkontrollierbar). Die Stabilitätsdimension hängt mit Erwartungsänderungen zusammen, die Lokationsdimension mit selbstwertbezogenen Gefühlen und die Kontrollierbarkeitsdimension mit interpersonellen Bewertungen und Gefühlen. Die Dimensionen der Kausalität beeinflussen eine Vielzahl von Verhaltensweisen.

Geltungsbereich der Theorie

Zu Beginn dieses Kapitels wurde erwähnt, daß der Bereich leistungsmotivierten Verhaltens nur das ursprüngliche Forschungsgebiet für die Entwicklung einer attributionalen Verhaltenstheorie dargestellt habe und daß die Theorie einen wesentlich breiteren

Geltungsbereich besitze. Im folgenden Abschnitt soll diese Behauptung belegt werden, indem gezeigt wird, auf welch ein breites Spektrum von Phänomenen sich der attributionale Ansatz anwenden läßt. Darüber hinaus liefert die in Tabelle 8.11 skizzierte Theorie auch Richtlinien für eine allgemeine Methode der psychologischen Analyse.

Entscheidungen von Bewährungskommissionen auf dem Gebiet des Strafvollzugs

Die Entscheidung einer Kommission zur Gewährung bedingter Strafaussetzung ist ein komplexer Urteilsprozeß, bei dem Kausalattributionen eine wesentliche Rolle spielen. Abbildung 8.30 zeigt ein von Carroll und Payne (1976, 1977) entwickeltes Modell dieses Entscheidungsprozesses. Aus der Abbildung ist ersichtlich, daß die Mitglieder der gerichtlichen Kommission mit einer Vielzahl von Informationen über die straffällig gewordene Person, das von ihr begangene Verbrechen und weitere relevante Einzelheiten versorgt werden. Diese Informationen werden kombiniert und resultieren in bestimmten Attributionen bezüglich der Ursache der Straftat. Die Kausalattributionen beeinflussen dann ihrerseits Urteile über die verdiente Strafe und über das Wiederholungsrisiko, welche schließlich die Grundlage für die endgültige Entscheidung der Kommission darstellen.

Nach Durchsicht einer Vielfalt einschlägiger Literatur gelangen Carroll und Payne (1976) zur Ansicht, daß der Entscheidungsprozeß der Bewährungskommission

> ... auf einem einfachen zweiteiligen Modell beruht. Im ersten Teil geht es hauptsächlich darum, eine Bestrafung zu finden, die der jeweiligen Straftat angemessen ist ... Im zweiten Teil ... besteht das Hauptinteresse darin ... das Risiko eines Rückfalls einzuschätzen, d. h. die Wahrscheinlichkeit, daß die auf Bewährung entlassene Person erneut die Gesetze verletzt (S. 15).

Laut Abbildung 8.30 sollten Straftaten, die *internalen und/oder intentionalen* Ursachen zugeschrieben werden (z. B. Persönlichkeitseigenschaften, bösen Absichten u. ä.) strenger beurteilt (und bestraft) werden als Verbrechen, welche auf externale und/oder nicht-intentionale Ursachen (z. B. ungünstige ökonomische Verhältnisse, schlechte Freunde) zurückgeführt werden. Dies spiegelt sich zum Beispiel in der im Gesetz verankerten Unterscheidung zwischen Mord einerseits und Totschlag andererseits wider; auch ist es konsistent mit den von Piaget, Kohlberg und anderen gefundenen subjektiven Determinanten des moralischen Urteils. Das Risiko eines Rückfalls sollte dagegen von der *Stabilität* der wahrgenommenen Ursache der Straftat abhängig sein. Wenn das Verbrechen zum Beispiel einer stabilen Persönlichkeitseigenschaft zugeschrieben wird, dann wird wahrscheinlich eher mit einem Rückfall gerechnet werden. Haben sich hingegen die als ursächlich angesehenen Umstände inzwischen geändert (z. B. die ökonomischen Verhältnisse haben sich gebessert, schlechte Freunde sind fortgezogen, ein Rehabilitationsprogramm war erfolgreich), so dürfte ein Rückfall als weniger wahrscheinlich angesehen werden.

Infolgedessen sollten die Chancen eines Straftäters, auf Bewährung freigelassen zu werden, dann am geringsten sein, wenn die Ursache der Straftat als internal und/oder intentional und als stabil angesehen wird („Er ist ein mißratener Bursche mit üblen Absichten"). Umgekehrt dürften die Chancen, auf Bewährung freigelassen zu werden, dann am höchsten sein, wenn die Straftat als durch externale und/oder nicht-intentionale und variable Faktoren verur-

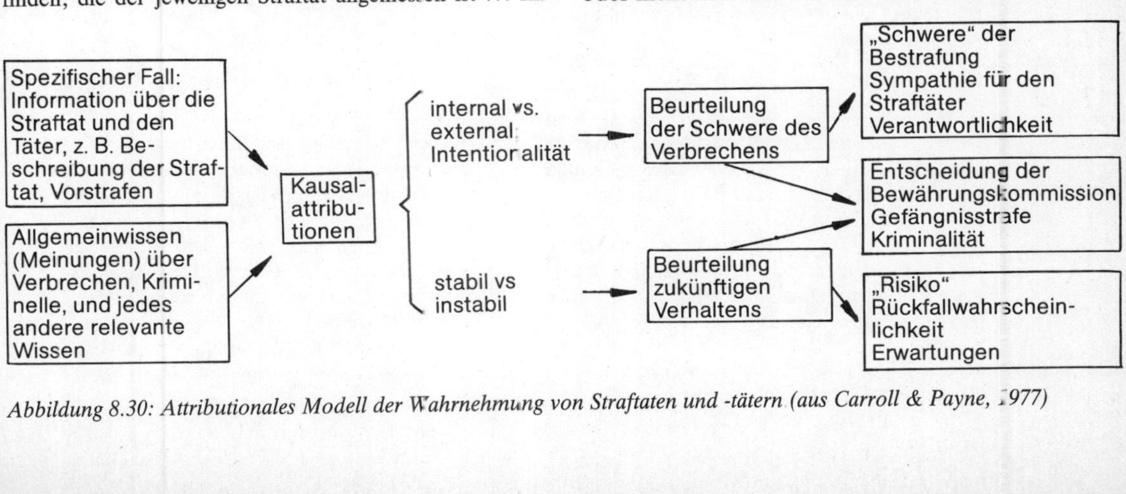

Abbildung 8.30: Attributionales Modell der Wahrnehmung von Straftaten und -tätern (aus Carroll & Payne, 1977)

sacht angesehen wird (z.B. frühere ökonomische Verhältnisse). Die übrigen Kombinationen von Lokation/Intentionalität und Stabilität sollten zu zwischen diesen Extremen liegenden Beurteilungen des Straffälligen führen. Carroll und Payne haben diese Hypothesen empirisch stützen können, indem sie die Entscheidungen professioneller Mitglieder von Bewährungskommissionen sowie solche von Studenten bei simulierten Fällen untersuchten. Carroll und Payne fanden, daß die wahrgenommene Lokation, Stabilität und Intentionalität der als verantwortlich angesehenen Ursachen signifikant mit Variablen wie der dem Straftäter zugeschriebenen Verantwortung für das Verbrechen, der beurteilten Wahrscheinlichkeit eines Rückfalls, der Sympathie für den Straftäter, der Länge der Gefängnisstrafe und der angegebenen Begründung für die Strafe korrelierten.

Zum Beispiel wurden in einem der Experimente von Carroll und Payne Studenten acht mögliche Ursachen für eine Straftat beschrieben. Diese Ursachen repräsentierten die möglichen Kombinationen der Kausaldimensionen Lokation, Stabilität und Intentionalität (letztere ist in diesem – moralischen – Kontext angemessener als Kontrollierbarkeit). Eine internale, stabile und intentionale Ursache wird zum Beispiel durch den folgenden Fall illustriert:

Mr. Green, fünfundzwanzig Jahre alt, ist für schuldig befunden worden, einen Mord zweiten Grades begangen zu haben. Die Tat passierte in einer Bar, wo er zusammen mit dem Opfer trank und sich mit ihm unterhielt. Es entwickelte sich ein Streit, man begann einander zu stoßen und zu schlagen. Mr. Green zog eine Schußwaffe und gab mehrere Schüsse auf das Opfer ab, welches auf dem Weg in das Krankenhaus seinen Verletzungen erlag. Mr. Green ergab sich der vom Barkellner gerufenen Polizei.

Vorstrafen liegen nicht vor.

Bei der Vernehmung stellt sich heraus, daß der Täter sich diese Tat seit einiger Zeit überlegt und verschiedene Pläne entwickelt hatte.

Eine externale, stabile und nicht-intentionale Ursache wurde dagegen wie folgt beschrieben:

Mr. Green, fünfundzwanzig Jahre alt, ist für schuldig befunden worden, einen Mord zweiten Grades begangen zu haben. Die Tat passierte in einer Bar, wo er zusammen mit dem Opfer trank und sich mit ihm unterhielt. Es entwickelte sich ein Streit, man begann einander zu stoßen und zu schlagen. Mr. Green zog eine Schußwaffe und gab mehrere Schüsse auf das Opfer ab, welches auf dem Weg in das Krankenhaus seinen Verletzungen erlag. Mr. Green ergab sich der vom Barkellner gerufenen Polizei.

Vorstrafen liegen nicht vor.

Bei der Vernehmung stellt sich heraus, daß der Täter keinen guten Arbeitsplatz finden konnte, da sein Beruf der

Tabelle 8.12: Ursachenmanipulation im Experiment von Carroll & Payne (1977)

	stabil	instabil
	intentional	
internal	Bei der Vernehmung stellt sich heraus, daß er sich diese Tat seit einiger Zeit überlegt und verschiedene Pläne entwickelt hatte.	Bei der Vernehmung stellt sich heraus, daß er einem Augenblicksentschluß gefolgt war und die Konsequenzen bewußt zur Seite geschoben hatte.
external	Bei der Vernehmung stellt sich heraus, daß er von seiner alten Mutter und seiner Familie andauernd unter Druck gesetzt wurde, Dinge für sie zu erledigen, mehr Geld zu verdienen, und auf seine Freizeit zu verzichten.	Bei der Vernehmung stellt sich heraus, daß seine Frau ihn ohne Vorwarnung informiert hatte, sie wolle sich von ihm scheiden lassen.
	nicht-intentional	
internal	Bei der Vernehmung stellt sich heraus, daß er aggressiv veranlagt ist und viele feindselige Gefühle gegenüber der Gesellschaft im allgemeinen zeigt. Es fällt ihm schwer, die sozialen Regeln zu befolgen.	Bei der Vernehmung stellt sich heraus, daß er in depressiver Stimmung war, getrunken hatte, und von einem plötzlichen Impuls überwältigt wurde.
external	Bei der Vernehmung stellt sich heraus, daß er keinen guten Arbeitsplatz finden konnte, da sein Beruf der Automatisierung zum Opfer gefallen war. Dies habe ihm seit einiger Zeit schwer zu schaffen gemacht.	Bei der Vernehmung stellt sich heraus, daß er aufgrund der wirtschaftlichen Verhältnisse vorübergehend arbeitslos geworden war. Zum Zeitpunkt der Tat schienen mehrere Umstände zusammenzukommen, die dazu führten, daß die Tat geschah.

(aus Carroll & Payne, 1977, S. 201)

Automatisierung zum Opfer gefallen war. Dies habe ihm seit einiger Zeit schwer zu schaffen gemacht.

Tabelle 8.12 zeigt die jeweiligen Kausalinformationen in den acht experimentellen Bedingungen.

Anschließend gaben die Versuchspersonen an, welche Gefängnisstrafe ihrer Meinung nach verhängt werden sollte. Carroll und Payne (1977) berichten:

Nimmt man den Durchschnittswert von acht verschiedenen Straftaten, so wurden solche mit internalen Ursachen mit 7.8 Jahren, solche mit externalen Ursachen dagegen mit 4.4 Jahren geahndet. Verbrechen mit stabilen Ursachen wurden im Durchschnitt mit 7.1 Jahren bestraft, gegenüber 5.1 Jahren bei variablen Ursachen. Die Effekte dieser Dimensionen waren additiv, so daß die Attribution an internale *und* stabile Faktoren zu durchschnittlich 9.1 Jahren Gefängnis, gegenüber 3.6 Jahren bei externalen und variablen Faktoren, führte.

Diese Resultate waren allerdings nicht ganz so eindeutig, wenn professionelle Kommissionsmitglieder als Versuchspersonen verwendet wurden. Letztere verfügen über spezielle Informationen, welche ihre Urteile beeinflussen. Sie wissen zum Beispiel, daß Mörder in der Regel keine Wiederholungstäter sind. Solches Wissen, das die Durchschnittsbevölkerung nicht besitzt, geht in ihren Urteilsprozeß mit ein.

Zusammenfassend kann man also festhalten, daß der Prozeß der Entscheidung in Bewährungskommissionen – nach Carroll und Payne – konzeptuell der in Leistungskontexten beobachteten Sequenz von Ereignissen ähnelt: Andezedensinformation wird verarbeitet; dies resultiert in einer Kausalattribution; die Ursache wird hinsichtlich ihrer Ausprägung auf den Dimensionen Lokation, Stabilität und Intentionalität eingestuft; und dies beeinflußt die Bewertung und die Erwartung, welche zu den wichtigsten Determinanten der Entscheidung von Bewährungskommissionen gehören.

Anschlußbedürfnis und Einsamkeit

Man hat behauptet, daß es in unserer Kultur zwei vorherrschende Quellen der Motivation gebe: Leistung und soziale Anerkennung (oder, in Freuds allgemeineren Begriffen, *Arbeit und Liebe*). Es ist daher durchaus naheliegend, wenn man sich bei der Entwicklung einer allgemeinen Verhaltenstheorie dem Bereich der Anschlußmotivation zuwendet.

Eine von der in Tabelle 8.11 dargestellten Theorie angeregte attributionale Analyse der Anschlußmotivation beschäftigt sich speziell mit dem Phänomen der *Einsamkeit.* Einsamkeit wird dabei als „soziales Versagen" aufgefaßt (Gordon, 1976; Stein & Bailey, 1973). Hanusa (1975) und Heim (1975) untersuchten die wahrgenommenen Ursachen für sozialen Erfolg und Mißerfolg und fanden, daß diese den wahrgenommenen Ursachen von Erfolg und Mißerfolg im Leistungskontext recht ähnlich sind. Die häufigsten von Studenten angegebenen Ursachen für Einsamkeit sind externale Umstände (z. B. „Ich befand mich in einer Situation, in der ich nur schwer Freunde finden konnte") sowie mangelnde Anstrengung bei der Suche nach Freunden (vgl. Peplau, Russell & Heim, 1979).

Michela und Peplau (1977) versuchten, die den wahrgenommenen Ursachen von Einsamkeit zugrunde liegenden Dimensionen mit Hilfe eines multidimensionalen Skalierungsverfahrens zu ermitteln. Dreizehn mögliche Ursachen von Einsamkeit wurden den Versuchspersonen in allen möglichen paarweisen Kombinationen vorgelegt und von ihnen nach der wahrgenommenen Ähnlichkeit beurteilt. Die erhaltenen Ähnlichkeitsbeurteilungen bildeten die Ausgangsdaten für ein multidimensionales Skalierungsverfahren. Es ergab sich eine dreidimensionale Lösung; die drei Dimensionen wurden folgendermaßen etikettiert: 1) Lokation (mit Ursachen wie „physisch unattraktiv", „zu schüchtern" auf der internalen Seite und Ursachen wie „unpersönliche Situation", „keine Gelegenheit, jemanden kennenzulernen" auf der externalen Seite); 2) Stabilität (mit Ursachen wie „unangenehme Persönlichkeit" und „physisch unattraktiv" am stabilen Pol und Ursachen wie „keine Gelegenheit, jemanden kennenzulernen" und „strengt sich nicht genug an, jemanden kennenzulernen" am variablen Pol); 3) Kontrollierbarkeit oder Intentionalität (mit kontrollierbaren Ursachen wie „strengt sich nicht genug an, jemanden kennenzulernen" und „weiß nicht, was er tun muß" einerseits und unkontrollierbaren oder nicht-intentionalen Ursachen wie „physisch unattraktiv" und „andere haben ihre eigenen Bezugsgruppen" andererseits). Auf der Grundlage dieser Daten kommen Michela und Peplau (1977) zu dem Schluß:

Insgesamt ... scheinen diese Ergebnisse recht gut die Anwendbarkeit von Weiners dimensionalem Modell der Attributionen im Leistungskontext auf das „soziale Versagen" der Einsamkeit zu bestätigen. Intuitive und empirische Prozeduren zur Identifizierung der grundlegenden Dimensionen resultierten in Dimensionen, die denen von Weiner sehr ähnlich sind. Dieses Ergebnis ist umso beeindruckender, als in vorangegangenen Untersuchungen leistungsmotivierten Verhaltens im Vergleich zur vorliegenden Untersuchung ganz andere Methoden angewendet wurden. Weiners Modell wurde ursprünglich durch einen *deduktiven* Prozeß erhalten – von Eigenschaften spezifischer Ursachen ausgehend, wurde auf generelle Ursachendimensionen geschlossen, und anschließend wurden Vorhersagen, die sich aus dem so gewonnenen Modell ableiten ließen, empirisch überprüft. Dagegen beruhte die vorliegende Untersuchung von Beginn an auf einem *induktiven* Vorgehen (nämlich der multidimensionalen Skalierung), um die Dimensionen auf empirischem Wege zu gewinnen (S. 4).

Die Frage, die offen bleibt, ist, ob Kausalfaktoren und Kausaldimensionen im Bereich der Einsamkeit im selben Zusammenhang mit Emotionen, Erwartungen und Bewertungen stehen wie im Bereich leistungsmotivierten Verhaltens. Intuitiv scheint das der Fall zu sein. Einsamkeit, welche internalen Faktoren wie „physisch unattraktiv" oder „unangenehme Persönlichkeit" zugeschrieben wird (Ursachen, die etwa „mangelnder Fähigkeit" im Leistungsbereich entsprechen), sollte zu intensiveren negativen Gefühlen und Selbstwertverlust (bzw. Gefühlen von Inkompetenz und mangelndem Selbstvertrauen) führen als Attribution auf externale Ursachen wie „Mangel an Gelegenheiten" oder „andere haben ihre eigenen Bezugsgruppen". Darüber hinaus kann man vernünftigerweise annehmen, daß instabile Ursachen für „soziales Versagen" zu höheren Erwartungen hinsichtlich zukünftigen Erfolgs beim Versuch, Anschluß zu finden, führen werden als Attribution auf stabile Ursachen. In Übereinstimmung mit diesen Vermutungen fand Folkes (1982), daß die Ablehnung eines Rendezvous, wenn sie auf internale Ursachen zurückgeführt wird, zu „verletzten Gefühlen" führt und daß Attribution auf stabile Ursachen („Sie mochte meine Persönlichkeit nicht") in geringeren Erwartungen resultiert, zum anderen doch noch eine Beziehung aufbauen zu können, als Zurückweisung infolge von wahrgenommenen variablen Ursachen (z. B. wegen einer bereits getroffenen Verabredung). Insbesondere ältere Personen schreiben Gefühle der Einsamkeit stabilen Ursachen zu und geben ihrer Überzeugung Ausdruck, daß nichts diese Situation verändern könne (vgl. Peplau et al., 1979). Darüber hinaus stehen stabile und internale Ursachen in enger Beziehung zu Gefühlen der Verzweiflung. Emotion und Erwartung dürften ihrerseits wahrscheinlich eine Vielzahl von instrumentellen Handlungen beeinflussen, die mit der Anschlußmotivation zusammenhängen.

Neben dem tiefgreifenden Effekt, den Attributionen auf das eigene Verhalten haben, beeinflussen sie auch die Beziehungen zu anderen Personen. Eine attributionale Analyse der Kontrollierbarkeitsdimension im Kontext von Einsamkeit legt nahe, daß

... Menschen gegenüber Personen, die unter Einsamkeit leiden, mitfühlender sind, wenn diese als Opfer der Umstände angesehen werden und wenn sie sich bemüht haben, ihre Einsamkeit zu überwinden. Wer dagegen selbst für seine Einsamkeit verantwortlich ist, „verdient es", zu leiden, erfährt weniger Mitgefühl und wird mit geringerer Wahrscheinlichkeit als sympathische Person angesehen (Peplau et al., 1979).

Zur Stütze dieser allgemeinen Hypothese berichten Peplau et al. Ergebnisse einer Untersuchung, in der Studenten gebeten wurden, sich eine Person vorzustellen, die sich einsam fühle, und zwar auf Grund einer von dreizehn häufigen Ursachen (z. B. Schüchternheit, mangelnde Gelegenheit). Anschließend gaben die Studenten an, wie sie auf die Person reagieren würden. Es ergab sich ein starker Zusammenhang zwischen Sympathiebeurteilung und Kontrollierbarkeitsdimension, aber nicht zwischen Sympathiebeurteilung und Stabilitäts- oder Lokationsdimension. Personen, die für ihre Einsamkeit persönlich verantwortlich gemacht wurden, wurden am wenigsten gemocht.

Alles in allem erbrachten die wenigen veröffentlichten empirischen Untersuchungen zur Einsamkeit und zum Anschlußbedürfnis dasselbe allgemeine Ergebnismuster, das man auch im Leistungsbereich erhalten hat. Es scheint also, daß sich die hier vertretene attributionale Theorie auf diese zwei wichtigen Verhaltensbereiche gleich gut anwenden läßt.

Umweltbemeisterung und Kompetenz

Die Bezeichnungen „Umweltbemeistung" *(mastery)* und Kompetenz spielen eine hervorragende Rolle in den Schriften vieler Psychologen (z. B. Nissen, 1954; White, 1959). Kompetenz wird häufig in der Bedeutung

... Eignung oder Fähigkeit verwendet; synonyme Begriffe wären etwa: Begabung, Vermögen, Tüchtigkeit, Fertigkeit und Können. Kompetenz ist daher ein geeignetes Wort zur Beschreibung solcher Dinge wie Greifen und Explorieren, Krabbeln und Gehen, Aufmerksamkeit und Wahrnehmung, Sprache und Denken, Manipulieren und Die-Umwelt-Verändern – lauter Verhaltensweisen, die einer wirksamen – einer kompetenten – Interaktion mit der Umwelt förderlich sind. Bei den Verhaltenskomponenten, aus denen beispielsweise das effiziente Aufgreifen, Handhaben und Absetzen von Gegenständen aufgebaut wird, handelt es sich nicht um zufälliges Verhalten, das etwa von einem Überschuß an Energie produziert wird. Es ist vielmehr zielgerichtet, selektiv und ausdauernd, und es wird nicht ausgeführt, weil es der Befriedigung primärer Triebe dient – welcher es tatsächlich gar nicht dienen kann, ehe es so gut wie vollkommen ausgeformt ist – sondern weil es ein intrinsisches Bedürfnis befriedigt, sich mit der Umwelt zu beschäftigen (White, 1959, S. 317–318).

Wie bereits mehrfach erwähnt, wird auch von den Attributionstheoretikern die Ansicht vertreten, daß Menschen bestrebt sind, ihre Umwelt zu verstehen und zu bewältigen.

Trotz der Popularität von Begriffen wie „Kompetenz" bei der Erklärung menschlichen Verhaltens, sind sie selten direkt zum Gegenstand von Untersuchungen und Experimenten gemacht worden. Eine von Nuttin (1973) durchgeführte Untersuchung ist eine der wenigen, die demonstrieren, was von ihm als „Freude an Verursachung" bezeichnet wird. Nuttin unterscheidet die „Freude an Verursachung" bzw. das positive Gefühl, das empfunden wird, wenn man ein Ereignis verursacht, von der „Freude am Stimulus", womit der vom Ereignis *per se* ausgelöste positive Affekt gemeint ist. Nuttin beobachtete fünfjährige Kinder in einem Experimentalraum, welcher zwei „Maschinen" enthielt. Die Maschinen hatten farbige Lampen und bewegliche Hebel. Für eine der Maschinen (A) war das Angehen der Lichter vom Versuchsleiter programmiert; dagegen gingen die Lampen der anderen Maschine (B) immer dann an oder aus, wenn der Hebel über einen bestimmten Punkt hinaus bewegt wurde. Obwohl also beide Maschinen den Betrachter perzeptuell stimulierten, konnten die Kinder nur bei Maschine B die visuellen Reize selbst erzeugen oder verursachen.

Die Versuchspersonen in diesem Experiment konnten sich nach Belieben mit einer der zwei Maschinen beschäftigen. Die Versuchsleiter erhoben dann verschiedene Indikatoren der Bevorzugung, wie z.B. die Zeit, die mit jeder Maschine verbracht wurde, und verbale Angaben der Kinder hinsichtlich ihrer Vorlieben. Sowohl die Beobachtungsdaten als auch die Selbstberichte zeigten, daß die Kinder die Maschine B wesentlich lieber hatten als die Maschine A.

Aus der Sicht der in Tabelle 8.11 skizzierten attributionalen Theorie illustriert Nuttins Experiment die folgende zeitliche Sequenz: Verwendung von Kovariationsinformation – Kausalattributionen – positive Affekte – Verhaltenskonsequenzen dieser Gefühlszustände. Das heißt, auf der Grundlage wahrgenommener Kovariation zwischen ihren eigenen Handlungen und dem Angehen der Lampe bei Maschine B kamen die Kinder zu dem Schluß, daß sie persönlich für diesen Effekt verantwortlich seien. Die Attribution des Ereignisses auf Fähigkeit und/oder Anstrengung – bzw. die Wahrnehmung persönlicher Kontrolle – intensivierte bestimmte positive Gefühle, wie z.B. Kompetenzgefühle, und das intensivierte Gefühl erhöhte die Wahrscheinlichkeit des erneuten Auftretens der Handlung.

Diese Analyse läßt sich noch auf eine weitere entwicklungspsychologische Untersuchung übertragen, die bisher nicht unter dem Aspekt der Bewältigung gesehen worden ist. Watson (1966, 1967) hat gezeigt, daß bereits acht Wochen alte Säuglinge eine instrumentelle Reaktion lernen können, um Stimulation zu erhöhen. In Watsons Untersuchung wurden die Kinder in ein Kinderbett gelegt, über dessen Kopfende sich ein Mobile befand. Wenn die Kinder den Kopf nach rechts bewegten, wurde ein elektrischer Schalter im Kopfkissen betätigt, und das Mobile begann sich zu drehen. In einer Kontrollgruppe wurde das Mobile von Zeit zu Zeit vom Versuchsleiter in Bewegung gesetzt. Watson beobachtete dann, wie häufig das Kind den Kopf nach rechts bewegte. Repräsentative Ergebnisse (vgl. Watson & Ramey, 1972) zeigen eindeutig, daß die Kinder in der „persönlichen Verursachungs"-Bedingung die „korrekte" Reaktion lernten, denn die Häufigkeit ihrer Kopfbewegungen nahm mit der Zeit zu, während die Kopfbewegungen der Kinder in der Kontrollgruppe, die das Mobile nicht kontrollieren konnten, relativ konstant blieben (vgl. Abb. 8.31). Die Stimulation wirkte also „verstärkend", d.h. sie erhöhte die Auftrittswahrscheinlichkeit einer Reaktion, auf die sie kontingent erfolgte. Von größerer Bedeutung im gegenwärtigen Zusammenhang ist jedoch die Tatsache, daß die Kinder in der Experimentalgruppe (Kontingenz) offenbar häufiger Anzeichen von positivem Gefühl zeigten (Lächeln, vergnügtes Quietschen) als Kinder in der Kontrollgruppe (für die die Bewegung des Mobile vom Versuchsleiter kontrolliert wurde). Dies legt erneut die folgende Abfolge von Ereignissen nahe: Kovariation zwischen Handlung und Ergebnis – wahrgenommene Personverursachung (Attribution auf Fähigkeit und/oder Anstrengung) – positive Affekte, wie z.B. Kompetenzgefühle – Intensivierung des instrumentellen Verhaltens (Kopfwenden). Der intensivierte positive Affekt und das nachfolgende

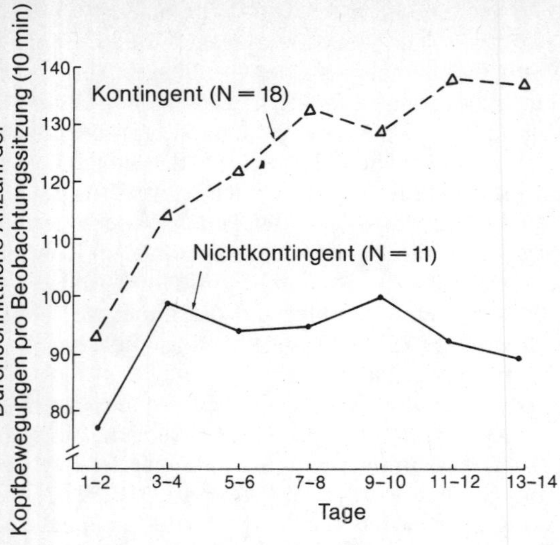

Abbildung 8.31: Häufigkeit der Kopfbewegungen (während zwei Wochen) für die zwei Versuchsgruppen in der Untersuchung von Watson (nach J. Watson & Ramey, 1972, S. 222)

Ausführen der instrumentellen Reaktion wurden also von wahrgenommener Selbstverursachung vermittelt.

Dieser Reinterpretation von Watsons Untersuchung liegt natürlich die Annahme zugrunde, daß man vom emotionalen Ausdrucksverhalten und von instrumentellen Reaktionen auf zugrundeliegende kognitive Prozesse (Wahrnehmung von Kausalität) schließen kann. Es mag weit hergeholt erscheinen, zu behaupten, daß acht Wochen alte Säuglinge bereits über die für die Kausalattribution notwendigen kognitiven Fähigkeiten verfügten. Ebenso ist jedoch denkbar, daß die Unterscheidung zwischen dem Selbst und der Umwelt sich in diesem Lebensalter bereits ausgebildet hat, und daß einfache Kausalattributionen bereits vorgenommen werden können, wenn propriozeptive Rückmeldungen vorhanden sind. Erachtet man diese Interpretation als gültig, dann hat Watson vielleicht die Existenz von leistungsähnlichen Verhaltensweisen und Versuchen zur Beherrschung der Umwelt bei sehr jungen Kindern festgestellt.

Die Vermutung, daß sich die Lokationsdimension relativ früh im Leben entwickelt, scheint zumindest intuitiv vernünftig zu sein. Das heranwachsende Kind muß zuerst lernen, das Selbst vom Rest der Welt zu unterscheiden. Daran anschließend dürfte das Kind wahrscheinlich lernen, wie es die Umwelt beeinflussen kann, und wird dabei die Erfahrung machen, daß Ereignisse vorhersagbar sind. Dieser Prozeß würde die Entwicklung des Stabilitätskonzeptes beinhalten. Schließlich lernt das Kind, andere zu beurteilen und abstrakte Gerechtigkeitsprinzipien zu verstehen, wie z.B. die Begriffe „gut", „böse" und „du sollst". Dies wäre von der Herausbildung der Kontrollierbarkeits- (bzw. Intentionalitäts-) Dimension begleitet. Zum gegenwärtigen Zeitpunkt handelt es sich bei diesem sequentiellen Modell der Entwicklung der Kausaldimensionen (zuerst Lokation, dann Stabilität, dann Intentionalität) natürlich um eine bloße Hypothese.

Hyperaktivität und Psychostimulantia

Whalen und Henker (1976) haben die Effekte einer medikamentösen Behandlung von hyperaktiven Kindern vom attributionstheoretischen Standpunkt aus analysiert. Sie gehen davon aus, daß, wenn man Hyperaktivität mit Medikamenten behandle, sowohl beim Kind als auch bei den Eltern der Glaube erzeugt werde, die Ursache der Hyperaktivität bestehe in einer physiologischen Funktionsstörung, man sei deshalb für das fehlangepaßte Verhalten nicht verantwortlich und könne es auch nicht beeinflussen. Da die physiologische Störung als unkontrollierbare Ursache angesehen wird, brauchen sich weder das Kind noch die Eltern schuldig zu fühlen. Das heißt, die durch die medikamentöse Behandlung erzeugte Veränderung der wahrgenommenen Verhaltensursachen minimiert Schuldgefühle und negative Bewertung durch andere. Dies scheint eine unerwartete positive Nebenwirkung der medikamentösen Behandlungsmethode darzustellen.

Andererseits stellen Whalen und Henker (1976) auch fest, daß „die angeblichen physiologischen Störungen, auf welche die Leistungsschwäche des hyperaktiven Kindes zurückgeführt wird, häufig als stabil und als relativ unbeeinflußbar durch verhaltensmodifikatorische Maßnahmen angesehen werden" (S. 1123). Diese Wahrnehmung der Ursache der Verhaltensstörung als unbeeinflußbar „führt zur Entmutigung anderer Problemlösungsversuche ... und beeinträchtigt die Ausführung wirksamer Bewältigungsmaßnahmen" (S. 1124).

Auch hier findet sich also wieder eine Analyse eines psychologischen Phänomens aus der Perspektive der in Tabelle 8.11 dargestellten Theorie. Personen verwenden Information aus der Umwelt (hier: Behandlungsmethode), um auf die zugrundeliegenden Ursachen eines Verhaltens (Hyperaktivität) zu schließen. Die wahrgenommene Ursache (ein genetischer Defekt) minimiert negative Emotionen wie Schuld (ein positiver Effekt), reduziert jedoch auch die wahrgenommene Wahrscheinlichkeit einer dauerhaften Besserung (ein schädlicher Effekt). Die beiden Faktoren Emotion und Erwartung beeinflussen nun die langfristigen Auswirkungen der Behandlung (nach Whalen und Henker sind diese negativ, da Erwartung als stärkere Determinante langfristiger Verhaltensänderungen angesehen wird als Emotion).

Gelernte Hilflosigkeit und Depression

Die in Kapitel 6 dargestellte Theorie der gelernten Hilflosigkeit beruht auf der Annahme, daß (1) vorhandene Unabhängigkeit zwischen Handlung und Umweltereignissen (2) die Erwartung induziert, daß die Ereignisse unkontrollierbar sind, was (3) ausreicht, um bestimmte kognitive (z.B. negative Meinungen über sich selbst), emotionale (z.B. Traurigkeit) und motivationale (z.B. Passivität) Symptome – d.h. ein depressionsähnliches Syndrom – zu erzeugen.

Objektive Nichtkontingenz

Vielleicht wegen der Herkunft der Theorie der gelernten Hilflosigkeit aus der Lerntheorie und Tierpsychologie wurde postuliert, daß dieser Zustand eine Folge *objektiver* Unabhängigkeit zwischen Handlung und Umweltereignissen sei. Eine solche objektive Nichtkontingenz kann im Experiment natürlich leicht hergestellt werden.

Die Attributionstheorie beschäftigt sich dagegen mit wahrgenommener (phänomenologischer) Kausalität. Stellen wir uns zum Beispiel zwei Wissenschaftler vor: Der eine hat eine erfolgreiche akademische Laufbahn hinter sich (objektive Kontingenz zwischen Handlung und Ergebnis) der andere dagegen eine gescheiterte Karriere (objektive Nichtkontingenz). Beide zeigen depressive Symptome und fühlen sich wertlos. Beim objektiv erfolgreichen Wissenschaftler ist dies die Konsequenz der verzerrten *Wahrnehmung,* seine Handlungen hätten nicht zu Erfolg geführt. Das heißt, im ersten Fall ist das depressive Syndrom nur durch die subjektiv perzipierte Nichtkontingenz verursacht, im zweiten Fall jedoch durch objektive und subjektive Nichtkontingenz.

Die von Seligman und seinen Mitarbeitern gemachte Annahme, daß objektive Nichtkontingenz vorhanden sein müsse, erscheint also nicht als zwingend. Der in diesem Kapitel erörterte Erwartungs-Wert-Ansatz ist sowohl phänomenologisch (subjektiv) als auch ahistorisch – ausschlaggebend ist allein die gegenwärtige Interpretation der physikalischen und sozialen Umwelt, unabhängig davon, ob diese Interpretation zutreffend ist oder nicht. In der Tat reagiert ein Organismus, der zuerst einer klassischen aversiven Konditionierungsprozedur unterzogen wurde und in einer anschließenden operanten Konditionierungssituation Hilflosigkeit zeigt, in diesem neuen Kontext ja auf „subjektive Stimuli" und nicht auf objektive Reizgegebenheiten. So gesehen hat die Theorie der gelernten Hilflosigkeit bereits in ihrer ursprünglichen Formulierung einen „phänomenologischen" Anstrich.

Kausalattributionen

Attributionstheoretisch betrachtet, sollte der Wahrnehmung von Nichtkontingenz zwischen Handlung und wichtigen Umweltereignissen als nächste Phase in der Entwicklung von Depression eine „Warum"-Frage folgen, wie z.B. „Warum habe ich im Beruf keinen Erfolg?" oder „Warum habe ich solche Schwierigkeiten, soziale oder emotionale Beziehungen aufzubauen?" Dieser Schritt blieb in der ursprünglichen Theorie der gelernten Hilflosigkeit unberücksichtigt, wahrscheinlich wieder auf Grund der Tatsache, daß der Großteil der ursprünglichen Untersuchungen an Tieren durchgeführt worden war. In neueren Reformulierungen wird die Wichtigkeit von Kausalattributionen jedoch anerkannt (vgl. Abramson, Seligman & Teasdale, 1978; Miller & Norman, 1979). Selbstverständlich gibt es eine Unzahl von Antworten auf solche „Warum"-Fragen. Unter der in diesem Kapitel entwickelten Perspektive ist vor allem die jeweilige Ausprägung der Ursachenfaktoren auf den drei Kausaldimensionen von Bedeutung.

Stabilitätsdimension. Seligman und seine Mitarbeiter haben behauptet, daß Überzeugungen bezüglich vorangegangener Nichtkontingenz auf zukünftige, kontingente Kontexte übertragen würden. Zum Beispiel solle das Erleben eines nichtkontingenten, aversiven Ereignisses (wie Schock oder Mißerfolg) zu der Erwartung führen, daß diese Ereignisse auch in Zukunft unkontrollierbar sein würden. Dazu ist es jedoch notwendig, daß der Handelnde das vorausgegangene Handlungsergebnis bzw. die erlebte Nichtkontingenz stabilen Ursachen zuschreibt. Nur dann, wenn die Ursache als stabil wahrgenommen wird (wie z.B.

Unfähigkeit oder Unattraktivität) sollte es zu einer Erwartungsgeneralisierung auf zukünftige Ereignisse kommen.

Hilflosigkeit versus Hoffnungslosigkeit. Seligman und Mitarbeitern zufolge beinhaltet gelernte Hilflosigkeit eine niedrige Zielerwartung, welche auf Grund vorangegangener Erfahrungen mit nichtkontingenten aversiven Ereignissen gebildet und auf neue Situationen generalisiert wird. Eine niedrige Zielerwartung sollte man jedoch besser als gelernte *Hoffnungslosigkeit* bezeichnen. Sicherlich kann man in einer Situation hilflos sein (d.h. glauben, daß die Wahrscheinlichkeit von Erfolg oder Belohnung durch das eigene Handeln nicht erhöht wird), ohne deshalb schon hoffnungslos zu sein. Wenn man glaubt, daß jemand anderer einem helfen wird, oder wenn man die gegenwärtige Nichtkontingenz variablen Faktoren zuschreibt, so kann man durchaus eine positive Erwartung hegen. Falls man also annimmt, daß der kritische Antezedensfaktor der Depression eine niedrige Zielerwartung ist, dann wäre Hoffnungslosigkeit, und nicht Hilflosigkeit, der angemessenere Begriff dafür. So gesehen wäre dann Hilflosigkeit nur eine notwendige, aber keine hinreichende Bedingung für Depression.

Kausalattribution und emotionale Reaktion. Depression wird im allgemeinen als affektive, nicht als kognitive Störung angesehen. Wie früher erwähnt, sind Kausalattributionen wichtige Determinanten der emotionalen Reaktion auf Erfolg und Mißerfolg. So führt zum Beispiel die Attribution von Mißerfolg auf mangelnde Fähigkeit oder mangelnde Anstrengung zu Gefühlen der Inadäquatheit, Wertlosigkeit und Scham.

Eine Reihe von Forschern haben demonstriert, daß unterschiedliche Kausalattributionen unterschiedliche Auswirkungen auf die Verhaltensmanifestationen der Depression haben. Diese unterschiedlichen Effekte sind vermutlich auf die unterschiedlichen Gefühlsauswirkungen der Attributionen zurückzuführen. Klein, Fencil-Morse und Seligman (1976) fanden zum Beispiel, daß die Leistungsdefizite von Depressiven vermindert werden, wenn erlebte Nichtkontrollierbarkeit (Mißerfolge) externalen Ursachen zugeschrieben werden kann. Konkreter gesagt fand man, daß depressive Versuchspersonen, welchen gesagt wurde, daß eine Aufgabe, an der sie arbeiten sollten, extrem schwierig sei, nach erlebtem Mißerfolg keine Leistungsdefizite (bei einer Testaufgabe) zeigten. Dies legt nahe, daß die Attribution des Mißerfolgs auf hohe Aufgabenschwierigkeit das Entstehen von negativen Selbstwertgefühlen – und damit die Beeinträchtigung der späteren Leistung – verhinderte. Auf der Grundlage dieser Ergebnisse kamen Klein et al. (1976) zu der Schlußfolgerung, daß „das Gelernte-Hilflosigkeits-Modell der Depression ein zusätzliches Konstrukt benötigt, um der Attribution der Hilflosigkeit auf persönliches Versagen Rechnung zu tragen" (S. 515).

Die Untersuchung von Klein et al. (1976) scheint also darauf hinzudeuten, daß eine niedrige Erfolgserwartung nicht hinreicht, um zu gelernter Hilflosigkeit und Depression zu führen. Vielmehr muß die niedrige Erfolgserwartung von einer Attribution der erlebten Mißerfolge auf die Person, sowie von damit einhergehenden Emotionen, wie Schuld- und Inkompetenzgefühlen und einem herabgesetzten Selbstwertgefühl, begleitet sein (vgl. auch Beck, 1967, 1974, 1976; Lichtenberg, 1957). Dieser Analyse zufolge besteht die notwendige Vorbedingung gelernter Hilflosigkeit also in der Attribution wahrgenommener Unabhängigkeit zwischen Handlung und Ergebnis auf zugleich stabile *und* internale Ursachen. Diese Hypothese wird auch durch einige Befunde von Miller und Seligman (1975) gestützt. Diese Forscher beobachteten, daß zwei ihrer Versuchspersonen während des Hilflosigkeitstrainings Ärger gegenüber dem Versuchsleiter entwickelten (Zuschreibung von Nicht-Kontrollierbarkeit zu einer externalen Ursache); diese Versuchspersonen fühlten sich nur wenig deprimiert und zeigten keinen Leistungsabfall bei der darauffolgenden (lösbaren) Aufgabe.

Die Hypothese, daß Depression eine Konsequenz internal-stabiler Ursachenzuschreibungen (für Mißerfolg) sei, stimmt auch mit der Wahrnehmung von Depression durch Studenten überein. Weiner et al. (1978) fanden, daß motivationale Indikatoren der Depression wie Apathie und Resignation einer hypothetischen Person nur dann zugeschrieben wurden, wenn diese Mißerfolg auf stabile und internale Ursachen attribuierte (z.B. auf mangelnde Fähigkeit, geringe intrinsische Motivation oder Persönlichkeitsdefizite).

Es ist jedoch offenkundig – und dies steht im Gegensatz zur obigen Schlußfolgerung –, daß in manchen Situationen depressive Symptome auch bei externaler Attribution von unkontrollierbaren aversiven Ereignissen („Mißerfolgen") auftreten, z.B. im Gefolge von Naturkatastrophen, beim Tod wichtiger Bezugspersonen oder bei Internierung im Kriegsgefangenenlager. Abramson et al. bezeichnen dies als „universale Depression". Diese Ereignisse werden gewöhnlich durch Rekurs auf externale Ursachen erklärt, wie z.B. Unglück, den Willen Gottes oder feindlich gesinnte andere Personen. Dies scheint nahezulegen, daß Depression auch als Folge von Hoffnungslosigkeit und einer durch eine externale Kausalattribution generierten Emotion auftreten kann. Diese Emotionen beinhalten z.B. Aggression und Zorn (Attribution auf böswillige andere) und Gefühle der Verwirrung und Bestürzung (Attribution auf Unglück). Darüber hinaus werden negative Gefühle auch durch das bloße Nichterreichen eines angestrebten Zieles erzeugt, unabhängig von einer bestimmten Kausalattribution. Solche Gefühle sind zum Beispiel Verstimmung, Mißvergnügtheit und Traurigkeit (vgl. Weiner et al., 1978).

Akzeptiert man die im vorangegangenen Absatz angeführten Argumente, dann scheint es also, daß Depression mit internalen Attributionen einhergehen *kann*, aber nicht muß. Sie muß jedoch immer von der Erwartung, das angestrebte Ziel nicht erreichen zu können (Hoffnungslosigkeit) begleitet sein, sowie von Gefühlen, die entweder durch das negative Ereignis selbst oder durch dessen internale oder externale Attribution erzeugt werden.

Zusammenfassung. Es wurde angeregt, daß bestimmte Erwartungen und Gefühle, häufig vermittelt durch bestimmte Kausalattributionen, wesentliche Determinanten der sogenannten gelernten Hilflosigkeit (Depression) sind. Ferner wurde vorgeschlagen, zwischen verschiedenen Genotypen des Phänotyps „Depression“ zu differenzieren: 1) niedrige Zielerwartung (Hoffnungslosigkeit), begleitet von internalen Attributionen (z.B. mangelnde Fähigkeit) und den mit diesen Attributionen assoziierten Gefühlen (z.B. geringes Selbstwertgefühl); 2) Hoffnungslosigkeit, begleitet von externalen Attributionen (z.B. andere Personen) und den mit ihnen assoziierten Gefühlen (z.B. Ärger); 3) Hoffnungslosigkeit, begleitet von einem allgemeinen negativen Gefühlszustand, der nicht attributional vermittelt ist, sondern direkt als Folge der Nichterreichung eines Zieles auftritt (z.B. Verstimmung).

Dieses Bild wird noch weiter kompliziert durch die Tatsache, daß Attributionen sich im Lauf der Zeit verändern können. Es gibt sehr wahrscheinlich Einschätzungen und Neueinschätzungen von Ereignissen, wie Lazarus (1966) und andere behauptet haben. Etwas Derartiges könnte zum Beispiel vorliegen, wenn jemand, der sich zunächst selbst die Schuld für einen Mißerfolg gibt und sich inkompetent fühlt, später andere beschuldigt und Ärger und Aggression zeigt. Eine solche Sequenz erinnert einen an die „Triebschicksale“ Freuds und ist mit dessen Behauptung, Aggression könne nach innen oder nach außen gerichtet sein, konsistent. Aus der attributionstheoretischen Perspektive betrachtet, sind solche Gefühlsschwankungen Indikatoren kognitiver (attributionaler) Veränderungen oder Verzerrungen und können einen wichtigen Aspekt depressiver Störungen darstellen.

Zusammenfassung

Zur Erklärung von Erfolg und Mißerfolg in leistungsbezogenen Kontexten wird eine Reihe von Ursachenfaktoren herangezogen. Die wichtigsten wahrgenommenen Ursachen von Erfolg und Mißerfolg sind Fähigkeit und Anstrengung; doch finden sich auch Aufgabenschwierigkeit, Zufall, Stimmung und Hilfe oder Behinderung durch andere unter den für Erfolg und Mißerfolg angegebenen Ursachenerklärungen. Die jeweils vorgenommene Kausalattribution hängt von mehreren Faktoren ab, wie z.B. spezifischen Informationen (z.B. Geschichte vorangegangener Erfolge, soziale Normen, Leistungsmuster), idiosynkratischen Bevorzugungen für bestimmte Ursachenerklärungen, der Verwendung bestimmter kausaler Schemata, der Verstärkungsgeschichte und den Rückmeldungen anderer.

Zur Klassifikation der Ursachen von Erfolg und Mißerfolg wurde ein dreidimensionales Klassifikationssystem entwickelt. Die drei grundlegenden Dimensionen sind: Lokation (internal versus external), Stabilität (stabil versus instabil) und Kontrollierbarkeit (kontrollierbar versus unkontrollierbar). Die Stabilitätsdimension hängt mit Erwartungsänderungen nach Erfolg und Mißerfolg zusammen. Relativ stabile Ursachen deuten darauf hin, daß das in der Vergangenheit erzielte Leistungsergebnis auch in der Zukunft wieder eintreten wird, während variable Ursachen implizieren, daß zukünftige Ergebnisse sich von den vorangegangenen unterscheiden können. Daher treten „typische“ Erwartungsänderungen vor allem in fähigkeitsabhängigen Aufgabensituationen, „atypische“ Erwartungsänderungen dagegen hauptsächlich in zufallsabhängigen Aufgabensituationen auf. Frühere Arbeiten von seiten der sozialen Lerntheoretiker hatten Erwartungsänderungen dagegen irrtümlicherweise mit der

Lokationsdimension (anstatt der Stabilitätsdimension) in Verbindung gebracht. Der Zusammenhang zwischen Stabilität und Erwartungsänderungen könnte auch für den gesteigerten Löschungswiderstand verantwortlich sein, der bei Verstärkung nach einem zufällig intermittierenden Verstärkungsplan sowie nach mit hohem Anstrengungsaufwand verbundenen Reaktionen beobachtet wird.

Die Kontrollierbarkeitsdimension hängt mit der Bewertung anderer Personen zusammen. Erfolg auf Grund hoher Anstrengung wird besonders hoch belohnt, Mißerfolg auf Grund mangelnder Anstrengung besonders hart bestraft. Dies ist allem Anschein nach deshalb der Fall, weil Anstrengung als willentlich kontrollierbar angesehen wird.

Neben interpersonellen Bewertungen beeinflussen Attributionen auch die persönlichen emotionalen Reaktionen auf Erfolg und Mißerfolg. Bestimmte Kausalattributionen hängen mit spezifischen emotionalen Reaktionen zusammen. Attribution von Erfolg auf eigene Fähigkeit gibt zum Beispiel zu Gefühlen der Kompetenz Anlaß, Attribution auf hilfreiche andere Personen führt zu Gefühlen der Dankbarkeit, und Attribution auf Glück erzeugt Überraschung. Attribution von Mißerfolg auf mangelnde Fähigkeit erzeugt Gefühle der Inkompetenz, Attribution von Mißerfolg auf Behinderung durch andere führt zu aggressiven Gefühlen und Attribution auf mangelnde Anstrengung zu Gefühlen der Schuld und Scham usw. Darüber hinaus hängt die Lokationsdimension mit selbstwertbezogenen Gefühlen zusammen. In den emotionalen Auswirkungen internaler versus externaler Attributionen scheint die hauptsächliche funktionale Bedeutsamkeit der Lokationsdimension zu liegen.

Schließlich beeinflussen Erwartung und Emotion, welche beide durch Kausalattributionen vermittelt werden, die Aufgabenwahl sowie die Intensität und Ausdauer des Leistungsverhaltens. Attribution von Mißerfolg auf mangelnde Fähigkeit ist besonders beeinträchtigend, und zwar vielleicht deshalb, weil Fähigkeit als stabile Ursache angesehen wird und außerdem auch Gefühle der Inkompetenz hervorruft. Dagegen scheint die Kausalattribution von Mißerfolg auf mangelnde Anstrengung das Leistungsverhalten zu intensivieren. Diese Auswirkungen von Attributionen beleuchten einige der Unterschiede zwischen dem attributionalen und dem Atkinsonschen Ansatz in der Leistungsmotivationsforschung, obwohl beide Theorien der Erwartungs-Wert-Tradition der Motivations- und Persönlichkeitspsychologie angehören.

Neben ihrem Erklärungswert im Bereich der Leistungsmotivation läßt sich die in diesem Kapitel erörterte attributionale Verhaltenstheorie auf einen weiten Bereich psychologischer Phänomene anwenden:

1. Entscheidungen von Bewährungskommissionen im Strafvollzug beruhen zum Teil auf der Einschätzung des Rückfallrisikos und der „Verdientheit" der jeweiligen Strafe. Diese Einschätzungen werden ihrerseits von der wahrgenommenen Stabilität, Lokation und/oder Intentionalität der Ursache der Straftat beeinflußt.
2. Hilfeleistung hängt zum Teil von den wahrgenommenen Ursachen der Notlage der hilfsbedürftigen Person ab. Variable und kontrollierbare Ursachen (wie mangelnde Anstrengung) lösen in der Regel kein Hilfeverhalten aus.
3. Die wahrgenommenen Ursachen von Einsamkeit determinieren sowohl, wie der Einsame sich selbst fühlt und die Erwartung, die er bezüglich zukünftiger Freundschaften hegt, als auch die Art, wie andere sich ihm gegenüber verhalten.
4. „Kompetenz"-Verhalten von Kindern hängt mit der Wahrnehmung von Kovariation von Anstrengung und Ergebnis bzw. der wahrgenommenen Verantwortlichkeit für die Manipulation und Veränderung der Umwelt zusammen. Tendenzen zur Kontrolle der Umwelt werden möglicherweise bereits von acht Wochen alten Kindern gezeigt.
5. Eine medikamentöse Behandlung von Hyperaktivität könnte eine dauerhafte Besserung beeinträchtigen, da sie die Überzeugung vermittelt, daß die Ursache der Hyperaktivität stabil und unbeeinflußbar sei (ein genetischer Defekt). Die medikamentöse Behandlung vermittelt jedoch auch die Überzeugung, daß weder das Kind noch die Eltern für das störende Verhalten verantwortlich sind, und reduziert auf diese Weise negative interpersonelle Bewertungen und Schuldgefühle.
6. Gelernte Hilflosigkeit und Depression könnten das Produkt einer niedrigen Zielerwartung sein, zusammen mit einem Affekt, der entweder mit einer internalen Attribution, einer ex-

ternalen Attribution oder dem aversiven Handlungsergebnis selbst zusammenhängt. Es wurde die Hypothese aufgestellt, daß der Depression eine Reihe unterschiedlicher Genotypen zugrunde liegen können. Die umfangreiche attributionale Literatur zur Leistungsmotivation und die vielen, außerhalb des Bereichs leistungsmotivierten Verhaltens liegenden Problemgebiete, auf die dieser Ansatz angewendet worden ist, deuten darauf hin, daß sich aus dem attributionalen Ansatz langsam eine allgemeine Konzeption der Motivation und eine Methode psychologischer Analyse entwikkelt. Die Gesetze der Personwahrnehmung und die Gesetze der Motivation könnten eine gemeinsame Grundlage haben; dies würde es erlauben, zwei unterschiedliche Gebiete der Psychologie in einen einheitlichen Rahmen zu integrieren.

Anmerkung des Übersetzers

Seit dem Erscheinen der amerikanischen Originalausgabe dieses Buches (1980) hat Weiner die in diesem Kapitel dargestellte attributionale Motivationstheorie weiter ausgearbeitet, vor allem in bezug auf die affektiven Auswirkungen von Kausalattributionen. Im Einvernehmen mit dem Autor sollen diese und einige weitere neuere Entwicklungen im folgenden kurz dargestellt werden.

Aufbauend auf den in diesem Kapitel referierten Untersuchungen von Weiner, Russell und Lerman (1978, 1979) beschäftigte sich Weiner in der Folge vor allem mit den „dimensionsabhängigen" Emotionen. Auf der Grundlage einer Reihe einschlägiger Untersuchungen (zusammenfassend dazu Weiner, 1982) kommt er zu dem Schluß, daß eine Anzahl gängiger Gefühlszustände als solche dimensionsabhängigen Affekte angesehen werden können, nämlich Gefühle erhöhten und erniedrigten Selbstwerts, Ärger, Dankbarkeit, Schuld, Mitleid sowie Hilflosigkeit (Resignation). Im einzelnen postuliert Weiner die folgenden Beziehungen zwischen diesen Gefühlen und den drei grundlegenden Kausaldimensionen Lokation, Kontrollierbarkeit und Stabilität:

1. Stolz bzw. ein Gefühl erhöhten Selbstwerts *(positive self-esteem)* wird erlebt, wenn ein *positives* Ereignis oder Handlungsergebnis auf internale Faktoren attribuiert wird (und zwar gleichgültig, um welchen spezifischen internalen Ursachenfaktor es sich dabei handelt); ein Gefühl erniedrigten Selbstwerts *(negative self-esteem)* wird hingegen dann erlebt, wenn ein *negatives* Ereignis internal attribuiert wird.
2. Ärger wird empfunden, wenn ein negatives Ereignis einem von einer anderen Person kontrollierbaren Ursachenfaktor zugeschrieben wird. So ist man z. B. über den lauten Zimmerkollegen verärgert, dessentwegen man nicht in Ruhe arbeiten kann. Darüber hinaus kann Verärgerung über eine andere Person auch dann auftreten, wenn ein negatives Ereignis, das in erster Linie diese Person selbst betrifft, auf von ihr kontrollierbare Faktoren attribuiert wird. So ist z. B. ein Lehrer über den Mißerfolg seines Schülers verärgert, wenn er dessen Versagen auf mangelnde Anstrengung zurückführt.
3. Wird hingegen ein positives Ereignis als durch einen von einer anderen Person kontrollierbaren Faktor verursacht angesehen, dann empfindet man gegenüber dieser Person ein Gefühl der Dankbarkeit. So fühlt man beispielsweise Dankbarkeit gegenüber einer anderen Person, die einem selbstlos aus einer Notlage geholfen hat.
4. Schuld wird erlebt, wenn ein negatives Ereignis als durch einen persönlich kontrollierbaren Ursachenfaktor verursacht angesehen wird. So wird z. B. über Schuldgefühle berichtet, wenn man seinem Partner untreu war (Weiner, Graham & Chandler, 1982).
5. Mitleid mit einer anderen Person wird empfunden, wenn man ein dieser Person widerfahrenes negatives Ereignis als durch von ihr unkontrollierbare Faktoren verursacht ansieht. So empfindet man etwa Mitleid mit jemandem, der eine ihm nahestehende Person durch Unfall oder Krankheit verliert.
6. Das Gefühl der Resignation und Hilflosigkeit resultiert aus der Attribution eines negativen Ereignisses auf stabile Faktoren.
7. Darüber hinaus sollen die Gefühle des Ärgers und Mitleids sowie eventuell auch positive und negative Selbstwertgefühle intensiver sein, wenn die mit diesen Gefühlen zusammenhängenden Attributionen auch als stabil angesehen werden.

Weiner behauptet nicht, daß die postulierten Kausalattributionen *stets* zu den mit ihnen assoziierten Gefühlen führen, noch daß das Erleben dieser Gefühlszustände *stets* das Vorhandensein der entsprechenden Attributionen voraussetzt. Jedoch „kann man sagen, daß wir in vielen Fällen dann und nur dann

Stolz, Ärger, Dankbarkeit, Schuld und Mitleid empfinden, wenn wir das auslösende Ereignis zuvor in der postulierten Art und Weise kausalattribuiert haben" (Weiner, 1982, S. 192).

Empirische Befunde, die die postulierten Attributions-Affekt-Beziehungen stützen, werden zusammenfassend von Weiner (1982) referiert. Neben diesen, in der Hauptsache von Weiner selbst und seinen Mitarbeitern durchgeführten Untersuchungen sind in der Zwischenzeit eine Anzahl weiterer einschlägiger Studien veröffentlich worden, so u.a. von Forsyth und McMillan (1981), McFarland und Ross (1982) und Smith und Kluegel (1982).

Weiner (1982) diskutiert auch eine Reihe von Implikationen, die sich aus diesen Befunden für verschiedene der in diesem und im 7. Kapitel erörterten traditionellen Fragen der Emotionsforschung ergeben. So nimmt Weiner im Gegensatz zu Schachter (1964) an, daß physiologische Erregung nicht notwendig für das Erleben eines Gefühls ist; vielmehr seien „Kognitionen hinreichende Bedingungen für Emotionen" (Weiner, 1982, S. 205). Ferner fordert Weiner, daß sich die Emotionsforschung stärker als bisher der Untersuchung der den verschiedenen emotionalen Zuständen zugrundeliegenden kognitiven Bewertungsprozesse zuwenden solle. Schließlich weist Weiner auf eine Reihe von Implikationen hin, die sich aus der von ihm vertretenen Position für die entwicklungspsychologische Emotionsforschung ergeben (vgl. dazu auch Weiner & Graham, 1983).

In weiteren Publikationen hat Weiner (1980a, b) die in diesem Kapitel erörterte attributionale Analyse der Hilfeleistung (Ickes & Kidd, 1976; Barnes, Ickes & Kidd, 1979) mit den oben erwähnten Annahmen zu den emotionalen Auswirkungen von Kausalattributionen integriert und zu einem attributional-affektiven Modell der Hilfeleistung elaboriert. Diesem Modell zufolge soll die z.B. von Barnes et al. (1979) beobachtete geringere Bereitschaft, einer Person zu helfen, deren Notlage als selbstverschuldet angesehen wird (bzw. genauer, auf von dieser Person kontrollierbare Faktoren attribuiert wird), durch das von dieser Kausalattribution hervorgerufene Gefühl des Ärgers (vgl. oben, Punkt 2) vermittelt sein. Umgekehrt soll die beobachtete größere Bereitschaft zur Hilfeleistung an eine Person, deren Notlage auf einen von ihr nicht kontrollierbaren Ursachenfaktor zurückgeführt wird, durch das Gefühl des Mitleids (vgl. oben, Punkt 5) vermittelt sein. Ein mit dieser Konzeption weitgehend übereinstimmendes Modell ist auch von Meyer und Mulherin (1980) vorgeschlagen worden.

Schließlich sind in der Zwischenzeit eine Vielzahl von weiteren Studien veröffentlich worden, die sich mit dem einen oder anderen Aspekt von Weiners attributionalem Handlungsmodell beschäftigen. Von diesen Untersuchungen können hier nur einige wenige exemplarisch aufgezählt werden. So haben Meyer und Koelbl (1982) und Wimer und Kelley (1982) weitere Belege für die von Weiner postulierten grundlegenden Kausaldimensionen erbracht; W.-U. Meyer (1982) diskutiert mögliche unbeabsichtigte Auswirkungen von Lob und Tadel, Hilfeleistung und Lehreraffekten auf die Begabungsperzeption des Schülers; Wilson und Linville (1982) haben eine eindrucksvolle Demonstration der „therapeutischen" Effekte einer Beeinflussung der wahrgenommenen Stabilität von Kausalattributionen für Probleme von Studienanfängern (von stabil zu instabil) berichtet; und Gollwitzer, Earle und Stephan (1982; vgl. auch Stephan & Gollwitzer, 1981) haben überzeugende Belege dafür erbracht, daß die sogenannten selbstwertsteigernden und selbstwertverteidigenden Attribuierungsvoreingenommenheiten bei der Attribution von Erfolg und Mißerfolg zumindest teilweise motivational bzw. emotional bedingt sind (vgl. 7. Kapitel). Schließlich sei auf zwei Publikationen von Weiner (1983) bzw. Ronis, Hansen und O'Leary (1983) aufmerksam gemacht, in denen methodische Probleme der Attributionsforschung, insbesondere solche, die sich im Zusammenhang mit Überprüfungen des Weinerschen Handlungsmodells ergeben, diskutiert werden.

Literatur

Forsyth, D. R., & McMillan, J. H.: Attributions, affect, and expectations: A test of Weiner's three-dimensional model. *Journal of Educational Psychology,* 1981, *73,* 393–403.

Gollwitzer, P. M., Earle, W. B., & Stephan, W. G.: Affect as a determinant of egotism: Residual excitation and performance attributions. *Journal of Personality and Social Psychology,* 1982, *43,* 702–709.

McFarland, C., & Ross, M.: Impact of causal attributions on affective reactions to success and failure. *Journal of Personality and Social Psychology,* 1982, *43,* 937–946.

Meyer, J. P., & Koelbl, S. L. M.: Dimensionality of student's causal attributions for test performance. *Personality and Social Psychology Bulletin,* 1982, *8,* 31–36.

Meyer, J. P., & Mulherin, A.: From attribution to helping: An analysis of the mediating effects of affect and expectancy. *Journal of Personality and Social Psychology,* 1980, *39,* 201–210.

Meyer, W.-U.: Indirect communications about perceived

ability estimates. *Journal of Educational Psychology,* 1982, *74,* 888–897.

Ronis, D. L., Hansen, R. D., & O'Leary, V. E.: Understanding the meaning of achievement attributions: A test of derived locus and stability scores. *Journal of Personality and Social Psychology,* 1983, *44,* 702–711.

Smith, E. R., & Kluegel, J. R.: Cognitive and social bases of emotional experience: Outcome, attribution, and affect. *Journal of Personality and Social Psychology,* 1982, *43,* 1129–1141.

Stephan, W. G., & Gollwitzer, P. M.: Affect as a mediator of attributional egotism. *Journal of Experimental Social Psychology,* 1981, *17,* 443–458.

Weiner, B.: A cognitive (attribution)-emotion-action model of motivated behavior: An analysis of judgments of helpgiving. *Journal of Personality and Social Psychology,* 1980, *39,* 186–200. (a)

Weiner, B.: May I borrow your class notes? An attributional analysis of judgments of help giving in an achievement related context. *Journal of Educational Psychology,* 1980, *72,* 676–681. (b)

Weiner, B.: Some methodological pitfalls in attribution research. *Journal of Educational Psychology,* 1983, *75,* 530–543.

Weiner, B.: The emotional consequences of causal attributions. In M. S. Clark & S. T. Fiske (Eds.), *Affect and cognition.* Hillsdale, N. J.: Erlbaum, 1982.

Weiner, B., & Graham, S.: An attributional approach to emotional development. In C. E. Izard, J. Kagan, & R. Zajonc (Eds.), *Emotion, cognition, and behavior.* Cambridge, Mass: Harvard University Press, 1983.

Weiner, B., Graham, S., & Chandler, C.: Pity, anger, and guilt: An attributional analysis. *Personality and Social Psychology Bulletin,* 1982, *8,* 226–232.

Wilson, T. D., & Linville, P. W.: Improving the academic performance of college freshmen: Attribution therapy revisited. *Journal of Personality and Social Psychology,* 1982, *42,* 367–376.

Wimer, S., & Kelley, H. H.: An investigation of the dimensions of causal attributions. *Journal of Personality and Social Psychology,* 1982, *43,* 1142–1162.

R. Reisenzein

9. Kapitel
Die humanistische Theorie und die Theorie persönlicher Konstrukte

Einleitung

Es wird oft die Ansicht vertreten, daß es vor den sechziger Jahren zwei Hauptströmungen in der Psychologie gegeben habe: die psychoanalytische und die behavioristische. Wissenschaftssoziologen meinen, daß die Entwicklung beider theoretischer Perspektiven stark von kulturellen Faktoren beeinflußt worden sei. Die psychoanalytische Theorie enstand in der repressiven Wiener Gesellschaft der Jahrhundertwende. Dieses soziale Milieu könnte teilweise für die psychoanalytische Betonung von Verdrängung, Konflikt und Neurose verantwortlich sein. Der Behaviorismus hingegen wurde vom Amerika der Jahrhundertwende hervorgebracht. In ihm verband sich Darwins Interesse für Anpassung und Funktion von Verhalten mit dem Glauben an dessen unbeschränkte Modifizierbarkeit. Die Wissenschaftssoziologie weist darauf hin, daß diese letztere Annahme mit dem optimistischen psychologischen Klima im damaligen Amerika übereinstimmt.

Um 1960 trat eine „dritte Kraft" in der Psychologie in Erscheinung. Diese dritte Kraft, die humanistische Psychologie, konzentrierte sich nicht nur darauf, was die Person *ist,* sondern auch darauf, was potentiell aus ihr werden kann. Die humanistische Psychologie trat zu einer Zeit auf, als viele Menschen traditionelle Werte wie etwa das Streben nach Erfolg und Leistung in Zweifel zogen. Die öffentliche Auseinandersetzung über Themen wie die Zerstörung der natürlichen Umwelt durch die Technik führte zu allgemeineren Fragen nach Lebensqualität und Lebenserfüllung. Dieses wachsende Interesse an existentiellen Problemen gab natürlich auch einer humanistisch ausgerichteten Psychologie Auftrieb.

Die drei genannten theoretischen Hauptpositionen der Psychologie, von denen jede den Status einer „Strömung" hat, sind also offenbar alle eng mit den sozialen und kulturellen Entwicklungen ihre Zeit verbunden.

Wegen ihrer gegenwärtigen Popularität und ihres einzigartigen Ansatzes innerhalb der Motivationsforschung soll die humanistische Konzeption des Handelns in diesem Kapitel kurz erörtert werden. Allerdings hat meiner Ansicht nach die humanistische Psychologie, obwohl sie eine Diskussion verdient, unser Wissen über die menschliche Motivation nicht weit vorangebracht. Daher wäre es nicht gerechtfertigt, dieser Konzeption ein ganzes Kapitel zu widmen. Die Diskussion der humanistischen Psychologie kann jedoch sinnvoll durch eine Erörterung der Ideen George Kellys ergänzt werden. Kellys Theorie der persönlichen Konstrukte hat viel mit der humanistischen Theorie gemeinsam – beide sind einem phänomenologischen Standpunkt verpflichtet, und beide interessieren sich für die Frage, wie der wahrnehmende (handelnde) Mensch sich die Welt und sein eigenes Verhalten erklärt. Kellys Theorie wird häufig auch unter das als „implizite Psychologie" bezeichnete Forschungsgebiet subsumiert. Die implizite Psychologie beschäftigt sich mit den Annahmen des „naiven" Beobachters über die Gesetze des Verhaltens und stellt daher eine Brücke zu den in den vorangegangenen zwei Kapiteln präsentierten attributionstheoretischen Konzeptionen dar.

Carl Rogers

Abraham Maslow

Carl Rogers wurde 1902 in der Nähe von Chicago, Illinois, geboren. Zwei frühe Einflüsse wirkten sich auf den Gang seiner Ausbildung und seiner Laufbahn aus: Erstens herrschte in seinem Elternhaus eine streng fundamentalistische Atmosphäre, in welcher protestantische Ethik als Lebensgrundlage betont wurde. Zweitens zog seine Familie, als er 12 war, auf eine Farm, wo er ein starkes Interesse für die Landwirtschaft entwickelte. Als Rogers zur Universität kam, wählte er zuerst Bodenkultur als Hauptfach, wechselte aber später zu Theologie über, um sich auf das geistliche Amt vorzubereiten. Er wurde jedoch zunehmend liberal bzw. humanistisch in seinen religiösen Ansichten, und das beeinflußte schließlich seine Entscheidung, ein Doktorat in klinischer Psychologie anzustreben. Er erhielt seinen Doktor vom Teachers College der Columbia Universität.

Rogers machte allmählich Karriere, als er vom *Rochester Child Guidance Center* an die Ohio State University (mit Kelly und Rotter), die University of Chicago, die University of Wisconsin und schließlich zum *Center for the Study of the Person* bei San Diego, Kalifornien, überwechselte. Er wurde zuerst bekannt als Begründer der klientenzentrierten Psychotherapie, einer Behandlungstechnik, bei der der Therapeut sich auf das subjektive Erleben (das Bezugssystem) des Klienten konzentriert. Später wurde Rogers zu einer der anerkannten Leitfiguren der humanistischen Psychologie. Er führte – und führt noch immer – ein äußerst aktives und produktives Leben, wovon viele Bücher und Artikel sowohl für den praktizierenden Psychologen als auch für die breite Öffentlichkeit zeugen.

Abraham Maslow wurde 1908 in Brooklyn, New York, geboren und starb 1970. Maslow studierte an der Cornell University und an der University of Wisconsin. Er tendierte zunächst zum Behaviorismus, und seine Doktorarbeit in Wisconsin beschäftigte sich mit Sexualität und Dominanz bei Primaten. Seine Dissertation wurde von dem prominenten Psychologen Harry Harlow betreut. Aber Maslow ließ die Beschränkungen des Behaviorismus langsam hinter sich, und nach der Geburt seines Kindes bemerkte er: „Keiner, der je ... ein Baby genau [beobachtet hat], kann ein Behaviorist bleiben."

Maslow wandte sich dann der Psychoanalyse und der Gestalttheorie zu und führte ausgedehnte Diskussionen mit den europäischen Sozialwissenschaftlern, die die Auswandererwelle aus Nazi-Deutschland mit sich gebracht hatte. Diese intellektuellen Erfahrungen bewirkten seine Annäherung an die humanistische Perspektive. Er identifizierte sich völlig mit der humanistischen Philosophie und widmete sich der Verbesserung der Gesellschaft und des Einzelnen. Maslow verbrachte einen großen Teil seiner akademischen Laufbahn an der Brandeis University bei Boston; kurz vor seinem Tod zog er jedoch nach Kalifornien, wo er versuchte, eine allgemeine Philosophie der Politik und Ethik nach humanistischen Grundsätzen zu formulieren.

Die humanistische Theorie

Die in der Einleitung erwähnten gesellschaftlichen Entwicklungen waren bereits in Erscheinung getreten, als 1962 die *Association of Humanistic Psychology* gegründet wurde. Als Richtlinien für ihre Tätigkeit wurden von den humanistischen Psychologen vier miteinander zusammenhängende Prinzipien formuliert:

1. Das primäre Interesse gilt der Person und ihrem Erleben. Die humanistische Psychologie beginnt mit dem Studium von Menschen unter ihren realen Lebensbedingungen. Menschen werden als Subjekte betrachtet, nicht als bloße Studienobjekte. Die psychologische Forschung – so behaupten die Humanisten – kann nicht nach dem Modell der klassischen Physik ausgerichtet werden, in der sich die Forschungsobjekte „irgendwo draußen" befinden. Die Person muß unter Bezugnahme auf ihr persönliches Bewußtsein untersucht und beschrieben werden. Dieses beinhaltet das subjektive Erleben, sowie die Selbstwahrnehmung und Selbstbewertung des Individuums. Die Grundfrage, mit der sich die Humanisten auseinandersetzen, lautet: Wer bin ich selbst? Als Reisender durchs Leben muß der Mensch ständig die Frage neu für sich beantworten: Wo bin ich, und wohin will ich? Humanisten folgen einem ganzheitlichen Ansatz: Erfahrungen werden nicht in ihre Teilkomponenten zergliedert „wie Einzelbilder in einem Film"; stattdessen wird das Leben in seiner Ganzheit betrachtet. Das stimmt überein mit der Position der Gestaltpsychologen.
2. Menschliche Entscheidungsfähigkeit, Kreativität und Selbstverwirklichung sind die bevorzugten Gegenstände der Untersuchung. Die Humanisten behaupten, daß das Studium psychologisch verkrüppelter Menschen (Psychoanalyse) zu einer verkrüppelten Psychologie geführt habe, während das Studium niedriger Organismen (Behaviorismus) eine unvollständige Psychologie hervorgebracht habe, in der das Bewußtsein fehlt. Sie fordern, daß Psychologen heile und gesunde Individuen, kreative und voll funktionierende Personen untersuchen sollten. Der Mensch habe das Bedürfnis, sich zu verwirklichen und seine Möglichkeiten und Fähigkeiten voll zu entwickeln. Diese Selbstverwirklichungstendenzen seien von hervorragender Bedeutung für das Verständnis menschlichen Verhaltens.
3. Bei der Auswahl von Forschungsgegenständen müsse Relevanz vor Objektivität kommen. Nach Ansicht der Humanisten hat sich die psychologische Forschung lange Zeit eher auf Methoden als auf Probleme konzentriert. Häufig würden bestimmte Probleme nur deshalb zum Gegenstand der Forschung gemacht, weil objektive und bequeme Untersuchungsmethoden zur Verfügung stünden. Forschungsprojekte sollten aber durchgeführt werden, weil sie signifikante menschliche Fragen berührten, auch wenn die verfügbaren Methoden unvollkommen seien. Forschung könne nicht wertfrei sein; Psychologen müßten die wichtigen Fragen des menschlichen Lebens untersuchen.
4. Größter Wert wird auf die Würde der Person gelegt. Vor allem wird der Mensch in seiner Einzigartigkeit akzeptiert; Psychologen sollten die Menschen verstehen, anstatt ihr Verhalten vorherzusagen und zu kontrollieren. Der Mensch als höher entwickeltes Lebewesen habe ein Bedürfnis nach sinnvoller Arbeit, Verantwortlichkeit, und Möglichkeit zu kreativem Ausdruck.

Zu den prominenten Wortführern der humanistischen Psychologie gehören Gordon Allport, Abraham Maslow und Carl Rogers. Die Ansichten von Maslow und Rogers werden auf den folgenden Seiten kurz erörtert. Obwohl diese Theoretiker nicht völlig miteinander übereinstimmen und obwohl jeder von ihnen gewisse eigenständige, vom andern nicht übernommene theoretische Vorstellungen entwickelt hat, haben ihre Konzeptionen doch genügend gemeinsam, um zusammen dargestellt zu werden. Ich werde jedoch immer wieder deutlich machen, welcher der beiden Theoretiker jeweils für einen bestimmten Beitrag verantwortlich zeichnet.

Motivationale Prinzipien

Nach Rogers und Maslow besteht die Grundtendenz einer Person darin, ihr individuelles Potential zu entwickeln. Es gebe einen inneren biologischen Druck zur vollen Entfaltung der ererbten Fähigkeiten und Talente; die zentrale Motivation des Individuums bestehe in der Tendenz zu Wachstum und Erweiterung der Grundausstattung des Selbst.

Die Annahme einer Selbstverwirklichungstendenz ist ein Axiom der humanistischen Psychologie – sie kann weder bewiesen noch widerlegt werden. Maslow und andere haben die Gültigkeit dieses Prinzips

„demonstriert", indem sie verschiedene Personen untersuchten, die ihrer Meinung nach am ehesten die Qualitäten einer „optimalen" Person aufwiesen. Maslow (1971) behauptet:

Wenn wir die Frage beantworten wollen, welche Körpergröße die menschliche Rasse erreichen kann, so ist es offensichtlich geboten, diejenigen auszuwählen und zu untersuchen, die bereits am größten sind. Wenn wir wissen wollen, wie schnell der Mensch laufen kann, so ist es nutzlos, die Durchschnittsgeschwindigkeit eines „repräsentativen Bevölkerungsquerschnitts" zu eruieren; es ist wesentlich sinnvoller, olympische Goldmedaillengewinner zu nehmen und deren Leistung zu untersuchen. Wenn wir die Möglichkeiten des geistigen Wachstums oder der moralischen Entwicklung des Menschen erkennen wollen, dann – so behaupte ich – können wir am meisten lernen, wenn wir unsere moralischsten, ethischsten und heiligsten Leute studieren (S.7). [Maslow sah in Ruth Benedict und Max Wertheimer zwei dieser „heiligen Leute".]

Diese Art von wissenschaftlichem Vorgehen birgt viele Gefahren in sich. So könnte man zum Beispiel genausogut darangehen, die „schlechtesten" Menschen zu untersuchen und mit der gleichen Überzeugung die Ansicht zu vertreten, die Grundtendenzen des Menschen gingen in Richtung Selbstvernichtung des anderen. Darüber hinaus kann die Untersuchung von Extremen irreführend sein, wenn es darum geht, allgemeingültige Prinzipien zu demonstrieren oder zu entdecken. Ein solches Verfahren könnte einen z. B. zu der „Entdeckung" führen, daß Aspirin für den Menschen schädlich ist, weil die Einnahme von 200 Aspirintabletten (ein Extremwert) zum Tod führt!

Selbstverwirklichungsprinzip: vorausgehende Bedingungen

Es ist typisch für das Gebiet der Motivationsforschung, daß man zuerst die einem bestimmten motivationalen Zustand vorausgehenden Ereignisse (welche etwa von Nahrungsentzug bis zur Einschränkung der Entscheidungsfreiheit reichen können) zu spezifizieren versucht und dann die Auswirkungen des erschlossenen motivationalen Zustandes auf das Verhalten (das von Löschungswiderstand bis zu Einstellungsänderung gehen kann) feststellt. Was die Antezedenzien des Strebens nach Verwirklichung betrifft, so nehmen sowohl Rogers als auch Maslow an, daß dieses angeboren oder genetisch verankert sei; insofern ähnelt es also einem Trieb oder Instinkt. Jedoch ist der genaue „Sitz" der angenommenen Verwirklichungstendenz unklar. Maddi (1976) bemerkt, daß

Rogers ... an eine Art genetische Schablone denkt, die im Verlauf des Lebens Form und Substanz erhält. Was jedoch diese Schablone genau sein soll, bleibt ein Geheimnis. Bezieht sie sich auf etwas Biologisches, wie die Größe und den Tonus der Muskulatur, den Grad der Entwicklung und Organisation des Gehirns und die Schnelligkeit des Stoffwechsels? Oder ist eher etwas Psychologisches gemeint, wie etwa Bedürfnisse nach Umweltbemeisterung, Kreativität oder Geselligkeit? Rogers gibt so gut wie keine Hinweise. Eine andere unbeantwortete Frage ist, ob in bezug auf die angeborenen Potentiale Unterschiede zwischen den Menschen bestehen und – wenn ja – wie diese geartet sind (S. 83).

Rogers und Maslow haben sich weniger für die Herkunft oder Intensität der Verwirklichungstendenz interessiert, als für jene Kräfte, die dieser grundlegenden Motivation des Menschen möglicherweise im Wege stehen oder sie behindern könnten. Rogers (1959) hat sich besonders mit Blockaden des *Selbst*-Verwirklichungsbedürfnisses beschäftigt, welches nach ihm eine Teilkomponente der allgemeineren Verwirklichungstendenz darstellt. Er (1959, S. 200) definiert das Selbst als die „organisierte ... Gestalt ... des ‚Ich'." Das Selbstkonzept ist demnach sozial erlernt, genauso wie das Bedürfnis nach Wertschätzung und Selbstwertschätzung. Wird ein Mensch von den anderen uneingeschränkt akzeptiert (unbedingte Wertschätzung), dann kommt es auch zu Selbstakzeptierung. Werden dagegen eher einzelne Handlungen als die ganze Person bewertet, und einige dieser Handlungen als positiv, andere als negativ beurteilt (bedingte Wertschätzung), so entwickeln sich *Bedingungen der Wertschätzung*. Die Person macht die Erfahrung, daß sie, um geschätzt und akzeptiert zu werden, bestimmte Dinge tun oder lassen muß. Das Bestehen von Bedingungen der Wertschätzung führt seinerseits zu einer defensiven Haltung und zum Abblocken von Erfahrungen. Dies erzeugt Diskrepanzen zwischen der objektiven und der subjektiven Welt, welche als Bedrohung wahrgenommen werden und Angst hervorrufen. Inkongruenz – eine der Folgen von sozialen Praktiken, die Bedingungen der Wertschätzung erzeugen – verhindert daher die Selbstverwirklichung.

Zusammenfassend kann man sagen, daß die Selbstverwirklichung durch entsprechende Interaktionen mit sowie Rückmeldungen von anderen erleichtert oder erschwert werden kann. Völlige Akzeptierung durch andere führt zu Selbstakzeptierung und Kongruenz und fördert die Selbstverwirklichung. Man beachte daher, daß Rogers im Gegensatz zu Freud den Standpunkt vertritt, daß Abwehrmechanismen der Adaptation und der Lebensbewältigung nicht förderlich seien. Sie störten vielmehr die Befriedigung von Bedürfnissen, indem sie zu Inkongruenzerfahrungen führten. Zudem sei die Gesellschaft nicht unbedingt als restriktiv anzusehen; die soziale Umgebung könne die psychische Gesundheit auch verbessern. Und schließlich sind die Meinungen, die man über sich selbst hat, und die Einstellungen zu anderen im humanistischen System positiv aufeinander bezogen: Wenn wir anderen gute Gefühle entgegen bringen, haben wir auch uns selbst gegenüber eine positive Einstellung, während negative Meinungen über andere mit einer negativen Selbsteinschätzung verknüpft sind. Im Freudschen System dagegen, das ja von einer feststehenden Menge an libidinöser Energie ausgeht, reduziert Aggression gegen andere die Aggression gegen sich selbst und umgekehrt.

Die Bedürfnishierarchie von Maslow. Statt eine einzige Motivationsquelle anzunehmen, postuliert Maslow eine Vielfalt von Bedürfnissystemen, welche hierarchisch geordnet sind. (In dieser hierarchischen Ordnung besteht übrigens ein weiteres potentielles Hindernis für das Auftreten von Selbstverwirklichungstendenzen).

Im einzelnen spezifizierte Maslow fünf grundlegende Bedürfnisklassen oder -kategorien, die er als physiologisches, Sicherheits-, Liebes-, Selbstachtungs-, und Selbstverwirklichungsbedürfnis bezeichnete (vgl. Tab. 9.1). Arkes und Garske (1977) weisen darauf hin, daß diese Bedürfnisse gemeinsame Charakteristika haben, wie z.B.:

1. Eine Nichtbefriedigung des Bedürfnisses resultiert in einer entsprechenden Fehlfunktion oder Störung. Zum Beispiel kann das Fehlen von Vitaminen in der Nahrung zu Mangelkrankheiten führen, ein Mangel an Liebe zu Depressionen, usw.
2. Eine Wiederherstellung der Bedürfnisbefriedigung beseitigt die Fehlfunktion.
3. In einer freien Wahlsituation wird die Befriedigung eines Grundbedürfnisses der Befriedigung anderer Bedürfnisse vorgezogen. So erklärt Maslow (1943):

> Wenn alle Bedürfnisse unbefriedigt sind und der Organismus infolgedessen von physiologischen Bedürfnissen dominiert wird, so können alle anderen Bedürfnisse einfach verschwinden oder in den Hintergrund gedrängt werden. Es ist dann legitim, den ganzen Organismus als etwas, das nur noch hungrig ist, zu charakterisieren, denn das Bewußtsein ist fast völlig durch den Hunger eingenommen ... Der Drang, Gedichte zu schreiben, der Wunsch, ein Automobil zu erwerben, das Interesse für amerikanische Geschichte ... sind ... vergessen oder von sekundärer Bedeutung (S. 372).

Tabelle 9.1 zeigt die von Maslow postulierte Bedürfnishierarchie, Defizitzustände und Zustände der Erfüllung sowie ein Alltagsbeispiel einer solchen Erfüllung. Wie bereits erwähnt, sind die Bedürfnisse hierarchisch geordnet, wobei die niedrigeren, physiologisch begründeten Bedürfnisse die stärkeren sind und die höheren, psychologisch begründeten die relativ schwächeren. Daher müssen die niedrigeren Bedürfnisse befriedigt werden, bevor die höheren nach Erfüllung streben können. Schultz (1976) listet eine Reihe weiterer Unterscheidungen zwischen höheren und niedrigeren Bedürfnissen auf:

1. Die höheren Bedürfnisse sind in der evolutionären Entwicklung der Menschheit später aufgetreten. Alle Lebewesen brauchen Nahrung und Wasser, aber nur der Mensch hat das Bedürfnis nach Selbstverwirklichung, Erkenntnis und Verstehen. Je höher ein Bedürfnis daher ist, desto charakteristischer ist es für den Menschen.
2. Höhere Bedürfnisse treten in der Entwicklung des Individuums später auf. Das Bedürfnis nach Selbstverwirklichung zum Beispiel kann unter Umständen erst in der Lebensmitte auftreten, während das Kleinkind hauptsächlich physiologische und Sicherheitsbedürfnisse hat.
3. Höhere Bedürfnisse sind weniger wichtig für das bloße Überleben; ihre Befriedigung kann daher länger aufgeschoben werden. Die Nichtbefriedigung eines höheren Bedürfnisses ruft keine so starke, sofortige Notfall- oder Krisenreaktion hervor wie die Nichtbefriedigung eines niedrigeren Bedürfnisses.
4. Die höheren Bedürfnisse sind zwar weniger überlebenswichtig; nichtsdestoweniger tragen auch sie zum Überleben und Wachstum bei. Die Befriedigung höherer Bedürfnisse führt zu besserer Gesundheit, einem längeren Leben und einer allgemein verbesserten biologischen Leistungsfähigkeit. Aus diesem Grund werden sie auch *Wachstums-Bedürfnisse* genannt.
5. Die Befriedigung höherer Bedürfnisse ist nicht nur biologisch, sondern auch psychologisch zuträglich und gewinnbringend, weil sie zu größerem Glück, Gemütsruhe und einem reicheren Innenleben führt.
6. Die Befriedigung höherer Bedürfnisse erfordert mehr Voraussetzungen und ist komplexer als die Befriedigung niedriger Bedürfnisse. Das Streben nach Selbstverwirklichung setzt z.B. voraus, daß alle anderen Bedürfnisse zuerst befriedigt wurden, und beinhaltet kompliziertere und raffiniertere Verhaltensweisen und Ziele als – sagen wir – die Nahrungssuche.
7. Die Befriedigung höherer Bedürfnisse erfordert günstigere Umweltbedingungen (sozialer, ökonomischer und

Tabelle 9.1: Die Maslowsche Bedürfnishierarchie

Bedürfnishierarchie	Defizitzustände	Zustände der Erfüllung	illustrierendes Beispiel
Physiologische Bedürfnisse	Hunger, Durst Sexuelle Frustration Anspannung Erschöpfung Krankheit Fehlen einer richtigen Unterkunft	Lustvolle sinnliche Erfahrungen Spannungsreduktion Entspannung Körperliches Wohlbefinden Behaglichkeit	Gefühl der Zufriedenheit nach einem guten Essen
Sicherheitsbedürfnisse	Unsicherheit Sehnsucht Gefühl des Verlorenseins Angst Zwangsdenken Zwangshandlungen	Sicherheit Erfüllung Ausgeglichenheit Gelassenheit Ruhe Frieden	einen sicheren Arbeitsplatz haben
Liebesbedürfnisse	Befangenheit Gefühl, ungemocht zu sein Gefühl der Wertlosigkeit Gefühl der Leere Einsamkeit Isolation Unvollständigkeit	Freie Gefühlsäußerung Gefühl der Zusammengehörigkeit Gefühl der Wärme Neues Kraft- und Lebensgefühl Gefühl der Zusammengehörigkeit Gefühl der Ganzheit	die Erfahrung völliger Akzeptierung in einer Liebesbeziehung
Selbstachtungsbedürfnisse	Gefühl der Inkompetenz Negativismus Gefühle der Minderwertigkeit	Selbstvertrauen Gefühl der Bewältigung Positive Selbstwertschätzung Selbstachtung Gefühl, über sich hinauszuwachsen	eine Auszeichnung für eine hervorragende Leistung erhalten
Selbstverwirklichungsbedürfnisse	Entfremdung Metapathologien Fehlender Sinn des Lebens beschränkte Aktivitäten Langeweile, Lebensroutine	Gesunde Neugier Grenzerfahrungen Selbstverwirklichung Lustvolle und wertvolle Arbeit Kreatives Leben	das Erleben einer tiefen Einsicht

(aus DiCaprio, 1974, S. 411)

politischer Natur) als die Befriedigung niedrigerer Bedürfnisse. Zum Beispiel ist für die Befriedigung des Selbstverwirklichungsbedürfnisses eine größere Meinungs- und Handlungsfreiheit erforderlich als für die Befriedigung des Sicherheitsbedürfnisses (S. 221–222).

D-Werte versus S-Werte. Diese Gegenüberstellung bringt zum Ausdruck, daß niedrigere und höhere Bedürfnisse sich in einigen Aspekten grundlegend unterscheiden. Maslow charakterisiert die Ziele der niedrigeren Bedürfnisse als Defizit (D) -Werte, deren Erreichung eine Spannungsreduktion zur Folge hat und den Organismus in einen Gleichgewichtszustand zurückführt. Freud und Hull beschäftigen sich ausschließlich mit D-Werten. Dagegen postuliert Maslow auch Seins (S) -Werte. S-Werte hängen mit Wachstumsbedürfnissen, Spannungssteigerung, und geistiger Horizonterweiterung zusammen. Unter den von Maslow identifizierten S-Werten befinden sich Ganzheit, Vollkommenheit, Gerechtigkeit, Schönheit, Einmaligkeit, Kreativität und Wahrheit. Das Bedürfnis, schöpferisch tätig zu sein oder etwas Schönes hervorzubringen, ist mit einem Spannungsgefühl verbunden; aber diese Spannung – so behauptet Maslow – ist eher mit positiven als mit negativen Affekten verknüpft.

Konsequenzen des Selbstverwirklichungsbedürfnisses

Es wurde bereits erwähnt, daß die Humanisten die Selbstverwirklichungstendenz für ein angeborenes Bedürfnis halten, dessen Entfaltung durch bestimmte soziale Erfahrungen oder das Vorhandensein unerfüllter Bedürfnisse behindert und durch entsprechende Unterstützung von seiten der Umwelt gefördert werden könne. Was sind nun die Auswirkungen des Selbstverwirklichungsbedürfnisses auf das Verhalten? Wie sich die Tendenz zur Verwirklichung äußern kann, wird von Rogers (1963) durch folgendes Beispiel illustriert:

> Vor einigen Monaten, während eines Ferienwochenendes, stand ich auf einem Landvorsprung, von dem aus man eine jener zerklüfteten Buchten überblicken konnte, die die nordkalifornische Küste zerfurchen. Am Eingang der Bucht lagen mehrere große Felsauswürfe, auf die die großen pazifischen Sturzwellen mit voller Wucht niederbrachen, wobei sie in Berge von Gischt zerstoben, ehe sie ans klippenzerfurchte Ufer brandeten. Als ich die Wellen beobachtete, wie sie in der Entfernung an diesen gewaltigen Felsen zerbrachen, bemerkte ich überrascht etwas auf den Felsen, das wie winzige Palmen aussah – kaum einen Meter hoch – und die schweren Brecher entgegennahm. Durch das Fernglas konnte ich erkennen, daß es sich dabei um irgendeine Seegrasart handelte, mit einem schlanken Stiel und einer Krone aus Blättern. Wenn man ein Exemplar in der Ruhepause zwischen zwei Wellen beobachtete, schien es einem klar, daß diese zerbrechliche, aufrechte, kopfschwere Pflanze vom nächsten Brecher völlig zerrieben und zerbrochen werden würde. Als die Welle dann auf sie niederkrachte, bog sich der Stiel fast flach nieder, die Blätter wurden durch den Wasserschwall zu einem einzigen Strang zusammengepeitscht, aber in dem Augenblick, als die Welle vorüber war, stand die Pflanze wieder da – aufrecht, zäh, elastisch. Es schien unglaublich, daß sie in der Lage war, das unablässige Stampfen Stunde für Stunde, Tag und Nacht, Woche für Woche und vielleicht – soviel ich weiß – Jahr für Jahr auszuhalten und die ganze Zeit sich selbst zu ernähren, ihren Bereich auszudehnen und sich fortzupflanzen, kurz, sich in dieser Position zu erhalten und zu vergrößern, das zu tun also, was wir in unserer Kürzelsprache als Wachstum bezeichnen. Hier in dieser palmenförmigen Meerespflanze war die Zähigkeit des Lebens verkörpert, der Vorwärtsdrang des Lebens, die Fähigkeit, in eine extrem feindliche Umwelt vorzustoßen und nicht nur sich selbst zu erhalten, sondern sich zu adaptieren, zu entwickeln und sein Selbst zu verwirklichen (S. 1).

Rogers zählt eine Reihe von Merkmalen und Charakteristika von Menschen auf, die sich selbst verwirklichen (voll funktionieren). Dazu gehören etwa solche positiven Qualitäten wie Selbstbewußtsein, Kreativität, Spontaneität, Offenheit neuen Erfahrungen gegenüber, Selbstakzeptierung usw. Maslow ist der Ansicht, daß das Leben solcher Personen angemessener durch Worte wie herausfordernd und sinnvoll zu beschreiben sei, als durch Worte wie glücklich und zufrieden. Die Liste der Charakteristika sich selbst verwirklichender Menschen ergänzt Maslow durch soziales Interesse, eine demokratische Charakterstruktur und die Fähigkeit zu Grenzerfahrungen, bei denen man ein Gefühl der Vortrefflichkeit und Vollkommenheit hat.

Empirische Untersuchungen zum Selbstkonzept

Angesichts der Vagheit der humanistischen Theorie und ihrer stärkeren Identifikation mit Idealen und Werten als mit wissenschaftlichem Vorgehen sollte es nicht überraschen, daß diese Konzeption nur wenig Forschung initiiert und kaum überprüfbare Hypothesen hervorgebracht hat. Allerdings hat die humanistische Schule die Aufmerksamkeit auf vernachlässigte Gebiete der menschlichen Motivation gelenkt, die tatsächlich der Überlegung und Erforschung bedürfen.

Das wahrscheinlich zentralste Interessensgebiet der Humanisten ist das „Selbst". Konstrukte wie Selbstkonzept und Selbstwert sind von großer Bedeutung für die Motivationsforschung. Mit Selbstkonzept ist zum Teil einfach die Tatsache gemeint, daß Personen sich als getrennt von der Umwelt und als gleichbleibend über die Zeit hinweg empfinden. Darüber hinaus hat Hilgard (1949) behauptet, daß die Meinungen, die man über sich selbst gebildet habe, für die Kontinuität bestimmter motivationaler Muster während des ganzen Lebens verantwortlich seien.

In den letzten 30 Jahren gab es laut McGuire und Padawer-Singer (1976) „gute tausend (wenn auch nicht tausend gute)" Untersuchungen zum Selbst (vgl. Wylie, 1961, 1974). Leider hat diese Forschungstätigkeit relativ wenig Ertrag gebracht. Wylie (1968) konstatiert:

> Bedenkt man die Bedeutung, die dem Selbstkonzept zur Erklärung eines breiten Spektrums von Verhalten zugeschrieben wird, so ist es erstaunlich, so wenige Aussagen zu finden, in denen etwas Definitives oder potentiell Operationales über die Beziehung zwischen Selbstkonzept und Verhalten gesagt wird (S. 751).

Auf den folgenden Seiten gebe ich einen Überblick über die Forschung zum Selbst und erörtere einige ausgewählte Untersuchungen zum Selbstkonzept und zum Selbstwert. Ich werde auch Tierversuche referieren, die nahelegen, daß die Bewußtheit des eigenen Selbst nicht auf den Menschen beschränkt sein muß. Der Schwerpunkt der Diskussion liegt dabei auf den Vorbedingungen der Selbstbewußtheit und des Selbstwertes und nicht so sehr auf den Konsequenzen unterschiedlicher Selbstwahrnehmung.

Kategorien der Forschung

Wylie (1961, 1968) hat die Forschung zum Selbstkonzept folgendermaßen kategorisiert:

1. Deskriptive Studien zur Entwicklung des Selbstkonzepts.
2. Untersuchungen bestimmter Variablen, von den angenommen wird, daß sie die Entwicklung des Selbstkonzepts beeinflussen, etwa:
   a) Interaktionen mit Eltern, Gleichaltrigen, Freunden und anderen sozial signifikanten Personen;
   b) Geschlechtsidentität und Körpermerkmale;
   c) Frühere Erfolge und Mißerfolge.
3. Studien, die das Selbstkonzept zu bestimmten Verhaltensweisen in Beziehung setzen, wie z.B. dem Leistungshandeln bei experimentell induziertem Erfolg und Mißerfolg, dem Anspruchsniveau, der persönlichen Anpassung usw.

Viele dieser Untersuchungen sind von der Auffassung geleitet worden, daß das Selbstkonzept eine Persönlichkeitseigenschaft, d.h. über verschiedene Situationen hinweg generalisierbar und relativ dauerhaft sei. Die Forschungsergebnisse sprechen jedoch dafür, daß das Selbstkonzept einen hohen Spezifitätsgrad aufweist. Ich kann mich zum Beispiel für einen Versager in sozialer Hinsicht, aber für ein As auf einem akademischem Gebiet halten, oder – noch spezifischer – für gut in Rechtschreiben, aber schlecht in Mathematik. Minderwertigkeits- und Überlegenheitsgefühle können also von der spezifischen Situation, insbesondere vom sozialen Kontext, abhängen (vgl. Webster und Sobieszek, 1974). In vielen Untersuchungen wurde zudem versucht, Meßverfahren für das Selbstkonzept zu entwickeln. Diese Instrumente haben jedoch gewöhnlich wenig mit den theoretischen Überlegungen zu tun und ihr heuristischer Wert und ihre Validität sind recht gering.

Zu der Forschung, die von der Eigenschaftskonzeption des Selbstkonzepts ausgeht, gehört eine Reihe von Untersuchungen zur Wirksamkeit der klientenzentrierten Psychotherapie (Rogers & Dymond, 1954). Rogers und Dymond beschäftigen sich u.a. mit den Veränderungen der Diskrepanz zwischen realem und idealem Selbst, die beim Klienten im Verlauf der Therapie auftreten. Das ideale Selbst bezieht sich auf die Person, die jemand gern sein möchte – eine Person, die bestimmte positive Eigenschaften besitzt und frei von gewissen negativen Merkmalen ist.

Eines der am häufigsten verwendeten Instrumente zur Messung des realen und idealen Selbst ist die Q-Sortierung (Stephenson, 1953). Bei der Q-Sortierung werden der Person eine große Anzahl von Statements folgender Art vorgelegt:

Ich bin mit mir zufrieden.
Ich habe zu anderen gute emotionale Beziehungen.
Ich habe wenige eigene Werte und Grundsätze.
Ich habe kein Vertrauen zu meinen Gefühlen.

Diese Statements sind auf getrennte Kärtchen geschrieben. Die Testperson sortiert dann diese Kärtchen in Kategorien von „trifft überhaupt nicht auf mich zu“ bis „trifft vollkommen auf mich zu“. Normalerweise gibt es neun bis elf Kategorien. Der Befragte wird aufgefordert, in jede Kategorie eine bestimmte Anzahl von Kärtchen zu geben. Häufig wird vom Versuchsleiter eine Normalverteilung festgesetzt, so daß die Versuchsperson jeweils z.B. 2, 4, 8, 11, 16, 18, 16, 11, 8, 4 und 2 Kärtchen in die elf Kategorien geben muß. Dieses Verfahren gestattet es, spezifische Aspekte der Wahrnehmung des realen und idealen Selbst quantitativ zu erfassen.

Die Sortierungen für das reale und das ideale Selbst können dann numerisch verglichen werden. Der Unterschied zwischen den beiden Sortierungen wird „Real-Ideal-Diskrepanz“ genannt. Mangelnde oder negative Korrelation zwischen realem und idealem Selbst weist auf niedrige Selbstachtung und geringe persönliche Wertschätzung hin und ist ein Zeichen schlechter Angepaßtheit. Indem man mehrere Male im Verlauf einer Psychotherapie Q-Sortierungen vom realen und idealen Selbst vornehmen läßt, kann man die Wirksamkeit der Therapie überprüfen.

Von diesen Ideen wurde eine – oft zitierte – Untersuchung von Butler und Haigh (1954) geleitet, die im Rahmen des Rogers/Dymond-Projektes durchgeführt wurde. Laut Butler und Haigh betrug die Real-Ideal-Korrelation bei Personen, die sich in psychotherapeutische Behandlung begaben, durchschnittlich −.01. Nach der Therapie war diese Korrelation jedoch auf .58 angestiegen, während die einer Kontrollgruppe sich nicht verändert hatte. Dieses Resultat stellt eine Bestätigung der Wirksamkeit der klientenzentrierten Psychotherapie dar, verleiht der Q-Sortierung eine gewisse Validität als Meßinstrument und illustriert eines der Forschungsprogramme zum Selbstkonzept, in denen dieses als eine sehr allgemeine Persönlichkeitseigenschaft konzipiert wurde.

Determinanten des Selbstkonzepts

McGuire und Padawer-Singer (1976) haben einige der situationalen und personalen Determinanten des Selbstkonzepts aufgeführt. Dazu gehören:

1. Situationale Erfordernisse (z.B. unterscheiden sich die Selbstwahrnehmungen, die durch Fragen in einem Bewerbungsgespräch hervorgerufen werden, von denen, die bei einem Gespräch mit einem neuen Bekannten entstehen).
2. Stimulusintensität (z.B. sind grobe Charakteristika, wie die Haarfarbe, eher Teil des Selbstkonzeptes als feinere Merkmale, wie etwa die Form der Augenbrauen).
3. Verfügbarkeit im Gedächtnis (man sieht sich selbst z.B. eher im Lichte seiner jüngsten Aktivitäten als seiner früheren).
4. Momentane Bedürfnisse (z.B. werden gerade bestehende unerfüllte Wünsche wahrscheinlich in das Selbstkonzept mit einfließen).
5. Überdauernde Werte (z.B. ist eine dauerhafte religiöse Bindung gewöhnlich Bestandteil des Selbstkonzepts).
6. Verstärkungsgeschichte (z.B. wird, was in der Vergangenheit Belohnung und Bestrafung bewirkt hat, in einer Selbstbeschreibung hervorstechen).

Zu den obengenannten Faktoren tritt laut McGuire und Padawer-Singer (1976) als ausgesprochen wichtige Determinante des Selbstkonzepts noch die Distinktheit von Merkmalen hinzu. Sie stellen fest: „Wir bemerken jeden Aspekt (oder jede Dimension) unseres Selbst in dem Ausmaß, in dem unsere Ausprägung auf dieser Dimension ungewöhnlich für unser soziales Milieu ist" (S. 744). Die wahrgenommene Besonderheit von Merkmalen wird aus folgendem Grund als wesentlich für die Wahrnehmung des eigenen Selbst angesehen:

> In einer komplexen Reizsituation konzentriert sich die Person auf die Punkte mit dem größten Informationsgehalt. Man filtert also diejenigen Aspekte des Objekts heraus, die am ungewöhnlichsten sind ... Das eigene Selbst stellt für jede Person den komplexesten Stimulus dar ... daher kann man am spontan geäußerten Selbstkonzept einer Person ablesen, worin sie ihre Besonderheit sieht (McGuire & Padawer-Singer, 1976, S. 744).

Um diese Hypothesen zu überprüfen, haben McGuire und Padawer-Singer Schüler der sechsten Klasse aufgefordert, „über sich zu erzählen". Sie sammelten auch deskriptive Informationen über die Kinder, etwa zur äußeren Erscheinung (z.B. Körpergröße, Gewicht, Haar- und Augenfarbe), demographischen Charakteristika (z.B. Geburtsdatum und Geburtsort) und Familienzusammensetzung. Diese Informationen ermöglichten es den Experimentatoren, für jeden Teilnehmer die Bereiche seiner Besonderheit abzustecken (z.B. ob jemand nach Gewicht oder Augenfarbe der Modalgruppe angehörte oder sich von der Mehrheit der Klassenkameraden unterschied). Die Selbstbeschreibungskategorien der Kinder sind in Tabelle 9.2 dargestellt. Die Tabelle zeigt, daß die Selbstbeschreibung häufig Hobbies, Familie und Freunde, Einstellungen und Lehrer umfaßt. Bemerkenswert ist, daß von 22% der Kinder Haustiere genannt wurden, obwohl weniger als die Hälfte der Schüler tatsächlich Haustiere besaßen. Das heißt: „Wenn ein Kind ein Haustier besitzt, wird es dieses mit höherer Wahrscheinlichkeit erwähnen als alle anderen Familienmitglieder zusammengenommen" (McGuire & Padawer-Singer, 1976, S. 748). Selbstbewertende Angaben (z.B. „Ich bin klug" oder „Ich weine leicht") hatten nur einen geringen Anteil am Selbstkonzept. Dies ist deshalb besonders interessant weil, wie McGuire und Padawer-Singer (1976) und Wylie (1961) betonen, bei weitem die Mehrzahl der Untersuchungen zum Selbstkonzept sich auf die Selbstbewertung konzentrieren.

Die Selbstbeschreibungen, die das einzelne Kind gab (durchschnittlich ca. 10 pro Kind), stützten die Besonderheitshypothese. Zum Bespiel waren 70% der Kinder in der Stadt ihrer gegenwärtigen Schule geboren. Nur 6% davon erwähnten ihren Geburtsort im Rahmen ihrer Selbstbeschreibung. Hingegen nannten 23% jener Schüler, die in einer anderen Stadt geboren waren, ihren Geburtsort. Sogar noch dramatischer war das Ergebnis bei den im Ausland geborenen Schülern, von denen 44% den Geburtsort in ihrer Selbstbeschreibung erwähnten. Ähnliche Resultate werden für Haarfarbe, Augenfarbe und Körpergewicht berichtet.

Tabelle 9.2: Kategorisierung der Antworten von Sechstklässlern auf die Frage „Erzähl' uns etwas über dich"

Kategorie	Prozentsatz der Kinder	Kategorie	Prozentsatz der Kinder
Eigene Aktivitäten		Schule (ausgenommen Lehrer)	71
Hobbies, Vergnügungen	48	Verschiedenes	5
Sport	43	Demographische Charakteristika	
Tägliche Pflichten	43	Alter, Geburtsdatum	25
Wohnorte	5	Name	19
Fertigkeiten	8	Adresse	16
Fernsehen	10	Geburtsort	11
Bücher	6	Gesundheitszustand	11
Jobs	3	Geschlecht	10
Verschiedenes	6	Rasse, Ethnisches	5
Wichtige andere		Religion	3
Familie	38	Selbstbewertung	
Freunde	43	Moralische	20
Haustiere	22	Aussehen	15
Lehrer	16	Intellektuelle	10
Figuren des öffentlichen Lebens	0	Physische Charakteristika	
Einstellungen		Haarfarbe	13
Vorlieben und Abneigungen	52	Gewicht	11
Berufswunsch	18	Größe	10
Hoffnungen und Wünsche	12	Augenfarbe	11

(nach McGuire & Padawer-Singer, 1976, S. 748)

Die Ergebnisse dieser Untersuchung scheinen besonders relevant im Licht gegenwärtiger Bemühungen in den USA zur Rassenintegration in der Schule, bei denen man die Minderheitenschüler immer nur in kleiner Anzahl zu integrieren versucht. Nach den Resultaten von McGuire und Padawer-Singer würde die Rassenzugehörigkeit für solche Kinder noch stärker zu einem integralen Bestandteil ihres Selbstkonzepts werden.

Haben Tiere ein Selbstkonzept?

Eine überaus interessante Frage ist, ob Selbstbewußtheit, oder ein Selbstkonzept, eine ausschließlich menschliche, von anderen Arten nicht geteilte Eigenschaft ist. Untersuchungen mit Hilfe der sogenannten Spiegelbildstimulation haben auf diese Frage eine provisorische Antwort gegeben (vgl. Gallup, 1970, 1975).

Der Anblick des eigenen Spiegelbildes fungiert für fast alle Tiere als sozialer Stimulus, d.h. sie reagieren so, als ob ein anderes Tier derselben Art anwesend wäre. Häufig ist diese Reaktion aggressiver Natur, obwohl auch soziale Erleichterung und sogar das Legen von Eiern mittels Spiegelbildern hervorgerufen wurde. Zudem ist das Spiegelbild oft wirksamer im Hervorrufen und in der Aufrechterhaltung bestimmter Reaktionen als ein lebender Artgenosse.

Umgekehrt kommt es beim Menschen vor, daß er sich *nicht* im Spiegel erkennt. Kinder zum Beispiel erkennen anscheinend bis zu einem Alter von etwa 20 Monaten ihr eigenes Spiegelbild nicht (Amsterdam, 1972). Ähnlich reagieren Retardierte und Menschen mit angeborener, aber soeben behobener Blindheit auf ihr Spiegelbild wie auf einen Fremden. Die Fähigkeit, sich selbst zu erkennen, scheint also sowohl Erfahrung zu erfordern wie auch die Fähigkeit, zu lernen.

Gallup (1970) setzte Schimpansen zehn Tage lang in einem kleinen Käfig einem Spiegel aus, der eine ganze Seite des Käfigs einnahm. Es wurde beobachtet, daß die Anzahl der selbstbezogenen Reaktionen während dieser Zeitspanne zunahm (vgl. Abb. 9.1). Dazu gehörten etwa Verhaltensweisen wie Körperpflege mit Beobachten des Erfolgs im Spiegel sowie das Führen der Finger und Zähnestochern mit Hilfe des Spiegels. Gallup (1975) beschreibt ein Schimpansenweibchen folgendermaßen:

Marge verwendete den Spiegel, um mit ihren Fußsohlen zu spielen und sie zu inspizieren; sie sah sich auch verkehrt im

Spiegel an, während sie an den Füßen von der Decke des Käfigs hing... auch wurde sie beobachtet, wie sie sich Sellerieblätter in die Nase stopfte, wobei sie den Spiegel dazu benutzte, die Stengel mittels Sichtkontrolle in die Nasenlöcher zu führen (S. 324).

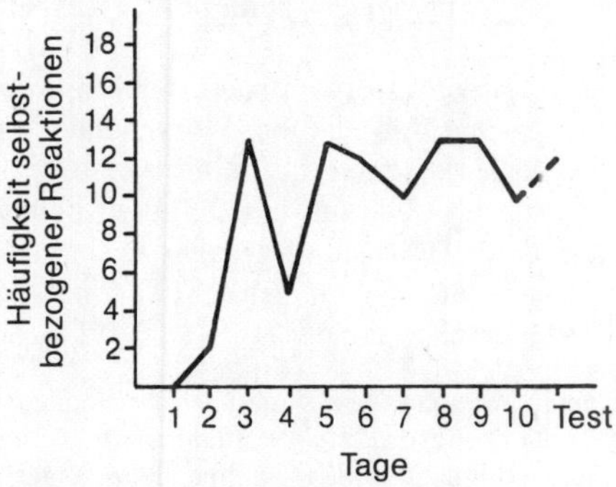

Abbildung 9.1: Gesamtzahl der selbstbezogenen Reaktionen in Gegenwart eines Spiegels; über Tage (aus Gallup, 1975, S. 323)

Sodann entwarfen die Forscher einen weiteren Selbsterkennungstest. Die Schimpansen wurden anästhesiert und über ihren Augenbrauen sowie hinter den Ohren mit Markierungen versehen – an Stellen also, die sie nicht direkt beobachten konnten. Der Spiegel wurde vorübergehend entfernt und die Baselinehäufigkeit für die Berührungversuche dieser Stellen aufgezeichnet. Abbildung 9.2 zeigt die Anzahl der Berührungsversuche vor und nach der Wiedereinführung des Spiegels. Die Ergebnisse weisen eindeutig darauf hin, daß die Schimpansen sich wiedererkennen bzw. ein Bewußtsein von sich haben, denn die Versuche, die Markierungen zu berühren, stiegen an, sobald sie sich im Spiegel betrachten konnten. Als weitere erhärtende Fakten für seine Behauptung führt Gallup an, daß Schimpansen, die keine frühere Erfahrung mit dem Spiegel hatten (die Kontrollgruppe in Abb. 9.2), kein auf die Markierungen bezogenes Verhalten zeigten, als sie dem Spiegel erstmals ausgesetzt wurden. Das heißt, die anderen Schimpansen mußten sich an ihr „Aussehen“ erinnert haben und reagierten dann auf die Markierungen, weil sich ihr Aussehen verändert hatte. Gallup (1975) kommt daher zu der Schlußfolgerung:

> Insoweit die Fähigkeit, sich selbst wiederzuerkennen, das Vorhandensein eines Selbstkonzepts impliziert, scheinen diese Befunde bei Schimpansen eine der ersten experimentellen Demonstrationen eines Selbstkonzepts bei einer nichtmenschlichen Lebensform darzustellen (S.330).

Gallup berichtet auch, daß die Fähigkeit, sich selbst zu erkennen, unter den Tieren nur die Schimpansen auszeichne; andere Affen und sonstige Tierarten zeigten diese Fähigkeit nicht.

Diese Ergebnisse sind umso interessanter, als Gallup, McClure, Hill und Bundy (1971) herausfanden, daß die Fähigkeit, sich wiederzuerkennen, durch

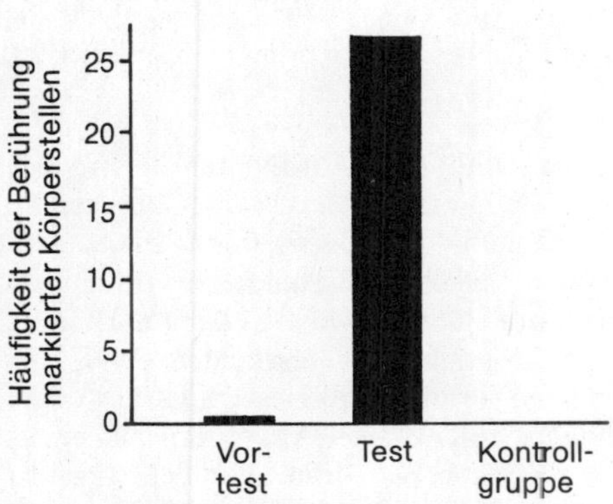

Abbildung 9.2: Häufigkeit der Berührung markierter Körperstellen beim Selbsterkennungstest; für die Experimentalgruppe vor der Wiedereinführung des Spiegels (Vortest) sowie für Experimental- und Kontrollgruppe nach der Wiedereinführung des Spiegels (aus Gallup, 1975, S. 326)

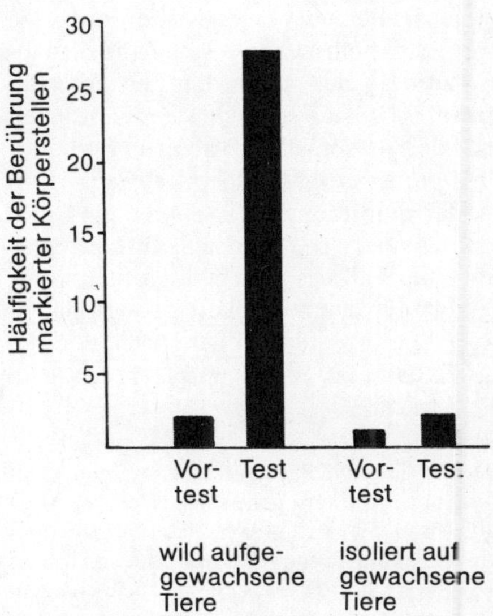

Abbildung 9.3: Häufigkeit, mit der markierte Körperstellen während eines 30-minütigen Vortests ohne Spiegel und eines 30-minütigen Tests (mit Spiegel) von wild aufgewachsenen und isoliert aufgewachsenen Schimpansen berührt wurden (aus Gallup, 1975, S. 333)

frühe Erfahrungen beeinflußt wird. Tiere, die in Isolation aufgewachsen sind, zeigen keine Reaktion auf die Markierung; wohl aber wild aufgewachsene Tiere (vgl. Abb. 9.3).

Viele Soziologen haben ein „Spiegel"-Konzept des Selbst vorgeschlagen, demzufolge sich das Selbstkonzept aus der sozialen Interaktion mit anderen ergebe. Das soziale Umfeld stelle Informationen über das Selbst bereit bzw. helfe einem Individuum dabei, sein Selbst als klar von der Umwelt unterschiedene Entität wahrzunehmen. Ich weiß nicht, ob Soziologen etwas dagegen hätten, wenn ihre Überlegungen auf soziale Interaktionen unter non-verbalen Arten angewandt würden; ihre Konzeption paßt jedenfalls recht gut zu den Resultaten, die in Abbildung 9.3 dargestellt sind.

Selbstwert

Es wurde oben erwähnt, daß ein großer Teil der Literatur zum Selbstkonzept sich mit dem Selbstwert beschäftigt. Jedoch umfaßt das Selbstkonzept sicherlich mehr als nur den Selbstwert: zum Selbstkonzept gehören Körperbewußsein, soziale Rollen und Selbstpräsentation, dauerhafte Werte sowie die zahlreichen anderen Faktoren, die von McGuire und Padawer-Singer (1976) angeführt wurden. Mit Selbstwert bezeichnet man die Eigenbewertung und -beurteilung einer Person. Er ist daher nur eine Teilkomponente des Selbstkonzepts, und die Annahme scheint plausibel, daß er am engsten mit dem allgemeinen Gefühlszustand, psychischen Störungen und vielleicht der persönlichen Anpassung zusammenhängt. Dies rechtfertigt zu einem gewissen Grad die Tendenz der Selbstkonzeptforschung zur Betonung von evaluativen Aspekten des Selbstkonzepts.

Genauso wie im Fall des allgemeinen Selbstkonzepts wurde auch für den Selbstwert gezeigt, daß er zum Teil von der Situation abhängt, in der das Individuum sich befindet. Morse und Gergen (1970) vertreten die Ansicht,

> daß es ... klar erscheint, daß Personen oft mit ihrer persönlichen Attraktivität und ihrem generellen Wert als Menschen beschäftigt sind. Sie dürften sich mit anderen in ihrer unmittelbaren Umgebung (und in den Massenmedien) vergleichen, um den Wert ihrer eigenen Person einzuschätzen. So kann es zum Beispiel als demütigend empfunden werden, zu bemerken, daß man schlampig angezogen ist, während die übrigen Anwesenden geschmackvoll gekleidet sind. Oder wenn der typische Student herausfindet, daß er in einer Prüfung die besten Zensuren erhalten hat, wird das seinem Selbstwert Auftrieb geben (S.148).

Diese Überlegungen werden durch Berichte gestützt, daß High-School-Schüler, die einer Minderheitengruppe angehören, dann ein niedriges Selbstwertgefühl haben, wenn sie in einem ethnisch gemischten Viertel wohnen, nicht aber, wenn sie aus einem homogenen Wohnviertel stammen (Rosenberg, 1965).

Um diese Thesen unter kontrollierten Laborbedingungen zu überprüfen, ließen Morse und Gergen (1970) Versuchspersonen auf eine zweite Person treffen, mit der sie sich um einen Job zu bewerben hätten. Der einen Hälfte der Versuchspersonen mußte die Person, die sie zu sehen bekamen, recht eindrucksvoll erscheinen:

> Er trug einen dunklen Anzug und wirkte gepflegt und selbstsicher. Nachdem er Platz genommen hatte, öffnete er sofort seinen Diplomatenkoffer, nahm mehrere gespitzte Bleistifte heraus und begann eifrig an seinem [Bewerbungs] formular zu arbeiten. Die Versuchsperson konnte sehen, daß er auch ein Statistikbuch, einen Rechenschieber und ein Exemplar eines Philosophietextes von der Uni in seinem Aktenkoffer hatte (Morse & Gergen, 1970, S. 150).

Die Person hingegen, auf die der Rest der Testpersonen traf,

> trug eine übelriechende Trainingsbluse, war ohne Socken und wirkte ein wenig benommen von der ganzen Prozedur. Er legte seine abgegriffene Taschenbuchausgabe von *The Carpetbaggers* [Bestseller-Roman von Harold Robbins] vor sich auf den Tisch und begann, nachdem er eine Weile ziellos im Büro umhergeblickt hatte, nach einem Bleistift zu suchen, den er schließlich auf dem Tisch fand. Als er dann das Bewerbungsformular ausfüllte, unterbrach er regelmäßig seine Tätigkeit, kratzte sich am Kopf und sah im Raum umher, als ob er Hilfe benötigte (Morse & Gergen, 1970, S.150).

Unter den auszufüllenden Formularen befand sich die modifizierte Version eines von Coopersmith (1967) entwickelten Fragebogens, der häufig bei Untersuchungen des Selbstwerts eingesetzt wird. Dieser Fragebogen enthielt Sätze wie „Ich kann mich ohne allzugroße Schwierigkeiten entscheiden" und „Ich bin stolz auf meine bisherige Universitätsleistung". Diese Fragen wurden durch Ankreuzen auf einfachen Ratingskalen beantwortet. Parallele Formen dieses Fragebogens wurden vor (Vortest) und nach (Nachtest) Ankunft der anderen Person ausgefüllt. Die Ergebnisse zeigten, daß in der Gegenwart von „Herrn Saubermann" der Selbstwert um fast vier Punkte von Vortest zu Nachtest abfiel, während bei den Versuchspersonen, die „Herrn Schmutzfink" begegneten, der Selbstwert fast um die gleiche Punktezahl stieg.

Zusammenfassend kann man sagen, daß der Selbstwert und somit das Selbstkonzept durch das soziale Milieu und die von einer bestimmten Situation ausgelösten sozialen Vergleichsprozesse beeinflußt wird. Individuen bewerten sich in Relation zu anderen, was zu Schwankungen in ihrem Selbstwert führt.

Natürlich gibt es noch weitere Einflußquellen auf den Selbstwert. Zum Beispiel hat man gefunden, daß physische Attraktivität und Selbstwertgefühl bei Frauen positiv korrelieren, nicht jedoch bei Männern (Mathes & Kahn, 1975). Ferner scheint die Identifikation mit der Geschlechtsrolle mit dem Selbstwert zusammenzuhängen. Connell und Johnson (1970) fanden beim Studium männlicher Frühpubertärer heraus, daß eine starke Identifikation mit der Geschlechtsrolle mit einem hohen Selbstwert einherging, während eine schwache Geschlechtsidentifikation mit einem niedrigen Selbstwert verbunden war. (Es muß daran erinnert werden, daß dies eine Korrelationsstudie war und deshalb keinen Beweis dafür darstellt, daß Identifikation eine Ursache des Selbstwertgefühls ist.) Andererseits berichten Connell und Johnson (1970) auch, daß bei weiblichen Frühpubertären Rollenidentifikation und Selbstwert nicht zusammenhängen. Insgesamt scheint es, was die Determinanten des Selbstwerts betrifft, also signifikante Unterschiede zwischen Männern und Frauen zu geben.

Die Theorie persönlicher Konstrukte

Wie wir gesehen haben, interessieren sich die humanistischen Psychologen besonders dafür, wie Personen sich selbst wahrnehmen und beurteilen, also für die Selbstwahrnehmung und den Selbstwert sowie für die Antezedenzien und Konsequenzen verschiedener Selbstbilder. In ähnlicher Weise beschäftigt sich die Theorie persönlicher Konstrukte damit, wie das Individuum die Welt organisiert und wahrnimmt, d.h. mit der Art und Weise, in der Ereignisse ausgelegt und interpretiert werden. Damit erweist sich die Theorie persönlicher Konstrukte, wie ja auch die humanistische Psychologie, als dem phänomenologischen Ansatz in der Psychologie zugehörig. Allerdings betont sie im Gegensatz zur humanistischen Theorie eher das Denken als das Fühlen; Gefühl wird nur als eine der Konsequenzen bestimmter Denkprozesse berücksichtigt.

Motivationales Prinzip

George Kelly, der Begründer der Theorie persönlicher Konstrukte, lehnte die Verwendung motivationaler Konstrukte in der Psychologie ab. Er ging davon aus, daß Individuen ständig aktiv sind, und daß ein Motivationskonstrukt „nur redundant sein kann“ (Kelly, 1958, S. 50). Zur Klarstellung dieser Position schreibt Kelly:

> Gesetzt den Fall, wir gingen von der Annahme aus, die grundlegende Eigenschaft des Lebens bestünde darin, daß es ständig weitergeht; es gibt also nichts, was einem zum Weitermachen *veranlaßt*; darin, daß das Leben weitergeht, besteht sein *eigentliches Wesen*. Der Mensch wird nicht durch Motive regsam und aktiv *gemacht*; seine Regsamkeit ist einfach ein Aspekt seiner Existenz (Kelly, 1962, S. 85).

Von daher mag es unangebracht erscheinen, die Theorie persönlicher Konstrukte in diesem Buch zu behandeln. Allerdings beschränkte Kelly das Konzept der Motivation ausschließlich auf eine Antriebs- und Aktivierungsfunktion und die damit verbundenen Konstrukte wie Libido, Trieb und Spannung. Wenn jedoch das Gebiet der Motivation erweitert wird auf die allgemeinere Frage nach den Beweggründen des Verhaltens, dann enthält Kellys Konzeption unbestreitbar eine explizite motivationstheoretische Aussage. Das grundlegende Ziel des Individuums, so behauptet Kelly, ist es, persönlich relevante Ereignisse vorherzusagen und zu kontrollieren. Somit kann Kelly zu den Bewältigungstheoretikern *(mastery theorists)* gezählt werden. Zudem ähneln seine Ideen sehr denen von Heider und anderen Attributionstheoretikern. Zum Beispiel nahm Kelly an, daß Verhalten vollständig durch vorangehende Denkprozesse determiniert wird bzw. durch die Art und Weise, in der man Erfahrung interpretiert (vgl. Diagramm 3.3). Kellys Ansatz hat jedoch auch vieles mit der humanistischen Psychologie gemeinsam, wie etwa ein Interesse für persönliche Anpassung, die Beziehung zur klinischen Psychologie und weitere Ähnlichkeiten, auf die ich später noch hinweisen werde. Ich habe es daher vorgezogen, Kellys Werk zusammen mit der humanistischen Psychologie darzustellen, anstatt in den vorangegangenen Kapiteln, welche sich mit dem Thema der wahrgenommenen Kausalität im engeren Sinne beschäftigen.

Paradoxerweise ist jedoch der Unterschied zwischen Kelly und den traditionelleren Motivationstheoretikern nicht so groß, wie es scheinen will. Indem er annahm, daß das Individuum die Umwelt interpretiere, mit dem Ziel, vorherzusagen und zu kontrollieren, implizierte Kelly, daß Personen die Welt kategorisieren, „um die störenden Überraschungen zu minimieren, die sie auf uns ausüben kann" (Bruner, 1956, S. 356). Bruners Einsicht weist auf eine Ähnlichkeit zwischen der Theorie persönlicher Konstrukte und den älteren Theorien der Reizreduktion hin – Theorien, die dem Kellyschen System antithetisch gegenüberzustehen scheinen.

Wissenschaftliches Verhalten als Modell für allgemein menschliches Verhalten

Es gibt einem zu denken, daß die Theorien, die von Psychologen formuliert wurden, um das Verhalten ihrer Klienten oder der Menschen im allgemeinen zu erklären, für ihre eigene wissenschaftliche Tätigkeit häufig keine Erklärung bieten können. Wenn es zum Beispiel stimmt, daß der Mensch von sexuellen und aggressiven Trieben motiviert wird und alles Verhalten auf die Reduktion dieser Primärtriebe abzielt, wie die Freudianer behaupten, was motivierte dann Freud dazu, seine Persönlichkeitstheorie aufzustellen? Freud vertrat die Ansicht, daß höhere intellektuelle Aktivitäten, wie etwa wissenschaftliche Bestrebungen, Derivate von Trieben seien und diesen Urtrieben dienten. Seine Analyse ist jedoch bei weitem nicht überzeugend. Ebenso stellt sich die Frage, wie die neuen Ideen der Behavioristen Hull und Skinner zustande kamen, wenn Menschen bloße Roboter sind, wie uns diese Wissenschaftler glauben machen wollen? Und warum sollten die Behavioristen überhaupt wissenschaftliche Arbeiten lesen, wenn ausschließlich das *Verhalten* von Organismen als beachtenswert angesehen wird? Kurz, die Theorien von Freud und Hull, die die Psychologie so viele Jahre dominierten, können das Verhalten von Freud und Hull selbst nicht erklären.

Kellys Theorie der persönlichen Konstrukte ist demgegenüber in der Lage, wissenschaftliche Bemühungen zu erklären, weil Kelly den Durchschnittsmenschen als intuitiven Wissenschaftler betrachtet, dessen Ziel es ist, Verhalten vorherzusagen und zu verstehen. Um dieses Ziel zu erreichen, bildet der Mensch Hypothesen über die Welt und das Selbst, sammelt Fakten, die diese Hypothesen bestätigen oder entkräften und verändert dann seine persönlichen Theorien, um den neuen Fakten Rechnung zu tragen. Damit operiert der Durchschnittsmensch auf die gleiche Weise wie der professionelle Wissenschaftler, wenngleich letzterer bei seinen Versuchen, kognitive Klarheit und Verstehen zu erlangen, genauer und selbstkritischer vorgehen mag.

Nehmen wir beispielsweise an, daß eine Frau (Nancy) glaubt, ein Mann (John) habe ihr gegenüber starke negative Gefühle. Als Nancy John auf einer Party trifft, erwartet sie, daß er sie entweder ignorieren, eine beleidigende Bemerkung machen oder vor ihren Freunden bloßstellen wird. Stellen wir uns nun aber vor, daß John, zur Überraschung Nancys, ihr freundlich begegnet und erfreut scheint, sie zu sehen. Nehmen wir weiter an, daß Nancy dieses unerwartete Verhalten wiederholt erlebt, so daß – attributionstheoretisch gesprochen – Johns Freundlichkeit nicht einer vorübergehenden Stimmung oder dem unmittelbaren sozialen Druck zugeschrieben werden kann. Aufgrund der neuen Fakten sollte Nancy ihre Hypothese ändern und zur Ansicht kommen, daß John sie mag. Das neue Konstrukt sagt Verhalten genauer vorher und ermöglicht ihr, die Interaktionen mit John richtig zu antizipieren.

Bei der Erläuterung seiner Konzeption des Menschen als Wahrheitssuchenden stellt Kelly (1955) fest:

> Man sagt gewöhnlich, *das letztendliche Ziel des Wissenschaftlers sei Vorhersage und Kontrolle.* Diese summarische Beschreibung wird von Psychologen häufig und gerne zur Charakterisierung ihrer eigenen Bestrebungen gebraucht. Kurioserweise gestehen jedoch Psychologen den Personen in ihren Experimenten nur selten ähnliche Bestrebungen zu. Es ist, als ob der Psychologe sich sagte: „Ich als *Psychologe* und somit als *Wissenschaftler* führe dieses Experiment durch, um die Vorhersage und Kontrolle bestimmter menschlicher Phänomene zu verbessern; aber meine Versuchsperson, als bloßer menschlicher Organismus, wird offensichtlich von unerbittlich in ihr hochsteigenden Trieben motiviert, oder aber sie folgt einem unersättlichen Drang nach Nahrung und Unterschlupf" (S. 5).

Viele weitere Forscher akzeptieren implizit die Konzeption vom Menschen als intuitivem Wissenschaftler. Von großer Bedeutung für experimentelle Psychologen ist die Möglichkeit, daß die Versuchsperson durch logische Überlegungen herausfindet, was der Versuchsleiter beweisen will, und sich dann bewußt oder unbewußt im Sinn der Hypothese verhält (Orne, 1962). Die „Aufforderungscharakteristika" eines Experiments müssen daher in vielen psychologischen Untersuchungen – besonders in motivationstheoretischen – sorgfältig kontrolliert und verschleiert werden. Aber das bloße Vorhandensein solcher Kontrollen impliziert bereits, daß die Versuchspersonen in ihrer Umgebung nach Sinnzusammenhängen suchen, Hypothesen aufstellen und auf der Grundlage dieser Überzeugungen handeln. Es könnte natürlich auch vorkommen, daß die Versuchsperson im Versuchsleiter eine hinterhältige oder boshafte Person sieht und daraufhin versucht, das Experiment zu „ruinieren", indem sie die Hypothese des Versuchsleiters widerlegt. Auch ein solches Verhalten dient den Zielen der Versuchsperson und basiert auf einem System persönlicher Überzeugungen sowie auf Schlußfolgerungen über den Zweck der Untersuchung.

Bannister und Fransella (1971) bemerken in einem Kommentar über die Konzeption des „Menschen als Wissenschaftler":

> Eine der Konsequenzen [einer solchen Konzeption] besteht darin, daß man sich im Modellmenschen der Theorie persönlicher Konstrukte deutlich wiedererkennt; außer man gehört zu jener sehr bescheidenen Sorte Mensch, die sich als die reizkontrollierte Marionette der Lerntheorie, das primitive Kleinkind der Psychoanalyse oder die wandelnde Telephonzentrale der Informationstheorie zu sehen vermag. Wenn Sie sich in keinem Punkt der Theorie persönlicher Konstrukte selbst wiedererkennen, haben Sie einen wesentlichen Mangel [der Theorie] entdeckt und sind berechtigt, ihre Behauptungen anzuzweifeln (S. 16).

Als Konsequenz des „Mensch-als-Wissenschaftler"-Modells ergibt sich eine interessante Ähnlichkeit zwischen der humanistischen Theorie und der Theorie persönlicher Konstrukte. Sowohl der Psychologe als auch der Klient (die „Versuchsperson") sind nun gleichberechtigte Partner einer Dyade. Das heißt, der Psychologe steht nicht „höher" als die „naive" Person, und die Person ist nicht ein bloßes „niedrigeres Objekt" der Forschung. Vielmehr, wie Bannister und Fransella (1971) schreiben,

> betrachtet die Konstrukttheorie jeden Menschen als jemanden, der versucht, sich seine Welt und sich selbst verständlich zu machen. Die Psychologie wird als eine Metadisziplin betrachte, als ein Versuch, die verschiedenen Arten, auf die Menschen sich ihre Welten verständlich machen, zu verstehen. Dies stellt den Psychologen nicht nur vor dieselbe interpretative Aufgabe wie seine sogenannte Versuchsperson – es macht sie auch zu Partnern bei dieser Aufgabe, weil auf einer anderen Basis kein Mensch den anderen verstehen kann (S. 42).

Halten wir also fest, daß Kelly, ähnlich wie die Attributionstheoretiker, ein ultrarationales Bild vom Menschen entworfen hat. Die Gedanken einer Person zu verstehen, heißt bereits, die Person zu verstehen. Bruner (1956) vermutete, daß diese Persönlichkeitstheorie teilweise ein Produkt der spezifischen klinischen Erfahrungen Kellys war. Kelly war auf der Universität jahrelang als Berater von Studenten tätig. Anders als Patienten mit hysterischen Lähmungen und bizarren Träumen, „sind die jungen Männer und Frauen aus Professor Kellys klinischen Beispielen besorgt um ihre Rendezvous, ihren Studienfortgang und sogar um ihre Konformität" (Bruner, 1956, S. 357). Mit dem Unbewußten, tiefsitzenden Bedürfnissen oder auch Abwehrmechanismen hatte Kelly also relativ wenig zu tun. Wie das auch bei anderen in diesem Buch dargestellten Konzeptionen der Fall ist, ist seine Theorie daher zwar geeignet, einigen Verhaltensaspekten Rechnung zu tragen, kann andere Phänomene aber nicht einmal ansatzweise erklären (dieser Punkt wird im Schlußkapitel des Buches noch ausführlicher erörtert).

Philosophische Grundposition: Konstruktiver Alternativismus

Kelly prägte für seine grundlegende philosophische Position die Bezeichnung *konstruktiver Alternativismus (constructive alternativism)* oder „erkenntnistheoretische Verantwortlichkeit" (Kelly, 1966, S. 31). Bedeutung, so behauptet Kelly, ist einem Ereignis nicht inhärent, sondern hängt davon ab, wie die Person das Ereignis auslegt und interpretiert. Er schrieb:

> Die Ereignisse, denen wir uns täglich gegenüber sehen, sind einer so großen Vielfalt von Interpretationen zugänglich, wie man sie sich nur ausdenken kann ... Alle unsere Wahrnehmungen stehen der Hinterfragung und Neuüberlegung offen ... Die alltäglichsten Vorkommnisse könnten in völlig verändertem Licht erscheinen, wenn wir nur erfinderisch genug wären, sie auf andere Weise auszulegen (Kelly, 1966, S. 28).

Es gibt also keine „Realität"; die Realität liegt im Auge des Betrachters. Daher sind einige von Kellys Ideen eng mit der psychoanalytischen Vorstellung verbunden, Triebe, Werte und ähnliche Faktoren beeinflußten die wahrgenommene „Realität".

Weil Interpretationen geändert werden können, folgerte Kelly, daß Personen für ihre eigene Zukunft selbst verantwortlich seien (da sie die Möglichkeit haben, sich zu entscheiden). Die Natur diktiert unser Leben nicht, oder, wie Kelly meinte, „niemand muß zum Opfer seiner Biographie werden". Diese Haltung verbindet die Theorie persönlicher Konstrukte wiederum mit der humanistischen Denkweise, indem sie Veränderungsprozesse in die Reichweite der Fähigkeiten des Individuums rückt. Das Verdienst für ein erfolgreiches und die Schuld für ein erfolgloses Leben werden direkt dem handelnden Subjekt zugeschrieben. Man könnte sagen, Kelly habe Verantwortlichkeit und Umweltbewältigung, bzw. die „psychologische Initiative", entlang einer internal-external Dimension konzipiert und erkannt, daß man ein „Urheber" ist (oder sein kann) und nicht (nur) ein „Abhängiger".

Formale Theorie

Kellys formale Theorie besteht aus einem grundlegenden Postulat und elf Theoremen *(corollaries)*. Ich will kurz das Grundpostulat und einige der Theoreme erörtern, wobei ich jene auswählen werde, die das meiste Licht auf seine Verhaltenskonzeption werfen.

Grundpostulat: Die Prozesse einer Person werden durch die Art, in der sie Ereignisse antizipiert, psychologisch kanalisiert. Damit meinte Kelly, daß das Leben (Verhalten) eines Individuums durch dessen Interpretation der Welt geleitet wird. In der Genauigkeit, mit der man zukünftige Ereignisse vorhersagen und die Umwelt erklären kann, zeigt sich die Tauglichkeit der Interpretation (Konstruktion). Kelly (1966) behauptete, daß „der Bestätigung oder Entkräftung eigener Vorhersagen größere psychologische Bedeutung zukommt, als Belohnungen, Bestrafungen oder ... Triebreduktion" (S. 38).

Individualtheorem: Personen unterscheiden sich voneinander in ihrer Konstruktion von Ereignissen. Verschiedene Individuen fassen dieselbe objektive Stimulussituation unterschiedlich auf; daraus folgt, daß auch ihr Verhalten unterschiedlich sein wird. Da ferner keine zwei Konstruktionen völlig identisch sind, ist jede Person einzigartig. Das deckt sich mit der Position von humanistischen Psychologen wie Allport und Maslow.

Dichotomietheorem: Das Konstruktsystem einer Person setzt sich aus einer endlichen Anzahl von dichotomen Einzelkonstrukten zusammen. Kelly behauptete, alle Konstrukte seien bipolar oder dichotom. Wenn wir also z. B. eine Person als ehrlich und aufrichtig ansehen, bestreiten wir implizit, daß diese Person unehrlich und unaufrichtig ist. Jedes Konstrukt besteht daher aus einem Paar von Gegensätzen.

Bereichstheorem: Ein Konstrukt ist nur für die Antizipation eines endlichen Ereignisbereichs von Nutzen. Ein gegebenes Konstrukt paßt nicht auf alle Ereignisse. Das Konstrukt großwüchsig-kleinwüchsig zum Beispiel mag für die Antizipation von Spielsituationen auf einem Fußballplatz angemessen sein, ist aber wahrscheinlich ziemlich irrelevant, wenn man die Ehrlichkeit eines Menschen vorhersagen will. Kelly unterschied zwischen dem „Anwendungsbereich" *(range of convenience)* und dem „Anwendungsfokus" *(focus of convenience)* eines Konstrukts. Der Geltungsbereich meint die Bandbreite der verschiedenen Phänomene, auf die ein Konstrukt angewendet werden kann. Der Anwendungsfokus bezieht sich auf dasjenige Gebiet, für das ein Konstrukt von maximalem Nutzen ist. Der Fokus umfaßt also jene Ereignisse, für die ein Konstrukt ursprünglich entwickelt wurde.

Die Begriffe Anwendungsbereich und Anwendungsfokus werden von Wissenschaftlern häufig zur Beschreibung und Evaluierung psychologischer Theorien verwendet. Die Freudianer zum Beispiel behaupten, daß der Anwendungsbereich ihrer Theorie Krieg, Witz und Neurose umfasse; ein solcher Generalisierbarkeitsgrad ist eine positive Eigenschaft einer Theorie. Der Anwendungsfokus der Freudschen Theorie ist am ehesten der intrapersonale Konflikt. Eine ähnliche Beschreibung des Anwendungsbereichs und des Anwendungsfokus könnte für alle Theorien vorgenommen werden, die in diesem Buch dargestellt sind, und würde sich für Vergleichs- und Evaluationszwecke als nützlich erweisen (vgl. 10. Kapitel).

Erfahrungstheorem: Das Konstruktsystem einer Person ändert sich mit der wiederholten erfolgreichen Interpretation von Ereignissen. Da ein Konstrukt einer Hypothese ähnelt, kann Bestätigung oder Entkräftung zur Änderung von Konstrukten führen. Kelly meint, daß Bestätigung zu ebenso großen Veränderungen führen könne wie Entkräftung, weil Bestätigung das Ausprobieren neuer Erfahrungen veranlasse, welche die Person Situationen aussetzen, die eine Änderung des gegenwärtigen Konstruktsystems erforderten.

Die Psychotherapie ist nach Kellys Ansicht ein Prozeß, bei dem das Konstruktsystem eines Menschen mit Hilfe eines Therapeuten verändert wird. Der Therapeut muß zunächst herausfinden, wie der Klient die Welt sieht; sodann kann er dem Klienten bei der Reorganisation des alten Systems und beim Finden funktionalerer neuer Konstrukte beistehen. Der Therapeut könnte dem Klienten etwa helfen, „Experimente" zu entwerfen und durchzuführen, die ganz bestimmte Hypothesen überprüfen. Wenn zum

Beispiel ein Individuum einen Elternteil oder Ehepartner als „aggressiv“ oder „dominierend“ wahrnimmt, könnten gewisse Verhaltensweisen vorgeschlagen werden, um zu testen, ob diese Wahrnehmung „valide“ ist, d.h. hilfreich für die Antizipation von Ereignissen. Rollenspiel und Modellernen werden häufig zur Änderung von Konstruktsystemen herangezogen. Der Therapeut könnte zum Beispiel vorschlagen, der Klient solle sich so verhalten, als ob der Elternteil oder Ehepartner nicht aggressiv oder dominant wäre, um eine alternative Hypothese zu überprüfen. (Kelly hatte früher einmal Drama unterrichtet, und das mag zum Teil der Grund dafür sein, daß er das Rollenspiel als Technik zur Änderung von Konstruktsystemen wählte.)

In einem Experiment, das die Änderung von Konstrukten betraf, waren die Versuchspersonen Lehrer, die glaubten, daß ihre Schüler deshalb nicht lernten, weil sie „faul“ seien (Kelly, 1958). Die Versuchsleiter schlugen den Lehrern vor, sie sollten den Kindern während des Unterrichts einmal überhaupt nichts zu tun geben und abwarten, was passieren würde. Natürlich saßen die Kinder nicht tatenlos herum. Auf Grund dieser gegenteiligen Evidenz begannen die Lehrer, die Schulumgebung und ihre eigenen Mängel als Ursachen der schwachen Lernerfolge anzusehen, statt die Schuld für die Probleme ganz auf die Schüler abzuschieben.

Der Rollen-Konstrukt-Repertoire (Rep) Test

Kelly erfand ein besonders geniales Testinstrument, um das persönliche Konstruktsystem eines Individuums festzustellen. Der Test spiegelt Kellys Überzeugung wider, daß der Psychologe der Testperson keine Konstrukte aufdrängen sollte, wie das zum Beispiel in Tests zur internalen vs. externalen Kontrolle *(locus of control)* der Fall ist. Ein vorgegebenes Konstrukt bzw. eine vorgegebene kognitive Dimension mag für die Testperson ganz irrelevant sein. Vielmehr sollte es den Testpersonen ermöglicht werden, diejenigen Konstrukte zu entfalten, die sie normalerweise verwenden, um der Welt Sinn zu geben.

Im Rollen-Konstrukt-Repertoire (Rep) Test listet die Versuchsperson die Namen von Personen auf, die bestimmte Rollen in ihrem Leben spielen oder gespielt haben, wie etwa Vater, Mutter, abweisende Person, bedrohliche Person usw. Die drei Kreise in jeder Reihe des Standard Rep-Testbogens, der in Abbildung 9.4 dargestellt ist, bezeichnen drei Rollen, die zusammen betrachtet werden müssen. Für jede Triade bestimmt die Versuchsperson ein Konstrukt von der Art kalt-warm oder dominant-unterwürfig, das zwei Personen der Triade miteinander verbindet und sie von der dritten trennt. Dieses Verfahren ist ganz offenbar von Kellys Überzeugung der Bipolarität von Konstrukten geleitet. Man nimmt an, daß das gewählte Konstrukt die Dimension repräsentiert, auf der signifikante Menschen aus dem Leben der Testperson angeordnet und miteinander verglichen werden. Zeile 1 des Fragebogens etwa läßt darauf schließen, daß die Testperson die als abweisend angesehene und die bemitleidete Person als kalt, dagegen die attraktive Person als warm empfindet. Die Testperson beurteilt dann die 12 übrigen Personen danach, ob sie die Eigenschaft (Kälte) der zwei miteinander verbundenen Personen der Triade besitzen oder nicht, und setzt ein X in das jeweilige Kästchen, wenn die entsprechende Eigenschaft vorhanden ist. Abbildung 9.4 zeigt, daß der Vater, der Ehepartner und der abgelehnte Lehrer als kalt gesehen werden. Auf die gleiche Art füllt die Testperson die restlichen 14 Reihen aus, wobei sie für jede Triade ein eigenes Konstrukt wählt.

Mit Hilfe ausgeklügelter, aber nicht schwieriger mathematischer Techniken, die der Faktorenanalyse ähneln, kann der Testleiter die gewählten Konstrukte auf wenige Basiskonstrukte reduzieren, die dann die typische Art der Testperson wiedergeben, andere wahrzunehmen und zu klassifizieren. Selbst ohne Training kann der Leser jedoch feststellen, welche Konstrukte miteinander variieren und daher nicht verschieden sind. Wenn der Leser zum Beispiel Männer als „kalt“ und Frauen als „warm“ ansieht und zur Unterscheidung einer weiteren Triade das Konstrukt männlich-weiblich verwendet, so wissen wir, daß zur Unterscheidung der zweiten Triade auch das Konstrukt kalt-warm hätte verwendet werden können. Das heißt, männlich und kalt sowie weiblich und warm werden nicht als separate Konstrukte verwendet. Wenn alle Konstrukte des Testbogens hoch miteinander korrelieren, dann kann es sein, daß die Testperson Angst empfindet, weil das Konstruktsystem zu eng ist, um neue Situationen assimilieren zu können.

Betrachtet man die Kreise in den Kästchen vertikal statt horizontal, so kann man die zwischen zwei Personen wahrgenommene Ähnlichkeit feststellen. Es könnte z.B. von Interesse sein, herauszufinden, welchen Elternteil die Testperson als ihr selbst am ähnlichsten empfindet, oder wie sehr ihr Ehepartner einer bedrohlichen Person gleicht. All das kann schnell festgestellt werden.

Bisher ist der Rep-Test nur spärlich zur Anwendung gekommen, hauptsächlich im klinischen Kon-

No.	1 Selbst	2 Mutter	3 Vater	4 Bruder	5 Schwester	6 Ehegatte	7 Freund	8 Exfreund	9 abweisende Person	10 bemitleidete Person	11 bedrohliche Person	12 attraktive Person	13 akzeptierter Lehrer	14 abgelehnter Lehrer	15 glückliche Person	Konstrukt
1			X			X			⊗	⊗		O		X		kalt-warm
2		O	O	⊗		X		X						X		abhängig-unabhängig
3					O								O		O	
4		O						O					O			
5	O									O		O				
6					O				O					O		
7				O				O			O					
8						O					O				O	
9							O	O				O				
10	O			O	O											
11		O	O								O					
12							O			O						
13	O					O	O									
14	O	O	O													
15				O					O					O		

Abbildung 9.4: Vereinfachte Version des Rollen-Konstrukt-Repertoire Testbogens

text und kaum in der Forschung. Einige Untersuchungen deuten darauf hin, daß die Antworten auf den Testbogen eine annehmbare Retest-Stabilität aufweisen, aber es existieren nur sehr wenige Untersuchungen zur Testreliabilität und -validität (vgl. Bannister & Fransella, 1971). Dies trifft auf die gesamte Theorie zu, die Kelly vorgelegt hat. Trotz ihrer offensichtlichen Nützlichkeit und obwohl sie psychologischen Verstehensbemühungen eine neue Sprache zur Verfügung stellt, ist sie von geringem heuristischen Wert geblieben und hat wenig anregende Wirkung auf die Forschung gehabt.

Emotionen

Kritiker haben den Vorwurf erhoben, Kellys Theorie ließe emotionale Zustände, die „menschlichen Leidenschaften“, außer acht. Bruner (1956) zum Beispiel erklärte: „Ich wünschte, Professor Kelly würde sehr religiöse Menschen in ihren Augenblicken höchster Frömmigkeit behandeln“ (S. 357). Bannister und Fransella (1971) verteidigten Kelly und bestritten, daß er die Emotionen vernachlässigt habe. Vielmehr,

sah Kelly die Trennung zwischen Kognition und Emotion nicht als wirklich valide an. Sie ist ein in Fachjargon verkleideter Abkömmling alter Dualismen wie *Vernunft* vs. *Gefühl, Seele* vs. *Leib, Geist* vs. *Fleisch,* die zu dualistischen Psychologien geführt haben ... Um diesen Dualismus zu vermeiden, lenkt Kelly unsere Aufmerksamkeit auf bestimmte Konstrukte wie *Angst, Feindseligkeit, Schuld, Bedrohung, Furcht* und *Aggression,* definiert sie aber alle als „Bewußtsein“ von im Übergang befindlichen Konstruktsystemen (S. 34—35).

Angst tritt laut Kelly auf, wenn ein Konstruktsystem keine Mittel zur Verfügung stellt, mit einer Erfahrung fertig zu werden. Bannister und Fransella (1971) führen dies wie folgt aus:

Wir werden ängstlich, wenn wir die Ereignisse, die auf uns zukommen, nur teilweise verstehen können und zu viele ihrer Bedeutungen im Dunkel bleiben. Sex für den Keuschen, das Erwachsensein für den Pubertierenden, Bücher für den Ungebildeten, Macht für den Bescheidenen und Tod für fast alle von uns tendieren dazu, Angst hervorzurufen. Es ist der Aspekt des *Unbekannten,* der den Dingen, die nachts unerwartet passieren, ihre [emotionale] Wirkung verleiht (S. 35).

Auf ähnliche Weise ruft die Interaktion mit einer Person, die wir nicht verstehen, oft ein unbestimmtes Gefühl von Unbehagen hervor. Noch größere Angst empfindet man oft, wenn man mit einer neuen Arbeit anfängt oder mit einer neuen Umgebung konfrontiert wird. Falls Angstreaktionen häufig und stark auftreten, muß man den Anwendungsbereich der Konstrukte erweitern, damit mehr Phänomene durch sie erfaßt werden können. Angst entsteht auch dann, wenn Überzeugungen sich als falsch erweisen und so die Unzulänglichkeit des eigenen Konstruktsystems zutage tritt. Angst ist daher nicht unbedingt etwas Schlechtes, insofern sie auch einen notwendigen Konstruktwandel veranlassen kann.

Kelly unterschied zwischen Bedrohung und Angst, obwohl beide Gefühle aus inadäquaten und daher sich im Übergang befindlichen Konstruktsystemen resultieren. *Bedrohung* wird empfunden, wenn sich gerade eine wesentliche Änderung im Konstruktsystem einer Person vollzieht. Zum Beispiel wird Bedrohung empfunden, „wenn unsere tiefsten Überzeugungen über die Beschaffenheit unserer persönlichen, sozialen und praktischen Lage ihre Gültigkeit verlieren und die Welt um uns herum chaotisch zu werden scheint" (Bannister & Fransella, 1971, S.37). So ist etwa das Infragestellen der Sinnhaftigkeit des Lebens bedrohlich, weil es leicht zu grundlegenden Einstellungsänderungen führen kann. Auf ähnliche Weise kann eine leidenschaftliche außereheliche Beziehung jemandes Auffassung von Elternschaft und Ehe verändern und so als Bedrohung wirken. Schließlich müssen auch Psychotherapeuten auf die Möglichkeit achten, als bedrohlich empfunden zu werden, insoweit sie als Verursacher von Konstruktänderungen wahrgenommen werden.

Schuld endlich resultiert in Kellys System aus einer Diskrepanz zwischen dem idealen Selbst und den Handlungen einer Person. „Wenn man sich selbst bei Handlungen ertappt, die in wichtigen Punkten nicht dem eigenen Selbstbild entsprechen, dann leidet man unter Schuldgefühlen" (Bannister & Fransella, 1971, S. 36). Daraus folgt, daß Schuldgefühle z.B. auch von ehrlichen Handlungen verursacht werden können, nämlich dann, wenn man Unehrlichkeit schätzt und sich selbst als unehrlich sieht!

Zusammenfassung: Kellys Theorie

Kelly behauptet, daß Menschen intuitive Wissenschaftler seien, die die Welt auf idiosynkratische Weise interpretierten, um ihr einen Sinn zu geben. Sinn ergibt sich aus der Interpretation von Ereignissen mittels dichotomer Konstrukte. Diese Interpretation ermöglicht einem, die Zukunft vorherzusagen (zu antizipieren). Konstruktsysteme sind nicht unwandelbar; Personen können ihre Konstrukte verändern und sind für ihr eigenes Wohlergehen persönlich verantwortlich. Schließlich werden gewisse Emotionen wie Angst, Bedrohung und Schuld als Produkte von inadäquaten und sich gerade in Veränderung befindlichen Konstruktsystemen angesehen.

Kellys Konzeption unterscheidet sich deutlich von anderen aus der klinischen Praxis abgeleiteten Theorien und stellt eine alternative Sprache für das Verstehen menschlichen Handelns bereit. Sie hat nicht gerade viel empirische Forschung hervorgebracht (dem Leser wird aufgefallen sein, daß in der Besprechung der Theorie keine Untersuchungen zitiert wurden), aber sie hat zu neuen wertvollen Einsichten und einer neuartigen Meßmethode geführt. Ich erwarte, daß diese Theorie in Zukunft noch elaboriert und präzisiert werden wird, so daß sie auch überprüfbare Hypothesen und empirische Untersuchungen hervorbringt.

Implizite Psychologie

Psychologen legen zunehmend Wert auf die Unterscheidung zwischen *Wissenschaft* und *Ethnowissenschaft,* bzw. auf die Unterscheidung zwischen den „tatsächlichen" Ursachen menschlichen Verhaltens und dem, was der naive Betrachter als dessen Ursachen ansieht. (Letzteres ist im positiven Sinn auch als „Volksweisheit", im negativen als „Bubba-Psychologie" bekannt; vgl. Wegner und Vallacher, 1977.) Offensichtlich haben Individuen Vorstellungen und häufig sogar elaborierte Theorien über das Wesen des Menschen und seine Motivation. Obwohl diese Theorien „implizit“ (Bruner und Tagiuri, 1954) sind, bestimmen sie die soziale Wirklichkeit.

Impliziten Theorien der Kovariation von Charakterzügen oder Eigenschaften wurde bereits viel Aufmerksamkeit von psychologischen Forschern geschenkt (vgl. Schneider, 1973). Überzeugungen der Art „Dicke sind lustig“, „Brillenträger sind introvertiert“ und „intelligente Menschen sind schlagfertig“ sind Beispiele solcher impliziter Persönlichkeitstheorien. Personen sind sich der Tatsache, daß sie solche Theorien haben, oft nicht bewußt, und sie überprüfen sie auch nicht systematisch. Aber diese Auffassungen beeinflussen dennoch in hohem Maße Erwartungen und Handlungen.

Der von Kelly entworfene Rep-Test ist einer der Versuche, implizite Theorien der Personwahrnehmung zu messen, indem er sowohl die Konstrukte feststellt, die Menschen verwenden, als auch die wahrgenommenen Beziehungen zwischen diesen Konstrukten. In der Tat beruht Kellys ganze Theorie, wie oben erwähnt, auf der Annahme, Menschen seien naive Wissenschaftler, die idiosynkratische psychologische Theorien aufstellten. Außerdem vertritt Kelly die Auffassung, daß diese Theorien manchmal nicht „funktionieren“ und daß das Individuum deshalb bei der Konstruktion „besserer“ Theorien unterstützt werden müsse.

Neben den impliziten Persönlichkeitstheorien und den Theorien der Personwahrnehmung gibt es noch implizite Theorien der Kinderpsychologie, Psychopathologie, Psychodynamik und praktisch jedes anderen Gebietes der Psychologie. Zum Beispiel zeigen sich unsere impliziten Vorstellungen über Kinder in der Art und Weise, wie wir mit ihnen kommunizieren. Wie Wegner und Vallacher (1977) feststellen,

> ist es nicht sehr wahrscheinlich, daß die Gastgeberin bei einer Abendgesellschaft „heiß, heiß!“ sagt, wenn sie ein dampfendes Gericht vor einen Gast hinstellt; hingegen wird sie häufig derartige Bemerkungen ihrem fünfjährigen Kind gegenüber machen. Sie wird nicht sagen, „schaut zuerst links und rechts!“, wenn sie die Gäste über die Straße zu den Autos schickt, wird diese Warnung aber oft vor ihrem Kind wiederholen ... Viele dieser fürsorglichen und abgenutzten Ausdrücke würden unter Erwachsenen völlig unpassend sein (S. 303) (vgl. Gleason, 1973).

Ähnlich gibt es auch massenhaft implizite Theorien der Psychopathologie. Seit der Laie – oft durch populär-psychologische Quellen – mit der Freudschen Theorie bekannt geworden ist, werden frühe Kindheitserlebnisse zunehmend als wichtige Ursache für abnormales Verhalten bei Erwachsenen angesehen. Zum Beispiel werden Schizophrenie oder Autismus nun einer schlechten Kindeserziehung, der Rivalität unter den Geschwistern, ödipalen Wünschen usw. zugeschrieben.

Implizite Motivationstheorien wurden in diesem Buch bereits behandelt, und dazu gehört auch Kellys Theorie der persönlichen Konstrukte. Aber das markanteste Beispiel einer solchen Theorie ist die Attributionstheorie von Heider. Heider erkannte intuitiv, daß die naive Person das Verhalten in leistungsbezogenen Kontexten zum Teil auf Fähigkeit und Anstrengung zurückführt. Zudem werden diese beiden Faktoren als multiplikativ miteinander verknüpft gesehen: fehlt einer davon, wird die wahrgenommene effektive Personkraft auf Null reduziert.

Die naive Psychologie des Laien und die „wahren“ Gesetze der Persönlichkeit, Kindespsychologie, Psychopathologie und Motivation müssen natürlich nicht identisch sein. Zum Beispiel wissen die meisten Laien nicht, daß bestimmte Arten der Schizophrenie eine starke genetische Komponente besitzen und daß ein Ausbruch von Schizophrenie bei entsprechend prädisponierten Menschen unabhängig von frühkindlichen Erfahrungen wie der Eltern-Kind-Beziehung vorkommen kann. Ähnlich könnte es sein, daß in bestimmten leistungsabhängigen Aufgabensituationen Leistung von Anstrengung plus Glück determiniert wird oder, wie Atkinson meint, von unbewußten Motiven mal Erfolgswahrscheinlichkeit mal Anreizwert des Erfolgs, statt von Fähigkeit mal Anstrengung (entsprechend der naiven Vorstellung).

Eine Untersuchung von Whiteman (1967) illustriert einige Unterschiede zwischen der „Wissenschaft“ von den Abwehrmechanismen einerseits und dem Wissen (bzw. Nichtwissen) über Abwehrmechanismen bei jüngeren Kindern andererseits. Whiteman legte den Kindern eine Reihe von Situationsbeschreibungen vor, wie zum Beispiel:

> *Zum Thema Ersatzhandlung.* „Es war einmal ein kleines Mädchen, das hieß Jane. Eines Tages versprach ihre Mutter, daß es zum Abendessen Janes Lieblingsnachtisch, Eiscreme, geben würde. Aber Janes Mutter vergaß, das Eis zu kaufen, und so gab es auch keine Eiscreme zum Nachtisch. Jane sagte wegen der Eiscreme kein Wort zu ihrer Mutter. Nach dem Abendessen ging Jane mit ihren Puppen spielen und tat etwas, was sie noch nie getan hatte. Sie verprügelte ihre Puppen. Warum schlug sie ihre Puppen?“ (Whiteman, 1967, S. 145–146).

Whiteman (1967) berichtet, daß ein hoher Prozentsatz der jüngeren Kinder (fünf bis sechs Jahre) die Reaktion (z.B. das Verhauen der Puppen) nicht mit der vorgegebenen „wissenschaftlich-psychologischen" Ursache (z.B. der Vorenthaltung der Eiscreme) in Beziehung brachte. Vielmehr war es so, daß bei der Ersatzhandlungsgeschichte die jüngeren Kinder das Verhauen der Puppe etwa deren Ungezogenheit zuschrieben. Die „Wissenschaft" von den Abwehrmechanismen, die von Freud und nachfolgenden Ich-Psychologen skizziert wurde, deckt sich also nicht mit den Verhaltensursachen, die von jüngeren Kindern wahrgenommen wurden.

Es ist jedoch auch offensichtlich, daß Wissenschaft und Ethnowissenschaft sich überlappen und wechselseitig anregen. Man erkennt zum Beispiel sehr wohl, daß das Ergebnis beim Würfeln zumindest teilweise – wenn nicht ganz – vom Zufall abhängt. Auch hat die breite Berichterstattung in den Medien dem Laien einige Gesetze der wissenschaftlichen Psychologie vermittelt. Die Annahme ist jedoch sicher berechtigt, daß die „naive" Person in den meisten Fällen mit den Verhaltensgesetzmäßigkeiten nicht vollständig vertraut ist, insbesondere zum Beispiel mit den mathematischen Beziehungen zwischen den Komponenten eines motivationalen Modells.

Nicht nur beeinflussen die „wirklichen" Gesetze des Verhaltens die naive Psychologie; wahrscheinlich beeinflussen auch die wahrgenommenen Gesetzmäßigkeiten die „wirklichen" Verhaltensdeterminanten. Was wir zum Beispiel über Kinder denken, und die Art, wie wir mit ihnen kommunizieren, beeinflußt ihr Verständnis und ihren Spracherwerb. In gewisser Hinsicht ist die Art, wie wir mit Kindern umgehen, eine „sich selbsterfüllende Prophezeiung", denn unsere naiven Vorstellungen beeinflussen die tatsächlichen Fähigkeiten des Kindes und somit auch die Ergebnisse der „wissenschaftlichen" Psychologie. Oder wenn wir uns als Wesen mit freiem Willen auffassen, muß diese implizite Theorie als mögliche wirkliche Handlungsdeterminante mitberücksichtigt werden. Das heißt, wenn man voraussetzt, daß Gedanken das Verhalten beeinflussen, schließen sich freier Wille (eine typische „naive" Auffassung) und Determinismus (ein typisch wissenschaftlicher Standpunkt) nicht gegenseitig aus. Um die Sache noch komplizierter zu machen: eigentlich sind ja auch die sogenannten „wirklichen" Gesetze des Verhaltens nur Konstruktionen, die der Wirklichkeit von Wissenschaftlern aufgestülpt worden sind. Wie schon Kelly festgestellt hat: Es gibt keine vom Betrachter unabhängige Realität.

Zusammenfassung

Die humanistische Theorie, die als „dritte Kraft" in der Psychologie von sich reden gemacht hat, betont die subjektive Erfahrung des Handelnden. Humanisten wie Rogers und Maslow gehen davon aus, daß Menschen danach streben, ihre angeborenen Entwicklungsmöglichkeiten zu maximieren. Diese Selbstverwirklichungstendenzen können durch Sozialisationserfahrungen, die zu „Bedingungen der Wertschätzung" führen, sowie durch mangelnde Befriedigung der niedrigeren, aber relativ stärkeren physiologischen Bedürfnisse gehemmt werden. Maslow zufolge hängen die niedrigeren Bedürfnisse mit D (Defizit)-Werten zusammen, die höheren dagegen mit S (Seins)-Werten. Defizit-Werte haben mit Spannungsreduktion, Seins-Werte hingegen mit einem Spannungszuwachs zu tun.

Die mit der humanistischen Psychologie assoziierte empirische Forschung beschäftigt sich hauptsächlich mit dem Selbstkonzept und dem Selbstwert. Diese Forschung hat relativ wenig Handfestes erbracht, zum Teil wegen der unzutreffenden Annahme vieler Forscher, das Selbstkonzept sei stabil und über verschiedene Situationen hinweg generalisierbar. Auch zeigen die im Rahmen der Selbstkonzeptforschung entwickelten Skalen zur Feststellung interindividueller Unterschiede häufig nur geringe Validität außerhalb der spezifischen Situation, in der sie ursprünglich konzipiert wurden. Für dieses Problem ist teilweise ein Mangel an theoretischem Fortschritt verantwortlich, der für die Konstruktion solcher Meßinstrumente die Richtung weisen könnte.

Die Forschung hat eine Reihe von Faktoren identifiziert, die das Selbstkonzept und den Selbstwert beeinflussen; dazu gehören hervorstechende Persönlichkeitsmerkmale und wahrgenommene Charakteristika anderer. Soziale Vergleichsprozesse spielen also eine wichtige Rolle für die Bestimmung des eigenen Selbstkonzepts. Zudem deuten einige Befunde darauf hin, daß sich das Selbstkonzept im Verlauf einer Psychotherapie verändert und dem idealen Selbst annähert. Schließlich wurde gefunden, daß auch einige Tierarten anscheinend ein Selbstkonzept haben. Spiegelbildversuche mit Schimpansen haben gezeigt, daß Mitglieder dieser Spezies sich im Spiegel wiedererkennen – Schimpansen, die mit ihrem Spiegelbild vertraut sind, reagieren auf

Körpermarkierungen, die nur im Spiegel erkennbar sind.

Die Theorie persönlicher Konstrukte, die hier als Beispiel eines Ansatzes aus der „impliziten Psychologie" vorgestellt wurde, ist der humanistischen Theorie insofern verwandt, als beide:

1. den phänomenologischen Ansatz in der Psychologie akzeptieren,
2. sich mit der Selbst- und Personwahrnehmung beschäftigen,
3. annehmen, daß Menschen für ihr Schicksal selbst verantwortlich sind, und
4. die Versuchsperson (den Klienten) und den Versuchsleiter (den Therapeuten) auf die gleiche Stufe stellen.

Die Theorie persönlicher Konstrukte geht auf George Kelly zurück. Kelly geht davon aus, daß Personen danach streben, ihre Umwelt zu bewältigen und zu verstehen. Personen werden als naive Wissenschaftler aufgefaßt, die Hypothesen überprüfen und diejenigen verwerfen, die es ihnen nicht ermöglichen, Ereignisse richtig zu antizipieren. Die Psychologie wird also als Metadisziplin gesehen, die versucht, verständlich zu machen, wie Menschen ihre Umwelt verstehen. Kelly nimmt ferner an, daß (1) Menschen die Welt in dichotomen Konstrukten wahrnehmen; (2) es individuelle Unterschiede in der Interpretation der Umwelt gibt und (3) Konstrukte sich auf Grund neuer Erfahrungen ändern können. Um die persönlichen Konstrukte festzustellen, entwickelte Kelly den Rep-Test. Dies ist ein Meßverfahren mit freien Antworten, bei dem die Testpersonen angeben sollen, inwiefern bestimmte Figuren aus ihrem Leben einander gleichen und inwiefern sie sich voneinander unterscheiden. Darüber hinaus sind Kelly zufolge Emotionen wie Angst, Bedrohung und Schuld die Folge bestimmter Interpretationsweisen der Welt.

Kellys Theorie sowie die humanistische Psychologie haben kaum überprüfbare Hypothesen und wenig experimentelle Forschung hervorgebracht. Aber sie haben auf vielfältige Weise zur Motivationsforschung beigetragen. Erstens haben sie die Aufmerksamkeit auf Probleme gelenkt, die von den traditionelleren Ansätzen der Motivationsforschung vernachlässigt worden waren, wie etwa das Streben nach Selbstverwirklichung, die Determinanten von Selbstkonzept und Selbstwert, usw. Zweitens haben sie neuartige theoretische Zusammenhänge für das Verständnis menschlichen Verhaltens zur Diskussion gestellt und ein neues Vokabular geprägt mit Begriffen wie „unbedingte Wertschätzung", „Anwendungsbereich" und „Anwendungsfokus". Drittens haben diese Ansätze den „Versuchs"-Personen einen höheren Stellenwert und mehr Würde verliehen. Daraus ergeben sich wichtige ethische und methodologische Implikationen für die psychologische Forschung. Und schließlich wurde eine alternative Konzeption vom Menschen zur Diskussion gestellt, die sich von den bis dahin dominanten Auffassungen von Freud und Hull abhebt.

Der humanistische Ansatz und die Theorie persönlicher Konstrukte sind noch relativ jung; ihre Entwicklungsmöglichkeiten müssen erst noch ausgelotet werden. Beide können jedoch als mögliche Wegweiser zukünftiger psychologischer Forschung dienen.

IV. Schluß

10. Kapitel
Überblick und abschließende Bemerkungen

Im Schlußkapitel eines Buches unternimmt der Autor häufig den Versuch, all das Vorangegangene in eine übergreifende Konzeption zu integrieren. Ein grandioser Entwurf wird entwickelt, und einige umfassende Verallgemeinerungen werden präsentiert. Solche grundlegenden Einsichten habe ich leider nicht anzubieten; es gibt kein allgemeines System, keine übergreifende Konzeption, die es gestatten würden, die Vielfalt des in den vorangegangenen Kapiteln erörterten Materials in einen einheitlichen Rahmen zu integrieren.

In diesem abschließenden Abschnitt möchte ich deshalb zunächst lediglich einen Überblick über die vorangegangenen Kapitel geben. Sieben Theorien der menschlichen Motivation wurden erörtert: die psychoanalytische Theorie, die Triebtheorie, die Feldtheorie, die Theorie der Leistungsmotivation, die soziale Lerntheorie, die Attributionstheorie und die humanistische Theorie. Diese Konzeptionen wurden jeweils zur Erklärung ganz unterschiedlicher Verhaltensphänomene entwickelt und sind daher nicht umfangsgleich bezüglich ihres Geltungsbereichs. Sie lassen sich also nicht leicht hinsichtlich eines oder mehrerer Phänomene miteinander vergleichen, und es ist deshalb nicht möglich, eine als „besser" oder „schlechter" als die anderen zu bezeichnen, was ihre Fähigkeit zur Vorhersage dieser Phänomene betrifft.

Es gibt natürlich einige Ausnahmen von dieser Behauptung – Fälle, in denen ein Vergleich möglich ist. Zum Beispiel geben die Attributionstheorie und die soziale Lerntheorie gegensätzliche Erklärungen für Erwartungsänderungen: Attributionstheoretiker bringen Erwartungsänderungen in Verbindung mit der Kausaldimension der Stabilität, soziale Lerntheoretiker dagegen mit der Lokationsdimension. Ähnlich geben die Attributionstheorie und die Theorie der Leistungsmotivation unterschiedliche Erklärungen für die Bevorzugung von Aufgaben mittlerer Schwierigkeit: Attributionstheoretiker bringen die Aufgabenwahl in Zusammenhang mit Informationsgewinn, während die Leistungsmotivationstheoretiker behaupten, die Wahl von Aufgaben mittlerer Schwierigkeit maximiere den resultierenden positiven Affekt. Ein weiteres Beispiel sind die unterschiedlichen Vorhersagen der psychoanalytischen Theorie und der sozialen Lerntheorie bezüglich der Auswirkungen der Beobachtung aggressiven Verhaltens: Psychoanalytische Theoretiker erwarten eher eine Verminderung der nachfolgenden Aggression (Katharsis); soziale Lerntheoretiker dagegen eher eine Steigerung der auftretenden Aggression (Modellernen). Aber solche Vergleichsmöglichkeiten – und andere, die ich hier nicht wiederholen will – sind relativ selten, in Anbetracht der Vielfalt der Phänomene, welche die einzelnen Konzeptionen zu erklären versuchen. Darüber hinaus sind auch die sogenannten „Entscheidungsexperimente" – d.h. Experimente, welche eine Entscheidung zwischen den Theorien herbeizuführen versuchen – in der Regel nicht definitiv, und zwar nicht einmal für das zur Debatte stehende Einzelphänomen. (Zum Beispiel könnte es durchaus sein, daß die Beobachtung aggressiven Verhaltens zu Nachahmung anregt [Modellernen], und daß trotzdem eine Katharsis bzw. die Reduktion eines bestehenden aggressiven Triebes eintritt.)

Kurz, die Theorien stehen Seite an Seite nebeneinander und lassen sich nicht nach ihrer „Qualität" hierarchisch anordnen. Wenngleich dieser Zustand keineswegs auf das Gebiet der Motivationsforschung beschränkt ist, so ist die Koexistenz unterschiedlicher theoretischer Konzeptionen in „molaren" Forschungsgebieten der Psychologie doch wahrscheinlich am stärksten ausgeprägt.

Die in den vorangegangenen Kapiteln besprochenen Theorien lassen sich nach vielen Gesichtspunkten vergleichen und kontrastieren (vgl. Tab. 10.1). In Tabelle 10.1 sind zunächst die in diesem Buch dargestellten Haupttheorien aufgelistet (untergeordnete Theorien wie die Dissonanztheorie, die Aktivationstheorie und die Theorie der gelernten Hilflosigkeit

Tabelle 10.1: Übersicht über die besprochenen theoretischen Ansätze

1 Theorie	2 Theoretiker (hier besprochen)	3 20-Jahres-Zeitraum der wichtigsten Beiträge	4 Wichtigste Konstrukte	5 Empirischer Fokus (Gegenstand der Theorie)
Psychoanalytische Theorie	Freud	1900–1920	Es, Ich, Überich, Energie, Kathexis, Trieb, Lustprinzip	Neurose, Träume, Versprecher, Abwehrmechanismen, Inzesttabu
Triebtheorie	Hull, Spence, Miller	1930–1950	Trieb, Habit, Anreiz, antizipatorische Zielreaktionen, Triebreduktion	Auswirkungen von Deprivation auf die Intensität und Latenz des Verhaltens und den Extinktionswiderstand; aversives Konditionieren
Feldtheorie	Lewin	1920–1940	Spannung, Valenz, Lebensraum, psychologische Distanz, Bereich, überlappende Kräftefelder, Kraft, Potenz	Erinnerung und Wiederaufnahme von unerledigten Aufgaben, Ersatzhandlungen, Anspruchsniveau, Konflikt
Theorie der Leistungsmotivation	Atkinson, McClelland	1950–1970	Motiv, Erwartung, Anreiz, emotionale Antizipation, Verhaltenstendenz	Risikowahl (Anspruchsniveau), Ausdauer bei Leistungsaufgaben
Theorie des sozialen Lernens	Rotter	1955–1975	Erwartung, generalisierte Erwartung, Wert, Lokation der Kontrolle	Erwartungsänderungen, Erwartungsgeneralisierung, Informationssuche und -nutzung
Attributionstheorie	Heider, Kelley, Weiner	1960–	Ursachenfaktor, kausale Schemata, Kausaldimensionen, Erwartung, Emotion	Kausalinferenzen, Erwartungsänderung, emotionale Reaktion, interpersonelle Bewertung
Humanistische Theorie	Maslow, Rogers	1950–1970	Selbstwertschätzung, bedingte Wertschätzung, unbedingte Wertschätzung	Real-Ideal-Diskrepanz, Offenheit neuen Erfahrungen gegenüber, Selbstverwirklichung

wurden in die Tabelle nicht aufgenommen). In Spalte 2 und 3 folgen die mit diesen Theorien jeweils am engsten verbundenen Forscher sowie die 20-Jahres-Zeiträume, in denen die wesentlichen Beiträge zu diesen Theorien geliefert wurden. Die Tabelle läßt eine klare zeitliche Trennlinie zwischen der Entwicklung der psychoanalytischen Theorie, der Triebtheorie und der Feldtheorie einerseits und dem Auftreten der übrigen Konzeptionen andererseits erkennen. Dies erklärt zum Teil, warum die Theorien der ersten Gruppe in neuerer Zeit kaum noch Fortschritte gemacht haben. Eine genauere Inspektion der Spalten 9 und 10 ergibt ferner, daß die „älteren“ Theorien Energiekonstrukte verwenden und dem Konzept der Homöostase verpflichtet sind: Verhalten wird in Gang gesetzt, um den Organismus in einen inneren Gleichgewichtszustand zurückzuführen und die Energiequelle „abzuschalten“. Dies wird durch die

Tabelle 10.1: Übersicht über die besprochenen theoretischen Ansätze (Fortsetzung)

6 Geltungsbereich	7 mechanistisch/kognitiv	8 mathematisches Modell	9 grundlegendes Verhaltensprinzip	10 Homöostaseprinzip (Verwendung von Energiekonstrukten)	11 phänomenologisch	12 Verfahren zur Messung interindividueller Unterschiede
De-Individuation, Befriedigungsaufschub, autoritäre Persönlichkeit, kognitive Stile, kognitive Kontrollen	gemischt	nein	Triebreduktion (Reduktion freier Energie)	ja	nein	kognitive Stile (kognitive Kontrollen)
Paarassoziationslernen, soziale Erleichterung, Emotionen, Aggression, Frustration, Konflikt	mechanistisch	ja (T × H)	Reduktion innerer Stimulation (Triebreize)	ja	nein	*Manifest Anxiety Scale*
Frustration, Regression, Schwachsinn	gemischt	ja $\frac{(s, Z)}{e}$	Reduktion der Spannung von Bereichen	ja	ja	keine
Koalitionsbildung, ökonomische Entwicklung, Änderung von Leistungsbedürfnissen	gemischt	ja (M × W × A)	Maximierung positiver u. Reduktion negativer Emotionen	nein	nein	TAT
asoziales Verhalten, Befriedigungsaufschub	gemischt	ja (E, VW)	Bedürfnisbefriedigung	nein	nein	I-E-Skala
Dissonanzphänomene, abergläubisches Verhalten, Hilfeleistung, Entscheidungen von Bewährungskommissionen, Depression	kognitiv	nein	Informationsgewinn	nein	ja	keine
	kognitiv	nein	Selbstverwirklichung	nein	ja	Q-Sortierung

Reduktion eines physiologischen Bedürfnisses erreicht oder, im Fall der Lewinschen Theorie, durch die Reduktion eines „Quasi-Bedürfnisses", das keine physiologische Basis hat. Aber diese mechanistische und homöostatische Konzeption des Verhaltens hat an Popularität verloren und kommt in den in jüngerer Zeit formulierten Theorien menschlichen Handelns nicht mehr vor.

In Spalte 4 der Tabelle sind einige der wichtigsten Konstrukte der einzelnen Theorien wiedergegeben. Dies ist natürlich keine vollständige Auflistung, aber dennoch eine ziemlich repräsentative Wiedergabe der einzelnen Begriffssysteme. Die Spalten 5 und 6 enthalten einige der Phänomene, für die die jeweilige Theorie relevant ist. Auch diese Aufzählung ist nicht vollständig, gibt jedoch einen Eindruck von der Ausrichtung und der Eigenart der einzelnen Konzeptionen.

Die in den Spalten 5 und 6 angeführten Phänomene zeigen, daß die Theorien hinsichtlich ihres Geltungsbereichs nicht übereinstimmen; daher ist es nicht möglich, eine für „besser" zu erklären als die anderen (jedoch hat jede von ihnen gewisse Stärken und Schwächen). Jede Theorie vermittelt Einsichten in bestimmte Phänomene und kann sie mit einem gewissen Grad an Genauigkeit erklären, während andere Phänomene außerhalb ihres Geltungsbereichs liegen. Zum Beispiel kann die psychoanalytische Theorie – so umfassend sie auch sein mag – Erwartungsänderungen in fähigkeits- und zufallsabhängigen Aufgabensituationen nicht erklären, genausowenig wie man von der sozialen Lerntheorie erwarten kann, daß sie viel über Versprecher oder den Ursprung des Inzesttabus zu sagen hat. Ähnlich untersucht die Theorie der Leistungsmotivation nicht die Determinanten von Aggression, und die Triebtheorie ist irrelevant für die Frage der Wahl zwischen Aufgaben unterschiedlichen Schwierigkeitsgrades.

In Spalte 7 der Tabelle sind die Theorien als mechanistisch vs. kognitiv klassifiziert. Diese Unterscheidung bildete auch die Grundlage meines früheren Buches *Theories of Motivation*. In den meisten Fällen enthalten die Theorien sowohl mechanistische als auch kognitive Konstrukte. So enthält zum Beispiel die psychoanalytische Theorie sowohl Annahmen über Energie und Energieverteilung als auch über bewußte und unbewußte kognitive Prozesse. Gleichermaßen ist die Lewinsche Feldtheorie zwar einerseits phänomenologisch (d.h. sie geht vom Feld aus, wie es von der Person zu einem gegebenen Zeitpunkt wahrgenommen wird), andererseits sind im phänomenologischen Feld aber Kräfte wirksam, die die Person zur Handlung zwingen, wobei sich die stärkste Kraft durchsetzt. Ähnlich verwendet die soziale Lerntheorie einerseits das Erwartungskonstrukt, ist jedoch andererseits eng mit der Skinnerschen und der Hullschen Version des Reiz-Reaktions-Lernens verbunden, und auch die Theorie der Leistungsmotivation enthält viele mechanistische Konstrukte, die hier nicht näher erörtert werden können, erschließt jedoch andererseits die Stärke des Leistungsbedürfnisses aus leistungsthematischen Phantasien. Kurz, alle diese Theorien verwenden sowohl mechanistische als auch kognitive Konstrukte zur Erklärung menschlichen Verhaltens. Dagegen wird die Triebtheorie als rein mechanistisch klassifiziert, während die Attributionstheorie und die humanistische Theorie als rein kognitiv eingestuft werden. Wie Spalte 11 zeigt, sind die beiden kognitiven Theorien und auch die Lewinsche Feldtheorie phänomenologisch (d.h. sie gehen von der subjektiven Wahrnehmung der Person aus).

Spalte 8 bezieht sich auf eine im Einleitungskapitel getroffene Unterscheidung. Mehrere Theoretiker haben versucht, ein quasi-mathematisches Modell motivierten Verhaltens zu entwickeln; d.h. die Handlungsdeterminanten wurden identifiziert und anschließend wurden die mathematischen Beziehungen zwischen den Komponenten des Modells spezifiziert. Bei der Entwicklung dieser Modelle ließ man sich in der Regel durch Befunde leiten, die in Laborexperimenten gewonnen wurden. Die von den einzelnen Theoretikern postulierten mathematischen Modelle sind, in vereinfachter Form, in Klammern wiedergegeben. Es sollte darauf hingewiesen werden, daß Lewin und Rotter hinsichtlich der mathematischen Verknüpfung der Komponenten ihrer Modelle weniger explizit waren.

Aus Spalte 8 geht hervor, daß das Konstrukt der Zielerwartung in drei Theorien eine zentrale Rolle spielt. Darüber hinaus ist auch die attributionale Konzeption der Motivation eine Erwartungs-Wert-Theorie; allerdings gibt es bei den Attributionstheoretikern keinen expliziten Versuch zur Konstruktion eines mathematischen Verhaltensmodells. Die psychoanalytische und die humanistische Theorie entwickelten sich dagegen aus klinischen Beobachtungen und nicht aus kontrollierten Laborversuchen. Anstatt präzise Handlungsmodelle zu formulieren, postulierten die Vertreter dieser Ansätze grundlegende Verhaltensprinzipien und belegten diese dann durch Alltagsbeobachtungen, literarische Anekdoten und klinische Befunde. Die Attributionstheorie in der von Heider formulierten Form folgt ebenfalls diesem Ansatz.

Spalte 12 zeigt schließlich die mit den jeweiligen Theorien verbundenen Verfahren zur Messung interindividueller Unterschiede. Sowohl in der Theorie der Leistungsmotivation als auch in der sozialen Lerntheorie spielen Verfahren zur Messung interindividueller Differenzen – im einen Fall von Leistungsbedürfnissen (gemessen mit dem TAT), im anderen Fall von Überzeugungen hinsichtlich der Lokation der Kontrolle (gemessen mit Hilfe der I-E-Skala) – eine wichtige Rolle. Im Fall der Triebtheorie, die solche Tests nur zur Feststellung interindividueller Unterschiede in der emotionalen Reaktivität verwendete, sind diese Verfahren weniger wichtig. Von noch geringerer Bedeutung sind Tests zur Identifizierung interindividueller Unterschiede in der psychoanalytischen und in der humanistischen Theorie. In keiner dieser letzteren Konzeptionen waren Meßverfahren zur Feststellung interindividueller Unterschiede und entsprechende empirische Befunde von besonderer Relevanz für die Entwicklung der Theorie.

Viele Meßverfahren, die mit den im Buch besprochenen Konzeptionen zusammenhängen, sind in Tabelle 10.1 nicht enthalten. So zum Beispiel die Verdrängungs-Sensibilisierungs-Skala und die F-Skala zur Feststellung autoritärer Persönlichkeitseigenschaften, die für die psychoanalytische Theorie relevant sind, und das *Test Anxiety Questionaire* (TAQ), das in der Theorie der Leistungsmotivation eine Rolle spielt. Nochmals muß betont werden, daß Tabelle 10.1 nur einige der Gesichtspunkte enthält, nach denen die Theorien verglichen und kontrastiert werden können. Die Tabelle bietet jedoch genügend Information, um die Eigenart einer jeden Theorie und mögliche Berührungspunkte und Überschneidungen aufzuzeigen.

Eine „vollständige" Theorie und Richtlinien für die Zukunft

Die Verschiedenartigkeit der Konstrukte und Phänomene in Tabelle 10.1 gibt einen Eindruck von der Komplexität, die eine „vollständige" Theorie der Motivation wird aufweisen müssen. Zuallererst wird eine solche allgemeine Theorie ganz offensichtlich sehr, sehr viele Konstrukte benötigen. Lewin stellte schon vor Jahren fest:

> Die Psychologie kann nicht alles mit einem einzigen Konstrukt, wie Assoziation, Trieb oder Gestalt, zu erklären versuchen. Es muß eine Vielfalt von Konstrukten verwendet werden (Lewin, 1935, S. 7).

Angesichts der aus Tabelle 10.1 ersichtlichen Vielfalt von Konstrukten kann man der Schlußfolgerung Lewins kaum widersprechen.

Was also sind die grundlegenden Phänomene, die eine solche „vollständige" Theorie erklären müßte? Es gibt deren viele, wie z.B.:

1. *Der Mensch ist ein rationales Wesen.* Er kann bewußt Bewältigungsstrategien einsetzen, um mit Bedrohung und Angst fertigzuwerden (Ichpsychologen); Kognitionen werden miteinander verglichen, um festzustellen, ob sie „zusammenpassen" (Festinger); der Mensch kalkuliert Zielerwartungen, stellt ungefähre Kosten-Nutzen-Rechnungen an und fällt logische Entscheidungen (Lewin, Atkinson, Rotter); er holt Information ein, verarbeitet diese, nimmt Ursachenzuschreibungen vor (Heider, Kelley) und mag dabei zu Selbsterkenntnis gelangen (Maslow, Rogers).
2. *Der Mensch ist ein irrationales Wesen.* Es gibt unbewußte Motivationen, Triebe drängen nach Äußerung und unbewußte Abwehrmechanismen sind in uns wirksam (Freud); verschiedene Triebquellen vereinigen sich zu einem einzigen Trieb und werden ununterscheidbar (Hull); in Streßsituationen und bei Frustration nimmt die Differenzierungsfähigkeit ab (Lewin); Zielerwartungen sind unrealistisch, und Menschen werden durch Hoffnungen und Ängste auf ein Ziel zu oder von ihm weggetrieben (Atkinson); nach vorangegangenen Erfahrungen mit negativen Ereignissen und wahrgenommener Unkontrollierbarkeit kommt es zu Übergeneralisierung auf zukünftige Ereignisse (Seligman); Information wird nicht richtig verarbeitet, es werden unlogische Entscheidungen getroffen und falsche Kausalattributionen vorgenommen (Entscheidungstheoretiker, Attributionstheoretiker), und es können schwere Selbsttäuschungen auftreten (humanistische Theoretiker).
3. *Es gibt eine Vielfalt von Handlungsprinzipien und -determinanten, und oft scheinen sie einander zu widersprechen oder sich gegenseitig auszuschließen.* Zum Beispiel gibt es einerseits das Bestreben zur Maximierung von Lust und zur Minimierung von Unlust (Freud), andererseits das Streben nach Information, obwohl diese Information unangenehm sein könnte (Heider); es gibt eine Tendenz zur Reduktion von Stimulation durch Bedürfnisbefriedigung (Freud, Hull) wie auch eine Tendenz zur Erhöhung von Stimulation und zur Schaffung neuer Bedürfnissysteme (Hebb, Berlyne); Verhalten ist reflexhaft und nicht durch kognitive Prozesse vermittelt (Hull, Spence), Verhalten ist aber auch reflektiert und durch höhere mentale Prozesse gesteuert (Heider); die Gesellschaft ist restriktiv und behindert die Bedürfnisbefriedigung (Freud), und die Gesellschaft hat fördernde Funktion, indem sie die Mittel und Möglichkeiten zur Befriedigung höherer Bedürfnisse bereitstellt (Rogers, Maslow); Belohnung wirkt motivierend (Hull), und wiederholte Belohnung führt zu Langeweile und einer Verminderung des intrinsischen Interesses (Atkinson, Deci). Diese Liste von Gegensätzen könnte noch lange fortgesetzt werden. Da in einer gegebenen Situation jedes der oben angeführten Prinzipien wirksam sein könnte,

ist die Entwicklung einer allgemeinen Theorie der Motivation in der Tat ein sehr schwieriges Unterfangen.

Vorschläge für die Theorienkonstruktion

In der Folge möchte ich einige sehr allgemeine und bescheidene Vorschläge zur Entwicklung einer allgemeinen Motivationstheorie unterbreiten. Dabei handelt es sich um bloße Richtlinien, die die gegenwärtigen Neigungen des Autors widerspiegeln.

Wo beginnen?

Bezüglich der Frage nach den angemessenen Daten für die psychologische Theorienbildung sind die Theoretiker geteilter Meinung. Lewin glaubte, daß der Psychologe die in der Realität auftretenden komplexen Phänomene untersuchen und sich bei der Theorienkonstruktion durch die existierenden Probleme und nicht durch die Verfügbarkeit einer „geeigneten Methode" leiten lassen solle. Er argumentierte, daß es das Ziel der Psychologie sei, die im Alltag beobachtbaren Ereignisse zu erklären.

Demgegenüber plädierte Spence (1957) dafür, bei der Erforschung der Motivation auf einfachen Phänomenen, wie Lernprozessen bei Tieren und dem klassischen Konditionieren, aufzubauen. Er schrieb:

> Man muß auch zugeben ... daß wir Objektivisten dazu tendiert haben, unsere Anstrengungen auf diese einfacheren Gebiete zu konzentrieren; dies ist jedoch nicht deshalb der Fall ... weil wir eine besondere Abneigung gegen die Probleme der Persönlichkeitspsychologie haben, und gewiß nicht, weil wir eine Vorliebe ... „für externale Faktoren eher als für internale [haben], für Elemente eher als für Muster, für Erbanlagen und einen passiven oder reaktiven Organismus eher als für einen, der spontan und aktiv ist." Die Erklärung für unsere Haltung ist, wie ich glaube, viel einfacher ... Wir haben uns dafür entschieden, einfachere Phänomene zu studieren, weil wir – erstens – überzeugt sind, daß der Fortschritt bei der Formulierung psychologischer Gesetze und Theorien auf diesem Gebiet wesentlich schneller vor sich gehen wird als im Fall komplexeren Verhaltens. Darüber hinaus glauben wir auch, daß viele der beim Studium einfacherer Formen des Verhaltens isolierten Variablen und Gesetze auf Fälle komplexeren Verhaltens angewandt werden können, wobei sie vermutlich mit den zusätzlichen Faktoren, die in diesen komplexeren Situationen eine Rolle spielen, interagieren werden. Sollte dies der Fall sein, dann scheint es, langfristig gesehen, effizienter zu sein, die einfachen Phänomene zuerst zu untersuchen (S. 102–103).

Als Alternative zu diesen gegensätzlichen Strategien schlage ich vor, daß wir als Ausgangspunkt der Theorienkonstruktion relativ komplexe Phänomene wählen, die sich verläßlich im Labor reproduzieren lassen. Das heißt, die Phänomene sollten komplex sein, aber doch hinsichtlich ihrer Kontrollierbarkeit die Tugenden eines Konditionierungsexperiments aufweisen; insbesondere sollten sie es gestatten, ein grundlegendes Ergebnismuster zu erhalten, das sich in verschiedenen Laboratorien verläßlich replizieren läßt. Im Rahmen des attributionstheoretischen Ansatzes, mit dem ich am besten vertraut bin, wären solche Phänomene etwa:

1. In fähigkeitsabhängigen und zufallsabhängigen Aufgabensituationen treten unterschiedliche Erwartungsänderungen auf. Es kann kein Zweifel daran bestehen, daß Erwartungen in fähigkeitsabhängigen Aufgabensituationen nach Erfolg stärker ansteigen und nach Mißerfolg stärker abfallen als in zufallsabhängigen Aufgabensituationen, vorausgesetzt, daß die Situationen von der Person richtig wahrgenommen werden.
2. Individuen bevorzugen mittleres Risiko. Wir bevorzugen einen Gegner, der uns ungefähr ebenbürtig ist, und Aufgaben mittlerer Schwierigkeit; in Leistungssituationen bilden wir Gruppen nach dem Prinzip der größtmöglichen Ebenbürtigkeit der Teams.
3. Attributionen von Erfolg auf, zum Beispiel, Glück führen zur emotionalen Reaktion der Überraschung, Attributionen auf Hilfe anderer zu Dankbarkeit und Attributionen auf Fähigkeit zu Zuversicht. Bei Mißerfolg führen diese drei Attributionen jeweils zu den Gefühlen der Überraschung, Rachsucht und mangelnden Zuversicht (Inkompetenz).

Wegen der Klarheit (Eindeutigkeit und Replizierbarkeit) dieser experimentellen Befunde können sie als Bausteine bei der Erklärung verwandter und komplexerer Phänomene fungieren.

Die Umwelt

Jahrelang haben Psychologen sich bemüht, Taxonomien von Personcharakteristika zu entwickeln, und die verschiedenen Motive, Eigenschaften und grundlegenden Dimensionen der Persönlichkeit zu identifizieren. Diese Versuche sind leider nicht sehr erfolgreich verlaufen. Keine zwei Listen von Persönlichkeitseigenschaften sind identisch. Es ist vielleicht an der Zeit, anstelle von (oder zusätzlich zu?) Taxonomien intrapersonaler Strukturen solche von Situationen zu entwickeln. Besonders wichtig wäre, so glaube ich, eine Klassifikation von Situationen in bezug auf die Befriedigungsmöglichkeiten, die sie bieten.

Allgemeine Gesetze versus individuelle Unterschiede

Der Leser wird sich daran erinnern, daß Atkinson besonders beredt dafür plädiert hat, individuelle Unterschiede beim Studium der Motivation miteinzubeziehen. Im Gegensatz zu seiner Position glaube ich jedoch, daß wir zum gegenwärtigen Zeitpunkt nach allgemeinen Gesetzen suchen und und individuelle Unterschiede relativ vernachlässigen sollten. Angesichts der Schwierigkeit der Messung von Persönlichkeitseigenschaften und angesichts der Situationsspezifität des Verhaltens dürfte es fruchtbarer sein, nach allgemeinen Gesetzmäßigkeiten zu suchen als nach Person-Umwelt-Interaktionen. Die relative Vernachlässigung interindividueller Unterschiede könnte natürlich irreführend sein, nämlich dann, wenn hochsignifikante Person-Umwelt-Interaktionen einer bestimmten Art bestehen. Wenn zum Beispiel hoch leistungsmotivierte Individuen Aufgaben mittleren Schwierigkeitsgrades bevorzugen und niedrig leistungsmotivierte Individuen leichte oder schwierige Aufgaben vorziehen, und diese Motivgruppen gleich stark in der Population repräsentiert sind, dann ließe sich in der Gesamtgruppe keine Aufgabenpräferenz feststellen. In diesem Fall könnte eine wichtige Verhaltensdeterminante unidentifiziert bleiben. Wenn jedoch beide Motivgruppen zu Aufgaben mittlerer Schwierigkeit tendieren, nur mit unterschiedlicher Stärke, dann würde ein Zusammenwerfen aller Versuchspersonen in eine Gruppe die beobachtete Aufgabenbevorzugung nicht verwischen. In der Motivationsforschung sind Interaktionen zwischen Person und Situation, die die Haupteffekte der Situation vollständig verdecken, bislang selten gefunden worden. Dies legt nahe, daß wir uns zuerst darauf konzentrieren sollten, allgemeine Gesetzmäßigkeiten zu entdecken, und uns erst dann dem Studium individueller Unterschiede zuwenden sollten, um unsere Generalisierungen zu verfeinern.

Traditionelle Phänomene

Eine weitere Voreingenommenheit von mir ist die Überzeugung, daß wir zum Studium gewisser grundlegender psychodynamischer Phänomene zurückkehren sollten, insbesondere von Ersatzhandlungen und Verdrängung. Sowohl Lewin als auch Freud haben auf die Bedeutung der Beziehungen zwischen verschiedenen Bedürfnissystemen und die Tatsache, daß das Erreichen eines Ersatzzieles der Befriedigung anderer unerfüllter Bedürfnisse dienen kann, hingewiesen. Dies scheint mir eines der Kernprobleme der Motivationsforschung zu sein, und doch ist es seit den vierziger Jahren nicht mehr systematisch untersucht worden.

Der Zeitgeist

Wiederholt wurde darauf hingewiesen, daß die Erforschung psychologischer Phänomene und die Akzeptierung von Theorien in „Wellen“ abläuft, die aufsteigen und wieder abfallen und neuen Wellen Platz machen. Wie oben erwähnt, waren Ersatzhandlungen und Verdrängung einmal zentrale Forschungsgebiete, aber dies ist nicht länger der Fall. Dasselbe läßt sich von der Forschung zur autoritären Persönlichkeit, der Forschung zum Einfluß des Triebniveaus auf das Paarassoziationslernen, der Anspruchsniveauforschung usw. behaupten. Häufig geben Forscher bestimmte Gebiete auf, ohne irgendwelche dauerhaften Beiträge zu hinterlassen. Auf der Ebene der Theorie zum Beispiel beherrschte die Theorie der kognitiven Dissonanz die Sozialpsychologie der sechziger Jahre, ist inzwischen jedoch vom – sogar noch dominanteren – attributionstheoretischen Ansatz verdrängt worden. Solche Interessensverschiebungen haben zu einem Mangel an Wissensakkumulation geführt und zum Fehlen einer allgemein akzeptierten theoretischen Konzeption.

Es gibt viele Gründe dafür, warum Forscher ein bestimmtes Phänomen nicht weiter verfolgen oder ein bestimmtes theoretisches System nicht weiter ausbauen. Erstens werden die wissenschaftlichen Erträge bei der Beschäftigung mit jedem Problem und jeder Theorie im Laufe der Zeit geringer. Zweitens gibt es eine Vielzahl anderer interessanter Probleme und Ideen, denen Aufmerksamkeit geschenkt werden will. Und schließlich will jeder Forscher und jede Forscherin sich in einem noch unerforschten Gebiet einen Namen machen. Dies sind oft stichhaltige Gründe und lobenswerte Ziele. Ich glaube jedoch, daß es für den langfristigen Fortschritt nötig sein wird, bestimmte Phänomene systematisch und wiederholt zu untersuchen, wenn möglich von ganzen Forschungsteams. Wie es zur Zeit aussieht, arbeitet der typische in der Forschung tätige Psychologe allein mit verschiedenen Studenten und hat sehr wenig

Kommunikation mit anderen Psychologen an derselben Institution. Für den langfristigen Fortschritt scheint mir dies nicht der richtige Weg zu sein.

Methodologie

Es wird auch methodische Fortentwicklungen geben müssen, insbesondere auf dem Gebiet der kognitiven Psychologie. Was wir brauchen, sind „kognitive Röntgenstrahlen" – Methoden, die es uns erlauben, Kognitionen zu erfassen, ohne in den ablaufenden Prozeß einzugreifen. Dasselbe trifft auch auf Gefühle zu. Es scheint, daß einige theoretische Fortschritte auf bessere methodische Werkzeuge werden warten müssen. Die in der Vergangenheit verwendeten Werkzeuge reichen von der Skinner-Box bis zur Traumanalyse. Was wir jetzt brauchen, sind neue Instrumente zur Erforschung des Bewußtseins und der Emotionen.

Literaturverzeichnis

Abelson, R.A.: A script theory of understanding, attitude, and behavior. In: J. Carroll & T. Payne (Eds.), *Cognition and social behavior.* Hillsdale, N.J.: Erlbaum Press, 1976.

Abramson, L.Y., Seligman, M.E.P., & Teasdale, J.D.: Learned helplessness in humans: Critique and reformulation. *Journal of Abnormal Psychology,* 1978, *87,* 49–74.

Adler, D.L., & Kounin, J.S.: Some factors operating at the moment of resumption of interrupted tasks. *Journal of Psychology,* 1939, *7,* 255–267.

Adorno, T.W., Frenkel-Brunswick, E., Levinson, D.J., & Sanford, R.N.: *The authoritarian personality.* New York: Harper, 1950.

Alker, H.A.: Is personality situationally specific or intrapsychically consistent? *Journal of Personality,* 1972, *40,* 1–16.

Allport, F.H.: The influence of the group upon association and thought. *Journal of Experimental Psychology,* 1920, *3,* 159–182.

Allport, G.W.: Traits revisited. *American Psychologist,* 1966, *21,* 1–10.

Ames, R., Ames, C., & Garrison, W.: Children's causal ascriptions for positive and negative interpersonal outcomes. *Psychological Reports,* 1977, *41,* 595–602.

Amsel, A.: The role of frustrative nonreward in noncontinuous reward situations. *Psychological Bulletin,* 1958, *55,* 102–119.

Amsel, A.: Partial reinforcement. In: K.W. Spence & J.A. Taylor (Eds.), *The psychology of learning and motivation* (Vol. 1). New York: Academic Press, 1967.

Amsel, A., & Roussel, J.: Motivational properties of frustration: I. Effect on a running response of the addition of frustration to the motivational complex. *Journal of Experimental Psychology,* 1952, *43,* 363–368.

Amsel, A., & Ward, J.S.: Motivational properties of frustration: II. Frustration drive stimulus and frustration reduction in selective learning. *Journal of Experimental Psychology,* 1954, *48,* 37–47.

Amsel, A., & Ward, J.S.: Frustration and persistence: Resistance to discrimination following prior experience with the discriminanda. *Psychological Monographs,* 1965, *79* (4, Whole No. 597).

Amsterdam, B.: Mirror self-image reactions before age two. *Developmental Psychobiology,* 1972, *5,* 297–305.

Andrews, G.R., & Debus, R.L.: Persistence and causal perceptions of failure: Modifying cognitive attributions. *Journal of Educational Psychology,* 1978, *70,* 154–166.

Arkes, H.R., & Garske, J.P.: *Psychological theories of motivation.* Monterey, Calif.: Brooks-Cole, 1977.

Arkin, R.M.: & Maruyama, G.M.: Attribution, affect, and college exam performance. *Journal of Educational Psychology,* 1979, *71,* 85–93.

Arkoff, A.: Resolution of approach-approach and avoidance-avoidance conflicts. *Journal of Abnormal and Social Psychology,* 1957, *55,* 402–404.

Aronson, E., & Carlsmith, J.M.: Effects of severity of threat on the deviation of forbidden behavior. *Journal of Abnormal and Social Psychology,* 1963, *66,* 584–588.

Aronson, E., & Mills, J.: The effect of severity of initiation on liking for a group. *Journal of Abnormal and Social Psychology,* 1959, *59,* 177–181.

Asch, S.E.: Studies of independence and conformity: A minority of one against a unanimous majority. *Psychological Monographs,* 1956, *70* (Whole No. 416).

Atkinson, J.W.: The achievement motive and recall of interrupted and completed tasks. *Journal of Experimental Psychology,* 1953, *46,* 381–390.

Atkinson, J.W.: Motivational determinants of risk-taking behavior. *Psychological Review,* 1957, *64,* 359–372.

Atkinson, J.W. (Ed.): *Motives in fantasy, action, and society.* Princeton, N.J.: Van Nostrand, 1958. (a)

Atkinson, J.W.: Towards experimental analysis of human motivation in terms of motives, expectancies, and incentives. In: J.W. Atkinson (Ed.), *Motives in fantasy, action, and society.* Princeton, N.J.: Van Nostrand, 1958. (b)

Atkinson, J.W.: *An introduction to motivation.* Princeton, N.J.: Van Nostrand, 1964.

Atkinson, J.W., & Birch, D.: *The dynamics of action.* New York: Wiley, 1970.

Atkinson, J.W., & Birch, D.: The dynamics of achievement-oriented activity. In: J.W. Atkinson & J.O. Raynor (Eds.): *Motivation and achievement.* Washington, D.C.: V.H. Winston, 1974.

Atkinson, J.W., & Feather, N.T. (Eds.): *A theory of achievement motivation.* New York: Wiley, 1966.

Atkinson, J.W., & Litwin, G.: Achievement motive and test anxiety conceived as motive to approach success and motive to avoid failure. *Journal of Abnormal and Social Psychology,* 1960, *60,* 52–63.

Atkinson, J.W., & Raynor, J.O. (Eds.): *Motivation and achievement.* Washington, D.C.: V.H. Winston, 1974.

Ausubel, N. (Ed.): Applied psychology. In: *A treasury of Jewish folklore.* New York: Crown, 1948.

Bakan, P.: Response tendencies in attempts to generate random binary series. *American Journal of Psychology,* 1960, *73,* 127–131.

Baldwin, A.L.: A cognitive theory of socialization. In: D.A. Goslin (Ed.), *Handbook of socialization theory and research.* Chicago: Rand McNally, 1969.

Bandura, A.: Influence of models' reinforcement contingencies on the acquisition of imitative responses. *Journal of Personality and Social Psychology,* 1965, *1,* 589–595.

Bandura, A.: *Social learning theory.* Morristown, N.J.: General Learning Press, 1971.

Bandura, A., & Mischel, W.: Modification of self-imposed delay of reward through exposure to live and symbolic models. *Journal of Personality and Social Psychology,* 1965, *2,* 698–705.

Bandura, A., Ross, D., & Ross, S.: Transmission of aggression through imitation of aggressive models. *Journal of Abnormal and Social Psychology,* 1961, *63,* 575–582.

Bandura, A., & Walters, R.H.: *Social learning and personality development.* New York: Holt, Rinehart, & Winston, 1963.

Bannister, D., & Fransella, F.: *Inquiring man.* Baltimore: Penguin Books, 1971.

Barefoot, J.C., & Straub, R.B.: Opportunity for information search and the effect of false heart rate feedback. *Journal of Personality and Social Psychology,* 1971, *17,* 154–157.

Barker, R.G.: Ecology and motivation. In: M.R. Jones (Ed.), *Nebraska symposium on motivation.* Lincoln: University of Nebraska Press, 1960.

Barker, R.G.: Explorations in ecological psychology. *American Psychologist,* 1965, *20,* 1–13.

Barker, R.G., Dembo, T., & Lewin, K.: Frustration and regression. In: R.G. Barker, J.S. Kounin, & H.F. Wright (Eds.), *Child behavior and development.* New York: McGraw-Hill, 1943.

Barker, R.G., & Gump, P.V. (Eds.): *Big school, small school: High school size and student behavior.* Stanford, Calif.: Stanford University Press, 1964.

Barnes, R.D., Ickes, W., & Kidd, R.F.: Effects of the perceived intentionality and stability of another's dependency on helping behavior. *Personality and Social Psychology Bulletin,* 1979, *5,* 367–372.

Baron, R.A.: The aggression-inhibiting influence of heightened sexual arousal. *Journal of Personality and Social Psychology,* 1974, *30,* 318–322.

Baron, R.A., & Eggleston, R.J.: Performance on the "aggression machine": Motivation to help or harm? *Psychonomic Science,* 1972, *26,* 321–322.

Bartlett, E.W., & Smith, C.P.: Child-rearing practices, birth order, and the development of achievement-related motives. *Psychological Reports,* 1966, *19,* 1207–1216.

Battle, E., & Rotter, J.B.: Children's feelings of personal control as related to social class and ethnic groups. *Journal of Personality,* 1963, *31,* 482–490.

Beach, F.: The descent of instinct. *Psychological Review,* 1955, *62,* 401–410.

Beck, A.T.: *Depression: Clinical, experimental, and theoretical aspects.* New York: Harper & Row, 1967.

Beck, A.T.: Cognition, affect, and psychopathology. In: H. London & R.E. Nisbett (Eds.), *Thought and feeling.* Chicago, Ill.: Aldine, 1974.

Beck, A.T.: *Cognitive therapy and the emotional disorders.* New York: International Universities Press, 1976.

Beckman, L.: Effects of students' performance on teachers' and observers' attributions of causality. *Journal of Educational Psychology,* 1970, *61,* 76–82.

Beckman, L.: Teachers' and observers' perceptions of causality for a child's performance. *Journal of Educational Psychology,* 1973, *65,* 198–204.

Bem, D.J.: Self-perception: An alternative interpretation of cognitive dissonance phenomena. *Psychological Review,* 1967, *74,* 183–200.

Bem, D.J.: The epistemological status of interpersonal simulations: A reply to Jones, Linder, Kiesler, Zanna, and Brehm. *Journal of Experimental Social Psychology,* 1968, *4,* 270–274.

Bem, D.J.: Self perception theory. In: L. Berkowitz (Ed.), *Advances in experimental social psychology* (Vol. 6). New York: Academic Press, 1972.

Bem, D.J., & Allen, A.: On predicting some of the people some of the time: The search für cross-situational consistencies in behavior. *Psychological Review,* 1974, *81,* 506–520.

Bentham, J. (1779): *An introduction to the principles of morals and legislation.* Oxford: B. Blackwell, 1948.

Berkowitz, L.: Resistance to improper dependency relationships. *Journal of Experimental Social Psychology,* 1969, *5,* 283–294.

Berkowitz, L.: The contagion of violence. In: W.J. Arnold & M.M. Page (Eds.), *Nebraska symposium on motivation.* Lincoln: University of Nebraska Press, 1970.

Berkowitz, L., & LaPage, A.: Weapons as aggression-eliciting stimuli. *Journal of Personality and Social Psychology,* 1967, *7,* 202–207.

Berlyne, D.: The influence of complexity and novelty in visual figures on orienting responses. *Journal of Experimental Psychology,* 1958, *55,* 289–296.

Berlyne, D.: Motivational problems raised by exploratory and epistemic behavior. In: S. Koch (Ed.), *Psychology: A study of a science.* New York: McGraw-Hill, 1959.

Berlyne, D.: *Conflict, arousal, and curiosity.* New York: McGraw-Hill, 1960.

Berlyne, D.: Behavior theory as personality theory. In: E.F. Borgatta & W.W. Lambert (Eds.), *Handbook of personality theory and research.* Chicago: Rand McNally, 1968.

Bindra, D.: The interrelated mechanisms of reinforcement and motivation, and the nature of their influence on response. In: W.J. Arnold & D. Levine (Eds.), *Nebraska symposium on motivation.* Lincoln: University of Nebraska Press, 1969.

Birch, D., Atkinson, J.W., & Bongort, K.: Cognitive control of action. In: B. Weiner (Ed.), *Cognitive views of human motivation.* New York: Academic Press, 1974.

Birney, R.C.: The reliability of the achievement motive.

Journal of Abnormal and Social Psychology, 1959, *58,* 266–267.

Birney, R.C.: Research on the achievement motive. In: E.F. Borgatta & W.W. Lambert (Eds.), *Handbook of personality theory and research.* Chicago: Rand McNally, 1968.

Blank, T.O., Staff, I., & Shaver, P.: Social facilitation of word associations: Further questions. *Journal of Personality and Social Psychology,* 1976, *34,* 725–733.

Blodgett, H.C.: The effect of the introduction of reward upon maze performance of rats. Berkeley: *University of California Publication in Psychology,* 1929, *4,* No. 8, 113–134.

Blum, G.S.: *A model of the mind.* New York: Wiley, 1961.

Bolles, R.C.: Learning, motivation, and cognition. In: W.K. Estes (Ed.), *Handbook of learning and cognitive processes* (Vol. 1). Hillsdale, N.J.: Erlbaum Press, 1975. (a)

Bolles, R.C.: *Theory of motivation (2nd ed.). New York: Harper & Row, 1975.* (b)

Bowers, K.: Situationism in psychology: An analysis and a critique. Psychological Review, 1973, *80,* 307–336.

Breger, L.: *From instinct to identity: The development of personality.* Englewood Cliffs, N.J.: Prentice-Hall, 1974.

Brehm, J.W.: Motivation effects of cognitive dissonance. In: M.R. Jones (Ed.), *Nebraska symposium on motivation.* Lincoln: University of Nebraska Press, 1962.

Brehm, J.W. (Ed.): *A theory of psychological reactance.* New York: Academic press, 1966.

Brehm, J.W.: *Responses to loss of freedom: A theory of psychological reactance.* Morristown, N.J.: General Learning Press, 1972.

Breit, S.: Arousal of achievement motivation with causal attributions. *Psychological Reports,* 1969, *25,* 539–542.

Broadhurst, P.L.: Emotionality and the Yerkes-Dodson Law. *Journal of Experimental Psychology,* 1957, *54,* 345–352.

Brown, J.S.: Gradients of approach and avoidance responses and their relation to level of motivation. *Journal of Comparative and Physiological Psychology,* 1948, *41,* 450–465.

Brown, J.S.: Problems presented by the concept of acquired drives. In: M.R. Jones (Ed.), *Nebraska symposium on motivation.* Lincoln: University of Nebraska Press, 1953.

Brown, J.S.: *The motivation of behavior.* New York: McGraw-Hill, 1961.

Brown, J.S., & Farber, I.E.: Emotions conceptualized as intervening variables: With suggestions toward a theory of frustration. *Psychological Bulletin,* 1951, *48,* 465–495.

Brown, M., Jennings, J., & Vanik, V.: The motive to avoid success: A further examination. *Journal of Research in Personality,* 1974, *8,* 172–176.

Bruner, J.S.: A cognitive theory of personality. *Contemporary Psychology,* 1956, *I,* 355–357.

Bruner, J.S., & Tagiuri, R.: The perception of people. In: G. Lindzey (Ed.), *Handbook of social psychology.* Cambridge, Mass: Addison-Wesley, 1954.

Bryan, J.H., & Test, M.A.: Models and helping: Naturalistic studies in aiding behavior. *Journal of Personality and Social Psychology,* 1967, *6,* 400–407.

Buck, R.: *Human motivation and emotion.* New York: Wiley, 1976.

Buck-Morss, S.: The Adorno legacy. *Personality and Social Psychology Bulletin,* 1977, *3,* 707–713.

Buss, A.H., Booker, A., & Buss, E.: Firing a weapon and aggression. *Journal of Personality and Social Psychology,* 1972, *22,* 296–302.

Butler, J.M., & Haigh, G.V.: Changes in the relation between self-concepts and ideal concepts consequent upon client-centered counseling. In: C.R. Rogers & R.F. Dymond (Eds.), *Psychotherapy and personality change.* Chicago: University of Chicago Press, 1954.

Byrne, D.: Repression-sensitization as a dimension of personality. In: B.A. Maher (Ed.), *Progress in experimental personality research* (Vol. #1). New York: Academic Press, 1964.

Byrne, D.: *An introduction to personality.* Englewood Cliffs, N.J.: Prentice-Hall, 1966.

Byrne, D.: *An introduction to personality* (2nd ed.). Englewood Cliffs, N.J.: Prentice-Hall, 1974.

Byrne, D.: Social psychology and the study of sexual behavior. *Personality and Social Psychology Bulletin,* 1977, *3,* 3–30.

Callard, E.: *Achievement motive in the four-year-old and its relationship to achievement expectancies of mothers.* Unpublished doctoral dissertation, University of Michigan, 1964.

Campbell, A.: Subjective measures of well-being. *American Psychologist,* 1976, *31,* 117–124.

Cannon, W.B.: The James-Lange theory of emotion: A critical examination and an alternative theory. *American Journal of Psychology,* 1927, *39,* 106–124.

Cannon, W.B.: *The wisdom of the body.* New York: W.W. Norton, 1932.

Caplow, T.C.: *Two against one.* Englewood Cliffs, N.J.: Prentice-Hall, 1968.

Carroll, J.S., & Payne, J.W.: The psychology of the parole decision process: A joint application of attribution theory and information processing psychology. In: J.S. Carroll & J.W. Payne (Eds.), *Cognition and social behavior.* Hillsdale, N.J.: Erlbaum Press, 1976.

Carroll, J.S., & Payne, J.W.: Judgements about crime and the criminal: A model and method for investigating parole decision. In: B.D. Sales (Ed.), *Prospectives in law and psychology: Vol 1. The criminal justice system.* New York: Plenum, 1977.

Chance, J.E.: Independence training and first graders' achievement. *Journal of Consulting Psychology,* 1961, *25,* 228–238.

Chapin, M., & Dyck, D.G.: Persistence in children's reading behavior as a function of N length and attribution retraining. *Journal of Abnormal Psychology,* 1976, *85,* 511–515.

Chapman, L.J., & Chapman, J.P.: Illusory correlation as an obstacle to the use of valid psychodiagnostic signs. *Journal of Abnormal Psychology,* 1969, *74,* 271–280.

Chen, S.C.: Social modification of the activity of ants in nest-building. *Physiological Zoology,* 1937, *10,* 420–436.

Clemes, S.R.: Repression and hypnotic amnesia. *Journal of Abnormal and Social Psychology,* 1964, *69,* 62–69.

Cofer, C.N., & Appley, M.H.: *Motivation: Theory and research.* New York: Wiley, 1964.

Cohen, J., & Hansel, C.E.M.: *Risk and gambling.* London: Longmans Green, 1956.

Condry, J. Enemies of exploration: Self-initiated versus other-initiated learning. *Journal of Personality and Social Psychology,* 1977, *35,* 459–477.

Connell, D.M., & Johnson, J.E.: Relationship between sex-role identification and self-esteem in early adolescents. *Developmental Psychology,* 1970, *3,* 268.

Coopersmith, S.: *The antecedents of self-esteem.* San Francisco: W.H. Freeman, 1967.

Cottrell, N.B.: Social facilitation. In: C.G. McClintock (Ed.), *Experimental social psychology.* New York: Holt, Rinehart, & Winston, 1972.

Cottrell, N.B., Wack, D.L., Sekarak, G.J., & Rittle, R.: Social facilitation of dominant responses by the presence of an audience and the mere presence of others. *Journal of Personality and Social Psychology,* 1968, *9,* 245–250.

Covington, M.V., & Beery, R.G.: *Self-worth and school learning.* New York: Holt, Rinehart, & Winston, 1976.

Crandall, V.C.: Sex differences in expectancy of intellectual and academic reinforcement. In: C.P. Smith (Ed.), *Achievement-related motives in children.* New York: Russell Sage, 1969.

Crandall, V.C., Katkovsky, W., & Crandall, V.J.: Children's beliefs in their own control of reinforcements in intellectual-academic achievement situations. *Child Development,* 1965, *36,* 91–109.

Crandall, V.J.: An investigation of the specificity of reinforcement of induced frustration. *Journal of Social Psychology,* 1955, *41,* 311–318.

Crespi, L.P.: Quantitative variation of incentive and performance in the white rat. *American Journal of Psychology,* 1942, *55,* 467–517.

Cunningham, J.D., & Kelley. H.H.: Causal attributions for interpersonal events of varying magnitude. *Journal of Personality,* 1975, *43,* 74–93.

Dana, C.L.: The anatomic seat of the emotions: A discussion of the James-Lange theory. *Archives of Neurology and Psychiatry,* 1921, *6,* 634–639.

Darwin, C. (1859): *Origin of species.* New York: Modern Library, 1936.

Davison, G.C., & Valins, S.: Maintenance of self-attributed and drug-attributed behavior change. *Journal of Personality and Social Psychology,* 1969, *1,* 25–33.

Deaux, K., & Emswiller, T.: Explanations of successful performance on sex-linked tasks: What's skill for the male is luck for the female: *Journal of Personality and Social Psychology,* 1974, *29,* 80–85.

Deaux, K., & Farris, E.: Attributing causes for one's own performance: The effects of sex, norms, and outcome. *Journal of Research in Personality,* 1977, *11,* 59–72.

de Charms, R.: *Personal causation.* New York: Academic Press, 1968.

de Charms, R.: Personal causation training in the schools. *Journal of Applied Social Psychology,* 1972, *2,* 95–113.

de Charms, R.: *Enhancing motivation: Change in the classroom.* New York: Irvington Publishers, 1976.

de Charms, R., & Moeller, G.H.: Values expressed in American children's readers: 1800–1950. *Journal of Abnormal and Social Psychology,* 1962, *64,* 136–142.

de Charms, R., Morrison, H.W., Reitman, W.R., & McClelland, D.C.: Behavioral correlates of directly measured and indirectly measured achievement motivation. In: D.C. McClelland (Ed.), *Studies in motivation.* New York: Appleton-Century-Crofts, 1955.

Deci, E.L.: *Intrinsic motivation.* New York: Plenum, 1975.

Dember, W.N.: Response by the rat to environmental change. *Journal of Comparative and Physiological Psychology,* 1956, *49,* 93–95.

Dember, W.N.: *The psychology of perception.* New York: Holt, 1960.

Dember, W.N., & Earl, R.W.: Analysis of exploratory, manipulatory, and curiosity behavior. *Psychological Review,* 1957, *64,* 91–96.

Dement, W.C.: The effect of dream deprivation. *Science,* 1960, *131,* 1705–1707.

Dement, W.C.: An essay on dreams: The role of physiology in understanding their nature. In F. Barron (Ed.), *New directions in psychology* (Vol. 2). New York: Holt, Rinehart, & Winston, 1965.

Dement, W.C., & Kleitman, N.: The relation of eye movements during sleep to dream activity: An objective method for the study of dreaming. *Journal of Experimental Psychology,* 1957, *53,* 339–346.

DiCaprio, N.S.: *Personality theories: Guides to living.* Philadelphia: Saunders, 1974.

Diener, E., Fraser, S.C., Beaman, A.L., & Kelem, R.T.: Effects of deindividuation variables on stealing among halloween trick-or-treaters. *Journal of Personality and Social Psychology,* 1976, *33,* 178–183.

Diggory, J.C., Riley, E.J., & Blumenfeld, R.: Estimated probability of success for a fixed goal. *American Journal of Psychology,* 1960, *73,* 41–55.

Dipboye, R.L.: Alternative approaches to deindividuation. *Psychological Bulletin,* 1977, *84,* 1057–1075.

Dixon, N.F.: *Subliminal perception: The nature of a controversy.* London: McGraw-Hill, 1971.

Dollard, J., & Miller, N.E.: *Personality and psychotherapy: An analysis in terms of learning, thinking, and culture.* New York: McGraw-Hill, 1950.

Dollard, J., Doob, L.W., Miller, N.E., Mowrer, O.H., & Sears, R.R.: *Frustration and aggression.* New Haven, Conn.: Yale University Press, 1939.

Duffy, E.: *Activation and behavior.* New York: Wiley, 1962.

Dulany, D.E., Jr.: Avoidance learning of perceptual defense and vigilance. *Journal of Abnormal and Social Psychology,* 1957, *55,* 333–338.

Duval, S., & Wicklund, R.A. (Eds.): *A theory of objective self awareness.* New York: Academic Press, 1972.

Duval, S., & Wicklund, R.A.: Effects of objective self-awareness on attribution of causality. *Journal of Experimental Social Psychology*, 1973, *9*, 17–31.

Dweck, C.S.: The role of expectations and attributions in the alleviation of learned helplessness. *Journal of Personality and Social Psychology*, 1975, *31*, 674–685.

Dweck, C.S., & Reppucci, N.D.: Learned helplessness and reinforcement responsibility in children. *Journal of Personality and Social Psychology*, 1973, *25*, 109–116.

Eisman, E.: Effects of deprivation and consummatory activity on heart rate. *Journal of Comparative and Physiological Psychology*, 1966, *62*, 71–75.

Ellis, A.: Rational emotive therapy. In A. Burton (Ed.), *Operational theories of personality*. New York: Brunner/Mazel, 1974.

Entwisle, D.R.: To dispel fantasies about fantasy-based measures of achievement motivation. *Psychological Bulletin*, 1972, *77*, 377–391.

Epstein, R.: Authoritarianism, displaced aggression, and social status of the target. *Journal of Personality and Social Psychology*, 1965, *2*, 585–589.

Epstein, S., & Fenz, W.D.: Steepness of approach and avoidance gradients in humans as a function of experience: Theory and experiment. *Journal of Experimental Psychology*, 1965, *70*, 1–12.

Erdelyi, M.H.: A new look at the new look: Perceptual defense and vigilance. *Psychological Review*, 1974, *81*, 1–25.

Eriksen, C.W.: Unconscious processes. In: M.R. Jones (Ed.), *Nebraska symposium on motivation*. Lincoln: University of Nebraska Press, 1958.

Eriksen, C.W.: Discrimination and learning without awareness: A methodological survey and evaluation. *Psychological Review*, 1960, *67*, 279–300.

Escalona, S.K.: The effect of success and failure upon the level of aspiration and behavior in manic-depressive psychoses. University of Iowa: *Studies in Child Welfare*, 1940, *16*, 199–302.

Eswara, H.S.: Administration of reward and punishment in relation to ability, effort, and performance. *Journal of Social Psychology*, 1972, *87*, 139–140.

Feather, N.T.: The relationship of persistence at a task to expectation of success and achievement-related motives. *Journal of Abnormal and Social Psychology*, 1961, *63*, 552–561.

Feather, N.T.: The relationship of expectation of success to n Achievement and test anxiety. *Journal of Personality and Social Psychology*, 1965, *1*, 118–126.

Feather, N.T.: Valence of outcome and expectation of success in relation to task difficulty and perceived locus of control. *Journal of Personality and Social Psychology*, 1967, *7*, 372–386.

Feather, N.T.: Attribution of responsibility and valence of success and failure in relation to initial confidence and task performance. *Journal of Personality and Social Psychology*, 1969, *13*, 129–144.

Feather, N.T., & Simon, J.G.: Causal attributions for success and failure in relation to expectations of success based upon selective or manipulative control. *Journal of Personality*, 1971, *39*, 527–554.

Feld, S.: Longitudinal study of the origins of achievement strivings. *Journal of Personality and Social Psychology*, 1967, *7*, 408–414.

Ferguson, E.D.: *Motivation: An experimental approach*. New York: Holt, Rinehart, & Winston, 1976.

Feshbach, S.: The function of aggression and the regulation of aggressive drive. *Psychological Review*, 1964, *71*, 257–272.

Feshbach, S., & Singer, R.D.: *Television and aggression*. San Francisco: Jossey-Bass, 1971.

Festinger, L.: A theoretical interpretation of shifts in level of aspiration. *Psychological Review*, 1942, *49*, 235–250.

Festinger, L.: A theory of social comparison processes. *Human Relations*, 1954, *7*, 117–140.

Festinger, L.: *A theory of cognitive dissonance*. Evanston, Ill.: Row, Peterson, 1957. (a)

Festinger, L.: The relation between behavior and cognition. In: *Colorado symposium on cognition*. London: Oxford University Press, 1957. (b)

Festinger, L.: The psychology of insufficient rewards. *American Psychologist*, 1961, *16*, 1–11.

Festinger, L., & Carlsmith, J.M.: Cognitive consequences of forced compliance. *Journal of Abnormal and Social Psychology*, 1959, *58*, 203–210.

Festinger, L., Pepitone, A., & Newcomb, T.: Some consequences of deindividuation in a group. *Journal of Abnormal and Social Psychology*, 1952, *47*, 382–389.

Festinger, L., Riecken, H.W., & Schachter, S.: *When prophecy fails*. Minneapolis: University of Minnesota Press, 1956.

Fitch, G.: Effects of self-esteem, perceived performance, and choice on causal attributions. *Journal of Personality and Social Psychology*, 1970, *16*, 311–315.

Folkes, V. S.: Communicating the reasons for social rejection. *Journal of Experimental Social Psychology*, 1982, *18*, 235–252.

Folkes, V.S., & Weiner, B.: Motivational determinants of coalition formation. *Journal of Experimental Social Psychology*, 1977, *13*, 536–542.

Fontaine, G.: *Some situational determinants of causal attribution*. Unpublished doctoral dissertation, University of Western Australia, Nedlands, Australia, 1972.

Fontaine, G.: Social comparison and some determinants of expected personal control and expected performance in a novel situation. *Journal of Personality and Social Psychology*, 1974, *29*, 487–496.

Foulkes, D.: *The psychology of sleep*. New York: Scribner, 1966.

Frank, J.F.: Individual differences in certain aspects of the level of aspiration. *American Journal of Psychology*, 1935, *47*, 119–128.

Freud, S. (1911): Formulierungen über die zwei Prinzipien des psychischen Geschehens. In: *Studienausgabe* (Band III). Frankfurt am Main: S. Fischer Verlag, 1975.

Freud, S. (1915): Triebe und Triebschicksale. In: *Studienausgabe* (Bd. III). Frankfurt/M.: S. Fischer, 1975.

Freud, S. (1916–17): Vorlesungen zur Einführung in die Psychoanalyse. In: *Studienausgabe* (Band I). Frankfurt am Main: S. Fischer Verlag, 1969.

Freud, S. (1920): Jenseits des Lustprinzips. In: *Studienausgabe* (Band III). Frankfurt am Main: S. Fischer Verlag, 1975.

Freud, S. (1930): Das Unbehagen in der Kultur. In: *Studienausgabe* (Band IX). Frankfurt am Main; S. Fischer Verlag, 1974.

Freud, S. (1933a): Neue Folge der Vorlesungen zur Einführung in die Psychoanalyse. In: *Studienausgabe* (Band I). Frankfurt am Main: S. Fischer Verlag, 1969.

Freud, S. (1933b): Warum Krieg? In: *Studienausgabe* (Band IX). Frankfurt am Main: S. Fischer Verlag, 1974.

Frieze, I.H.: *Studies of information processing and the attributional process*. Unpublished doctoral dissertation, University of California, Los Angeles, 1973.

Frieze, I.H.: The role of information processing in making causal attributions for success and failure. In J.S. Carroll & J.W. Payne (Eds.), *Cognition and social behavior*. Hillsdale, N.J.: Erlbaum Press, 1976. (a)

Frieze, I.H.: Causal attributions and information seeking to explain success and failure. *Journal of Research in Personality,* 1976, *10,* 293–305. (b)

Frieze, I.H., & Weiner, B.: Cue utilization and attributional judgments for success and failure. *Journal of Personality,* 1971, *39,* 591–606.

Frisch, K., von: *The dancing bees*. London: Methuen, 1954.

Gallup, G.G., Jr.: Chimpanzees: Self-recognition. *Science,* 1970, *167,* 86–87.

Gallup, G.G., Jr.: Towards an operational definition of self-awareness. In R.H. Tuttle (Ed.), *Socioecology and psychology of primates*. The Hague: Mouton, 1975.

Gallup, G.G., Jr., McClure, M.K., Hill, S.D., & Bundy, R.A.: Capacity for self-recognition in differentially reared chimpanzees. *The Psychological Record,* 1971, *21,* 69–74.

Gardner, R.W., Holzman, P.S., Klein, G.S., Linton, H., & Spence, D.P.: Cognitive control. *Psychological Issues,* 1959, *1,* No. 4.

Geen, R.G., & Gange, J.J.: Drive theory of social facilitation: Twelve years of theory and research. *Psychological Bulletin,* 1977, *84,* 1267–1288.

Gilmore, T.M., & Minton, H.L.: Internal versus external attribution of task performance as a function of locus of control, initial confidence and success-failure outcome. *Journal of Personality,* 1974, *42,* 159–174.

Glanzer, M.: The role of stimulus satiation in spontaneous alternation. *Journal of Experimental Psychology,* 1953, *45,* 387–393.

Gleason, J.B.: Code switching in children's language. In: T.E. Moore (Ed.), *Cognitive development and the acquisition of language*. New York: Academic Press, 1973.

Glixman, A.F.: Recall of completed and incompleted activities under varying degrees of stress. *Journal of Experimental Psychology,* 1949, *39,* 281–295.

Goffman, E.: *Asylums*. Garden City, N.Y.: Doubleday, 1961.

Gold, M.: *Vocational skill functioning of the severely retarded*. Paper presented at the American Psychological Association Convention, Chicago, September 1975.

Goldstein, D., Fink, D., & Mettee, D.R.: Cognition of arousal and actual arousal as determinants of emotion. *Journal of Personality and Social Psychology,* 1972, *21,* 41–51.

Gordon, S.: *Lonely in America*. New York: Simon & Schuster, 1976.

Green, D.R.: Volunteering and the recall of interrupted tasks. *Journal of Abnormal and Social Psychology,* 1963, *66,* 397–401.

Grinker, J.: *The control of classical conditioning by cognitive manipulation*. Unpublished doctoral dissertation, New York University, 1967.

Guhl, A.M.: The social order of chickens. *Scientific American,* 1956, *194,* 42–46.

Haber, R.N., & Alpert, R.: The role of situation and picture cues in projective measurement of the achievement motive. In: J.W. Atkinson (Ed.), *Motives in fantasy, action, and society*. Princeton, N.J.: Van Nostrand, 1958.

Hall, C.S., & Lindzey, G.: *Theories of personality*. New York: Wiley, 1957.

Hammock, T., & Brehm, J.W.: The attractiveness of choice alternatives when freedom to choose is eliminated by a social agent. *Journal of Personality,* 1966, *34,* 546–554.

Haner, C.F., & Brown, J.S.: Clarification of the instigation to action concept in the frustration-aggression hypothesis. *Journal of Abnormal and Social Psychology,* 1955, *51,* 204–206.

Hanusa, B.H.: *An extension of Weiner's attribution approach to social situations: Sex differences in social situations*. Paper presented at the Eastern Psychological Association Convention, New York, April 1975.

Harlow, H.F.: Motivation as a factor in the acquisition of new responses. In: M.R. Jones (Ed.), *Nebraska symposium on motivation*. Lincoln: University of Nebraska Press, 1953.

Hartmann, E.: The D-State: A review and discussion of studies on the physiological state concomitant with dreaming. *New England Journal of Medicine,* 1965, *273,* 30–35.

Hartmann, H., Kris, E., & Lowenstein, R.M.: Comments on the formation of psychic structure. In: R. Eissler, A. Freud, H. Hartmann, S. Lustman, & M. Kris (Eds.), *The psychoanalytic study of the child* (Vol. 2). New York: International Universities Press, 1946.

Hebb, D.O.: Drives and the C.N.S. (conceptual nervous system). *Psychological Review,* 1955, *62,* 243–254.

Heckhausen, H.: *The anatomy of achievement motivation*. New York: Academic Press, 1967.

Heckhausen, H.: Achievement motive research: Current problems and some contributions toward a central theory of motivation. In: D. Levine (Ed.), *Nebraska symposium on motivation*. Lincoln: University of Nebraska Press, 1968.

Heckhausen, H., & Roelofsen, I.: Anfänge und Entwicklung der Leistungsmotivation: (I) Im Wetteifer des Kleinkindes. *Psychologische Forschung,* 1962, *26,* 313–397.

Heider, F.: *The psychology of interpersonal relations.* New York: Wiley, 1958.

Heider, F., & Simmel, M.: An experimental study of apparent behavior. *American Journal of Psychology,* 1944, *57,* 243–259.

Heim, M.: *Sex differences in causal attributions for achievement in social tasks.* Paper presented at the Eastern Psychological Association Convention, New York, April 1975.

Henle, M.: The influence of valence on substitution. *Journal of Psychology,* 1944, *17,* 11–19.

Hermans, H.J.M.: A questionnaire measure of achievement motivation. *Journal of Applied Psychology,* 1970, *54,* 353–363.

Heron, W.: The pathology of boredom. *Scientific American,* 1957, *196,* 52–56.

Hess, E.H.: Attitude and pupil size. *Scientific American,* 1965, *212,* 46–54.

Hilgard, E.R.: Human motives and the concept of the self. *American Psychologist,* 1949, *4,* 374–382.

Hinde, R.A.: Energy models of motivation. *Symposium of the Society of Experimental Biology,* 1960, *14,* 199–213.

Hiroto, D.S., & Seligman, M.E.P.: Generality of learned helplessness in man. *Journal of Personality and Social Psychology,* 1975, *31,* 311–327.

Hogan, R.: *Personality theory.* Englewood Cliffs, N.J.: Prentice-Hall, 1976.

Hohmann, G.W.: Some effects of spinal cord lesions on experienced emotional feelings. *Psychophysiology,* 1966, *3,* 143–156.

Holmes, T.H., & Rahe, R.H.: The social readjustment rating scale. *Journal of Psychosomatic Research,* 1967, *11,* 213–218.

Holt, E.B.: *Animal drive and the learning process, an essay toward radical empiricism* (Vol. 1). New York: Holt, 1931.

Holzman, P.S., & Gardner, R.W.: Leveling and repression. *Journal of Abnormal and Social Psychology,* 1959, *59,* 151–155.

Holzman, P.S., & Gardner, R.W.: Leveling-sharpening and memory organization. *Journal of Abnormal and Social Psychology,* 1960, *61,* 176–180.

Hoppe, F.: Untersuchungen zur Handlungs- und Affekt-Psychologie. IX. Erfolg und Mißerfolg. *Psychologische Forschung,* 1930, *14,* 1–63.

Horner, M.S.: *Sex differences in achievement motivation and performance in competitive and non-competitive situations.* Unpublished doctoral dissertation, University of Michigan, 1968.

Howes, D.H., & Solomon, R.L.: Visual duration threshold as a function of word probability. *Journal of Experimental Psychology,* 1951, *41,* 401–410.

Hull, C.L.: *Principles of behavoir.* New York: Appleton-Century-Crofts, 1943.

Hull, C.L.: *Essentials of behavior.* New Haven, Conn.: Yale University Press, 1951.

Hume, D. (1739): *A treatise of human nature.* London: Clarendon Press, 1888.

Ickes, W.J., & Kidd, R.F.: An attributional analysis of helping behavior. In J.H. Harvey, W.J. Ickes, & R.F. Kidd (Eds.), *New directions in attribution research* (Vol. 1). Hillsdale, N.J.: Erlbaum Press, 1976.

Ickes, W.J., & Layden, M.A.: Attributional styles. In: J.H. Harvey, W.J. Ickes, & R.F. Kidd (Eds.), *New directions in attribution research* (Vol. 2). Hillsdale, N.J.: Erlbaum Press, 1978.

Isen, A.M.: Success, failure, attention, and reactions to others: The warm glow of success. *Journal of Personality and Social Psychology,* 1970, *15,* 294–301.

Isen, A.M., Horn, N., & Rosenhan, D.L.: Effects of success and failure on children's generosity. *Journal of Personality and Social Psychology,* 1973, *27,* 239 bis 247.

Isen, A.M., & Levin, P.F.: Effect of feeling good on helping: Cookies and kindness. *Journal of Personality and Social Psychology,* 1972, *21,* 384–388.

Jaffe, Y., Malamuth, N., Feingold, J., & Feshbach, S.: Sexual arousal and behavioral aggression. *Journal of Personality and Social Psychology,* 1974, *30,* 759–764.

James, W.: What is an emotion? *Mind,* 1884, *9,* 188–205.

James, W. (1890): The emotions. In: *Principles of Psychology.* New York: Dover Publications, 1950.

James, W., & Rotter, J.B.: Partial and 100% reinforcement under chance and skill conditions. *Journal of Experimental Psychology,* 1958, *55,* 397–403.

Jarvik, M.E.: Negative recency effect in probability learning. *Journal of Experimental Psychology,* 1951, *41,* 291–297.

Jenkins, H.M., & Ward, W.C.: Judgment of contingency between responses and outcome. *Psychological Monographs,* 1965, *79* (1, Whole No. 594).

Jensen, A.R.: The Rorschach technique: A reevaluation. *Acta Psychologica,* 1964, *22,* 60–77.

Jessor, R., Carman, R.S., & Grossman, P.H.: Expectations of need satisfaction and drinking patterns of college students. *Quarterly Journal of Studies in Alcohol,* 1968, *29,* 101–116.

Jessor, R., Graves, T.D., Hanson, R.C., & Jessor, S.L.: *Society, personality, and deviant behavior.* New York: Holt, Rinehart, & Winston, 1968.

Johnson, R.N.: *Aggression in man and animals.* Philadelphia: Saunders, 1972.

Johnson, T.J., Feigenbaum, R., & Weiby, M.: Some determinants and consequences of the teacher's perception of causation. *Journal of Educational Psychology,* 1964, *55,* 237–246.

Jones, E.: *The life and work of Sigmund Freud* (Vols. I–III). New York: Basic Books, 1953–1957.

Jones, E.E., & Davis, K.E.: From acts to dispositions: The attribution process in person perception. In: L. Berkowitz (Ed.), *Advances in experimental social psychology* (Vol. 2). New York: Academic Press, 1965.

Jones, E.E., Davis, K.E., & Gergen, K.J.: Role playing variations and their informational value für person perception. *Journal of Abnormal and Social Psychology,* 1961, *63,* 302–310.

Jones, E. E., Kanouse, D. E., Kelley, H. H., Nisbett, R. E., Valins, S., & Weiner, B. (Eds.): *Attribution: Perceiving the causes of behavior.* Morristown, N. J.: General Learning Press, 1972.

Jones, E. E., & Nisbett, R. E.: The actor and the observer: Divergent perceptions of the causes of behavior. In: E. E. Jones, D. E. Kanouse, H. H. Kelley, R. E. Nisbett, S. Valins, & B. Weiner (Eds.), *Attribution: Perceiving the causes of behavior.* Morristown, N. J.: General Learning Press, 1972.

Jones, E. E., Rock, L., Shaver, K. G., Goethals, G. R., & Ward, L. M.: Pattern of performance and ability attribution: An unexpected primacy effect. *Journal of Personality and Social Psychology,* 1968, *10,* 317–340.

Jones, R. A., Linder, D. E., Kiesler, C. A., Zanna, M., & Brehm, J. W.: Internal states or external stimuli: Observers' judgments and the dissonance-self perception controversy. *Journal of Experimental Social Psychology,* 1968, *4,* 247–269.

Kagan, J., & Moss, H. A.: Stability and validity of achievement fantasy. *Journal of Abnormal and Social Psychology,* 1959, *58,* 357–364.

Kant, I. (1781): *The critique of pure reason.* In: R. M. Hutchins (Eds.), *Great books of the Western World* (Vol. 42). Chicago: Encyclopaedia Britannica, 1952.

Kaplan, R. M., & Swant, S. G.: Reward characteristics of appraisal of achievement behavior. *Representative Research in Social Psychology,* 1973, *4,* 11–17.

Katkovsky, W.: Social learning theory and maladjustment. In: L. Gorlow & W. Katkovsky (Eds.), *Readings in the psychology of adjustment* (2nd ed.). New York: McGraw-Hill, 1968.

Kelley, H. H.: Attribution theory in social psychology. In: D. Levine (Ed.), *Nebraska symposium on motivation.* Lincoln: University of Nebraska Press, 1967.

Kelley, H. H.: Causal schemata and the attribution process. In: E. E. Jones. D. E. Kanouse, H. H. Kelley, R. E. Nisbett, S. Valins, & N. Weiner (Eds.), *Attribution: Perceiving the causes of behavior.* Morristown, N. J.: General Learning Press, 1972.

Kelley, H. H., & Arrowood, J. A.: Coalitions in the triad: Critique and experiment. *Sociometry,* 1962, *23,* 231–244.

Kelly, G. A.: *The psychology of personal constructs.* New York: W. W. Norton, 1955.

Kelly, G. A.: Man's construction of this alternatives. In: G. Lindzey (Ed.), *Assessment of human motives.* New York: Grove Press, 1958.

Kelly, G. A.: Europe's matrix of decision. In: M. R. Jones (Ed.), *Nebraska symposium on motivation.* Lincoln: University of Nebraska Press, 1962.

Kelly, G. A.: *A theory of personality: The psychology of personal constructs.* New York: W. W. Norton, 1963.

Kelly, G. A. (1966): A summary statement of a cognitive-oriented comprehensive theory of behavior. In: J. C. Mancuso (Ed.), *Readings for a cognitive theory of personality.* New York: Holt, Rinehart, & Winston, 1970.

Kiesler, C. A., & Sakumura, J.: A test of a model for commitment. *Journal of Personality and Social Psychology,* 1966, *3,* 349–353.

Kinsey, A. C., Pomeroy, W. B., & Martin, C. E.: *Sexual behavior in the human male.* Philadelphia: Saunders, 1948.

Kinsey, A. C., Pomeroy, W. B., Martin, C. E., & Gebhard, P. H.: *Sexual behavior in the human female.* Philadelphia: Saunders, 1953.

Klein, D. C., Fencil-Morse, E., & Seligman, M. E. P.: Learned helplessness, depression, and the attribution of failure. *Journal of Personality and Social Psychology,* 1976, *33,* 508–516.

Klein, G. S.: Need and regulation. In: M. R. Jones (Ed.), *Nebraska symposium on motivation.* Lincoln: University of Nebraska Press, 1954.

Klein, G. S.: Freud's two theories of sexuality. In: L. Breger (Ed.), *Clinical-cognitive psychology.* Englewood Cliffs, N. J.: Prentice-Hall, 1969.

Klein, G. S., & Schoenfeld, N.: The influence of ego-involvement on confidence. *Journal of Abnormal and Social Psychology,* 1941, *36,* 249–258.

Klinger, E.: Fantasy need achievement as a motivational construct. *Psychological Bulletin,* 1966, *66,* 291–308.

Köhler, W.: *Intelligenzprüfungen an Menschenaffen.* 2. Auflage, Berlin 1924.

Kolb, D.: Achievement motivation training for under-achieving high-school boys. *Journal of Personality and Social Psychology,* 1965, *2,* 783–792.

Korman, A. K.: *The psychology of motivation.* Englewood Cliffs, N. J.: Prentice-Hall, 1974.

Kruglanski, A. W.: The endogenous-exogenous partition in attribution theory. *Psychological Review,* 1975, *82,* 387–406.

Kruglanski, A. W., Alon, S., & Lewis, T.: Retrospective misattribution and task enjoyment. *Journal of Experimental Social Psychology,* 1972, *8,* 493–501.

Kukla, A.: *Cognitive determinants of achieving behavior.* Unpublished doctoral dissertation, University of California, Los Angeles, 1970.

Kukla, A.: Foundations of an attributional theory of performance. *Psychological Review,* 1972, *79,* 454–470.

Kun, A., & Weiner, B.: Necessary versus sufficient causal schemata for success and failure. *Journal of Research in Personality,* 1973, *7,* 197–207.

Kuperman, A.: *Relations between differential constraints, affect, and the origin-pawn variable.* Unpublished doctoral dissertation, Washington University, St. Louis, 1967.

Laing, R. D.: *The divided self: An existential study in sanity and madness.* Baltimore: Penguin Books, 1965.

Langer, E. J.: The illusion of control. *Journal of Personality and Social Psychology,* 1975, *32,* 311–328.

Langer, E. J.: Rethinking the role of thought in social interaction. In: J. H. Harvey, W. J. Ickes, & R. F. Kidd (Eds.), *New directions in attribution research* (Vol 2). Hillsdale, N. J.: Erlbaum Press, 1978.

Langer, E. J., Blank, A., & Chanowitz, B.: The mindlessness of ostensibly thoughtful action: The role of "placebic" information in interpersonal interaction. *Journal of Personality and Social Psychology,* 1978, *36,* 635–642.

Lanzetta, J. T., & Hannah, T. E.: Reinforcing behavior of "naive" trainers. *Journal of Personality and Social Psychology,* 1969, *11,* 245–252.

Lao, R. C.: Internal-external control and competent and innovative behavior among Negro college students. *Journal of Personality and Social Psychology,* 1970, *14,* 263–270.

Lawrence, D. H., & Festinger, L.: *Deterrents and reinforcement.* Standford, Calif.: Stanford University Press, 1962.

Lawson, R.: *Frustration: The development of a scientific concept.* New York: Macmillan, 1965.

Lazarus, R. S.: *Psychological stress and the coping process.* New York: McGraw-Hill, 1966.

Lazarus, R. S.: Emotions and adaptation: Conceptual and empirical relations. In: W. J. Arnold (Ed.), *Nebraska symposium on motivation.* Lincoln: University of Nebraska Press, 1968.

Lazarus, R. S.: Cognitive and coping processes in emotion. In: B. Weiner (Ed.), *Cognitive views of human motivation.* New York: Academic Press, 1975.

Lazarus, R. S., & Alfert, E.: The short-circuiting of threat by experimentally altering cognitive appraisal. *Journal of Abnormal and Social Psychology,* 1964, *69,* 195–205.

Lazarus, R. S., Opton, E. M., Jr., Nomikos, M. S., & Rankin, N. D.: The principle of short-circuiting of threat: Further evidence. *Journal of Personality,* 1965, *33,* 622–635.

Lefcourt, H. M.: The function of illusions of control and freedom. *American Psychologist,* 1973, *28,* 417–425.

Lefcourt, H. M.: *Locus of control* Hillsdale, N. J.: Erlbaum Press, 1976.

Lehrman, D. S.: A critique of Konrad Lorenz's theory of instinctive behavior. *Quarterly Review of Biology,* 1953, *28,* 337–363.

Lepley, W. M.: The maturity of the chances: A gambler's fallacy. *Journal of Psychology,* 1963, *56,* 69–72.

Lepper, M. R., Greene, D., & Nisbett, R. E.: Undermining children's intrinsic interest with extrinsic reward: A test of the overjustification hypothesis. *Journal of Personality and Social Psychology,* 1973, *28,* 129–137.

Leventhal, H.: Emotions: A basic problem for social psychology. In: C. Nemeth (Ed.), *Social psychology: Classic and contemporary integrations.* Chicago: Rand McNally, 1974.

Levin, P. F., & Isen, A. M.: Further studies on the effect of feeling good on helping. *Sociometry,* 1975, *38,* 141–147.

Levis, D. J.: Learned helplessness: A reply and an alternative S-R interpretation. *Journal of Experimental Psychology: General,* 1976, 105, 47–65.

Lewin, K.: *A dynamic theory of personality.* New York: McGraw-Hill, 1935.

Lewin, K.: *Principles of topological psychology.* New York: McGraw-Hill, 1936.

Lewin, K.: *The conceptual representation and the measurement of psychological forces.* Durham, N. C.: Duke University Press, 1938.

Lewin, K.: *Resolving social conflicts.* New York: Harper. 1948.

Lewin, K.: *Field theory in social science.* New York: Harper, 1951.

Lewin, K. (1946): Behavior and development as a function of the total situation. In: L. Carmichael (Ed.), *Manual of child psychology.* New York: Wiley, 1963.

Lewin, K., Dembo, T., Festinger, L., & Sears, P. S.: Level of aspiration. In: J. McV. Hunt (Ed.), *Personality and the behavioral disorders* (Vol. 1). New York: Ronald Press, 1944.

Lewis, O.: *Children of Sanchez.* New York: Random House, 1961.

Lichtenberg, P. A.: A definition and analysis of depression. *Archives of Neurology and Psychiatry,* 1957, *77,* 516–527.

Liebert, R. M., Neale, J. M., & Davidson, E. S.: *The early window: Effects of television on children and youth.* New York: Pergamon, 1973.

Liebert, R. M., & Poulos, R. W.: Eliciting the norm of giving: Effects of modeling and the presence of a witness on children's sharing behavior. *Proceedings of the 79th Annual Convention of the American Psychological Association,* 1971, *6,* 345–346.

Liebert, R. M., & Spiegler, M. D.: *Personality: Strategies for the study of man.* Homewood, Ill.: Dorsey, 1974.

Liebhart, E. H.: Attributing fictitious cardiac responses. *Perceptual and Motor Skills,* 1976, *43,* 202.

Lindsley, D. B.: Psychophysiology and motivation. In: M. R. Jones (Ed.), *Nebraska symposium on motivation.* Lincoln: University of Nebraska Press, 1957.

Lindsley, D. B., Schreiner, L. H., Knowles, W. B., & Magoun, H. W.: Behavioral and EEG changes following chronic brainstem lesions in the cat. *Electroencephalography and Clinical Neurophysiology,* 1950, *2,* 483–498.

Lindzey, G.: Some remarks concerning incest, the incest taboo, and psychoanalytic theory. *American Psychologist,* 1967, *22,* 1051–1059.

Lissner, K.: Die Entspannung von Bedürfnissen durch Ersatzhandlungen. *Psychologische Forschung.* 1933, *18,* 218–250.

Litman-Adizes, T.: An attributional model of depression. Unpublished doctoral dissertation, University of California, Los Angeles, 1978.

Litwin, G. H. (1958): Motives and expectancies as determinants of preference for degree of risk. In: J. W. Atkinson & N. T. Feather (Eds.), *A theory of achievement motivation.* New York: Wiley, 1966.

Lorenz, K.: The comparative method in studying innate behaviour patterns. *Symposium of the Society of Experimental Biology,* 1950, *4,* 221–268.

Lorenz, K.: The evolution of behavior. *Scientific American,* 1958, *199,* 67–78.

Lorenz, K. (1963): *Das sogenannte Böse.* München: Deutscher Taschenbuch Verlag, 1974.

Maddi, S. R.: *Personality theories: A comparative analysis* (3rd. ed.). Homewood, Ill.: Dorsey, 1976.

Mahler, V.: Ersatzhandlungen verschiedenen Realitätsgrades. *Psychologische Forschung,* 1933, *18,* 26–89.

Mahone, C.H.: Fear of failure and unrealistic vocational aspiration. *Journal of Abnormal and Social Psychology,* 1960, *60,* 253–261.

Mahrer, A.R.: The role of expectancy in delayed reinforcement. *Journal of Experimental Psychology,* 1956, *52,* 101–105.

Maier, S.F., Seligman, M.E.P., & Solomon, R.L.: Pavlovian fear conditioning and learned helplessness: Effects of escape and avoidance behavior of (a) the CS-UCS contingency and (b) the independence of voluntary responding. In B.A. Campbell & R.M. Church (Eds.), *Punishment and aversive behavior.* New York: Appleton-Century-Crofts, 1969.

Mallick, S.K., & McCandless, B.R.: A study of catharsis of aggression. *Journal of Personality and Social Psychology,* 1966, *4,* 591–596.

Malmo, R.B.: Studies of anxiety: Some clinical origins of the activation concept. In: C.D. Spielberger (Ed.), *Anxiety and behavior.* New York: Academic Press, 1966.

Mandler, G.: *Mind and emotion.* New York: Wiley, 1975.

Mandler, G., & Sarason, S.R.: A study of anxiety and learning. *Journal of Abnormal and Social Psychology,* 1952, *47,* 166–173.

Mann, L.: On being a sore loser: How fans react to their team's failure. *Australian Journal of Psychology,* 1974, *26,* 37–47.

Marler, P.: On animal aggression. *American Psychologist,* 1975, *31,* 239–246.

Marrow, A.J.: Goal tensions and recall: I. *Journal of General Psychology,* 1938, *19,* 3–35.

Marzocco, F.N.: *Frustration effect as a function of drive level, habit strength and distribution of trials during extinction.* Unpublished doctoral dissertation, State University of Iowa, 1951.

Maslow, A.H.: A theory of human motivation. *Psychological Review,* 1943, *50,* 370–396.

Maslow, A.H.: A theory of metamotivation: The biological rooting of the value-life. *Journal of Humanistic Psychology,* 1967, *7,* 93–127.

Maslow, A.H.: *The farther reaches of human nature.* New York: Viking Press, 1971.

Masters, W.H., & Johnson, V.E.: *Human sexual response.* Boston: Little, Brown, & Co., 1966.

Masters, W.H., & Johnson, V.E.: *Human sexual inadequacy.* Boston: Little, Brown, & Co., 1970.

Mathes, E.W., & Kahn, A.: Physical attractiveness, happiness, neuroticism, and self-esteem. *Journal of Psychology,* 1975, *90,* 27–30.

Matlin, M.W., & Zajonc, R.B.: Social facilitation of word associations. *Journal of Personality and Social Psychology,* 1968, 10, 455–460.

Mayer, H.H., Walker, W.B., & Litwin, G.H.: Motive patterns and risk preference associated with entrepreneurship. *Journal of Abnormal and Social Psychology,* 1961, *63,* 570–574.

Mazis, M.B.: Antipollution measures and psychological reactance theory: A field experiment. *Journal of Personality and Social Psychology,* 1975, *31,* 654–660.

McArthur, L.A.: The how of what and why: Some determinants and consequences of causal attributions. *Journal of Personality and Social Psychology,* 1972, *22,* 171–193.

McClelland, D.C.: *Personality.* New York: William Sloane, 1951.

McClelland, D.C.: Some social consequences of achievement motivation. In: M.R. Jones (Ed.), *Nebraska symposium on motivation* (Vol. 3). Lincoln: University of Nebraska Press, 1955.

McClelland, D.C.: Freud and Hull: Pioneers of scientific psychology. *American Scientist,* 1957, *45,* 101–113.

McClelland, D.C.: Methods of measuring human motivation. In: J.W. Atkinson (Ed.), *Motives in fantasy, action, and society.* Princeton, N.J.: Van Nostrand, 1958.

McClelland, D.C.: *The achieving society.* Princeton, N.J.: Van Nostrand, 1961.

McClelland, D.C.: Toward a theory of motive acquisition. *American Psychologist,* 1965, *20,* 321–333.

McClelland, D.C., Atkinson, J.W., Clark, R.W., & Lowell, E.L.: *The achievement motive.* New York: Appleton-Century-Crofts, 1953.

McClelland, D.C., & Winter, D.G.: *Motivating economic achievement.* New York: The Free Press, 1969.

McDougall, W.: *Outline of psychology.* New York: Scribner, 1923.

McGinnies, E.: Emotionality and perceptual defense. *Psychological Review,* 1949, *56,* 244–251.

McGuire, W.J.: The current status of cognitive consistency theories. In: S. Feldman (Ed.), *Cognitive consistency.* New York: Academic Press, 1966.

McGuire, W.J., & Padawer-Singer, A.: Trait salience in the spontaneous self-concept. *Journal of Personality and Social Psychology,* 1973, *28,* 108–115.

McMahan, I.D.: Relationships between causal attributions and expectancy of success. *Journal of Personality and Social Psychology,* 1973, *28,* 108–115.

Megargee, E.I.: Undercontrolled and overcontrolled personality types in extreme antisocial aggression. *Psychological Monographs,* 1966, *80* (Whole No. 611).

Mehrabian, A.: Measures of achieving tendency. *Educational and Psychological Measurement,* 1969, *29,* 445–451.

Meichenbaum, D., & Cameron, R.: The clinical potential of modifying what clients say to themselves. In: M.J. Mahoney & C.E. Thoresen (Eds.), *Self-control: Power to the person.* Monterey, Calif.: Brooks-Cole, 1974.

Merton, R.K.: *Social theory and social structure.* Glencoe, Ill.: Free Press, 1957.

Meryman, J.J.: *Magnitude of startle response as a function of hunger and fear.* Unpublished master's thesis, University of Iowa, 1952.

Meyer, J.P.: Causal attribution for success and failure: A multivariate investigation of dimensionality, formation, and consequences. *Journal of Personality and Social Psychology,* 1980, *38,* 704–718.

Meyer, W.U.: *Selbstverantwortlichkeit und Leistungsmoti-*

vation. Unpublished doctoral dissertation, Ruhr Universität, Bochum, Germany, 1970.

Meyer, W. U., Folkes, V. S., & Weiner, B.: The perceived informational value and affective consequences of choice behavior and intermediate difficulty task selection. *Journal of Research in Personality,* 1976, *10,* 410–423.

Michela, J. L., & Peplau, L. A.: *Applying attributional models of achievement to social settings.* Paper presented at the Western Psychological Association Convention, Seattle, April 1977.

Michela, J. L., Peplau, L. A., & Weeks, D.: Perceived dimensions of attributions for loneliness. *Journal of Personality and Social Psychology,* 1982, *43,* 929–936.

Michotte, A. (1946): *The perception of causality.* New York: Basic Books, 1963.

Milgram, S.: Behavioral study of obedience. *Journal of Abnormal and Social Psychology,* 1963, *67,* 371–378.

Milgram, S.: Group pressure and action against a person. *Journal of Abnormal and Social Psychology,* 1964, *69,* 137–143.

Milgram, S.: Liberating effects of group pressure. *Journal of Personality and Social Psychology,* 1965, *1,* 127–134.

Milgram, S.: *Obedience to authority.* New York: Harper & Row, 1974.

Miller, D. T., & Ross, M.: Self-serving biases in the attribution of causality: Fact or fiction? *Psychological Bulletin,* 1975, *82,* 213–225.

Miller, I. W., III, & Norman, W. H.: Learned helplessness: A review and attribution theory model. *Psychological Bulletin,* 1979, *86,* 93–118.

Miller, N. E.: The frustration-aggression hypothesis. *Psychological Review,* 1941, *48,* 337–342.

Miller, N. E.: Experimental studies of conflict. In: J. McV. Hunt (Ed.), *Personality and the behavioral disorders* (Vol. 1). New York: Ronald, 1944.

Miller, N. E.: Studies of fear as an acquirable drive: I. Fear as motivation and fear-reduction as reinforcement in the learning of new responses. *Journal of Experimental Psychology,* 1948, *38,* 89–101.

Miller, N. E.: Learnable drives and rewards. In: S. S. Stevens (Ed.), *Handbook of experimental psychology.* New York: Wiley, 1951.

Miller, N. E.: Liberalization of basic S-R concepts: Extensions to conflict behavior, motivation, and social learning. In: S. Koch (Ed.), *Psychology: A study of a science* (Vol. 2). New York: McGraw-Hill, 1959.

Miller, N. E., & Bugelski, R.: Minor studies of aggression. II. The influence of frustration imposed by the in-group on attitudes expressed toward out-groups. *Journal of Psychology,* 1948, *25,* 437–442.

Miller, W. R., & Seligman, M. E. P.: Depression and learned helplessness in man. *Journal of Abnormal Psychology,* 1975, *84,* 228–238.

Mischel, W.: Delay of gratification, need for achievement, and acquiescence in another culture. *Journal of Abnormal and Social Psychology,* 1961, *62,* 543–552.

Mischel, W.: *Personality and assessment.* New York: Wiley, 1968.

Mischel, W.: Continuity and change in personality. *American Psychologist,* 1969, *24,* 1012–1018.

Mischel, W.: Toward a cognitive social learning reconceptualization of personality. *Psychological Review,* 1973, *80,* 252–283.

Mischel, W.: Cognitive appraisals and transformations in self-control. In: B. Weiner (Ed.), *Cognitive views of human motivation.* New York: Academic Press, 1974. (a)

Mischel, W.: Processes in delay of gratification. In: L. Berkowitz (Ed.), *Advances in experimental social psychology* (Vol. 7). New York: Academic Press, 1974. (b)

Mischel, W.: *Introduction to personality* (2nd ed.). New York: Holt, Rinehart, & Winston, 1976.

Mischel, W., & Ebbesen, E. B.: Attention in delay of gratification. *Journal of Personality and Social Psychology,* 1970, *16,* 329–337.

Mischel, W., Ebbesen, E. B., & Zeiss, A.: Cognitive and attentional mechanisms in delay of gratification. *Journal of Personality and Social Psychology,* 1972, *21,* 204–218.

Monson, T. C., & Snyder, M.: Actors, observers, and the attribution process: Toward a reconceptualization. *Journal of Experimental Social Psychology,* 1977, *13,* 89–111.

Monte, C. F.: *Beneath the mask.* New York: Praeger, 1977.

Montgomery, K. C.: A test of two explanations of spontaneous alternation. *Journal of Comparative and Physiological Psychology,* 1952, *45,* 287–293.

Morgan, C. T.: *Physiological psychology.* New York: McGraw-Hill, 1943.

Morgan, H. H.: Measuring achievement motivation with "picture interpretation." *Journal of Consulting Psychology,* 1953, *17,* 289–292.

Morin, S. F.: Heterosexual bias in psychological research on lesbianism and male homosexuality. *American Psychologist,* 1977, *32,* 629–637.

Morris, J. L.: Propensity for risk taking as a determinant of vocational choice: An extension of the theory of achievement motivation. *Journal of Personality and Social Psychology,* 1966, *3,* 328–335.

Morse, S., & Gergen, K. J.: Social comparison, self-consistency, and the concept of self. *Journal of Personality and Social Psychology,* 1970, *16,* 148–156.

Moruzzi, G., & Magoun, H. W.: Brainstem reticular formation and activation of the EEG. *Electroencephalography and Clinical Neurophysiology,* 1949, *1,* 455–473.

Mosher, D. L.: The influence of Adler on Rotter's social learning theory of personality. *Journal of Individual Psychology,* 1968, *24,* 33–45.

Moss, F. A.: Study of animal drives. *Journal of Experimental Psychology,* 1924, *7,* 165–185.

Moss, H. A., & Kagan, J.: Stability of achievement and recognition seeking behaviors from early childhood through adulthood. *Journal of Abnormal and Social Psychology,* 1961, *62,* 504–513.

Moulton, R. W.: Effects of success and failure on level of aspiration as related to achievement motives. *Journal of Personality and Social Psychology,* 1965, *1,* 399–406.

Mowrer, O.H.: *Learning theory and behavior,* New York: Wiley, 1960.

Mowrer, O.H., & Viek, P.: An experimental analogue of fear from a sense of helplessness. *Journal of Abnormal and Social Psychology,* 1948, *43,* 193–200.

Mukherjee, B.N., & Sinha, R.: Achievement values and self-ideal discrepancies in college students. *Personality: An International Journal,* 1970, *1,* 275–301.

Murray, E.J., & Berkun, M.M.: Displacement as a function of conflict. *Journal of Abnormal and Social Psychology,* 1955, *51,* 47–56.

Murray, H.A.: *Explorations in personality.* New York: Oxford University Press, 1938.

Murray, H.A.: Preparations for the scaffold of a comprehensive system. In: S. Koch (Ed.), *Psychology: A study of a science* (Vol. 3). New York: McGraw-Hill, 1959.

Neisser, U.: *Cognitive psychology.* New York: Appleton-Century-Crofts, 1966.

Newman, J.R.: *Stimulus generalization of an instrumental response as a function of drive strength.* Unpublished doctoral dissertation. University of Illinois, 1955.

Nicholls, J.G.: Effort is virtuous, but it's better to have ability: Evaluative responses to perceptions of effort and ability. *Journal of Research in Personality,* 1976, *10,* 306–315.

Nickel, T.W.: The attribution of intention as a critical factor in the relation between frustration and aggression. *Journal of Personality,* 1974, *42,* 482–492.

Nisbett, R.E., & Schachter, S.: Cognitive manipulation of pain. *Journal of Experimental Social Psychology,* 1966, *2,* 227–236.

Nisbett, R.E., & Valins, S.: *Perceiving the causes of one's own behavior.* Morristown, N.J.: General Learning Press, 1971.

Nissen, H.W.: The nature of drive as innate determinant of behavioral organization. In: M.R. Jones (Ed.), *Nebraska symposium on motivation.* Lincoln: University of Nebraska Press, 1954.

Nuttin, J.R.: Pleasure and reward in motivation and learning. In D. Berlyne (Ed.), *Pleasure, reward, preference.* New York: Academic Press, 1973.

Orne, M.T.: On the social psychology of the psychological experiment. *American Psychologist,* 1962, *17,* 776–783.

Orvis, B.R., Cunningham, J.D., & Kelley, H.H.: A closer examination of causal inference: The role of consensus, distinctiveness, and consistency information. *Journal of Personality and Social Psychology,* 1975, *32,* 605–616.

Ostrove, N.: Expectations for success on effort-determined tasks as a function of incentive and performance feedback. *Journal of Personality and Social Psychology,* 1978, *36,* 909–916.

Ovsiankina, M.: Die Wiederaufnahme unterbrochener Handlungen. *Psychologische Forschung,* 1928, *11,* 302–379.

Pancer, S.M., & Eiser, J.R.: *Expectations, aspirations, and evaluations as influenced by another's attributions for success and failure.* Paper presented at the meeting of the American Psychological Association, Chicago, September 1975.

Passer, M.W.: *Perceiving the causes of success and failure revisited: A multidimensional scaling approach.* Unpublished doctoral dissertation, University of California, Los Angeles, 1977.

Pepitone, A.: Motivational effects in social perception. *Human Relations,* 1950, *1,* 57–76.

Peplau, L.A., Russell, D., & Heim, M.: The experience of loneliness. In: Frieze, I.H., Bar-Tal, D., & Carroll, J.S. (Eds.), *New approaches to social problems.* San Francisco: Jossey-Bass, 1979.

Perin, C.T.: Behavior potentiality as a joint function of the amount of training and the degree of hunger at the time of extinction. *Journal of Experimental Psychology,* 1942, *30,* 93–113.

Phares, E.J.: Expectancy changes in skill and chance situations. *Journal of Abnormal and Social Psychology,* 1957, *54,* 339–342.

Phares, E.J.: A social learning approach to psychopathology. In: J.B. Rotter, J.E. Chance, & E.J. Phares (Eds.), *Applications of a social learning theory of personality.* New York: Holt, Rinehart, & Winston, 1972.

Phares, E.J.: *Locus of control in personality.* Morristown, N.J.: General Learning Press, 1976.

Piliavin, I.M., Rodin, J., & Piliavin, J.A.: Good Samaritanism: An underground phenomenon? *Journal of Personality and Social Psychology,* 1969, *13,* 289–299.

Plutchik, R.: Emotions, evolution, and adaptive processes. In: M.B. Arnold (Ed.), *Feelings and emotions.* New York: Academic Press, 1970.

Plutchik, R.: Cognitions in service of emotions: An evolutionary perspective. In: D.K. Candland, J.P. Fell, E. Kenn, A. I. Leshner, R. Plutchik, & R. M. Tarpy (Eds.), *Emotion.* Monterey, Calif.: Brooks-Cole, 1977.

Plutchik, R., & Ax, A.F.: A critique of *Determinants of emotional state* by Schachter and Singer (1962). *Psychophysiology,* 1967, *4,* 79–82.

Rajecki, D.W., Kidd, R.F., Wilder, D.A., & Jaeger, J.: Social factors in the facilitation of feeding in chickens: Effects of imitation, arousal, or disinhibition? *Journal of Personality and Social Psychology,* 1975, *32,* 510–518.

Rapaport, D.: *Emotions and memory.* Baltimore: Williams & Wilkins, 1942.

Rapaport, D.: The structure of psychoanalytic theory. In: S. Koch (Ed.), *Psychology: A study of a science* (Vol. 3). New York: McGraw-Hill, 1959.

Raynor, J.O.: Relationships between achievement-related motives, future orientation, and academic performance. *Journal of Personality and Social Psychology,* 1970, *15,* 28–33.

Reitman, W.R., & Atkinson, J.W.: Some methodological problems in the use of thematic apperceptive measures of human motives. In: J.W. Atkinson (Ed.), *Motives in fantasy, action, and society.* Princeton, N.J.: Van Nostrand, 1958.

Rest, S., Nierenberg, R., Weiner, B., & Heckhausen, H.: Further evidence concerning the effects of perceptions of effort and ability on achievement evaluation. *Journal of Personality and Social Psychology,* 1973, *28,* 187–191.

Ricciuti, H.N.: *The prediction of academic grades with a projective test of achievement motivation: I. Initial validation studies.* Princeton, N.J.: Educational Testing Service, 1954.

Richter, C.P.: Animal behavior and internal drives. *Quarterly Review of Biology,* 1927, *2,* 307–343.

Richter, C.P.: The phenomenon of unexplained sudden death in animals and man. In: W.H. Ganz (Ed.), *Physiological basis of psychiatry.* Springfield, Ill.: Charles C. Thomas, 1958.

Robertson, D.R.: Social control of sex reversal in a coral-reef fish. *Science,* 1972, *77,* 1007–1009.

Rogers, C.R.: A theory of therapy, personality, and interpersonal relationships, as developed in the client-centered framework. In: S. Koch (Ed.), *Psychology: A study of a science* (Vol. 3). New York: McGraw-Hill, 1959.

Rogers, C.R.: *On becoming a person.* Boston: Houghton Mifflin, 1961.

Rogers, C.R.: Actualizing tendency in relation to "motives" and to consciousness. In: M.R. Jones (Ed.), *Nebraska symposium on motivation.* Lincoln: University of Nebraska Press, 1963.

Rogers, C.R., & Dymond, R.F. (Eds.): *Psychotherapy and personality change.* Chicago: University of Chicago Press, 1954.

Rorer, L.G.: The great response-style myth. *Psychological Bulletin,* 1965, *63,* 129–156.

Rosen, B., & D'Andrade, R.C.: The psychosocial origins of achievement motivation. *Sociometry,* 1959, *22,* 185–218.

Rosenbaum, R.M.: The effects of peak performance on estimates of ability. Unpublished manuscript. University of California, Los Angeles, 1971.

Rosenbaum, R.M.: *A dimensional analysis of the perceived causes of success and failure.* Unpublished doctoral dissertation. University of California, Los Angeles, 1972.

Rosenberg, M.: *Society and the adolescent self-image.* Princeton, N.J.: Princeton University Press, 1965.

Rosenstein, A.: *The specificity of the achievement motive and the motivational effects of picture cues.* Unpublished doctoral dissertation, University of Michigan, 1952.

Rosenzweig, S.: An experimental study of "repression" with special reference to need-persistive and ego-defensive reactions to frustration. *Journal of Experimental Psychology,* 1943, *32,* 64–74.

Ross, L., Bierbauer, G., & Polly, S.: Attribution of educational outcomes by professional and nonprofessional instructors. *Journal of Personality and Social Psychology,* 1974, *29,* 609–618.

Ross, L., Greene, D., & House, P.: The "False Consensus Effect": An egocentric bias in social perception and attribution process. *Journal of Experimental Social Psychology,* 1977, *13,* 279–301.

Ross, L., Rodin, J., & Zimbardo, P.G.: Toward an attribution therapy: The reduction of fear through induced cognitive-emotional misattribution. *Journal of Personality and Social Psychology,* 1969, *12,* 279–288.

Roth, S., & Kubal, L.: The effects of noncontingent reinforcement on tasks of differing importance: Facilitation and learned helplessness. *Journal of Personality and Social Psychology,* 1975, *32,* 680–691.

Rotter, J.B.: *Social learning and clinical psychology.* Englewood Cliffs, N.J.: Prentice-Hall, 1954.

Rotter, J.B.: Generalized expectancies for internal versus external control of reinforcement. *Psychological Monographs,* 1966, *80* (1, Whole No. 609).

Rotter, J.B.: Some problems and misconceptions related to the construct of internal vs. external control of reinforcement. *Journal of Consulting and Clinical Psychology,* 1975, *43,* 55–67.

Rotter, J.B., Chance, J.E., & Phares, E.J.: An introduction to social learning theory. In: J.B. Rotter, J.E. Chance, & E.J. Phares (Eds.), *Applications of a social learning theory of personality,* New York: Holt, Rinehart, & Winston, 1972.

Rotter, J.B., & Hochreich, D.J.: *Personality.* Glenview, Ill.: Scott Foresman, 1975.

Rotter, J.B., Seeman, M., & Liverant, S.: Internal versus external control of reinforcement: A major variable in behavior theory. In: N.F. Washburne (Ed.), *Decisions, values, and groups* (Vol. 2). London: Pergamon, 1962.

Rowell, C.H.F.: Displacement grooming in the chaffinch. *Animal Behaviour,* 1961, *9,* 38–63.

Salili, F., Maehr, M.L., & Gillmore, G.: Achievement and morality: A cross-cultural analysis of causal attribution and evaluation. *Journal of Personality and Social Psychology,* 1976, *33,* 327–337.

Sanford, N.: The approach of the authoritarian personality. In: J.L. McCary (Ed.), *Psychology of personality: Six modern approaches.* New York: Logos, 1956.

Sanger, S.P., & Alker, H.A.: Dimensions of internal-external locus of control and women's liberation. *Journal of Social Issues,* 1972, *28,* 115–130.

Sarbin, T.R.: Contextualism: A world view for modern psychology. In: J.K. Cole (Ed.), *Nebraska symposium on motivation.* Lincoln: University of Nebraska Press, 1976.

Schachter, S.: The interaction of cognitive and physiological determinants of emotional state. In: L. Berkowitz (Ed.), *Advances in experimental social psychology* (Vol. 1). New York: Academic Press, 1964.

Schachter, S., & Singer, J.E.: Cognitive, social, and physiological determinants of emotional state. *Psychological Review,* 1962, *69,* 379–399.

Schachter, S., & Wheeler, L.: Epinephrine, chlorpromazine, and amusement. *Journal of Abnormal and Social Psychology,* 1962, *65,* 121–128.

Schlosberg, H.: Three dimensions of emotion. *Psychological Review,* 1954, *61,* 81–88.

Schneider, D.J.: Implicit theory: A review. *Psychological Bulletin,* 1973, *79,* 294–309.

Schopler, J., & Matthews, M.: The influence of perceived causal locus of partner's dependence on the use of interpersonal power. *Journal of Personality and Social Psychology,* 1965, *2,* 609–612.

Schultz, D.: *Theories of personality*. Monterey, Calif.: Brooks-Cole, 1976.

Schütz, A.: *Collected papers. I. The problem of social reality*. The Hague: Martinus Nijhoff, 1967.

Sears, R. R.: Sucess and failure: A study of motility. In: McNemar, Q., & Merrill, M. A. (Eds.), *Studies in personality*. New York: McGraw-Hill, 1942.

Sears, R. R., & Sears, P. S.: Minor studies of aggression: V. Strength of frustration-reaction as a function of strength of drive. *Journal of Psychology*, 1940, *9*, 297–300.

Seeman, M.: Alienation and social learning in a reformatory. *American Journal of Sociology*, 1963, *69*, 270–284.

Seeman, M., & Evans, J. W.: Alienation and learning in a hospital setting. *American Sociological Review*, 1962, *27*, 772–783.

Seligman, M. E. P.: *Helplessness: On depression, development, and death*. San Francisco: Freeman, 1975.

Seligman, M. E. P., & Maier, S. F.: Failure to escape traumatic shock. *Journal of Experimental Psychology*, 1967, *74*, 1–9.

Selye, H.: *The stress of life*. New York: McGraw-Hill, 1956.

Service, E. R.: *The hunters*. Englewood Cliffs, N. J.: Prentive-Hall, 1966.

Shakow, D., & Rapaport, D.: The influence of Freud on American psychology. *Psychological Issues*, 1964, No. 13.

Simon, H. A.: *Models of man: Social and national*. New York: Wiley, 1957.

Singer, J. S.: *Imagery and daydream methods in psychotherapy and behavior modification*. New York: Academic Press, 1974.

Skinner, B. F.: The process involved in the repeated guessing of alternatives. *Journal of Experimental Psychology*, 1942, *30*, 495–503.

Skinner, B. F.: *Beyond freedom and dignity*. New York: Alfred A. Knopf, 1971.

Slovic, P.: From Shakespeare to Simon: Speculations and some evidence about man's ability to process information. *Research Bulletin of the Oregon Research Institute*, 1972, *12*, No. 2.

Smedslund, J.: The concept of correlation in adults. *Scandinavian Journal of Psychology*, 1963, *4*, 165–173.

Smith, C. P. (Ed.): *Achievement-related motives in children*. New York: Russell Sage, 1969.

Solomon, R. L.: Punishment. *American Psychologist*, 1964, *19*, 239–253.

Spence, K. W.: *Behavior theory and conditioning*. New Haven. Conn.: Yale University Press, 1956.

Spence, K. W.: The empirical basis and theoretical structure of psychology. *Philosophy of Science*, 1957, *24*, 97–108.

Spence, K. W.: A theory of emotionally based drive (D) and its relation to performance in simple learning situations. *American Psychologist*, 1958, 13, 131–141. (a)

Spence, K. W.: Behavior theory and selective learning. In: M. R. Jones (Ed.,), *Nebraska symposium on motivation*. Lincoln: University of Nebraska Press, 1958. (b)

Spence, K. W., Farber, I. E., & McFann, H. H.: The relation of anxiety (drive) level of performance in competitional and non-competitional paired-associates learning. *Journal of Experimental Psychology*, 1956, *52*, 296–305.

Spence, K. W., & Taylor, J. A.: Anxiety and strength of the US as a determinant of the amount of eyelid conditioning. *Journal of Experimental Psychology*, 1951, *42*, 183–188.

Spence, K. W., Taylor, J. A., & Ketchel, R.: Anxiety (drive) level and degree of competition in paired-associates learning. *Journal of Experimental Psychology*, 1956, *52*, 306–310.

Stein, A. H., & Bailey, M. M.: The socialization of achievement motivation in females. *Psychological Bulletin*, 1973, *80*, 345–366.

Steiner, I. D.: Perceived freedom. In: L. Berkowitz (Ed.), *Advances in experimental social psychology* (Vol. 5). New York: Academic Press, 1970.

Stephenson, W.: *The study of behavior*, Chicago: University of Chicago Press, 1953.

Steuer, F. B., Applefield, J. M., & Smith, R.: Televised aggression and the interpersonal aggression of preschool children. *Journal of Experimental Child Psychology*, 1971, *11*, 442–447.

Stevenson, H. W., & Zigler, E.: Discrimination learning and rigidity in normal and feebleminded individuals. *Journal of Personality*, 1957, *25*, 699–711.

Storms, M. D.: Videotape and the attribution process: Reversing actors' and observers' points of view. *Journal of Personality and Social Psychology*, 1973, *27*, 165–175.

Storms, M. D., & McCaul, K. D.: Attribution processes and emotional exacerbation of dysfunctional behavior. In: J. H. Harvey, W. J. Ickes, & R. F. Kidd (Eds.), *New directions in attribution research* (Vol. 1). Hillsdale, N. J.: Erlbaum Press, 1976.

Storms, M. D., & Nisbett, R. E.: Insomnia and the attribution process. *Journal of Personality and Social Psychology*, 1970, *16*, 319–328.

Strickland, L. H.: Surveillance and trust. *Journal of Personality*, 1958, *26*, 200–215.

Strodtbeck, F. L., McDonald, M. R., & Rosen, B.: Evaluations of occupations: A reflection of Jewish and Italian mobility differences. *American Sociological Review*, 1957, 22, 546–553.

Stroop, J. R.: Studies of interference in serial verbal reactions. *Journal of Experimental Psychology*, 1935, *18*, 643–661.

Tadeschi, J. T., Smith, R. B., III, & Brown, R. C., Jr.: A reinterpretation of research on aggression. *Psychological Bulletin*, 1974, *81*, 540–562.

Taylor, J. A.: A personality scale of manifest anxiety. *Journal of Abnormal and Social Psychology*, 1953, *48*, 285–290.

Taylor, J. A., & Chapman, J. P.: Anxiety and the learning of paired-associates. *American Journal of Psychology*, 1955, *68*, 671.

Tennen, H., & Eller, S. J.: Attributional components of learned helplessness and facilitation. *Journal of Personality and Social Psychology*, 1977, *35*, 265–271.

Thibaut, J. W., & Kelley, H. H.: *The social psychology of groups*. New York: Wiley, 1959.

Thorndike, E. L.: *Animal intelligence.* New York: Macmillan, 1911.

Tinbergen, N.: Derived activities: Their causation, biological significance, and origin and emancipation during evolution. *Quarterly Review of Biology,* 1952, *27,* 1–32.

Tinbergen, N.: On war and peace in animals and man. *Science,* 1968, *160,* 1411–1418.

Tinbergen, N., & van Iersel, J. J. A.: Displacement reactions in the three-spined stickleback. *Behaviour,* 1947, *1,* 56–63.

Tolman, C. W.: The feeding behaviour of domestic chicks as a function of pecking by a surrogate companion. *Behaviour,* 1967, *29,* 57–62.

Tolman, C. W.: The varieties of social stimulation in the feeding behaviour of domestic chicks. *Behaviour,* 1968, *30,* 275–286.

Tolman, E. C.: Purpose and cognition: The determinants of animal learning. *Psychological Review,* 1925, *32,* 285–297.

Tolman, E. C.: *Purposive behavior in animals and men.* New York: Appleton-Century-Crofts, 1932.

Tolman, E. C., & Honzig, C. H.: Introduction and renewal of reward, and maze performance in rats. Berkeley: *University of California Publication in Psychology,* 1930, *4,* No. 19, 267.

Tomkins, S.: Affect as the primary motivational system. In: M. B. Arnold (Ed.), *Feelings and emotions.* New York: Academic Press, 1970.

Tresemer, D.: Fear of success: Popular, but unproven. *Psychology Today,* 1974, *7,* 82–85.

Triandis, H.: *The analysis of subjective culture.* New York: Wiley-Interscience, 1972.

Triplett, N.: The dynamogenic factors in pacemaking and competition. *American Journal of Psychology,* 1897, *9,* 507–533.

Trope, Y.: Seeking information about one's own ability as a determinant of choice among tasks. *Journal of Personality and Social Psychology,* 1975, *32,* 1004–1013.

Trope, Y., & Brickman, P.: Difficulty and diagnosticity as determinants of choice among tasks. *Journal of Personality and Social Psychology,* 1975, *31,* 918–926.

Turner, E. R. A.: Social feeding in birds. *Behaviour,* 1964, *24,* 1–47.

Tversky, A., & Kahneman, D.: Judgment under uncertainty: Heuristics and biases. *Science,* 1974, *185,* 1124–1131.

Valins, S.: Cognitive effects of false heart-rate feedback. *Journal of Personality and Social Psychology,* 1966, *4,* 400–408.

Valins, S.: Persistent effects of information about internal reactions: Ineffectiveness of debriefing. In: R. H. London & R. E. Nisbett (Eds.), *Thought and feeling.* Chicago: Aldine, 1974.

Valins, S., & Nisbett, R. E.: *Some implications of the attribution processes for the development and treatment of emotional disorders.* Morristown, N. J.: General Learning Press, 1971.

Valle, F. P.: *Motivation: Theories and issues.* Monterey, Calif.: Brooks-Cole, 1975.

Valle, V. A.: *Attributions of stability as a mediator in the changing of expectations.* Unpublished doctoral dissertation, University of Pittsburgh, 1974.

Valle, V. A., & Frieze, I. H.: Stability of causal attributions as a mediator in changing expectations for success. *Journal of Personality and Social Psychology,* 1976, *33,* 579–587.

Veroff, J.: Development and validation of a projective measure of power motivation. *Journal of Abnormal and Social Psychology,* 1957, *54,* 1–8.

Veroff, J.: Social comparison and the development of achievement motivation. In: C. P. Smith (Ed.). *Achievement-related motives in children.* New York: Academic Press, 1976.

Volosinov, V. N.: *Freudianism: A Marxist critique.* New York: Academic Press. 1976.

Wallach, M. A., & Leggett, M. I.: Testing the hypothesis that a person will be consistent: Stylistic consistency versus situational specificity in the size of children's drawings. *Journal of Personality,* 1972, *40,* 309–330.

Washburn, S. L.: Human behavior and the behavior of other animals. *American Psychologist,* 1978, *33,* 405–418.

Watson, J. S.: The development and generalization of "contingency awareness" in early infancy: Some hypotheses. *Merrill-Palmer Quarterly,* 1966, *12,* 123–135.

Watson, J. S.: Memory and "contingency analysis" in infant learning. *Merrill-Palmer Quarterly,* 1967, *12,* 55–76.

Watson, J. S., & Ramey, C. G.: Reactions to response-contingent stimulation in early infancy. *Merrill-Palmer Quarterly,* 1972, *18,* 219–228.

Watson, R.: Investigation into deindividuation using a cross-cultural survey technique. *Journal of Personality and Social Psychology,* 1973, *25,* 342–345.

Webb, W. B.: The motivational aspect of an irrelevant drive in the behavior of the white rat. *Journal of Experimental Psychology,* 1949, *39,* 1–14.

Weber, M. (1904): *The protestant ethic and the spirit of capitalism.* New York: Scribner's Sons, 1958.

Webster, M., Jr., & Sobieszek, B.: *Sources of self-evaluation.* New York: Wiley-Interscience, 1974.

Wegner, D. M., & Vallacher, R. R.: *Implicit psychology.* New York: Oxford Press, 1977.

Weiner, B.: Effects of motivation on the availability and retrieval of memory traces. *Psychological Bulletin,* 1966, *65,* 24–37.

Weiner, B.: New conceptions in the study of achievement motivation. In: B. A. Maher (Ed.), *Progress in experimental personality research* (Vol. 5). New York: Academic Press, 1970.

Weiner, B.: *Theories of motivation: From mechanism to cognition.* Chicago: Rand McNally, 1972.

Weiner, B. (Ed.): *Achievement motivation and attribution theory.* Morristown, N. J.: General Learning Press, 1974.

Weiner, B., Heckhausen, H., Meyer, W. U., & Cook, R. E.: Causal ascriptions and achievement behavior: A conceptual analysis of effort and reanalysis of locus of control. *Journal of Personality and Social Psychology,* 1972, *21,* 239–248.

Weiner, B., & Kukla, A.: An attributional analysis of achievement motivation. *Journal of Personality and Social Psychology,* 1970, *15,* 1–20.

Weiner, B., Nierenberg, R., & Goldstein, M.: Social learning (locus of control) versus attributional (causal stability) interpretations of expectancy of success. *Journal of Personality.* 1976, *44,* 52–68.

Weiner, B., & Peter, N.: A cognitive-developmental analysis of achievement and moral judgments. *Developmental Psychology,* 1973, *9,* 290–309.

Weiner, B., & Rosenbaum, R.M.: Determinants of choice between achievement and nonachievement-related activities. *Journal of Experimental Research in Personality,* 1965, *1,* 114–122.

Weiner, B., Russell, D., & Lerman, D.: Affective consequences of causal ascriptions. In: J.H. Harvey, W.J. Ickes, & R.F. Kidd (Eds.), *New directions in attribution research* (Vol. 2). Hillsdale, N.J.: Erlbaum Press, 1978.

Weiner, B., Russell, D., & Lerman, D.: The cognition-emotion process in achievement-related contexts. *Journal of Personality and Social Psychology,* 1979, *37,* 1211–1220.

Weiner, B., & Sierad, J.: Misattribution for failure and enhancement of achievement strivings. *Journal of Personality and Social Psychology,* 1975, *31,* 415–421.

Weiss, R.F., & Miller, F.G.: The drive theory of social facilitation. *Psychological Review,* 1971, *78,* 44–57.

Wahlen, C.K., & Henker, B.: Psychostimulants and children: A review and analysis. *Psychological Bulletin,* 1976, *83,* 1113–1130.

White, R.W.: Motivation reconsidered: The concept of competence. *Psychological Review,* 1959, *66,* 297–333.

Whiteman, M.: Children's conceptions of psychological causality. *Child Development,* 1967, *38,* 143–155.

Whiting, J.W.M.: Sorcery, sin, and the superego: A cross-cultural study of some mechanisms of social control. In: M.R. Jones (Ed.), *Nebraska symposium on motivation.* Lincoln: University of Nebraska Press, 1959.

Wicker, A.M.: Undermanning, performances, and students' subjective experiences in behavioral settings of large and small high schools. *Journal of Personality and Social Psychology,* 1968, *10,* 255–261.

Wicklung, R.A., & Brehm, J.W.: *Perspectives on cognitive dissonance.* Hillsdale, N.J.: Erlbaum Press, 1976.

Wiggins, J.S., Renner, K.E., Clore, G.L., & Rose, R.J.: *The psychology of personality.* Reading, Mass.: Addison-Wesley, 1971.

Williams, S.B.: Resistance to extinction as a function of the number of reinforcements. *Journal of Experimental Psychology,* 1938, *23,* 506–522.

Wimer, S.W., & Peplau, L.A.: *Determinants of reactions to lonely others.* Paper presented at the Western Psychological Association Convention, San Francisco, April 1978.

Winter, D.G.: *The power motive.* New York: Free Press, 1973.

Winterbottom, M.R.: *The relation of childhood training in independence to achievement motivation.* Unpublished doctoral dissertation. University of Michigan, 1953.

Wolk, S., & DuCette, J.: Intentional performance and incidental learning as a function of personality and task dimensions. *Journal of Personality and Social Psychology,* 1974, *29,* 90–101.

Woodworth, R.S.: *Dynamic psychology.* New York: Columbia University Press, 1918.

Wortman, C.B.: Some determinants of perceived control. *Journal of Personality and Social Psychology,* 1975, *31,* 282–294.

Wortman, C.B., & Brehm, J.W.: Responses to uncontrollable outcomes: An integration of reactance theory and the learned helplessness model. In: L. Berkowitz (Ed.), *Advances in experimental social psychology* (Vol. 8). New York: Academic Press, 1975.

Wylie, R.C.: *The self concept: A critical survey of pertinent research literature.* Lincoln: University of Nebraska Press, 1961.

Wylie, R.C.: The present status of self theory. In: E.F. Borgatta & W.W. Lambert (Eds.), *Handbook of personality theory and research.* Chicago: Rand McNally, 1968.

Wylie, R.C.: *The self-concept: A review of methodological considerations and measuring instruments* (Vol. 1). Lincoln: University of Nebraska Press, 1974.

Yates, A.B.: *Frustration and conflict.* London: Methuen, 1962.

Yerkes, R.M., & Dodson, J.D.: The relation of strength of stimulus to rapidity of habit-formation. *Journal of Comparative Neurology and Psychology,* 1908, *18,* 459–482.

Young, P.T.: *Emotion in man and animal.* New York: Wiley, 1943.

Zajonc, R.B.: Social facilitation. *Science,* 1965, *149,* 269–274.

Zajonc, R.B.: Cognitive theories in social psychology. In: C. Lindzey & E. Aronson (Eds.), *Handbook of social psychology* (Vol 1, 2nd ed.). Reading, Mass.: Addison Wesley, 1968.

Zajonc, R.B., & Brickman, P.: Expectancy and feedback as independent factors in task performance. *Journal of Personality and Social Psychology,* 1969, *11,* 143–156.

Zajonc, R.B., & Sales, S.M.: Social facilitation of dominant and subordinante responses. *Journal of Experimental Social Psychology,* 1966, *2,* 160–168.

Zamansky, H.S.: An investigation of the psychoanalytic theory of paranoid delusions. *Journal of Personality,* 1958, *26,* 410–425.

Zander, A., Fuller, R., & Armstrong, W.: Attributed pride or shame in group and self. *Journal of Personality and Social Psychology,* 1972, *23,* 346–352.

Zanna, M.P., & Cooper, J.: Dissonance and the pill: An attribution approach to studying the arousal properties of dissonance. *Journal of Personality and Social Psychology,* 1974, *29,* 703–709.

Zanna, M.P., & Cooper, J.: Dissonance and the attribution process. In: J.H. Harvey, W.J. Ickes, & R.F. Kidd (Eds.), *New directions in attribution research* (Vol. 1). Hillsdale, N.J.: Erlbaum Press, 1976.

Zeigarnik, B.: Über das Behalten von erledigten und unerledigten Handlungen. *Psychologische Forschung,* 1927, *9,* 1–85.

Zeigler, H. P.: Displacement activity and motivational theory: A case study in the history of ethology. *Psychological Bulletin,* 1964, *61,* 362–376.

Zigler, E.: Rigidity in the feebleminded. In: E. P. Trapp & P. Himmelstein (Eds.), *Readings in the exceptional child.* New York: Appleton-Century-Crofts, 1962.

Zigler, E., & Yospe, L.: Perceptual defense and the problem of response suppression. *Journal of Personality,* 1960, *28,* 220–239.

Zimbardo, P. G.: The human choice: Individuation, reason, and order versus deindividuation, impulse, and chaos. In: W. D. Arnold & D. Levine (Eds.), *Nebraska symposum on motivation.* Lincoln: University of Nebraska Press, 1969. (a)

Zimbardo, P. G.: *The cognitive control of motivation.* Glenview, Ill.: Scott, Foresman, 1969. (b)

Namenregister

Sachregister